마하반야바라밀다경 3

摩訶般若波羅蜜多經 3

마하반야바라밀다경 3
摩訶般若波羅蜜多經 3

三藏法師 玄奘 漢譯 | 釋 普雲 國譯

혜안

역자의 말
보운

경전에서는 인간들이 활동하는 삶의 공간을 세계가 아닌 세간(世間)이라는 용어로 부르고 있다. 이러한 논지는 인간들이 존재하는 공간이라는 현상계가 특정한 부류의 유정(有情)들을 위한 세계가 아니라 여러 부류의 유정들이 삶의 무대로 활동하는 복잡하게 얽힌 공간이라는 뜻이다. 여러 부류의 유정들이 각각의 사유를 통하여 존재의 의미와 해탈을 위한 진리를 추구하는 방편도 다양하다는 뜻이리라.

인간들은 도덕과 윤리의 문제를 끊임없이 역사와 공간을 의지하여 항상 본성을 찾으려고 노력하였고 합리적인 논리를 추론하였으며 규범화를 통한 통일성을 추구하였다. 또한 학문의 체계를 성취하고자 철학이라는 범주를 성립시켰고, 이러한 토대를 바탕으로 여러 윤리를 강조하는 도덕적인 체계를 완성하고 있다. 철학의 어원은 그리스어의 philosophia에서 파생하였는데, philos는 '사랑'의 뜻이고 sophia는 '지혜'라는 뜻의 합성어이므로 즉, '지혜에 대한 사랑'이라는 뜻이다. 물론 철학의 의미가 불교의 다르마(dharma)와는 다른 범주로 전개되었으나, 인간이 존재하는 의미를 탐구하였다는 관점에서는 다른 관점으로 인간이 지닌 업연(業緣)에 대한 갈증을 추구하였던 것은 아닐까?

'나는 누구이고, 왜 이러한 시대와 공간에서 태어났으며, 어떠한 삶을 추구하면서 인생의 종착역에 다다를 것인가?'라는 명제는 사문의 일상에서 일반의 대중들과는 다른 사유가 필요하고 이것을 따른 위의도 역시 중요시되어야 한다. 한 사문에게 주어진 수행의 행로에서 돌이켜보건대 삼장의 역경을 시작하면서 불·보살님 전에 입재하였던 시간도 10년의 세월을 넘겼고, 생활공간의 제한 속에서 마주하는 현실은 여러 변화가 있었음을 스스로가 느끼게 된다. 세월의 축적에 따른 노화의 부담이 증가하였고, 수행환경의 변화도 많이 일어났으며, 주위의 지인들은 다음의 생을 기약하는 이별도 점차로 늘어나고 있으므로, 이것을 마주하고 생겨나는 번민도 증가하고 있다.

현실을 마주하고서 사유하건대, 나의 수행력의 깊이를 어떻게 측량할 수 있는가의 문제는 나에게 주어진 현실적인 명제의 하나이다. 지금 살아가고 있는 현상계의 삶에서 스스로가 불보살님들의 앞에 서 있으면서 사문으로써 수행과 정진이 합리적이고 투철하였다고 당당하게 주장할 수 있을 것인가? 사부대중을 불법의 진리로 잘 인도하였다고 주장할 수 있을 것인가? 역경의 과정이 세심하고 완전하다고 충실하게 주장할 수 있을 것인가? 경장과 율장에 의지하여 수행하였던 시간을 삶과 대치하여 얼마나 합치시킬 수 있었는가?

이러한 명제의 추론을 통하여 사문으로서의 수행과 전법을 남은 생(生)의 가운데에서 끊임없는 사유와 질문을 통하여 합당한 대답을 찾아내고 사문의 위의(威儀)를 갖추어야 한다는 중압감이 마음의 문을 두드리고 있다. 나에게 남은 주어진 시간은 얼마나 가능하겠고, 불·보살님 전에 회향할 수행력은 얼마나 채울 수 있을 것인가? 현재에도 여러 처소에서 불법의 전법과 수행과 정진에 삶의 불꽃을 태우는 여러 사문들께 경의를 표한다.

『대품반야경』의 역경의 불사(佛事)에는 많은 신심과 원력이 담겨있으나, 번역과 출판을 위하여 동참하신 사부대중들은 현세에서 스스로가 기원하는 소원에서 무한한 이익을 얻고, 세간에서 생겨나는 삼재팔난의 장애를 벗어나기를 발원드리며, 이미 생(生)의 인연을 마치신 영가들께서는 아미타불의 극락정토에 왕생하시기를 발원드린다. 또한 긴 세월의 역경과 출판을 위하여 항상 후원과 격려를 보내주시는 은사이신 세영 스님과 교육원장이신 범해 스님 및 죽림불교문화연구원의 사부대중들께 감사드리면서, 이 불사에 동참하신 분들께 불보살들의 가호(加護)가 항상가득하기를 발원하면서 감사의 글을 마친다.

불기 2568년(2024) 4월 중순의 장야(長夜)에
서봉산 자락의 죽림불교문화연구원에서
사문 보운이 삼가 적다

출판에 도움을 주신 분들

고재형	이창우	강동구	박미라	정영우	채두석
박솔비	조수민	황창현	원종호	허 웅	이선미
허 민	허 승	조수민	김시우	권오국	최종갑
이종원	박순남

정성춘靈駕 신기용靈駕 김현우靈駕 강경림靈駕

차 례

역자의 말　5

출판에 도움을 주신 분들　8

일러두기　14

해제(解題)　17

1. 성립과 한역　17
2. 설처(說處)와 결집(結集)　20
3. 각 품(品)의 권수와 구성　22

초분 初分

마하반야바라밀다경 제61권　33

16. 찬대승품(讚大乘品)(6)　33
17. 수순품(隨順品)　34
18. 무소득품(無所得品)(1)　40

마하반야바라밀다경 제62권　54

18. 무소득품(無所得品)(2)　54

마하반야바라밀다경 제63권 71
  18. 무소득품(無所得品)(3) 71

마하반야바라밀다경 제64권 92
  18. 무소득품(無所得品)(4) 92

마하반야바라밀다경 제65권 111
  18. 무소득품(無所得品)(5) 111

마하반야바라밀다경 제66권 131
  18. 무소득품(無所得品)(6) 131

마하반야바라밀다경 제67권 152
  18. 무소득품(無所得品)(7) 152

마하반야바라밀다경 제68권 173
  18. 무소득품(無所得品)(8) 173

마하반야바라밀다경 제69권 193
  18. 무소득품(無所得品)(9) 193

마하반야바라밀다경 제70권 215
  18. 무소득품(無所得品)(10) 215
  19. 관행품(觀行品)(1) 224

마하반야바라밀다경 제71권 238
  19. 관행품(觀行品)(2) 238

마하반야바라밀다경 제72권　260
　　19. 관행품(觀行品)(3)　260

마하반야바라밀다경 제73권　279
　　19. 관행품(觀行品)(4)　279

마하반야바라밀다경 제74권　300
　　19. 관행품(觀行品)(5)　300
　　20. 무생품(無生品)(1)　307

마하반야바라밀다경 제75권　323
　　20. 무생품(無生品)(2)　323
　　21. 정도품(淨道品)(1)　333

마하반야바라밀다경 제76권　346
　　21. 정도품(淨道品)(2)　346

마하반야바라밀다경 제77권　363
　　22. 천제품(天帝品)(1)　363

마하반야바라밀다경 제78권　384
　　22. 천제품(天帝品)(2)　384

마하반야바라밀다경 제79권　404
　　22. 천제품(天帝品)(3)　404

마하반야바라밀다경 제80권　428
　　22. 천제품(天帝品)(4)　428

마하반야바라밀다경 제81권 452
22. 천제품(天帝品)(5) 452
23. 제천자품(諸天子品)(1) 458

마하반야바라밀다경 제82권 474
23. 제천자품(諸天子品)(2) 474
24. 수교품(受教品)(1) 477

마하반야바라밀다경 제83권 495
24. 수교품(受教品)(2) 495

마하반야바라밀다경 제84권 515
24. 수교품(受教品)(3) 515
25. 산화품(散花品) 527

마하반야바라밀다경 제85권 535
26. 학반야품(學般若品)(1) 535

마하반야바라밀다경 제86권 554
26. 학반야품(學般若品)(2) 554

마하반야바라밀다경 제87권 571
26. 학반야품(學般若品)(3) 571

마하반야바라밀다경 제88권 590
26. 학반야품(學般若品)(4) 590

마하반야바라밀다경 제89권   609

   26. 학반야품(學般若品)(5)   609
   27. 구반야품(求般若品)(1)   622

마하반야바라밀다경 제90권   630

   27. 구반야품(求般若品)(2)   630

일러두기

1. 이 책의 저본(底本)은 고려대장경(高麗大藏經) 1권부터 결집된 『대반야바라밀다경(大般若波羅蜜多經)』이다.

2. 원문은 600권으로 구성되어 있으나 이 책에서는 각 권수를 표시하되 30권을 한 권의 책으로 편집하여 번역하였다.

3. 번역의 정밀함을 기하기 위해 여러 시대와 왕조에서 각각 결집된 여러 한역대장경을 대조하고 비교하며 번역하였다.

4. 원문은 현장 삼장의 번역을 충실하게 따랐으나, 반복되는 용어를 생략하였던 용어에서는 번역자가 생략 이전의 본래의 용어로 통일하여 번역하였다.

5. 원문에 나오는 '필추(苾芻)', '필추니(苾芻尼)' 등의 용어는 음사(音寫)이므로 현재에 사용하는 '비구(比丘)', '비구니(比丘尼)'라고 번역하였다.

6. 원문에서의 이전의 번역과는 다른 용어가 사용되고 있으므로 원문을 존중하여 저본의 용어로 번역하였다.
   예) 보시·지계·인욕·정진·선정·지혜바라밀다 → 보시(布施)·정계(淨戒)·안인(安忍)·정진(精進)·정려(靜慮)·반야바라밀다(般若波羅蜜多), 축생 → 방생(傍生), 아귀 → 귀계(鬼界)

7. 원문에서 사용되고 있으나, 현재의 용어와 많이 다른 경우는 현재 용어로 번역하였고, 생략되거나, 어휘가 변화된 용어도 현재의 용어를 사용하여 번역하였다.
   예) 루(漏) → 번뇌, 악취(惡趣) → 악한 세계, 여래(如來)·응(應)·정등각(正等覺) → 여래·응공·정등각, 수량(壽量) → 수명, 성판(成辦) → 성취

8. 원문에서 사용한 용어 중에 현재와 음가(音價)가 다르게 변형된 사례가 많이 발견된다. 원문의 뜻을 최대한 살려 번역하였으나 현저하게 의미가 달라진 용어의 경우 현재 사용하는 용어로 바꾸어 번역하였다.

   예) 우파색가(鄔波索迦)→ 우바색가, 나유다(那庾多)→ 나유타(那庾多)

9. 앞에서와 같이 동일한 문장이 계속하여 반복되는 경우에는 원문에서 내지(乃至)라는 용어가 사용되고 있는데, 현재의 의미로 해석하여 '…… 나아가 ……' 또는 '나아가'의 형태로 바꾸어 번역하였다.

해제(解題)

1. 성립과 한역

이 경전의 범명(梵名)은 Mahāprajñāpāramitā Sūtra이다. 모두 600권으로 결집되었고, 여러 반야부의 경전들을 집대성하고 있다. 선행연구에서 대략 AD.1~200년경에 성립되었다고 연구되고 있으며, 인도의 쿠샨 왕조 시대에 남인도에서 널리 사용되었다고 추정되고, 뒤에 북인도에서 대중화되었으며, 산스크리트어로 많은 부분이 남아있다.

본 번역의 저본은 고려대장경에 수록된『대반야바라밀다경(大般若波羅蜜多經)』으로 당(唐)의 현장(玄奘)이 방주(方州)의 옥화궁사(玉華宮寺)에서 659년 또는 660년에 번역을 시작하여 663년에 번역한 경전이고, 당시까지 번역된 경전과 현장이 새롭게 번역한 경전들을 모두 함께 수록하고 있다.

중국에서 반야경의 유통은 동한(東漢)의 지루가참(支婁迦懺)이 역출(譯出)한『도행반야경(道行般若經)』10권을 번역하였던 것이 확인할 수 있는 최초의 사례이다. 이후에 삼국시대의 오(吳)나라 지겸(支謙)은『대명도무극경(大明度無極經)』6권으로 중역(重譯)하여 완성하였으며, 축법호(竺法護)는『광찬반야바라밀경(光贊般若波羅蜜經)』10권을 번역하였고, 조위(曹魏)의 사문 주사행(朱士行)이 감로(甘露) 5년(260)에 우전국(于闐國)에서 이만송대품반야범본(二萬頌大品般若梵本)을 구하여 무라차(無羅叉)와 함께『방광반야바라밀경(放光般若波羅蜜經)』20권으로 번역하였으며, 요진(姚秦)의 구마라집(鳩摩羅什)은 홍시(弘始) 6년(404)에 대품이만송(大品二萬頌)의『마하반야바라밀경(摩訶般若波羅蜜經)』을 중역하였고, 홍시(弘始) 10년(408)에『마하반야바라밀경(摩訶般若波羅蜜經)』과『금강반야경(金剛般若經)』등을 역출(譯出)하였으며, 북위(北魏) 영평(永平) 2년(509)에 보리유지(菩提流支)는『금강반야경(金剛般若經)』1권을 역출하였다.

용수보살이 주석한 대지도론에서는 "또 삼장(三藏)에는 올바른 30만의 게송(偈)이 있고, 아울러 960만의 설(言)이 있으나, 마하연은 너무 많아서 무량하고 무한하다. 이와 같아서「반야바라밀품(般若波羅密品)」에는 2만2천의 게송이 있고,「대반야품(大般若品)」에는 10만의 게송이 있다."라고 전하고 있고, 세친(世親)이 저술하고 보리유지가 번역한『금강선론(金剛仙論)』에서는 "8부(八部)의 반야가 있는데, 분별한다면『대반야경초(大般若經初)』는 10만의 게송이고,『대품반야경(大品般若經)』은 2만 5천의 게송이며,『대반야경제삼회(大般若經第三會)』는 1만 8천의 게송이고,『소품반야경(小品般若經)』은 8천의 게송이며,『대반야경제오회(大般若經第五會)』는 4천의 게송이고,『승천왕반야경(勝天王般若經)』은 2천 5백의 게송이며,『문수반야경(文殊般若經)』은 6백의 게송이고,『금강경(金剛經)』은 3백의 게송이다."라고 주석하고 있다.

본 경전의 다른 명칭으로는『대반야경(大般若經)』,『대품반야경(大品般若經)』, 또는 6백부반야(六百部般若)라고 불린다. 6백권의 390품이고 약 4백6십만의 한자로 결집되어 있으므로 현재 전하는 경장과 율장 및 논장의 가운데에서 가장 방대한 분량이다.

반야경의 한역본을 살펴보면 중복되는 명칭이 경전을 제외하더라도 여러 소경(小經)의 형태로 번역되었던 것을 살펴볼 수 있다. 그 사례를 살펴보면『방광반야경(放光般若經)』(20卷),『광찬경(光贊經)』(10卷),『마하반야바라밀경(摩訶般若波羅蜜經)』(27卷),『도행반야경(道行般若經)』(10卷),『대명도경(大明度經)』(6卷),『마하반야초경(摩訶般若鈔經)』(5卷),『소품반야바라밀경(小品般若波羅蜜經)』(10卷),『불설불모출생삼법장반야바라밀다경(佛說佛母出生三法藏般若波羅蜜多經)』(25卷), 『불설불모보덕장반야바라밀경(佛說佛母寶德藏般若波羅蜜經)』(3卷), 『성팔천송반야바라밀다일백팔명진실원의다라니경(聖八千頌般若波羅蜜多一百八名眞實圓義陀羅尼經)』, 『승천왕반야바라밀경(勝天王般若波羅蜜經)』(7卷), 『문수사리소설마하반야바라밀경(文殊師利所說摩訶般若波羅蜜經)』(2卷), 『문수사리소설반야바라밀경(文殊師利所說般若波羅蜜經)』, 『불설유수보살무상청정분위경(佛說濡首菩薩無上淸淨分衛經)』(2卷), 『금강반야바라밀경(金剛般若波羅密經)』, 『금강능단반야바라밀경(金剛能斷般若波羅蜜經)』, 『불설능단금강반야바라밀다경(佛說能斷金剛般若波羅蜜多經)』, 『실상반야바라밀경(實相般若波羅蜜經)』, 『금강정유가이취반야경(金剛頂瑜伽理趣般若經)』, 『불설변조반야바라밀경(佛說遍照般若波羅蜜經)』, 『대락금강불공진실삼마야경(大樂金剛不空眞實三麼耶經)』, 『불설최상근본대락금강불공삼매대교왕경(佛說最上根本大樂金剛不空三昧大敎王經)』(7卷), 『불설인왕반야바라밀경(佛說仁王般若波羅蜜經)』(2卷), 『인왕호국반야바라밀다경(仁王護國般若波羅蜜多經)』(2卷), 『불설요의반야바라밀다경(佛說了義般若波羅蜜多經)』, 『불설오십송성반야바라밀경(佛說五十頌聖般若波羅蜜經)』, 『불설제석반야바라밀다심경(佛說帝釋般若波羅蜜多心經)』, 『마하반야바라밀대명주경(摩訶般若波羅蜜大明呪經)』, 『반야바라밀다심경(般若波羅蜜多心經)』, 『보편지장반야바라밀다심경(普遍智藏般若波羅蜜多心經)』, 『당범번대자음반야바라밀다심경(唐梵飜對字音般若波羅蜜多心經)』, 『불설성불모반야바라밀다경(佛說聖佛母般若波羅蜜多經)』, 『불설성불모소자반야바라밀다경(佛說聖佛母小字般若波羅蜜多經)』, 『불설관상불모반야바라밀다보살경(佛說觀想佛母般若波羅蜜多菩薩經)』, 『불설개각자성반야바라밀다경(佛說開覺自性般若波羅蜜多經)』(4卷), 『대승이취육바라밀다경(大乘理趣六波羅蜜多經)』(10卷) 등의 독립된 경전으로 다양하게 번역되었다.

2. 설처(說處)와 결집(結集)

마하반야바라밀다경의 결집은 4처(處) 16회(會)로 구성되어 있는데, 제1회에서 제6회까지와 제15회는 왕사성의 영취산에서, 제7회에서 제9회까지와 제11회에서 제14회까지는 사위성의 기원정사에서, 제10회는 타화자재천 왕궁에서, 제16회는 왕사성의 죽림정사에서 이루어졌으며, 표로 구성한다면 아래와 같다.

九部般若	四處	『大般若經』의 卷數	특기사항(別稱)
上品般若	鷲峰山	初會79品(1~400卷)	十萬頌般若
中品般若		第二會85品(401~478卷)	二萬五千頌般若, 大品般若經
		第三會31品(479~537卷)	一萬八千頌般若
下品般若		第四會29品(538~555卷)	八千頌般若, 小品般若經
		第五會24品(556~565卷)	四千頌般若
天王般若		第六會17品(566~573卷)	勝天王般若經
文殊般若	給孤獨園	第七會(574~575卷, 曼殊室利分)	七百頌般若, 文殊說般若經
那伽室利般若		第八會(576卷, 那伽室利分)	濡首菩薩經
金剛般若		第九會(577卷, 能斷金剛分)	三百頌般若, 金剛經
理趣般若	他化自在天	第十會(578卷, 般若理趣分)	理趣百五十頌, 理趣般若經
六分般若	給孤獨園	第十一會(579卷~583卷, 布施波羅蜜多分)	五波羅蜜多經
		第十二會(584卷~588卷, 戒波羅蜜多分)	
		第十三會(589卷, 安忍波羅蜜多分)	
		第十四會(590卷, 精進波羅蜜多分)	
	鷲峰山	第十五會(591~592卷, 靜慮波羅蜜多分)	
	竹林精舍	第十六會(593~600卷, 般若波羅蜜多分)	善勇猛般若經

제1회는 범어로는 Śatasāhasrikāprajñāpāramitāsūtra이고, 제1권~제400권의 10만송으로 결집되고 있으며, 79품으로 이루어져 있고, 전체의

3분의 2에 해당하는 분량이다. 현장에 의해 처음으로 번역되었으므로 이역본이 없다.

제2회는 범어로는 Pañcaviṁśatisāhasrikāprajñāpāramitā sūtra이고, 제401권~제478권의 2만5천송(大品般若)으로 결집되고 있으며, 85품으로 이루어져 있고, 제1회와 비교하여 「상제보살품(常啼菩薩品)」과 「법용보살품(法涌菩薩品)」의 두 품이 생략되어 있다. 이역본으로 『방광반야바라밀경(放光般若波羅蜜經)』, 『마하반야바라밀경(摩訶般若波羅蜜經)』, 『광찬경(光讚經)』 등이 있다.

제3회는 범어로는 Aṣṭādaśasāhasrikāprajñāpāramitā sūtra이고, 제479권~제537권의 1만8천송으로 결집되고 있으며, 31품으로 이루어져 있고, 제2회와 같이 「상제보살품」과 「법용보살품」이 생략되어 있다.

제4회는 범어로 Aṣṭasāhasrikāsūtra이고, 제538권~제555권의 8천송(小品般若)으로 결집되고 있으며, 29품으로 이루어져 있다.

제5회는 범어로 Aṣṭasāhasrikāprajñāpāramitā sūtra이고, 제556권~제565권의 8천송(小品般若)으로 결집되고 있으며, 24품으로 이루어져 있다. 반야경은 큰 위력이 있어서 그 자체가 신비한 주문이라고 설하면서 수지하고 독송하는 것을 강조하였다. 이역본으로는 『마하반야초경(摩訶般若鈔經)』, 『도행반야경(道行般若經)』, 『대명도경(大明度經)』, 『마하반야바라밀경(小品般若)』, 시호 역의 『불모출생삼장반야바라밀다경』, 법현 역의 『불모보덕반야바라밀다경』, 시호 역의 『성팔천송반야바라밀다일백팔명진실원의다라니경』 등이 있다.

제6회는 범어로 Devarājapravaraprajñāpāramitā sūtra이고, 제566권~제573권으로 결집되고 있으며, 17품으로 이루어져 있다. 이역본으로 『승천왕반야바라밀경(勝天王般若波羅蜜經)』이 있다.

제7회는 범어로는 Saptaśatikāprajñāpāramitā sūtra이고, 제574~제575권으로 결집되고 있으며, 7백송이다. 만수실리분(曼殊室利分)이라고도 부르는데, 만수실리는 문수사리를 가리킨다. 이역본으로 『문수사리소설마하반야바라밀경(文殊師利所說摩訶般若波羅蜜經)』, 『문수사리소설반야바라밀경(文殊師利所說般若波羅蜜經)』이 있다.

제8회는 범어로는 Nāgaśrīparipṛcchā sūtra이고, 제576권으로 결집되고 있으며, 5백송이다. 이역본으로『불설유수보살무상청정분위경(佛說濡首菩薩無上淸淨分衛經)』이 있다.

제9회는 범어로 Vajracchedikāprajñāpāramitā sūtra이고, 제577권으로 결집되고 있으며, 능단금강분(能斷金剛分)이라 한다. 이역본으로 구마라집·보리유지·진제가 각각 번역한『금강반야바라밀경』과 현장이 번역한『능단금강반야바라밀다경』, 의정(義淨)이 번역한『불설능단금강반야바라밀다경』이 있다.

제10회는 1백50송이며, 범어로는 Adhyardhaśatikāprajñāpāramitā sūtra이고, 제578권으로 결집되고 있으며, 1백50송이고, 반야이취분(般若理趣分)이라고 부른다. 이역본으로『실상반야바라밀경(實相般若波羅蜜經)』,『금강정유가이취반야경(金剛頂瑜伽理趣般若經)』,『변조반야바라밀경(遍照般若波羅蜜經)』,『최상근본금강불공삼매대교왕경(最上根本金剛不空三昧大敎王經)』등이 있다.

제11회부터 제15회까지는 범어로는 Pañcapāramitānirdeśa이고 1천8백송이다. 제16회는 범어로 Suvikrāntavikramiparipṛcchāprajñāpāramitā sūtra이고, 2천1백송이다. 구체적으로 살펴보면, 제11회는 제579권~제583권의 보시바라밀다분이고, 제12회는 제584권~제588권의 정계바라밀다분이며, 제13회는 제589권의 안인바라밀다분이고, 제14회는 제590권의 정진바라밀다분이며, 제15회는 제591권~제592권의 정려바라밀다분이고, 제16회는 제593권~제600권의 반야바라밀다분으로 결집되어 있다.

3. 각 품(品)의 권수와 구성

『마하반야바라밀다경』의 결집은 4처(處) 16회(會)로 구성되어 있으나,

설법(說法)에 따른 분량에서 매우 많은 차이를 보여주고 있다. 이러한 차이는 각 법문의 내용과 대상에 따른 차이를 반영하고 있는데, 표를 통하여 600권에 수록된 각각의 품(品)과 분(分)을 살펴보면 다음과 같다.

법회(法會)	구분(區分)	설법의 분류	수록권수(收錄卷數)	특기사항
初會	緣起品	第1-1~2	1~2권	서문 수록
	學觀品	第2-1~2	3~4권	
	相應品	第3-1~4	4~7권	
	轉生品	第4-1~3	7~9권	
	贊勝德品	第5	10권	
	現舌相品	第6	10권	
	敎誡敎授品	第7-1~26	11~36권	
	勸學品	第8	36권	
	無住品	第9-1~2	36~37권	
	般若行相品	第10-1~4	38~41권	
	譬喩品	第11-1~4	42~45권	
	菩薩品	第12-1~2	45~46권	
	摩訶薩品	第13-1~3	47~49권	
	大乘鎧品	第14-1~3	49~51권	
	辨大乘品	第15-1~6	51~56권	
	贊大乘品	第16-1~6	56~61권	
	隨順品	第17	61권	
	無所得品	第18-1~10	61~70권	
	觀行品	第19-1~5	70~74권	
	無生品	第20-1~2	74~75권	
	淨道品	第21 1~2	75·76권	
	天帝品	第22-1~5	77~81권	
	諸天子品	第23-1~2	81~82권	
	受敎品	第24-1~3	82~83권	
	散花品	第25	84권	
	學般若品	第26-1~5	85~89권	
	求般若品	第27-1~10	89~98권	
	嘆衆德品	第28-1~2	98~99권	
	攝受品	第29-1~5	99~103권	
	校量功德品	第30-1~66	103~169권	
	隨喜迴向品	第31-1~5	169~172권	
	贊般若品	第32-1~10	172~181권	
	謗般若品	第33	181권	

難信解品	第34-1~103	182~284권	
贊淸淨品	第35-1~3	285~287권	
着不着相品	第36-1~6	287~292권	
說般若相品	第37-1~5	292~296권	
波羅蜜多品	第38-1~2	296~297권	
難聞功德品	第39-1~6	297~304권	
魔事品	第40-1~2	304~305권	
佛母品	第41-1~4	305~308권	
不思議等品	第42-1~3	308~310권	
辦事品	第43-1~2	310~311권	
衆喩品	第44-1~3	311~313권	
眞善友品	第45-1~4	313~316권	
趣智品	第46-1~3	316~318권	
眞如品	第47-1~7	318~324권	
菩薩住品	第48-1~2	324~325권	
不退轉品	第49-1~3	326~328권	
巧方便品	第50-1~3	328~330권	
願行品	第51-1~2	330~331권	
殑伽天品	第52	331권	
善學品	第53-1~5	331~335권	
斷分別品	第54-1~2	335~336권	
巧便學品	第55-1~5	337~341권	
願喩品	第56-1~2	341~342권	
堅等贊品	第57-1~5	342~346권	
囑累品	第58-1~2	346~347권	
無盡品	第59-1~2	347~348권	
相引攝品	第60-1~2	349~350권	
多問不二品	第61-1~13	350~363권	
實說品	第62-1~3	363~365권	
巧便行品	第63-1~2	365~366권	
遍學道品	第64-1~7	366~372권	
三漸次品	第65-1~2	372~373권	
無相無得品	第66-1~6	373~378권	
無雜法義品	第67-1~2	378~379권	
諸功德相品	第68-1~5	379~383권	
諸法平等品	第69-1~4	383~386권	
不可動品	第70-1~5	386~390권	
成熟有情品	第71-1~4	390~393권	
嚴淨佛土品	第72-1~2	393~394권	
淨土方便品	第73-1~2	394~395권	

	無性自性品	第74-1~2	395~396권	
	勝義瑜伽品	第75-1~2	396~397권	
	無動法性品	第76	397권	
	常啼菩薩品	第77-1~2	398~399권	
	法湧菩薩品	第78-1~2	399~400권	
	結勸品	第79	400권	
二會	緣起品	第1	401권	서문 수록
	歡喜品	第2	402권	
	觀照品	第3-1~4	402~405권	
	無等等品	第4	405권	
	舌根相品	第5	405권	
	善現品	第6-1~3	406~408권	
	入離生品	第7	408권	
	勝軍品	第8-1~2	408~409권	
	行相品	第9-1~2	409~410권	
	幻喩品	第10	410권	
	譬喩品	第11	411권	
	斷諸見品	第12	411권	
	六到彼岸品	第13-1~2	411~412권	
	乘大乘品	第14	412권	
	無縛解品	第15	413권	
	三摩地品	第16-1~2	413~414권	
	念住等品	第17-1~2	414~415권	
	修治地品	第18-1~2	415~416권	
	出住品	第19-1~2	416~417권	
	超勝品	第20-1~2	417~418권	
	無所有品	第21-1~3	418~420권	
	隨順品	第22	420권	
	無邊際品	第23-1~4	420~423권	
	遠離品	第24-1~2	423~424권	
	帝釋品	第25-1~2	425~426권	
	信受品	第26	426권	
	散花品	第27-1~2	426~427권	
	授記品	第28	427권	
	攝受品	第29-1~2	427~428권	
	窣堵波品	第30	428권	
	福生品	第31	429권	
	功德品	第32	429권	
	外道品	第33	429권	
	天來品	第34-1~2	429~430권	

設利羅品	第35	430권	
經文品	第36-1~2	431~432권	
隨喜迴向品	第37-1~2	432~433권	
大師品	第38	434권	
地獄品	第39-1~2	434~435권	
淸淨品	第40	436권	
無摽幟品	第41-1~2	436~437권	
不可得品	第42	437권	
東北方品	第43-1~3	438~440권	
魔事品	第44	440권	
不和合品	第45-1~2	440~441권	
佛母品	第46-1~2	441~442권	
示相品	第47-1~2	442~443권	
成辦品	第48	444권	
船等喩品	第49-1~2	444~445권	
初業品	第50-1~2	445~446권	
調伏貪等品	第51	446권	
眞如品	第52-1~3	446~448권	
不退轉品	第53	448권	
轉不退轉品	第54	449권	
甚深義品	第55-1~2	449~450권	
夢行品	第56	451권	
願行品	第57	451권	
殑伽天品	第58	451권	
習近品	第59	452권	
增上慢品	第60-1~3	452~454권	
同學品	第61-1~2	454~455권	
同性品	第62-1~2	455~456권	
無分別品	第63	456권	
堅非堅品	第64-1~2	456~457권	
實語品	第65-1~2	457~458권	
無盡品	第66	458권	
相攝品	第67	459권	
巧便品	第68-1~4	459~463권	
樹喩品	第69	463권	
菩薩行品	第70	464권	
親近品	第71	464권	
遍學品	第72-1~2	464~465권	
漸次品	第73-1~2	465~466권	
無相品	第74-1~2	466~467권	

해제(解題) 27

	無雜品	第75-1~2	467~468권	
	衆德相品	第76-1~4	468~471권	
	善達品	第77-1~3	471~473권	
	實際品	第78-1~2	473~474권	
	無闕品	第79-1~2	474~475권	
	道土品	第80	476권	
	正定品	第81	477권	
	佛法品	第82	477권	
	無事品	第83	478권	
	實說品	第84	478권	
	空性品	第85	478권	
第三會	緣起品	第1	479권	서문 수록
	舍利子品	第2-1~4	479~482권	
	善現品	第3-1~17	482~498권	
	天帝品	第4-1~3	498~500권	
	現窣堵波品	第5-1~3	500~502권	
	稱揚功德品	第6-1~2	502~503권	
	佛設利羅品	第7	503권	
	福聚品	第8-1~2	503~504권	
	隨喜迴向品	第9-1~2	504~505권	
	地獄品	第10-1~2	505~506권	
	嘆淨品	第11-1~2	506~507권	
	贊德品	第12	507권	
	陀羅尼品	第13-1~2	508~509권	
	魔事品	第14	509권	
	現世間品	第15	510권	
	不思議等品	第16	511권	
	譬喻品	第17	511권	
	善友品	第18	512권	
	眞如品	第19-1~2	513~514권	
	不退相品	第20-1~2	514~515권	
	空相品	第21-1~3	515~517권	
	殑伽天品	第22	517권	
	巧便品	第23-1~4	517~520권	
	學時品	第24	520권	
	見不動品	第25-1~2	521~522권	
	方便善巧品	第26-1~4	523~526권	
	慧到彼岸品	第27	527권	
	妙相品	第28-1~5	528~532권	
	施等品	第29-1~4	532~535권	

	佛國品	第30-1~2	535~536권	
	宣化品	第31-1~2	536~537권	
第四會	妙行品	第1-1~2	538~539권	서문 수록
	帝釋品	第2	539권	
	供養窣堵波品	第3-1~3	539~541권	
	稱揚功德品	第4	541권	
	福門品	第5-1~2	541~542권	
	隨喜迴向品	第6-1~2	543~544권	
	地獄品	第7	544권	
	清淨品	第8	545권	
	讚歎品	第9	545권	
	總持品	第10-1~2	545~546권	
	魔事品	第11-1~2	546~547권	
	現世間品	第12	547권	
	不思議等品	第13	547권	
	譬喩品	第14	548권	
	天贊品	第15	548권	
	眞如品	第16-1~2	548~549권	
	不退相品	第17	549권	
	空相品	第18-1~2	549~550권	
	深功德品	第19	550권	
	殑伽天品	第20	550권	
	覺魔事品	第21-1~2	551권	
	善友品	第22-1~2	551~552권	
	天主品	第23	552권	
	無雜無異品	第24	552권	
	迅速品	第25-1~2	552~553권	
	幻喩品	第26	553권	
	堅固品	第27-1~2	553~554권	
	散花品	第28	554권	
	隨順品	第29	555권	
第五會	善現品	第1	556권	서문 수록
	天帝品	第2	556권	
	窣堵波品	第3	557권	
	神呪品	第4	557권	
	設利羅品	第5	558권	
	經典品	第6	558권	
	迴向品	第7	558권	
	地獄品	第8	559권	
	清淨品	第9	559권	

	不思議品	第10-1~2	559~560권	
	魔事品	第11	560권	
	眞如品	第12	560권	
	甚深相品	第13	560~561권	
	船等喩品	第14	561권	
	如來品	第15-1~2	561~562권	
	不退品	第16	562권	
	貪行品	第17-1~2	562~563권	
	姊妹品	第18	563권	
	夢行品	第19	563권	
	勝意樂品	第20	564권	
	修學品	第21	564권	
	根栽品	第22-1~2	564~565권	
	付囑品	第23	565권	
	見不動佛品	第24	565권	
第六會	緣起品	第1	566권	서문 수록
	通達品	第2	566권	
	顯相品	第3	567권	
	法界品	第4-1~2	567~568권	
	念住品	第5	568권	
	法性品	第6	569권	
	平等品	第7	570권	
	現相品	第8	570권	
	無所得品	第9	571권	
	證勸品	第10	571권	
	顯德品	第11	572권	
	現化品	第12	572권	
	陀羅尼品	第13	572권	
	勸誡品	第14-1~2	572~573권	
	二行品	第15	573권	
	讚歎品	第16	573권	
	付囑品	第17	573권	
第七會	曼殊室利分	第1~2	574~575권	서문 수록
第八會	那伽室利分	第1	576권	서문 수록
第九會	能斷金剛分	第1	577권	서문 수록
第十會	般若理趣分	第1	578권	서문 수록
第十一會	施波羅蜜多分	第1~5	579~583권	서문 수록
第十二會	淨戒波羅蜜多分	第1~5	584~588권	서문 수록
第十三會	忍波羅蜜多分	第1	589권	서문 수록
第十四會	精進波羅蜜多分	第1	590권	서문 수록

| 第十五會 | 靜慮波羅蜜多分 | 第1~2 | 591~592권 | 서문 수록 |
| 第十六會 | 般若波羅蜜多分 | 第1~8 | 593~600권 | 서문 수록 |

따라서 마하반야바라밀다경은 설법의 내용을 따라서 각각 다른 결집의 형태를 보여주고 있으며, 매우 방대하였던 까닭으로 반야계통의 경전인 『소품반야경』, 『금강반야경』, 『반야심경』 등에 비교하여 많이 연구되지 않고 있다. 그러나 『고려대장경』의 처음에 『마하반야바라밀다경』을 배치하고 있는 것은 한국불교에서는 『마하반야바라밀다경』의 사상적인 위치가 매우 중요하였다고 추정할 수 있다.

초분
初分

마하반야바라밀다경 제61권

16. 찬대승품(讚大乘品)(6)

"선현(善現)이여. 전제(前際)에서 이생(異生)을 얻을 수 없고 후제(後際)에서도 이생을 얻을 수 없으며 중제(中際)에서 이생을 얻을 수 없으며, 삼세(三世)의 평등한 가운데에서도 이생을 역시 얻을 수 없느니라. 그 까닭은 무엇인가? 선현이여. 평등한 가운데에서 과거(過去)·미래(未來)·현재(現在)의 이생을 모두 얻을 수 없느니라. 왜 그러한가? 평등한 가운데에서 평등성도 오히려 얻을 수 없는데, 어찌 더욱이 평등한 가운데에서 과거·미래·현재의 이생을 얻을 수 있겠는가?

선현이여. 전제에서 성문(聲聞)·독각(獨覺)·보살(菩薩)·여래(如來)를 얻을 수 없고 후제에서도 성문·독각·보살·여래를 얻을 수 없으며 중제에서 성문·독각·보살·여래를 얻을 수 없으며, 삼세의 평등(平等)한 가운데에서도 성문·독각·보살·여래를 역시 얻을 수 없느니라. 그 까닭은 무엇인가? 선현이여. 평등한 가운데에서 성문·독각·보살·여래를 모두 얻을 수 없느니라. 왜 그러한가? 평등한 가운데에서 평등성도 오히려 얻을 수 없는데, 어찌 더욱이 평등한 가운데에서 과거·미래·현재의 성문·독각·보살·여래를 얻을 수 있겠는가? 나(我)·유정(有情), 나아가 지자(知者)·견자(見者)를 얻을 수 없기 때문이니라.

선현이여. 제보살마하살(諸菩薩摩訶薩)이 반야바라밀다(般若波羅蜜多)를 수행(修行)하는 때에 이 삼세가 평등한 상(相)의 가운데에 머무르면서 일체지지(一切智智)를 정근(精勤)하여 수학(修學)하면서 취(取)하거나 집착이 없는 까닭으로 빠르게 원만함을 얻느니라. 선현이여. 이것을 보살마하살의 삼세에 평등한 대승(大乘)의 상이라고 이름하느니라. 만약 보살마하살이 이와 같은 대승의 상의 가운데에 안주(安住)한다면, 수승한 일체(一切) 세간(世間)의 천상(天)·인간(人)·아소락(阿素洛) 등을 초월하여 빠르게 능히 일체지지를 증득하고 유정들을 이익되고 안락하게 하느니라."

그때 구수(具壽) 선현이 세존께 아뢰었다.
"세존이시여. 옳으십니다. 옳으십니다. 여래(如來)·응공(應)·정등각(正等覺)께서는 보살마하살의 대승을 잘 설(說)하시고 바르게 설하셨습니다. 세존이시여. 이와 같은 대승은 최고로 존귀하고 최고로 묘하므로, 과거의 제보살마하살은 이 가운데에서 수학하여 이미 일체지지를 얻었고, 미래의 제보살마하살도 이 가운데에서 수학하여 장차 일체지지를 얻을 것이며, 현재 시방의 무량(無量)하고 무수(無數)이며 무변(無邊)한 세계의 일체 보살마하살도 이 가운데에서 수학하여 지금 일체지지를 증득합니다. 이러한 까닭으로 대승은 최고로 존귀하고 최고로 미묘하며 일체지지가 진실하고 수승하므로 의지할 것입니다."

세존께서 선현에게 알리셨다.
"그와 같으니라. 그와 같으니라. 그대가 말한 것과 같이 과거·미래·현재의 제보살마하살은 모두 대승에 의지하고 정근하며 수학하면서 무상정등보리(無上正等菩提)를 바르게 증득하느니라. 이러한 까닭으로 대승은 최고로 존귀하고 최고로 미묘하느니라."

17. 수순품(隨順品)

그때 만자자(滿慈子)가 세존께 아뢰어 말하였다.
"세존이시여. 여래께서는 먼저 존자 선현에게 제보살마하살을 위하여 널리 반야바라밀다를 설하라고 시키셨습니다. 그런데 지금은 무슨 까닭으로, 곧 대승을 설하십니까?"
　구수 선현이 곧 세존께 아뢰어 말하였다.
　"세존이시여. 제가 이전에 대승을 말한 것이 장차 반야바라밀다에 어긋나고 벗어난 것은 없습니까?"
　세존께서 선현에게 알리셨다.
　"그대가 이전에 대승을 말한 것은 반야바라밀다에서 이해하였고 모두 수순(隨順)하고 어긋나고 벗어난 것이 없었느니라. 왜 그러한가? 선현이여. 일체의 선법(善法)인 보리분법(菩提分法)이 만약 성문의 법이거나, 만약 독각의 법이거나, 만약 보살의 법이거나, 만약 제불(諸佛) 법이거나, 이와 같은 일체는 반야바라밀다에 섭입(攝入)되는 까닭이니라."
　이때 구수 선현이 다시 세존께 아뢰어 말하였다.
　"세존이시여. 무엇 등이 일체의 선법인 보리분법이 만약 성문의 법이거나, 만약 독각의 법이거나, 만약 보살의 법이거나, 만약 제불 법이 모두 반야바라밀다에 섭입된다고 알 수 있습니까?"
　세존께서 말씀하셨다.
　"선현이여. 만약 보시바라밀다(布施波羅蜜多)·정계바라밀다(淨戒波羅蜜多)·안인바라밀다(安忍波羅蜜多)·정진바라밀다(精進波羅蜜多)·정려바라밀다(靜慮波羅蜜多)·반야바라밀다(般若波羅蜜多)이거나, 만약 4정려(四靜慮)·4무량(四無量)·4무색정(四無色定)이거나, 만약 4념주(四念住)·4정단(四正斷)·4신족(四神足)·5근(五根)·5력(五力)·7등각지(七等覺支)·8성도지(八聖道支)이거나, 만약 공해탈문(空解脫門)·무상해탈문(無相解脫門)·무원해탈문(無願解脫門)이거나, 만약 5안(五眼)·6신통(六神通)이거나, 만약 여래의 10력(佛十力)·4무소외(四無所畏)·4무애해(四無礙解)·대자(大慈)·대비(大悲)·대희(大喜)·대사(大捨)·18불불공법(十八佛不共法)이거나, 만약 일체지(一切智)·도상지(道相智)·일체상지(一切相智)이거나, 만약 무망실법(無志失法)·항주사성(恒住捨性)이거나, 선현이여. 여러 이와 같은 등의 일체의 선법인 보리분법이 만약 성문의 법이거나, 만약 독각의 법이거나, 만약 보살의 법이거나, 만약 제불 법이거나, 이와 같은 일체는 반야바라밀다에 섭입된다고 알아야 하느니라."

"다시 다음으로 선현이여. 만약 대승이거나, 만약 반야바라밀다이거나, 만약 정려·정진·안인·정계·보시·바라밀다이거나, 만약 색(色)이거나, 만약 수(受)·상(想)·행(行)·식(識)이거나, 만약 안처(眼處)이거나, 만약 이(耳)·비(鼻)·설(舌)·신(身)·의처(意處)이거나, 만약 색처(色處)이거나, 만약 성(聲)·향(香)·미(味)·촉(觸)·법처(法處)이거나, 만약 안계(眼界)이거나, 만약 색계(色界)·안식계(眼識界), …… 나아가 …… 안촉(眼觸)·안촉을 인연으로 생겨나는 여러 수이거나, 만약 이계(耳界)이거나, 만약 성계(聲界)·이식계(耳識界), …… 나아가 …… 이촉(耳觸)·이촉을 인연으로 생겨나는 여러 수이거나, 만약 비계(鼻界)이거나, 만약 향계(香界)·비식계(鼻識界), …… 나아가 …… 비촉(鼻觸)·비촉을 인연으로 생겨나는 여러 수이거나, 만약 설계(舌界)이거나, 만약 미계(味界)·설식계(舌識界), …… 나아가 …… 설촉(舌觸)·설촉을 인연으로 생겨나는 여러 수이거나, 만약 신계(身界)이거나, 만약 촉계(觸界)·신식계(身識界), …… 나아가 …… 신촉(身觸)·신촉을 인연으로 생겨나는 여러 수이거나, 만약 의계(意界)이거나, 만약 법계(法界)·의식계(意識界), …… 나아가 …… 의촉(意觸)·의촉을 인연으로 생겨나는 여러 수이거나, 만약 지계(地界)이거나, 만약 수(水)·화(火)·풍(風)·공(空)·식계(識界)이거나, 만약 고성제(苦聖諦)이거나, 만약 집(集)·멸(滅)·도성제(道聖諦)이거나, 만약 무명(無明)이거나, 만약 행(行)·식(識)·명색(名色)·육처(六處)·촉(觸)·수(受)·애(愛)·취(取)·유(有)·생(生)·노사(老死)의 수탄고우뇌(愁歎苦憂惱)이거나, 만약 욕계(欲界)이거나, 만약 색계(色界)·무색계(無色界)이거나, 만약 선법(善法)이거나, 만약 선하지 않은 법(非善法)이거나, 만약 유기법(有記法)이거나, 만약 무기법(無記法)이거나, 만약 유루법(有漏法)이거나, 만약 무루법(無漏法)이거나, 만약 세간(世間)·출세간(出世間)이거나, 만약 4정려(四靜慮)이거나, 만약 4무량(四無量)·4무색정(四無色定)이거나, 만약 8해탈(八解脫)이거나, 만약 8승처(八勝處)·9차제정(九次第定)·10변처(十遍處)이거나, 만약 4념주(四念住)이거나, 만약 4정단(四正斷)·4신족(四神足)·5근(五根)·5력(五力)·7등각지(七等覺支)·8성도지(八聖道支)이거나, 만약 공해탈문(空解脫門)이거나, 만약 무상(無相)·무원해탈문(無願解脫門)이거나, 만약 5안(五眼)이거나, 만약 6신통(六神通)이거나, 만약 여래의 10력(佛十力)이거나, 만약 4무소외(四無所畏)·4무애해(四無礙解)·대자(大慈)·대비(大悲)·대희(大喜)·대사(大捨)·18불불공법(十八佛不共法)·일체지(一切智)·도상지(道相智)·일체상지(一切相智)이거나, 만약 무망실법이거나, 만약 항주사성(恒住捨性)이거나, 만약 일체의 다라니문(陀羅尼門)이거나, 만약 일체의 삼마지문(三摩地門)이거나, 만약 제여래(諸如來)이거나, 만약 세존(佛)께서 깨달으시고 설하신 법(法)과 율(律)이거나, 만약 내공(內空)이거나, 만약 외공(外空)·내외공(內外空)·공공(空空)·대공(大空)·승의공(勝義空)·유위공(有爲空)·무위공(無爲空)·필경공(畢竟空)·무제공(無際空)·산공(散空)·무변이공(無變異空)·본성공(本性空)·자상공(自相空)·공상공(共相空)·일체법공(一切法空)·불가득공(不可得空)·무성공(無性空)·자성공(自性空)·무성자성공(無性自性空)이거나, 만약 진여(眞如)이거나, 만약 법계(法界)·법성(法性)·불허망성(不虛妄性)·불변이성(不變異性)·부사의계(不思議界)·허공계(虛空界)·단계(斷界)·이계(離界)·멸계(滅界)·평등성(平等性)·이생성(離生性)·법정(法定)·법주(法住)·무성계(無性界)·무상계(無相界)·무작계(無作界)·무위계(無爲界)·안은계(安隱界)·적정계(寂靜界)·본무(本無)·실제(實際)·구경열반(究竟涅槃) 등의 이와 같은 일체법은 상응하는 것이 아니고 상응하지 않는 것도 아니며, 유색(有色)이 아니고 무색(無色)도 아니며, 유견(有見)도 아니고 무견(無見)도 아니며, 대상이 있는 것도 아니고 대상이 없는 것도 아니며, 모두가 같은 하나의 상(相)이나니, 모두가 동일(同一)한 상(相)이나니 이를테면, 무상(無相)이니라.

선현이여. 이러한 인연을 이유로 그대가 이전에 말한 대승은 반야바라밀다에서 모두 수순하고 어긋나고 벗어남이 없다고 알아야 하느니라. 그 까닭은 무엇인가? 선현이여. 대승은 반야바라밀다와 다르지 않고,

반야바라밀다는 대승과 다르지 않으니라. 왜 그러한가? 만약 대승이거나, 만약 반야바라밀다일지라도 그 자성은 두 가지가 아니고 두 가지로 나눌 수 없는 까닭이니라. 선현이여. 대승은 정려·정진·안인·정계·보시바라밀다와 다르지 않고 정려·정진·안인·정계·보시바라밀다는 대승과 다르지 않으니라. 왜 그러한가? 만약 대승이거나, 만약 정려·정진·안인·정계·보시바라밀다일지라도 그 자성은 두 가지가 아니고 두 가지로 나눌 수 없는 까닭이니라.

선현이여. 대승은 4정려와 다르지 않고 4정려는 대승과 다르지 않으니라. 왜 그러한가? 만약 대승이거나, 만약 4정려일지라도 그 자성은 두 가지가 아니고 두 가지로 나눌 수 없는 까닭이니라. 선현이여. 대승은 4무량·4무색정과 다르지 않고 4무량·4무색정은 대승과 다르지 않으니라. 왜 그러한가? 만약 대승이거나, 만약 4무량·4무색정일지라도 그 자성은 두 가지가 아니고 두 가지로 나눌 수 없는 까닭이니라.

선현이여. 대승은 8해탈과 다르지 않고 8해탈은 대승과 다르지 않으니라. 왜 그러한가? 만약 대승이거나, 만약 8해탈일지라도 그 자성은 두 가지가 아니고 두 가지로 나눌 수 없는 까닭이니라. 선현이여. 대승은 8승처·9차제정·10변처와 다르지 않고 8승처·9차제정·10변처는 대승과 다르지 않으니라. 왜 그러한가? 만약 대승이거나, 만약 8승처·9차제정·10변처일지라도 그 자성은 두 가지가 아니고 두 가지로 나눌 수 없는 까닭이니라.

선현이여. 대승은 4념주와 다르지 않고 4념주는 대승과 다르지 않으니라. 왜 그러한가? 만약 대승이거나, 만약 4념주일지라도 그 자성은 두 가지가 아니고 두 가지로 나눌 수 없는 까닭이니라. 선현이여. 대승은 4정단·4신족·5근·5력·7등각지·8성도지와 다르지 않고 4정단·4신족·5근·5력·7등각지·8성도지는 대승과 다르지 않으니라. 왜 그러한가? 만약 대승이거나, 만약 4정단·4신족·5근·5력·7등각지·8성도지일지라도 그 자성은 두 가지가 아니고 두 가지로 나눌 수 없는 까닭이니라.

선현이여. 대승은 공해탈문과 다르지 않고 공해탈문은 대승과 다르지 않으니라. 왜 그러한가? 만약 대승이거나, 만약 공해탈문일지라도 그 자성은 두 가지가 아니고 두 가지로 나눌 수 없는 까닭이니라. 선현이여. 대승은 무상·무원해탈문과 다르지 않고 무상·무원해탈문은 대승과 다르지 않으니라. 왜 그러한가? 만약 대승이거나, 만약 무상·무원해탈문일지라도 그 자성은 두 가지가 아니고 두 가지로 나눌 수 없는 까닭이니라.

선현이여. 대승은 5안과 다르지 않고 5안은 대승과 다르지 않으니라. 왜 그러한가? 만약 대승이거나, 만약 5안일지라도 그 자성은 두 가지가 아니고 두 가지로 나눌 수 없는 까닭이니라. 선현이여. 대승은 6신통과 다르지 않고 6신통은 대승과 다르지 않으니라. 왜 그러한가? 만약 대승이거나, 만약 6신통일지라도 그 자성은 두 가지가 아니고 두 가지로 나눌 수 없는 까닭이니라.

선현이여. 대승은 여래의 10력과 다르지 않고 여래의 10력은 대승과 다르지 않으니라. 왜 그러한가? 만약 대승이거나, 만약 여래의 10력일지라도 그 자성은 두 가지가 아니고 두 가지로 나눌 수 없는 까닭이니라. 선현이여. 대승은 4무소외·4무애해·대자·대비·대희·대사·18불불공법·일체지·도상지·일체상지와 다르지 않고 4무소외, 나아가 일체상지는 대승과 다르지 않으니라. 왜 그러한가? 만약 대승이거나, 만약 4무소외, 나아가 일체상지일지라도 그 자성은 두 가지가 아니고 두 가지로 나눌 수 없는 까닭이니라.

선현이여. 대승은 무망실법과 다르지 않고 무망실법은 대승과 다르지 않으니라. 왜 그러한가? 만약 대승이거나, 만약 무망실법일지라도 그 자성은 두 가지가 아니고 두 가지로 나눌 수 없는 까닭이니라. 선현이여. 대승은 항주사성과 다르지 않고 항주사성은 대승과 다르지 않으니라. 왜 그러한가? 만약 대승이거나, 만약 항주사성일지라도 그 자성은 두 가지가 아니고 두 가지로 나눌 수 없는 까닭이니라.

선현이여. 대승은 온(蘊)·계(界)·처(處) 등의 공하거나 공하지 않은 법과 다르지 않고 온·계·처 등의 공하거나 공하지 않은 법은 대승과 다르지 않으니라. 왜 그러한가? 만약 대승이거나, 만약 온·계·처 등의 공하거나 공하지 않은 법일지라도 그 자성은 두 가지가 아니고 두 가지로 나눌 수 없는 까닭이니라. 선현이여, 이러한 인연을 이유로 그대가 이전에 말한 대승은 반야바라밀다에 모두 수순하고 어긋나고 벗어남이 없다고 알아야 하느니라. 만약 대승을 말하였다면 곧 이미 반야바라밀다를 말한 것이고, 만약 반야바라밀다를 말하였다면 곧 이미 대승을 말한 것이나니, 이와 같이 두 가지의 법은 차별과 다른 것이 없는 까닭이니라."

18. 무소득품(無所得品)(1)

그때 구수 선현이 부처님께 아뢰었다.
"세존이시여. 전제(前際)의 보살마하살을 얻을 수 없고, 후제(後際)의 보살마하살을 얻을 수 없으며, 중제(中際)의 보살마하살을 얻을 수 없습니다. 세존이시여. 색은 무변(無邊)한 까닭으로 보살마하살도 역시 무변하다고 마땅히 알겠고, 수·상·행·식도 무변한 까닭으로 보살마하살도 역시 무변하다고 마땅히 알겠습니다. 세존이시여. 안처는 무변한 까닭으로 보살마하살도 역시 무변하다고 마땅히 알겠고, 이·비·설·신·의처도 무변한 까닭으로 보살마하살도 역시 무변하다고 마땅히 알겠습니다. 세존이시여. 색처는 무변한 까닭으로 보살마하살도 역시 무변하다고 마땅히 알겠고, 성·향·미·촉·법처도 무변한 까닭으로 보살마하살도 역시 무변하다고 마땅히 알겠습니다.
세존이시여. 안계는 무변한 까닭으로 보살마하살도 역시 무변하다고 마땅히 알겠고, 색계·안식계, …… 나아가 …… 안촉·안촉을 인연으로 생겨난 여러 수도 무변한 까닭으로 보살마하살도 역시 무변하다고 마땅히 알겠습니다. 세존이시여. 이계는 무변한 까닭으로 보살마하살도 역시 무변하다고 마땅히 알겠고, 성계·이식계, …… 나아가 …… 이촉·이촉을 인연으로 생겨난 여러 수도 무변한 까닭으로 보살마하살도 역시 무변하다고 마땅히 알겠습니다. 세존이시여. 비계는 무변한 까닭으로 보살마하살도 역시 무변하다고 마땅히 알겠고, 향계·비식계, …… 나아가 …… 비촉·비촉을 인연으로 생겨난 여러 수도 무변한 까닭으로 보살마하살도 역시 무변하다고 마땅히 알겠습니다.

세존이시여. 설계는 무변한 까닭으로 보살마하살도 역시 무변하다고 마땅히 알겠고, 미계·설식계, …… 나아가 …… 설촉·설촉을 인연으로 생겨난 여러 수도 무변한 까닭으로 보살마하살도 역시 무변하다고 마땅히 알겠습니다. 세존이시여. 신계는 무변한 까닭으로 보살마하살도 역시 무변하다고 마땅히 알겠고, 촉계·신식계, …… 나아가 …… 신촉·신촉을 인연으로 생겨난 여러 수도 무변한 까닭으로 보살마하살도 역시 무변하다고 마땅히 알겠습니다. 세존이시여. 의계는 무변한 까닭으로 보살마하살도 역시 무변하다고 마땅히 알겠고, 법계·의식계, …… 나아가 …… 의촉·의촉을 인연으로 생겨나는 여러 수도 무변한 까닭으로 보살마하살도 역시 무변하다고 마땅히 알겠습니다.

세존이시여. 지계는 무변한 까닭으로 보살마하살도 역시 무변하다고 마땅히 알겠고, 수·화·풍·공·식계도 무변한 까닭으로 보살마하살도 역시 무변하다고 마땅히 알겠습니다. 세존이시여. 고성제는 무변한 까닭으로 보살마하살도 역시 무변하다고 마땅히 알겠고, 집·멸·도성제도 무변한 까닭으로 보살마하살도 역시 무변하다고 마땅히 알겠습니다. 세존이시여. 무명은 무변한 까닭으로 보살마하살도 역시 무변하다고 마땅히 알겠고, 행·식·명색·육처·촉·수·애·취·유·생·노사의 수탄고우뇌도 무변한 까닭으로 보살마하살도 역시 무변하다고 마땅히 알겠습니다.

세존이시여. 보시바라밀다는 무변한 까닭으로 보살마하살도 역시 무변하다고 마땅히 알겠고, 정계·안인·정진·정려·반야바라밀다도 무변한 까닭으로 보살마하살도 역시 무변하다고 마땅히 알겠습니다. 세존이시여. 4정려는 무변한 까닭으로 보살마하살도 역시 무변하다고 마땅히 알겠고, 4무량·4무색정도 무변한 까닭으로 보살마하살도 역시 무변하다고 마땅히 알겠습니다. 세존이시여. 8해탈은 무변한 까닭으로 보살마하살도 역시 무변하다고 마땅히 알겠고, 8승처·9차제정·10변처도 무변한 까닭으로 보살마하살도 역시 무변하다고 마땅히 알겠습니다.

세존이시여. 4념주는 무변한 까닭으로 보살마하살도 역시 무변하다고 마땅히 알겠고, 4정단·4신족·5근·5력·7등각지·8성도지도 무변한 까닭으로 보살마하살도 역시 무변하다고 마땅히 알겠습니다. 세존이시여. 공해탈문은 무변한 까닭으로 보살마하살도 역시 무변하다고 마땅히 알겠고, 무상·무원해탈문도 무변한 까닭으로 보살마하살도 역시 무변하다고 마땅히 알겠습니다. 세존이시여. 5안은 무변한 까닭으로 보살마하살도 역시 무변하다고 마땅히 알겠고, 6신통도 무변한 까닭으로 보살마하살도 역시 무변하다고 마땅히 알겠습니다.

세존이시여. 여래의 10력은 무변한 까닭으로 보살마하살도 역시 무변하다고 마땅히 알겠고, 4무소외·4무애해·대자·대비·대희·대사·18불불공법·일체지·도상지·일체상지도 무변한 까닭으로 보살마하살도 역시 무변하다고 마땅히 알겠습니다. 세존이시여. 무망실법은 무변한 까닭으로 보살마하살도 역시 무변하다고 마땅히 알겠고, 항주사성도 무변한 까닭으로 보살마하살도 역시 무변하다고 마땅히 알겠습니다. 세존이시여. 일체의 다라니문은 무변한 까닭으로 보살마하살도 역시 무변하다고 마땅히 알겠고, 일체의 삼마지문도 무변한 까닭으로 보살마하살도 역시 무변하다고 마땅히 알겠습니다.

세존이시여. 진여는 무변한 까닭으로 보살마하살도 역시 무변하다고 마땅히 알겠고, 외공·내외공·공공·대공·승의공·유위공·무위공·필경공·무제공·산공·무변이공·본성공·자상공·공상공·일체법공·불가득공·무성공·자성공·무성자성공도 무변한 까닭으로 보살마하살도 역시 무변하다고 마땅히 알겠습니다.

세존이시여. 진여는 무변한 까닭으로 보살마하살도 역시 무변하다고 마땅히 알겠고, 법계·법성·불허망성·불변이성·부사의계·허공계·단계·이계·멸계·평등성·이생성·법정·법주·무성계·무상계·무작계·무위계·안은계·적정계·본무·실제·구경열반도 무변한 까닭으로 보살마하살도 역시 무변하다고 마땅히 알겠습니다.
　세존이시여. 성문승(聲聞乘)은 무변한 까닭으로 보살마하살도 역시 무변하다고 마땅히 알겠고, 독각승(獨覺乘)도 무변한 까닭으로 보살마하살도 역시 무변하다고 마땅히 알겠으며, 대승(大乘)도 무변한 까닭으로 보살마하살도 역시 무변하다고 마땅히 알겠습니다."

　"세존이시여. 색에 가까운 보살마하살은 무소유(無所有)이므로 얻을 수 없고 색을 벗어난 보살마하살도 무소유이므로 얻을 수 없으며, 수·상·행·식에 가까운 보살마하살은 무소유이므로 얻을 수 없고 수·상·행·식을 벗어난 보살마하살도 무소유이므로 얻을 수 없습니다. 세존이시여. 안처에 가까운 보살마하살은 무소유이므로 얻을 수 없고 안처를 벗어난 보살마하살도 무소유이므로 얻을 수 없으며, 이·비·설·신·의처에 가까운 보살마하살은 무소유이므로 얻을 수 없고 이·비·설·신·의처를 벗어난 보살마하살도 무소유이므로 얻을 수 없습니다.
　세존이시여. 색처에 가까운 보살마하살은 무소유이므로 얻을 수 없고 색처를 벗어난 보살마하살도 무소유이므로 얻을 수 없으며, 성·향·미·촉·법처에 가까운 보살마하살은 무소유이므로 얻을 수 없고 성·향·미·촉·법처를 벗어난 보살마하살도 무소유이므로 얻을 수 없습니다. 세존이시여. 안계에 가까운 보살마하살은 무소유이므로 얻을 수 없고 안계를 벗어난 보살마하살도 무소유이므로 얻을 수 없으며, 색계·안식계, 나아가 안촉·안촉을 인연으로 생겨난 여러 수에 가까운 보살마하살은 무소유이므로 얻을 수 없고 색계·안식계, 나아가 안촉·안촉을 인연으로 생겨난 여러 수를 벗어난 보살마하살도 무소유이므로 얻을 수 없습니다.
　세존이시여. 이계에 가까운 보살마하살은 무소유이므로 얻을 수 없고 이계를 벗어난 보살마하살도 무소유이므로 얻을 수 없으며, 성계·이식계, 나아가 이촉·이촉을 인연으로 생겨난 여러 수에 가까운 보살마하살은 무소유이므로 얻을 수 없고 성계, 나아가 이촉을 인연으로 생겨난 여러 수를 벗어난 보살마하살도 무소유이므로 얻을 수 없습니다. 세존이시여.

비계에 가까운 보살마하살은 무소유이므로 얻을 수 없고 비계를 벗어난 보살마하살도 무소유이므로 얻을 수 없으며, 향계·비식계, 나아가 비촉·비촉을 인연으로 생겨난 여러 수에 가까운 보살마하살은 무소유이므로 얻을 수 없고 향계, 나아가 비촉을 인연으로 생겨난 여러 수를 벗어난 보살마하살도 무소유이므로 얻을 수 없습니다.

세존이시여. 설계에 가까운 보살마하살은 무소유이므로 얻을 수 없고 설계를 벗어난 보살마하살도 무소유이므로 얻을 수 없으며, 미계·설식계, 나아가 설촉·설촉을 인연으로 생겨난 여러 수에 가까운 보살마하살은 무소유이므로 얻을 수 없고 미계, 나아가 설촉을 인연으로 생겨난 여러 수를 벗어난 보살마하살도 무소유이므로 얻을 수 없습니다. 세존이시여. 신계에 가까운 보살마하살은 무소유이므로 얻을 수 없고 신계를 벗어난 보살마하살도 무소유이므로 얻을 수 없으며, 촉계·신식계, 나아가 신촉·신촉을 인연으로 생겨난 여러 수에 가까운 보살마하살은 무소유이므로 얻을 수 없고 촉계, 나아가 신촉을 인연으로 생겨난 여러 수를 벗어난 보살마하살도 무소유이므로 얻을 수 없습니다.

세존이시여. 의계에 가까운 보살마하살은 무소유이므로 얻을 수 없고 의계를 벗어난 보살마하살도 무소유이므로 얻을 수 없으며, 법계·의식계, 나아가 의촉·의촉을 인연으로 생겨난 여러 수에 가까운 보살마하살은 무소유이므로 얻을 수 없고 법계, 나아가 의촉을 인연으로 생겨난 여러 수를 벗어난 보살마하살도 무소유이므로 얻을 수 없습니다. 세존이시여. 지계에 가까운 보살마하살은 무소유이므로 얻을 수 없고 지계를 벗어난 보살마하살도 무소유이므로 얻을 수 없으며, 수·화·풍·공·식계에 가까운 보살마하살은 무소유이므로 얻을 수 없고 수·화·풍·공·식계를 벗어난 보살마하살도 무소유이므로 얻을 수 없습니다.

세존이시여. 고성제에 가까운 보살마하살은 무소유이므로 얻을 수 없고 고성제를 벗어난 보살마하살도 무소유이므로 얻을 수 없으며, 집·멸·도성제에 가까운 보살마하살은 무소유이므로 얻을 수 없고 집·멸·도성제를 벗어난 보살마하살도 무소유이므로 얻을 수 없습니다. 세존이시여.

무명에 가까운 보살마하살은 무소유이므로 얻을 수 없고 무명을 벗어난 보살마하살도 무소유이므로 얻을 수 없으며, 행·식·명색·육처·촉·수·애·취·유·생·노사의 수탄고우뇌에 가까운 보살마하살은 무소유이므로 얻을 수 없고 행·식·명색·육처·촉·수·애·취·유·생·노사의 수탄고우뇌를 벗어난 보살마하살도 무소유이므로 얻을 수 없습니다.

세존이시여. 보시바라밀다에 가까운 보살마하살은 무소유이므로 얻을 수 없고 보시바라밀다를 벗어난 보살마하살도 무소유이므로 얻을 수 없으며, 정계·안인·정진·정려·반야바라밀다에 가까운 보살마하살은 무소유이므로 얻을 수 없고 정계·안인·정진·정려·반야바라밀다를 벗어난 보살마하살도 무소유이므로 얻을 수 없습니다. 세존이시여. 4정려에 가까운 보살마하살은 무소유이므로 얻을 수 없고 4정려를 벗어난 보살마하살도 무소유이므로 얻을 수 없으며, 4무량·4무색정에 가까운 보살마하살은 무소유이므로 얻을 수 없고 4무량·4무색정을 벗어난 보살마하살도 무소유이므로 얻을 수 없습니다.

세존이시여. 8해탈에 가까운 보살마하살은 무소유이므로 얻을 수 없고 8해탈을 벗어난 보살마하살도 무소유이므로 얻을 수 없으며, 8승처·9차제정·10변처에 가까운 보살마하살은 무소유이므로 얻을 수 없고 8승처·9차제정·10변처를 벗어난 보살마하살도 무소유이므로 얻을 수 없습니다. 세존이시여. 4념주에 가까운 보살마하살은 무소유이므로 얻을 수 없고 4념주를 벗어난 보살마하살도 무소유이므로 얻을 수 없으며, 4정단·4신족·5근·5력·7등각지·8성도지에 가까운 보살마하살은 무소유이므로 얻을 수 없고 4정단·4신족·5근·5력·7등각지·8성도지를 벗어난 보살마하살도 무소유이므로 얻을 수 없습니다.

세존이시여. 공해탈문에 가까운 보살마하살은 무소유이므로 얻을 수 없고 공해탈문을 벗어난 보살마하살도 무소유이므로 얻을 수 없으며, 무상·무원해탈문에 가까운 보살마하살은 무소유이므로 얻을 수 없고 무상·무원해탈문을 벗어난 보살마하살도 무소유이므로 얻을 수 없습니다. 세존이시여. 5안에 가까운 보살마하살은 무소유이므로 얻을 수 없고

5안을 벗어난 보살마하살도 무소유이므로 얻을 수 없으며, 6신통에 가까운 보살마하살은 무소유이므로 얻을 수 없고 6신통을 벗어난 보살마하살도 무소유이므로 얻을 수 없습니다.

세존이시여. 여래의 10력에 가까운 보살마하살은 무소유이므로 얻을 수 없고 여래의 10력을 벗어난 보살마하살도 무소유이므로 얻을 수 없으며, 4무소외·4무애해·대자·대비·대희·대사·18불불공법·일체지·도상지·일체상지에 가까운 보살마하살은 무소유이므로 얻을 수 없고 4무소외, 나아가 일체상지를 벗어난 보살마하살도 무소유이므로 얻을 수 없습니다. 세존이시여. 도상지에 가까운 보살마하살은 무소유이므로 얻을 수 없고 도상지를 벗어난 보살마하살도 무소유이므로 얻을 수 없습니다.

세존이시여. 무망실법에 가까운 보살마하살은 무소유이므로 얻을 수 없고 무망실법을 벗어난 보살마하살도 무소유이므로 얻을 수 없으며, 항주사성에 가까운 보살마하살은 무소유이므로 얻을 수 없고 항주사성을 벗어난 보살마하살도 무소유이므로 얻을 수 없습니다. 세존이시여. 일체의 다라니문에 가까운 보살마하살은 무소유이므로 얻을 수 없고 일체의 다라니문을 벗어난 보살마하살도 무소유이므로 얻을 수 없으며, 일체의 삼마지문에 가까운 보살마하살은 무소유이므로 얻을 수 없고 일체의 삼마지문을 벗어난 보살마하살도 무소유이므로 얻을 수 없습니다.

세존이시여. 내공에 가까운 보살마하살은 무소유이므로 얻을 수 없고 내공을 벗어난 보살마하살도 무소유이므로 얻을 수 없으며, 외공·내외공·공공·대공·승의공·유위공·무위공·필경공·무제공·산공·무변이공·본성공·자상공·공상공·일체법공·불가득공·무성공·자성공·무성자성공에 가까운 보살마하살은 무소유이므로 얻을 수 없고 외공, 나아가 무성자성공을 벗어난 보살마하살도 무소유이므로 얻을 수 없습니다.

세존이시여. 진여에 가까운 보살마하살은 무소유이므로 얻을 수 없고 진여를 벗어난 보살마하살도 무소유이므로 얻을 수 없으며, 법계·법성·불허망성·불변이성·부사의계·허공계·단계·이계·멸계·평등성·이생성·법정·법주·무성계·무상계·무작계·무위계·안은계·적정계·본무·실제·

구경열반에 가까운 보살마하살은 무소유이므로 얻을 수 없고 법계, 나아가 구경열반을 벗어난 보살마하살도 무소유이므로 얻을 수 없습니다.
 세존이시여. 성문승에 가까운 보살마하살은 무소유이므로 얻을 수 없고 성문승을 벗어난 보살마하살도 무소유이므로 얻을 수 없으며, 독각승에 가까운 보살마하살은 무소유이므로 얻을 수 없고 독각승을 벗어난 보살마하살도 무소유이므로 얻을 수 없으며, 대승에 가까운 보살마하살은 무소유이므로 얻을 수 없고 대승을 벗어난 보살마하살도 무소유이므로 얻을 수 없습니다.
 세존이시여. 성문의 보특가라(補特伽羅)에 가까운 보살마하살은 무소유이므로 얻을 수 없고 성문의 보특가라를 벗어난 보살마하살도 무소유이므로 얻을 수 없으며, 독각·대승의 보특가라에 가까운 보살마하살은 무소유이므로 얻을 수 없고 독각·대승의 보특가라를 벗어난 보살마하살도 무소유이므로 얻을 수 없습니다.
 세존이시여. 저는 일체법에서 일체의 종류로써, 일체의 처소로써, 일체의 시간로써, 보살마하살을 구하였어도 모두 보았던 것이 없었고, 결국 얻을 수 없었는데, 어찌 저에게 반야바라밀다로써 제보살마하살을 교계(敎誡)하고 교수(敎授)하라고 시키십니까?
 세존이시여. 보살마하살은 다만 가명(假名)이 있으나, 나(我) 등이 반드시 결국에는 생겨나지 않는다고 말하는 것과 같이 제법도 역시 그러하므로 모두 자성(自性)이 없습니다. 세존이시여. 색 등의 제법은 반드시 결국에는 생겨나지 않나니, 반드시 결국에 생겨나지 않는다면 색 등으로 이름할 수 없습니다.
 세존이시여. 제가 어찌하여 능히 반드시 결국에 생겨나지 않는 반야바라밀다로써 반드시 결국에 생겨나지 않는 제보살마하살을 교계하고 교수하겠습니까? 세존이시여. 벗어나더라도 반드시 결국에 생겨나지 않고, 역시 보살마하살은 능히 무상정등보리(無上正等菩提)를 행하지 않습니다.
 세존이시여. 만약 보살마하살이 이와 같은 말을 듣고서, 그 마음이 놀라지도 않고 두려워하지도 않으며 겁내지도 않고 침울하지도 않으며 숨기지도 않고, 역시 근심하거나 후회하지도 않는다면 이 보살마하살은 능히 반야바라밀다를 행한다고 마땅히 알아야 합니다."

　그때 사리자(舍利子)가 선현에게 물어 말하였다.
　"무슨 인연을 까닭으로 '전제의 보살마하살을 얻을 수 없고, 후제의 보살마하살을 얻을 수 없으며, 중제의 보살마하살도 얻을 수 없다.'라고 말합니까? 무슨 인연을 까닭으로 '색 등이 무변한 까닭으로 보살마하살도 역시 무변하다.'라고 말합니까? 무슨 인연을 까닭으로 '색에 가까운 보살마하살은 무소유이므로 얻을 수 없고 색을 벗어난 보살마하살도 무소유이므로 얻을 수 없다.'라고 말합니까? 무슨 인연을 까닭으로 저는 일체법에서 일체의 종류로써, 일체의 처소로써, 일체의 시간으로써, 보살마하살을 구하였어도 모두 보았던 것이 없었고, 결국 얻을 수 없었는데, 어찌 저에게 반야바라밀다로써 제보살마하살을 교계하고 교수하라고 시키십니까?'라고 말합니까?
　무슨 인연을 까닭으로 '보살마하살은 다만 가명이 있다.'라고 말합니까? 무슨 인연을 까닭으로 '나(我) 등이 반드시 결국에는 생겨나지 않는다.'라고 말합니까? 무슨 인연을 까닭으로 '제법도 역시 그러하므로 모두 자성이 없다.'라고 말합니까? 무슨 인연을 까닭으로 '색 등의 제법은 반드시 결국에는 생겨나지 않는다면 색 등으로 이름할 수 없다.'라고 말합니까? 무슨 인연을 까닭으로 '제가 어찌하여 능히 반드시 결국에 생겨나지 않는 반야바라밀다로써 반드시 결국에 생겨나지 않는 제보살마하살을 교계하고 교수하겠습니까?'라고 말합니까? 무슨 인연을 까닭으로 '벗어나더라도 반드시 결국에 생겨나지 않고, 역시 보살마하살은 능히 무상정등보리를 행하지 않는다.'라고 말합니까? 무슨 인연을 까닭으로 '만약 보살마하살이 이와 같은 말을 듣고서, 그 마음이 놀라지도 않고 두려워하지도 않으며 겁내지도 않고 침울하지도 않고 감추지도 않으며, 역시 근심하거나 후회하지도 않는다면 이 보살마하살은 능히 반야바라밀다를 행한다고 마땅히 알아야 한다.'라고 말합니까?"

그때 구수 선현이 사리자에게 대답하여 말하였다.

"존자(尊者)께서 '무슨 인연을 까닭으로 전제(前際)의 보살마하살을 얻을 수 없고, 후제(後際)의 보살마하살을 얻을 수 없으며, 중제(中際)의 보살마하살도 얻을 수 없다.'라고 말한 것과 같이, 사리자여. 유정이 무소유인 까닭으로 전제·후제·중제의 보살마하살을 얻을 수 없고, 유정이 공한 까닭으로 전제·후제·중제의 보살마하살을 얻을 수 없으며, 유정이 멀리 벗어난 까닭으로 전제·후제·중제의 보살마하살을 얻을 수 없고, 유정이 자성이 없는 까닭으로 전제·후제·중제의 보살마하살을 얻을 수 없습니다. 왜 그러한가? 사리자여. 유정이 무소유이고 공하며 멀리 벗어났고 자성이 없는 것의 가운데에서는 전제·후제·중제의 보살마하살을 모두 얻을 수 없는 까닭입니다.

사리자여. 유정이 무소유이거나 다른 것이 있지 않고, 유정이 공하거나 다른 것이 있지 않으며, 유정이 멀리 벗어났거나 다른 것이 있지 않고, 유정이 자성이 없거나 다른 것이 있지 않으며, 전제가 보살마하살과 다른 것이 있지 않고, 후제가 보살마하살과 다른 것이 있지 않으며, 중제가 보살마하살과 다른 것이 있지 않습니다. 사리자여. 만약 유정이 무소유이거나, 만약 유정이 공하거나, 만약 유정이 멀리 벗어났거나, 만약 유정이 자성이 없거나, 만약 전제의 보살마하살이거나, 만약 후제의 보살마하살이거나, 만약 중제의 보살마하살일지라도, 이와 같은 일체법은 무이(無二)이고 둘로 나눌 수 없습니다. 사리자여. 오히려 이러한 인연을 까닭으로, '전제의 보살마하살을 얻을 수 없고, 후제의 보살마하살을 얻을 수 없으며, 중제의 보살마하살도 얻을 수 없다.'라고 나는 이렇게 말을 지었습니다.

사리자여. 색이 무소유(無所有)인 까닭으로 전제·후제·중제의 보살마하살을 얻을 수 없고 수·상·행·식이 무소유인 까닭으로 전제·후제·중제의 보살마하살을 얻을 수 없으며, 색이 공한 까닭으로 전제·후제·중제의 보살마하살을 얻을 수 없고 수·상·행·식이 공한 까닭으로 전제·후제·중제의 보살마하살을 얻을 수 없으며, 색이 멀리 벗어난 까닭으로 전제·후제·

중제의 보살마하살을 얻을 수 없고 수·상·행·식이 멀리 벗어난 까닭으로 전제·후제·중제의 보살마하살을 얻을 수 없으며, 색이 자성이 없는 까닭으로 전제·후제·중제의 보살마하살을 얻을 수 없고 수·상·행·식이 자성이 없는 까닭으로 전제·후제·중제의 보살마하살을 얻을 수 없습니다. 왜 그러한가? 사리자여. 색·수·상·행·식은 무소유이고 공하며 멀리 벗어나고 자성이 없는 가운데에서 전제·후제·중제의 보살마하살을 모두 얻을 수 없는 까닭입니다.

사리자여. 색·수·상·행·식은 무소유이거나 다른 것이 있지 않고, 색·수·상·행·식은 공하거나 다른 것이 있지 않으며, 색·수·상·행·식은 멀리 벗어났거나 다른 것이 있지 않고, 색·수·상·행·식은 자성이 없거나 다른 것이 있지 않고, 전제의 보살마하살과 다른 것이 있지 않으며, 후제가 보살마하살과 다른 것이 있지 않고, 중제가 보살마하살과 다른 것이 있지 않습니다.

사리자여. 만약 색·수·상·행·식이 무소유이거나, 만약 색·수·상·행·식이 공하거나, 만약 색·수·상·행·식이 멀리 벗어났거나, 만약 색·수·상·행·식이 자성이 없거나, 만약 전제의 보살마하살이거나, 만약 후제의 보살마하살이거나, 만약 중제의 보살마하살일지라도, 이와 같은 일체법은 무이이고 둘로 나눌 수 없습니다. 사리자여. 오히려 이러한 인연을 까닭으로, '전제의 보살마하살을 얻을 수 없고, 후제의 보살마하살을 얻을 수 없으며, 중제의 보살마하살도 얻을 수 없다.'라고 나는 이렇게 말을 지었습니다.

사리자여. 안처가 무소유인 까닭으로 전제·후제·중제의 보살마하살을 얻을 수 없고 이·비·설·신·의처가 무소유인 까닭으로 전제·후제·중제의 보살마하살을 얻을 수 없으며, 안처가 공한 까닭으로 전제·후제·중제의 보살마하살을 얻을 수 없고 이·비·설·신·의처가 공한 까닭으로 전제·후제·중제의 보살마하살을 얻을 수 없으며, 안처가 멀리 벗어난 까닭으로 전제·후제·중제의 보살마하살을 얻을 수 없고 이·비·설·신·의처가 멀리 벗어난 까닭으로 전제·후제·중제의 보살마하살을 얻을 수 없으며, 안처가 자성이 없는 까닭으로 전제·후제·중제의 보살마하살을 얻을 수 없고 이·비·설·신·의처가 자성이 없는 까닭으로 전제·후제·중제의 보살마하살을 얻을 수 없습니다. 왜 그러한가? 사리자여. 안·이·비·설·신·의처는 무소유이고 공하며 멀리 벗어나고 자성이 없는 가운데에서 전제·후제·중제의 보살마하살을 모두 얻을 수 없는 까닭입니다.

사리자여. 안·이·비·설·신·의처는 무소유이거나 다른 것이 있지 않으며, 안·이·비·설·신·의처는 공하거나 다른 것이 있지 않으며, 안·이·비·설·신·의처는 멀리 벗어났거나 다른 것이 있지 않고, 안·이·비·설·신·의처는 자성이 없거나 다른 것이 있지 않으며, 전제의 보살마하살과 다른 것이 있지 않고, 후제의 보살마하살과 다른 것이 있지 않으며, 중제의 보살마하살과 다른 것이 있지 않습니다.

사리자여. 만약 안·이·비·설·신·의처가 무소유이거나, 만약 안·이·비·설·신·의처가 공하거나, 만약 안·이·비·설·신·의처가 멀리 벗어났거나, 만약 안·이·비·설·신·의처가 자성이 없거나, 만약 전제의 보살마하살이거나, 만약 후제의 보살마하살이거나, 만약 중제의 보살마하살일지라도, 이와 같은 일체법은 무이이고 둘로 나눌 수 없습니다. 사리자여. 오히려 이러한 인연을 까닭으로, '전제의 보살마하살을 얻을 수 없고, 후제의 보살마하살을 얻을 수 없으며, 중제의 보살마하살도 얻을 수 없다.'라고 나는 이렇게 말을 지었습니다.

사리자여. 색처가 무소유인 까닭으로 전제·후제·중제의 보살마하살을 얻을 수 없고 성·향·미·촉·법처가 무소유인 까닭으로 전제·후제·중제의 보살마하살을 얻을 수 없으며, 색처가 공한 까닭으로 전제·후제·중제의 보살마하살을 얻을 수 없고 성·향·미·촉·법처가 공한 까닭으로 전제·후제·중제의 보살마하살을 얻을 수 없으며, 색처가 멀리 벗어난 까닭으로 전제·후제·중제의 보살마하살을 얻을 수 없고 성·향·미·촉·법처가 멀리 벗어난 까닭으로 전제·후제·중제의 보살마하살을 얻을 수 없으며, 색처가 자성이 없는 까닭으로 전제·후제·중제의 보살마하살을 얻을 수 없고 성·향·미·촉·법처가 자성이 없는 까닭으로 전제·후제·중제의 보살마하살을 얻을 수 없습니다. 왜 그러한가? 사리자여. 성·향·미·촉·법처는 무소유이고 공하며 멀리 벗어나고 자성이 없는 가운데에서 전제·후제·중제의 보살마하살을 모두 얻을 수 없는 까닭입니다.
　사리자여. 색·성·향·미·촉·법처는 무소유이거나 다른 것이 있지 않고, 색·성·향·미·촉·법처는 공하거나 다른 것이 있지 않으며, 색·성·향·미·촉·법처는 멀리 벗어났거나 다른 것이 있는 것은 아니고, 색·성·향·미·촉·법처는 자성이 없는 것과 다른 것이 있지 않으며, 전제의 보살마하살과 다른 것이 있지 않고, 후제의 보살마하살과 다른 것이 있지 않으며, 중제의 보살마하살과 다른 것이 있지 않습니다.
　사리자여. 만약 색·성·향·미·촉·법처가 무소유이거나, 만약 색·성·향·미·촉·법처가 공하거나, 만약 색·성·향·미·촉·법처가 멀리 벗어났거나, 만약 색·성·향·미·촉·법처가 자성이 없거나, 만약 전제의 보살마하살이거나, 만약 후제의 보살마하살이거나, 만약 중제의 보살마하살일지라도, 이와 같은 일체법은 무이이고 둘로 나눌 수 없습니다. 사리자여. 오히려 이러한 인연을 까닭으로, '전제의 보살마하살을 얻을 수 없고, 후제의 보살마하살을 얻을 수 없으며, 중제의 보살마하살도 얻을 수 없다.'라고 나는 이렇게 말을 지었습니다.
　사리자여. 안계가 무소유인 까닭으로 전제·후제·중제의 보살마하살을 얻을 수 없고 색계·안식계, 나아가 안촉·안촉을 인연으로 생겨난 여러 수가 무소유인 까닭으로 전제·후제·중제의 보살마하살을 얻을 수 없으며, 안계가 공한 까닭으로 전제·후제·중제의 보살마하살을 얻을 수 없고 색계·안식계, 나아가 안촉·안촉을 인연으로 생겨난 여러 수가 공한 까닭으로 전제·후제·중제의 보살마하살을 얻을 수 없으며, 안계가 멀리 벗어난 까닭으로 전제·후제·중제의 보살마하살을 얻을 수 없고 색계·안식계, 나아가 안촉·안촉을 인연으로 생겨난 여러 수가 멀리 벗어난 까닭으로 전제·후제·중제의 보살마하살을 얻을 수 없으며, 안계가 자성이 없는 까닭으로 전제·후제·중제의 보살마하살을 얻을 수 없고 색계·안식계, 나아가 안촉·안촉을 인연으로 생겨난 여러 수가 자성이 없는 까닭으로 전제·후제·중제의 보살마하살을 얻을 수 없습니다. 왜 그러한가? 사리자여. 안계·색계·안식계, 나아가 안촉·안촉을 인연으로 생겨난 여러 수는 무소유이고 공하며 멀리 벗어나고 자성이 없는 가운데에서 전제·후제·중제의 보살마하살을 모두 얻을 수 없는 까닭입니다.

사리자여. 안계, 나아가 안촉을 인연으로 생겨난 여러 수는 무소유이거나 다른 것이 있지 않고, 안계, 나아가 안촉을 인연으로 생겨난 여러 수는 공하거나 다른 것이 있지 않으며, 안계, 나아가 안촉을 인연으로 생겨난 여러 수는 멀리 벗어났거나 다른 것이 있지 않고, 안계, 나아가 안촉을 인연으로 생겨난 여러 수는 자성이 없거나 다른 것이 있지 않으며, 전제의 보살마하살과 다른 것이 있지 않고, 후제의 보살마하살과 다른 것이 있지 않으며, 중제의 보살마하살과 다른 것이 있지 않습니다.

사리자여. 만약 안계, 나아가 안촉을 인연으로 생겨난 여러 수가 무소유이거나, 만약 안계, 나아가 안촉을 인연으로 생겨난 여러 수가 공하거나, 만약 안계, 나아가 안촉을 인연으로 생겨난 여러 수가 멀리 벗어났거나, 만약 안계, 나아가 안촉을 인연으로 생겨난 여러 수가 자성이 없거나, 만약 전제의 보살마하살이거나, 만약 후제의 보살마하살이거나, 만약 중제의 보살마하살일지라도, 이와 같은 일체법은 무이이고 둘로 나눌 수 없습니다. 사리자여. 오히려 이러한 인연을 까닭으로, '전제의 보살마하살을 얻을 수 없고, 후제의 보살마하살을 얻을 수 없으며, 중제의 보살마하살도 얻을 수 없다.'라고 나는 이렇게 말을 지었습니다."

마하반야바라밀다경 제62권

18. 무소득품(無所得品)(2)

"사리자여, 이계가 무소유인 까닭으로 전제·후제·중제의 보살마하살을 얻을 수 없고 성계·이식계, 나아가 이촉·이촉을 인연으로 생겨난 여러 수가 무소유인 까닭으로 전제·후제·중제의 보살마하살을 얻을 수 없으며, 이계가 공한 까닭으로 전제·후제·중제의 보살마하살을 얻을 수 없고 성계·이식계, 나아가 이촉·이촉을 인연으로 생겨난 여러 수가 공한 까닭으로 전제·후제·중제의 보살마하살을 얻을 수 없으며, 이계가 멀리 벗어난 까닭으로 전제·후제·중제의 보살마하살을 얻을 수 없고 성계·이식계, 나아가 이촉·이촉을 인연으로 생겨난 여러 수가 멀리 벗어난 까닭으로 전제·후제·중제의 보살마하살을 얻을 수 없으며, 이계가 자성이 없는 까닭으로 전제·후제·중제의 보살마하살을 얻을 수 없고 성계·이식계, 나아가 이촉·이촉을 인연으로 생겨난 여러 수가 자성이 없는 까닭으로 전제·후제·중제의 보살마하살을 얻을 수 없습니다. 왜 그러한가? 사리자여, 이계·성계·이식계, 나아가 이촉·이촉을 인연으로 생겨난 여러 수는 무소유이고 공하며 멀리 벗어나고 자성이 없는 가운데에서 전제·후제·중제의 보살마하살을 모두 얻을 수 없는 까닭입니다.

사리자여, 이계·성계·이식계, 나아가 이촉·이촉을 인연으로 생겨난 여러 수는 무소유이거나 다른 것이 있지 않고, 이계, 나아가 이촉을 인연으로 생겨난 여러 수는 공하거나 다른 것이 있지 않으며, 이계, 나아가 이촉을 인연으로 생겨난 여러 수는 멀리 벗어났거나 다른 것이 있지 않고, 이계, 나아가 이촉을 인연으로 생겨난 여러 수는 자성이 없거나 다른 것이 있는 것은 아니며, 전제의 보살마하살과 다른 것이 있지 않고, 후제의 보살마하살과 다른 것이 있지 않으며, 중제의 보살마하살과 다른 것이 있지 않습니다.

사리자여. 만약 이계, 나아가 이촉을 인연으로 생겨난 여러 수가 무소유이거나, 만약 이계, 나아가 이촉을 인연으로 생겨난 여러 수가 공하거나, 만약 이계, 나아가 이촉을 인연으로 생겨난 여러 수가 멀리 벗어났거나, 만약 이계 나아가 이촉을 인연으로 생겨난 여러 수가 자성이 없거나, 만약 전제의 보살마하살이거나, 만약 후제의 보살마하살이거나, 만약 중제의 보살마하살일지라도, 이와 같은 일체법은 무이이고 둘로 나눌 수 없습니다. 사리자여. 오히려 이러한 인연을 까닭으로, '전제의 보살마하살을 얻을 수 없고, 후제의 보살마하살을 얻을 수 없으며, 중제의 보살마하살도 얻을 수 없다.'라고 나는 이렇게 말을 지었습니다.

사리자여. 비계가 무소유인 까닭으로 전제·후제·중제의 보살마하살을 얻을 수 없고 향계·비식계, 나아가 비촉·비촉을 인연으로 생겨난 여러 수가 무소유인 까닭으로 전제·후제·중제의 보살마하살을 얻을 수 없으며, 비계가 공한 까닭으로 전제·후제·중제의 보살마하살을 얻을 수 없고 향계·비식계, 나아가 비촉·비촉을 인연으로 생겨난 여러 수가 공한 까닭으로 전제·후제·중제의 보살마하살을 얻을 수 없으며, 비계가 멀리 벗어난 까닭으로 전세·후제·중제의 보살마하살을 얻을 수 없고 향계·비식계, 나아가 비촉·비촉을 인연으로 생겨난 여러 수가 멀리 벗어난 까닭으로 전제·후제·중제의 보살마하살을 얻을 수 없으며, 비계가 자성이 없는 까닭으로 전제·후제·중제의 보살마하살을 얻을 수 없고 향계·비식계, 나아가 비촉·비촉을 인연으로 생겨난 여러 수가 자성이 없는 까닭으로 전제·후제·중제의 보살마하살을 얻을 수 없습니다. 왜 그러한가? 사리자여. 비계·향계·비식계, 나아가 비촉·비촉을 인연으로 생겨난 여러 수는 있지 않고 공하며 멀리 벗어나고 자성이 없는 가운데에서 전제·후제·중제의 보살마하살을 모두 얻을 수 없는 까닭입니다.

사리자여. 비계·향계·비식계, 나아가 비촉·비촉을 인연으로 생겨난 여러 수는 무소유이거나 다른 것이 있지 않고, 비계, 나아가 비촉을 인연으로 생겨난 여러 수는 공하거나 다른 것이 있지 않으며, 비계, 나아가 비촉을 인연으로 생겨난 여러 수는 멀리 벗어났거나 다른 것이 있지 않고, 비계, 나아가 비촉을 인연으로 생겨난 여러 수는 자성이 없거나 다른 것이 있지 않으며, 후제의 보살마하살과 다른 것이 있지 않고, 중제의 보살마하살과 다른 것이 있지 않습니다.

사리자여. 만약 비계, 나아가 비촉을 인연으로 생겨난 여러 수가 무소유이거나, 만약 비계, 나아가 비촉을 인연으로 생겨난 여러 수가 공하거나, 만약 비계, 나아가 비촉을 인연으로 생겨난 여러 수가 멀리 벗어났거나, 만약 비계 나아가 비촉을 인연으로 생겨난 여러 수가 자성이 없거나, 만약 전제의 보살마하살이거나, 만약 후제의 보살마하살이거나, 만약 중제의 보살마하살일지라도, 이와 같은 일체법은 무이이고 둘로 나눌 수 없습니다. 사리자여. 오히려 이러한 인연을 까닭으로, '전제의 보살마하살을 얻을 수 없고, 후제의 보살마하살을 얻을 수 없으며, 중제의 보살마하살도 얻을 수 없다.'라고 나는 이렇게 말을 지었습니다.

사리자여. 설계가 무소유인 까닭으로 전제·후제·중제의 보살마하살을 얻을 수 없고 미계·설식계, 나아가 설촉·설촉을 인연으로 생겨난 여러 수가 무소유인 까닭으로 전제·후제·중제의 보살마하살을 얻을 수 없으며, 설계가 공한 까닭으로 전제·후제·중제의 보살마하살을 얻을 수 없고 미계·설식계, 나아가 설촉·설촉을 인연으로 생겨난 여러 수가 공한 까닭으로 전제·후제·중제의 보살마하살을 얻을 수 없으며, 설계가 멀리 벗어난 까닭으로 전제·후제·중제의 보살마하살을 얻을 수 없고 미계·설식계, 나아가 설촉·설촉을 인연으로 생겨난 여러 수가 멀리 벗어난 까닭으로 전제·후제·중제의 보살마하살을 얻을 수 없으며, 설계가 자성이 없는 까닭으로 전제·후제·중제의 보살마하살을 얻을 수 없고 미계·설식계, 나아가 설촉·설촉을 인연으로 생겨난 여러 수가 자성이 없는 까닭으로 전제·후제·중제의 보살마하살을 얻을 수 없습니다. 왜 그러한가? 사리자여. 설계·미계·설식계, 나아가 설촉·설촉을 인연으로 생겨난 여러 수는 무소유이고 공하며 멀리 벗어나고 자성이 없는 가운데에서 전제·후제·중제의 보살마하살을 모두 얻을 수 없는 까닭입니다.
　사리자여. 설계·미계·설식계, 나아가 설촉·설촉을 인연으로 생겨난 여러 수는 무소유이거나 다른 것이 있지 않고, 설계, 나아가 설촉을 인연으로 생겨난 여러 수는 공하거나 다른 것이 있지 않으며, 설계, 나아가 설촉을 인연으로 생겨난 여러 수는 멀리 벗어났거나 다른 것이 있는 것은 아니고, 설계, 나아가 설촉을 인연으로 생겨난 여러 수는 자성이 없거나 다른 것이 있지 않으며, 후제의 보살마하살과 다른 것이 있지 않고, 중제의 보살마하살과 다른 것이 있지 않습니다.
　사리자여. 만약 설계, 나아가 설촉을 인연으로 생겨난 여러 수가 무소유이거나, 만약 설계, 나아가 설촉을 인연으로 생겨난 여러 수가 공하거나, 만약 설계, 나아가 설촉을 인연으로 생겨난 여러 수가 멀리 벗어났거나, 만약 설계 나아가 설촉을 인연으로 생겨난 여러 수가 자성이 없거나, 만약 전제의 보살마하살이거나, 만약 후제의 보살마하살이거나, 만약 중제의 보살마하살일지라도, 이와 같은 일체법은 무이이고 둘로 나눌 수 없습니다. 사리자여. 오히려 이러한 인연을 까닭으로, '전제의 보살마하살을 얻을 수 없고, 후제의 보살마하살을 얻을 수 없으며, 중제의 보살마하살도 얻을 수 없다.'라고 나는 이렇게 말을 지었습니다.
　사리자여. 신계가 무소유인 까닭으로 전제·후제·중제의 보살마하살을 얻을 수 없고 촉계·신식계, 나아가 신촉·신촉을 인연으로 생겨난 여러 수가 무소유인 까닭으로 전제·후제·중제의 보살마하살을 얻을 수 없으며, 신계가 공한 까닭으로 전제·후제·중제의 보살마하살을 얻을 수 없고 촉계·신식계, 나아가 신촉·신촉을 인연으로 생겨난 여러 수가 공한 까닭으로 전제·후제·중제의 보살마하살을 얻을 수 없으며, 신계가 멀리 벗어난 까닭으로 전제·후제·중제의 보살마하살을 얻을 수 없고 촉계·신식계, 나아가 신촉·신촉을 인연으로 생겨난 여러 수가 멀리 벗어난 까닭으로 전제·후제·중제의 보살마하살을 얻을 수 없으며, 신계가 자성이 없는 까닭으로 전제·후제·중제의 보살마하살을 얻을 수 없고 촉계·신식계, 나아가 신촉·신촉을 인연으로 생겨난 여러 수가 자성이 없는 까닭으로 전제·후제·중제의 보살마하살을 얻을 수 없습니다. 왜 그러한가? 사리자여. 신계·촉계·신식계, 나아가 신촉·신촉을 인연으로 생겨난 여러 수는 무소유이고 공하며 멀리 벗어나고 자성이 없는 가운데에서 전제·후제·중제의 보살마하살을 모두 얻을 수 없는 까닭입니다.

사리자여. 신계·촉계·신식계, 나아가 신촉·신촉을 인연으로 생겨난 여러 수는 무소유이거나 다른 것이 있지 않고, 신계, 나아가 신촉을 인연으로 생겨난 여러 수는 공하거나 다른 것이 있지 않으며, 신계, 나아가 신촉을 인연으로 생겨난 여러 수는 멀리 벗어났거나 다른 것이 있지 않고, 신계, 나아가 신촉을 인연으로 생겨난 여러 수는 자성이 없거나 다른 것이 있지 않으며, 후제의 보살마하살과 다른 것이 있지 않고, 중제의 보살마하살과 다른 것이 있지 않습니다.

사리자여. 만약 신계, 나아가 신촉을 인연으로 생겨난 여러 수가 무소유이거나, 만약 신계, 나아가 신촉을 인연으로 생겨난 여러 수가 공하거나, 만약 신계, 나아가 신촉을 인연으로 생겨난 여러 수가 멀리 벗어났거나, 만약 신계 나아가 신촉을 인연으로 생겨난 여러 수가 자성이 없거나, 만약 전제의 보살마하살이거나, 만약 후제의 보살마하살이거나, 만약 중제의 보살마하살일지라도, 이와 같은 일체법은 무이이고 둘로 나눌 수 없습니다. 사리자여. 오히려 이러한 인연을 까닭으로, '전제의 보살마하살을 얻을 수 없고, 후제의 보살마하살을 얻을 수 없으며, 중제의 보살마하살도 얻을 수 없다.'라고 나는 이렇게 말을 지었습니다.

사리자여. 의계가 무소유인 까닭으로 전제·후제·중제의 보살마하살을 얻을 수 없고 법계·의식계, 나아가 의촉·의촉을 인연으로 생겨난 여러 수가 무소유인 까닭으로 전제·후제·중제의 보살마하살을 얻을 수 없으며, 의계가 공한 까닭으로 전제·후제·중제의 보살마하살을 얻을 수 없고 법계·의식계, 나아가 의촉·의촉을 인연으로 생겨난 여러 수가 공한 까닭으로 전제·후제·중제의 보살마하살을 얻을 수 없으며, 의계가 멀리 벗어난 까닭으로 전제·후제·중제의 보살마하살을 얻을 수 없고 법계·의식계, 나아가 의촉·의촉을 인연으로 생겨난 여러 수가 멀리 벗어난 까닭으로 전제·후제·중제의 보살마하살을 얻을 수 없으며, 의계가 자성이 없는 까닭으로 전제·후제·중제의 보살마하살을 얻을 수 없고 법계·의식계, 나아가 의촉을 인연으로 생겨난 여러 수가 자성이 없는 까닭으로 전제·후제·중제의 보살마하살을 얻을 수 없습니다. 왜 그러한가? 사리자여. 의계·법계·의식계, 나아가 의촉을 인연으로 생겨난 여러 수는 무소유이고 공하며 멀리 벗어나고 자성이 없는 가운데에서 전제·후제·중제의 보살마하살을 모두 얻을 수 없는 까닭입니다.

사리자여. 의계, 나아가 의촉을 인연으로 생겨난 여러 수는 무소유이거나 다른 것이 있지 않고, 의계, 나아가 의촉을 인연으로 생겨난 여러 수는 공하거나 다른 것이 있지 않으며, 의계, 나아가 의촉을 인연으로 생겨난 여러 수는 멀리 벗어났거나 다른 것이 있지 않고, 의계, 나아가 의촉을 인연으로 생겨난 여러 수는 자성이 없거나 다른 것이 있지 않으며, 후제의 보살마하살과 다른 것이 있지 않고, 중제의 보살마하살과 다른 것이 있지 않습니다.

사리자여. 만약 의계, 나아가 의촉을 인연으로 생겨난 여러 수가 무소유이거나, 만약 의계, 나아가 의촉을 인연으로 생겨난 여러 수가 공하거나, 만약 의계, 나아가 의촉을 인연으로 생겨난 여러 수가 멀리 벗어났거나, 만약 의계 나아가 의촉을 인연으로 생겨난 여러 수가 자성이 없거나, 만약 전제의 보살마하살이거나, 만약 후제의 보살마하살이거나, 만약 중제의 보살마하살일지라도, 이와 같은 일체법은 무이이고 둘로 나눌 수 없습니다. 사리자여. 오히려 이러한 인연을 까닭으로, '전제의 보살마하살을 얻을 수 없고, 후제의 보살마하살을 얻을 수 없으며, 중제의 보살마하살도 얻을 수 없다.'라고 나는 이렇게 말을 지었습니다.

사리자여. 지계가 무소유인 까닭으로 전제·후제·중제의 보살마하살을 얻을 수 없고 수·화·풍·공·식계가 무소유인 까닭으로 전제·후제·중제의 보살마하살을 얻을 수 없으며, 지계가 공한 까닭으로 전제·후제·중제의

보살마하살을 얻을 수 없고 수·화·풍·공·식계가 공한 까닭으로 전제·후제
·중제의 보살마하살을 얻을 수 없으며, 지계가 멀리 벗어난 까닭으로
전제·후제·중제의 보살마하살을 얻을 수 없고 수·화·풍·공·식계가 멀리
벗어난 까닭으로 전제·후제·중제의 보살마하살을 얻을 수 없으며, 지계가
자성이 없는 까닭으로 전제·후제·중제의 보살마하살을 얻을 수 없고
수·화·풍·공·식계가 자성이 없는 까닭으로 전제·후제·중제의 보살마하
살을 얻을 수 없습니다. 왜 그러한가? 사리자여. 지·수·화·풍·공·식계는
무소유이고 공하며 멀리 벗어나고 자성이 없는 가운데에서 전제·후제·중
제의 보살마하살을 모두 얻을 수 없는 까닭입니다.

사리자여. 지·수·화·풍·공·식계는 무소유이거나 다른 것이 있지 않고,
지·수·화·풍·공·식계는 공하거나 다른 것이 있지 않으며, 지·수·화·풍·
공·식계는 멀리 벗어났거나 다른 것이 있지 않고, 지·수·화·풍·공·식계는
자성이 없거나 다른 것이 있지 않으며, 후제의 보살마하살과 다른 것이
있지 않고, 중제의 보살마하살과 다른 것이 있지 않습니다.

사리자여. 만약 지·수·화·풍·공·식계가 무소유이거나, 만약 지·수·화·
풍·공·식계가 공하거나, 만약 지·수·화·풍·공·식계가 멀리 벗어났거나,
만약 지·수·화·풍·공·식계가 자성이 없거나, 만약 전제의 보살마하살이
거나, 만약 후제의 보살마하살이거나, 만약 중제의 보살마하살일지라도,
이와 같은 일체법은 무이이고 둘로 나눌 수 없습니다. 사리자여. 오히려
이러한 인연을 까닭으로, '전제의 보살마하살을 얻을 수 없고, 후제의
보살마하살을 얻을 수 없으며, 중제의 보살마하살도 얻을 수 없다.'라고
나는 이렇게 말을 지었습니다.

사리자여. 고성제가 무소유인 까닭으로 전제·후제·중제의 보살마하살
을 얻을 수 없고 집·멸·도성제가 무소유인 까닭으로 전제·후제·중제의
보살마하살을 얻을 수 없으며, 고성제가 공한 까닭으로 전제·후제·중제의
보살마하살을 얻을 수 없고 집·멸·도성제가 공한 까닭으로 전제·후제·중
제의 보살마하살을 얻을 수 없으며, 고성제가 멀리 벗어난 까닭으로
전제·후제·중제의 보살마하살을 얻을 수 없고 집·멸·도성제가 멀리 벗어

난 까닭으로 전제·후제·중제의 보살마하살을 얻을 수 없으며, 고성제가 자성이 없는 까닭으로 전제·후제·중제의 보살마하살을 얻을 수 없고 집·멸·도성제가 자성이 없는 까닭으로 전제·후제·중제의 보살마하살을 얻을 수 없습니다. 왜 그러한가? 사리자여. 고·집·멸·도성제는 무소유이고 공하며 멀리 벗어나고 자성이 없는 가운데에서 전제·후제·중제의 보살마하살을 모두 얻을 수 없는 까닭입니다.

사리자여. 고·집·멸·도성제는 무소유이거나 다른 것이 있지 않고, 지·수·화·풍·공·식계는 공하거나 다른 것이 있지 않으며, 고·집·멸·도성제는 멀리 벗어났거나 다른 것이 있지 않고, 고·집·멸·도성제는 자성이 없거나 다른 것이 있지 않으며, 후제의 보살마하살과 다른 것이 있지 않고, 중제의 보살마하살과 다른 것이 있지 않습니다.

사리자여. 만약 고·집·멸·도성제가 무소유이거나, 만약 고·집·멸·도성제가 공하거나, 만약 고·집·멸·도성제가 멀리 벗어났거나, 만약 고·집·멸·도성제가 자성이 없거나, 만약 전제의 보살마하살이거나, 만약 후제의 보살마하살이거나, 만약 중제의 보살마하살일지라도, 이와 같은 일체법은 무이이고 둘로 나눌 수 없습니다. 사리자여. 오히려 이러한 인연을 까닭으로, '전제의 보살마하살을 얻을 수 없고, 후제의 보살마하살을 얻을 수 없으며, 중제의 보살마하살도 얻을 수 없다.'라고 나는 이렇게 말을 지었습니다.

사리자여. 무명이 무소유인 까닭으로 전제·후제·중제의 보살마하살을 얻을 수 없고 행·식·명색·육처·촉·수·애·취·유·생·노사의 수탄고우뇌가 무소유인 까닭으로 전제·후제·중제의 보살마하살을 얻을 수 없으며, 무명이 공한 까닭으로 전제·후제·중제의 보살마하살을 얻을 수 없고 행·식·명색·육처·촉·수·애·취·유·생·노사의 수탄고우뇌가 공한 까닭으로 전제·후제·중제의 보살마하살을 얻을 수 없으며, 무명이 멀리 벗어난 까닭으로 전제·후제·중제의 보살마하살을 얻을 수 없고 행·식·명색·육처·촉·수·애·취·유·생·노사의 수탄고우뇌가 멀리 벗어난 까닭으로 전제·후제·중제의 보살마하살을 얻을 수 없으며, 무명이 자성이 없는 까닭으로

전제·후제·중제의 보살마하살을 얻을 수 없고 행·식·명색·육처·촉·수·
애·취·유·생·노사의 수탄고우뇌가 자성이 없는 까닭으로 전제·후제·중
제의 보살마하살을 얻을 수 없습니다. 왜 그러한가? 사리자여. 무명·행·식
·명색·육처·촉·수·애·취·유·생·노사의 수탄고우뇌는 무소유이고 공하
며 멀리 벗어나고 자성이 없는 가운데에서 전제·후제·중제의 보살마하살
을 모두 얻을 수 없는 까닭입니다.
　사리자여. 무명, 나아가 노사의 수탄고우뇌는 무소유이거나 다른 것이
있지 않고, 무명, 나아가 노사의 수탄고우뇌는 공한 것과 다른 것이
있지 않으며, 무명, 나아가 노사의 수탄고우뇌는 멀리 벗어났거나 다른
것이 있지 않고, 무명, 나아가 노사의 수탄고우뇌는 자성이 없거나 다른
것이 있지 않으며, 후제의 보살마하살과 다른 것이 있지 않고, 중제의
보살마하살과 다른 것이 있지 않습니다.
　사리자여. 만약 무명, 나아가 노사의 수탄고우뇌가 무소유이거나, 만약
무명, 나아가 노사의 수탄고우뇌가 공하거나, 만약 무명, 나아가 노사의
수탄고우뇌가 멀리 벗어났거나, 만약 무명, 나아가 노사의 수탄고우뇌가
자성이 없거나, 만약 전제의 보살마하살이거나, 만약 후제의 보살마하살
이거나, 만약 중제의 보살마하살일지라도, 이와 같은 일체법은 무이이고
둘로 나눌 수 없습니다. 사리자여. 오히려 이러한 인연을 까닭으로, '전제
의 보살마하살을 얻을 수 없고, 후제의 보살마하살을 얻을 수 없으며,
중제의 보살마하살도 얻을 수 없다.'라고 나는 이렇게 말을 지었습니다.
　사리자여. 보시바라밀다가 무소유인 까닭으로 전제·후제·중제의 보살
마하살을 얻을 수 없고 정계·안인·정진·정려·반야바라밀다가 무소유인
까닭으로 전제·후제·중제의 보살마하살을 얻을 수 없으며, 보시바라밀다
가 공한 까닭으로 전제·후제·중제의 보살마하살을 얻을 수 없고 정계·안
인·정진·정려·반야바라밀다가 공한 까닭으로 전제·후제·중제의 보살마
하살을 얻을 수 없으며, 보시바라밀다가 멀리 벗어난 까닭으로 전제·후제·
중제의 보살마하살을 얻을 수 없고 정계·안인·정진·정려·반야바라밀다
가 멀리 벗어난 까닭으로 전제·후제·중제의 보살마하살을 얻을 수 없으며,

보시바라밀다가 자성이 없는 까닭으로 전제·후제·중제의 보살마하살을 얻을 수 없고 정계·안인·정진·정려·반야바라밀다가 자성이 없는 까닭으로 전제·후제·중제의 보살마하살을 얻을 수 없습니다. 왜 그러한가? 사리자여. 보시·정계·안인·정진·정려·반야바라밀다는 무소유이고 공하며 멀리 벗어나고 자성이 없는 가운데에서 전제·후제·중제의 보살마하살을 모두 얻을 수 없는 까닭입니다.

사리자여. 보시·정계·안인·정진·정려·반야바라밀다는 무소유이거나 다른 것이 있지 않고, 보시·정계·안인·정진·정려·반야바라밀다는 공하거나 다른 것이 있지 않으며, 보시·정계·안인·정진·정려·반야바라밀다는 멀리 벗어났거나 다른 것이 있지 않고, 보시·정계·안인·정진·정려·반야바라밀다는 자성이 없거나 다른 것이 있지 않으며, 후제의 보살마하살과 다른 것이 있지 않고, 중제의 보살마하살과 다른 것이 있지 않습니다.

사리자여. 만약 보시·정계·안인·정진·정려·반야바라밀다가 무소유이거나, 만약 보시·정계·안인·정진·정려·반야바라밀다가 공하거나, 만약 보시·정계·안인·정진·정려·반야바라밀다가 멀리 벗어났거나, 만약 보시·정계·안인·정진·정려·반야바라밀다가 자성이 없거나, 만약 전제의 보살마하살이거나, 만약 후제의 보살마하살이거나, 만약 중제의 보살마하살일지라도, 이와 같은 일체법은 무이이고 둘로 나눌 수 없습니다. 사리자여. 오히려 이러한 인연을 까닭으로, '전제의 보살마하살을 얻을 수 없고, 후제의 보살마하살을 얻을 수 없으며, 중제의 보살마하살도 얻을 수 없다.'라고 나는 이렇게 말을 지었습니다.

사리자여. 4정려가 무소유인 까닭으로 전제·후제·중제의 보살마하살을 얻을 수 없고 4무량·4무색정이 무소유인 까닭으로 전제·후제·중제의 보살마하살을 얻을 수 없으며, 4정려가 공한 까닭으로 전제·후제·중제의 보살마하살을 얻을 수 없고 4무량·4무색정이 공한 까닭으로 전제·후제·중제의 보살마하살을 얻을 수 없으며, 4정려가 멀리 벗어난 까닭으로 전제·후제·중제의 보살마하살을 얻을 수 없고 4무량·4무색정이 멀리 벗어난 까닭으로 전제·후제·중제의 보살마하살을 얻을 수 없으며, 4정려가 자성이 없는 까닭으로 전제·후제·중제의 보살마하살을 얻을 수 없고 4무량·4무색정이 자성이 없는 까닭으로 전제·후제·중제의 보살마하살을 얻을 수 없습니다. 왜 그러한가? 사리자여. 4정려·4무량·4무색정은 무소유이고 공하며 멀리 벗어나고 자성이 없는 가운데에서 전제·후제·중제의 보살마하살을 모두 얻을 수 없는 까닭입니다.

사리자여. 4정려·4무량·4무색정은 무소유이거나 다른 것이 있지 않고, 4정려·4무량·4무색정은 공하거나 다른 것이 있지 않으며, 4정려·4무량·4무색정은 멀리 벗어났거나 다른 것이 있지 않고, 4정려·4무량·4무색정은 자성이 없거나 다른 것이 있지 않으며, 후제의 보살마하살과 다른 것이 있지 않고, 중제의 보살마하살과 다른 것이 있지 않습니다.

사리자여. 만약 4정려·4무량·4무색정이 무소유이거나, 만약 4정려·4무량·4무색정이 공하거나, 만약 4정려·4무량·4무색정이 멀리 벗어났거나, 만약 4정려·4무량·4무색정이 자성이 없거나, 만약 전제의 보살마하살이거나, 만약 후제의 보살마하살이거나, 만약 중제의 보살마하살일지라도, 이와 같은 일체법은 무이이고 둘로 나눌 수 없습니다. 사리자여. 오히려 이러한 인연을 까닭으로, '전제의 보살마하살을 얻을 수 없고, 후제의 보살마하살을 얻을 수 없으며, 중제의 보살마하살도 얻을 수 없다.'라고 나는 이렇게 말을 지었습니다.

사리자여. 8해탈이 무소유인 까닭으로 전제·후제·중제의 보살마하살을 얻을 수 없고 8승처·9차제정·10변처가 무소유인 까닭으로 전제·후제·중제의 보살마하살을 얻을 수 없으며, 8해탈이 공한 까닭으로 전제·후제·중제의 보살마하살을 얻을 수 없고 8승처·9차제정·10변처가 공한 까닭으로 전제·후제·중제의 보살마하살을 얻을 수 없으며, 8해탈이 멀리 벗어난 까닭으로 전제·후제·중제의 보살마하살을 얻을 수 없고 8승처·9차제정·10변처가 멀리 벗어난 까닭으로 전제·후제·중제의 보살마하살을 얻을 수 없으며, 8해탈이 자성이 없는 까닭으로 전제·후제·중제의 보살마하살을 얻을 수 없고 8승처·9차제정·10변처가 자성이 없는 까닭으로 전제·후제·중제의 보살마하살을 얻을 수 없습니다. 왜 그러한가? 사리자여.

8해탈·8승처·9차제정·10변처는 무소유이고 공하며 멀리 벗어나고 자성이 없는 가운데에서 전제·후제·중제의 보살마하살을 모두 얻을 수 없는 까닭입니다.

사리자여. 8해탈·8승처·9차제정·10변처는 무소유이거나 다른 것이 있지 않고, 8해탈·8승처·9차제정·10변처는 공하거나 다른 것이 있지 않으며, 8해탈·8승처·9차제정·10변처는 멀리 벗어났거나 다른 것이 있지 않고, 8해탈·8승처·9차제정·10변처는 자성이 없거나 다른 것이 있지 않으며, 후제의 보살마하살과 다른 것이 있지 않고, 중제의 보살마하살과 다른 것이 있지 않습니다.

사리자여. 만약 8해탈·8승처·9차제정·10변처가 있지 않거나, 만약 8해탈·8승처·9차제정·10변처가 공하거나, 만약 8해탈·8승처·9차제정·10변처가 멀리 벗어났거나, 만약 8해탈·8승처·9차제정·10변처가 자성이 없거나, 만약 전제의 보살마하살이거나, 만약 후제의 보살마하살이거나, 만약 중제의 보살마하살일지라도, 이와 같은 일체법은 무이이고 둘로 나눌 수 없습니다. 사리자여. 오히려 이러한 인연을 까닭으로, '전제의 보살마하살을 얻을 수 없고, 후제의 보살마하살을 얻을 수 없으며, 중제의 보살마하살도 얻을 수 없다.'라고 나는 이렇게 말을 지었습니다.

사리자여. 4념주가 무소유인 까닭으로 전제·후제·중제의 보살마하살을 얻을 수 없고 4정단·4신족·5근·5력·7등각지·8성도지가 무소유인 까닭으로 선제·후제·중제의 보살마하살을 얻을 수 없으며, 4념주가 공한 까닭으로 전제·후제·중제의 보살마하살을 얻을 수 없고 4정단·4신족·5근·5력·7등각지·8성도지가 공한 까닭으로 전제·후제·중제의 보살마하살을 얻을 수 없으며, 4념주가 멀리 벗어난 까닭으로 전제·후제·중제의 보살마하살을 얻을 수 없고 4정단·4신족·5근·5력·7등각지·8성도지가 멀리 벗어난 까닭으로 전제·후제·중제의 보살마하살을 얻을 수 없으며, 4념주가 자성이 없는 까닭으로 전제·후제·중제의 보살마하살을 얻을 수 없고 4정단·4신족·5근·5력·7등각지·8성도지가 자성이 없는 까닭으로 전제·후제·중제의 보살마하살을 얻을 수 없습니다. 왜 그러한가? 사리자여. 4념주·4정단·4신족·5근·5력·7등각지·8성도지는 무소유이고 공하며 멀리 벗어나고 자성이 없는 가운데에서 전제·후제·중제의 보살마하살을 모두 얻을 수 없는 까닭입니다.

사리자여. 4념주, 나아가 8성도지는 무소유이거나 다른 것이 있지 않고, 4념주, 나아가 8성도지는 공하거나 다른 것이 있지 않으며, 4념주, 나아가 8성도지는 멀리 벗어났거나 다른 것이 있지 않고, 4념주, 나아가 8성도지는 자성이 없거나 다른 것이 있지 않으며, 후제의 보살마하살과 다른 것이 있지 않고, 중제의 보살마하살과 다른 것이 있지 않습니다.

사리자여. 만약 4념주, 나아가 8성도지가 무소유이거나, 만약 4념주, 나아가 8성도지가 공하거나, 만약 4념주, 나아가 8성도지가 멀리 벗어났거나, 만약 4념주, 나아가 8성도지가 자성이 없거나, 만약 전제의 보살마하살이거나, 만약 후제의 보살마하살이거나, 만약 중제의 보살마하살일지라도, 이와 같은 일체법은 무이이고 둘로 나눌 수 없습니다. 사리자여. 오히려 이러한 인연을 까닭으로, '전제의 보살마하살을 얻을 수 없고, 후제의 보살마하살을 얻을 수 없으며, 중제의 보살마하살도 얻을 수 없다.'라고 나는 이렇게 말을 지었습니다.

사리자여. 공해탈문이 무소유인 까닭으로 전제·후제·중제의 보살마하살을 얻을 수 없고 무상·무원해탈문이 무소유인 까닭으로 전제·후제·중제의 보살마하살을 얻을 수 없으며, 공해탈문이 공한 까닭으로 전제·후제·중제의 보살마하살을 얻을 수 없고 무상·무원해탈문이 공한 까닭으로 전제·후제·중제의 보살마하살을 얻을 수 없으며, 공해탈문이 멀리 벗어난 까닭으로 전제·후제·중제의 보살마하살을 얻을 수 없고 무상·무원해탈문이 멀리 벗어난 까닭으로 전제·후제·중제의 보살마하살을 얻을 수 없으며, 공해탈문이 자성이 없는 까닭으로 전제·후제·중제의 보살마하살을 얻을 수 없고 무상·무원해탈문이 자성이 없는 까닭으로 전제·후제·중제의 보살마하살을 얻을 수 없습니다. 왜 그러한가? 사리자여. 공·무상·무원해탈문은 무소유이고 공하며 멀리 벗어나고 자성이 없는 가운데에서 전제·후제·중제의 보살마하살을 모두 얻을 수 없는 까닭입니다.

사리자여. 공·무상·무원해탈문은 무소유이거나 다른 것이 있지 않고, 공·무상·무원해탈문은 공하거나 다른 것이 있지 않으며, 공·무상·무원해탈문은 멀리 벗어났거나 다른 것이 있는 것은 아니고, 공·무상·무원해탈문은 자성이 없거나 다른 것이 있지 않으며, 후제의 보살마하살과 다른 것이 있지 않고, 중제의 보살마하살과 다른 것이 있지 않습니다.

사리자여. 만약 공·무상·무원해탈문이 무소유이거나, 만약 공·무상·무원해탈문이 공하거나, 만약 공·무상·무원해탈문이 멀리 벗어났거나, 만약 공·무상·무원해탈문이 자성이 없거나, 만약 전제의 보살마하살이거나, 만약 후제의 보살마하살이거나, 만약 중제의 보살마하살일지라도, 이와 같은 일체법은 무이이고 둘로 나눌 수 없습니다. 사리자여. 오히려 이러한 인연을 까닭으로, '전제의 보살마하살을 얻을 수 없고, 후제의 보살마하살을 얻을 수 없으며, 중제의 보살마하살도 얻을 수 없다.'라고 나는 이렇게 말을 지었습니다.

사리자여. 5안이 무소유인 까닭으로 전제·후제·중제의 보살마하살을 얻을 수 없고 6신통이 무소유인 까닭으로 전제·후제·중제의 보살마하살을 얻을 수 없으며, 5안이 공한 까닭으로 전제·후제·중제의 보살마하살을 얻을 수 없고 6신통이 공한 까닭으로 전제·후제·중제의 보살마하살을 얻을 수 없으며, 5안이 멀리 벗어난 까닭으로 전제·후제·중제의 보살마하살을 얻을 수 없고 6신통이 멀리 벗어난 까닭으로 전제·후제·중제의 보살마하살을 얻을 수 없으며, 5안이 자성이 없는 까닭으로 전제·후제·중제의 보살마하살을 얻을 수 없고 6신통이 자성이 없는 까닭으로 전제·후제·중제의 보살마하살을 얻을 수 없습니다. 왜 그러한가? 사리자여. 5안·6신통은 무소유이고 공하며 멀리 벗어나고 자성이 없는 가운데에서 전제·후제·중제의 보살마하살을 모두 얻을 수 없는 까닭입니다.

사리자여. 5안·6신통은 무소유이거나 다른 것이 있지 않고, 5안·6신통은 공하거나 다른 것이 있지 않으며, 5안·6신통은 멀리 벗어났거나 다른 것이 있지 않고, 5안·6신통은 자성이 없거나 다른 것이 있지 않으며, 후제의 보살마하살과 다른 것이 있지 않고, 중제의 보살마하살과 다른 것이 있지 않습니다.
사리자여. 만약 5안·6신통이 무소유이거나, 만약 5안·6신통이 공하거나, 만약 5안·6신통이 멀리 벗어났거나, 만약 5안·6신통이 자성이 없거나, 만약 전제의 보살마하살이거나, 만약 후제의 보살마하살이거나, 만약 중제의 보살마하살일지라도, 이와 같은 일체법은 무이이고 둘로 나눌 수 없습니다. 사리자여. 오히려 이러한 인연을 까닭으로, '전제의 보살마하살을 얻을 수 없고, 후제의 보살마하살을 얻을 수 없으며, 중제의 보살마하살도 얻을 수 없다.'라고 나는 이렇게 말을 지었습니다.

사리자여. 여래의 10력이 무소유인 까닭으로 전제·후제·중제의 보살마하살을 얻을 수 없고 4무소외·4무애해·대자·대비·대희·대사·18불불공법·일체지·도상지·일체상지가 무소유인 까닭으로 전제·후제·중제의 보살마하살을 얻을 수 없으며, 여래의 10력이 공한 까닭으로 전제·후제·중제의 보살마하살을 얻을 수 없고 4무소외·4무애해·대자·대비·대희·대사·18불불공법·일체지·도상지·일체상지가 공한 까닭으로 전제·후제·중제의 보살마하살을 얻을 수 없으며, 여래의 10력이 멀리 벗어난 까닭으로 전제·후제·중제의 보살마하살을 얻을 수 없고 4무소외·4무애해·대자·대비·대희·대사·18불불공법·일체지·도상지·일체상지가 멀리 벗어난 까닭으로 전제·후제·중제의 보살마하살을 얻을 수 없으며, 여래의 10력이 자성이 없는 까닭으로 전제·후제·중제의 보살마하살을 얻을 수 없고 4무소외·4무애해·대자·대비·대희·대사·18불불공법·일체지·도상지·일체상지가 자성이 없는 까닭으로 전제·후제·중제의 보살마하살을 얻을 수 없습니다. 왜 그러한가? 사리자여. 여래의 10력·4무소외·4무애해·대자·대비·대희·대사·18불불공법·일체지·도상지·일체상지는 무소유이고 공하며 멀리 벗어나고 자성이 없는 가운데에서 전제·후제·중제의 보살마하살을 모두 얻을 수 없는 까닭입니다.

사리자여. 여래의 10력, 나아가 일체상지는 무소유이거나 다른 것이 있지 않고, 여래의 10력, 나아가 일체상지는 공하거나 다른 것이 있지 않으며, 여래의 10력, 나아가 일체상지는 멀리 벗어났거나 다른 것이 있지 않고, 여래의 10력, 나아가 일체상지는 자성이 없거나 다른 것이 있지 않으며, 후제의 보살마하살과 다른 것이 있지 않고, 중제의 보살마하살과 다른 것이 있지 않습니다.

사리자여. 만약 여래의 10력, 나아가 일체상지가 무소유이거나, 만약 여래의 10력, 나아가 일체상지가 공하거나, 만약 여래의 10력, 나아가 일체상지가 멀리 벗어났거나, 만약 여래의 10력, 나아가 일체상지가 자성이 없거나, 만약 전제의 보살마하살이거나, 만약 후제의 보살마하살이거나, 만약 중제의 보살마하살일지라도, 이와 같은 일체법은 무이이고 둘로 나눌 수 없습니다. 사리자여. 오히려 이러한 인연을 까닭으로, '전제의 보살마하살을 얻을 수 없고, 후제의 보살마하살을 얻을 수 없으며, 중제의 보살마하살도 얻을 수 없다.'라고 나는 이렇게 말을 지었습니다.

사리자여. 무망실법이 무소유인 까닭으로 전제·후제·중제의 보살마하살을 얻을 수 없고 항주사성이 무소유인 까닭으로 전제·후제·중제의 보살마하살을 얻을 수 없으며, 무망실법이 공한 까닭으로 전제·후제·중제의 보살마하살을 얻을 수 없고 항주사성이 공한 까닭으로 전제·후제·중제의 보살마하살을 얻을 수 없으며, 무망실법이 멀리 벗어난 까닭으로 전제·후제·중제의 보살마하살을 얻을 수 없고 항주사성이 멀리 벗어난 까닭으로 전제·후제·중제의 보살마하살을 얻을 수 없으며, 무망실법이 자성이 없는 까닭으로 전제·후제·중제의 보살마하살을 얻을 수 없고 항주사성이 자성이 없거나 다른 것이 있지 않고, 후세의 보살마하살과 다른 것이 있지 않으며, 중제의 보살마하살과 다른 것이 있지 않습니다. 왜 그러한가? 사리자여. 무망실법·항주사성은 무소유이고 공하며 멀리 벗어나고 자성이 없는 가운데에서 전제·후제·중제의 보살마하살을 모두 얻을 수 없는 까닭입니다.

사리자여. 무망실법·항주사성은 무소유이거나 다른 것이 있지 않고, 무망실법·항주사성은 공하거나 다른 것이 있지 않으며, 무망실법·항주사성은 멀리 벗어났거나 다른 것이 있지 않고, 무망실법·항주사성은 자성이 없는 것과 다른 것이 있지 않으며, 전제의 보살마하살과 다른 것이 있지 않고, 후제의 보살마하살과 다른 것이 있지 않으며, 중제의 보살마하살과 다른 것이 있는 것은 아닙니다.

　사리자여. 만약 무망실법·항주사성이 무소유이거나, 만약 무망실법·항주사성이 공하거나, 만약 무망실법·항주사성이 멀리 벗어났거나, 만약 무망실법·항주사성이 자성이 없거나, 만약 전제의 보살마하살이거나, 만약 후제의 보살마하살이거나, 만약 중제의 보살마하살일지라도, 이와 같은 일체법은 무이이고 둘로 나눌 수 없습니다. 사리자여. 오히려 이러한 인연을 까닭으로, '전제의 보살마하살을 얻을 수 없고, 후제의 보살마하살을 얻을 수 없으며, 중제의 보살마하살도 얻을 수 없다.'라고 나는 이렇게 말을 지었습니다."

마하반야바라밀다경 제63권

18. 무소득품(無所得品)(3)

 "사리자여. 일체의 다라니문이 무소유인 까닭으로 전제·후제·중제의 보살마하살을 얻을 수 없고 일체의 삼마지문이 무소유인 까닭으로 전제·후제·중제의 보살마하살을 얻을 수 없으며, 일체의 다라니문이 공한 까닭으로 전제·후제·중제의 보살마하살을 얻을 수 없고 일체의 삼마지문이 공한 까닭으로 전제·후제·중제의 보살마하살을 얻을 수 없으며, 일체의 다라니문이 멀리 벗어난 까닭으로 전제·후제·중제의 보살마하살을 얻을 수 없고 일체의 삼마지문이 멀리 벗어난 까닭으로 전제·후제·중제의 보살마하살을 얻을 수 없으며, 일체의 다라니문이 자성이 없는 까닭으로 전제·후제·중제의 보살마하살을 얻을 수 없고 일체의 삼마지문이 자성이 없는 까닭으로 전제·후제·중제의 보살마하살을 얻을 수 없습니다. 왜 그러한가? 사리지여. 일체의 다라니문·일체의 삼마지문은 무소유이고 공하며 멀리 벗어나고 자성이 없는 가운데에서 전제·후제·중제의 보살마하살을 모두 얻을 수 없는 까닭입니다.
 사리자여. 일체의 다라니문·일체의 삼마지문은 무소유이거나 다른 것이 있지 않고, 일체의 다라니문·일체의 삼마지문은 공하거나 다른 것이 있지 않으며, 일체의 다라니문·일체의 삼마지문은 멀리 벗어났거나 다른 것이 있지 않고, 일체의 다라니문·일체의 삼마지문은 자성이 없거나 다른 것이 있지 않으며, 후제의 보살마하살과 다른 것이 있지 않고, 중제의 보살마하살과 다른 것이 있지 않습니다.

사리자여. 만약 일체의 다라니문·일체의 삼마지문이 무소유이거나, 만약 일체의 다라니문·일체의 삼마지문이 공하거나, 만약 일체의 다라니문·일체의 삼마지문이 멀리 벗어났거나, 만약 일체의 다라니문·일체의 삼마지문이 자성이 없거나, 만약 전제의 보살마하살이거나, 만약 후제의 보살마하살이거나, 만약 중제의 보살마하살일지라도, 이와 같은 일체법은 무이이고 둘로 나눌 수 없습니다. 사리자여. 오히려 이러한 인연을 까닭으로, '전제의 보살마하살을 얻을 수 없고, 후제의 보살마하살을 얻을 수 없으며, 중제의 보살마하살도 얻을 수 없다.'라고 나는 이렇게 말을 지었습니다.

사리자여. 내공이 무소유인 까닭으로 전제·후제·중제의 보살마하살을 얻을 수 없고 외공·내외공·공공·대공·승의공·유위공·무위공·필경공·무제공·산공·무변이공·본성공·자상공·공상공·일체법공·불가득공·무성공·자성공·무성자성공이 무소유인 까닭으로 전제·후제·중제의 보살마하살을 얻을 수 없으며, 내공이 공한 까닭으로 전제·후제·중제의 보살마하살을 얻을 수 없고 외공·내외공·공공·대공·승의공·유위공·무위공·필경공·무제공·산공·무변이공·본성공·자상공·공상공·일체법공·불가득공·무성공·자성공·무성자성공이 공한 까닭으로 전제·후제·중제의 보살마하살을 얻을 수 없으며, 내공이 멀리 벗어난 까닭으로 전제·후제·중제의 보살마하살을 얻을 수 없고 외공·내외공·공공·대공·승의공·유위공·무위공·필경공·무제공·산공·무변이공·본성공·자상공·공상공·일체법공·불가득공·무성공·자성공·무성자성공이 멀리 벗어난 까닭으로 전제·후제·중제의 보살마하살을 얻을 수 없으며, 내공이 자성이 없는 까닭으로 전제·후제·중제의 보살마하살을 얻을 수 없고 외공·내외공·공공·대공·승의공·유위공·무위공·필경공·무제공·산공·무변이공·본성공·자상공·공상공·일체법공·불가득공·무성공·자성공·무성자성공이 자성이 없는 까닭으로 전제·후제·중제의 보살마하살을 얻을 수 없습니다. 왜 그러한가? 사리자여. 내공·외공·내외공·공공·대공·승의공·유위공·무위공·필경공·무제공·산공·무변이공·본성공·자상공·공상공·일체법공·불가득공·무성공·자성공·무성자성공은 무소유이고 공하며 멀리 벗어나고 자성이 없는 가운데에서 전제·후제·중제의 보살마하살을 모두 얻을 수 없는 까닭입니다.

사리자여. 내공, 나아가 무성자성공은 무소유이거나 다른 것이 있지 않고, 내공, 나아가 무성자성공은 공하거나 다른 것이 있지 않으며, 내공, 나아가 무성자성공은 멀리 벗어났거나 다른 것이 있지 않고, 내공, 나아가 무성자성공은 자성이 없거나 다른 것이 있지 않으며, 전제의 보살마하살과 다른 것이 있지 않고, 후제의 보살마하살과 다른 것이 있지 않으며, 중제의 보살마하살과 다른 것이 있지 않습니다.

사리자여. 만약 내공, 나아가 무성자성공이 무소유이거나, 만약 내공, 나아가 무성자성공이 공하거나, 만약 내공, 나아가 무성자성공이 멀리 벗어났거나, 만약 내공, 나아가 무성자성공이 자성이 없거나, 만약 전제의 보살마하살이거나, 만약 후제의 보살마하살이거나, 만약 중제의 보살마하살일지라도, 이와 같은 일체법은 무이이고 둘로 나눌 수 없습니다. 사리자여. 오히려 이러한 인연을 까닭으로, '전제의 보살마하살을 얻을 수 없고, 후제의 보살마하살을 얻을 수 없으며, 중제의 보살마하살도 얻을 수 없다.'라고 나는 이렇게 말을 지었습니다.

사리자여. 진여가 무소유인 까닭으로 전제·후제·중제의 보살마하살을 얻을 수 없고 법계·법성·불허망성·불변이성·부사의계·허공계·단계·이계·멸계·평능성·이생성·법정·법주·무성계·무상계·무작계·무위계·안은계·적정계·본무·실제가 무소유인 까닭으로 전제·후제·중제의 보살마하살을 얻을 수 없으며, 진여가 공한 까닭으로 전제·후제·중제의 보살마하살을 얻을 수 없고 법계·법성·불허망성·불변이성·부사의계·허공계·단계·이계·멸계·평능성·이생성·법정·법주·무성계·무상계·무작계·무위계·안은계·적정계·본무·실제가 공한 까닭으로 전제·후제·중제의 보살마하살을 얻을 수 없으며, 진여가 멀리 벗어난 까닭으로 전제·후제·중제의 보살마하살을 얻을 수 없고 법계·법성·불허망성·불변이성·부사의계·허공계·단계·이계·멸계·평등성·이생성·법정·법주·무성계·무상계·무작계·무위계·안은계·적정계·본무·실제가 멀리 벗어난 까닭으로 전제·후제·중제의 보살마하살을 얻을 수 없으며, 진여가 자성이 없는 까닭으로 전제·후제·중제의 보살마하살을 얻을 수 없고 법계·법성·불허망성·불변이성·부사의계·허공계·단계·이계·멸계·평등성·이생성·법정·법주·무성계·무상계·무작계·무위계·안은계·적정계·본무·실제가 자성이 없는 까닭으로 전제·후제·중제의 보살마하살을 얻을 수 없습니다. 왜 그러한가? 사리자여. 진여·법계·법성·불허망성·불변이성·부사의계·허공계·단계·이계·멸계·평등성·이생성·법정·법주·무성계·무상계·무작계·무위계·안은계·적정계·본무·실제가 무소유이고 공하며 멀리 벗어나고 자성이 없는 가운데에서 전제·후제·중제의 보살마하살을 모두 얻을 수 없는 까닭입니다.

사리자여. 진여·법계, 나아가 본무·실제는 무소유이거나 다른 것이 있지 않고, 진여·법계, 나아가 본무·실제는 공하거나 다른 것이 있지 않으며, 진여·법계, 나아가 본무·실제는 멀리 벗어났거나 다른 것이 있지 않고, 진여·법계, 나아가 본무·실제는 자성이 없거나 다른 것이 있지 않으며, 전제의 보살마하살과 다른 것이 다른 것이 있지 않고, 전제의 보살마하살과 다른 것이 있지 않으며, 후제의 보살마하살과 다른 것이 있지 않고, 중제의 보살마하살과 다른 것이 있지 않습니다.

사리자여. 만약 진여·법계, 나아가 본무·실제가 무소유이거나, 만약 진여·법계, 나아가 본무·실제가 공하거나, 만약 진여·법계, 나아가 본무·실제가 멀리 벗어났거나, 만약 진여·법계, 나아가 본무·실제가 자성이 없거나, 만약 전제의 보살마하살이거나, 만약 후제의 보살마하살이거나, 만약 중제의 보살마하살일지라도, 이와 같은 일체법은 무이이고 둘로 나눌 수 없습니다. 사리자여. 오히려 이러한 인연을 까닭으로, '전제의 보살마하살을 얻을 수 없고, 후제의 보살마하살을 얻을 수 없으며, 중제의 보살마하살도 얻을 수 없다.'라고 나는 이렇게 말을 지었습니다.

사리자여. 성문승이 무소유인 까닭으로 전제·후제·중제의 보살마하살을 얻을 수 없고, 성문승이 공한 까닭으로 전제·후제·중제의 보살마하살을 얻을 수 없으며, 성문승이 멀리 벗어난 까닭으로 전제·후제·중제의 보살마하살을 얻을 수 없고, 성문승이 자성이 없는 까닭으로 전제·후제·중제의 보살마하살을 얻을 수 없습니다. 왜 그러한가? 사리자여. 성문승이 무소유이고 공하며 멀리 벗어나고 자성이 없는 가운데에서 전제·후제·중제의 보살마하살을 모두 얻을 수 없는 까닭입니다.
사리자여. 성문승은 무소유이거나 다른 것이 있지 않고, 성문승은 공하거나 다른 것이 있지 않으며, 성문승은 멀리 벗어났거나 다른 것이 있지 않고, 성문승은 자성이 없거나 다른 것이 있지 않으며, 전제의 보살마하살과 다른 것이 있지 않고, 전제의 보살마하살과 다른 것이 있지 않으며, 후제의 보살마하살과 다른 것이 있지 않고, 중제의 보살마하살과 다른 것이 있지 않습니다.
사리자여. 만약 성문승이 무소유이거나, 만약 성문승이 공하거나, 만약 성문승이 멀리 벗어났거나, 만약 성문승이 자성이 없거나, 만약 전제의 보살마하살이거나, 만약 후제의 보살마하살이거나, 만약 중제의 보살마하살일지라도, 이와 같은 일체법은 무이이고 둘로 나눌 수 없습니다. 사리자여. 오히려 이러한 인연을 까닭으로, '전제의 보살마하살을 얻을 수 없고, 후제의 보살마하살을 얻을 수 없으며, 중제의 보살마하살도 얻을 수 없다.'라고 나는 이렇게 말을 지었습니다.
사리자여. 독각승이 무소유인 까닭으로 전제·후제·중제의 보살마하살을 얻을 수 없고, 독각승이 공한 까닭으로 전제·후제·중제의 보살마하살을 얻을 수 없으며, 독각승이 멀리 벗어난 까닭으로 전제·후제·중제의 보살마하살을 얻을 수 없고, 독각승이 자성이 없는 까닭으로 전제·후제·중제의 보살마하살을 얻을 수 없습니다. 왜 그러한가? 사리자여. 독각승이 무소유이고 공하며 멀리 벗어나고 자성이 없는 가운데에서 전제·후제·중제의 보살마하살을 모두 얻을 수 없는 까닭입니다.
사리자여. 독각승은 무소유이거나 다른 것이 있지 않고, 독각승은 공하거나 다른 것이 있지 않으며, 독각승은 멀리 벗어났거나 다른 것이 있지 않고, 독각승은 자성이 없거나 다른 것이 있지 않으며, 전제의 보살마하살과 다른 것이 있지 않고, 전제의 보살마하살과 다른 것이 있지 않으며, 후제의 보살마하살과 다른 것이 있지 않으며, 중제의 보살마하살과 다른 것이 있지 않습니다.

사리자여. 독각승은 무소유이거나, 만약 독각승이 공하거나, 만약 독각승이 멀리 벗어났거나, 만약 성문승이 자성이 없거나, 만약 전제의 보살마하살이거나, 만약 후제의 보살마하살이거나, 만약 중제의 보살마하살일지라도, 이와 같은 일체법은 무이이고 둘로 나눌 수 없습니다. 사리자여. 오히려 이러한 인연을 까닭으로, '전제의 보살마하살을 얻을 수 없고, 후제의 보살마하살을 얻을 수 없으며, 중제의 보살마하살도 얻을 수 없다.'라고 나는 이렇게 말을 지었습니다.

사리자여. 대승이 무소유인 까닭으로 전제·후제·중제의 보살마하살을 얻을 수 없고, 대승이 공한 까닭으로 전제·후제·중제의 보살마하살을 얻을 수 없으며, 대승이 멀리 벗어난 까닭으로 전제·후제·중제의 보살마하살을 얻을 수 없고, 대승이 자성이 없는 까닭으로 전제·후제·중제의 보살마하살을 얻을 수 없습니다. 왜 그러한가? 사리자여. 대승이 무소유이고 공하며 멀리 벗어나고 자성이 없는 가운데에서 전제·후제·중제의 보살마하살을 모두 얻을 수 없는 까닭입니다.

사리자여. 대승은 무소유이거나 다른 것이 있지 않고, 대승은 공하거나 다른 것이 있지 않으며, 독각승은 멀리 벗어났거나 다른 것이 있지 않고, 대승은 자성이 없거나 다른 것이 있지 않으며, 전제의 보살마하살과 다른 것이 있지 않고, 전제의 보살마하살과 다른 것이 있지 않으며, 후제의 보살마하살과 다른 것이 있지 않고, 중제의 보살마하살과 다른 것이 있지 않습니다.

사리자여. 만약 대승이 무소유이거나, 만약 대승이 공하거나, 만약 대승이 멀리 벗어났거나, 만약 대승이 자성이 없거나, 만약 전제의 보살마하살이거나, 만약 후제의 보살마하살이거나, 만약 중제의 보살마하살일지라도, 이와 같은 일체법은 두 가지가 아니고 두 가지로 나눌 수 없습니다. 사리자여. 오히려 이러한 인연을 까닭으로, '전제의 보살마하살을 얻을 수 없고, 후제의 보살마하살을 얻을 수 없으며, 중제의 보살마하살도 얻을 수 없다.'라고 나는 이렇게 말을 지었습니다."

구수 선현이 다시 사리자에게 대답하여 말하였다.
"존자께서 '무슨 인연을 까닭으로 색 등이 무변한 까닭으로 보살마하살도 무변한 자라고 마땅히 알아야 하는가?'라고 말한 것과 같습니다. 사리자여. 색은 허공(虛空)과 같고 수·상·행·식도 허공과 같습니다. 그 까닭은 무엇인가? 사리자여. 허공은 전제를 얻을 수 없고 후제를 얻을 수 없으며 중제도 얻을 수 없으며, 그의 가운데이거나, 끝자락을 얻을 수 없는 까닭으로 허공이라고 설(說)하나니, 색·수·상·행·식도 역시 이와 같아서 전제도 얻을 수 없고 후제도 얻을 수 없으며 중제도 얻을 수 없습니다. 왜 그러한가? 색의 자성이 공한 까닭이고 수·상·행·식의 자성도 공한 까닭이나니, 공의 가운데에서 전제를 얻을 수 없고 후제를 얻을 수 없으며 중제도 얻을 수 없고, 역시 가운데이거나 끝자락을 모두 얻을 수 없는 까닭으로 공하다고 설합니다.
사리자여. 오히려 이러한 까닭으로 '색이 무변한 까닭으로 보살마하살도 무변하다고 마땅히 알 수 있고, 수·상·행·식이 무변한 까닭으로 보살마하살도 무변하다고 마땅히 알 수 있다.'라고 나는 이렇게 말을 지었습니다.
사리자여. 안처는 허공과 같고 이·비·설·신·의처도 허공과 같습니다. 그 까닭은 무엇인가? 사리자여. 허공은 전제를 얻을 수 없고 후제를 얻을 수 없으며 중제도 얻을 수 없으며, 그의 가운데이거나, 끝자락을 얻을 수 없는 까닭으로 허공이라고 설하나니, 안·이·비·설·신·의처도 역시 이와 같아서 전제도 얻을 수 없고 후제도 얻을 수 없으며 중제도 얻을 수 없습니다. 왜 그러한가? 안처의 자성이 공한 까닭이고 이·비·설·신·의처의 자성도 공한 까닭이나니, 공의 가운데에서 전제를 얻을 수 없고 후제를 얻을 수 없으며 중제도 얻을 수 없고, 역시 가운데이거나 끝자락을 모두 얻을 수 없는 까닭으로 공하다고 설합니다.
사리자여. 오히려 이러한 까닭으로 '안처가 무변한 까닭으로 보살마하살도 무변하다고 마땅히 알 수 있고, 이·비·설·신·의처가 무변한 까닭으로 보살마하살도 무변하다고 마땅히 알 수 있다.'라고 나는 이렇게 말을 지었습니다.
　사리자여. 색처는 허공과 같고 성·향·미·촉·법처도 허공과 같습니다. 그 까닭은 무엇인가? 사리자여. 허공은 전제를 얻을 수 없고 후제를 얻을 수 없으며 중제도 얻을 수 없으며, 그의 가운데이거나, 끝자락을 얻을 수 없는 까닭으로 허공이라고 설하나니, 색·성·향·미·촉·법처도 역시 이와 같아서 전제도 얻을 수 없고 후제도 얻을 수 없으며 중제도 얻을 수 없습니다. 왜 그러한가? 색처의 자성이 공한 까닭이고 색·성·향·미·촉·법처의 자성도 공한 까닭이나니, 공의 가운데에서 전제를 얻을 수 없고 후제를 얻을 수 없으며 중제도 얻을 수 없고, 역시 가운데이거나 끝자락을 모두 얻을 수 없는 까닭으로 공하다고 설합니다.
　사리자여. 오히려 이러한 까닭으로 '색처가 무변한 까닭으로 보살마하살도 무변하다고 마땅히 알 수 있고, 성·향·미·촉·법처가 무변한 까닭으로 보살마하살도 무변하다고 마땅히 알 수 있다.'라고 나는 이렇게 말을 지었습니다.
　사리자여. 안계는 허공과 같고 색계·안식계, 나아가 안촉·안촉을 인연으로 생겨난 여러 수도 허공과 같습니다. 그 까닭은 무엇인가? 사리자여. 허공은 전제를 얻을 수 없고 후제를 얻을 수 없으며 중제도 얻을 수 없으며, 그의 가운데이거나, 끝자락을 얻을 수 없는 까닭으로 허공이라고 설하나니, 안계, 나아가 안촉을 인연으로 생겨난 여러 수도 역시 이와 같아서 전제도 얻을 수 없고 후제도 얻을 수 없으며 중제도 얻을 수 없습니다. 왜 그러한가? 안계의 자성이 공한 까닭이고 색계, 나아가 안촉을 인연으로 생겨난 여러 수의 자성도 공한 까닭이나니, 공의 가운데에서 전제를 얻을 수 없고 후제를 얻을 수 없으며 중제도 얻을 수 없고, 역시 가운데이거나 끝자락을 모두 얻을 수 없는 까닭으로 공하다고 설합니다.
　사리자여. 오히려 이러한 까닭으로 '안계가 무변한 까닭으로 보살마하살도 무변하다고 마땅히 알 수 있고, 색계, 나아가 안촉을 인연으로 생겨난 여러 수가 무변한 까닭으로 보살마하살도 무변하다고 마땅히 알 수 있다.'라고 나는 이렇게 말을 지었습니다.

사리자여. 이계는 허공과 같고 성계·이식계, 나아가 이촉·이촉을 인연으로 생겨난 여러 수도 허공과 같습니다. 그 까닭은 무엇인가? 사리자여. 허공은 전제를 얻을 수 없고 후제를 얻을 수 없으며 중제도 얻을 수 없으며, 그의 가운데이거나, 끝자락을 얻을 수 없는 까닭으로 허공이라고 설하나니, 이계, 나아가 이촉을 인연으로 생겨난 여러 수도 역시 이와 같아서 전제도 얻을 수 없고 후제도 얻을 수 없으며 중제도 얻을 수 없습니다. 왜 그러한가? 이계의 자성이 공한 까닭이고 성계, 나아가 이촉을 인연으로 생겨난 여러 수의 자성도 공한 까닭이나니, 공의 가운데에서 전제를 얻을 수 없고 후제를 얻을 수 없으며 중제도 얻을 수 없고, 역시 가운데이거나 끝자락을 모두 얻을 수 없는 까닭으로 공하다고 설합니다.

사리자여. 오히려 이러한 까닭으로 '이계가 무변한 까닭으로 보살마하살도 무변하다고 마땅히 알 수 있고, 성계, 나아가 이촉을 인연으로 생겨난 여러 수가 무변한 까닭으로 보살마하살도 무변하다고 마땅히 알 수 있다.'라고 나는 이렇게 말을 지었습니다.

사리자여. 비계는 허공과 같고 향계·비식계, 나아가 비촉·비촉을 인연으로 생겨난 여러 수도 허공과 같습니다. 그 까닭은 무엇인가? 사리자여. 허공은 전제를 얻을 수 없고 후제를 얻을 수 없으며 중제도 얻을 수 없으며, 그의 가운데이거나, 끝자락을 얻을 수 없는 까닭으로 허공이라고 설하나니, 비계, 나아가 비촉을 인연으로 생겨난 여러 수도 역시 이와 같아서 전제도 얻을 수 없고 후제도 얻을 수 없으며 중제도 얻을 수 없습니다. 왜 그러한가? 비계의 자성이 공한 까닭이고 향계, 나아가 비촉을 인연으로 생겨난 여러 수의 자성도 공한 까닭이나니, 공의 가운데에서 전제를 얻을 수 없고 후제를 얻을 수 없으며 중제도 얻을 수 없고, 역시 가운데이거나 끝자락을 모두 얻을 수 없는 까닭으로 공하다고 설합니다.

사리자여. 오히려 이러한 까닭으로 '비계가 무변한 까닭으로 보살마하살도 무변하다고 마땅히 알 수 있고, 향계, 나아가 비촉을 인연으로 생겨난 여러 수가 무변한 까닭으로 보살마하살도 무변하다고 마땅히 알 수 있다.'라고 나는 이렇게 말을 지었습니다.

사리자여. 설계는 허공과 같고 미계·설식계, 나아가 설촉·설촉을 인연으로 생겨난 여러 수도 허공과 같습니다. 그 까닭은 무엇인가? 사리자여. 허공은 전제를 얻을 수 없고 후제를 얻을 수 없으며 중제도 얻을 수 없으며, 그의 가운데이거나, 끝자락을 얻을 수 없는 까닭으로 허공이라고 설하나니, 설계, 나아가 설촉을 인연으로 생겨난 여러 수도 역시 이와 같아서 전제도 얻을 수 없고 후제도 얻을 수 없으며 중제도 얻을 수 없습니다. 왜 그러한가? 설계의 자성이 공한 까닭이고 미계, 나아가 설촉을 인연으로 생겨난 여러 수의 자성도 공한 까닭이나니, 공의 가운데에서 전제를 얻을 수 없고 후제를 얻을 수 없으며 중제도 얻을 수 없고, 역시 가운데이거나 끝자락을 모두 얻을 수 없는 까닭으로 공하다고 설합니다.

사리자여. 오히려 이러한 까닭으로 '설계가 무변한 까닭으로 보살마하살도 무변하다고 마땅히 알 수 있고, 미계, 나아가 설촉을 인연으로 생겨난 여러 수가 무변한 까닭으로 보살마하살도 무변하다고 마땅히 알 수 있다.'라고 나는 이렇게 말을 지었습니다.

사리자여. 신계는 허공과 같고 촉계·신식계, 나아가 신촉·신촉을 인연으로 생겨난 여러 수도 허공과 같습니다. 그 까닭은 무엇인가? 사리자여. 허공은 전제를 얻을 수 없고 후제를 얻을 수 없으며 중제도 얻을 수 없으며, 그의 가운데이거나, 끝자락을 얻을 수 없는 까닭으로 허공이라고 설하나니, 신계, 나아가 신촉을 인연으로 생겨난 여러 수도 역시 이와 같아서 전제도 얻을 수 없고 후제도 얻을 수 없으며 중제도 얻을 수 없습니다. 왜 그러한가? 신계의 자성이 공한 까닭이고 촉계, 나아가 설촉을 인연으로 생겨난 여러 수의 자성도 공한 까닭이나니, 공의 가운데에서 전제를 얻을 수 없고 후제를 얻을 수 없으며 중제도 얻을 수 없고, 역시 가운데이거나 나 끝자락을 모두 얻을 수 없는 까닭으로 공하다고 설합니다.

사리자여. 오히려 이러한 까닭으로 '신계가 무변한 까닭으로 보살마하살도 무변하다고 마땅히 알 수 있고, 촉계, 나아가 신촉을 인연으로 생겨난 여러 수가 무변한 까닭으로 보살마하살도 무변하다고 마땅히 알 수 있다.'라고 나는 이렇게 말을 지었습니다.

사리자여. 의계는 허공과 같고 법계·의식계, 나아가 의촉·의촉을 인연으로 생겨난 여러 수도 허공과 같습니다. 그 까닭은 무엇인가? 사리자여. 허공은 전제를 얻을 수 없고 후제를 얻을 수 없으며 중제도 얻을 수 없으며, 그의 가운데이거나, 끝자락을 얻을 수 없는 까닭으로 허공이라고 설하나니, 의계, 나아가 의촉을 인연으로 생겨난 여러 수도 역시 이와 같아서 전제도 얻을 수 없고 후제도 얻을 수 없으며 중제도 얻을 수 없습니다. 왜 그러한가? 의계의 자성이 공한 까닭이고 법계, 나아가 설촉을 인연으로 생겨난 여러 수의 자성도 공한 까닭이나니, 공의 가운데에서 전제를 얻을 수 없고 후제를 얻을 수 없으며 중제도 얻을 수 없고, 역시 가운데이거나 끝자락을 모두 얻을 수 없는 까닭으로 공하다고 설합니다.

사리자여. 오히려 이러한 까닭으로 '의계가 무변한 까닭으로 보살마하살도 무변하다고 마땅히 알 수 있고, 법계, 나아가 의촉을 인연으로 생겨난 여러 수가 무변한 까닭으로 보살마하살도 무변하다고 마땅히 알 수 있다.'라고 나는 이렇게 말을 지었습니다.

사리자여. 지계는 허공과 같고 수·화·풍·공·식계도 허공과 같습니다. 그 까닭은 무엇인가? 사리자여. 허공은 전제를 얻을 수 없고 후제를 얻을 수 없으며 중제도 얻을 수 없으며, 그의 가운데이거나, 끝자락을 얻을 수 없는 까닭으로 허공이라고 설하나니, 지·수·화·풍·공·식계도 역시 이와 같아서 전제도 얻을 수 없고 후제도 얻을 수 없으며 중제도 얻을 수 없습니다. 왜 그러한가? 지계의 자성이 공한 까닭이고 수·화·풍·공·식계의 자성도 공한 까닭이나니, 공의 가운데에서 전제를 얻을 수 없고 후제를 얻을 수 없으며 중제도 얻을 수 없고, 역시 가운데이거나 끝자락을 모두 얻을 수 없는 까닭으로 공하다고 설합니다.

사리자여. 오히려 이러한 까닭으로 '지계가 무변한 까닭으로 보살마하살도 무변하다고 마땅히 알 수 있고, 수·화·풍·공·식계가 무변한 까닭으로 보살마하살도 무변하다고 마땅히 알 수 있다.'라고 나는 이렇게 말을 지었습니다.
 사리자여. 지계는 허공과 같고 수·화·풍·공·식계도 허공과 같습니다. 그 까닭은 무엇인가? 사리자여. 허공은 전제를 얻을 수 없고 후제를 얻을 수 없으며 중제도 얻을 수 없으며, 그의 가운데이거나, 끝자락을 얻을 수 없는 까닭으로 허공이라고 설하나니, 지·수·화·풍·공·식계도 역시 이와 같아서 전제도 얻을 수 없고 후제도 얻을 수 없으며 중제도 얻을 수 없습니다. 왜 그러한가? 지계의 자성이 공한 까닭이고 수·화·풍·공·식계의 자성도 공한 까닭이나니, 공의 가운데에서 전제를 얻을 수 없고 후제를 얻을 수 없으며 중제도 얻을 수 없고, 역시 가운데이거나 끝자락을 모두 얻을 수 없는 까닭으로 공하다고 설합니다.
 사리자여. 오히려 이러한 까닭으로 '지계가 무변한 까닭으로 보살마하살도 무변하다고 마땅히 알 수 있고, 수·화·풍·공·식계가 무변한 까닭으로 보살마하살도 무변하다고 마땅히 알 수 있다.'라고 나는 이렇게 말을 지었습니다.
 사리자여. 고성제는 허공과 같고 집·멸·도성제도 허공과 같습니다. 그 까닭은 무엇인가? 사리자여. 허공은 전제를 얻을 수 없고 후제를 얻을 수 없으며 중제도 얻을 수 없으며, 그의 가운데이거나, 끝자락을 얻을 수 없는 까닭으로 허공이라고 설하나니, 고·집·멸·도성제도 역시 이와 같아서 전제도 얻을 수 없고 후제도 얻을 수 없으며 중제도 얻을 수 없습니다. 왜 그러한가? 고성제의 자성이 공한 까닭이고 집·멸·도성제의 자성도 공한 까닭이나니, 공의 가운데에서 전제를 얻을 수 없고 후제를 얻을 수 없으며 중제도 얻을 수 없고, 역시 가운데이거나 끝자락을 모두 얻을 수 없는 까닭으로 공하다고 설합니다.
 사리자여. 오히려 이러한 까닭으로 '고성제가 무변한 까닭으로 보살마하살도 무변하다고 마땅히 알 수 있고, 집·멸·도성제가 무변한 까닭으로 보살마하살도 무변하다고 마땅히 알 수 있다.'라고 나는 이렇게 말을 지었습니다.
 사리자여. 무명은 허공과 같고 행·식·명색·육처·촉·수·애·취·유·생·

노사의 수탄고우뇌도 허공과 같습니다. 그 까닭은 무엇인가? 사리자여. 허공은 전제를 얻을 수 없고 후제를 얻을 수 없으며 중제도 얻을 수 없으며, 그의 가운데이거나, 끝자락을 얻을 수 없는 까닭으로 허공이라고 설하나니, 무명, 나아가 노사의 수탄고우뇌도 역시 이와 같아서 전제도 얻을 수 없고 후제도 얻을 수 없으며 중제도 얻을 수 없습니다. 왜 그러한가? 무명의 자성이 공한 까닭이고 행, 나아가 노사의 수탄고우뇌도의 자성도 공한 까닭이나니, 공의 가운데에서 전제를 얻을 수 없고 후제를 얻을 수 없으며 중제도 얻을 수 없고, 역시 가운데이거나 끝자락을 모두 얻을 수 없는 까닭으로 공하다고 설합니다.

사리자여. 오히려 이러한 까닭으로 '무명이 무변한 까닭으로 보살마하살도 무변하다고 마땅히 알 수 있고, 행, 나아가 노사의 수탄고우뇌도가 무변한 까닭으로 보살마하살도 무변하다고 마땅히 알 수 있다.'라고 나는 이렇게 말을 지었습니다.

사리자여. 보시바라밀다는 허공과 같고 정계·안인·정진·정려·반야바라밀다도 허공과 같습니다. 그 까닭은 무엇인가? 사리자여. 허공은 전제를 얻을 수 없고 후제를 얻을 수 없으며 중제도 얻을 수 없으며, 그의 가운데이거나, 끝자락을 얻을 수 없는 까닭으로 허공이라고 설하나니, 보시·정계·안인·정진·정려·반야바라밀다도 역시 이와 같아서 전제도 얻을 수 없고 후제도 얻을 수 없으며 중제도 얻을 수 없습니다. 왜 그러한가? 보시바라밀다의 자성이 공한 까닭이고 정계·안인·정진·정려·반야바라밀다의 자성도 공한 까닭이나니, 공의 가운데에서 전제를 얻을 수 없고 후제를 얻을 수 없으며 중제도 얻을 수 없고, 역시 가운데이거나 끝자락을 모두 얻을 수 없는 까닭으로 공하다고 설합니다.

사리자여. 오히려 이러한 까닭으로 '보시바라밀다가 무변한 까닭으로 보살마하살도 무변하다고 마땅히 알 수 있고, 정계·안인·정진·정려·반야바라밀다가 무변한 까닭으로 보살마하살도 무변하다고 마땅히 알 수 있다.'라고 나는 이렇게 말을 지었습니다.

사리자여. 4정려는 허공과 같고 4무량·4무색정도 허공과 같습니다.

그 까닭은 무엇인가? 사리자여. 허공은 전제를 얻을 수 없고 후제를 얻을 수 없으며 중제도 얻을 수 없으며, 그의 가운데이거나, 끝자락을 얻을 수 없는 까닭으로 허공이라고 설하나니, 4정려·4무량·4무색정도 역시 이와 같아서 전제도 얻을 수 없고 후제도 얻을 수 없으며 중제도 얻을 수 없습니다. 왜 그러한가? 4정려의 자성이 공한 까닭이고 4무량·4무색정의 자성도 공한 까닭이나니, 공의 가운데에서 전제를 얻을 수 없고 후제를 얻을 수 없으며 중제도 얻을 수 없고, 역시 가운데이거나 끝자락을 모두 얻을 수 없는 까닭으로 공하다고 설합니다.

사리자여. 오히려 이러한 까닭으로 '4정려가 무변한 까닭으로 보살마하살도 무변하다고 마땅히 알 수 있고, 4무량·4무색정이 무변한 까닭으로 보살마하살도 무변하다고 마땅히 알 수 있다.'라고 나는 이렇게 말을 지었습니다.

사리자여. 8해탈은 허공과 같고 8승처·9차제정·10변처도 허공과 같습니다. 그 까닭은 무엇인가? 사리자여. 허공은 전제를 얻을 수 없고 후제를 얻을 수 없으며 중제도 얻을 수 없으며, 그의 가운데이거나, 끝자락을 얻을 수 없는 까닭으로 허공이라고 설하나니, 8해탈·8승처·9차제정·10변처도 역시 이와 같아서 전제도 얻을 수 없고 후제도 얻을 수 없으며 중제도 얻을 수 없습니다. 왜 그러한가? 8해탈의 자성이 공한 까닭이고 8승처·9차제정·10변처의 자성도 공한 까닭이나니, 공의 가운데에서 전제를 얻을 수 없고 후제를 얻을 수 없으며 중제도 얻을 수 없고, 역시 가운데이거나 끝자락을 모두 얻을 수 없는 까닭으로 공하다고 설합니다.

사리자여. 오히려 이러한 까닭으로 '8해탈이 무변한 까닭으로 보살마하살도 무변하다고 마땅히 알 수 있고, 8승처·9차제정·10변처가 무변한 까닭으로 보살마하살도 무변하다고 마땅히 알 수 있다.'라고 나는 이렇게 말을 지었습니다.

사리자여. 4념주는 허공과 같고 4정단·4신족·5근·5력·7등각지·8성도지도 허공과 같습니다. 그 까닭은 무엇인가? 사리자여. 허공은 전제를 얻을 수 없고 후제를 얻을 수 없으며 중제도 얻을 수 없으며, 그의 가운데이거나, 끝자락을 얻을 수 없는 까닭으로 허공이라고 설하나니, 4념주·4정단·4신족·5근·5력·7등각지·8성도지도 역시 이와 같아서 전제도 얻을 수 없고 후제도 얻을 수 없으며 중제도 얻을 수 없습니다. 왜 그러한가? 4념주의 자성이 공한 까닭이고 4정단·4신족·5근·5력·7등각지·8성도지의 자성도 공한 까닭이나니, 공의 가운데에서 전제를 얻을 수 없고 후제를 얻을 수 없으며 중제도 얻을 수 없고, 역시 가운데이거나 끝자락을 모두 얻을 수 없는 까닭으로 공하다고 설합니다.

사리자여. 오히려 이러한 까닭으로 '4념주가 무변한 까닭으로 보살마하살도 무변하다고 마땅히 알 수 있고, 4정단·4신족·5근·5력·7등각지·8성도지가 무변한 까닭으로 보살마하살도 무변하다고 마땅히 알 수 있다.'라고 나는 이렇게 말을 지었습니다.

사리자여. 공해탈문은 허공과 같고 무상·무원해탈문도 허공과 같습니다. 그 까닭은 무엇인가? 사리자여. 허공은 전제를 얻을 수 없고 후제를 얻을 수 없으며 중제도 얻을 수 없으며, 그의 가운데이거나, 끝자락을 얻을 수 없는 까닭으로 허공이라고 설하나니, 공해탈문·무상·무원해탈문도 역시 이와 같아서 전제도 얻을 수 없고 후제도 얻을 수 없으며 중제도 얻을 수 없습니다. 왜 그러한가? 공해탈문의 자성이 공한 까닭이고 무상·무원해탈문의 자성도 공한 까닭이나니, 공의 가운데에서 전제를 얻을 수 없고 후제를 얻을 수 없으며 중제도 얻을 수 없고, 역시 가운데이거나 끝자락을 모두 얻을 수 없는 까닭으로 공하다고 설합니다.

사리자여. 오히려 이러한 까닭으로 '공해탈문이 무변한 까닭으로 보살마하살도 무변하다고 마땅히 알 수 있고, 무상·무원해탈문이 무변한 까닭으로 보살마하살도 무변하다고 마땅히 알 수 있다.'라고 나는 이렇게 말을 지었습니다.

사리자여. 5안은 허공과 같고 6신통도 허공과 같습니다. 그 까닭은 무엇인가? 사리자여. 허공은 전제를 얻을 수 없고 후제를 얻을 수 없으며 중제도 얻을 수 없으며, 그의 가운데이거나, 끝자락을 얻을 수 없는 까닭으로 허공이라고 설하나니, 5안·6신통도 역시 이와 같아서 전제도 얻을 수 없고 후제도 얻을 수 없으며 중제도 얻을 수 없습니다. 왜 그러한가? 5안의 자성이 공한 까닭이고 6신통의 자성도 공한 까닭이나니, 공의 가운데에서 전제를 얻을 수 없고 후제를 얻을 수 없으며 중제도 얻을 수 없고, 역시 가운데이거나 끝자락을 모두 얻을 수 없는 까닭으로 공하다고 설합니다.

사리자여. 오히려 이러한 까닭으로 '5안이 무변한 까닭으로 보살마하살도 무변하다고 마땅히 알 수 있고, 6신통이 무변한 까닭으로 보살마하살도 무변하다고 마땅히 알 수 있다.'라고 나는 이렇게 말을 지었습니다.

사리자여. 여래의 10력은 허공과 같고 4무소외·4무애해·대자·대비·대희·대사·18불불공법·일체지·도상지·일체상지도 허공과 같습니다. 그 까닭은 무엇인가? 사리자여. 허공은 전제를 얻을 수 없고 후제를 얻을 수 없으며 중제도 얻을 수 없으며, 그의 가운데이거나, 끝자락을 얻을 수 없는 까닭으로 허공이라고 설하나니, 여래의 10력, 나아가 일체상지도 역시 이와 같아서 전제도 얻을 수 없고 후제도 얻을 수 없으며 중제도 얻을 수 없습니다. 왜 그러한가? 여래의 10력의 자성이 공한 까닭이고, 4무소외, 나아가 일체상지의 자성도 공한 까닭이나니, 공의 가운데에서 전제를 얻을 수 없고 후제를 얻을 수 없으며 중제도 얻을 수 없고, 역시 가운데이거나 끝자락을 모두 얻을 수 없는 까닭으로 공하다고 설합니다.

사리자여. 오히려 이러한 까닭으로 '여래의 10력이 무변한 까닭으로 보살마하살도 무변하다고 마땅히 알 수 있고, 4무소외, 나아가 일체상지가 무변한 까닭으로 보살마하살도 무변하다고 마땅히 알 수 있다.'라고 나는 이렇게 말을 지었습니다.

사리자여. 무망실법은 허공과 같고 항주사성도 허공과 같습니다. 그 까닭은 무엇인가? 사리자여. 허공은 전제를 얻을 수 없고 후제를 얻을 수 없으며 중제도 얻을 수 없으며, 그의 가운데이거나, 끝자락을 얻을 수 없는 까닭으로 허공이라고 설하나니, 무망실법·항주사성도 역시 이와 같아서 전제도 얻을 수 없고 후제도 얻을 수 없으며 중제도 얻을 수 없습니다. 왜 그러한가? 무망실법의 자성이 공한 까닭이고, 항주사성의 자성도 공한 까닭이나니, 공의 가운데에서 전제를 얻을 수 없고 후제를 얻을 수 없으며 중제도 얻을 수 없고, 역시 가운데이거나 끝자락을 모두 얻을 수 없는 까닭으로 공하다고 설합니다.

사리자여. 오히려 이러한 까닭으로 '무망실법이 무변한 까닭으로 보살마하살도 무변하다고 마땅히 알 수 있고, 항주사성이 무변한 까닭으로 보살마하살도 무변하다고 마땅히 알 수 있다.'라고 나는 이렇게 말을 지었습니다.

사리자여. 일체의 다라니문은 허공과 같고 일체의 삼마지문도 허공과 같습니다. 그 까닭은 무엇인가? 사리자여. 허공은 전제를 얻을 수 없고 후제를 얻을 수 없으며 중제도 얻을 수 없으며, 그의 가운데이거나, 끝자락을 얻을 수 없는 까닭으로 허공이라고 설하나니, 일체의 다라니문·일체의 삼마지문도 역시 이와 같아서 전제도 얻을 수 없고 후제도 얻을 수 없으며 중제도 얻을 수 없습니다. 왜 그러한가? 일체의 다라니문의 자성이 공한 까닭이고, 일체의 삼마지문의 자성도 공한 까닭이나니, 공의 가운데에서 전제를 얻을 수 없고 후제를 얻을 수 없으며 중제도 얻을 수 없고, 역시 가운데이거나 끝자락을 모두 얻을 수 없는 까닭으로 공하다고 설합니다.

사리자여. 오히려 이러한 까닭으로 '일체의 다라니문이 무변한 까닭으로 보살마하살도 무변하다고 마땅히 알 수 있고, 일체의 삼마지문이 무변한 까닭으로 보살마하살도 무변하다고 마땅히 알 수 있다.'라고 나는 이렇게 말을 지었습니다.

사리자여. 내공은 허공과 같고 외공·내외공·공공·대공·승의공·유위공·무위공·필경공·무제공·산공·무변이공·본성공·자상공·공상공·일체법공·불가득공·무성공·자성공·무성자성공도 허공과 같습니다. 그 까닭은 무엇인가? 사리자여. 허공은 전제를 얻을 수 없고 후제를 얻을 수 없으며 중제도 얻을 수 없으며, 그의 가운데이거나, 끝자락을 얻을 수 없는 까닭으로 허공이라고 설하나니, 내공, 나아가 무성자성공도 역시 이와 같아서 전제도 얻을 수 없고 후제도 얻을 수 없으며 중제도 얻을 수 없습니다. 왜 그러한가? 내공의 자성이 공한 까닭이고, 외공, 나아가 무성자성공의 자성도 공한 까닭이나니, 공의 가운데에서 전제를 얻을 수 없고 후제를 얻을 수 없으며 중제도 얻을 수 없고, 역시 가운데이거나 끝자락을 모두 얻을 수 없는 까닭으로 공하다고 설합니다.

사리자여. 오히려 이러한 까닭으로 '내공이 무변한 까닭으로 보살마하살도 무변하다고 마땅히 알 수 있고, 외공, 나아가 무성자성공이 무변한 까닭으로 보살마하살도 무변하다고 마땅히 알 수 있다.'라고 나는 이렇게 말을 지었습니다.

사리자여. 진여는 허공과 같고 법계·법성·불허망성·불변이성·부사의계·허공계·단계·이계·멸계·평등성·이생성·법정·법주·무성계·무상계·무작계·무위계·안은계·적정계·본무·실제·구경열반도 허공과 같습니다. 그 까닭은 무엇인가? 사리자여. 허공은 전제를 얻을 수 없고 후제를 얻을 수 없으며 중제도 얻을 수 없으며, 그의 가운데이거나, 끝자락을 얻을 수 없는 까닭으로 허공이라고 설하나니, 진여, 나아가 구경열반도 역시 이와 같아서 전제도 얻을 수 없고 후제도 얻을 수 없으며 중제도 얻을 수 없습니다. 왜 그러한가? 진여의 자성이 공한 까닭이고, 법계, 나아가 구경열반의 자성도 공한 까닭이나니, 공의 가운데에서 전제를 얻을 수 없고 후제를 얻을 수 없으며 중제도 얻을 수 없고, 역시 가운데이거나 끝자락을 모두 얻을 수 없는 까닭으로 공하다고 설합니다.

사리자여. 오히려 이러한 까닭으로 '진여가 무변한 까닭으로 보살마하살도 무변하다고 마땅히 알 수 있고, 법계, 나아가 구경열반이 무변한 까닭으로 보살마하살도 무변하다고 마땅히 알 수 있다.'라고 나는 이렇게 말을 지었습니다.

사리자여. 성문승은 허공과 같고 독각승·대승도 허공과 같습니다. 그 까닭은 무엇인가? 사리자여. 허공은 전제를 얻을 수 없고 후제를 얻을 수 없으며 중제도 얻을 수 없으며, 그의 가운데이거나, 끝자락을 얻을 수 없는 까닭으로 허공이라고 설하나니, 진여, 나아가 구경열반도 역시 이와 같아서 전제도 얻을 수 없고 후제도 얻을 수 없으며 중제도 얻을 수 없습니다. 왜 그러한가? 성문승의 자성이 공한 까닭이고, 성문승·독각승·대승의 자성도 공한 까닭이나니, 공의 가운데에서 전제를 얻을 수 없고 후제를 얻을 수 없으며 중제도 얻을 수 없고, 역시 가운데이거나 끝자락을 모두 얻을 수 없는 까닭으로 공하다고 설합니다.
 사리자여. 오히려 이러한 까닭으로 '성문승이 무변한 까닭으로 보살마하살도 무변하다고 마땅히 알 수 있고, 독각승·대승이 무변한 까닭으로 보살마하살도 무변하다고 마땅히 알 수 있다.'라고 나는 이렇게 말을 지었습니다."

 그때 구수 선현이 다시 사리자에게 대답하여 말하였다.
 "존자께서 '무슨 인연을 까닭으로 색(色) 등에 가까운 보살마하살은 무소유(無所有)이므로 얻을 수 없고 색 등을 벗어난 보살마하살도 무소유이므로 얻을 수 없다.'라고 말한 것과 같습니다. 사리자여. 색은 색의 자성이 공(空)하나니, 왜 그러한가? 색의 자성이 공한 가운데에서 색의 무소유이므로 얻을 수 없는 까닭이고, 보살마하살도 역시 무소유이므로 얻을 수 없는 까닭입니다. 색이 아닌 것은 색이 아닌 것의 자성이 공하나니, 왜 그러한가? 색이 아닌 것의 자성이 공한 가운데에서 색이 아닌 것은 무소유이므로 얻을 수 없는 까닭이고, 보살마하살도 역시 무소유이므로 얻을 수 없습니다.
 사리자여. 수·상·행·식은 수·상·행·식의 자성이 공하나니, 왜 그러한가? 수·상·행·식의 자성이 공한 가운데에서는 수·상·행·식의 자성이 무소유이므로 얻을 수 없는 까닭이고, 보살마하살도 역시 무소유이므로 얻을 수 없는 까닭입니다. 수·상·행·식이 아닌 것은 수·상·행·식이 아닌 것의 자성이 공하나니, 왜 그러한가? 수·상·행·식이 아닌 것의 자성이 공한 가운데에서 수·상·행·식이 아닌 것은 무소유이므로 얻을 수 없는 까닭이고, 보살마하살도 역시 무소유이므로 얻을 수 없습니다.
 사리자여. 오히려 이러한 까닭으로 '색에 가까운 보살마하살은 무소유이므로 얻을 수 없고, 색을 벗어난 보살마하살도 무소유이므로 얻을 수 없으며, 수·상·행·식에 가까운 보살마하살은 무소유이므로 얻을 수 없고, 수·상·행·식을 벗어난 보살마하살도 무소유이므로 얻을 수 없다.'라고 나는 이렇게 말을 지었습니다.
　사리자여. 안처는 안처의 자성이 공하나니, 왜 그러한가? 안처의 자성이 공한 가운데에서 안처가 무소유이므로 얻을 수 없는 까닭이고, 보살마하살도 역시 무소유이므로 얻을 수 없는 까닭입니다. 안처가 아닌 것은 안처가 아닌 것의 자성이 공하나니, 왜 그러한가? 안처가 아닌 것의 자성이 공한 가운데에서 안처가 아닌 것은 무소유이므로 얻을 수 없는 까닭이고, 보살마하살도 역시 무소유이므로 얻을 수 없습니다.
　사리자여. 이·비·설·신·의처는 이·비·설·신·의처의 자성이 공하나니, 왜 그러한가? 이·비·설·신·의처의 자성이 공한 가운데서는 이·비·설·신·의처의 자성이 무소유이므로 얻을 수 없는 까닭이고, 보살마하살도 역시 무소유이므로 얻을 수 없는 까닭입니다. 이·비·설·신·의처가 아닌 것은 이·비·설·신·의처가 아닌 것의 자성이 공하나니, 왜 그러한가? 이·비·설·신·의처가 아닌 것의 자성이 공한 가운데에서 이·비·설·신·의처가 아닌 것은 무소유이므로 얻을 수 없는 까닭이고, 보살마하살도 역시 무소유이므로 얻을 수 없습니다.
　사리자여. 오히려 이러한 까닭으로 '안처에 가까운 보살마하살은 무소유이므로 얻을 수 없고, 안처를 벗어난 보살마하살도 무소유이므로 얻을 수 없으며, 이·비·설·신·의처에 가까운 보살마하살은 무소유이므로 얻을 수 없고, 이·비·설·신·의처를 벗어난 보살마하살도 무소유이므로 얻을 수 없다.'라고 나는 이렇게 말을 지었습니다.
　사리자여. 색처는 색처의 자성이 공하나니, 왜 그러한가? 색처의 자성이 공한 가운데에서 색처가 무소유이므로 얻을 수 없는 까닭이고, 보살마하살도 역시 무소유이므로 얻을 수 없는 까닭입니다. 색처가 아닌 것은 색처가 아닌 것의 자성이 공하나니, 왜 그러한가? 색처가 아닌 것의 자성이 공한 가운데에서 색처가 아닌 것의 무소유이므로 얻을 수 없는 까닭이고, 보살마하살도 역시 무소유이므로 얻을 수 없습니다.

사리자여. 성·향·미·촉·법처는 성·향·미·촉·법처의 자성이 공하나니, 왜 그러한가? 성·향·미·촉·법처의 자성이 공한 가운데서는 성·향·미·촉·법처의 자성이 무소유이므로 얻을 수 없는 까닭이고, 보살마하살도 역시 무소유이므로 얻을 수 없는 까닭입니다. 성·향·미·촉·법처가 아닌 것은 성·향·미·촉·법처가 아닌 것의 자성이 공하나니, 왜 그러한가? 성·향·미·촉·법처가 아닌 것의 자성이 공한 가운데에서 성·향·미·촉·법처가 아닌 것은 무소유이므로 얻을 수 없는 까닭이고, 보살마하살도 역시 무소유이므로 얻을 수 없습니다.

사리자여. 오히려 이러한 까닭으로 '색처에 가까운 보살마하살은 무소유이므로 얻을 수 없고, 색처를 벗어난 보살마하살도 무소유이므로 얻을 수 없으며, 성·향·미·촉·법처에 가까운 보살마하살은 무소유이므로 얻을 수 없고, 성·향·미·촉·법처를 벗어난 보살마하살도 무소유이므로 얻을 수 없다.'라고 나는 이렇게 말을 지었습니다."

마하반야바라밀다경 제64권

18. 무소득품(無所得品)(4)

"사리자여. 안계는 안계의 자성이 공하나니, 왜 그러한가? 안계의 자성이 공한 가운데에서 안계가 무소유이므로 얻을 수 없는 까닭이고, 보살마하살도 역시 무소유이므로 얻을 수 없는 까닭입니다. 안계가 아닌 것은 안계가 아닌 것의 자성이 공하나니, 왜 그러한가? 안계가 아닌 것의 자성이 공한 가운데에서 안계가 아닌 것의 무소유이므로 얻을 수 없는 까닭이고, 보살마하살도 역시 무소유이므로 얻을 수 없습니다.
　색계·안식계, 나아가 안촉·안촉을 인연으로 생겨난 여러 수는 색계·안식계, 나아가 안촉·안촉을 인연으로 생겨난 여러 수의 자성이 공하나니, 왜 그러한가? 색계·안식계, 나아가 안촉·안촉의 자성이 공한 가운데서는 색계·안식계, 나아가 안촉·안촉의 자성이 무소유이므로 얻을 수 없는 까닭이고, 보살마하살도 역시 무소유이므로 얻을 수 없는 까닭입니다. 색계·안식계, 나아가 안촉·안촉이 아닌 것은 색계·안식계, 나아가 안촉·안촉이 아닌 것의 자성이 공하나니, 왜 그러한가? 색계·안식계, 나아가 안촉·안촉이 아닌 것의 자성이 공한 가운데에서 색계·안식계, 나아가 안촉·안촉이 아닌 것은 무소유이므로 얻을 수 없는 까닭이고, 보살마하살도 역시 무소유이므로 얻을 수 없습니다.
　사리자여. 오히려 이러한 까닭으로 '안계에 가까운 보살마하살은 무소유이므로 얻을 수 없고, 안계를 벗어난 보살마하살도 무소유이므로 얻을 수 없으며, 색계·안식계, 나아가 안촉·안촉에 가까운 보살마하살은 무소유이므로 얻을 수 없고, 색계·안식계, 나아가 안촉·안촉을 벗어난 보살마하살도 무소유이므로 얻을 수 없다.'라고 나는 이렇게 말을 지었습니다.

사리자여. 이계는 이계의 자성이 공하나니, 왜 그러한가? 이계의 자성이 공한 가운데에서 이계가 무소유이므로 얻을 수 없는 까닭이고, 보살마하살도 역시 무소유이므로 얻을 수 없는 까닭입니다. 이계가 아닌 것은 이계가 아닌 것의 자성이 공하나니, 왜 그러한가? 이계가 아닌 것의 자성이 공한 가운데에서 이계가 아닌 것은 무소유이므로 얻을 수 없는 까닭이고, 보살마하살도 역시 무소유이므로 얻을 수 없습니다.

성계·이식계, 나아가 이촉·이촉을 인연으로 생겨난 여러 수는 성계·이식계, 나아가 이촉·이촉을 인연으로 생겨난 여러 수의 자성이 공하나니, 왜 그러한가? 성계·이식계, 나아가 이촉·이촉의 자성이 공한 가운데서는 성계·이식계, 나아가 이촉·이촉의 자성이 무소유이므로 얻을 수 없는 까닭이고, 보살마하살도 역시 무소유이므로 얻을 수 없는 까닭입니다. 성계·이식계, 나아가 이촉·이촉이 아닌 것은 성계·이식계, 나아가 이촉·이촉이 아닌 것의 자성이 공하나니, 왜 그러한가? 성계·이식계, 나아가 이촉·이촉이 아닌 것의 자성이 공한 가운데에서 성계·이식계, 나아가 이촉·이촉이 아닌 것은 무소유이므로 얻을 수 없는 까닭이고, 보살마하살도 역시 무소유이므로 얻을 수 없습니다.

사리자여. 오히려 이러한 까닭으로 '이계에 가까운 보살마하살은 무소유이므로 얻을 수 없고, 이계를 벗어난 보살마하살도 무소유이므로 얻을 수 없으며, 성계·이식계, 나아가 이촉·이촉에 가까운 보살마하살은 무소유이므로 얻을 수 없고, 성계·이식계, 나아가 이촉·이촉을 벗어난 보살마하살도 무소유이므로 얻을 수 없다.'라고 나는 이렇게 말을 지었습니다.

사리자여. 비계는 비계의 자성이 공하나니, 왜 그러한가? 비계의 자성이 공한 가운데에서 비계가 무소유이므로 얻을 수 없는 까닭이고, 보살마하살도 역시 무소유이므로 얻을 수 없는 까닭입니다. 비계가 아닌 것은 비계가 아닌 것의 자성이 공하나니, 왜 그러한가? 비계가 아닌 것의 자성이 공한 가운데에서 비계가 아닌 것은 무소유이므로 얻을 수 없는 까닭이고, 보살마하살도 역시 무소유이므로 얻을 수 없습니다.
　향계·비식계, 나아가 비촉·비촉을 인연으로 생겨난 여러 수는 향계·비식계, 나아가 비촉·비촉을 인연으로 생겨난 여러 수의 자성이 공하나니, 왜 그러한가? 향계·비식계, 나아가 비촉·비촉의 자성이 공한 가운데서는 향계·비식계, 나아가 비촉·비촉의 자성이 무소유이므로 얻을 수 없는 까닭이고, 보살마하살도 역시 무소유이므로 얻을 수 없는 까닭입니다.
색계·안식계, 나아가 안촉·안촉이 아닌 것은 향계·비식계, 나아가 비촉·비촉이 아닌 것의 자성이 공하나니, 왜 그러한가? 향계·비식계, 나아가 비촉·비촉이 아닌 것의 자성이 공한 가운데에서 향계·비식계, 나아가 비촉·비촉이 아닌 것은 무소유이므로 얻을 수 없는 까닭이고, 보살마하살도 역시 무소유이므로 얻을 수 없습니다.
　사리자여. 오히려 이러한 까닭으로 '비계에 가까운 보살마하살은 무소유이므로 얻을 수 없고, 비계를 벗어난 보살마하살도 무소유이므로 얻을 수 없으며, 향계·비식계, 나아가 비촉·비촉에 가까운 보살마하살은 무소유이므로 얻을 수 없고, 향계·비식계, 나아가 비촉·비촉을 벗어난 보살마하살도 무소유이므로 얻을 수 없다.'라고 나는 이렇게 말을 지었습니다.
　사리자여. 설계는 설계의 자성이 공하나니, 왜 그러한가? 설계의 자성이 공한 가운데에서 설계가 무소유이므로 얻을 수 없는 까닭이고, 보살마하살도 역시 무소유이므로 얻을 수 없는 까닭입니다. 설계가 아닌 것은 설계가 아닌 것의 자성이 공하나니, 왜 그러한가? 설계가 아닌 것의 자성이 공한 가운데에서 설계가 아닌 것이 무소유이므로 얻을 수 없는 까닭이고, 보살마하살도 역시 무소유이므로 얻을 수 없습니다.
　미계·설식계, 나아가 설촉·설촉을 인연으로 생겨난 여러 수는 미계·설식계, 나아가 설촉·설촉을 인연으로 생겨난 여러 수의 자성이 공하나니, 왜 그러한가? 미계·설식계, 나아가 설촉·설촉의 자성이 공한 가운데서는 미계·설식계, 나아가 설촉·설촉의 자성이 무소유이므로 얻을 수 없는 까닭이고, 보살마하살도 역시 무소유이므로 얻을 수 없는 까닭입니다.
미계·설식계, 나아가 설촉·설촉이 아닌 것은 미계·설식계, 나아가 설촉·

설촉이 아닌 것의 자성이 공하나니, 왜 그러한가? 미계·설식계, 나아가 설촉·설촉이 아닌 것의 자성이 공한 가운데에서 미계·설식계, 나아가 설촉·설촉이 아닌 것은 무소유이므로 얻을 수 없는 까닭이고, 보살마하살도 역시 무소유이므로 얻을 수 없습니다.

사리자여. 오히려 이러한 까닭으로 '설계에 가까운 보살마하살은 무소유이므로 얻을 수 없고, 설계를 벗어난 보살마하살도 무소유이므로 얻을 수 없으며, 미계·설식계, 나아가 설촉·설촉에 가까운 보살마하살은 무소유이므로 얻을 수 없고, 미계·설식계, 나아가 설촉·설촉을 벗어난 보살마하살도 무소유이므로 얻을 수 없다.'라고 나는 이렇게 말을 지었습니다.

사리자여. 신계는 신계의 자성이 공하나니, 왜 그러한가? 신계의 자성이 공한 가운데에서 신계가 무소유이므로 얻을 수 없는 까닭이고, 보살마하살도 역시 무소유이므로 얻을 수 없는 까닭입니다. 신계가 아닌 것은 신계가 아닌 것의 자성이 공하나니, 왜 그러한가? 신계가 아닌 것의 자성이 공한 가운데에서 신계가 아닌 것은 무소유이므로 얻을 수 없는 까닭이고, 보살마하살도 역시 무소유이므로 얻을 수 없습니다.

촉계·신식계, 나아가 신촉·신촉을 인연으로 생겨난 여러 수는 촉계·신식계, 나아가 신촉·신촉을 인연으로 생겨난 여러 수의 자성이 공하나니, 왜 그러한가? 촉계·신식계, 나아가 신촉·신촉의 자성이 공한 가운데서는 촉계·신식계, 나아가 신촉·신촉의 자성이 무소유이므로 얻을 수 없는 까닭이고, 보살마하살도 역시 무소유이므로 얻을 수 없는 까닭입니다. 촉계·신식계, 나아가 신촉·신촉이 아닌 것은 미계·설식계, 나아가 설촉·설촉이 아닌 것의 자성이 공하나니, 왜 그러한가? 촉계·신식계, 나아가 신촉·신촉이 아닌 것의 자성이 공한 가운데에서 촉계·신식계, 나아가 신촉·신촉이 아닌 것은 무소유이므로 얻을 수 없는 까닭이고, 보살마하살도 역시 무소유이므로 얻을 수 없습니다.

사리자여. 오히려 이러한 까닭으로 '신계에 가까운 보살마하살은 무소유이므로 얻을 수 없고, 신계를 벗어난 보살마하살도 무소유이므로 얻을 수 없으며, 촉계·신식계, 나아가 신촉·신촉에 가까운 보살마하살은 무소유이므로 얻을 수 없고, 촉계·신식계, 나아가 신촉·신촉을 벗어난 보살마하살도 무소유이므로 얻을 수 없다.'라고 나는 이렇게 말을 지었습니다.

사리자여. 의계는 의계의 자성이 공하나니, 왜 그러한가? 의계의 자성이 공한 가운데에서 의계가 무소유이므로 얻을 수 없는 까닭이고, 보살마하살도 역시 무소유이므로 얻을 수 없는 까닭입니다. 의계가 아닌 것은 의계가 아닌 것의 자성이 공하나니, 왜 그러한가? 의계가 아닌 것의 자성이 공한 가운데에서 의계가 아닌 것은 무소유이므로 얻을 수 없는 까닭이고, 보살마하살도 역시 무소유이므로 얻을 수 없습니다.

법계·의식계, 나아가 의촉·의촉을 인연으로 생겨난 여러 수는 법계·의식계, 나아가 의촉·의촉을 인연으로 생겨난 여러 수의 자성이 공하나니, 왜 그러한가? 법계·의식계, 나아가 의촉·의촉의 자성이 공한 가운데서는 법계·의식계, 나아가 의촉·의촉의 자성이 무소유이므로 얻을 수 없는 까닭이고, 보살마하살도 역시 무소유이므로 얻을 수 없는 까닭입니다. 법계·의식계, 나아가 의촉·의촉이 아닌 것은 법계·의식계, 나아가 의촉·의촉이 아닌 것의 자성이 공하나니, 왜 그러한가? 법계·의식계, 나아가 의촉·의촉이 아닌 것의 자성이 공한 가운데에서 법계·의식계, 나아가 의촉·의촉이 아닌 것은 무소유이므로 얻을 수 없는 까닭으로, 보살마하살도 역시 무소유이므로 얻을 수 없습니다.

사리자여. 오히려 이러한 까닭으로 '의계에 가까운 보살마하살은 무소유이므로 얻을 수 없고, 의계를 벗어난 보살마하살도 무소유이므로 얻을 수 없으며, 법계·의식계, 나아가 의촉·의촉에 가까운 보살마하살은 무소유이므로 얻을 수 없고, 법계·의식계, 나아가 의촉·의촉을 벗어난 보살마하살도 무소유이므로 얻을 수 없다.'라고 나는 이렇게 말을 지었습니다.

사리자여. 지계는 지계의 자성이 공하나니, 왜 그러한가? 지계의 자성이 공한 가운데에서 지계가 무소유이므로 얻을 수 없는 까닭이고, 보살마하살도 역시 무소유이므로 얻을 수 없는 까닭입니다. 지계가 아닌 것은 지계가 아닌 것의 자성이 공하나니, 왜 그러한가? 지계가 아닌 것의 자성이 공한 가운데에서 지계가 아닌 것은 무소유이므로 얻을 수 없는 까닭으로, 보살마하살도 역시 무소유이므로 얻을 수 없습니다.
 수·화·풍·공·식계는 수·화·풍·공·식계의 자성이 공하나니, 왜 그러한가? 수·화·풍·공·식계의 자성이 공한 가운데서는 수·화·풍·공·식계의 자성이 무소유이므로 얻을 수 없는 까닭이고, 보살마하살도 역시 무소유이므로 얻을 수 없는 까닭입니다. 수·화·풍·공·식계가 아닌 것은 수·화·풍·공·식계의 자성이 공하나니, 왜 그러한가? 수·화·풍·공·식계의 자성이 공한 가운데에서 수·화·풍·공·식계가 아닌 것은 무소유이므로 얻을 수 없는 까닭이고, 보살마하살도 역시 무소유이므로 얻을 수 없습니다.
 사리자여. 오히려 이러한 까닭으로 '무명에 가까운 보살마하살은 무소유이므로 얻을 수 없고, 지계를 벗어난 보살마하살도 무소유이므로 얻을 수 없으며, 수·화·풍·공·식계에 가까운 보살마하살은 무소유이므로 얻을 수 없고, 수·화·풍·공·식계를 벗어난 보살마하살도 무소유이므로 얻을 수 없다.'라고 나는 이렇게 말을 지었습니다.
 사리자여. 고성제는 고성제의 자성이 공하나니, 왜 그러한가? 고성제의 자성이 공한 가운데에서 고성제가 무소유이므로 얻을 수 없는 까닭이고, 보살마하살도 역시 무소유이므로 얻을 수 없는 까닭입니다. 고성제가 아닌 것은 지계가 아닌 것의 자성이 공하나니, 왜 그러한가? 고성제가 아닌 것의 자성이 공한 가운데에서 지계가 아닌 것은 무소유이므로 얻을 수 없는 까닭으로, 보살마하살도 역시 무소유이므로 얻을 수 없습니다.
 집·멸·도성제는 집·멸·도성제의 자성이 공하나니, 왜 그러한가? 집·멸·도성제의 자성이 공한 가운데서는 집·멸·도성제의 자성이 무소유이므로 얻을 수 없는 까닭이고, 보살마하살도 역시 무소유이므로 얻을 수 없는 까닭입니다. 집·멸·도성제가 아닌 것은 집·멸·도성제의 자성이 공하나니, 왜 그러한가? 집·멸·도성제의 자성이 공한 가운데에서 집·멸·도성제가 아닌 것은 무소유이므로 얻을 수 없는 까닭으로, 보살마하살도 역시 무소유이므로 얻을 수 없습니다.
 사리자여. 오히려 이러한 까닭으로 '고성제에 가까운 보살마하살은 무소유이므로 얻을 수 없고, 고성제를 벗어난 보살마하살도 무소유이므로 얻을 수 없으며, 집·멸·도성제에 가까운 보살마하살은 무소유이므로 얻을 수 없고, 집·멸·도성제를 벗어난 보살마하살도 무소유이므로 얻을 수 없다.'라고 나는 이렇게 말을 지었습니다.

사리자여. 무명은 무명의 자성이 공하나니, 왜 그러한가? 무명의 자성이 공한 가운데에서 무명이 무소유이므로 얻을 수 없는 까닭이고, 보살마하살도 역시 무소유이므로 얻을 수 없는 까닭입니다. 무명이 아닌 것은 무명이 아닌 것의 자성이 공하나니, 왜 그러한가? 무명이 아닌 것의 자성이 공한 가운데에서 무명이 아닌 것은 무소유이므로 얻을 수 없는 까닭으로, 보살마하살도 역시 무소유이므로 얻을 수 없습니다.

행·식·명색·육처·촉·수·애·취·유·생·노사의 수탄고우뇌는 행·식·명색·육처·촉·수·애·취·유·생·노사의 수탄고우뇌의 자성이 공하나니, 왜 그러한가? 행, 나아가 노사의 수탄고우뇌의 자성이 공한 가운데서는 행, 나아가 노사의 수탄고우뇌의 자성이 무소유이므로 얻을 수 없는 까닭이고, 보살마하살도 역시 무소유이므로 얻을 수 없는 까닭입니다. 행, 나아가 노사의 수탄고우뇌가 아닌 것은 행, 나아가 노사의 수탄고우뇌의 자성이 공하나니, 왜 그러한가? 행, 나아가 노사의 수탄고우뇌의 자성이 공한 가운데에서 행, 나아가 노사의 수탄고우뇌가 아닌 것은 무소유이므로 얻을 수 없는 까닭으로, 보살마하살도 역시 무소유이므로 얻을 수 없습니다.

사리자여. 오히려 이러한 까닭으로 '무명에 가까운 보살마하살은 무소유이므로 얻을 수 없고, 무명을 벗어난 보살마하살도 무소유이므로 얻을 수 없으며, 행·식·명색·육처·촉·수·애·취·유·생·노사의 수탄고우뇌에 가까운 보살마하살은 무소유이므로 얻을 수 없고, 행, 나아가 노사의 수탄고우뇌를 벗어난 보살마하살도 무소유이므로 얻을 수 없다.'라고 나는 이렇게 말을 지었습니다.

사리자여. 보시바라밀다는 보시바라밀다의 자성이 공하나니, 왜 그러한가? 보시바라밀다의 자성이 공한 가운데에서 보시바라밀다가 무소유이므로 얻을 수 없는 까닭이고, 보살마하살도 역시 무소유이므로 얻을 수 없는 까닭입니다. 보시바라밀다가 아닌 것은 보시바라밀다가 아닌 것의 자성이 공하나니, 왜 그러한가? 보시바라밀다가 아닌 것의 자성이 공한 가운데에서 보시바라밀다가 아닌 것은 무소유이므로 얻을 수 없는 까닭으로, 보살마하살도 역시 무소유이므로 얻을 수 없습니다.

정계·안인·정진·정려·반야바라밀다는 정계·안인·정진·정려·반야바라밀다의 자성이 공하나니, 왜 그러한가? 정계·안인·정진·정려·반야바라밀다의 자성이 공한 가운데서는 정계·안인·정진·정려·반야바라밀다의 자성이 무소유이므로 얻을 수 없는 까닭이고, 보살마하살도 역시 무소유이므로 얻을 수 없는 까닭입니다. 정계·안인·정진·정려·반야바라밀다가 아닌 것은 정계·안인·정진·정려·반야바라밀다의 자성이 공하나니, 왜 그러한가? 정계·안인·정진·정려·반야바라밀다의 자성이 공한 가운데에서 정계·안인·정진·정려·반야바라밀다가 아닌 것은 무소유이므로 얻을 수 없는 까닭으로, 보살마하살도 역시 무소유이므로 얻을 수 없습니다.

사리자여. 오히려 이러한 까닭으로 '보시바라밀다에 가까운 보살마하살은 무소유이므로 얻을 수 없고, 보시바라밀다를 벗어난 보살마하살도 무소유이므로 얻을 수 없으며, 정계·안인·정진·정려·반야바라밀다에 가까운 보살마하살은 무소유이므로 얻을 수 없고, 정계·안인·정진·정려·반야바라밀다를 벗어난 보살마하살도 무소유이므로 얻을 수 없다.'라고 나는 이렇게 말을 지었습니다.

사리자여. 4정려는 4정려의 자성이 공하나니, 왜 그러한가? 4정려의 자성이 공한 가운데에서 4정려가 무소유이므로 얻을 수 없는 까닭이고, 보살마하살도 역시 무소유이므로 얻을 수 없는 까닭입니다. 4정려가 아닌 것은 4정려가 아닌 것의 자성이 공하나니, 왜 그러한가? 4정려가 아닌 것의 자성이 공한 가운데에서 4정려가 아닌 것은 무소유이므로 얻을 수 없는 까닭이고, 보살마하살도 역시 무소유이므로 얻을 수 없습니다.

4무량·4무색정은 4무량·4무색정의 자성이 공하나니, 왜 그러한가? 4무량·4무색정의 자성이 공한 가운데서는 4무량·4무색정의 자성이 무소유이므로 얻을 수 없는 까닭이고, 보살마하살도 역시 무소유이므로 얻을 수 없는 까닭입니다. 4무량·4무색정이 아닌 것은 4무량·4무색정의 자성이 공하나니, 왜 그러한가? 4무량·4무색정의 자성이 공한 가운데에서 4무량·4무색정이 아닌 것은 무소유이므로 얻을 수 없는 까닭으로, 보살마하살도 역시 무소유이므로 얻을 수 없습니다.

사리자여. 오히려 이러한 까닭으로 '4정려에 가까운 보살마하살은 무소유이므로 얻을 수 없고, 4정려를 벗어난 보살마하살도 무소유이므로 얻을 수 없으며, 4무량·4무색정에 가까운 보살마하살은 무소유이므로 얻을 수 없고, 4무량·4무색정을 벗어난 보살마하살도 무소유이므로 얻을 수 없다.'라고 나는 이렇게 말을 지었습니다.

사리자여. 8해탈은 8해탈의 자성이 공하나니, 왜 그러한가? 8해탈의 자성이 공한 가운데에서 8해탈이 무소유이므로 얻을 수 없는 까닭이고, 보살마하살도 역시 무소유이므로 얻을 수 없는 까닭입니다. 8해탈이 아닌 것은 8해탈이 아닌 것의 자성이 공하나니, 왜 그러한가? 8해탈이 아닌 것의 자성이 공한 가운데에서 8해탈이 아닌 것은 무소유이므로 얻을 수 없는 까닭으로, 보살마하살도 역시 무소유이므로 얻을 수 없습니다. 8승처·9차제정·10변처는 8승처·9차제정·10변처의 자성이 공하나니, 왜 그러한가? 8승처·9차제정·10변처의 자성이 공한 가운데서는 8승처·9차제정·10변처의 자성이 무소유이므로 얻을 수 없는 까닭이고, 보살마하살도 역시 무소유이므로 얻을 수 없는 까닭입니다. 8승처·9차제정·10변처가 아닌 것은 8승처·9차제정·10변처의 자성이 공하나니, 왜 그러한가? 8승처·9차제정·10변처의 자성이 공한 가운데에서 8승처·9차제정·10변처가 아닌 것은 무소유이므로 얻을 수 없는 까닭으로, 보살마하살도 역시 무소유이므로 얻을 수 없습니다.

사리자여. 오히려 이러한 까닭으로 '8해탈에 가까운 보살마하살은 무소유이므로 얻을 수 없고, 8해탈을 벗어난 보살마하살도 무소유이므로 얻을 수 없으며, 8승처·9차제정·10변처에 가까운 보살마하살은 무소유이므로 얻을 수 없고, 8승처·9차제정·10변처를 벗어난 보살마하살도 무소유이므로 얻을 수 없다.'라고 나는 이렇게 말을 지었습니다.
 사리자여. 4념주는 4념주의 자성이 공하나니, 왜 그러한가? 4념주의 자성이 공한 가운데에서 4념주가 무소유이므로 얻을 수 없는 까닭이고, 보살마하살도 역시 무소유이므로 얻을 수 없는 까닭입니다. 4념주가 아닌 것은 4념주가 아닌 것의 자성이 공하나니, 왜 그러한가? 4념주가 아닌 것의 자성이 공한 가운데에서 4념주가 아닌 것은 무소유이므로 얻을 수 없는 까닭이고, 보살마하살도 역시 무소유이므로 얻을 수 없습니다.
 4정단·4신족·5근·5력·7등각지·8성도지는 4정단·4신족·5근·5력·7등각지·8성도지의 자성이 공하나니, 왜 그러한가? 4정단, 나아가 8성도지의 자성이 공한 가운데서는 4정단, 나아가 8성도지의 자성이 무소유이므로 얻을 수 없는 까닭이고, 보살마하살도 역시 무소유이므로 얻을 수 없는 까닭입니다. 4정단, 나아가 8성도지가 아닌 것은 4정단, 나아가 8성도지의 자성이 공하나니, 왜 그러한가? 4정단, 나아가 8성도지의 자성이 공한 가운데에서 4정단, 나아가 8성도지가 아닌 것은 무소유이므로 얻을 수 없는 까닭으로, 보살마하살도 역시 무소유이므로 얻을 수 없습니다.
 사리자여. 오히려 이러한 까닭으로 '4념주에 가까운 보살마하살은 무소유이므로 얻을 수 없고, 4념주를 벗어난 보살마하살도 무소유이므로 얻을 수 없으며, 4정단·4신족·5근·5력·7등각지·8성도지에 가까운 보살마하살은 무소유이므로 얻을 수 없고, 4정단, 나아가 8성도지를 벗어난 보살마하살도 무소유이므로 얻을 수 없다.'라고 나는 이렇게 말을 지었습니다.
 사리자여. 공해탈문은 공해탈문의 자성이 공하나니, 왜 그러한가? 공해탈문의 자성이 공한 가운데에서 공해탈문이 무소유이므로 얻을 수 없는 까닭이고, 보살마하살도 역시 무소유이므로 얻을 수 없는 까닭입니다. 공해탈문이 아닌 것은 공해탈문이 아닌 것의 자성이 공하나니, 왜 그러한가? 공해탈문이 아닌 것의 자성이 공한 가운데에서 공해탈문이 아닌 것은 무소유이므로 얻을 수 없는 까닭이고, 보살마하살도 역시 무소유이므로 얻을 수 없습니다.
 무상·무원해탈문은 무상·무원해탈문의 자성이 공하나니, 왜 그러한가? 4무량·4무색정의 자성이 공한 가운데서는 무상·무원해탈문의 자성이 무소유이므로 얻을 수 없는 까닭이고, 보살마하살도 역시 무소유이므로 얻을 수 없는 까닭입니다. 무상·무원해탈문이 아닌 것은 무상·무원해탈문의 자성이 공하나니, 왜 그러한가? 무상·무원해탈문의 자성이 공한 가운데에서 무상·무원해탈문이 아닌 것은 무소유이므로 얻을 수 없는 까닭이고, 보살마하살도 역시 무소유이므로 얻을 수 없습니다.

　사리자여. 오히려 이러한 까닭으로 '공해탈문에 가까운 보살마하살은 무소유이므로 얻을 수 없고, 공해탈문을 벗어난 보살마하살도 무소유이므로 얻을 수 없으며, 무상·무원해탈문에 가까운 보살마하살은 무소유이므로 얻을 수 없고, 무상·무원해탈문을 벗어난 보살마하살도 무소유이므로 얻을 수 없다.'라고 나는 이렇게 말을 지었습니다.

　사리자여. 5안은 5안의 자성이 공하나니, 왜 그러한가? 5안의 자성이 공한 가운데에서 5안이 무소유이므로 얻을 수 없는 까닭이고, 보살마하살도 역시 무소유이므로 얻을 수 없는 까닭입니다. 5안이 아닌 것은 5안이 아닌 것의 자성이 공하나니, 왜 그러한가? 5안이 아닌 것의 자성이 공한 가운데에서 5안이 아닌 것은 무소유이므로 얻을 수 없는 까닭이고, 보살마하살도 역시 무소유이므로 얻을 수 없습니다.

　6신통은 6신통의 자성이 공하나니, 왜 그러한가? 6신통의 자성이 공한 가운데서는 6신통의 자성이 무소유이므로 얻을 수 없는 까닭이고, 보살마하살 역시 무소유이므로 얻을 수 없는 까닭입니다. 6신통이 아닌 것은 6신통이 아닌 것의 자성이 공하나니, 왜 그러한가? 6신통의 자성이 공한 가운데에서 6신통이 아닌 것은 무소유이므로 얻을 수 없는 까닭이고, 보살마하살도 역시 무소유이므로 얻을 수 없습니다.

　사리자여. 오히려 이러한 까닭으로 '5안에 가까운 보살마하살은 무소유이므로 얻을 수 없고, 5안을 벗어난 보살마하살도 무소유이므로 얻을 수 없으며, 6신통에 가까운 보살마하살은 무소유이므로 얻을 수 없고, 6신통을 벗어난 보살마하살도 무소유이므로 얻을 수 없다.'라고 나는 이렇게 말을 지었습니다.

사리자여, 여래의 10력은 여래의 10력의 자성이 공하나니, 왜 그러한가? 여래의 10력의 자성이 공한 가운데에서 여래의 10력이 무소유이므로 얻을 수 없는 까닭이고, 보살마하살도 역시 무소유이므로 얻을 수 없는 까닭입니다. 여래의 10력이 아닌 것은 여래의 10력이 아닌 것의 자성이 공하나니, 왜 그러한가? 여래의 10력이 아닌 것의 자성이 공한 가운데에서 여래의 10력이 아닌 것은 무소유이므로 얻을 수 없는 까닭으로, 보살마하살도 역시 무소유이므로 얻을 수 없습니다.

4무소외·4무애해·대자·대비·대희·대사·18불불공법·일체지·도상지·일체상지는 4무소외·4무애해·대자·대비·대희·대사·18불불공법·일체지·도상지·일체상지의 자성이 공하나니, 왜 그러한가? 4무소외, 나아가 일체상지의 자성이 공한 가운데서는 4무소외, 나아가 일체상지의 자성이 무소유이므로 얻을 수 없는 까닭이고, 보살마하살도 역시 무소유이므로 얻을 수 없는 까닭입니다.

사리자여, 오히려 이러한 까닭으로 '곧 여래의 10력에 가까운 보살마하살은 무소유이므로 얻을 수 없고, 여래의 10력을 벗어난 보살마하살도 무소유이므로 얻을 수 없으며, 4무소외·4무애해·대자·대비·대희·대사·18불불공법·일체지·도상지·일체상지에 가까운 보살마하살은 무소유이므로 얻을 수 없고, 4무소외·4무애해·대자·대비·대희·대사·18불불공법·일체지·도상지·일체상지를 벗어난 보살마하살도 무소유이므로 얻을 수 없다.'라고 나는 이렇게 말을 지있습니다.

사리자여, 도상지(道相智)는 도상지의 자성이 공하나니, 왜 그러한가? 도상지의 자성이 공한 가운데에서 도상지가 무소유이므로 얻을 수 없는 까닭이고, 보살마하살도 역시 무소유이므로 얻을 수 없는 까닭입니다. 도상지가 아닌 것은 도상지가 아닌 것의 자성이 공하나니, 왜 그러한가? 도상지가 아닌 것의 자성이 공한 가운데에서 도상지가 아닌 것은 무소유이므로 얻을 수 없는 까닭이고, 보살마하살도 역시 무소유이므로 얻을 수 없습니다.

사리자여, 오히려 이러한 까닭으로 '도상지에 가까운 보살마하살은 무소유이므로 얻을 수 없고, 도상지를 벗어난 보살마하살도 무소유이므로 얻을 수 없다.'라고 나는 이렇게 말을 지었습니다.

사리자여. 무망실법은 무망실법의 자성이 공하나니, 왜 그러한가? 무망실법의 자성이 공한 가운데에서 무망실법이 무소유이므로 얻을 수 없는 까닭이고, 보살마하살도 역시 무소유이므로 얻을 수 없는 까닭입니다. 무망실법이 아닌 것은 무망실법이 아닌 것의 자성이 공하나니, 왜 그러한가? 무망실법이 아닌 것의 자성이 공한 가운데에서 무망실법이 아닌 것은 무소유이므로 얻을 수 없는 까닭이고, 보살마하살도 역시 무소유이므로 얻을 수 없습니다.

항주사성은 항주사성의 자성이 공하나니, 왜 그러한가? 항주사성의 자성이 공한 가운데서는 항주사성의 자성이 무소유이므로 얻을 수 없는 까닭이고, 보살마하살도 역시 무소유이므로 얻을 수 없는 까닭입니다. 항주사성이 아닌 것은 항주사성이 아닌 것의 자성이 공하나니, 왜 그러한가? 항주사성이 아닌 것의 자성이 공한 가운데에서 항주사성이 아닌 것은 무소유이므로 얻을 수 없는 까닭이고, 보살마하살도 역시 무소유이므로 얻을 수 없습니다.

사리자여. 오히려 이러한 까닭으로 '무망실법에 가까운 보살마하살은 무소유이므로 얻을 수 없고, 무망실법을 벗어난 보살마하살도 무소유이므로 얻을 수 없으며, 항주사성에 가까운 보살마하살은 무소유이므로 얻을 수 없고, 항주사성을 벗어난 보살마하살도 무소유이므로 얻을 수 없다.'라고 나는 이렇게 말을 지었습니다.

사리자여. 일체의 다라니문은 일체의 다라니문의 자성이 공하나니, 왜 그러한가? 일체의 다라니문의 자성이 공한 가운데에서 일체의 다라니문이 무소유이므로 얻을 수 없는 까닭이고, 보살마하살도 역시 무소유이므로 얻을 수 없는 까닭입니다. 일체의 다라니문이 아닌 것은 일체의 다라니문이 아닌 것의 자성이 공하나니, 왜 그러한가? 일체의 다라니문이 아닌 것의 자성이 공한 가운데에서 일체의 다라니문이 아닌 것은 무소유이므로 얻을 수 없는 까닭으로, 보살마하살도 역시 무소유이므로 얻을 수 없습니다.

 일체의 삼마지문은 일체의 삼마지문의 자성이 공하나니, 왜 그러한가? 일체의 삼마지문의 자성이 공한 가운데서는 일체의 삼마지문의 자성이 무소유이므로 얻을 수 없는 까닭이고, 보살마하살도 역시 무소유이므로 얻을 수 없는 까닭입니다. 일체의 삼마지문이 아닌 것은 일체의 삼마지문이 아닌 것의 자성이 공하나니, 왜 그러한가? 일체의 삼마지문이 아닌 것의 자성이 공한 가운데에서 일체의 삼마지문이 아닌 것은 무소유이므로 얻을 수 없는 까닭으로, 보살마하살도 역시 무소유이므로 얻을 수 없습니다.

 사리자여. 오히려 이러한 까닭으로 '일체의 다라니문에 가까운 보살마하살은 무소유이므로 얻을 수 없고, 일체의 다라니문을 벗어난 보살마하살도 무소유이므로 얻을 수 없으며, 일체의 삼마지문에 가까운 보살마하살은 무소유이므로 얻을 수 없고, 일체의 삼마지문을 벗어난 보살마하살도 무소유이므로 얻을 수 없다.'라고 나는 이렇게 말을 지었습니다.

 사리자여. 내공은 내공의 자성이 공하나니, 왜 그러한가? 내공의 자성이 공한 가운데에서 내공이 무소유이므로 얻을 수 없는 까닭이고, 보살마하살도 역시 무소유이므로 얻을 수 없는 까닭입니다. 내공이 아닌 것은 내공이 아닌 것의 자성이 공하나니, 왜 그러한가? 내공이 아닌 것의 자성이 공한 가운데에서 내공이 아닌 것은 무소유이므로 얻을 수 없는 까닭이고, 보살마하살도 역시 무소유이므로 얻을 수 없습니다.

 외공·내외공·공공·대공·승의공·유위공·무위공·필경공·무제공·산공·무변이공·본성공·자상공·공상공·일체법공·불가득공·무성공·자성공·무성자성공은 외공·내외공·공공·대공·승의공·유위공·무위공·필경공·무제공·산공·무변이공·본성공·자상공·공상공·일체법공·불가득공·무성공·자성공·무성자성공의 자성이 공하나니, 왜 그러한가? 외공, 나아가 무성자성공의 자성이 공한 가운데서는 외공, 나아가 무성자성공의 자성이 무소유이므로 얻을 수 없는 까닭이고, 보살마하살도 역시 무소유이므로 얻을 수 없는 까닭입니다. 왜 그러한가? 외공, 나아가 무성자성공의 자성이 공한 가운데에서 외공, 나아가 무성자성공이 아닌 것은 무소유이므로 얻을 수 없는 까닭이고, 보살마하살도 역시 무소유이므로 얻을 수 없습니다.
　사리자여. 오히려 이러한 까닭으로 '내공에 가까운 보살마하살은 무소유이므로 얻을 수 없고, 내공을 벗어난 보살마하살도 무소유이므로 얻을 수 없으며, 외공·내외공·공공·대공·승의공·유위공·무위공·필경공·무제공·산공·무변이공·본성공·자상공·공상공·일체법공·불가득공·무성공·자성공·무성자성공에 가까운 보살마하살은 무소유이므로 얻을 수 없고, 외공, 나아가 무성자성공을 벗어난 보살마하살도 무소유이므로 얻을 수 없다.'라고 나는 이렇게 말을 지었습니다.
　사리자여. 진여는 진여의 자성이 공하나니, 왜 그러한가? 진여의 자성이 공한 가운데에서 진여가 무소유이므로 얻을 수 없는 까닭이고, 보살마하살도 역시 무소유이므로 얻을 수 없는 까닭입니다. 진여가 아닌 것은 진여가 아닌 것의 자성이 공하나니, 왜 그러한가? 진여가 아닌 것의 자성이 공한 가운데에서 진여가 아닌 것은 무소유이므로 얻을 수 없는 까닭으로, 보살마하살도 역시 무소유이므로 얻을 수 없습니다.
　법계·법성·불허망성·불변이성·부사의계·허공계·단계·이계·멸계·평등성·이생성·법정·법주·무성계·무상계·무작계·무위계·안은계·적정계·본무·실제·구경열반은 법계, 나아가 실제·구경열반의 자성이 공하나니, 왜 그러한가? 법계, 나아가 실제·구경열반의 자성이 공한 가운데서는 법계, 나아가 실제·구경열반의 자성이 무소유이므로 얻을 수 없는 까닭이고, 보살마하살도 역시 무소유이므로 얻을 수 없는 까닭입니다. 법계, 나아가 실제·구경열반이 아닌 것은 법계, 나아가 실제·구경열반의 자성이 공하나니, 왜 그러한가? 법계, 나아가 실제·구경열반의 자성이 공한 가운데에서 법계, 나아가 실제·구경열반이 아닌 것은 무소유이므로 얻을 수 없는 까닭이고, 보살마하살도 역시 무소유이므로 얻을 수 없습니다.
　사리자여. 오히려 이러한 까닭으로 '진여에 가까운 보살마하살은 무소유이므로 얻을 수 없고, 진여를 벗어난 보살마하살도 무소유이므로 얻을 수 없으며, 법계·법성·불허망성·불변이성·부사의계·허공계·단계·이계

·멸계·평등성·이생성·법정·법주·무성계·무상계·무작계·무위계·안은계·적정계·본무·실제·구경열반에 가까운 보살마하살은 무소유이므로 얻을 수 없고, 법계, 나아가 실제·구경열반을 벗어난 보살마하살도 무소유이므로 얻을 수 없다.'라고 나는 이렇게 말을 지었습니다.

사리자여. 성문승은 성문승의 자성이 공하나니, 왜 그러한가? 성문승의 자성이 공한 가운데에서 성문승이 무소유이므로 얻을 수 없는 까닭이고, 보살마하살도 역시 무소유이므로 얻을 수 없는 까닭입니다. 성문승이 아닌 것은 성문승이 아닌 것의 자성이 공하나니, 왜 그러한가? 성문승이 아닌 것의 자성이 공한 가운데에서 성문승이 아닌 것은 무소유이므로 얻을 수 없는 까닭이고, 보살마하살도 역시 무소유이므로 얻을 수 없습니다.

독각승·대승은 독각승·대승의 자성이 공하나니, 왜 그러한가? 독각승·대승의 자성이 공한 가운데서는 독각승·대승의 자성이 무소유이므로 얻을 수 없는 까닭이고, 보살마하살도 역시 무소유이므로 얻을 수 없는 까닭입니다. 독각승·대승이 아닌 것은 독각승·대승이 아닌 것의 자성이 공하나니, 왜 그러한가? 독각승·대승이 아닌 것의 자성이 공한 가운데에서 독각승·대승이 아닌 것은 무소유이므로 얻을 수 없는 까닭이고, 보살마하살도 역시 무소유이므로 얻을 수 없습니다.

사리자여. 오히려 이러한 까닭으로 '성문승에 가까운 보살마하살은 무소유이므로 얻을 수 없고, 성문승을 벗어난 보살마하살도 무소유이므로 얻을 수 없으며, 독각승·대승에 가까운 보살마하살은 무소유이므로 얻을 수 없고, 독각승·대승을 벗어난 보살마하살도 무소유이므로 얻을 수 없다.'라고 나는 이렇게 말을 지었습니다.

사리자여. 성문승의 보특가라는 성문승의 보특가라의 자성이 공하나니, 왜 그러한가? 성문승의 보특가라의 자성이 공한 가운데에서 성문승의 보특가라가 무소유이므로 얻을 수 없는 까닭이고, 보살마하살도 역시 무소유이므로 얻을 수 없는 까닭입니다. 성문의 보특가라가 아닌 것은 성문승의 보특가라가 아닌 것의 자성이 공하나니, 왜 그러한가? 성문승의 보특가라가 아닌 것의 자성이 공한 가운데에서 성문의 보특가라가 아닌 것은 무소유이므로 얻을 수 없는 까닭이고, 보살마하살도 역시 무소유이므로 얻을 수 없습니다.
　독각·대승의 보특가라는 독각승·대승의 보특가라의 자성이 공하나니, 왜 그러한가? 독각승·대승의 보특가라의 자성이 공한 가운데서는 독각승·대승의 보특가라의 자성이 무소유이므로 얻을 수 없는 까닭이고, 보살마하살도 역시 무소유이므로 얻을 수 없는 까닭입니다. 독각승·대승의 보특가라가 아닌 것은 독각승·대승의 보특가라가 아닌 것의 자성이 공하나니, 왜 그러한가? 독각승·대승의 보특가라가 아닌 것의 자성이 공한 가운데에서 독각승·대승의 보특가라가 아닌 것은 무소유이므로 얻을 수 없는 까닭이고, 보살마하살도 역시 무소유이므로 얻을 수 없습니다.
　사리자여. 오히려 이러한 까닭으로 '성문승의 보특가라에 가까운 보살마하살은 무소유이므로 얻을 수 없고, 성문의 보특가라를 벗어난 보살마하살도 무소유이므로 얻을 수 없으며, 독각승·대승의 보특가라에 가까운 보살마하살은 무소유이므로 얻을 수 없고, 독각승·대승의 보특가라를 벗어난 보살마하살도 무소유이므로 얻을 수 없다.'라고 나는 이렇게 말을 지었습니다."

　그때 구수 선현이 다시 사리자에게 대답하여 말하였다.
　"존자께서 '무슨 인연을 까닭으로, 제가 일체법에서 일체의 종류로써, 일체의 처소로써, 일체의 시간으로써, 보살마하살을 구하였어도 모두 보았던 것이 없었고, 결국 얻을 수 없었는데, 어찌 저에게 반야바라밀다로써 제보살마하살을 교계하고 교수하라고 시키십니까?'라고 말한 것과 같습니다. 사리자여. 색(色)의 자성이 공한 까닭으로 색은 색에서 무소유(無所有)이므로 얻을 수 없고, 색은 수(受)에서 무소유이므로 얻을 수 없으며, 수의 자성이 공한 까닭으로 수는 수에서 무소유이므로 얻을 수 없고, 색·수는 상(想)에서 무소유이므로 얻을 수 없으며, 상의 자성이 공한 까닭으로 상은 상에서 무소유이므로 얻을 수 없고, 상은 색·수에서 무소유이므로 얻을 수 없으며, 색·수·상은 행(行)에서 무소유이므로 얻을 수 없고, 행의 자성이 공한 까닭으로 행은 행에서 무소유이므로 얻을 수 없고, 행은 색·수·상에서 무소유이므로 얻을 수 없으며, 색·수·상·행은 식(識)에 무소유이므로 얻을 수 없고, 식의 자성이 공한 까닭으로 식은 식에서 무소유이므로 얻을 수 없고, 식은 색·수·상·행에서 무소유이므로 얻을 수 없습니다.

사리자여. 나는 이와 같은 제법에서 일체의 종류로써, 일체의 처소로써, 일체의 때로써, 보살마하살을 구하더라도, 역시 무소유이므로 얻을 수 없습니다. 왜 그러한가? 자성이 공한 까닭입니다.

사리자여. 안처(眼處)는 자성이 공한 까닭으로 안처는 안처에서 무소유이므로 얻을 수 없고, 안처는 이처(耳處)에서 무소유이므로 얻을 수 없으며, 이처는 자성이 공한 까닭으로 이처는 이처에서 무소유이므로 얻을 수 없고, 이처는 안처에서 무소유이므로 얻을 수 없으며, 안·이처(眼耳處)는 비처(鼻處)에서 무소유이므로 얻을 수 없고, 비처는 자성이 공한 까닭으로 비처는 비처에서 무소유이므로 얻을 수 없고, 비처는 안·이처에서 무소유이므로 얻을 수 없으며, 안·이·비처(眼耳鼻處)는 설처(舌處)에서 무소유이므로 얻을 수 없고, 설처는 자성이 공한 까닭으로 설처는 설처에서 무소유이므로 얻을 수 없고, 설처는 안·이·비처에서 무소유이므로 얻을 수 없으며, 안·이·비·설처(眼耳鼻舌處)는 신처(身處)에서 무소유이므로 얻을 수 없고, 신처는 자성이 공한 까닭으로 신처는 신처에서 무소유이므로 얻을 수 없고, 신처는 안·이·비·설처에서 무소유이므로 얻을 수 없으며, 안·이·비·설·신처(眼耳鼻舌身處)는 의처(意處)에서 무소유이므로 얻을 수 없고, 의처는 자성이 공한 까닭으로 의처는 의처에서 무소유이므로 얻을 수 없고, 의처는 안·이·비·설·신처에서 무소유이므로 얻을 수 없습니다.

사리자여. 나는 이와 같은 제법에서 일체의 종류로써, 일체의 처소로써, 일체의 때로써, 보살마하살을 구하더라도, 역시 무소유이므로 얻을 수 없습니다. 왜 그러한가? 자성이 공한 까닭입니다.

사리자여. 색처(色處)는 자성이 공한 까닭으로 색처는 색처에서 무소유이므로 얻을 수 없고, 색처는 성처(聲處)에서 무소유이므로 얻을 수 없으며,

성처는 자성이 공한 까닭으로 성처는 성처에서 무소유이므로 얻을 수 없고, 성처는 색처에서 무소유이므로 얻을 수 없으며, 색·성처(色聲處)는 향처(香處)에서 무소유이므로 얻을 수 없고, 향처는 자성이 공한 까닭으로 향처는 향처에서 무소유이므로 얻을 수 없고, 향처는 색·성처에서 무소유이므로 얻을 수 없으며, 색·성·향처(色聲香處)는 미처(味處)에서 무소유이므로 얻을 수 없고, 미처는 자성이 공한 까닭으로 미처는 미처에서 무소유이므로 얻을 수 없고, 미처는 색·성·향처에서 무소유이므로 얻을 수 없으며, 색·성·향·미처(色聲香味處)는 촉처(觸處)에서 무소유이므로 얻을 수 없고, 촉처는 자성이 공한 까닭으로 촉처는 촉처에서 무소유이므로 얻을 수 없고, 촉처는 색·성·향·미처에서 무소유이므로 얻을 수 없으며, 색·성·향·미·촉처(色聲香味觸處)는 법처(法處)에서 무소유이므로 얻을 수 없고, 법처는 자성이 공한 까닭으로 법처는 법처에서 무소유이므로 얻을 수 없고, 법처는 색·성·향·미·촉처에서 무소유이므로 얻을 수 없습니다.

　사리자여. 나는 이와 같은 제법에서 일체의 종류로써, 일체의 처소로써, 일체의 때로써, 보살마하살을 구하더라도, 역시 무소유이므로 얻을 수 없습니다. 왜 그러한가? 자성이 공한 까닭입니다."

마하반야바라밀다경 제65권

18. 무소득품(無所得品)(5)

"사리자여. 안계(眼界)는 자성이 공한 까닭으로 안계는 안계에서 무소유이므로 얻을 수 없고, 안계는 색계(色界)에서 무소유이므로 얻을 수 없으며, 색계는 자성이 공한 까닭으로 색계는 색계에서 무소유이므로 얻을 수 없고, 색계는 안계에서 무소유이므로 얻을 수 없으며, 안계·색계는 안식계(眼識界)에서 무소유이므로 얻을 수 없고, 안식계는 자성이 공한 까닭으로 안식계는 안식계에서 무소유이므로 얻을 수 없고, 안식계는 안계·색계에서 무소유이므로 얻을 수 없으며, 안계·색계·안식계는 안촉(眼觸)에서 무소유이므로 얻을 수 없고, 안촉은 자성이 공한 까닭으로 안촉은 안촉에서 무소유이므로 얻을 수 없고, 안촉은 안계·색계·안식계에서 무소유이므로 얻을 수 없으며, 안계·색계·안식계와 안촉은 안촉을 인연으로 생겨난 여러 수(受)에서 무소유이므로 얻을 수 없고, 안촉을 인연으로 생겨난 여러 수는 자성이 공한 까닭으로 안촉을 인연으로 생겨난 여러 수는 안촉을 인연으로 생겨난 여러 수에서 무소유이므로 얻을 수 없고, 안촉을 인연으로 생겨난 여러 수는 안계·색계·안식계와 안촉에서 무소유이므로 얻을 수 없으며, 안촉을 인연으로 생겨난 여러 수는 안계·색계·안식계와 안촉에서 무소유이므로 얻을 수 없습니다.

사리자여. 나는 이와 같은 제법에서 일체의 종류로써, 일체의 처소로써, 일체의 때로써, 보살마하살을 구하더라도, 역시 무소유이므로 얻을 수 없습니다. 왜 그러한가? 자성이 공한 까닭입니다.

사리자여. 이계(耳界)는 자성이 공한 까닭으로 이계는 이계에서 무소유이므로 얻을 수 없고, 이계는 성계(聲界)에서 무소유이므로 얻을 수 없으며, 성계는 자성이 공한 까닭으로 성계는 성계에서 무소유이므로 얻을 수 없고, 성계는 이계에서 무소유이므로 얻을 수 없으며, 이계·성계는 이식계(耳識界)에서 무소유이므로 얻을 수 없고, 이식계는 자성이 공한 까닭으로 이식계는 이식계에서 무소유이므로 얻을 수 없고, 이식계는 이계·성계에서 무소유이므로 얻을 수 없으며, 이계·성계·이식계는 이촉(耳觸)에서 무소유이므로 얻을 수 없고, 이촉은 자성이 공한 까닭으로 이촉은 이촉에서 무소유이므로 얻을 수 없고, 이촉은 이계·성계·이식계에서 무소유이므로 얻을 수 없으며, 이계·성계·이식계와 이촉은 이촉을 인연으로 생겨난 여러 수에서 무소유이므로 얻을 수 없고, 이촉을 인연으로 생겨난 여러 수는 자성이 공한 까닭으로 이촉을 인연으로 생겨난 여러 수는 이촉을 인연으로 생겨난 여러 수에서 무소유이므로 얻을 수 없고, 이촉을 인연으로 생겨난 여러 수는 이계·성계·이식계와 이촉에서 무소유이므로 얻을 수 없으며, 이촉을 인연으로 생겨난 여러 수는 이계·성계·이식계와 안촉에서 무소유이므로 얻을 수 없습니다.

사리자여. 나는 이와 같은 제법에서 일체의 종류로써, 일체의 처소로써, 일체의 때로써, 보살마하살을 구하더라도, 역시 무소유이므로 얻을 수 없습니다. 왜 그러한가? 자성이 공한 까닭입니다.

사리자여. 비계(鼻界)는 자성이 공한 까닭으로 비계는 비계에서 무소유이므로 얻을 수 없고, 비계는 향계(香界)에서 무소유이므로 얻을 수 없으며, 향계는 자성이 공한 까닭으로 향계는 향계에서 무소유이므로 얻을 수 없고, 향계는 비계에서 무소유이므로 얻을 수 없으며, 비계·향계는 비식계(鼻識界)에서 무소유이므로 얻을 수 없고, 비식계는 자성이 공한 까닭으로 비식계는 비식계에서 무소유이므로 얻을 수 없고, 비식계는 비계·향계에서 무소유이므로 얻을 수 없으며, 비계·향계·비식계는 비촉(鼻觸)에서 무소유이므로 얻을 수 없고, 비촉은 자성이 공한 까닭으로 비촉은 비촉에서 무소유이므로 얻을 수 없고, 비촉은 비계·향계·비식계에서 무소유이므로 얻을 수 없으며, 비계·향계·비식계와 비촉은 비촉을 인연으로 생겨난 여러 수에서 무소유이므로 얻을 수 없고, 비촉을 인연으로 생겨난 여러 수는 자성이 공한 까닭으로 비촉을 인연으로 생겨난 여러 수는 비촉을 인연으로 생겨난 여러 수에서 무소유이므로 얻을 수 없고, 비촉을 인연으로 생겨난 여러 수는 비계·향계·비식계와 비촉에서 무소유이므로 얻을 수 없으며, 이촉을 인연으로 생겨난 여러 수는 비계·향계·비식계와 비촉에서 무소유이므로 얻을 수 없습니다.

사리자여. 나는 이와 같은 제법에서 일체의 종류로써, 일체의 처소로써, 일체의 때로써, 보살마하살을 구하더라도, 역시 무소유이므로 얻을 수 없습니다. 왜 그러한가? 자성이 공한 까닭입니다.

사리자여. 설계(舌界)는 자성이 공한 까닭으로 설계는 설계에서 무소유이므로 얻을 수 없고, 설계는 미계(味界)에서 무소유이므로 얻을 수 없으며, 미계는 자성이 공한 까닭으로 미계는 미계에서 무소유이므로 얻을 수 없고, 미계는 설계에서 무소유이므로 얻을 수 없으며, 설계·미계는 설식계(舌識界)에서 무소유이므로 얻을 수 없고, 설식계는 자성이 공한 까닭으로 설식계는 설식계에서 무소유이므로 얻을 수 없고, 설식계는 설계·미계에서 무소유이므로 얻을 수 없으며, 설계·미계·설식계는 설촉(舌觸)에서 무소유이므로 얻을 수 없고, 설촉은 자성이 공한 까닭으로 설촉은 설촉에서 무소유이므로 얻을 수 없고, 설촉은 설계·미계·설식계에서 무소유이므로 얻을 수 없으며, 설계·미계·설식계와 설촉은 설촉을 인연으로 생겨난 여러 수에서 무소유이므로 얻을 수 없고, 설촉을 인연으로 생겨난 여러 수는 자성이 공한 까닭으로 설촉을 인연으로 생겨난 여러 수는 설촉을 인연으로 생겨난 여러 수에서 무소유이므로 얻을 수 없고, 설촉을 인연으로 생겨난 여러 수는 설계·미계·설식계와 설촉에서 무소유이므로 얻을 수 없으며, 설촉을 인연으로 생겨난 여러 수는 설계·미계·설식계와 설촉에서 무소유이므로 얻을 수 없습니다.

사리자여. 나는 이와 같은 제법에서 일체의 종류로써, 일체의 처소로써, 일체의 때로써, 보살마하살을 구하더라도, 역시 무소유이므로 얻을 수

없습니다. 왜 그러한가? 자성이 공한 까닭입니다.

사리자여. 신계(身界)는 자성이 공한 까닭으로 신계는 신계에서 무소유이므로 얻을 수 없고, 신계는 촉계(觸界)에서 무소유이므로 얻을 수 없으며, 촉계는 자성이 공한 까닭으로 촉계는 촉계에서 무소유이므로 얻을 수 없고, 촉계는 신계에서 무소유이므로 얻을 수 없으며, 신계·촉계는 신식계(身識界)에서 무소유이므로 얻을 수 없고, 신식계는 자성이 공한 까닭으로 신식계는 신식계에서 무소유이므로 얻을 수 없고, 신식계는 신계·촉계에서 무소유이므로 얻을 수 없으며, 신계·촉계·신식계는 신촉(身觸)에서 무소유이므로 얻을 수 없고, 신촉은 자성이 공한 까닭으로 신촉은 신촉에서 무소유이므로 얻을 수 없고, 신촉은 신계·촉계·신식계에서 무소유이므로 얻을 수 없으며, 신계·촉계·신식계와 신촉은 신촉을 인연으로 생겨난 여러 수에서 무소유이므로 얻을 수 없고, 신촉을 인연으로 생겨난 여러 수는 자성이 공한 까닭으로 신촉을 인연으로 생겨난 여러 수는 신촉을 인연으로 생겨난 여러 수에서 무소유이므로 얻을 수 없고, 신촉을 인연으로 생겨난 여러 수는 신계·촉계·신식계와 신촉에서 무소유이므로 얻을 수 없으며, 신촉을 인연으로 생겨난 여러 수는 신계·촉계·신식계와 신촉에서 무소유이므로 얻을 수 없습니다.

사리자여. 나는 이와 같은 제법에서 일체의 종류로써, 일체의 처소로써, 일체의 때로써, 보살마하살을 구하더라도, 역시 무소유이므로 얻을 수 없습니다. 왜 그러한가? 자성이 공한 까닭입니다.

사리자여. 의계(意界)는 자성이 공한 까닭으로 의계는 의계에서 무소유이므로 얻을 수 없고, 의계는 법계(法界)에서 무소유이므로 얻을 수 없으며, 법계는 자성이 공한 까닭으로 법계는 법계에서 무소유이므로 얻을 수 없고, 법계는 의계에서 무소유이므로 얻을 수 없으며, 의계·법계는 의식계(意識界)에서 무소유이므로 얻을 수 없고, 의식계는 자성이 공한 까닭으로 의식계는 의식계에서 무소유이므로 얻을 수 없고, 의식계는 의계·법계에서 무소유이므로 얻을 수 없으며, 의계·법계·의식계는 의촉(意觸)에서 무소유이므로 얻을 수 없고, 의촉은 자성이 공한 까닭으로 의촉은 의촉에서 무소유이므로 얻을 수 없고, 의촉은 의계·법계·의식계에서 무소유이므로 얻을 수 없으며, 의계·법계·의식계와 의촉은 의촉을 인연으로 생겨난 여러 수에서 무소유이므로 얻을 수 없고, 의촉을 인연으로 생겨난 여러 수는 자성이 공한 까닭으로 의촉을 인연으로 생겨난 여러 수는 의촉을 인연으로 생겨난 여러 수에서 무소유이므로 얻을 수 없고, 의촉을 인연으로 생겨난 여러 수는 의계·법계·의식계와 의촉에서 무소유이므로 얻을 수 없으며, 의촉을 인연으로 생겨난 여러 수는 의계·법계·의식계와 의촉에서 무소유이므로 얻을 수 없습니다.

사리자여. 나는 이와 같은 제법에서 일체의 종류로써, 일체의 처소로써, 일체의 때로써, 보살마하살을 구하더라도, 역시 무소유이므로 얻을 수 없습니다. 왜 그러한가? 자성이 공한 까닭입니다.

사리자여. 지계(地界)는 자성이 공한 까닭으로 지계는 지계에서 무소유이므로 얻을 수 없고, 지계는 수계(水界)에서 무소유이므로 얻을 수 없으며, 수계는 자성이 공한 까닭으로 수계는 수계에서 무소유이므로 얻을 수 없고, 수계는 지계에서 무소유이므로 얻을 수 없으며, 지·수계는 화계(火界)에서 무소유이므로 얻을 수 없고, 화계는 자성이 공한 까닭으로 화계는 화계에서 무소유이므로 얻을 수 없고, 화계는 지·수계에서 무소유이므로 얻을 수 없으며, 지·수·화계는 풍계(風界)에서 무소유이므로 얻을 수 없고, 풍계는 자성이 공한 까닭으로 풍계는 풍계에서 무소유이므로 얻을 수 없고, 풍계는 지·수·화세에서 무소유이므로 얻을 수 없으며, 지·수·화·풍계는 공계(空界)에서 무소유이므로 얻을 수 없고, 공계는 자성이 공한 까닭으로 공계는 공계에서 무소유이므로 얻을 수 없고, 공계는 지·수·화·풍계에서 무소유이므로 얻을 수 없으며, 지·수·화·풍·공계는 식계(識界)에서 무소유이므로 얻을 수 없고, 식계는 자성이 공한 까닭으로 식계는 식계에서 무소유이므로 얻을 수 없고, 식계는 지·수·화·풍·공계에서 무소유이므로 얻을 수 없습니다.

사리자여. 나는 이와 같은 제법에서 일체의 종류로써, 일체의 처소로써, 일체의 때로써, 보살마하살을 구하더라도, 역시 무소유이므로 얻을 수

없습니다. 왜 그러한가? 자성이 공한 까닭입니다.

사리자여. 고성제(苦聖諦)는 자성이 공한 까닭으로 고성제는 고성제에서 무소유이므로 얻을 수 없고, 고성제는 집성제(集聖諦)에서 무소유이므로 얻을 수 없으며, 집성제는 자성이 공한 까닭으로 집성제는 집성제에서 무소유이므로 얻을 수 없고, 집성제는 고성제에서 무소유이므로 얻을 수 없으며, 고·집성제는 멸성제(滅聖諦)에서 무소유이므로 얻을 수 없고, 멸성제는 자성이 공한 까닭으로 멸성제는 멸성제에서 무소유이므로 얻을 수 없고, 멸성제는 고·집성제에서 무소유이므로 얻을 수 없으며, 고·집·멸성제는 도성제(道聖諦)에서 무소유이므로 얻을 수 없고, 도성제는 자성이 공한 까닭으로 도성제는 도성제에서 무소유이므로 얻을 수 없고, 도성제는 고·집·멸성제에서 무소유이므로 얻을 수 없습니다.

사리자여. 나는 이와 같은 제법에서 일체의 종류로써, 일체의 처소로써, 일체의 때로써, 보살마하살을 구하더라도, 역시 무소유이므로 얻을 수 없습니다. 왜 그러한가? 자성이 공한 까닭입니다.

사리자여. 무명(無明)은 자성이 공한 까닭으로 무명은 무명에서 무소유이므로 얻을 수 없고, 무명은 행(行)에서 무소유이므로 얻을 수 없으며, 행은 자성이 공한 까닭으로 행은 행에서 무소유이므로 얻을 수 없고, 행은 무명에서 무소유이므로 얻을 수 없으며, 무명·행은 식(識)에서 무소유이므로 얻을 수 없고, 식은 자성이 공한 까닭으로 식은 식에서 무소유이므로 얻을 수 없으며, 식은 무명·행에서 무소유이므로 얻을 수 없고, 무명·행·식은 명색(名色)에서 무소유이므로 얻을 수 없으며, 명색은 자성이 공한 까닭으로 명색은 명색에서 무소유이므로 얻을 수 없고, 명색은 무명·행·식에서 무소유이므로 얻을 수 없으며, 무명·행·식·명색은 육처(六處)에서 무소유이므로 얻을 수 없고, 육처는 자성이 공한 까닭으로 육처는 육처에서 무소유이므로 얻을 수 없으며, 육처는 무명·행·식·명색에서 무소유이므로 얻을 수 없고, 무명·행·식·명색·육처는 촉(觸)에서 무소유이므로 얻을 수 없고, 촉은 자성이 공한 까닭으로 촉은 촉에서 무소유이므로 얻을 수 없으며, 촉은 무명·행·식·명색·육처에서 무소유이므로 얻을 수 없고, 무명·행·식·명색·육처·촉은 수(受)에서 무소유이므로 얻을 수 없고, 수는 자성이 공한 까닭으로 수는 수에서 무소유이므로 얻을 수 없으며, 수는 무명·행·식·명색·육처·촉에서 무소유이므로 얻을 수 없고, 무명·행·식·명색·육처·촉·수는 애(愛)에서 무소유이므로 얻을 수 없으며, 애는 자성이 공한 까닭으로 애는 애에서 무소유이므로 얻을 수 없고, 애는 무명·행·식·명색·육처·촉·수에서 무소유이므로 얻을 수 없으며, 무명·행·식·명색·육처·촉·수·애는 취(取)에서 무소유이므로 얻을 수 없고, 취는 자성이 공한 까닭으로 취는 취에서 무소유이므로 얻을 수 없으며, 취는 무명·행·식·명색·육처·촉·수·애에서 무소유이므로 얻을 수 없고, 무명·행·식·명색·육처·촉·수·애·취는 유(有)에서 무소유이므로 얻을 수 없으며, 유는 자성이 공한 까닭으로 유는 유에서 무소유이므로 얻을 수 없고, 유는 무명·행·식·명색·육처·촉·수·애·취에서 무소유이므로 얻을 수 없으며, 무명·행·식·명색·육처·촉·수·애·취·유는 생(生)에서 무소유이므로 얻을 수 없고, 생은 자성이 공한 까닭으로 생은 생에서 무소유이므로 얻을 수 없으며, 생은 무명·행·식·명색·육처·촉·수·애·취·유에서 무소유이므로 얻을 수 없고, 무명·행·식·명색·육처·촉·수·애·취·유·생은 노사(老死)의 수탄고우뇌(愁歎苦憂惱)에서 무소유이므로 얻을 수 없으며, 노사의 수탄고우뇌는 자성이 공한 까닭으로 노사의 수탄고우뇌는 노사의 수탄고우뇌에서 무소유이므로 얻을 수 없고, 노사의 수탄고우뇌는 무명·행·식·명색·육처·촉·수·애·취·유·생에서 무소유이므로 얻을 수 없습니다.

　사리자여, 나는 이와 같은 제법에서 일체의 종류로써, 일체의 처소로써, 일체의 때로써, 보살마하살을 구하더라도, 역시 무소유이므로 얻을 수 없습니다. 왜 그러한가? 자성이 공한 까닭입니다.

　사리자여, 보시바라밀다(布施波羅蜜多)는 자성이 공한 까닭으로 보시바라밀다는 보시바라밀다에서 무소유이므로 얻을 수 없고, 보시바라밀다는 정계바라밀다(淨戒波羅蜜多)에서 무소유이므로 얻을 수 없으며, 정계바라밀다는 자성이 공한 까닭으로 정계바라밀다는 정계바라밀다에서 무소유이므로 얻을 수 없고, 정계바라밀다는 보시바라밀다에서 무소유이므로 얻을 수 없으며, 보시·정계바라밀다는 안인바라밀다(安忍波羅蜜多)에서 무소유이므로 얻을 수 없고, 안인바라밀다는 자성이 공한 까닭으로 안인바라밀다는 안인바라밀다에서 무소유이므로 얻을 수 없고, 안인바라밀다는 보시·정계바라밀다에서 무소유이므로 얻을 수 없으며, 보시·정계·안인바라밀다는 정진바라밀다(精進波羅蜜多)에서 무소유이므로 얻을 수 없고, 정진바라밀다는 자성이 공한 까닭으로 정진바라밀다는 정진바라밀다에서 무소유이므로 얻을 수 없고, 정진바라밀다는 보시·정계·안인바라밀다에서 무소유이므로 얻을 수 없으며, 보시·정계·안인·정진바라밀다는 정려바라밀다(靜慮波羅蜜多)에서 무소유이므로 얻을 수 없고, 정려바라밀다는 자성이 공한 까닭으로 정려바라밀다는 정려바라밀다에서 무소유이므로 얻을 수 없고, 정려바라밀다는 보시·정계·안인·정진바라밀다에서 무소유이므로 얻을 수 없으며, 보시·정계·안인·정진·정려바라밀다는 반야바라밀다(般若波羅蜜多)에서 무소유이므로 얻을 수 없고, 반야바라밀다는 자성이 공한 까닭으로 반야바라밀다는 반야바라밀다에서 무소유이므로 얻을 수 없고, 반야바라밀다는 보시·정계·안인·정진·정려바라밀다에서 무소유이므로 얻을 수 없습니다.

사리자여. 나는 이와 같은 제법에서 일체의 종류로써, 일체의 처소로써, 일체의 때로써, 보살마하살을 구하더라도, 역시 무소유이므로 얻을 수 없습니다. 왜 그러한가? 자성이 공한 까닭입니다.

사리자여. 4정려(四靜慮)는 자성이 공한 까닭으로 4정려는 4정려에서 무소유이므로 얻을 수 없고, 4정려는 4무량(四無量)에서 무소유이므로 얻을 수 없으며, 4무량은 자성이 공한 까닭으로 4무량은 4무량에서 무소유이므로 얻을 수 없고, 4무량은 4정려에서 무소유이므로 얻을 수 없으며, 4정려·4무량은 4무색정(四無色定)에서 무소유이므로 얻을 수 없고, 4무색정은 자성이 공한 까닭으로 4무색정은 4무색정에서 무소유이므로 얻을 수 없고, 4무색정은 4정려·4무량에서 무소유이므로 얻을 수 없습니다.

사리자여. 나는 이와 같은 제법에서 일체의 종류로써, 일체의 처소로써,

일체의 때로써, 보살마하살을 구하더라도, 역시 무소유이므로 얻을 수 없습니다. 왜 그러한가? 자성이 공한 까닭입니다.

사리자여. 8해탈(八解脫)은 자성이 공한 까닭으로 8해탈은 8해탈에서 무소유이므로 얻을 수 없고, 8해탈은 8승처(八勝處)에서 무소유이므로 얻을 수 없으며, 8승처는 자성이 공한 까닭으로 8승처는 8승처에서 무소유이므로 얻을 수 없고, 8승처는 8해탈에서 무소유이므로 얻을 수 없으며, 8해탈·8승처는 9차제정(九次第定)에서 무소유이므로 얻을 수 없고, 9차제정은 자성이 공한 까닭으로 9차제정은 9차제정에서 무소유이므로 얻을 수 없고, 9차제정은 8해탈·8승처에서 무소유이므로 얻을 수 없으며, 8해탈·8승처·9차제정은 10변처(十遍處)에서 무소유이므로 얻을 수 없고, 10변처는 자성이 공한 까닭으로 10변처는 10변처에서 무소유이므로 얻을 수 없고, 10변처는 8해탈·8승처·9차제정에서 무소유이므로 얻을 수 없습니다.

사리자여. 나는 이와 같은 제법에서 일체의 종류로써, 일체의 처소로써, 일체의 때로써, 보살마하살을 구하더라도, 역시 무소유이므로 얻을 수 없습니다. 왜 그러한가? 자성이 공한 까닭입니다.

사리자여. 4념주(四念住)는 자성이 공한 까닭으로 4념주는 4념주에서 무소유이므로 얻을 수 없고, 4념주는 4정단(四正斷)에서 무소유이므로 얻을 수 없으며, 4정단은 자성이 공한 까닭으로 4정단은 4정단에서 무소유이므로 얻을 수 없고, 4정단은 4념주에서 무소유이므로 얻을 수 없으며, 4념주·4정단은 4신족(四神足)에서 무소유이므로 얻을 수 없고, 4신족은 자성이 공한 까닭으로 4신족은 4신족에서 무소유이므로 얻을 수 없고, 4신족은 4념주·4정단에서 무소유이므로 얻을 수 없으며, 4념주·4정단·4신족은 5근(五根)에서 무소유이므로 얻을 수 없고, 5근은 자성이 공한 까닭으로 5근은 5근에서 무소유이므로 얻을 수 없고, 5근은 4념주·4정단·4신족에서 무소유이므로 얻을 수 없으며, 4념주·4정단·4신족·5근은 5력(五力)에서 무소유이므로 얻을 수 없고, 5력은 자성이 공한 까닭으로 5력은 5력에서 무소유이므로 얻을 수 없고, 5력은 4념주·4정단·4신족·5근에서 무소유이므로 얻을 수 없으며, 4념주·4정단·4신족·5근·5력은 7등각지(七等覺支)에서 무소유이므로 얻을 수 없고, 7등각지는 자성이 공한 까닭으로 7등각지는 7등각지에서 무소유이므로 얻을 수 없고, 7등각지는 4념주·4정단·4신족·5근·5력에서 무소유이므로 얻을 수 없으며, 4념주·4정단·4신족·5근·5력·7등각지는 8성도지(八聖道支)에서 무소유이므로 얻을 수 없으며, 8성도지는 자성이 공한 까닭으로 8성도지는 8성도지에서 무소유이므로 얻을 수 없고, 8성도지는 4념주·4정단·4신족·5근·5력·7등각지에서 무소유이므로 얻을 수 없습니다.

　사리자여. 나는 이와 같은 제법에서 일체의 종류로써, 일체의 처소로써, 일체의 때로써, 보살마하살을 구하더라도, 역시 무소유이므로 얻을 수 없습니다. 왜 그러한가? 자성이 공한 까닭입니다.

　사리자여. 공해탈문(空解脫門)은 자성이 공한 까닭으로 공해탈문은 공해탈문에서 무소유이므로 얻을 수 없고, 공해탈문은 무상해탈문(無相解脫門)에서 무소유이므로 얻을 수 없으며, 무상해탈문은 자성이 공한 까닭으로 무상해탈문은 무상해탈문에서 무소유이므로 얻을 수 없고, 무상해탈문은 공해탈문에서 무소유이므로 얻을 수 없으며, 공·무상해탈문은 무원해탈문(無願解脫門)에서 무소유이므로 얻을 수 없고, 무원해탈문은 자성이 공한 까닭으로 무원해탈문은 무원해탈문에서 무소유이므로 얻을 수 없고, 무원해탈문은 공·무상해탈문에서 무소유이므로 얻을 수 없습니다.

　사리자여. 나는 이와 같은 제법에서 일체의 종류로써, 일체의 처소로써, 일체의 때로써, 보살마하살을 구하더라도, 역시 무소유이므로 얻을 수 없습니다. 왜 그러한가? 자성이 공한 까닭입니다.

　사리자여. 5안(五眼)은 자성이 공한 까닭으로 5안은 5안에서 무소유이므로 얻을 수 없고, 5안은 6신통(六神通)에서 무소유이므로 얻을 수 없으며, 6신통은 자성이 공한 까닭으로 6신통은 6신통에서 무소유이므로 얻을 수 없고, 6신통은 5안에서 무소유이므로 얻을 수 없습니다.

　사리자여. 나는 이와 같은 제법에서 일체의 종류로써, 일체의 처소로써, 일체의 때로써, 보살마하살을 구하더라도, 역시 무소유이므로 얻을 수

없습니다. 왜 그러한가? 자성이 공한 까닭입니다.

사리자여. 여래(如來)의 10력(十力)은 자성이 공한 까닭으로 여래의 10력은 여래의 10력에서 무소유이므로 얻을 수 없고, 여래의 10력은 4무소외(四無所畏)에서 무소유이므로 얻을 수 없으며, 4무소외는 자성이 공한 까닭으로 4무소외는 4무소외에서 무소유이므로 얻을 수 없고, 4무소외는 여래의 10력에서 무소유이므로 얻을 수 없으며, 여래의 10력·4무소외는 4무애해(四無礙解)에서 무소유이므로 얻을 수 없고, 4무애해는 자성이 공한 까닭으로 4무애해는 4무애해에서 무소유이므로 얻을 수 없고, 4무애해는 여래의 10력·4무소외에서 무소유이므로 얻을 수 없으며, 여래의 10력·4무소외·4무애해는 대자(大慈)에서 무소유이므로 얻을 수 없고, 대자는 자성이 공한 까닭으로 대자는 대자에서 무소유이므로 얻을 수 없고, 대자는 여래의 10력·4무소외·4무애해에서 무소유이므로 얻을 수 없으며, 여래의 10력·4무소외·4무애해·대자는 대비(大悲)에서 무소유이므로 얻을 수 없고, 대비는 자성이 공한 까닭으로 대비는 대비에서 무소유이므로 얻을 수 없고, 대비는 여래의 10력·4무소외·4무애해·대자에서 무소유이므로 얻을 수 없으며, 여래의 10력·4무소외·4무애해·대자·대비는 대희(大喜)에서 무소유이므로 얻을 수 없고, 대희는 자성이 공한 까닭으로 대희는 대희에서 무소유이므로 얻을 수 없고, 대희는 여래의 10력·4무소외·4무애해·대자·대비에서 무소유이므로 얻을 수 없으며, 여래의 10력·4무소외·4무애해·대자·대비·대희는 대사(大捨)에서 무소유이므로 얻을 수 없으며, 대사는 자성이 공한 까닭으로 대사는 대사에서 무소유이므로 얻을 수 없고, 여래의 10력·4무소외·4무애해·대자·대비·대희·대사는 18불불공법(十八佛不共法)에서 무소유이므로 얻을 수 없고, 18불불공법은 자성이 공한 까닭으로 18불불공법은 18불불공법에서 무소유이므로 얻을 수 없고, 18불불공법은 여래의 10력·4무소외·4무애해·대자·대비·대희·대사에서 무소유이므로 얻을 수 없습니다.

사리자여. 나는 이와 같은 제법에서 일체의 종류로써, 일체의 처소로써, 일체의 때로써, 보살마하살을 구하더라도, 역시 무소유이므로 얻을 수

없습니다. 왜 그러한가? 자성이 공한 까닭입니다.

　사리자여. 일체지(一切智)는 자성이 공한 까닭으로 일체지는 일체지에서 무소유이므로 얻을 수 없고, 일체지는 도상지(道相智)에서 무소유이므로 얻을 수 없으며, 도상지는 자성이 공한 까닭으로 도상지는 도상지에서 무소유이므로 얻을 수 없고, 도상지는 일체지에서 무소유이므로 얻을 수 없으며, 일체지·도상지는 일체상지(一切相智)에서 무소유이므로 얻을 수 없고, 일체상지는 자성이 공한 까닭으로 일체상지는 일체상지에서 무소유이므로 얻을 수 없고, 일체상지는 일체지·도상지에서 무소유이므로 얻을 수 없습니다.

　사리자여. 나는 이와 같은 제법에서 일체의 종류로써, 일체의 처소로써, 일체의 때로써, 보살마하살을 구하더라도, 역시 무소유이므로 얻을 수 없습니다. 왜 그러한가? 자성이 공한 까닭입니다.

　사리자여. 무망실법(無忘失法)은 자성이 공한 까닭으로 무망실법은 무망실법에서 무소유이므로 얻을 수 없고, 무망실법은 항주사성(恒住捨性)에서 무소유이므로 얻을 수 없으며, 항주사성은 자성이 공한 까닭으로 항주사성은 항주사성에서 무소유이므로 얻을 수 없고, 항주사성은 무망실법에서 무소유이므로 얻을 수 없습니다.

　사리자여. 나는 이와 같은 제법에서 일체의 종류로써, 일체의 처소로써, 일체의 때로써, 보살마하살을 구하더라도, 역시 무소유이므로 얻을 수 없습니다. 왜 그러한가? 자성이 공한 까닭입니다.

　사리자여. 일체의 다라니문(陀羅尼門)은 자성이 공한 까닭으로 일체의 다라니문은 일체의 다라니문에서 무소유이므로 얻을 수 없고, 일체의 다라니문은 일체의 삼마지문(三摩地門)에서 무소유이므로 얻을 수 없으며, 일체의 삼마지문은 자성이 공한 까닭으로 일체의 삼마지문은 일체의 삼마지문에서 무소유이므로 얻을 수 없고, 일체의 삼마지문은 일체의 다라니문에서 무소유이므로 얻을 수 없습니다.

　사리자여. 나는 이와 같은 제법에서 일체의 종류로써, 일체의 처소로써, 일체의 때로써, 보살마하살을 구하더라도, 역시 무소유이므로 얻을 수

없습니다. 왜 그러한가? 자성이 공한 까닭입니다.
  사리자여. 내공(內空)은 자성이 공한 까닭으로 내공은 내공에서 무소유이므로 얻을 수 없고, 내공은 외공(外空)에서 무소유이므로 얻을 수 없으며, 외공은 자성이 공한 까닭으로 외공은 외공에서 무소유이므로 얻을 수 없고, 외공은 내공에서 무소유이므로 얻을 수 없으며, 내공·외공은 내외공(內外空)에서 무소유이므로 얻을 수 없고, 내외공은 자성이 공한 까닭으로 내외공은 내외공에서 무소유이므로 얻을 수 없으며, 내외공은 내공·외공에서 무소유이므로 얻을 수 없고, 내공·외공·내외공은 유위공(有爲空)에서 무소유이므로 얻을 수 없으며, 유위공은 자성이 공한 까닭으로 유위공은 유위공에서 무소유이므로 얻을 수 없고, 유위공은 내공·외공·내외공에서 무소유이므로 얻을 수 없으며, 내공, 나아가 유위공은 무위공(無爲空)에서 무소유이므로 얻을 수 없고, 무위공은 자성이 공한 까닭으로 무위공은 무위공에서 무소유이므로 얻을 수 없으며, 무위공은 내공, 나아가 유위공에서 무소유이므로 얻을 수 없고, 내공, 나아가 유위공은 필경공(畢竟空)에서 무소유이므로 얻을 수 없고, 필경공은 자성이 공한 까닭으로 필경공은 필경공에서 무소유이므로 얻을 수 없으며, 필경공은 내공, 나아가 유위공에서 무소유이므로 얻을 수 없고, 내공, 나아가 필경공은 무제공(無際空)에서 무소유이므로 얻을 수 없고, 무제공은 자성이 공한 까닭으로 무제공은 무제공에서 무소유이므로 얻을 수 없으며, 무제공은 내공, 나아가 필경공에서 무소유이므로 얻을 수 없고, 내공, 나아가 무제공은 산공(散空)에서 무소유이므로 얻을 수 없으며, 산공은 자성이 공한 까닭으로 산공은 산공에서 무소유이므로 얻을 수 없고, 산공은 내공, 나아가 무제공에서 무소유이므로 얻을 수 없으며, 내공, 나아가 산공은 무변이공(無變異空)에서 무소유이므로 얻을 수 없고, 무변이공은 자성이 공한 까닭으로 무변이공은 무변이공에서 무소유이므로 얻을 수 없으며, 무변이공은 내공, 나아가 산공에서 무소유이므로 얻을 수 없고, 내공, 나아가 무변이공은 본성공(本性空)에서 무소유이므로 얻을 수 없으며, 본성공은 자성이 공한 까닭으로 본성공은 본성공에서 무소유이므로 얻을 수 없고, 본성공은 내공,

나아가 무변이공에서 무소유이므로 얻을 수 없으며, 내공, 나아가 본성공은 자상공(自相空)에서 무소유이므로 얻을 수 없고, 자상공은 자성이 공한 까닭으로 자상공은 자상공에서 무소유이므로 얻을 수 없으며, 자상공은 내공, 나아가 본성공에서 무소유이므로 얻을 수 없고, 내공, 나아가 자상공은 공상공(共相空)에서 무소유이므로 얻을 수 없으며, 공상공은 자성이 공한 까닭으로 공상공은 공상공에서 무소유이므로 얻을 수 없고, 공상공은 내공, 나아가 자상공에서 무소유이므로 얻을 수 없으며, 내공, 나아가 공상공은 일체법공(一切法空)에서 무소유이므로 얻을 수 없고, 일체법공은 자성이 공한 까닭으로 일체법공은 일체법공에서 무소유이므로 얻을 수 없으며, 일체법공은 내공, 나아가 공상공에서 무소유이므로 얻을 수 없고, 내공, 나아가 일체법공은 불가득공(不可得空)에서 무소유이므로 얻을 수 없으며, 불가득공은 자성이 공한 까닭으로 불가득공은 불가득공에서 무소유이므로 얻을 수 없고, 불가득공은 내공, 나아가 일체법공에서 무소유이므로 얻을 수 없으며, 내공, 나아가 불가득공은 무성공(無性空)에서 무소유이므로 얻을 수 없고, 무성공은 자성이 공한 까닭으로 무성공은 무성공에서 무소유이므로 얻을 수 없으며, 무성공은 내공, 나아가 불가득공에서 무소유이므로 얻을 수 없고, 내공, 나아가 무성공은 자성공(自性空)에서 무소유이므로 얻을 수 없으며, 자성공은 자성이 공한 까닭으로 자성공은 자성공에서 무소유이므로 얻을 수 없고, 자성공은 내공, 나아가 무성공에서 무소유이므로 얻을 수 없으며, 내공, 나아가 자성공은 무성자성공(無性自性空)에서 무소유이므로 얻을 수 없고, 무성자성공은 자성이 공한 까닭으로 무성자성공은 무성자성공에서 무소유이므로 얻을 수 없으며, 무성자성공은 내공, 나아가 자성공에서 무소유이므로 얻을 수 없습니다.

사리자여. 나는 이와 같은 제법에서 일체의 종류로써, 일체의 처소로써, 일체의 때로써, 보살마하살을 구하더라도, 역시 무소유이므로 얻을 수 없습니다. 왜 그러한가? 자성이 공한 까닭입니다.

사리자여. 진여(眞如)는 자성이 공한 까닭으로 진여는 진여에서 무소유이므로 얻을 수 없고, 진여는 법계(法界)에서 무소유이므로 얻을 수 없으며, 법계는 자성이 공한 까닭으로 법계는 법계에서 무소유이므로 얻을 수 없고, 법계는 진여에서 무소유이므로 얻을 수 없으며, 진여·법계는 법성(法性)에서 무소유이므로 얻을 수 없고, 법성은 자성이 공한 까닭으로 법성은 법성에서 무소유이므로 얻을 수 없으며, 법성은 진여·법계에서 무소유이므로 얻을 수 없고, 진여·법계·법성은 불허망성(不虛妄性)에서 무소유이므로 얻을 수 없으며, 불허망성은 자성이 공한 까닭으로 불허망성은 불허망성에서 무소유이므로 얻을 수 없고, 불허망성은 진여·법계·법성에서 무소유이므로 얻을 수 없으며, 진여, 나아가 불허망성은 불변이성(不變異性)에서 무소유이므로 얻을 수 없고, 불변이성은 자성이 공한 까닭으로 불변이성은 불변이성에서 무소유이므로 얻을 수 없으며, 불변이성은 진여, 나아가 불허망성에서 무소유이므로 얻을 수 없고, 진여, 나아가 불변이성은 부사의계(不思議界)에서 무소유이므로 얻을 수 없고, 부사의계는 자성이 공한 까닭으로 부사의계는 부사의계에서 무소유이므로 얻을 수 없으며, 부사의계는 진여, 나아가 불변이성에서 무소유이므로 얻을 수 없고, 진여, 나아가 부사의계는 허공계(虛空界)에서 무소유이므로 얻을 수 없고, 허공계는 자성이 공한 까닭으로 허공계는 허공계에서 무소유이므로 얻을 수 없으며, 허공계는 진여, 나아가 부사의계에서 무소유이므로 얻을 수 없고, 진여, 나아가 허공계는 단계(斷界)에서 무소유이므로 얻을 수 없으며, 단계는 자성이 공한 까닭으로 단계는 단계에서 무소유이므로 얻을 수 없고, 단계는 진여, 나아가 허공계에서 무소유이므로 얻을 수 없으며, 진여, 나아가 단계는 이계(離界)에서 무소유이므로 얻을 수 없고, 이계는 자성이 공한 까닭으로 이계는 이계에서 무소유이므로 얻을 수 없으며, 이계는 진여, 나아가 단계에서 무소유이므로 얻을 수 없고, 진여, 나아가 이계는 멸계(滅界)에서 무소유이므로 얻을 수 없으며, 멸계는 자성이 공한 까닭으로 멸계는 멸계에서 무소유이므로 얻을 수 없고, 멸계는 진여, 나아가 단계에서 무소유이므로 얻을 수 없으며, 진여, 나아가 멸계는 평등성(平等性)에서 무소유이므로 얻을 수 없고, 평등성은 자성이 공한 까닭으로 평등성은 평등성에서 무소유이므로 얻을 수 없으며, 평등성은 진여, 나아가 멸계에서 무소유이므로 얻을 수 없고, 진여, 나아가 평등성은 이생성(離生性)에서 무소유이므로 얻을 수 없으며, 이생성은 자성이 공한 까닭으로 이생성은 이생성에서 무소유이므로 얻을 수 없고, 이생성은 진여, 나아가 평등성에서 무소유이므로 얻을 수 없으며, 진여, 나아가 이생성은 법정(法定)에서 무소유이므로 얻을 수 없고, 법정은 자성이 공한 까닭으로 법정은 법정에서 무소유이므로 얻을 수 없으며, 법정은 진여, 나아가 이생성에서 무소유이므로 얻을 수 없고, 진여, 나아가 법정은 법주(法住)에서 무소유이므로 얻을 수 없으며, 법주는 자성이 공한 까닭으로 법주는 법주에서 무소유이므로 얻을 수 없고, 법주는 진여, 나아가 법정에서 무소유이므로 얻을 수 없으며, 진여, 나아가 법주는 무성계(無性界)에서 무소유이므로 얻을 수 없고, 무성계는 자성이 공한 까닭으로 무성계는 무성계에서 무소유이므로 얻을 수 없으며, 무성계는 진여, 나아가 법주에서 무소유이므로 얻을 수 없고, 진여, 나아가 무성계는 무상계(無相界)에서 무소유이므로 얻을 수 없으며, 무상계는 자성이 공한 까닭으로 무상계는 무상계에서 무소유이므로 얻을 수 없고, 무상계는 진여, 나아가 무성계에서 무소유이므로 얻을 수 없으며, 진여, 나아가 무상계는 무작계(無作界)에서 무소유이므로 얻을 수 없고, 무작계는 자성이 공한 까닭으로 무작계는 무작계에서 무소유이므로 얻을 수 없으며, 무작계는 진여, 나아가 무상계에서 무소유이므로 얻을 수 없고, 진여, 나아가 무작계는 무위계(無爲界)에서 무소유이므로 얻을 수 없으며, 무위계는 자성이 공한 까닭으로 무위계는 무위계에서 무소유이므로 얻을 수 없고, 무위계는 진여, 나아가 무작계에서 무소유이므로 얻을 수 없으며, 진여, 나아가 무위계는 안은계(安隱界)에서 무소유이므로 얻을 수 없고, 안은계는 자성이 공한 까닭으로 안은계는 안은계에서 무소유이므로 얻을 수 없으며, 안은계는 진여, 나아가 무위계에서 무소유이므로 얻을 수 없소, 진여, 나아가 안은계는 적정계(寂靜界)에서 무소유이므로 얻을 수 없으며, 적정계는 자성이 공한 까닭으로 적정계는 적정계에서 무소유이므로 얻을 수 없고, 적정계는 진여, 나아가 안은계에서 무소유이므로 얻을 수 없으며, 진여, 나아가 적정계는 본무(本無)에서 무소유이므로 얻을 수 없고, 본무는 자성이 공한 까닭으로 본무는 본무에서 무소유이므로 얻을 수 없으며, 본무는 진여, 나아가 적정계에서 무소유이므로 얻을 수 없고, 진여, 나아가 본무는 실제(實際)에서 무소유이므로 얻을 수 없으며, 실제는 자성이 공한 까닭으로 실제는 실제에서 무소유이므로 얻을 수 없고, 실제는 진여, 나아가 본무에서 무소유이므로 얻을 수 없으며, 진여, 나아가 실제는 구경열반(究竟涅槃)에서 무소유이므로 얻을 수 없고, 구경열반은 자성이 공한 까닭으로 구경열반은 구경열반에서 무소유이므로 얻을 수 없으며, 구경열반은 진여, 나아가 실제에서 무소유이므로 얻을 수 없습니다.

사리자여. 나는 이와 같은 제법에서 일체의 종류로써, 일체의 처소로써, 일체의 때로써, 보살마하살을 구하더라도, 역시 무소유이므로 얻을 수 없습니다. 왜 그러한가? 자성이 공한 까닭입니다.

사리자여. 극희지(極喜地)의 법(法)은 자성이 공한 까닭으로 극희지의 법은 극희지의 법에서 무소유이므로 얻을 수 없고, 극희지의 법은 이구지(離垢地)의 법에서 무소유이므로 얻을 수 없습니다. 이구지의 법은 자성이 공한 까닭으로 이구지의 법은 이구지의 법에서 무소유이므로 얻을 수 없고, 이구지의 법은 극희지의 법에서 무소유이므로 얻을 수 없으며, 극희지·이구지의 법은 발광지(發光地)의 법에서 무소유이므로 얻을 수 없습니다. 발광지의 법은 자성이 공한 까닭으로 발광지의 법은 발광지의 법에서 무소유이므로 얻을 수 없으며, 발광지의 법은 극희지·이구지의 법에서 무소유이므로 얻을 수 없고, 극희지·이구지·발광지의 법은 염혜지(焰慧地)의 법에서 무소유이므로 얻을 수 없습니다.

염혜지의 법은 자성이 공한 까닭으로 염혜지의 법은 염혜지의 법에서 무소유이므로 얻을 수 없고, 염혜지의 법은 극희지·이구지·발광지의 법에서 무소유이므로 얻을 수 없으며, 극희지·이구지·발광지·염혜지의 법은 극난승지(極難勝地)의 법에서 무소유이므로 얻을 수 없습니다. 극난승지의 법은 자성이 공한 까닭으로 극난승지의 법은 극난승지의 법에서 무소유이므로 얻을 수 없고, 극난승지의 법은 극희지·이구지·발광지·염혜지의 법에서 무소유이므로 얻을 수 없으며, 극희지·이구지·발광지·염혜지·극난승지의 법은 현전지(現前地)의 법에서 무소유이므로 얻을 수 없습니다. 현전지의 법은 자성이 공한 까닭으로 현전지의 법은 현전지의 법에서 무소유이므로 얻을 수 없고, 현전지의 법은 극희지·이구지·발광지·염혜지·극난승지의 법에서 무소유이므로 얻을 수 없으며, 극희지·이구지·발광지·염혜지·극난승지·현전지의 법은 원행지(遠行地)의 법에서 무소유이므로 얻을 수 없습니다.

　원행지의 법은 자성이 공한 까닭으로 원행지의 법은 원행지의 법에서 무소유이므로 얻을 수 없고, 원행지의 법은 극희지·이구지·발광지·염혜지·극난승지·현전지의 법에서 무소유이므로 얻을 수 없으며, 극희지·이구지·발광지·염혜지·극난승지·현전지·원행지의 법은 부동지(不動地)의 법에서 무소유이므로 얻을 수 없습니다. 부동지의 법은 자성이 공한 까닭으로 부동지의 법은 부동지의 법에서 무소유이므로 얻을 수 없고, 부동지의 법은 극희지·이구지·발광지·염혜지·극난승지·현전지·원행지의 법에서 무소유이므로 얻을 수 없으며, 극희지·이구지·발광지·염혜지·극난승지·현전지·원행지·부동지의 법은 선혜지(善慧地)의 법에서 무소유이므로 얻을 수 없습니다.

　선혜지의 법은 자성이 공한 까닭으로 선혜지의 법은 선혜지의 법에서 무소유이므로 얻을 수 없으며, 선혜지의 법은 극희지·이구지·발광지·염혜지·극난승지·현전지·원행지·부동지의 법에서 무소유이므로 얻을 수 없고, 극희지·이구지·발광지·염혜지·극난승지·현전지·원행지·부동지·선혜지의 법은 법운지(法雲地)의 법에서 무소유이므로 얻을 수 없습니다. 법운지의 법은 자성이 공한 까닭으로 법운지의 법은 법운지의 법에서 무소유이므로 얻을 수 없고, 법운지의 법은 극희지·이구지·발광지·염혜지·극난승지·현전지·원행지·부동지·선혜지의 법에서 무소유이므로 얻을 수 없습니다.

사리자여, 나는 이와 같은 제법에서 일체의 종류로써, 일체의 처소로써, 일체의 때로써, 보살마하살을 구하더라도, 역시 무소유이므로 얻을 수 없습니다. 왜 그러한가? 자성이 공한 까닭입니다.

　사리자여, 극희지의 자성이 공한 까닭으로 극희지는 극희지에서 무소유이므로 얻을 수 없고, 극희지는 이구지에서 무소유이므로 얻을 수 없으며, 이구지의 자성이 공한 까닭으로 이구지는 이구지에서 무소유이므로 얻을 수 없고, 이구지는 극희지에서 무소유이므로 얻을 수 없으며, 극희지·이구지는 발광지에서 무소유이므로 얻을 수 없고, 발광지의 자성이 공한 까닭으로 발광지는 발광지에서 무소유이므로 얻을 수 없으며, 발광지는 극희지·이구지에서 무소유이므로 얻을 수 없고, 극희지·이구지·발광지는 염혜지에서 무소유이므로 얻을 수 없으며, 염혜지의 자성이 공한 까닭으로 염혜지는 염혜지에서 무소유이므로 얻을 수 없고, 염혜지는 극희지·이구지·발광지에서 무소유이므로 얻을 수 없으며, 극희지·이구지·발광지·염혜지는 극난승지에서 무소유이므로 얻을 수 없고, 극난승지의 자성이 공한 까닭으로 극난승지는 극난승지에서 무소유이므로 얻을 수 없으며, 극난승지는 극희지·이구지·발광지·염혜지에서 무소유이므로 얻을 수 없고, 극희지·이구지·발광지·염혜지·극난승지는 현전지에서 무소유이므로 얻을 수 없으며, 현전지의 자성이 공한 까닭으로 현전지는 현전지에서 무소유이므로 얻을 수 없고, 현전지는 극희지·이구지·발광지·염혜지·극난승지에서 무소유이므로 얻을 수 없으며, 극희지·이구지·발광지·염혜지·극난승지·현전지는 원행지에서 무소유이므로 얻을 수 없고, 원행지의 자성이 공한 까닭으로 원행지는 원행지에서 무소유이므로 얻을 수 없으며, 원행지는 극희지·이구지·발광지·염혜지·극난승지·현전지에서 무소유이므로 얻을 수 없고, 극희지·이구지·발광지·염혜지·극난승지·현전지·원행지는 부동지에서 무소유이므로 얻을 수 없으며, 부동지의 자성이 공한 까닭으로 부동지는 부동지에서 무소유이므로 얻을 수 없고, 부동지는 극희지·이구지·발광지·염혜지·극난승지·현전지·원행지에서 무소유이므로 얻을 수 없으며, 극희지·이구지·발광지·염혜지·극난승지·현전지·원행지·부동지는 선혜지에서 무소유이므로 얻을 수 없고, 선혜지의 자성이 공한 까닭으로 선혜지는 선혜지에서 무소유이므로 얻을 수 없으며, 선혜지는 극희지·이구지·발광지·염혜지·극난승지·현전지·원행지·부동지에서 무소유이므로 얻을 수 없고, 극희지·이구지·발광지·염혜지·극난승지·현전지·원행지·부동지·선혜지는 법운지에서 무소유이므로 얻을 수 없으며, 법운지의 자성이 공한 까닭으로 법운지는 법운지에서 무소유이므로 얻을 수 없고, 법운지는 극희지·이구지·발광지·염혜지·극난승지·현전지·원행지·부동지·선혜지에서 무소유이므로 얻을 수 없습니다.

사리자여. 나는 이와 같은 제법에서 일체의 종류로써, 일체의 처소로써, 일체의 때로써, 보살마하살을 구하더라도, 역시 무소유이므로 얻을 수 없습니다. 왜 그러한가? 자성이 공한 까닭입니다."

마하반야바라밀다경 제66권

18. 무소득품(無所得品)(6)

 "사리자여. 이생지(異生地)의 법은 자성이 공한 까닭으로 이생지의 법은 이생지의 법에서 무소유이므로 얻을 수 없고, 이생지의 법은 종성지(種性地)의 법에서 무소유이므로 얻을 수 없으며, 종성지의 법은 자성이 공한 까닭으로 종성지의 법은 종성지의 법에서 무소유이므로 얻을 수 없고, 종성지의 법은 이생지의 법에서 무소유이므로 얻을 수 없으며, 이생지·종성지의 법은 제팔지(第八地)의 법에서 무소유이므로 얻을 수 없고, 제팔지의 법은 자성이 공한 까닭으로 제팔지의 법은 제팔지의 법에서 무소유이므로 얻을 수 없으며, 제팔지의 법은 이생지·종성지의 법에서 무소유이므로 얻을 수 없고, 이생지·종성지·제팔지의 법은 구견지(具見地)의 법에서 무소유이므로 얻을 수 없으며, 구견지의 법은 자성이 공한 까닭으로 구견지의 법은 구견지의 법에서 무소유이므로 얻을 수 없고, 구견지의 법은 이생지·종성지·제팔지의 법에서 무소유이므로 얻을 수 없으며, 이생지·종성지·제팔지·구견지의 법은 박지(薄地)의 법에서 무소유이므로 얻을 수 없고, 박지의 법은 자성이 공한 까닭으로 박지의 법은 박지의 법에서 무소유이므로 얻을 수 없으며, 박지의 법은 이생지·종성지·제팔지·구견지의 법에서 무소유이므로 얻을 수 없고, 이생지·종성지·제팔지·구견지·박지의 법은 이욕지(離欲地)의 법에서 무소유이므로 얻을 수 없으며, 이욕지의 법은 자성이 공한 까닭으로 이욕지의 법은 이욕지의 법에서 무소유이므로 얻을 수 없고, 이욕지의 법은 이생지·종성지·제팔지·구견지·박지의 법에서 무소유이므로 얻을 수 없으며, 이생지·종성지·제팔지·구견지·박지·이욕지의 법은 이판지(已辦地)의 법에서 무소유이므로 얻을 수 없고, 이판지의 법은 자성이 공한 까닭으로 이판지의 법은 이판지의 법에서 무소유이므로 얻을 수 없으며, 이판지의 법은 이생지·종성지·제팔지·구견지·박지·이욕지의 법에서 무소유이므로 얻을 수 없고, 이생지·종성지·제팔지·구견지·박지·이욕지·이판지의 법은 독각지(獨覺地)의 법에서 무소유이므로 얻을 수 없으며, 독각지의 법은 자성이 공한 까닭으로 독각지의 법은 독각지의 법에서 무소유이므로 얻을 수 없고, 독각지의 법은 이생지·종성지·제팔지·구견지·박지·이욕지·이판지의 법에서 무소유이므로 얻을 수 없으며, 이생지·종성지·제팔지·구견지·박지·이욕지·이판지·독각지의 법은 보살지(菩薩地)의 법에서 무소유이므로 얻을 수 없고, 보살지의 법은 자성이 공한 까닭으로 보살지의 법은 보살지의 법에서 무소유이므로 얻을 수 없으며, 보살지의 법은 이생지·종성지·제팔지·구견지·박지·이욕지·이판지·독각지의 법에서 무소유이므로 얻을 수 없고, 이생지·종성지·제팔지·구견지·박지·이욕지·이판지·독각지·보살지의 법은 여래지(如來地)의 법에서 무소유이므로 얻을 수 없으며, 여래지의 법은 자성이 공한 까닭으로 여래지의 법은 여래지의 법에서 무소유이므로 얻을 수 없고, 여래지의 법은 이생지·종성지·제팔지·구견지·박지·이욕지·이판지·독각지·보살지의 법에서 무소유이므로 얻을 수 없습니다.

사리자여. 나는 이와 같은 제법에서 일체의 종류로써, 일체의 처소로써, 일체의 때로써, 보살마하살을 구하더라도, 역시 무소유이므로 얻을 수 없습니다. 왜 그러한가? 자성이 공한 까닭입니다.

사리자여. 이생지의 자성이 공한 까닭으로 이생지는 이생지에서 무소유이므로 얻을 수 없고, 이생지는 종성지에서 무소유이므로 얻을 수 없으며, 종성지의 자성이 공한 까닭으로 종성지는 종성지에서 무소유이므로 얻을 수 없고, 종성지는 이생지에서 무소유이므로 얻을 수 없으며, 이생지·종성지는 제팔지에서 무소유이므로 얻을 수 없고, 제팔지의 자성이 공한 까닭으로 제팔지는 제팔지에서 무소유이므로 얻을 수 없으며, 제팔지는 이생지·종성지에서 무소유이므로 얻을 수 없고, 이생지·종성지·제팔지는 구견지에서 무소유이므로 얻을 수 없으며, 구견지의 자성이 공한 까닭으로 구견지는 구견지에서 무소유이므로 얻을 수 없고, 구견지는 이생지·종성지·제팔지에서 무소유이므로 얻을 수 없으며, 이생지·종성지·제팔지·구견지는 박지에서 무소유이므로 얻을 수 없고, 박지의 자성이 공한 까닭으로 박지는 박지에서 무소유이므로 얻을 수 없으며, 박지는 이생지·종성지·제팔지·구견지에서 무소유이므로 얻을 수 없고, 이생지·종성지·제팔지·구견지·박지는 이욕지에서 무소유이므로 얻을 수 없으며, 이욕지의 자성이 공한 까닭으로 이욕지는 이욕지에서 무소유이므로 얻을 수 없고, 이욕지는 이생지·종성지·제팔지·구견지·박지에서 무소유이므로 얻을 수 없으며, 이생지·종성지·제팔지·구견지·박지·이욕지는 이판지에서 무소유이므로 얻을 수 없고, 이판지의 자성이 공한 까닭으로 이판지는 이판지에서 무소유이므로 얻을 수 없으며, 이판지는 이생지·종성지·제팔지·구견지·박지·이욕지에서 무소유이므로 얻을 수 없고, 이생지·종성지·제팔지·구견지·박지·이욕지·이판지는 독각지에서 무소유이므로 얻을 수 없으며, 독각지의 자성이 공한 까닭으로 독각지는 독각지에서 무소유이므로 얻을 수 없고, 독각지는 이생지·종성지·제팔지·구견지·박지·이욕지·이판지에서 무소유이므로 얻을 수 없으며, 이생지·종성지·제팔지·구견지·박지·이욕지·이판지·녹각지는 보살지에서 무소유이므로 얻을 수 없고, 보살지의 자성이 공한 까닭으로 보살지는 보살지에서 무소유이므로 얻을 수 없으며, 보살지는 이생지·종성지·제팔지·구견지·박지·이욕지·이판지·독각지에서 무소유이므로 얻을 수 없고, 이생지·종성지·제팔지·구견지·박지·이욕지·이판지·독각지·보살지는 여래지에서 무소유이므로 얻을 수 없으며, 여래지의 자성이 공한 까닭으로 여래지는 여래지에서 무소유이므로 얻을 수 없고, 여래지는 이생지·종성지·제팔지·구견지·박지·이욕지·이판지·독각지·보살지에서 무소유이므로 얻을 수 없습니다.

사리자여. 나는 이와 같은 제법에서 일체의 종류로써, 일체의 처소로써, 일체의 때로써, 보살마하살을 구하더라도, 역시 무소유이므로 얻을 수 없습니다. 왜 그러한가? 자성이 공한 까닭입니다.

사리자여. 예류향(預流向)의 법은 자성이 공한 까닭으로 예류향의 법은 예류향의 법에서 무소유이므로 얻을 수 없고, 예류향의 법은 예류과(預流果)의 법에서 무소유이므로 얻을 수 없으며, 예류과의 법은 자성이 공한 까닭으로 예류과의 법은 예류과의 법에서 무소유이므로 얻을 수 없고, 예류과의 법은 예류향의 법에서 무소유이므로 얻을 수 없으며, 예류향·예류과의 법은 일래향(一來向)의 법에서 무소유이므로 얻을 수 없고, 일래향의 법은 자성이 공한 까닭으로 일래향의 법은 일래향의 법에서 무소유이므로 얻을 수 없으며, 일래향의 법은 예류향·예류과의 법에서 무소유이므로 얻을 수 없고, 예류향, 나아가 일래향의 법은 일래과(一來果)의 법에서 무소유이므로 얻을 수 없으며, 일래과의 법은 자성이 공한 까닭으로 일래과의 법은 일래과의 법에서 무소유이므로 얻을 수 없고, 일래과의 법은 예류향, 나아가 일래향의 법에서 무소유이므로 얻을 수 없으며, 예류향, 나아가 일래과의 법은 불환향(不還向)의 법에서 무소유이므로 얻을 수 없고, 불환향의 법은 자성이 공한 까닭으로 불환향의 법은 불환향의 법에서 무소유이므로 얻을 수 없으며, 불환향의 법은 예류향, 나아가 일래과의 법에서 무소유이므로 얻을 수 없고, 예류향, 나아가 불환향의 법은 불환과(不還果)의 법에서 무소유이므로 얻을 수 없으며, 불환과의 법은 자성이 공한 까닭으로 불환과의 법은 불환과의 법에서 무소유이므로 얻을 수 없고, 불환과의 법은 예류향, 나아가 불환향의 법에서 무소유이므로 얻을 수 없으며, 예류향, 나아가 불환과의 법은 아라한향(阿羅漢向)의 법에서 무소유이므로 얻을 수 없고, 아라한향의 법은 자성이 공한 까닭으로 아라한향의 법은 아라한향의 법에서 무소유이므로 얻을 수 없으며, 아라한향의 법은 예류향, 나아가 불환과의 법에서 무소유이므로 얻을 수 없고, 예류향, 나아가 아라한향의 법은 아라한과(阿羅漢果)의 법에서 무소유이므로 얻을 수 없으며, 아라한과의 법은 자성이 공한 까닭으로 아라한과의 법은 아라한과의 법에서 무소유이므로 얻을 수 없고, 아라한과의 법은 예류향, 나아가 아라한향의 법에서 무소유이므로 얻을 수 없으며, 예류향, 나아가 아라한과의 법은 독각향(獨覺向)의 법에서 무소유이므로 얻을 수 없고, 독각향의 법은 자성이 공한 까닭으로 독각향의 법은 독각향의 법에서 무소유이므로 얻을 수 없으며, 독각향의 법은 예류향, 나아가 아라한과의 법에서 무소유이므로 얻을 수 없고, 예류향, 나아가 독각향의 법은 독각과의 법에서 무소유이므로 얻을 수 없으며, 독각과의 법은 자성이 공한 까닭으로 독각과의 법은 독각과의 법에서 무소유이므로 얻을 수 없고, 독각과의 법은 예류향, 나아가 독각향의 법에서 무소유이므로 얻을 수 없으며, 예류향, 나아가 독각과의 법은 보살마하살(菩薩摩訶薩)의 법에서 무소유이므로 얻을 수 없고, 보살마하살의 법은 자성이 공한 까닭으로 보살마하살의 법은 보살마하살의 법에서 무소유이므로 얻을 수 없으며, 보살마하살의 법은 예류향, 나아가 독각과의 법에서 무소유이므로 얻을 수 없고, 예류향, 나아가 보살마하살의 법은 삼먁삼불타(三藐三佛陀)의 법에서 무소유이므로 얻을 수 없으며, 삼먁삼불타의 법은 삼먁삼불타의 법에서 무소유이므로 얻을 수 없으며, 삼먁삼불타의 법은 예류향, 나아가 보살마하살의 법에서 무소유이므로 얻을 수 없습니다.

사리자여. 나는 이와 같은 제법에서 일체의 종류로써, 일체의 처소로써, 일체의 때로써, 보살미하살을 구하더라도, 역시 무소유이므로 얻을 수 없습니다. 왜 그러한가? 자성이 공한 까닭입니다.

사리자여. 예류향의 자성이 공한 까닭으로 예류향은 예류향에서 무소유이므로 얻을 수 없고, 예류향은 예류과에서 무소유이므로 얻을 수 없으며, 예류과의 자성이 공한 까닭으로 예류과는 예류과에서 무소유이므로 얻을 수 없고, 예류과는 예류향에서 무소유이므로 얻을 수 없으며, 예류향·예류과는 일래향에서 무소유이므로 얻을 수 없고, 일래향의 자성이 공한 까닭으로 일래향은 일래향에서 무소유이므로 얻을 수 없으며, 일래향은 예류향·예류과에서 무소유이므로 얻을 수 없고, 예류향, 나아가 일래향은 일래과에서 무소유이므로 얻을 수 없으며, 일래과의 자성이 공한 까닭으로 일래과는 일래과에서 무소유이므로 얻을 수 없고, 일래과는 예류향, 나아가 일래향에서 무소유이므로 얻을 수 없으며, 예류향, 나아가 일래과는 불환향에서 무소유이므로 얻을 수 없고, 불환향의 자성이 공한 까닭으로 불환향은 불환향에서 무소유이므로 얻을 수 없으며, 불환향은 예류향, 나아가 일래과에서 무소유이므로 얻을 수 없고, 예류향, 나아가 불환향은 불환과에서 무소유이므로 얻을 수 없으며, 불환과의 자성이 공한 까닭으로 불환과는 불환과에서 무소유이므로 얻을 수 없고, 불환과는 예류향, 나아가 불환향에서 무소유이므로 얻을 수 없으며, 예류향, 나아가 불환과는 아라한향에서 무소유이므로 얻을 수 없고, 아라한향의 자성이 공한 까닭으로 아라한향은 아라한향에서 무소유이므로 얻을 수 없으며, 아라한향은 예류향, 나아가 불환과에서 무소유이므로 얻을 수 없고, 예류향, 나아가 아라한향은 아라한과에서 무소유이므로 얻을 수 없으며, 아라한과의 자성이 공한 까닭으로 아라한과는 아라한과에서 무소유이므로 얻을 수 없고, 아라한과는 예류향, 나아가 아라한향에서 무소유이므로 얻을 수 없으며, 예류향, 나아가 아라한과는 독각향에서 무소유이므로 얻을 수 없고, 독각향의 자성이 공한 까닭으로 독각향은 독각향에서 무소유이므로 얻을 수 없으며, 독각향은 예류향, 나아가 아라한과에서 무소유이므로 얻을 수 없고, 예류향, 나아가 독각향은 독각과에서 무소유이므로 얻을 수 없으며, 독각과의 자성이 공한 까닭으로 독각과는 독각과에서 무소유이므로 얻을 수 없고, 독각과는 예류향, 나아가 독각향에서 무소유이므로 얻을 수 없으며, 예류향, 나아가 독각과는 보살마하살에서 무소유이므로 얻을 수 없고, 보살마하살의 자성이 공한 까닭으로 보살마하살은 보살마하살에서 무소유이므로 얻을 수 없으며, 보살마하살은 예류향, 나아가 독각과에서 무소유이므로 얻을 수 없고, 예류향, 나아가 보살마하살은 삼먁삼불타에서 무소유이므로 얻을 수 없으며, 삼먁삼불타의 자성이 공한 까닭으로 삼먁삼불타는 삼먁삼불타에서 무소유이므로 얻을 수 없고, 삼먁삼불타는 예류향, 나아가 보살마하살에서 무소유이므로 얻을 수 없습니다.
 사리자여. 나는 이와 같은 제법에서 일체의 종류로써, 일체의 처소로써, 일체의 때로써, 보살마하살을 구하더라도, 역시 무소유이므로 얻을 수 없습니다. 왜 그러한가? 자성이 공한 까닭입니다.
 사리자여. 보살마하살의 자성이 공한 까닭으로 보살마하살은 보살마하살에서 무소유이므로 얻을 수 없고, 보살마하살은 반야바라밀다에서 무소유이므로 얻을 수 없으며, 반야바라밀다의 자성이 공한 까닭으로 반야바라밀다는 반야바라밀다에서 무소유이므로 얻을 수 없고, 반야바라밀다는 보살마하살에서 무소유이므로 얻을 수 없으며, 보살마하살·반야바라밀다는 교계하고 교수하는 것에서 무소유이므로 얻을 수 없고, 교계하고 교수하는 것의 자성이 공한 까닭으로 교계하고 교수하는 것은 교계하고 교수하는 것에서 무소유이므로 얻을 수 없으며, 교계하고 교수하는 것은 보살마하살·반야바라밀다에서 무소유이므로 얻을 수 없습니다.
 사리자여. 나는 이와 같은 제법에서 일체의 종류로써, 일체의 처소로써, 일체의 때로써, 보살마하살을 구하더라도, 역시 무소유이므로 얻을 수 없습니다. 왜 그러한가? 자성이 공한 까닭입니다.
 사리자여. 오히려 이러한 인연을 까닭으로, 나는 '일체법에서 일체의 종류로써, 일체의 처소로써, 일체의 시간으로써, 보살마하살을 구하였어도 모두 보았던 것이 없었고, 결국 얻을 수 없었는데, 어찌 저에게 반야바라밀나로써 세보살마하살을 교계하고 교수하라고 시키십니까?'라고 이렇게 말을 지었습니다."

 그때 선현이 사리자에게 대답하여 말하였다.
 "존자께서 '무슨 인연을 까닭으로 보살마하살은 다만 가명(假名)이라는 것으로 있다.'라고 말한 것과 같은데, 사리자여. 보살마하살이라는 명자(名)[1]는 오직 대상(客)[2]에 섭수되는 것인 까닭입니다."

---

1) 한자로는 '명칭(名稱)', '외형(外形)', '명분(名分)', '문자(文字)' 등의 뜻이 있으므로, 본 문장에서는 '명자(名字)'로 번역한다.

이때 사리자가 선현에게 물어 말하였다.
"무슨 인연을 까닭으로 보살마하살이라는 명자가 오직 대상에 섭수되는 것이라고 말합니까?"
선현이 대답하여 말하였다.
"일체법이라는 명자는 오직 대상에 섭수되는 것과 같아서, 시방(十方)과 삼세(三世)에서 왔던 것도 없고, 떠나가는 것도 없으며, 머무르는 것도 없으며, 일체법의 가운데에서 명자가 없고, 명자의 가운데에서 일체법이 없으며, 합쳐지지(合)도 않았고, 벗어나지(離)도 않았으며, 다만 임시로 시설(施設)하였습니다. 왜 그러한가? 일체법과 명자는 모두 자성이 공한 까닭입니다. 자성이 공한 가운데에서는 만약 일체법이거나, 만약 명자이더라도, 함께 무소유이므로 얻을 수 없는 까닭입니다.
보살마하살이라는 명자도 역시 다시 이와 같아서 오직 대상에 섭수되는 것이고, 시방과 삼세에서 왔던 것도 없고, 떠나가는 것도 없으며, 머무르는 것도 없으며, 보살마하살의 가운데에서 명자가 없고, 명자의 가운데에도 보살마하살이 없으며, 합쳐지지도 않았고, 벗어나지도 않았으며, 다만 임시로 시설하였습니다. 왜 그러한가? 보살마하살과 명자는 모두 자성이 공한 까닭입니다. 자성이 공한 가운데에서는 만약 보살마하살이거나, 만약 명자이더라도, 함께 무소유이므로 얻을 수 없는 까닭입니다. 사리자여. 오히려 이러한 인연을 까닭으로 나는 '보살마하살은 다만 임시로 가명으로 있다.'라고 이렇게 말을 지었습니다.
사리자여. 색이라는 명자는 오직 대상에 섭수되는 것과 같아서, 시방과 삼세에서 왔던 것도 없고, 떠나가는 것도 없으며, 머무르는 것도 없으며, 색의 가운데에서 명자가 없고, 명자의 가운데에서 일체법이 없으며, 합쳐지지도 않았고, 벗어나지도 않았으며, 다만 임시로 시설하였습니다. 왜 그러한가? 색과 명자는 모두 자성이 공한 까닭입니다. 자성이 공한 가운데에서는 만약 색이거나, 만약 명자이더라도, 함께 무소유이므로 얻을 수

---

2) 한자로는 의식(意識)이나 행동(行動)의 '대상(對象)' 또는 '상대(相對)' 등의 뜻이 있으므로, 본 문장에서는 '대상'의 뜻으로 번역한다.

없는 까닭입니다.
 수·상·행·식이라는 명자는 오직 대상에 섭수되는 것과 같아서, 시방과 삼세에서 왔던 것도 없고, 떠나가는 것도 없으며, 머무르는 것도 없으며, 수·상·행·식의 가운데에서 명자가 없고, 명자의 가운데에서 일체법이 없으며, 합쳐지지도 않았고, 벗어나지도 않았으며, 다만 임시로 시설하였습니다. 왜 그러한가? 색과 명자는 모두 자성이 공한 까닭입니다. 자성이 공한 가운데에서는 만약 수·상·행·식이거나, 만약 명자이더라도, 함께 무소유이므로 얻을 수 없는 까닭입니다.
 보살마하살의 명자도 역시 다시 이와 같아서 오직 대상에 섭수되는 것이고, 시방과 삼세에서 왔던 것도 없고, 떠나가는 것도 없으며, 머무르는 것도 없으며, 보살마하살의 가운데에서 명자가 없고, 명자의 가운데에도 보살마하살이 없으며, 합쳐지지도 않았고, 벗어나지도 않았으며, 다만 임시로 시설하였습니다. 왜 그러한가? 보살마하살과 명자는 모두 자성이 공한 까닭입니다. 자성이 공한 가운데에서는 만약 보살마하살이거나, 만약 명자이더라도, 함께 무소유이므로 얻을 수 없는 까닭입니다. 사리자여. 오히려 이러한 인연을 까닭으로 나는 '보살마하살은 다만 임시로 가명으로 있다.'라고 이렇게 말을 지었습니다.
 사리자여. 안처라는 명자는 오직 대상에 섭수되는 것과 같아서, 시방과 삼세에서 왔던 것도 없고, 떠나가는 것도 없으며, 머무르는 것도 없으며, 안처의 가운데에서 명자가 없고, 명자의 가운데에서 일체법이 없으며, 합쳐지지도 않았고, 벗어나지도 않았으며, 다만 임시로 시설하였습니다. 왜 그러한가? 안처와 명자는 모두 자성이 공한 까닭입니다. 자성이 공한 가운데에서는 만약 안처이거나, 만약 명자이더라도, 함께 무소유이므로 얻을 수 없는 까닭입니다.
 이·비·설·신·의처라는 명자는 오직 대상에 섭수되는 것과 같아서, 시방과 삼세에서 왔던 것도 없고, 떠나가는 것도 없으며, 머무르는 것도 없으며, 이·비·설·신·의처의 가운데에서 명자가 없고, 명자의 가운데에서 일체법이 없으며, 합쳐지지도 않았고, 벗어나지도 않았으며, 다만 임시로 시설하였습니다. 왜 그러한가? 이·비·설·신·의처와 명자는 모두 자성이 공한 까닭입니다. 자성이 공한 가운데에서는 만약 이·비·설·신·의처이거나, 만약 명자이더라도, 함께 무소유이므로 얻을 수 없는 까닭입니다.

보살마하살의 명자도 역시 다시 이와 같아서 오직 대상에 섭수되는 것이고, 시방과 삼세에서 왔던 것도 없고, 떠나가는 것도 없으며, 머무르는 것도 없으며, 보살마하살의 가운데에서 명자가 없고, 명자의 가운데에도 보살마하살이 없으며, 합쳐지지도 않았고, 벗어나지도 않았으며, 다만 임시로 시설하였습니다. 왜 그러한가? 보살마하살과 명자는 모두 자성이 공한 까닭입니다. 자성이 공한 가운데에서는 만약 보살마하살이거나, 만약 명자이더라도, 함께 무소유이므로 얻을 수 없는 까닭입니다. 사리자여. 오히려 이러한 인연을 까닭으로 나는 '보살마하살은 다만 임시로 가명으로 있다.'라고 이렇게 말을 지었습니다.

사리자여. 색처라는 명자는 오직 대상에 섭수되는 것과 같아서, 시방과 삼세에서 왔던 것도 없고, 떠나가는 것도 없으며, 머무르는 것도 없으며, 색처의 가운데에서 명자가 없고, 명자의 가운데에서 일체법이 없으며, 합쳐지지도 않았고, 벗어나지도 않았으며, 다만 임시로 시설하였습니다. 왜 그러한가? 색처와 명자는 모두 자성이 공한 까닭입니다. 자성이 공한 가운데에서는 만약 색처이거나, 만약 명자이더라도, 함께 무소유이므로 얻을 수 없는 까닭입니다.

성·향·미·촉·법처라는 명자는 오직 대상에 섭수되는 것과 같아서, 시방과 삼세에서 왔던 것도 없고, 떠나가는 것도 없으며, 머무르는 것도 없으며, 성·향·미·촉·법처의 가운데에서 명자가 없고, 명자의 가운데에서 일체법이 없으며, 합쳐지지도 않았고, 벗어나지도 않았으며, 다만 임시로 시설하였습니다. 왜 그러한가? 성·향·미·촉·법처와 명자는 모두 자성이 공한 까닭입니다. 자성이 공한 가운데에서는 만약 성·향·미·촉·법처이거나, 만약 명자이더라도, 함께 무소유이므로 얻을 수 없는 까닭입니다.

보살마하살의 명자도 역시 다시 이와 같아서 오직 대상에 섭수되는 것이고, 시방과 삼세에서 왔던 것도 없고, 떠나가는 것도 없으며, 머무르는 것도 없으며, 보살마하살의 가운데에서 명자가 없고, 명자의 가운데에도 보살마하살이 없으며, 합쳐지지도 않았고, 벗어나지도 않았으며, 다만 임시로 시설하였습니다. 왜 그러한가? 보살마하살과 명자는 모두 자성이 공한 까닭입니다. 자성이 공한 가운데에서는 만약 보살마하살이거나, 만약 명자이더라도, 함께 무소유이므로 얻을 수 없는 까닭입니다. 사리자여. 오히려 이러한 인연을 까닭으로 나는 '보살마하살은 다만 임시로 가명으로 있다.'라고 이렇게 말을 지었습니다.

사리자여. 안계라는 명자는 오직 대상에 섭수되는 것과 같아서, 시방과 삼세에서 왔던 것도 없고, 떠나가는 것도 없으며, 머무르는 것도 없으며, 안계의 가운데에서 명자가 없고, 명자의 가운데에서 일체법이 없으며, 합쳐지지도 않았고, 벗어나지도 않았으며, 다만 임시로 시설하였습니다. 왜 그러한가? 안계와 명자는 모두 자성이 공한 까닭입니다. 자성이 공한 가운데에서는 만약 안계이거나, 만약 명자이더라도, 함께 무소유이므로 얻을 수 없는 까닭입니다.

색계·안식계, ······ 나아가 ······ 안촉·안촉을 인연으로 생겨난 여러 수라는 명자는 오직 대상에 섭수되는 것과 같아서, 시방과 삼세에서 왔던 것도 없고, 떠나가는 것도 없으며, 머무르는 것도 없으며, 색계·안식계, 나아가 안촉·안촉을 인연으로 생겨난 여러 수의 가운데에서 명자가 없고, 명자의 가운데에서 일체법이 없으며, 합쳐지지도 않았고, 벗어나지도 않았으며, 다만 임시로 시설하였습니다. 왜 그러한가? 색계·안식계, 나아가 안촉·안촉을 인연으로 생겨난 여러 수와 명자는 모두 자성이 공한 까닭입니다. 자성이 공한 가운데에서는 만약 색계·안식계, 나아가 안촉·안촉을 인연으로 생겨난 여러 수이거나, 만약 명자이더라도, 함께 무소유이므로 얻을 수 없는 까닭입니다.

보살마하살의 명자도 역시 다시 이와 같아서 오직 대상에 섭수되는 것이고, 시방과 삼세에서 왔던 것도 없고, 떠나가는 것도 없으며, 머무르는 것도 없으며, 보살마하살의 가운데에서 명자가 없고, 명자의 가운데에도 보살마하살이 없으며, 합쳐지지도 않았고, 벗어나지도 않았으며, 다만 임시로 시설하였습니다. 왜 그러한가? 보살마하살과 명자는 모두 자성이 공한 까닭입니다. 자성이 공한 가운데에서는 만약 보살마하살이거나, 만약 명자이더라도, 함께 무소유이므로 얻을 수 없는 까닭입니다. 사리자여. 오히려 이러한 인연을 까닭으로 나는 '보살마하살은 다만 임시로 가명으로 있다.'라고 이렇게 말을 지었습니다.

　사리자여. 이계라는 명자는 오직 대상에 섭수되는 것과 같아서, 시방과 삼세에서 왔던 것도 없고, 떠나가는 것도 없으며, 머무르는 것도 없으며, 이계의 가운데에서 명자가 없고, 명자의 가운데에서 일체법이 없으며, 합쳐지지도 않았고, 벗어나지도 않았으며, 다만 임시로 시설하였습니다. 왜 그러한가? 이계와 명자는 모두 자성이 공한 까닭입니다. 자성이 공한 가운데에서는 만약 이계이거나, 만약 명자이더라도, 함께 무소유이므로 얻을 수 없는 까닭입니다.

　성계·이식계, …… 나아가 …… 이촉·이촉을 인연으로 생겨난 여러 수라는 명자는 오직 대상에 섭수되는 것과 같아서, 시방과 삼세에서 왔던 것도 없고, 떠나가는 것도 없으며, 머무르는 것도 없으며, 성계·이식계, 나아가 이촉·이촉을 인연으로 생겨난 여러 수의 가운데에서 명자가 없고, 명자의 가운데에서 일체법이 없으며, 합쳐지지도 않았고, 벗어나지도 않았으며, 다만 임시로 시설하였습니다. 왜 그러한가? 성계·이식계, 나아가 이촉·이촉을 인연으로 생겨난 여러 수와 명자는 모두 자성이 공한 까닭입니다. 자성이 공한 가운데에서는 만약 성계·이식계, 나아가 이촉·이촉을 인연으로 생겨난 여러 수이거나, 만약 명자이더라도, 함께 무소유이므로 얻을 수 없는 까닭입니다.

　보살마하살의 명자도 역시 다시 이와 같아서 오직 대상에 섭수되는 것이고, 시방과 삼세에서 왔던 것도 없고, 떠나가는 것도 없으며, 머무르는 것도 없으며, 보살마하살의 가운데에서 명자가 없고, 명자의 가운데에도 보살마하살이 없으며, 합쳐지지도 않았고, 벗어나지도 않았으며, 다만 임시로 시설하였습니다. 왜 그러한가? 보살마하살과 명자는 모두 자성이 공한 까닭입니다. 자성이 공한 가운데에서는 만약 보살마하살이거나,

만약 명자이더라도, 함께 무소유이므로 얻을 수 없는 까닭입니다. 사리자여. 오히려 이러한 인연을 까닭으로 나는 '보살마하살은 다만 임시로 가명으로 있다.'라고 이렇게 말을 지었습니다.

사리자여. 비계라는 명자는 오직 대상에 섭수되는 것과 같아서, 시방과 삼세에서 왔던 것도 없고, 떠나가는 것도 없으며, 머무르는 것도 없으며, 비계의 가운데에서 명자가 없고, 명자의 가운데에서 일체법이 없으며, 합쳐지지도 않았고, 벗어나지도 않았으며, 다만 임시로 시설하였습니다. 왜 그러한가? 비계와 명자는 모두 자성이 공한 까닭입니다. 자성이 공한 가운데에서는 만약 비계이거나, 만약 명자이더라도, 함께 무소유이므로 얻을 수 없는 까닭입니다.

향계·비식계, …… 나아가 …… 비촉·비촉을 인연으로 생겨난 여러 수라는 명자는 오직 대상에 섭수되는 것과 같아서, 시방과 삼세에서 왔던 것도 없고, 떠나가는 것도 없으며, 머무르는 것도 없으며, 향계·비식계, 나아가 비촉·비촉을 인연으로 생겨난 여러 수의 가운데에서 명자가 없고, 명자의 가운데에서 일체법이 없으며, 합쳐지지도 않았고, 벗어나지도 않았으며, 다만 임시로 시설하였습니다. 왜 그러한가? 향계·비식계, 나아가 비촉·비촉을 인연으로 생겨난 여러 수와 명자는 모두 자성이 공한 까닭입니다. 자성이 공한 가운데에서는 만약 향계·비식계, 나아가 비촉·비촉을 인연으로 생겨난 여러 수이거나, 만약 명자이더라도, 함께 무소유이므로 얻을 수 없는 까닭입니다.

보살마하살의 명자도 역시 다시 이와 같아서 오직 대상에 섭수되는 것이고, 시방과 삼세에서 왔던 것도 없고, 떠나가는 것도 없으며, 머무르는 것도 없으며, 보살마하살의 가운데에서 명자가 없고, 명자의 가운데에도 보살마하살이 없으며, 합쳐지지도 않았고, 벗어나지도 않았으며, 다만 임시로 시설하였습니다. 왜 그러한가? 보살마하살과 명자는 모두 자성이 공한 까닭입니다. 자성이 공한 가운데에서는 만약 보살마하살이거나, 만약 명자이더라도, 함께 무소유이므로 얻을 수 없는 까닭입니다. 사리자여. 오히려 이러한 인연을 까닭으로 나는 '보살마하살은 다만 임시로 가명으로 있다.'라고 이렇게 말을 지었습니다.
　사리자여. 설계라는 명자는 오직 대상에 섭수되는 것과 같아서, 시방과 삼세에서 왔던 것도 없고, 떠나가는 것도 없으며, 머무르는 것도 없으며, 설계의 가운데에서 명자가 없고, 명자의 가운데에서 일체법이 없으며, 합쳐지지도 않았고, 벗어나지도 않았으며, 다만 임시로 시설하였습니다. 왜 그러한가? 설계와 명자는 모두 자성이 공한 까닭입니다. 자성이 공한 가운데에서는 만약 설계이거나, 만약 명자이더라도 함께 무소유이므로 얻을 수 없는 까닭입니다.
　미계·설식계, …… 나아가 …… 설촉·설촉을 인연으로 생겨난 여러 수라는 명자는 오직 대상에 섭수되는 것과 같아서, 시방과 삼세에서 왔던 것도 없고, 떠나가는 것도 없으며, 머무르는 것도 없으며, 미계·설식계, 나아가 설촉·설촉을 인연으로 생겨난 여러 수의 가운데에서 명자가 없고, 명자의 가운데에서 일체법이 없으며, 합쳐지지도 않았고, 벗어나지도 않았으며, 다만 임시로 시설하였습니다. 왜 그러한가? 미계·설식계, 나아가 설촉·설촉을 인연으로 생겨난 여러 수와 명자는 모두 자성이 공한 까닭입니다. 자성이 공한 가운데에서는 만약 미계·설식계, 나아가 설촉·설촉을 인연으로 생겨난 여러 수이거나, 만약 명자이더라도, 함께 무소유이므로 얻을 수 없는 까닭입니다.
　보살마하살의 명자도 역시 다시 이와 같아서 오직 대상에 섭수되는 것이고, 시방과 삼세에서 왔던 것도 없고, 떠나가는 것도 없으며, 머무르는 것도 없으며, 보살마하살의 가운데에서 명자가 없고, 명자의 가운데에도 보살마하살이 없으며, 합쳐지지도 않았고, 벗어나지도 않았으며, 다만 임시로 시설하였습니다. 왜 그러한가? 보살마하살과 명자는 모두 자성이 공한 까닭입니다. 자성이 공한 가운데에서는 만약 보살마하살이거나, 만약 명자이더라도, 함께 무소유이므로 얻을 수 없는 까닭입니다. 사리자여. 오히려 이러한 인연을 까닭으로 나는 '보살마하살은 다만 임시로 가명으로 있다.'라고 이렇게 말을 지었습니다.
　사리자여. 신계라는 명자는 오직 대상에 섭수되는 것과 같아서, 시방과 삼세에서 왔던 것도 없고, 떠나가는 것도 없으며, 머무르는 것도 없으며, 신계의 가운데에서 명자가 없고, 명자의 가운데에서 일체법이 없으며, 합쳐지지도 않았고, 벗어나지도 않았으며, 다만 임시로 시설하였습니다. 왜 그러한가? 신계와 명자는 모두 자성이 공한 까닭입니다. 자성이 공한 가운데에서는 만약 신계이거나, 만약 명자이더라도, 함께 무소유이므로 얻을 수 없는 까닭입니다.

촉계·신식계, …… 나아가 …… 신촉·신촉을 인연으로 생겨난 여러 수라는 명자는 오직 대상에 섭수되는 것과 같아서, 시방과 삼세에서 왔던 것도 없고, 떠나가는 것도 없으며, 머무르는 것도 없으며, 촉계·신식계, 나아가 신촉·신촉을 인연으로 생겨난 여러 수의 가운데에서 명자가 없고, 명자의 가운데에서 일체법이 없으며, 합쳐지지도 않았고, 벗어나지도 않았으며, 다만 임시로 시설하였습니다. 왜 그러한가? 촉계·신식계, 나아가 신촉·신촉을 인연으로 생겨난 여러 수와 명자는 모두 자성이 공한 까닭입니다. 자성이 공한 가운데에서는 만약 촉계·신식계, 나아가 신촉·신촉을 인연으로 생겨난 여러 수이거나, 만약 명자이더라도, 함께 무소유이므로 얻을 수 없는 까닭입니다.

보살마하살의 명자도 역시 다시 이와 같아서 오직 대상에 섭수되는 것이고, 시방과 삼세에서 왔던 것도 없고, 떠나가는 것도 없으며, 머무르는 것도 없으며, 보살마하살의 가운데에서 명자가 없고, 명자의 가운데에도 보살마하살이 없으며, 합쳐지지도 않았고, 벗어나지도 않았으며, 다만 임시로 시설하였습니다. 왜 그러한가? 보살마하살과 명자는 모두 자성이 공한 까닭입니다. 자성이 공한 가운데에서는 만약 보살마하살이거나, 만약 명자이더라도, 함께 무소유이므로 얻을 수 없는 까닭입니다. 사리자여. 오히려 이러한 인연을 까닭으로 나는 '보살마하살은 다만 임시로 가명으로 있다.'라고 이렇게 말을 지었습니다.

사리자여. 의계라는 명자는 오직 대상에 섭수되는 것과 같아서, 시방과 삼세에서 왔던 것도 없고, 떠나가는 것도 없으며, 머무르는 것도 없으며, 의계의 가운데에서 명자가 없고, 명자의 가운데에서 일체법이 없으며,

합쳐지지도 않았고, 벗어나지도 않았으며, 다만 임시로 시설하였습니다. 왜 그러한가? 의계와 명자는 모두 자성이 공한 까닭입니다. 자성이 공한 가운데에서는 만약 의계이거나, 만약 명자이더라도, 함께 무소유이므로 얻을 수 없는 까닭입니다.

 법계·의식계, …… 나아가 …… 의촉·의촉을 인연으로 생겨난 여러 수라는 명자는 오직 대상에 섭수되는 것과 같아서, 시방과 삼세에서 왔던 것도 없고, 떠나가는 것도 없으며, 머무르는 것도 없으며, 법계·의식계, 나아가 의촉·의촉을 인연으로 생겨난 여러 수의 가운데에서 명자가 없고, 명자의 가운데에서 일체법이 없으며, 합쳐지지도 않았고, 벗어나지도 않았으며, 다만 임시로 시설하였습니다. 왜 그러한가? 법계·의식계, 나아가 의촉·의촉을 인연으로 생겨난 여러 수와 명자는 모두 자성이 공한 까닭입니다. 자성이 공한 가운데에서는 만약 법계·의식계, 나아가 의촉·의촉을 인연으로 생겨난 여러 수이거나, 만약 명자이더라도, 함께 무소유이므로 얻을 수 없는 까닭입니다.

 보살마하살의 명자도 역시 다시 이와 같아서 오직 대상에 섭수되는 것이고, 시방과 삼세에서 왔던 것도 없고, 떠나가는 것도 없으며, 머무르는 것도 없으며, 보살마하살의 가운데에서 명자가 없고, 명자의 가운데에도 보살마하살이 없으며, 합쳐지지도 않았고, 벗어나지도 않았으며, 다만 임시로 시설하였습니다. 왜 그러한가? 보살마하살과 명자는 모두 자성이 공한 까닭입니다. 자성이 공한 가운데에서는 만약 보살마하살이거나, 만약 명자이더라도 함께 무소유이므로 얻을 수 없는 까닭입니다. 사리자여. 오히려 이러한 인연을 까닭으로 나는 '보살마하살은 다만 임시로 가명으로 있다.'라고 이렇게 말을 지었습니다.

 사리자여. 지계라는 명자는 오직 대상에 섭수되는 것과 같아서, 시방과 삼세에서 왔던 것도 없고, 떠나가는 것도 없으며, 머무르는 것도 없으며, 지계의 가운데에서 명자가 없고, 명자의 가운데에서 일체법이 없으며, 합쳐지지도 않았고, 벗어나지도 않았으며, 다만 임시로 시설하였습니다. 왜 그러한가? 지계와 명자는 모두 자성이 공한 까닭입니다. 자성이 공한 가운데에서는 만약 지계이거나, 만약 명자이더라도 함께 무소유이므로 얻을 수 없는 까닭입니다.

수·화·풍·공·식계라는 명자는 오직 대상에 섭수되는 것과 같아서, 시방과 삼세에서 왔던 것도 없고, 떠나가는 것도 없으며, 머무르는 것도 없으며, 수·화·풍·공·식계의 가운데에서 명자가 없고, 명자의 가운데에서 일체법이 없으며, 합쳐지지도 않았고, 벗어나지도 않았으며, 다만 임시로 시설하였습니다. 왜 그러한가? 수·화·풍·공·식계와 명자는 모두 자성이 공한 까닭입니다. 자성이 공한 가운데에서는 만약 수·화·풍·공·식계이거나, 만약 명자이더라도 함께 무소유이므로 얻을 수 없는 까닭입니다.

보살마하살의 명자도 역시 다시 이와 같아서 오직 대상에 섭수되는 것이고, 시방과 삼세에서 왔던 것도 없고, 떠나가는 것도 없으며, 머무르는 것도 없으며, 보살마하살의 가운데에서 명자가 없고, 명자의 가운데에도 보살마하살이 없으며, 합쳐지지도 않았고, 벗어나지도 않았으며, 다만 임시로 시설하였습니다. 왜 그러한가? 보살마하살과 명자는 모두 자성이 공한 까닭입니다. 자성이 공한 가운데에서는 만약 보살마하살이거나, 만약 명자이더라도 함께 무소유이므로 얻을 수 없는 까닭입니다. 사리자여. 오히려 이러한 인연을 까닭으로 나는 '보살마하살은 다만 임시로 가명으로 있다.'라고 이렇게 말을 지었습니다.

사리자여. 고성제라는 명자는 오직 대상에 섭수되는 것과 같아서, 시방과 삼세에서 왔던 것도 없고, 떠나가는 것도 없으며, 머무르는 것도 없으며, 고성제의 가운데에서 명자가 없고, 명자의 가운데에서 일체법이 없으며, 합쳐지지도 않았고, 벗어나지도 않았으며, 다만 임시로 시설하였습니다. 왜 그러한가? 고성제와 명자는 모두 자성이 공한 까닭입니다. 자성이 공한 가운데에서는 만약 고성제이거나, 만약 명자이더라도 함께 무소유이므로 얻을 수 없는 까닭입니다.

집·멸·도성제라는 명자는 오직 대상에 섭수되는 것과 같아서, 시방과 삼세에서 왔던 것도 없고, 떠나가는 것도 없으며, 머무르는 것도 없으며, 집·멸·도성제의 가운데에서 명자가 없고, 명자의 가운데에서 일체법이 없으며, 합쳐지지도 않았고, 벗어나지도 않았으며, 다만 임시로 시설하였습니다. 왜 그러한가? 집·멸·도성제와 명자는 모두 자성이 공한 까닭입니다. 자성이 공한 가운데에서는 만약 집·멸·도성제이거나, 만약 명자이더라도 함께 무소유이므로 얻을 수 없는 까닭입니다.

보살마하살의 명자도 역시 다시 이와 같아서 오직 대상에 섭수되는 것이고, 시방과 삼세에서 왔던 것도 없고, 떠나가는 것도 없으며, 머무르는 것도 없으며, 보살마하살의 가운데에서 명자가 없고, 명자의 가운데에도 보살마하살이 없으며, 합쳐지지도 않았고, 벗어나지도 않았으며, 다만 임시로 시설하였습니다. 왜 그러한가? 보살마하살과 명자는 모두 자성이 공한 까닭입니다. 자성이 공한 가운데에서는 만약 보살마하살이거나, 만약 명자이더라도, 함께 무소유이므로 얻을 수 없는 까닭입니다. 사리자여. 오히려 이러한 인연을 까닭으로 나는 '보살마하살은 다만 임시로 가명으로 있다.'라고 이렇게 말을 지었습니다.

사리자여. 무명이라는 명자는 오직 대상에 섭수되는 것과 같아서, 시방과 삼세에서 왔던 것도 없고, 떠나가는 것도 없으며, 머무르는 것도 없으며, 무명의 가운데에서 명자가 없고, 명자의 가운데에서 일체법이 없으며, 합쳐지지도 않았고, 벗어나지도 않았으며, 다만 임시로 시설하였습니다. 왜 그러한가? 무명과 명자는 모두 자성이 공한 까닭입니다. 자성이 공한 가운데에서는 만약 무명이거나, 만약 명자이더라도, 함께 무소유이므로 얻을 수 없는 까닭입니다.

행·식·명색·육처·촉·수·애·취·유·생·노사의 수탄고우뇌라는 명자는 오직 대상에 섭수되는 것과 같아서, 시방과 삼세에서 왔던 것도 없고, 떠나가는 것도 없으며, 머무르는 것도 없으며, 행, 나아가 노사의 수탄고우뇌의 가운데에서 명자가 없고, 명자의 가운데에서 일체법이 없으며, 합쳐지지도 않았고, 벗어나지도 않았으며, 다만 임시로 시설하였습니다. 왜 그러한가? 행, 나아가 노사의 수탄고우뇌와 명자는 모두 자성이 공한 까닭입니다. 자성이 공한 가운데에서는 만약 행, 나아가 노사의 수탄고우뇌이거나, 만약 명자이더라도 함께 무소유이므로 얻을 수 없는 까닭입니다.

보살마하살의 명자도 역시 다시 이와 같아서 오직 대상에 섭수되는 것이고, 시방과 삼세에서 왔던 것도 없고, 떠나가는 것도 없으며, 머무르는 것도 없으며, 보살마하살의 가운데에서 명자가 없고, 명자의 가운데에도 보살마하살이 없으며, 합쳐지지도 않았고, 벗어나지도 않았으며, 다만 임시로 시설하였습니다. 왜 그러한가? 보살마하살과 명자는 모두 자성이 공한 까닭입니다. 자성이 공한 가운데에서는 만약 보살마하살이거나, 만약 명자이더라도, 함께 무소유이므로 얻을 수 없는 까닭입니다. 사리자여. 오히려 이러한 인연을 까닭으로 나는 '보살마하살은 다만 임시로 가명으로 있다.'라고 이렇게 말을 지었습니다.

사리자여. 4정려라는 명자는 오직 대상에 섭수되는 것과 같아서, 시방과 삼세에서 왔던 것도 없고, 떠나가는 것도 없으며, 머무르는 것도 없으며, 4정려의 가운데에서 명자가 없고, 명자의 가운데에서 일체법이 없으며, 합쳐지지도 않았고, 벗어나지도 않았으며, 다만 임시로 시설하였습니다. 왜 그러한가? 4정려와 명자는 모두 자성이 공한 까닭입니다. 자성이 공한 가운데에서는 만약 4정려이거나, 만약 명자이더라도 함께 무소유이므로 얻을 수 없는 까닭입니다.

4무량·4무색정이라는 명자는 오직 대상에 섭수되는 것과 같아서, 시방과 삼세에서 왔던 것도 없고, 떠나가는 것도 없으며, 머무르는 것도 없으며, 4무량·4무색정의 가운데에서 명자가 없고, 명자의 가운데에서 일체법이 없으며, 합쳐지지도 않았고, 벗어나지도 않았으며, 다만 임시로 시설하였습니다. 왜 그러한가? 4무량·4무색정과 명자는 모두 자성이 공한 까닭입니다. 자성이 공한 가운데에서는 만약 4무량·4무색정이거나, 만약 명자이더라도 함께 무소유이므로 얻을 수 없는 까닭입니다.

보살마하살의 명자도 역시 다시 이와 같아서 오직 대상에 섭수되는 것이고, 시방과 삼세에서 왔던 것도 없고, 떠나가는 것도 없으며, 머무르는 것도 없으며, 보살마하살의 가운데에서 명자가 없고, 명자의 가운데에도 보살마하살이 없으며, 합쳐지지도 않았고, 벗어나지도 않았으며, 다만 임시로 시설하였습니다. 왜 그러한가? 보살마하살과 명자는 모두 자성이 공한 까닭입니다. 자성이 공한 가운데에서는 만약 보살마하살이거나, 만약 명자이더라도, 함께 무소유이므로 얻을 수 없는 까닭입니다. 사리자여. 오히려 이러한 인연을 까닭으로 나는 '보살마하살은 다만 임시로 가명으로 있다.'라고 이렇게 말을 지었습니다.

사리자여. 8해탈이라는 명자는 오직 대상에 섭수되는 것과 같아서, 시방과 삼세에서 왔던 것도 없고, 떠나가는 것도 없으며, 머무르는 것도 없으며, 8해탈의 가운데에서 명자가 없고, 명자의 가운데에서 일체법이 없으며, 합쳐지지도 않았고, 벗어나지도 않았으며, 다만 임시로 시설하였습니다. 왜 그러한가? 8해탈과 명자는 모두 자성이 공한 까닭입니다. 자성이 공한 가운데에서는 만약 8해탈이거나, 만약 명자이더라도, 함께 무소유이므로 얻을 수 없는 까닭입니다.

8승처·9차제정·10변처라는 명자는 오직 대상에 섭수되는 것과 같아서, 시방과 삼세에서 왔던 것도 없고, 떠나가는 것도 없으며, 머무르는 것도 없으며, 8승처·9차제정·10변처의 가운데에서 명자가 없고, 명자의 가운데에서 일체법이 없으며, 합쳐지지도 않았고, 벗어나지도 않았으며, 다만 임시로 시설하였습니다. 왜 그러한가? 8승처·9차제정·10변처와 명자는 모두 자성이 공한 까닭입니다. 자성이 공한 가운데에서는 만약 8승처·9차제정·10변처이거나, 만약 명자이더라도 함께 무소유이므로 얻을 수 없는 까닭입니다.

보살마하살의 명자도 역시 다시 이와 같아서 오직 대상에 섭수되는 것이고, 시방과 삼세에서 왔던 것도 없고, 떠나가는 것도 없으며, 머무르는 것도 없으며, 보살마하살의 가운데에서 명자가 없고, 명자의 가운데에도 보살마하살이 없으며, 합쳐지지도 않았고, 벗어나지도 않았으며, 다만 임시로 시설하였습니다. 왜 그러한가? 보살마하살과 명자는 모두 자성이 공한 까닭입니다. 자성이 공한 가운데에서는 만약 보살마하살이거나, 만약 명자이더라도, 함께 무소유이므로 얻을 수 없는 까닭입니다. 사리자여. 오히려 이러한 인연을 까닭으로 나는 '보살마하살은 다만 임시로 가명으로 있다.'라고 이렇게 말을 지었습니다.

사리자여. 4념주라는 명자는 오직 대상에 섭수되는 것과 같아서, 시방과 삼세에서 왔던 것도 없고, 떠나가는 것도 없으며, 머무르는 것도 없으며, 4념주의 가운데에서 명자가 없고, 명자의 가운데에서 일체법이 없으며, 합쳐지지도 않았고, 벗어나지도 않았으며, 다만 임시로 시설하였습니다. 왜 그러한가? 4념주와 명자는 모두 자성이 공한 까닭입니다. 자성이 공한 가운데에서는 만약 4념주이거나, 만약 명자이더라도, 함께 무소유이므로 얻을 수 없는 까닭입니다.

4정단·4신족·5근·5력·7등각지·8성도지라는 명자는 오직 대상에 섭수되는 것과 같아서, 시방과 삼세에서 왔던 것도 없고, 떠나가는 것도 없으며, 머무르는 것도 없으며, 8승처·9차제정·10변처의 가운데에서 명자가 없고, 명자의 가운데에서 일체법이 없으며, 합쳐지지도 않았고, 벗어나지도 않았으며, 다만 임시로 시설하였습니다. 왜 그러한가? 8승처·9차제정·10변처와 명자는 모두 자성이 공한 까닭입니다. 자성이 공한 가운데에서는 만약 8승처·9차제정·10변처이거나, 만약 명자이더라도, 함께 무소유이므로 얻을 수 없는 까닭입니다.

보살마하살의 명자도 역시 다시 이와 같아서 오직 대상에 섭수되는 것이고, 시방과 삼세에서 왔던 것도 없고, 떠나가는 것도 없으며, 머무르는 것도 없으며, 보살마하살의 가운데에서 명자가 없고, 명자의 가운데에도 보살마하살이 없으며, 합쳐지지도 않았고, 벗어나지도 않았으며, 다만 임시로 시설하였습니다. 왜 그러한가? 보살마하살과 명자는 모두 자성이 공한 까닭입니다. 자성이 공한 가운데에서는 만약 보살마하살이거나, 만약 명자이더라도 함께 무소유이므로 얻을 수 없는 까닭입니다. 사리자여. 오히려 이러한 인연을 까닭으로 나는 '보살마하살은 다만 임시로 가명으로 있다.'라고 이렇게 말을 지었습니다."

마하반야바라밀다경 제67권

18. 무소득품(無所得品)(7)

"사리자여, 공해탈문이라는 명자는 오직 대상에 섭수되는 것과 같아서, 시방과 삼세에서 왔던 것도 없고, 떠나가는 것도 없으며, 머무르는 것도 없으며, 공해탈문의 가운데에서 명자가 없고, 명자의 가운데에서 일체법이 없으며, 합쳐지지도 않았고, 벗어나지도 않았으며, 다만 임시로 시설하였습니다. 왜 그러한가? 공해탈문과 명자는 모두 자성이 공한 까닭입니다. 자성이 공한 가운데에서는 만약 공해탈문이거나, 만약 명자이더라도 함께 무소유이므로 얻을 수 없는 까닭입니다.

무상·무원해탈문이라는 명자는 오직 대상에 섭수되는 것과 같아서, 시방과 삼세에서 왔던 것도 없고, 떠나가는 것도 없으며, 머무르는 것도 없으며, 무상·무원해탈문의 가운데에서 명자가 없고, 명자의 가운데에서 일체법이 없으며, 합쳐지지도 않았고, 벗어나지도 않았으며, 다만 임시로 시설하였습니다. 왜 그러한가? 무상·무원해탈문과 명자는 모두 자성이 공한 까닭입니다. 자성이 공한 가운데에서는 만약 무상·무원해탈문이거나, 만약 명자이더라도 함께 무소유이므로 얻을 수 없는 까닭입니다.

보살마하살의 명자도 역시 다시 이와 같아서 오직 대상에 섭수되는 것이고, 시방과 삼세에서 왔던 것도 없고, 떠나가는 것도 없으며, 머무르는 것도 없으며, 보살마하살의 가운데에서 명자가 없고, 명자의 가운데에도 보살마하살이 없으며, 합쳐지지도 않았고, 벗어나지도 않았으며, 다만 임시로 시설하였습니다. 왜 그러한가? 보살마하살과 명자는 모두 자성이 공한 까닭입니다. 자성이 공한 가운데에서는 만약 보살마하살이거나, 만약 명자이더라도 함께 무소유이므로 얻을 수 없는 까닭입니다. 사리자여. 오히려 이러한 인연을 까닭으로 나는 '보살마하살은 다만 임시로 가명으로 있다.'라고 이렇게 말을 지었습니다.

사리자여. 5안이라는 명자는 오직 대상에 섭수되는 것과 같아서, 시방과 삼세에서 왔던 것도 없고, 떠나가는 것도 없으며, 머무르는 것도 없으며, 5안의 가운데에서 명자가 없고, 명자의 가운데에서 일체법이 없으며, 합쳐지지도 않았고, 벗어나지도 않았으며, 다만 임시로 시설하였습니다. 왜 그러한가? 5안과 명자는 모두 자성이 공한 까닭입니다. 자성이 공한 가운데에서는 만약 5안이거나, 만약 명자이더라도, 함께 무소유이므로 얻을 수 없는 까닭입니다.

6신통이라는 명자는 오직 대상에 섭수되는 것과 같아서, 시방과 삼세에서 왔던 것도 없고, 떠나가는 것도 없으며, 머무르는 것도 없으며, 6신통의 가운데에서 명자가 없고, 명자의 가운데에서 일체법이 없으며, 합쳐지지도 않았고, 벗어나지도 않았으며, 다만 임시로 시설하였습니다. 왜 그러한가? 6신통과 명자는 모두 자성이 공한 까닭입니다. 자성이 공한 가운데에서는 만약 6신통이거나, 만약 명자이더라도 함께 무소유이므로 얻을 수 없는 까닭입니다.

보살마하살의 명자도 역시 다시 이와 같아서 오직 대상에 섭수되는 것이고, 시방과 삼세에서 왔던 것도 없고, 떠나가는 것도 없으며, 머무르는 것도 없으며, 보살마하살의 가운데에서 명자가 없고, 명자의 가운데에도 보살마하살이 없으며, 합쳐지지도 않았고, 벗어나지도 않았으며, 다만 임시로 시설하였습니다. 왜 그러한가? 보살마하살과 명자는 모두 자성이 공한 까닭입니다. 자성이 공한 가운데에서는 만약 보살마하살이거나, 만약 명자이더라도 함께 무소유이므로 얻을 수 없는 까닭입니다. 사리자여. 오히려 이러한 인연을 까닭으로 나는 '보살마하살은 다만 임시로 가명으로 있다.'라고 이렇게 말을 지었습니다.

사리자여. 여래의 10력이라는 명자는 오직 대상에 섭수되는 것과 같아서, 시방과 삼세에서 왔던 것도 없고, 떠나가는 것도 없으며, 머무르는 것도 없으며, 여래의 10력의 가운데에서 명자가 없고, 명자의 가운데에서 일체법이 없으며, 합쳐지지도 않았고, 벗어나지도 않았으며, 다만 임시로 시설하였습니다. 왜 그러한가? 여래의 10력과 명자는 모두 자성이 공한 까닭입니다. 자성이 공한 가운데에서는 만약 여래의 10력이거나, 만약 명자이더라도 함께 무소유이므로 얻을 수 없는 까닭입니다.

4무소외·4무애해·대자·대비·대희·대사·18불불공법이라는 명자는 오직 대상에 섭수되는 것과 같아서, 시방과 삼세에서 왔던 것도 없고, 떠나가는 것도 없으며, 머무르는 것도 없으며, 4무소외·4무애해·대자·대비·대희·대사·18불불공법의 가운데에서 명자가 없고, 명자의 가운데에서 일체법이 없으며, 합쳐지지도 않았고, 벗어나지도 않았으며, 다만 임시로 시설하였습니다. 왜 그러한가? 4무소외·4무애해·대자·대비·대희·대사·18불불공법과 명자는 모두 자성이 공한 까닭입니다. 자성이 공한 가운데에서는 만약 4무소외·4무애해·대자·대비·대희·대사·18불불공법이거나, 만약 명자이더라도 함께 무소유이므로 얻을 수 없는 까닭입니다.

보살마하살의 명자도 역시 다시 이와 같아서 오직 대상에 섭수되는 것이고, 시방과 삼세에서 왔던 것도 없고, 떠나가는 것도 없으며, 머무르는 것도 없으며, 보살마하살의 가운데에서 명자가 없고, 명자의 가운데에도 보살마하살이 없으며, 합쳐지지도 않았고, 벗어나지도 않았으며, 다만 임시로 시설하였습니다. 왜 그러한가? 보살마하살과 명자는 모두 자성이 공한 까닭입니다. 자성이 공한 가운데에서는 만약 보살마하살이거나, 만약 명자이더라도 함께 무소유이므로 얻을 수 없는 까닭입니다. 사리자여. 오히려 이러한 인연을 까닭으로 나는 '보살마하살은 다만 임시로 가명으로 있다.'라고 이렇게 말을 지었습니다.

사리자여. 일체지라는 명자는 오직 대상에 섭수되는 것과 같아서, 시방과 삼세에서 왔던 것도 없고, 떠나가는 것도 없으며, 머무르는 것도 없으며, 일체지의 가운데에서 명자가 없고, 명자의 가운데에서 일체법이 없으며, 합쳐지지도 않았고, 벗어나지도 않았으며, 다만 임시로 시설하였습니다. 왜 그러한가? 일체지와 명자는 모두 자성이 공한 까닭입니다. 자성이 공한 가운데에서는 만약 일체지이거나, 만약 명자이더라도, 함께 무소유이므로 얻을 수 없는 까닭입니다.

도상지·일체상지라는 명자는 오직 대상에 섭수되는 것과 같아서, 시방과 삼세에서 왔던 것도 없고, 떠나가는 것도 없으며, 머무르는 것도 없으며, 도상지·일체상지의 가운데에서 명자가 없고, 명자의 가운데에서 일체법이 없으며, 합쳐지지도 않았고, 벗어나지도 않았으며, 다만 임시로 시설하였습니다. 왜 그러한가? 도상지·일체상지와 명자는 모두 자성이 공한 까닭입니다. 자성이 공한 가운데에서는 만약 도상지·일체상지이거나, 만약 명자이더라도 함께 무소유이므로 얻을 수 없는 까닭입니다.

보살마하살의 명자도 역시 다시 이와 같아서 오직 대상에 섭수되는 것이고, 시방과 삼세에서 왔던 것도 없고, 떠나가는 것도 없으며, 머무르는 것도 없으며, 보살마하살의 가운데에서 명자가 없고, 명자의 가운데에도 보살마하살이 없으며, 합쳐지지도 않았고, 벗어나지도 않았으며, 다만 임시로 시설하였습니다. 왜 그러한가? 보살마하살과 명자는 모두 자성이 공한 까닭입니다. 자성이 공한 가운데에서는 만약 보살마하살이거나, 만약 명자이더라도 함께 무소유이므로 얻을 수 없는 까닭입니다. 사리자여. 오히려 이러한 인연을 까닭으로 나는 '보살마하살은 다만 임시로 가명으로 있다.'라고 이렇게 말을 지었습니다.

사리자여. 무망실법이라는 명자는 오직 대상에 섭수되는 것과 같아서, 시방과 삼세에서 왔던 것도 없고, 떠나가는 것도 없으며, 머무르는 것도 없으며, 무망실법의 가운데에서 명자가 없고, 명자의 가운데에서 일체법이 없으며, 합쳐지지도 않았고, 벗어나지도 않았으며, 다만 임시로 시설하였습니다. 왜 그러한가? 무망실법과 명자는 모두 자성이 공한 까닭입니다. 자성이 공한 가운데에서는 만약 무망실법이거나, 만약 명자이더라도 함께 무소유이므로 얻을 수 없는 까닭입니다.

항주사성이라는 명자는 오직 대상에 섭수되는 것과 같아서, 시방과 삼세에서 왔던 것도 없고, 떠나가는 것도 없으며, 머무르는 것도 없으며, 항주사성의 가운데에서 명자가 없고, 명자의 가운데에서 일체법이 없으며, 합쳐지지도 않았고, 벗어나지도 않았으며, 다만 임시로 시설하였습니다. 왜 그러한가? 항주사성과 명자는 모두 자성이 공한 까닭입니다. 자성이 공한 가운데에서는 만약 항주사성이거나, 만약 명자이더라도 함께 무소유이므로 얻을 수 없는 까닭입니다.

보살마하살의 명자도 역시 다시 이와 같아서 오직 대상에 섭수되는 것이고, 시방과 삼세에서 왔던 것도 없고, 떠나가는 것도 없으며, 머무르는 것도 없으며, 보살마하살의 가운데에서 명자가 없고, 명자의 가운데에도 보살마하살이 없으며, 합쳐지지도 않았고, 벗어나지도 않았으며, 다만 임시로 시설하였습니다. 왜 그러한가? 보살마하살과 명자는 모두 자성이 공한 까닭입니다. 자성이 공한 가운데에서는 만약 보살마하살이거나, 만약 명자이더라도 함께 무소유이므로 얻을 수 없는 까닭입니다. 사리자여. 오히려 이러한 인연을 까닭으로 나는 '보살마하살은 다만 임시로 가명으로 있다.'라고 이렇게 말을 지었습니다.

사리자여. 일체의 다라니문이라는 명자는 오직 대상에 섭수되는 것과 같아서, 시방과 삼세에서 왔던 것도 없고, 떠나가는 것도 없으며, 머무르는 것도 없으며, 일체의 다라니문의 가운데에서 명자가 없고, 명자의 가운데에서 일체법이 없으며, 합쳐지지도 않았고, 벗어나지도 않았으며, 다만 임시로 시설하였습니다. 왜 그러한가? 일체의 다라니문과 명자는 모두 자성이 공한 까닭입니다. 자성이 공한 가운데에서는 만약 일체의 다라니문이거나, 만약 명자이더라도 함께 무소유이므로 얻을 수 없는 까닭입니다.

일체의 삼마지문이라는 명자는 오직 대상에 섭수되는 것과 같아서, 시방과 삼세에서 왔던 것도 없고, 떠나가는 것도 없으며, 머무르는 것도 없으며, 일체의 삼마지문의 가운데에서 명자가 없고, 명자의 가운데에서 일체법이 없으며, 합쳐지지도 않았고, 벗어나지도 않았으며, 다만 임시로 시설하였습니다. 왜 그러한가? 일체의 삼마지문과 명자는 모두 자성이 공한 까닭입니다. 자성이 공한 가운데에서는 만약 일체의 삼마지문이거나, 만약 명자이더라도 함께 무소유이므로 얻을 수 없는 까닭입니다.
　보살마하살의 명자도 역시 다시 이와 같아서 오직 대상에 섭수되는 것이고, 시방과 삼세에서 왔던 것도 없고, 떠나가는 것도 없으며, 머무르는 것도 없으며, 보살마하살의 가운데에서 명자가 없고, 명자의 가운데에도 보살마하살이 없으며, 합쳐지지도 않았고, 벗어나지도 않았으며, 다만 임시로 시설하였습니다. 왜 그러한가? 보살마하살과 명자는 모두 자성이 공한 까닭입니다. 자성이 공한 가운데에서는 만약 보살마하살이거나, 만약 명자이더라도 함께 무소유이므로 얻을 수 없는 까닭입니다. 사리자여. 오히려 이러한 인연을 까닭으로 나는 '보살마하살은 다만 임시로 가명으로 있다.'라고 이렇게 말을 지었습니다.
　사리자여. 내공이라는 명자는 오직 대상에 섭수되는 것과 같아서, 시방과 삼세에서 왔던 것도 없고, 떠나가는 것도 없으며, 머무르는 것도 없으며, 내공의 가운데에서 명자가 없고, 명자의 가운데에서 일체법이 없으며, 합쳐지지도 않았고, 벗어나지도 않았으며, 다만 임시로 시설하였습니다. 왜 그러한가? 내공과 명자는 모두 자성이 공한 까닭입니다. 자성이 공한 가운데에서는 만약 내공이거나, 만약 명자이더라도 함께 무소유이므로 얻을 수 없는 까닭입니다.
　외공·내외공·공공·대공·승의공·유위공·무위공·필경공·무제공·산공·무변이공·본성공·자상공·공상공·일체법공·불가득공·무성공·자성공·무성자성공이라는 명자는 오직 대상에 섭수되는 것과 같아서, 시방과 삼세에서 왔던 것도 없고, 떠나가는 것도 없으며, 머무르는 것도 없으며, 외공, 나아가 무성자성공의 가운데에서 명자가 없고, 명자의 가운데에서 일체법이 없으며, 합쳐지지도 않았고, 벗어나지도 않았으며, 다만 임시로 시설하였습니다. 왜 그러한가? 외공, 나아가 무성자성공과 명자는 모두 자성이 공한 까닭입니다. 자성이 공한 가운데에서는 만약 외공, 나아가 무성자성공이거나, 만약 명자이더라도 함께 무소유이므로 얻을 수 없는 까닭입니다.
　보살마하살의 명자도 역시 다시 이와 같아서 오직 대상에 섭수되는 것이고, 시방과 삼세에서 왔던 것도 없고, 떠나가는 것도 없으며, 머무르는 것도 없으며, 보살마하살의 가운데에서 명자가 없고, 명자의 가운데에도 보살마하살이 없으며, 합쳐지지도 않았고, 벗어나지도 않았으며, 다만 임시로 시설하였습니다. 왜 그러한가? 보살마하살과 명자는 모두 자성이 공한 까닭입니다. 자성이 공한 가운데에서는 만약 보살마하살이거나, 만약 명자이더라도 함께 무소유이므로 얻을 수 없는 까닭입니다. 사리자여. 오히려 이러한 인연을 까닭으로 나는 '보살마하살은 다만 임시로 가명으로 있다.'라고 이렇게 말을 지었습니다.

사리자여. 진여라는 명자는 오직 대상에 섭수되는 것과 같아서, 시방과 삼세에서 왔던 것도 없고, 떠나가는 것도 없으며, 머무르는 것도 없으며, 진여의 가운데에서 명자가 없고, 명자의 가운데에서 일체법이 없으며, 합쳐지지도 않았고, 벗어나지도 않았으며, 다만 임시로 시설하였습니다. 왜 그러한가? 진여와 명자는 모두 자성이 공한 까닭입니다. 자성이 공한 가운데에서는 만약 진여이거나, 만약 명자이더라도 함께 무소유이므로 얻을 수 없는 까닭입니다.

법계·법성·불허망성·불변이성·부사의계·허공계·단계·이계·멸계·평등성·이생성·법정·법주·무성계·무상계·무작계·무위계·안은계·적정계·본무·실제·구경열반이라는 명자는 오직 대상에 섭수되는 것과 같아서, 시방과 삼세에서 왔던 것도 없고, 떠나가는 것도 없으며, 머무르는 것도 없으며, 법계, 나아가 구경열반의 가운데에서 명자가 없고, 명자의 가운데에서 일체법이 없으며, 합쳐지지도 않았고, 벗어나지도 않았으며, 다만 임시로 시설하였습니다. 왜 그러한가? 법계, 나아가 구경열반과 명자는 모두 자성이 공한 까닭입니다. 자성이 공한 가운데에서는 만약 법계, 나아가 구경열반이거나, 만약 명자이더라도 함께 무소유이므로 얻을 수 없는 까닭입니다.

보살마하살의 명자도 역시 다시 이와 같아서 오직 대상에 섭수되는 것이고, 시방과 삼세에서 왔던 것도 없고, 떠나가는 것도 없으며, 머무르는 것도 없으며, 보살마하살의 가운데에서 명자가 없고, 명자의 가운데에도 보살마하살이 없으며, 합쳐지지도 않았고, 벗어나지도 않았으며, 다만 임시로 시설하였습니다. 왜 그러한가? 보살마하살과 명자는 모두 자성이 공한 까닭입니다. 자성이 공한 가운데에서는 만약 보살마하살이거나, 만약 명자이더라도, 함께 무소유이므로 얻을 수 없는 까닭입니다. 사리자여. 오히려 이러한 인연을 까닭으로 나는 '보살마하살은 다만 임시로 가명으로 있다.'라고 이렇게 말을 지었습니다.

사리자여. 극희지라는 명자는 오직 대상에 섭수되는 것과 같아서, 시방과 삼세에서 왔던 것도 없고, 떠나가는 것도 없으며, 머무르는 것도 없으며, 극희지의 가운데에서 명자가 없고, 명자의 가운데에서 일체법이 없으며, 합쳐지지도 않았고, 벗어나지도 않았으며, 다만 임시로 시설하였습니다. 왜 그러한가? 극희지와 명자는 모두 자성이 공한 까닭입니다. 자성이 공한 가운데에서는 만약 극희지이거나, 만약 명자이더라도, 함께 무소유이므로 얻을 수 없는 까닭입니다.

이구지·발광지·염혜지·극난승지·현전지·원행지·부동지·선혜지·법운지라는 명자는 오직 대상에 섭수되는 것과 같아서, 시방과 삼세에서 왔던 것도 없고, 떠나가는 것도 없으며, 머무르는 것도 없으며, 이구지, 나아가 법운지의 가운데에서 명자가 없고, 명자의 가운데에서 일체법이 없으며, 합쳐지지도 않았고, 벗어나지도 않았으며, 다만 임시로 시설하였습니다. 왜 그러한가? 이구지, 나아가 법운지와 명자는 모두 자성이 공한 까닭입니다. 자성이 공한 가운데에서는 만약 이구지, 나아가 법운지이거나, 만약 명자이더라도, 함께 무소유이므로 얻을 수 없는 까닭입니다.

보살마하살의 명자도 역시 다시 이와 같아서 오직 대상에 섭수되는 것이고, 시방과 삼세에서 왔던 것도 없고, 떠나가는 것도 없으며, 머무르는 것도 없으며, 보살마하살의 가운데에서 명자가 없고, 명자의 가운데에도 보살마하살이 없으며, 합쳐지지도 않았고, 벗어나지도 않았으며, 다만 임시로 시설하였습니다. 왜 그러한가? 보살마하살과 명자는 모두 자성이 공한 까닭입니다. 자성이 공한 가운데에서는 만약 보살마하살이거나, 만약 명자이더라도, 함께 무소유이므로 얻을 수 없는 까닭입니다. 사리자여. 오히려 이러한 인연을 까닭으로 나는 '보살마하살은 다만 임시로 가명으로 있다.'라고 이렇게 말을 지었습니다.

사리자여. 이생지라는 명자는 오직 대상에 섭수되는 것과 같아서, 시방과 삼세에서 왔던 것도 없고, 떠나가는 것도 없으며, 머무르는 것도 없으며, 이생지의 가운데에서 명자가 없고, 명자의 가운데에서 일체법이 없으며, 합쳐지지도 않았고, 벗어나지도 않았으며, 다만 임시로 시설하였습니다. 왜 그러한가? 이생지와 명자는 모두 자성이 공한 까닭입니다. 자성이 공한 가운데에서는 만약 이생지이거나, 만약 명자이더라도, 함께 무소유이므로 얻을 수 없는 까닭입니다.

종성지·제팔지·구견지·박지·이욕지·이판지·독각지·보살지·여래지 라는 명자는 오직 대상에 섭수되는 것과 같아서, 시방과 삼세에서 왔던 것도 없고, 떠나가는 것도 없으며, 머무르는 것도 없으며, 종성지, 나아가 여래지의 가운데에서 명자가 없고, 명자의 가운데에서 일체법이 없으며, 합쳐지지도 않았고, 벗어나지도 않았으며, 다만 임시로 시설하였습니다. 왜 그러한가? 종성지, 나아가 여래지와 명자는 모두 자성이 공한 까닭입니다. 자성이 공한 가운데에서는 만약 종성지, 나아가 여래지이거나, 만약 명자이더라도, 함께 무소유이므로 얻을 수 없는 까닭입니다.

보살마하살의 명자도 역시 다시 이와 같아서 오직 대상에 섭수되는 것이고, 시방과 삼세에서 왔던 것도 없고, 떠나가는 것도 없으며, 머무르는 것도 없으며, 보살마하살의 가운데에서 명자가 없고, 명자의 가운데에도 보살마하살이 없으며, 합쳐지지도 않았고, 벗어나지도 않았으며, 다만 임시로 시설하였습니다. 왜 그러한가? 보살마하살과 명자는 모두 자성이 공한 까닭입니다. 자성이 공한 가운데에서는 만약 보살마하살이거나, 만약 명자이더라도, 함께 무소유이므로 얻을 수 없는 까닭입니다. 사리자여. 오히려 이러한 인연을 까닭으로 나는 '보살마하살은 다만 임시로 가명으로 있다.'라고 이렇게 말을 지었습니다.

사리자여. 성문승이라는 명자는 오직 대상에 섭수되는 것과 같아서, 시방과 삼세에서 왔던 것도 없고, 떠나가는 것도 없으며, 머무르는 것도 없으며, 성문승의 가운데에서 명자가 없고, 명자의 가운데에서 일체법이 없으며, 합쳐지지도 않았고, 벗어나지도 않았으며, 다만 임시로 시설하였습니다. 왜 그러한가? 성문승과 명자는 모두 자성이 공한 까닭입니다. 자성이 공한 가운데에서는 만약 성문승이거나, 만약 명자이더라도, 함께 무소유이므로 얻을 수 없는 까닭입니다.

독각승·대승이라는 명자는 오직 대상에 섭수되는 것과 같아서, 시방과 삼세에서 왔던 것도 없고, 떠나가는 것도 없으며, 머무르는 것도 없으며, 독각승·대승의 가운데에서 명자가 없고, 명자의 가운데에서 일체법이 없으며, 합쳐지지도 않았고, 벗어나지도 않았으며, 다만 임시로 시설하였습니다. 왜 그러한가? 독각승·대승과 명자는 모두 자성이 공한 까닭입니다. 자성이 공한 가운데에서는 만약 독각승·대승이거나, 만약 명자이더라도, 함께 무소유이므로 얻을 수 없는 까닭입니다.

보살마하살의 명자도 역시 다시 이와 같아서 오직 대상에 섭수되는 것이고, 시방과 삼세에서 왔던 것도 없고, 떠나가는 것도 없으며, 머무르는 것도 없으며, 보살마하살의 가운데에서 명자가 없고, 명자의 가운데에도 보살마하살이 없으며, 합쳐지지도 않았고, 벗어나지도 않았으며, 다만 임시로 시설하였습니다. 왜 그러한가? 보살마하살과 명자는 모두 자성이 공한 까닭입니다. 자성이 공한 가운데에서는 만약 보살마하살이거나, 만약 명자이더라도, 함께 무소유이므로 얻을 수 없는 까닭입니다. 사리자여. 오히려 이러한 인연을 까닭으로 나는 '보살마하살은 다만 임시로 가명으로 있다.'라고 이렇게 말을 지었습니다."

그때 구수 선현이 다시 사리자에게 대답하여 말하였다.

"존자께서 무슨 인연을 까닭으로 '나(我) 등이 반드시 결국에는 생겨나지 않는 것과 같다고 말하는가?'라고 말하였던 것과 같이, 사리자여. 나는 반드시 결국에는 모두 무소유이므로 이미 얻을 수 없는데, 어찌 생겨남(生)이 있겠습니까? 유정(有情)·명자(命者)·생자(生者)·양자(養者)·사부(士夫)·보특가라(補特伽羅)·의생(意生)·유동(孺童)·작자(作者)·사작자(使作者)·기자(起者)·사기자(使起者)·수자(受者)·사수자(使受者)·지자(知者)·견자(見者)도 반드시 결국에는 모두 무소유이므로 이미 얻을 수 없는데, 어찌 생겨남이 있겠습니까?

사리자여. 색은 반드시 결국에는 모두 무소유이므로 이미 얻을 수 없는데, 어찌 생겨남이 있겠으며, 수·상·행·식도 반드시 결국에는 모두 무소유이므로 이미 얻을 수 없는데, 어찌 생겨남이 있겠습니까? 사리자여. 안처는 반드시 결국에는 모두 무소유이므로 이미 얻을 수 없는데, 어찌 생겨남이 있겠으며, 이·비·설·신·의처도 반드시 결국에는 모두 무소유이므로 이미 얻을 수 없는데, 어찌 생겨남이 있겠습니까? 사리자여. 색처는 반드시 결국에는 모두 무소유이므로 이미 얻을 수 없는데, 어찌 생겨남이 있겠으며, 성·향·미·촉·법처도 반드시 결국에는 모두 무소유이므로 이미 얻을 수 없는데, 어찌 생겨남이 있겠습니까?

사리자여. 안계는 반드시 결국에는 모두 무소유이므로 이미 얻을 수 없는데, 어찌 생겨남이 있겠으며, 색계·안식계, 나아가 안촉·안촉을 인연으로 생겨난 여러 수도 반드시 결국에는 모두 무소유이므로 이미 얻을 수 없는데, 어찌 생겨남이 있겠습니까? 사리자여. 이계는 반드시 결국에는 모두 무소유이므로 이미 얻을 수 없는데, 어찌 생겨남이 있겠으며, 성계·이식계, 나아가 이촉·이촉을 인연으로 생겨난 여러 수도 반드시 결국에는 모두 무소유이므로 이미 얻을 수 없는데, 어찌 생겨남이 있겠습니까? 사리자여. 비계는 반드시 결국에는 모두 무소유이므로 이미 얻을 수 없는데, 어찌 생겨남이 있겠으며, 향계·비식계, 나아가 비촉·비촉을 인연으로 생겨난 여러 수도 반드시 결국에는 모두 무소유이므로 이미 얻을 수 없는데, 어찌 생겨남이 있겠습니까?

사리자여. 설계는 반드시 결국에는 모두 무소유이므로 이미 얻을 수 없는데, 어찌 생겨남이 있겠으며, 미계·설식계, 나아가 설촉·설촉을 인연으로 생겨난 여러 수도 반드시 결국에는 모두 무소유이므로 이미 얻을 수 없는데, 어찌 생겨남이 있겠습니까? 사리자여. 신계는 반드시 결국에는 모두 무소유이므로 이미 얻을 수 없는데, 어찌 생겨남이 있겠으며, 촉계·신식계, 나아가 신촉·신촉을 인연으로 생겨난 여러 수도 반드시 결국에는 모두 무소유이므로 이미 얻을 수 없는데, 어찌 생겨남이 있겠습니까? 사리자여. 의계는 반드시 결국에는 모두 무소유이므로 이미 얻을 수 없는데, 어찌 생겨남이 있겠으며, 법계·의식계, 나아가 의촉·의촉을 인연으로 생겨난 여러 수도 반드시 결국에는 모두 무소유이므로 이미 얻을 수 없는데, 어찌 생겨남이 있겠습니까?

사리자여. 지계는 반드시 결국에는 모두 무소유이므로 이미 얻을 수 없는데, 어찌 생겨남이 있겠으며, 수·화·풍·공·식계도 반드시 결국에는 모두 무소유이므로 이미 얻을 수 없는데, 어찌 생겨남이 있겠습니까? 사리자여. 무명은 반드시 결국에는 모두 무소유이므로 이미 얻을 수 없는데, 어찌 생겨남이 있겠으며, 행·식·명색·육처·촉·수·애·취·유·생·노사의 수탄고우뇌도 반드시 결국에는 모두 무소유이므로 이미 얻을 수 없는데, 어찌 생겨남이 있겠습니까? 사리자여. 내공은 반드시 결국에는 모두 무소유이므로 이미 얻을 수 없는데, 어찌 생겨남이 있겠으며, 외공·내외공·공공·대공·승의공·유위공·무위공·필경공·무제공·산공·무변이공·본성공·자상공·공상공·일체법공·불가득공·무성공·자성공·무성자성공도 반드시 결국에는 모두 무소유이므로 이미 얻을 수 없는데, 어찌 생겨남이 있겠습니까?

사리자여. 보시바라밀다는 반드시 결국에는 모두 무소유이므로 이미 얻을 수 없는데, 어찌 생겨남이 있겠으며, 정계·안인·정진·정려·반야바라밀다도 반드시 결국에는 모두 무소유이므로 이미 얻을 수 없는데, 어찌 생겨남이 있겠습니까? 사리자여. 4정려는 반드시 결국에는 모두 무소유이므로 이미 얻을 수 없는데, 어찌 생겨남이 있겠으며, 4무량·4무색정도 반드시 결국에는 모두 무소유이므로 이미 얻을 수 없는데, 어찌 생겨남이 있겠습니까? 사리자여. 8해탈은 반드시 결국에는 모두 무소유이므로 이미 얻을 수 없는데, 어찌 생겨남이 있겠으며, 8승처·9차제정·10변처도 반드시 결국에는 모두 무소유이므로 이미 얻을 수 없는데, 어찌 생겨남이 있겠습니까?

사리자여, 4념주는 반드시 결국에는 모두 무소유이므로 이미 얻을 수 없는데, 어찌 생겨남이 있겠으며, 4정단·4신족·5근·5력·7등각지·8성도지도 반드시 결국에는 모두 무소유이므로 이미 얻을 수 없는데, 어찌 생겨남이 있겠습니까? 사리자여, 공해탈문은 반드시 결국에는 모두 무소유이므로 이미 얻을 수 없는데, 어찌 생겨남이 있겠으며, 무상·무원해탈문도 반드시 결국에는 모두 무소유이므로 이미 얻을 수 없는데, 어찌 생겨남이 있겠습니까? 사리자여, 5안은 반드시 결국에는 모두 무소유이므로 이미 얻을 수 없는데, 어찌 생겨남이 있겠으며, 6신통도 반드시 결국에는 모두 무소유이므로 이미 얻을 수 없는데, 어찌 생겨남이 있겠습니까?

사리자여, 여래의 10력은 반드시 결국에는 모두 무소유이므로 이미 얻을 수 없는데, 어찌 생겨남이 있겠으며, 4무소외·4무애해·대자·대비·대희·대사·18불불공법도 반드시 결국에는 모두 무소유이므로 이미 얻을 수 없는데, 어찌 생겨남이 있겠습니까? 사리자여, 일체지는 반드시 결국에는 모두 무소유이므로 이미 얻을 수 없는데, 어찌 생겨남이 있겠으며, 도상지·일체상지도 반드시 결국에는 모두 무소유이므로 이미 얻을 수 없는데, 어찌 생겨남이 있겠습니까? 사리자여, 무망실법은 반드시 결국에는 모두 무소유이므로 이미 얻을 수 없는데, 어찌 생겨남이 있겠으며, 항주사성도 반드시 결국에는 모두 무소유이므로 이미 얻을 수 없는데, 어찌 생겨남이 있겠습니까?

사리자여, 일체의 다라니문은 반드시 결국에는 모두 무소유이므로 이미 얻을 수 없는데, 어찌 생겨남이 있겠으며, 일체의 삼마지문도 반드시 결국에는 모두 무소유이므로 이미 얻을 수 없는데, 어찌 생겨남이 있겠습니까? 사리자여, 극희지는 반드시 결국에는 모두 무소유이므로 이미 얻을 수 없는데, 어찌 생겨남이 있겠으며, 이구지·발광지·염혜지·극난승지·현전지·원행지·부동지·선혜지·법운지도 반드시 결국에는 모두 무소유이므로 이미 얻을 수 없는데, 어찌 생겨남이 있겠습니까? 사리자여, 이생지는 반드시 결국에는 모두 무소유이므로 이미 얻을 수 없는데, 어찌 생겨남이 있겠으며, 종성지·제팔지·구견지·박지·이욕지·이판지·

독각지·보살지·여래지도 반드시 결국에는 모두 무소유이므로 이미 얻을 수 없는데, 어찌 생겨남이 있겠습니까?
 사리자여. 성문승은 반드시 결국에는 무소유이므로 이미 얻을 수 없는데, 어찌 생겨남이 있겠으며, 독각승·대승도 반드시 결국에는 모두 무소유이므로 이미 얻을 수 없는데, 어찌 생겨남이 있겠습니까? 사리자여. 오히려 이러한 인연을 까닭으로 '나(我)라는 것 등이 반드시 결국에는 생겨나지 않는 것과 같다.'라고 나는 이렇게 말을 지었습니다."

 그때 구수 선현이 다시 사리자에게 대답하여 말하였다.
 "존자께서 '무슨 인연을 까닭으로 제법도 역시 그와 같아서 모두 자성이 없는 것인가?'라고 말하였던 것과 같이, 사리자여. 제법은 모두 화합(和合)하는 자성이 없습니다. 왜 그러한가? 화합하는 어떠한 법도 자성이 공한 까닭입니다."
 이때 사리자가 선현에게 물어 말하였다.
 "무슨 법이 모두 화합하는 자성이 없습니까?"
 선현이 대답하여 말하였다.
 "사리자여. 색은 모두 화합하는 자성이 없으며, 수·상·행·식도 모두 화합하는 자성이 없습니다. 사리자여. 안처는 모두 화합하는 자성이 없으며, 이·비·설·신·의처도 모두 화합하는 자성이 없습니다. 사리자여. 색처는 모두 화합하는 자성이 없으며, 성·향·미·촉·법처도 모두 화합하는 자성이 없습니다. 사리자여. 안계는 모두 화합하는 자성이 없으며, 색계·안식계, 나아가 안촉·안촉을 인연으로 생겨난 여러 수도 모두 화합하는 자성이 없습니다. 사리자여. 이계는 모두 화합하는 자성이 없으며, 성계·이식계, 나아가 이촉·이촉을 인연으로 생겨난 여러 수도 모두 화합하는 자성이 없습니다.
 사리자여. 비계는 모두 화합하는 자성이 없으며, 향계·비식계, 나아가 비촉·비촉을 인연으로 생겨난 여러 수도 모두 화합하는 자성이 없습니다. 사리자여. 설안계는 모두 화합하는 자성이 없으며, 미계·설식계, 나아가 설촉·설촉을 인연으로 생겨난 여러 수도 모두 화합하는 자성이 없습니다. 사리자여. 신계는 모두 화합하는 자성이 없으며, 촉계·신식계, 나아가 신촉·신촉을 인연으로 생겨난 여러 수도 모두 화합하는 자성이 없습니다. 사리자여. 의계는 모두 화합하는 자성이 없으며, 법계·의식계, 나아가 의촉·의촉을 인연으로 생겨난 여러 수도 모두 화합하는 자성이 없습니다. 사리자여. 지계는 모두 화합하는 자성이 없으며, 수·화·풍·공·식계도 모두 화합하는 자성이 없습니다.

사리자여. 무명은 모두 화합하는 자성이 없으며, 행·식·명색·육처·촉·수·애·취·유·생·노사의 수탄고우뇌도 모두 화합하는 자성이 없습니다. 사리자여. 8해탈은 모두 화합하는 자성이 없으며, 외공·내외공·공공·대공·승의공·유위공·무위공·필경공·무제공·산공·무변이공·본성공·자상공·공상공·일체법공·불가득공·무성공·자성공·무성자성공도 모두 화합하는 자성이 없습니다. 사리자여. 보시바라밀다는 모두 화합하는 자성이 없으며, 정계·안인·정진·정려·반야바라밀다도 모두 화합하는 자성이 없습니다. 사리자여. 4정려는 모두 화합하는 자성이 없으며, 4무량·4무색정도 모두 화합하는 자성이 없습니다. 사리자여. 8해탈은 모두 화합하는 자성이 없으며, 8승처·9차제정·10변처도 모두 화합하는 자성이 없습니다.

사리자여. 4념주는 모두 화합하는 자성이 없으며, 4정단·4신족·5근·5력·7등각지·8성도지도 모두 화합하는 자성이 없습니다. 사리자여. 공해탈문은 모두 화합하는 자성이 없으며, 무상·무원해탈문도 모두 화합하는 자성이 없습니다. 사리자여. 5안은 모두 화합하는 자성이 없으며, 6신통도 모두 화합하는 자성이 없습니다. 사리자여. 여래의 10력은 모두 화합하는 자성이 없으며, 4무소외·4무애해·대자·대비·대희·대사·18불불공법도 모두 화합하는 자성이 없습니다. 사리자여. 일체지는 모두 화합하는 자성이 없으며, 도상지·일체상지도 모두 화합하는 자성이 없습니다.

사리자여. 무망실법은 모두 화합하는 자성이 없으며, 항주사성도 모두 화합하는 자성이 없습니다. 사리자여. 일체의 다라니문은 모두 화합하는 자성이 없으며, 일체의 삼마지문도 모두 화합하는 자성이 없습니다.

사리자여. 극희지는 모두 화합하는 자성이 없으며, 이구지·발광지·염혜지·극난승지·현전지·원행지·부동지·선혜지·법운지도 모두 화합하는 자성이 없습니다. 사리자여. 이생지는 모두 화합하는 자성이 없으며, 종성지·제팔지·구견지·박지·이욕지·이판지·독각지·보살지·여래지도 모두 화합하는 자성이 없습니다. 사리자여. 성문승은 모두 화합하는 자성이 없으며, 독각승·대승도 모두 화합하는 자성이 없습니다.

사리자여. 오히려 이러한 인연을 까닭으로 '제법도 역시 그와 같아서 모두 자성이 없다.'라고 나는 이렇게 말을 지었습니다. 다시 다음으로 사리자여. 제법은 항상하지 않거나, 역시 산실(散失)[1]도 없습니다. 왜 그러한가? 만약 법이 항상하지 않다면 무진(無盡)의 자성인 까닭입니다."

그때 사리자가 선현에게 물어 말하였다.

"무슨 법은 항상하지도 않거나, 역시 산실도 없습니까?"

선현이 대답하여 말하였다.

"사리자여. 색은 항상하지 않거나, 역시 산실이 없으며, 수·상·행·식도 항상하지 않거나, 역시 산실도 없습니다. 사리자여. 안처는 항상하지 않거나, 역시 산실도 없으며, 이·비·설·신·의처도 항상하지 않거나, 역시 산실도 없습니다. 사리자여. 색처는 항상하지 않거나, 역시 산실이 없으며, 성·향·미·촉·법처도 항상하지 않고, 역시 산실이 없습니다. 사리자여. 안계는 항상하지 않거나, 역시 산실도 없으며, 색계·안식계, 나아가 안촉·안촉을 인연으로 생겨난 여러 수도 항상하지 않거나, 역시 산실도 없습니다.

사리자여. 이계는 항상하지 않거나, 역시 산실도 없으며, 성계·이식계, 나아가 이촉·이촉을 인연으로 생겨난 여러 수도 항상하지 않거나, 역시 산실도 없습니다. 사리자여. 비계는 항상하지 않거나, 역시 산실도 없으며, 향계·비식계, 나아가 비촉·비촉을 인연으로 생겨난 여러 수도 항상하지 않거나, 역시 산실도 없습니다. 사리자여. 설계는 항상하지 않거나, 역시

---

1) 흩어져 잃어버린다는 뜻이다.

산실도 없으며, 미계·설식계, 나아가 설촉·설촉을 인연으로 생겨난 여러 수도 항상하지 않거나, 역시 산실도 없습니다. 사리자여. 신계는 항상하지 않거나, 역시 산실도 없으며, 촉계·신식계, 나아가 신촉·신촉을 인연으로 생겨난 여러 수도 항상하지 않거나, 역시 산실도 없습니다.

사리자여. 의계는 항상하지 않거나, 역시 산실도 없으며, 법계·의식계, 나아가 의촉·의촉을 인연으로 생겨난 여러 수도 항상하지 않거나, 역시 산실도 없습니다. 사리자여. 지계는 항상하지 않거나, 역시 산실도 없으며, 수·화·풍·공·식계도 항상하지 않거나, 역시 산실도 없습니다. 사리자여. 고성제는 항상하지 않거나, 역시 산실도 없으며, 집·멸·도성제도 항상하지 않거나, 역시 산실도 없습니다. 사리자여. 무명은 항상하지 않거나, 역시 산실도 없으며, 행·식·명색·육처·촉·수·애·취·유·생·노사의 수탄고우뇌도 항상하지 않거나, 역시 산실도 없습니다.

사리자여. 내공은 항상하지 않거나, 역시 산실도 없으며, 외공·내외공·공공·대공·승의공·유위공·무위공·필경공·무제공·산공·무변이공·본성공·자상공·공상공·일체법공·불가득공·무성공·자성공·무성자성공도 항상하지 않거나, 역시 산실도 없습니다. 사리자여. 보시바라밀다는 항상하지 않거나, 역시 산실도 없으며, 정계·안인·정진·정려·반야바라밀다도 항상하지 않거나, 역시 산실도 없습니다. 사리자여. 4정려는 항상하지 않고, 역시 산실도 없으며, 4무량·4무색정도 항상하지 않거나, 역시 산실도 없습니다. 사리자여. 8해탈은 항상하지 않거나, 역시 산실도 없으며, 8승처·9차제정·10변처도 항상하지 않거나, 역시 산실도 없습니다.

사리자여. 4념주는 항상하지 않거나, 역시 산실도 없으며, 4정단·4신족·5근·5력·7등각지·8성도지도 항상하지 않거나, 역시 산실도 없습니다. 사리자여. 공해탈문은 항상하지 않거나, 역시 산실도 없으며, 무상·무원해탈문도 항상하지 않거나, 역시 산실도 없습니다. 사리자여. 5안은 항상하지 않거나, 역시 산실도 없으며, 6신통도 항상하지 않거나, 역시 산실도 없습니다. 사리자여. 여래의 10력은 항상하지 않거나, 역시 산실도 없으며, 4무소외·4무애해·대자·대비·대희·대사·18불불공법도 항상하지 않거나, 역시 산실도 없습니다.
 사리자여. 일체지는 항상하지 않거나, 역시 산실도 없으며, 도상지·일체상지도 항상하지 않거나, 역시 산실도 없습니다. 사리자여. 무망실법은 항상하지 않거나, 역시 산실도 없으며, 항주사성도 항상하지 않거나, 역시 산실도 없습니다. 사리자여. 일체의 다라니문은 항상하지 않거나, 역시 산실도 없으며, 일체의 삼마지문도 항상하지 않거나, 역시 산실도 없습니다. 사리자여. 극희지는 항상하지 않거나, 역시 산실도 없으며, 이구지·발광지·염혜지·극난승지·현전지·원행지·부동지·선혜지·법운지도 항상하지 않거나, 역시 산실도 없습니다.
 사리자여. 이생지는 항상하지 않거나, 역시 산실도 없으며, 종성지·제팔지·구견지·박지·이욕지·이판지·독각지·보살지·여래지도 항상하지 않거나, 역시 산실도 없습니다. 사리자여. 성문승은 항상하지 않거나, 역시 산실도 없으며, 독각승·대승도 항상하지 않거나, 역시 산실도 없습니다.
 사리자여. 오히려 이러한 인연을 까닭으로 '제법도 역시 그와 같아서 모두 자성이 없다.'라고 나는 이렇게 말을 지었습니다. 다시 다음으로 사리자여. 제법은 즐겁지도 않거나, 역시 산실도 없습니다. 왜 그러한가? 만약 법이 즐겁지 않다면 매우 많은 자성인 까닭입니다."

 그때 사리자가 선현에게 물어 말하였다.
 "무슨 법은 즐겁시노 않거나, 역시 산실도 없습니까?"
 선현이 대답하여 말하였다.
 "사리자여. 색은 즐겁지 않거나, 역시 산실도 없으며, 수·상·행·식도 즐겁지 않거나, 역시 산실도 없습니다. 사리자여. 안처는 즐겁지 않거나, 역시 산실도 없으며, 이·비·설·신·의처도 즐겁지 않거나, 역시 산실도 없습니다. 사리자여. 색처는 즐겁지 않거나, 역시 산실도 없으며, 성·향·미·촉·법처도 즐겁지 않거나, 역시 산실도 없습니다. 사리자여. 안계는 즐겁지 않거나, 역시 산실도 없으며, 색계·안식계, 나아가 안촉·안촉을 인연으로 생겨난 여러 수도 즐겁지 않거나, 역시 산실도 없습니다.

사리자여. 이계는 즐겁지 않거나, 역시 산실도 없으며, 성계·이식계, 나아가 이촉·이촉을 인연으로 생겨난 여러 수도 즐겁지 않거나, 역시 산실도 없습니다. 사리자여. 비계는 즐겁지 않거나, 역시 산실도 없으며, 향계·비식계, 나아가 비촉·비촉을 인연으로 생겨난 여러 수도 즐겁지 않거나, 역시 산실도 없습니다. 사리자여. 설계는 즐겁지 않거나, 역시 산실도 없으며, 미계·설식계, 나아가 설촉·설촉을 인연으로 생겨난 여러 수도 즐겁지 않거나, 역시 산실도 없습니다. 사리자여. 신계는 즐겁지 않거나, 역시 산실도 없으며, 촉계·신식계, 나아가 신촉·신촉을 인연으로 생겨난 여러 수도 즐겁지 않거나, 역시 산실도 없습니다.

사리자여. 의계는 즐겁지 않거나, 역시 산실도 없으며, 법계·의식계, 나아가 의촉·의촉을 인연으로 생겨난 여러 수도 즐겁지 않거나, 역시 산실도 없습니다. 사리자여. 지계는 즐겁지 않거나, 역시 산실도 없으며, 수·화·풍·공·식계도 즐겁지 않거나, 역시 산실도 없습니다. 사리자여. 고성제는 즐겁지 않거나, 역시 산실도 없으며, 집·멸·도성제도 즐겁지 않거나, 역시 산실도 없습니다. 사리자여. 무명은 즐겁지 않거나, 역시 산실도 없으며, 행·식·명색·육처·촉·수·애·취·유·생·노사의 수탄고우뇌도 즐겁지 않거나, 역시 산실도 없습니다.

사리자여. 내공은 즐겁지 않거나, 역시 산실도 없으며, 외공·내외공·공공·대공·승의공·유위공·무위공·필경공·무제공·산공·무변이공·본성공·자상공·공상공·일체법공·불가득공·무성공·자성공·무성자성공도 즐겁지 않거나, 역시 산실도 없습니다. 사리자여. 보시바라밀다는 즐겁지 않거나, 역시 산실도 없으며, 정계·안인·정진·정려·반야바라밀다도 즐겁지 않거나, 역시 산실도 없습니다. 사리자여. 4정려는 즐겁지 않거나, 역시 산실도 없으며, 4무량·4무색정도 즐겁지 않거나, 역시 산실도 없습니다. 사리자여. 8해탈은 즐겁지 않거나, 역시 산실도 없으며, 8승처·9차제정·10변처도 즐겁지 않거나, 역시 산실도 없습니다.

사리자여. 4념주는 즐겁지 않거나, 역시 산실도 없으며, 4정단·4신족·5근·5력·7등각지·8성도지도 즐겁지 않거나, 역시 산실도 없습니다. 사리자여. 공해탈문은 즐겁지 않거나, 역시 산실도 없으며, 무상·무원해탈문도 즐겁지 않거나, 역시 산실도 없습니다. 사리자여. 5안은 즐겁지 않거나, 역시 산실도 없으며, 6신통도 즐겁지 않거나, 역시 산실도 없습니다. 사리자여. 여래의 10력은 즐겁지 않거나, 역시 산실도 없으며, 4무소외·4무애해·대자·대비·대희·대사·18불불공법도 즐겁지 않거나, 역시 산실도 없습니다.

사리자여. 일체지는 즐겁지 않거나, 역시 산실도 없으며, 도상지·일체상지도 즐겁지 않거나, 역시 산실도 없습니다. 사리자여. 무망실법은 즐겁지 않거나, 역시 산실도 없으며, 항주사성도 즐겁지 않거나, 역시 산실도 없습니다. 사리자여. 일체의 다라니문은 즐겁지 않거나, 역시 산실도 없으며, 일체의 삼마지문도 즐겁지 않거나, 역시 산실도 없습니다. 사리자여. 극희지는 즐겁지 않거나, 역시 산실도 없으며, 이구지·발광지·염혜지·극난승지·현전지·원행지·부동지·선혜지·법운지도 즐겁지 않거나, 역시 산실도 없습니다.

사리자여. 이생지는 즐겁지 않거나, 역시 산실도 없으며, 종성지·제팔지·구견지·박지·이욕지·이판지·독각지·보살지·여래지도 즐겁지 않거나, 역시 산실도 없습니다. 사리자여. 성문승은 즐겁지 않거나, 역시 산실도 없으며, 독각승·대승도 즐겁지 않거나, 역시 산실도 없습니다.

사리자여. 오히려 이러한 인연을 까닭으로 '제법도 역시 그와 같아서 모두 자성이 없다.'라고 나는 이렇게 말을 지었습니다. 다시 다음으로 사리자여. 제법은 내(我)가 아니거나, 역시 산실도 없습니다. 왜 그러한가? 만약 법이 내가 아니라면 매우 많은 자성인 까닭입니다."

그때 사리자가 선현에게 물어 말하였다.
"무슨 법은 내가 아니거나, 역시 산실도 없습니까?"
선현이 대답하여 말하였다.
"사리자여. 색은 내가 아니거나, 역시 산실도 없으며, 수·상·행·식도 내가 아니거나, 역시 산실도 없습니다. 사리자여. 안처는 내가 아니거나,

역시 산실도 없으며, 이·비·설·신·의처도 내가 아니거나, 역시 산실도 없습니다. 사리자여. 색처는 내가 아니거나, 역시 산실도 없으며, 성·향·미·촉·법처도 내가 아니거나, 역시 산실도 없습니다. 사리자여. 안계는 내가 아니거나, 역시 산실도 없으며, 색계·안식계, 나아가 안촉·안촉을 인연으로 생겨난 여러 수도 내가 아니거나, 역시 산실도 없습니다.

사리자여. 이계는 내가 아니거나, 역시 산실도 없으며, 성계·이식계, 나아가 이촉·이촉을 인연으로 생겨난 여러 수도 내가 아니거나, 역시 산실도 없습니다. 사리자여. 비계는 내가 아니거나, 역시 산실도 없으며, 향계·비식계, 나아가 비촉·비촉을 인연으로 생겨난 여러 수도 내가 아니거나, 역시 산실도 없습니다. 사리자여. 설계는 내가 아니거나, 역시 산실도 없으며, 미계·설식계, 나아가 설촉·설촉을 인연으로 생겨난 여러 수도 내가 아니거나, 역시 산실도 없습니다. 사리자여. 신계는 내가 아니거나, 역시 산실도 없으며, 촉계·신식계, 나아가 신촉·신촉을 인연으로 생겨난 여러 수도 내가 아니거나, 역시 산실도 없습니다.

사리자여. 의계는 내가 아니거나, 역시 산실도 없으며, 법계·의식계, 나아가 의촉·의촉을 인연으로 생겨난 여러 수도 내가 아니거나, 역시 산실도 없습니다. 사리자여. 지계는 내가 아니거나, 역시 산실도 없으며, 수·화·풍·공·식계도 내가 아니거나, 역시 산실도 없습니다. 사리자여. 고성제는 내가 아니거나, 역시 산실도 없으며, 집·멸·도성제도 내가 아니거나, 역시 산실도 없습니다. 사리자여. 무명은 내가 아니거나, 역시 산실도 없으며, 행·식·명색·육처·촉·수·애·취·유·생·노사의 수탄고우뇌도 내가 아니거나, 역시 산실도 없습니다.

사리자여. 내공은 내가 아니거나, 역시 산실도 없으며, 외공·내외공·공공·대공·승의공·유위공·무위공·필경공·무제공·산공·무변이공·본성공·자상공·공상공·일체법공·불가득공·무성공·자성공·무성자성공도 내가 아니거나, 역시 산실도 없습니다."

마하반야바라밀다경 제68권

18. 무소득품(無所得品)(8)

 "사리자여. 보시바라밀다는 내가 아니거나, 역시 산실도 없으며, 정계·안인·정진·정려·반야바라밀다도 내가 아니거나, 역시 산실도 없습니다. 사리자여. 4정려는 내가 아니거나, 역시 산실도 없으며, 4무량·4무색정도 내가 아니거나, 역시 산실도 없습니다. 사리자여. 8해탈은 내가 아니거나, 역시 산실도 없으며, 8승처·9차제정·10변처도 내가 아니거나, 역시 산실도 없습니다.
 사리자여. 4념주는 내가 아니거나, 역시 산실도 없으며, 4정단·4신족·5근·5력·7등각지·8성도지도 내가 아니거나, 역시 산실도 없습니다. 사리자여. 공해탈문은 내가 아니거나, 역시 산실도 없으며, 무상·무원해탈문도 내가 아니거나, 역시 산실도 없습니다. 사리자여. 5안은 내가 아니거나, 역시 산실도 없으며, 6신통도 내가 아니거나, 역시 산실도 없습니다. 사리자여. 여래의 10력은 내가 아니거나, 역시 산실도 없으며, 4무소외·4무애해·대자·대비·대희·대사·18불불공법도 내가 아니거나, 역시 산실도 없습니다.
 사리자여. 일체지는 내가 아니거나, 역시 산실도 없으며, 도상지·일체상지도 내가 아니거나, 역시 산실도 없습니다. 사리자여. 무망실법은 내가 아니거나, 역시 산실도 없으며, 항주사성도 내가 아니거나, 역시 산실도 없습니다. 사리자여. 일체의 다라니문은 내가 아니거나, 역시 산실도 없으며, 일체의 삼마지문도 내가 아니거나, 역시 산실도 없습니다.

사리자여. 극희지는 내가 아니거나, 역시 산실도 없으며, 이구지·발광지·염혜지·극난승지·현전지·원행지·부동지·선혜지·법운지도 내가 아니거나, 역시 산실도 없습니다.

사리자여. 이생지는 내가 아니거나, 역시 산실도 없으며, 종성지·제팔지·구견지·박지·이욕지·이판지·독각지·보살지·여래지도 내가 아니거나, 역시 산실도 없습니다. 사리자여. 성문승은 내가 아니거나, 역시 산실도 없으며, 독각승·대승도 내가 아니거나, 역시 산실도 없습니다.

사리자여. 오히려 이러한 인연을 까닭으로 '제법도 역시 그와 같아서 모두 자성이 없다.'라고 나는 이렇게 말을 지었습니다. 다시 다음으로 사리자여. 제법은 적정(寂靜)하거나, 역시 산실도 없습니다. 왜 그러한가? 만약 법이 적정하다면 매우 많은 자성인 까닭입니다."

그때 사리자가 선현에게 물어 말하였다.
"무슨 법은 적정하거나, 역시 산실도 없습니까?"
선현이 대답하여 말하였다.
"사리자여. 색은 적정하거나, 역시 산실도 없으며, 수·상·행·식도 적정하거나, 역시 산실도 없습니다. 사리자여. 안처는 적정하거나, 역시 산실도 없으며, 이·비·설·신·의처도 적정하거나, 역시 산실도 없습니다. 사리자여. 색처는 적정하거나, 역시 산실도 없으며, 성·향·미·촉·법처도 적정하거나, 역시 산실도 없습니다. 사리자여. 안계는 적정하거나, 역시 산실도 없으며, 색계·안식계, 나아가 안촉·안촉을 인연으로 생겨난 여러 수도 적정하거나, 역시 산실도 없습니다.

사리자여. 이계는 적정하거나, 역시 산실도 없으며, 성계·이식계, 나아가 이촉·이촉을 인연으로 생겨난 여러 수도 적정하거나, 역시 산실도 없습니다. 사리자여. 비계는 적정하거나, 역시 산실도 없으며, 향계·비식계, 나아가 비촉·비촉을 인연으로 생겨난 여러 수도 적정하거나, 역시 산실도 없습니다. 사리자여. 설계는 적정하거나, 역시 산실도 없으며, 미계·설식계, 나아가 설촉·설촉을 인연으로 생겨난 여러 수도 적정하거나, 역시 산실도 없습니다. 사리자여. 신계는 적정하거나, 역시 산실도 없으며, 촉계·신식계, 나아가 신촉·신촉을 인연으로 생겨난 여러 수도 적정하거나, 역시 산실도 없습니다.

사리자여. 의계는 적정하거나, 역시 산실도 없으며, 법계·의식계, 나아가 의촉·의촉을 인연으로 생겨난 여러 수도 적정하거나, 역시 산실도 없습니다. 사리자여. 지계는 적정하거나, 역시 산실도 없으며, 수·화·풍·공·식계도 적정하거나, 역시 산실도 없습니다. 사리자여. 고성제는 적정하거나, 역시 산실도 없으며, 집·멸·도성제도 적정하거나, 역시 산실도 없습니다. 사리자여. 무명은 적정하거나, 역시 산실도 없으며, 행·식·명색·육처·촉·수·애·취·유·생·노사의 수탄고우뇌도 적정하거나, 역시 산실도 없습니다. 사리자여. 내공은 적정하거나, 역시 산실도 없으며, 외공·내외공·공공·대공·승의공·유위공·무위공·필경공·무제공·산공·무변이공·본성공·자상공·공상공·일체법공·불가득공·무성공·자성공·무성자성공도 적정하거나, 역시 산실도 없습니다.

사리자여. 보시바라밀다는 적정하거나, 역시 산실도 없으며, 정계·안인·정진·정려·반야바라밀다도 적정하거나, 역시 산실도 없습니다. 사리자여. 4정려는 적정하거나, 역시 산실도 없으며, 4무량·4무색정도 적정하거나, 역시 산실도 없습니다. 사리자여. 8해탈은 적정하거나, 역시 산실도 없으며, 8승처·9차제정·10변처도 적정하거나, 역시 산실도 없습니다.

사리자여. 4념주는 적정하거나, 역시 산실도 없으며, 4정단·4신족·5근·5력·7등각지·8성도지도 적정하거나, 역시 산실도 없습니다. 사리자여. 공해탈문은 적정하거나, 역시 산실도 없으며, 무상·무원해탈문도 적정하거나, 역시 산실도 없습니다. 사리자여. 5안은 적정하거나, 역시 산실도 없으며, 6신통도 적정하거나, 역시 산실도 없습니다. 사리자여. 여래의 10력은 적정하거나, 역시 산실도 없으며, 4무소외·4무애해·대자·대비·대희·대사·18불불공법도 적정하거나, 역시 산실도 없습니다.

사리자여. 일체지는 적정하거나, 역시 산실도 없으며, 도상지·일체상지도 적정하거나, 역시 산실도 없습니다. 사리자여. 무망실법은 적정하거나, 역시 산실도 없으며, 항주사성도 적정하거나, 역시 산실도 없습니다. 사리자여. 일체의 다라니문은 적정하거나, 역시 산실도 없으며, 일체의 삼마지문도 적정하거나, 역시 산실도 없습니다. 사리자여. 극희지는 적정하거나, 역시 산실도 없으며, 이구지·발광지·염혜지·극난승지·현전지·원행지·부동지·선혜지·법운지도 적정하거나, 역시 산실도 없습니다.

사리자여. 이생지는 적정하거나, 역시 산실도 없으며, 종성지·제팔지·구견지·박지·이욕지·이판지·독각지·보살지·여래지도 적정하거나, 역시 산실도 없습니다. 사리자여. 성문승은 적정하거나, 역시 산실도 없으며, 독각승·대승도 적정하거나, 역시 산실도 없습니다.

사리자여. 오히려 이러한 인연을 까닭으로 '제법도 역시 그와 같아서 모두 자성이 없다.'라고 나는 이렇게 말을 지었습니다. 다시 다음으로 사리자여. 제법은 멀리 벗어나거나, 역시 산실도 없습니다. 왜 그러한가? 만약 법이 멀리 벗어났다면 매우 많은 자성인 까닭입니다."

그때 사리자가 선현에게 물어 말하였다.
"무슨 법은 멀리 벗어나거나, 역시 산실도 없습니까?"
선현이 대답하여 말하였다.
"사리자여. 색은 멀리 벗어나거나, 역시 산실도 없으며, 수·상·행·식도 멀리 벗어나거나, 역시 산실도 없습니다. 사리자여. 안처는 멀리 벗어나거나, 역시 산실도 없으며, 이·비·설·신·의처도 멀리 벗어나거나, 역시 산실도 없습니다. 사리자여. 색처는 멀리 벗어나거나, 역시 산실도 없으며, 성·향·미·촉·법처도 멀리 벗어나거나, 역시 산실도 없습니다. 사리자여. 안계는 멀리 벗어나거나, 역시 산실도 없으며, 색계·안식계, 나아가 안촉·안촉을 인연으로 생겨난 여러 수도 멀리 벗어나거나, 역시 산실도 없습니다.

사리자여. 이계는 멀리 벗어나거나, 역시 산실도 없으며, 성계·이식계, 나아가 이촉·이촉을 인연으로 생겨난 여러 수도 멀리 벗어나거나, 역시 산실도 없습니다. 사리자여. 비계는 멀리 벗어나거나, 역시 산실도 없으며, 향계·비식계, 나아가 비촉·비촉을 인연으로 생겨난 여러 수도 멀리 벗어나거나, 역시 산실도 없습니다. 사리자여. 설계는 멀리 벗어나거나, 역시 산실도 없으며, 미계·설식계, 나아가 설촉·설촉을 인연으로 생겨난 여러 수도 멀리 벗어나거나, 역시 산실도 없습니다. 사리자여. 신계는 멀리 벗어나거나, 역시 산실도 없으며, 촉계·신식계, 나아가 신촉·신촉을 인연으로 생겨난 여러 수도 멀리 벗어나거나, 역시 산실도 없습니다.

사리자여. 의계는 멀리 벗어나거나, 역시 산실도 없으며, 법계·의식계, 나아가 의촉·의촉을 인연으로 생겨난 여러 수도 멀리 벗어나거나, 역시 산실도 없습니다. 사리자여. 지계는 멀리 벗어나거나, 역시 산실도 없으며, 수·화·풍·공·식계도 멀리 벗어나거나, 역시 산실도 없습니다. 사리자여. 고성제는 멀리 벗어나거나, 역시 산실도 없으며, 집·멸·도성제도 멀리 벗어나거나, 역시 산실도 없습니다. 사리자여. 무명은 멀리 벗어나거나, 역시 산실도 없으며, 행·식·명색·육처·촉·수·애·취·유·생·노사의 수탄고우뇌도 멀리 벗어나거나, 역시 산실도 없습니다. 사리자여. 내공은 멀리 벗어나거나, 역시 산실도 없으며, 외공·내외공·공공·대공·승의공·유위공·무위공·필경공·무제공·산공·무변이공·본성공·자상공·공상공·일체법공·불가득공·무성공·자성공·무성자성공도 멀리 벗어나거나, 역시 산실도 없습니다.

사리자여. 보시바라밀다는 멀리 벗어나거나, 역시 산실도 없으며, 정계·안인·정진·정려·반야바라밀다도 멀리 벗어나거나, 역시 산실도 없습니다. 사리자여. 4정려는 멀리 벗어나거나, 역시 산실도 없으며, 4무량·4무색정도 멀리 벗어나거나, 역시 산실도 없습니다. 사리자여. 8해탈은 멀리 벗어나거나, 역시 산실도 없으며, 8승처·9차제정·10변처도 멀리 벗어나거나, 역시 산실도 없습니다.

사리자여. 4념주는 멀리 벗어나거나, 역시 산실도 없으며, 4정단·4신족·5근·5력·7등각지·8성도지도 멀리 벗어나거나, 역시 산실도 없습니다. 사리자여. 공해탈문은 멀리 벗어나거나, 역시 산실도 없으며, 무상·무원해탈문도 멀리 벗어났거나, 역시 산실도 없습니다. 사리자여. 5안은 멀리 벗어나거나, 역시 산실도 없으며, 6신통도 멀리 벗어나거나, 역시 산실도 없습니다. 사리자여. 여래의 10력은 멀리 벗어나거나, 역시 산실도 없으며, 4무소외·4무애해·대자·대비·대희·대사·18불불공법도 멀리 벗어나거나, 역시 산실도 없습니다.

사리자여. 일체지는 멀리 벗어나거나, 역시 산실도 없으며, 도상지·일체상지도 멀리 벗어나거나, 역시 산실도 없습니다. 사리자여. 무망실법은 멀리 벗어나거나, 역시 산실도 없으며, 항주사성도 멀리 벗어나거나, 역시 산실도 없습니다. 사리자여. 일체의 다라니문은 멀리 벗어나거나, 역시 산실도 없으며, 일체의 삼마지문도 멀리 벗어나거나, 역시 산실도 없습니다. 사리자여. 극희지는 멀리 벗어나거나, 역시 산실도 없으며, 이구지·발광지·염혜지·극난승지·현전지·원행지·부동지·선혜지·법운지도 멀리 벗어나거나, 역시 산실도 없습니다.

사리자여. 이생지는 멀리 벗어나거나, 역시 산실도 없으며, 종성지·제팔지·구견지·박지·이욕지·이판지·독각지·보살지·여래지도 멀리 벗어나거나, 역시 산실도 없습니다. 사리자여. 성문승은 멀리 벗어나거나, 역시 산실도 없으며, 독각승·대승도 멀리 벗어나거나, 역시 산실도 없습니다.

사리자여. 오히려 이러한 인연을 까닭으로 '제법도 역시 그와 같아서 모두 자성이 없다.'라고 나는 이렇게 말을 지었습니다. 다시 다음으로 사리자여. 제법은 공(空)하거나, 역시 산실도 없습니다. 왜 그러한가? 만약 법이 공하다면 매우 많은 자성인 까닭입니다."

그때 사리자가 선현에게 물어 말하였다.
"무슨 법은 공하거나, 역시 산실도 없습니까?"
선현이 대답하여 말하였다.
"사리자여. 색은 공하거나, 역시 산실도 없으며, 수·상·행·식도 공하거나, 역시 산실도 없습니다. 사리자여. 안처는 공하거나, 역시 산실도 없으며, 이·비·설·신·의처도 공하거나, 역시 산실도 없습니다. 사리자여. 색처는 공하거나, 역시 산실도 없으며, 성·향·미·촉·법처도 공하거나, 역시 산실도 없습니다. 사리자여. 안계는 공하거나, 역시 산실도 없으며,

색계·안식계, 나아가 안촉·안촉을 인연으로 생겨난 여러 수도 공하거나, 역시 산실도 없습니다.
 사리자여. 이계는 공하거나, 역시 산실도 없으며, 성계·이식계, 나아가 이촉·이촉을 인연으로 생겨난 여러 수도 공하거나, 역시 산실도 없습니다. 사리자여. 비계는 공하거나, 역시 산실도 없으며, 향계·비식계, 나아가 비촉·비촉을 인연으로 생겨난 여러 수도 공하거나, 역시 산실도 없습니다. 사리자여. 설계는 공하거나, 역시 산실도 없으며, 미계·설식계, 나아가 설촉·설촉을 인연으로 생겨난 여러 수도 공하거나, 역시 산실도 없습니다. 사리자여. 신계는 공하거나, 역시 산실도 없으며, 촉계·신식계, 나아가 신촉·신촉을 인연으로 생겨난 여러 수도 공하거나, 역시 산실도 없습니다.
 사리자여. 의계는 공하거나, 역시 산실도 없으며, 법계·의식계, 나아가 의촉·의촉을 인연으로 생겨난 여러 수도 공하거나, 역시 산실도 없습니다. 사리자여. 지계는 공하거나, 역시 산실도 없으며, 수·화·풍·공·식계도 공하거나, 역시 산실도 없습니다. 사리자여. 고성제는 공하거나, 역시 산실도 없으며, 집·멸·도성제도 공하거나, 역시 산실도 없습니다. 사리자여. 무명은 공하거나, 역시 산실도 없으며, 행·식·명색·육처·촉·수·애·취·유·생·노사의 수탄고우뇌도 공하거나, 역시 산실도 없습니다. 사리자여. 내공은 공하거나, 역시 산실도 없으며, 외공·내외공·공공·대공·승의공·유위공·무위공·필경공·무제공·산공·무변이공·본성공·자상공·공상공·일체법공·불가득공·부성공·자성공·무성자성공도 공하거나, 역시 산실도 없습니다.
 사리자여. 보시바라밀다는 공하거나, 역시 산실도 없으며, 정계·안인·정진·정려·반야바라밀다도 공하거나, 역시 산실도 없습니다. 사리자여. 4정려는 공하거나, 역시 산실도 없으며, 4무량·4무색정도 공하거나, 역시 산실도 없습니다. 사리자여. 8해탈은 공하거나, 역시 산실도 없으며, 8승처·9차제정·10변처도 공하거나, 역시 산실도 없습니다. 사리자여. 4념주는 공하거나, 역시 산실도 없으며, 4정단·4신족·5근·5력·7등각지·8성도지도 공하거나, 역시 산실도 없습니다. 사리자여. 공해탈문은 공하거나, 역시 산실도 없으며, 무상·무원해탈문도 공하거나, 역시 산실도 없습니다.

사리자여. 5안은 공하거나, 역시 산실도 없으며, 6신통도 공하거나, 역시 산실도 없습니다. 사리자여. 여래의 10력은 공하거나, 역시 산실도 없으며, 4무소외·4무애해·대자·대비·대희·대사·18불불공법도 공하거나, 역시 산실도 없습니다. 사리자여. 일체지는 공하거나, 역시 산실도 없으며, 도상지·일체상지도 공하거나, 역시 산실도 없습니다. 사리자여. 무망실법은 공하거나, 역시 산실도 없으며, 항주사성도 공하거나, 역시 산실도 없습니다. 사리자여. 일체의 다라니문은 공하거나, 역시 산실도 없으며, 일체의 삼마지문도 공하거나, 역시 산실도 없습니다.

사리자여. 극희지는 공하거나, 역시 산실도 없으며, 이구지·발광지·염혜지·극난승지·현전지·원행지·부동지·선혜지·법운지도 공하거나, 역시 산실도 없습니다. 사리자여. 이생지는 공하거나, 역시 산실도 없으며, 종성지·제팔지·구견지·박지·이욕지·이판지·독각지·보살지·여래지도 공하거나, 역시 산실도 없습니다. 사리자여. 성문승은 공하거나, 역시 산실도 없으며, 독각승·대승도 공하거나, 역시 산실도 없습니다.

사리자여. 오히려 이러한 인연을 까닭으로 '제법도 역시 그와 같아서 모두 자성이 없다.'라고 나는 이렇게 말을 지었습니다. 다시 다음으로 사리자여. 제법은 무상(無相)이거나, 역시 산실도 없습니다. 왜 그러한가? 만약 법이 무상이라면 매우 많은 자성인 까닭입니다."

그때 사리자가 선현에게 물어 말하였다.
"무슨 법은 무상이거나, 역시 산실도 없습니까?"
선현이 대답하여 말하였다.
"사리자여. 색은 무상이거나, 역시 산실도 없으며, 수·상·행·식도 무상이거나, 역시 산실도 없습니다. 사리자여. 안처는 무상이거나, 역시 산실도 없으며, 이·비·설·신·의처도 무상이거나, 역시 산실도 없습니다. 사리자여. 색처는 무상이거나, 역시 산실도 없으며, 성·향·미·촉·법처도 무상이거나, 역시 산실도 없습니다. 사리자여. 안계는 무상이거나, 역시 산실도 없으며, 색계·안식계, 나아가 안촉·안촉을 인연으로 생겨난 여러 수도 무상이거나, 역시 산실도 없습니다.

사리자여. 이계는 무상이거나, 역시 산실도 없으며, 성계·이식계, 나아가 이촉·이촉을 인연으로 생겨난 여러 수도 무상이거나, 역시 산실도 없습니다. 사리자여. 비계는 무상이거나, 역시 산실도 없으며, 향계·비식계, 나아가 비촉·비촉을 인연으로 생겨난 여러 수도 무상이거나, 역시 산실도 없습니다. 사리자여. 설계는 무상이거나, 역시 산실도 없으며, 미계·설식계, 나아가 설촉·설촉을 인연으로 생겨난 여러 수도 무상이거나, 역시 산실도 없습니다. 사리자여. 신계는 무상이거나, 역시 산실도 없으며, 촉계·신식계, 나아가 신촉·신촉을 인연으로 생겨난 여러 수도 무상이거나, 역시 산실도 없습니다.

사리자여. 의계는 무상이거나, 역시 산실도 없으며, 법계·의식계, 나아가 의촉·의촉을 인연으로 생겨난 여러 수도 무상이거나, 역시 산실도 없습니다. 사리자여. 지계는 무상이거나, 역시 산실도 없으며, 수·화·풍·공·식계도 무상이거나, 역시 산실도 없습니다. 사리자여. 고성제는 무상이거나, 역시 산실도 없으며, 집·멸·도성제도 무상이거나, 역시 산실도 없습니다. 사리자여. 무명은 무상이거나, 역시 산실도 없으며, 행·식·명색·육처·촉·수·애·취·유·생·노사의 수탄고우뇌도 무상이거나, 역시 산실도 없습니다. 사리사여. 내공은 무상이거나, 역시 산실도 없으며, 외공·내외공·공공·대공·승의공·유위공·무위공·필경공·무제공·산공·무변이공·본성공·자상공·공상공·일체법공·불가득공·무성공·자성공·무성자성공도 무상이거나, 역시 산실도 없습니다.

사리자여. 보시바라밀다는 무상이거나, 역시 산실도 없으며, 정계·안인·정진·정려·반야바라밀다도 무상이거나, 역시 산실도 없습니다. 사리자여. 4정려는 무상이거나, 역시 산실도 없으며, 4무량·4무색정도 무상이거나, 역시 산실도 없습니다. 사리자여. 8해탈은 무상이거나, 역시 산실도 없으며, 8승처·9차제정·10변처도 무상이거나, 역시 산실도 없습니다.

사리자여. 4념주는 무상이거나, 역시 산실도 없으며, 4정단·4신족·5근·5
력·7등각지·8성도지도 무상이거나, 역시 산실도 없습니다. 사리자여.
공해탈문은 무상이거나, 역시 산실도 없으며, 무상·무원해탈문도 무상이
거나, 역시 산실도 없습니다.

사리자여. 5안은 무상이거나, 역시 산실도 없으며, 6신통도 무상이거나,
역시 산실도 없습니다. 사리자여. 여래의 10력은 무상이거나, 역시 산실도
없으며, 4무소외·4무애해·대자·대비·대희·대사·18불불공법도 무상이
거나, 역시 산실도 없습니다. 사리자여. 일체지는 무상이거나, 역시 산실도
없으며, 도상지·일체상지도 무상이거나, 역시 산실도 없습니다. 사리자여.
무망실법은 무상이거나, 역시 산실도 없으며, 항주사성도 무상이거나, 역시
산실도 없습니다. 사리자여. 일체의 다라니문은 무상이거나, 역시 산실도
없으며, 일체의 삼마지문도 무상이거나, 역시 산실도 없습니다.

사리자여. 극희지는 무상이거나, 역시 산실도 없으며, 이구지·발광지·
염혜지·극난승지·현전지·원행지·부동지·선혜지·법운지도 무상이거나,
역시 산실도 없습니다. 사리자여. 이생지는 무상이거나, 역시 산실도 없으며,
종성지·제팔지·구견지·박지·이욕지·이판지·독각지·보살지·여래지도 무
상이거나, 역시 산실도 없습니다. 사리자여. 성문승은 무상이거나, 역시
산실도 없으며, 독각승·대승도 무상이거나, 역시 산실도 없습니다.

사리자여. 오히려 이러한 인연을 까닭으로 '제법도 역시 그와 같아서
모두 자성이 없다.'라고 나는 이렇게 말을 지었습니다. 다시 다음으로
사리자여. 제법은 무원(無願)이거나, 역시 산실도 없습니다. 왜 그러한가?
만약 법이 무원이라면 매우 많은 자성인 까닭입니다."

그때 사리자가 선현에게 물어 말하였다.
"무슨 법은 무원이거나, 역시 산실도 없습니까?"
선현이 대답하여 말하였다.
"사리자여. 색은 무원이거나, 역시 산실도 없으며, 수·상·행·식도 무원
이거나, 역시 산실도 없습니다. 사리자여. 안처는 무원이거나, 역시 산실

도 없으며, 이·비·설·신·의처도 무원이거나, 역시 산실도 없습니다. 사리
자여. 색처는 무원이거나, 역시 산실도 없으며, 성·향·미·촉·법처도 무원
이거나, 역시 산실도 없습니다. 사리자여. 안계는 무원이거나, 역시 산실
도 없으며, 색계·안식계, 나아가 안촉·안촉을 인연으로 생겨난 여러 수도
무원이거나, 역시 산실도 없습니다.
　사리자여. 이계는 무원이거나, 역시 산실도 없으며, 성계·이식계, 나아
가 이촉·이촉을 인연으로 생겨난 여러 수도 무원이거나, 역시 산실도
없습니다. 사리자여. 비계는 무원이거나, 역시 산실도 없으며, 향계·비식
계, 나아가 비촉·비촉을 인연으로 생겨난 여러 수도 무원이거나, 역시
산실도 없습니다. 사리자여. 설계는 무원이거나, 역시 산실도 없으며,
미계·설식계, 나아가 설촉·설촉을 인연으로 생겨난 여러 수도 무원이거
나, 역시 산실도 없습니다. 사리자여. 신계는 무원이거나, 역시 산실도
없으며, 촉계·신식계, 나아가 신촉·신촉을 인연으로 생겨난 여러 수도
무원이거나, 역시 산실도 없습니다.
　사리자여. 의계는 무원이거나, 역시 산실도 없으며, 법계·의식계, 나아
가 의촉·의촉을 인연으로 생겨난 여러 수도 무원이거나, 역시 산실도
없습니다. 사리자여. 지계는 무원이거나, 역시 산실도 없으며, 수·화·풍·
공·식계도 무원이거나, 역시 산실도 없습니다. 사리자여. 고성제는 무원
이거나, 역시 산실도 없으며, 집·멸·도성제도 무원이거나, 역시 산실도
없습니다. 사리자여. 무명은 무원이거나, 역시 산실도 없으며, 행·식·명색
·육처·촉·수·애·취·유·생·노사의 수탄고우뇌도 무원이거나, 역시 산실
도 없습니다. 사리자여. 내공은 무원이거나, 역시 산실도 없으며, 외공·내
외공·공공·대공·승의공·유위공·무위공·필경공·무제공·산공·무변이
공·본성공·자상공·공상공·일체법공·불가득공·무성공·자성공·무성자
성공도 무원이거나, 역시 산실도 없습니다.
　사리자여. 보시바라밀다는 무원이거나, 역시 산실도 없으며, 정계·안
인·정진·정려·반야바라밀다도 무원이거나, 역시 산실도 없습니다. 사리
자여. 4정려는 무원이거나, 역시 산실도 없으며, 4무량·4무색정도 무원이

거나, 역시 산실도 없습니다. 사리자여. 8해탈은 무원이거나, 역시 산실도 없으며, 8승처·9차제정·10변처도 무원이거나, 역시 산실도 없습니다. 사리자여. 4념주는 무원이거나, 역시 산실도 없으며, 4정단·4신족·5근·5력·7등각지·8성도지도 무원이거나, 역시 산실도 없습니다. 사리자여. 공해탈문은 무원이거나, 역시 산실도 없으며, 무상·무원해탈문도 무원이거나, 역시 산실도 없습니다.

사리자여. 5안은 무원이거나, 역시 산실도 없으며, 6신통도 무원이거나, 역시 산실도 없습니다. 사리자여. 여래의 10력은 무원이거나, 역시 산실도 없으며, 4무소외·4무애해·대자·대비·대희·대사·18불불공법도 무원이거나, 역시 산실도 없습니다. 사리자여. 일체지는 무원이거나, 역시 산실도 없으며, 도상지·일체상지도 무원이거나, 역시 산실도 없습니다. 사리자여. 무망실법은 무원이거나, 역시 산실도 없으며, 항주사성도 무원이거나, 역시 산실도 없습니다. 사리자여. 일체의 다라니문은 무원이거나, 역시 산실도 없으며, 일체의 삼마지문도 무원이거나, 역시 산실도 없습니다.

사리자여. 극희지는 무원이거나, 역시 산실도 없으며, 이구지·발광지·염혜지·극난승지·현전지·원행지·부동지·선혜지·법운지도 무원이거나, 역시 산실도 없습니다. 사리자여. 이생지는 무원이거나, 역시 산실도 없으며, 종성지·제팔지·구견지·박지·이욕지·이판지·독각지·보살지·여래지도 무원이거나, 역시 산실도 없습니다. 사리자여. 성문승은 무원이거나, 역시 산실도 없으며, 독각승·대승도 무원이거나, 역시 산실도 없습니다.

사리자여. 오히려 이러한 인연을 까닭으로 '제법도 역시 그와 같아서 모두 자성이 없다.'라고 나는 이렇게 말을 지었습니다. 다시 다음으로 사리자여. 제법은 선(善)하거나, 역시 산실도 없습니다. 왜 그러한가? 만약 법이 선이라면 매우 많은 자성인 까닭입니다."

그때 사리자가 선현에게 물어 말하였다.
"무슨 법은 선하거나, 역시 산실도 없습니까?"
선현이 대답하여 말하였다.

"사리자여. 색은 선하거나, 역시 산실도 없으며, 수·상·행·식도 선하거나, 역시 산실도 없습니다. 사리자여. 안처는 선하거나, 역시 산실도 없으며, 이·비·설·신·의처도 선하거나, 역시 산실도 없습니다. 사리자여. 색처는 선하거나, 역시 산실도 없으며, 성·향·미·촉·법처도 선하거나, 역시 산실도 없습니다. 사리자여. 안계는 선하거나, 역시 산실도 없으며, 색계·안식계, 나아가 안촉·안촉을 인연으로 생겨난 여러 수도 선하거나, 역시 산실도 없습니다.

사리자여. 이계는 선하거나, 역시 산실도 없으며, 성계·이식계, 나아가 이촉·이촉을 인연으로 생겨난 여러 수도 선하거나, 역시 산실도 없습니다. 사리자여. 비계는 선하거나, 역시 산실도 없으며, 향계·비식계, 나아가 비촉·비촉을 인연으로 생겨난 여러 수도 선하거나, 역시 산실도 없습니다. 사리자여. 설계는 선하거나, 역시 산실도 없으며, 미계·설식계, 나아가 설촉·설촉을 인연으로 생겨난 여러 수도 선하거나, 역시 산실도 없습니다. 사리자여. 신계는 선하거나, 역시 산실도 없으며, 촉계·신식계, 나아가 신촉·신촉을 인연으로 생겨난 여러 수도 선하거나, 역시 산실도 없습니다.

사리자여. 의계는 선하거나, 역시 산실도 없으며, 법계·의식계, 나아가 의촉·의촉을 인연으로 생겨난 여러 수도 선하거나, 역시 산실도 없습니다. 사리자여. 지계는 선하거나, 역시 산실도 없으며, 수·화·풍·공·식계도 선하거나, 역시 산실도 없습니다. 사리자여. 고성제는 선하거나, 역시 신실도 없으며, 집·멸·도성제도 선하거나, 역시 산실도 없습니다. 사리자여. 무명은 선하거나, 역시 산실도 없으며, 행·식·명색·육처·촉·수·애·취·유·생·노사의 수탄고우뇌도 선하거나, 역시 산실도 없습니다. 사리자여. 내공은 선하거나, 역시 산실도 없으며, 외공·내외공·공공·대공·승의공·유위공·무위공·필경공·무제공·산공·무변이공·본성공·자상공·공상공·일체법공·불가득공·무성공·자성공·무성자성공도 선하거나, 역시 산실도 없습니다.

사리자여. 보시바라밀다는 선하거나, 역시 산실도 없으며, 정계·안인·정진·정려·반야바라밀다도 선하거나, 역시 산실도 없습니다. 사리자여.

4정려는 선하거나, 역시 산실도 없으며, 4무량·4무색정도 선하거나, 역시 산실도 없습니다. 사리자여. 8해탈은 선하거나, 역시 산실도 없으며, 8승처·9차제정·10변처도 선하거나, 역시 산실도 없습니다. 사리자여. 4념주는 선하거나, 역시 산실도 없으며, 4정단·4신족·5근·5력·7등각지·8성도지도 선하거나, 역시 산실도 없습니다. 사리자여. 공해탈문은 선하거나, 역시 산실도 없으며, 무상·무원해탈문도 선하거나, 역시 산실도 없습니다.

사리자여. 5안은 선하거나, 역시 산실도 없으며, 6신통도 선하거나, 역시 산실도 없습니다. 사리자여. 여래의 10력은 선하거나, 역시 산실도 없으며, 4무소외·4무애해·대자·대비·대희·대사·18불불공법도 선하거나, 역시 산실도 없습니다. 사리자여. 일체지는 선하거나, 역시 산실도 없으며, 도상지·일체상지도 선하거나, 역시 산실도 없습니다. 사리자여. 무망실법은 선하거나, 역시 산실도 없으며, 항주사성도 선하거나, 역시 산실도 없습니다. 사리자여. 일체의 다라니문은 선하거나, 역시 산실도 없으며, 일체의 삼마지문도 선하거나, 역시 산실도 없습니다.

사리자여. 극희지는 선하거나, 역시 산실도 없으며, 이구지·발광지·염혜지·극난승지·현전지·원행지·부동지·선혜지·법운지도 선하거나, 역시 산실도 없습니다. 사리자여. 이생지는 선하거나, 역시 산실도 없으며, 종성지·제팔지·구견지·박지·이욕지·이판지·독각지·보살지·여래지도 선하거나, 역시 산실도 없습니다. 사리자여. 성문승은 선하거나, 역시 산실도 없으며, 독각승·대승도 선하거나, 역시 산실도 없습니다.

사리자여. 오히려 이러한 인연을 까닭으로 '제법도 역시 그와 같아서 모두 자성이 없다.'라고 나는 이렇게 말을 지었습니다. 다시 다음으로 사리자여. 제법은 무죄(無罪)이거나, 역시 산실도 없습니다. 왜 그러한가? 만약 법이 무죄라면 매우 많은 자성인 까닭입니다."

그때 사리자가 선현에게 물어 말하였다.
"무슨 법은 무죄이거나, 역시 산실도 없습니까?"

선현이 대답하여 말하였다.
"사리자여. 색은 무죄이거나, 역시 산실도 없으며, 수·상·행·식도 무죄이거나, 역시 산실도 없습니다. 사리자여. 안처는 무죄이거나, 역시 산실도 없으며, 이·비·설·신·의처도 무죄이거나, 역시 산실도 없습니다. 사리자여. 색처는 무죄이거나, 역시 산실도 없으며, 성·향·미·촉·법처도 무죄이거나, 역시 산실도 없습니다. 사리자여. 안계는 무죄이거나, 역시 산실도 없으며, 색계·안식계, 나아가 안촉·안촉을 인연으로 생겨난 여러 수도 무죄이거나, 역시 산실도 없습니다.
사리자여. 이계는 무죄이거나, 역시 산실도 없으며, 성계·이식계, 나아가 이촉·이촉을 인연으로 생겨난 여러 수도 무죄이거나, 역시 산실도 없습니다. 사리자여. 비계는 무죄이거나, 역시 산실도 없으며, 향계·비식계, 나아가 비촉·비촉을 인연으로 생겨난 여러 수도 무죄이거나, 역시 산실도 없습니다. 사리자여. 설계는 무죄이거나, 역시 산실도 없으며, 미계·설식계, 나아가 설촉·설촉을 인연으로 생겨난 여러 수도 무죄이거나, 역시 산실도 없습니다. 사리자여. 신계는 무죄이거나, 역시 산실도 없으며, 촉계·신식계, 나아가 신촉·신촉을 인연으로 생겨난 여러 수도 무죄이거나, 역시 산실도 없습니다.
사리자여. 의계는 무죄이거나, 역시 산실도 없으며, 법계·의식계, 나아가 의촉·의촉을 인연으로 생겨난 여러 수도 무죄이거나, 역시 산실도 없습니다. 사리자여. 지계는 무죄이거나, 역시 산실도 없으며, 수·화·풍·공·식계도 무죄이거나, 역시 산실도 없습니다. 사리자여. 고성제는 무죄이거나, 역시 산실도 없으며, 집·멸·도성제도 무죄이거나, 역시 산실도 없습니다. 사리자여. 무명은 무죄이거나, 역시 산실도 없으며, 행·식·명색·육처·촉·수·애·취·유·생·노사의 수탄고우뇌도 무죄이거나, 역시 산실도 없습니다. 사리자여. 내공은 무죄이거나, 역시 산실도 없으며, 외공·내외공·공공·대공·승의공·유위공·무위공·필경공·무제공·산공·무변이공·본성공·자상공·공상공·일체법공·불가득공·무성공·자성공·무성자성공도 무죄이거나, 역시 산실도 없습니다.

사리자여, 보시바라밀다는 무죄이거나, 역시 산실도 없으며, 정계·안인·정진·정려·반야바라밀다도 무죄이거나, 역시 산실도 없습니다. 사리자여. 4정려는 무죄이거나, 역시 산실도 없으며, 4무량·4무색정도 무죄이거나, 역시 산실도 없습니다. 사리자여. 8해탈은 무죄이거나, 역시 산실도 없으며, 8승처·9차제정·10변처도 무죄이거나, 역시 산실도 없습니다. 사리자여. 4념주는 무죄이거나, 역시 산실도 없으며, 4정단·4신족·5근·5력·7등각지·8성도지도 무죄이거나, 역시 산실도 없습니다. 사리자여. 공해탈문은 무죄이거나, 역시 산실도 없으며, 무상·무원해탈문도 무죄이거나, 역시 산실도 없습니다.

사리자여. 5안은 무죄이거나, 역시 산실도 없으며, 6신통도 무죄이거나, 역시 산실도 없습니다. 사리자여. 여래의 10력은 무죄이거나, 역시 산실도 없으며, 4무소외·4무애해·대자·대비·대희·대사·18불불공법도 무죄이거나, 역시 산실도 없습니다. 사리자여. 일체지는 무죄이거나, 역시 산실도 없으며, 도상지·일체상지도 무죄이거나, 역시 산실도 없습니다. 사리자여. 무망실법은 무죄이거나, 역시 산실도 없으며, 항주사성도 무죄이거나, 역시 산실도 없습니다. 사리자여. 일체의 다라니문은 무죄이거나, 역시 산실도 없으며, 일체의 삼마지문도 무죄이거나, 역시 산실도 없습니다.

사리자여. 극희지는 무죄이거나, 역시 산실도 없으며, 이구지·발광지·염혜지·극난승지·현전지·원행지·부동지·선혜지·법운지도 무죄이거나, 역시 산실도 없습니다. 사리자여. 이생지는 무죄이거나, 역시 산실도 없으며, 종성지·제팔지·구견지·박지·이욕지·이판지·독각지·보살지·여래지도 무죄이거나, 역시 산실도 없습니다. 사리자여. 성문승은 무죄이거나, 역시 산실도 없으며, 독각승·대승도 무죄이거나, 역시 산실도 없습니다.

사리자여. 오히려 이러한 인연을 까닭으로 '제법도 역시 그와 같아서 모두 자성이 없다.'라고 나는 이렇게 말을 지었습니다. 다시 다음으로 사리자여. 제법은 무루(無漏)이거나, 역시 산실도 없습니다. 왜 그러한가? 만약 법이 무루라면 매우 많은 자성인 까닭입니다."

그때 사리자가 선현에게 물어 말하였다.
"무슨 법은 무루이거나, 역시 산실도 없습니까?"
선현이 대답하여 말하였다.
"사리자여. 색은 무루이거나, 역시 산실도 없으며, 수·상·행·식도 무루이거나, 역시 산실도 없습니다. 사리자여. 안처는 무루이거나, 역시 산실도 없으며, 이·비·설·신·의처도 무루이거나, 역시 산실도 없습니다. 사리자여. 색처는 무루이거나, 역시 산실도 없으며, 성·향·미·촉·법처도 무루이거나, 역시 산실도 없습니다. 사리자여. 안계는 무루이거나, 역시 산실도 없으며, 색계·안식계, 나아가 안촉·안촉을 인연으로 생겨난 여러 수도 무루이거나, 역시 산실도 없습니다.

사리자여. 이계는 무루이거나, 역시 산실도 없으며, 성계·이식계, 나아가 이촉·이촉을 인연으로 생겨난 여러 수도 무루이거나, 역시 산실도 없습니다. 사리자여. 비계는 무루이거나, 역시 산실도 없으며, 향계·비식계, 나아가 비촉·비촉을 인연으로 생겨난 여러 수도 무루이거나, 역시 산실도 없습니다. 사리자여. 설계는 무루이거나, 역시 산실도 없으며, 미계·설식계, 나아가 설촉·설촉을 인연으로 생겨난 여러 수도 무루이거나, 역시 산실도 없습니다. 사리자여. 신계는 무루이거나, 역시 산실도 없으며, 촉계·신식계, 나아가 신촉·신촉을 인연으로 생겨난 여러 수도 무루이거나, 역시 산실도 없습니다.

사리자여. 의계는 무루이거나, 역시 산실도 없으며, 법계·의식계, 나아가 의촉·의촉을 인연으로 생겨난 여러 수도 무루이거나, 역시 산실도 없습니다. 사리자여. 지계는 무루이거나, 역시 산실도 없으며, 수·화·풍·공·식계도 무루이거나, 역시 산실도 없습니다. 사리자여. 고성제는 무루이거나, 역시 산실도 없으며, 집·멸·도성제도 무루이거나, 역시 산실도 없습니다. 사리자여. 무명은 무루이거나, 역시 산실도 없으며, 행·식·명색·육처·촉·수·애·취·유·생·노사의 수탄고우뇌도 무루이거나, 역시 산실도 없습니다. 사리자여. 내공은 무루이거나, 역시 산실도 없으며, 외공·내외공·공공·대공·승의공·유위공·무위공·필경공·무제공·산공·무변이공·본성공·자상공·공상공·일체법공·불가득공·무성공·자성공·무성자성공도 무루이거나, 역시 산실도 없습니다.

사리자여. 보시바라밀다는 무루이거나, 역시 산실도 없으며, 정계·안인·정진·정려·반야바라밀다도 무루이거나, 역시 산실도 없습니다. 사리자여. 4정려는 무루이거나, 역시 산실도 없으며, 4무량·4무색정도 무루이거나, 역시 산실도 없습니다. 사리자여. 8해탈은 무루이거나, 역시 산실도 없으며, 8승처·9차제정·10변처도 무루이거나, 역시 산실도 없습니다. 사리자여. 4념주는 무루이거나, 역시 산실도 없으며, 4정단·4신족·5근·5력·7등각지·8성도지도 무루이거나, 역시 산실도 없습니다. 사리자여. 공해탈문은 무루이거나, 역시 산실도 없으며, 무상·무원해탈문도 무루이거나, 역시 산실도 없습니다.

사리자여. 5안은 무루이거나, 역시 산실도 없으며, 6신통도 무루이거나, 역시 산실도 없습니다. 사리자여. 여래의 10력은 무루이거나, 역시 산실도 없으며, 4무소외·4무애해·대자·대비·대희·대사·18불불공법도 무루이거나, 역시 산실도 없습니다. 사리자여. 일체지는 무루이거나, 역시 산실도 없으며, 도상지·일체상지도 무루이거나, 역시 산실도 없습니다. 사리자여. 무망실법은 무루이거나, 역시 산실도 없으며, 항주사성도 무루이거나, 역시 산실도 없습니다. 사리자여. 일체의 다라니문은 무루이거나, 역시 산실도 없으며, 일체의 삼마지문도 무루이거나, 역시 산실도 없습니다.

사리자여. 극희지는 무루이거나, 역시 산실도 없으며, 이구지·발광지·염혜지·극난승지·현전지·원행지·부동지·선혜지·법운지도 무루이거나, 역시 산실도 없습니다. 사리자여. 이생지는 무루이거나, 역시 산실도 없으며, 종성지·제팔지·구견지·박지·이욕지·이판지·독각지·보살지·여래지도 무루이거나, 역시 산실도 없습니다. 사리자여. 성문승은 무루이거나, 역시 산실도 없으며, 독각승·대승도 무루이거나, 역시 산실도 없습니다.

사리자여. 오히려 이러한 인연을 까닭으로 '제법도 역시 그와 같아서 모두 자성이 없다.'라고 나는 이렇게 말을 지었습니다. 다시 다음으로 사리자여. 제법은 염오가 없거나(無染), 역시 산실도 없습니다. 왜 그러한가? 만약 법이 염오가 없다면 매우 많은 자성인 까닭입니다."

그때 사리자가 선현에게 물어 말하였다.
"무슨 법은 염오가 없거나, 역시 산실도 없습니까?"
선현이 대답하여 말하였다.
"사리자여. 색은 염오가 없거나, 역시 산실도 없으며, 수·상·행·식도 염오가 없거나, 역시 산실도 없습니다. 사리자여. 안처는 염오가 없거나, 역시 산실도 없으며, 이·비·설·신·의처도 염오가 없거나, 역시 산실도 없습니다. 사리자여. 색처는 염오가 없거나, 역시 산실도 없으며, 성·향·미·촉·법처도 염오가 없거나, 역시 산실도 없습니다. 사리자여. 안계는 염오가 없거나, 역시 산실도 없으며, 색계·안식계, 나아가 안촉·안촉을 인연으로 생겨난 여러 수도 염오가 없거나, 역시 산실도 없습니다.

사리자여. 이계는 염오가 없거나, 역시 산실도 없으며, 성계·이식계, 나아가 이촉·이촉을 인연으로 생겨난 여러 수도 염오가 없거나, 역시 산실도 없습니다. 사리자여. 비계는 염오가 없거나, 역시 산실도 없으며, 향계·비식계, 나아가 비촉·비촉을 인연으로 생겨난 여러 수도 염오가 없거나, 역시 산실도 없습니다. 사리자여. 설계는 염오가 없거나, 역시 산실도 없으며, 미계·설식계, 나아가 설촉·설촉을 인연으로 생겨난 여러 수도 염오가 없거나, 역시 산실도 없습니다. 사리자여. 신계는 염오가 없거나, 역시 산실도 없으며, 촉계·신식계, 나아가 신촉·신촉을 인연으로 생겨난 여러 수도 염오가 없거나, 역시 산실도 없습니다.

사리자여. 의계는 염오가 없거나, 역시 산실도 없으며, 법계·의식계, 나아가 의촉·의촉을 인연으로 생겨난 여러 수도 염오가 없거나, 역시 산실도 없습니다. 사리자여. 지계는 염오가 없거나, 역시 산실도 없으며, 수·화·풍·공·식계도 염오가 없거나, 역시 산실도 없습니다. 사리자여. 고성제는 염오가 없거나, 역시 산실도 없으며, 집·멸·도성제도 염오가 없거나, 역시 산실도 없습니다. 사리자여. 무명은 염오가 없거나, 역시 산실도 없으며, 행·식·명색·육처·촉·수·애·취·유·생·노사의 수탄고우뇌도 염오가 없거나, 역시 산실도 없습니다. 사리자여. 내공은 염오가 없거나, 역시 산실도 없으며, 외공·내외공·공공·대공·승의공·유위공·무위공·필경공·무제공·산공·무변이공·본성공·자상공·공상공·일체법공·불가득공·무성공·자성공·무성자성공도 염오가 없거나, 역시 산실도 없습니다."

마하반야바라밀다경 제69권

18. 무소득품(無所得品)(9)

 "사리자여. 보시바라밀다는 염오가 없거나, 역시 산실도 없으며, 정계·안인·정진·정려·반야바라밀다도 염오가 없거나, 역시 산실도 없습니다. 사리자여. 4정려는 염오가 없거나, 역시 산실도 없으며, 4무량·4무색정도 염오가 없거나, 역시 산실도 없습니다. 사리자여. 8해탈은 염오가 없거나, 역시 산실도 없으며, 8승처·9차제정·10변처도 염오가 없거나, 역시 산실도 없습니다. 사리자여. 4념주는 염오가 없거나, 역시 산실도 없으며, 4정단·4신족·5근·5력·7등각지·8성도지도 염오가 없거나, 역시 산실도 없습니다. 사리자여. 공해탈문은 염오가 없거나, 역시 산실도 없으며, 무상·무원해탈문도 염오가 없거나, 역시 산실도 없습니다.
 사리자여. 5안은 염오가 없거나, 역시 산실도 없으며, 6신통도 염오가 없거나, 역시 산실도 없습니다. 사리자여. 여래의 10력은 염오가 없거나, 역시 산실도 없으며, 4무소외·4무애해·대자·대비·대희·대사·18불불공법도 염오가 없거나, 역시 산실도 없습니다. 사리자여. 일체지는 염오가 없거나, 역시 산실도 없으며, 도상지·일체상지도 염오가 없거나, 역시 산실도 없습니다. 사리자여. 무망실법은 염오가 없거나, 역시 산실도 없으며, 항주사성도 염오가 없거나, 역시 산실도 없습니다. 사리자여. 일체의 다라니문은 염오가 없거나, 역시 산실도 없으며, 일체의 삼마지문도 염오가 없거나, 역시 산실도 없습니다.
 사리자여. 극희지는 염오가 없거나, 역시 산실도 없으며, 이구지·발광지·염혜지·극난승지·현전지·원행지·부동지·선혜지·법운지도 염오가 없거나, 역시 산실도 없습니다. 사리자여. 이생지는 염오가 없거나, 역시 산실도 없으며, 종성지·제팔지·구견지·박지·이욕지·이판지·독각지·보살지·여래지도 염오가 없거나, 역시 산실도 없습니다. 사리자여. 성문승은 염오가 없거나, 역시 산실도 없으며, 독각승·대승도 염오가 없거나, 역시 산실도 없습니다.

사리자여. 오히려 이러한 인연을 까닭으로 '제법도 역시 그와 같아서 모두 자성이 없다.'라고 나는 이렇게 말을 지었습니다. 다시 다음으로 사리자여. 제법은 청정(淸淨)하거나, 역시 산실도 없습니다. 왜 그러한가? 만약 법이 청정이라면 매우 많은 자성인 까닭입니다."

그때 사리자가 선현에게 물어 말하였다.
"무슨 법은 청정하거나, 역시 산실도 없습니까?"
선현이 대답하여 말하였다.
"사리자여. 색은 청정하거나, 역시 산실도 없으며, 수·상·행·식도 청정하거나, 역시 산실도 없습니다. 사리자여. 안처는 청정하거나, 역시 산실도 없으며, 이·비·설·신·의처도 청정하거나, 역시 산실도 없습니다. 사리자여. 색처는 청정하거나, 역시 산실도 없으며, 성·향·미·촉·법처도 청정하거나, 역시 산실도 없습니다. 사리자여. 안계는 청정하거나, 역시 산실도 없으며, 색계·안식계, 나아가 안촉·안촉을 인연으로 생겨난 여러 수도 청정하거나, 역시 산실도 없습니다.

사리자여. 이계는 청정하거나, 역시 산실도 없으며, 성계·이식계, 나아가 이촉·이촉을 인연으로 생겨난 여러 수도 청정하거나, 역시 산실도 없습니다. 사리자여. 비계는 청정하거나, 역시 산실도 없으며, 향계·비식계, 나아가 비촉·비촉을 인연으로 생겨난 여러 수도 청정하거나, 역시 산실도 없습니다. 사리자여. 설계는 청정하거나, 역시 산실도 없으며, 미계·설식계, 나아가 설촉·설촉을 인연으로 생겨난 여러 수도 청정하거나, 역시 산실도 없습니다. 사리자여. 신계는 청정하거나, 역시 산실도 없으며, 촉계·신식계, 나아가 신촉·신촉을 인연으로 생겨난 여러 수도 청정하거나, 역시 산실도 없습니다.

사리자여. 의계는 청정하거나, 역시 산실도 없으며, 법계·의식계, 나아가 의촉·의촉을 인연으로 생겨난 여러 수도 청정하거나, 역시 산실도 없습니다. 사리자여. 지계는 청정하거나, 역시 산실도 없으며, 수·화·풍·공·식계도 청정하거나, 역시 산실도 없습니다. 사리자여. 고성제는 청정하거나, 역시 산실도 없으며, 집·멸·도성제도 청정하거나, 역시 산실도 없습니다. 사리자여. 무명은 청정하거나, 역시 산실도 없으며, 행·식·명색·육처·촉·수·애·취·유·생·노사의 수탄고우뇌도 청정하거나, 역시 산실도 없습니다. 사리자여. 내공은 청정하거나, 역시 산실도 없으며, 외공·내외공·공공·대공·승의공·유위공·무위공·필경공·무제공·산공·무변이공·본성공·자상공·공상공·일체법공·불가득공·무성공·자성공·무성자성공도 청정하거나, 역시 산실도 없습니다.

사리자여. 보시바라밀다는 청정하거나, 역시 산실도 없으며, 정계·안인·정진·정려·반야바라밀다도 청정하거나, 역시 산실도 없습니다. 사리자여. 4정려는 청정하거나, 역시 산실도 없으며, 4무량·4무색정도 청정하거나, 역시 산실도 없습니다. 사리자여. 8해탈은 청정하거나, 역시 산실도 없으며, 8승처·9차제정·10변처도 청정하거나, 역시 산실도 없습니다. 사리자여. 4념주는 청정하거나, 역시 산실도 없으며, 4정단·4신족·5근·5력·7등각지·8성도지도 청정하거나, 역시 산실도 없습니다. 사리자여. 공해탈문은 청정하거나, 역시 산실도 없으며, 무상·무원해탈문도 청정하거나, 역시 산실도 없습니다.

사리자여. 5안은 청정하거나, 역시 산실도 없으며, 6신통도 청정하거나, 역시 산실도 없습니다. 사리자여. 여래의 10력은 청정하거나, 역시 산실도 없으며, 4무소외·4무애해·대자·대비·대희·대사·18불불공법도 청정하거나, 역시 산실도 없습니다. 사리자여. 일체지는 청정하거나, 역시 산실도 없으며, 도상지·일체상지도 청정하거나, 역시 산실도 없습니다. 사리자여. 무망실법은 청정하거나, 역시 산실도 없으며, 항주사성도 청정하거나,

역시 산실도 없습니다. 사리자여. 일체의 다라니문은 청정하거나, 역시 산실도 없으며, 일체의 삼마지문도 청정하거나, 역시 산실도 없습니다.
사리자여. 극희지는 청정하거나, 역시 산실도 없으며, 이구지·발광지·염혜지·극난승지·현전지·원행지·부동지·선혜지·법운지도 청정하거나, 역시 산실도 없습니다. 사리자여. 이생지는 청정하거나, 역시 산실도 없으며, 종성지·제팔지·구견지·박지·이욕지·이판지·독각지·보살지·여래지도 청정하거나, 역시 산실도 없습니다. 사리자여. 성문승은 청정하거나, 역시 산실도 없으며, 독각승·대승도 청정하거나, 역시 산실도 없습니다.
사리자여. 오히려 이러한 인연을 까닭으로 '제법도 역시 그와 같아서 모두 자성이 없다.'라고 나는 이렇게 말을 지었습니다. 다시 다음으로 사리자여. 제법은 출세간(出世間)이거나, 역시 산실도 없습니다. 왜 그러한가? 만약 법이 출세간이라면 매우 많은 자성인 까닭입니다."

그때 사리자가 선현에게 물어 말하였다.
"무슨 법은 출세간이거나, 역시 산실도 없습니까?"
선현이 대답하여 말하였다.
"사리자여. 색은 출세간이거나, 역시 산실도 없으며, 수·상·행·식도 출세간이거나, 역시 산실도 없습니다. 사리자여. 안처는 출세간이거나, 역시 산실도 없으며, 이·비·설·신·의처도 출세간이거나, 역시 산실도 없습니다. 사리자여. 색처는 출세간이거나, 역시 산실도 없으며, 성·향·미·촉·법처도 출세간이거나, 역시 산실도 없습니다. 사리자여. 안계는 출세간이거나, 역시 산실도 없으며, 색계·안식계, 나아가 안촉·안촉을 인연으로 생겨난 여러 수도 출세간이거나, 역시 산실도 없습니다.
사리자여. 이계는 출세간이거나, 역시 산실도 없으며, 성계·이식계, 나아가 이촉·이촉을 인연으로 생겨난 여러 수도 출세간이거나, 역시 산실도 없습니다. 사리자여. 비계는 출세간이거나, 역시 산실도 없으며, 향계·비식계, 나아가 비촉·비촉을 인연으로 생겨난 여러 수도 출세간이거나, 역시 산실도 없습니다. 사리자여. 설계는 출세간이거나, 역시 산실도 없으며, 미계·설식계, 나아가 설촉·설촉을 인연으로 생겨난 여러 수도 출세간이거나, 역시 산실도 없습니다. 사리자여. 신계는 출세간이거나, 역시 산실도 없으며, 촉계·신식계, 나아가 신촉·신촉을 인연으로 생겨난 여러 수도 출세간이거나, 역시 산실도 없습니다.

사리자여. 의계는 출세간이거나, 역시 산실도 없으며, 법계·의식계, 나아가 의촉·의촉을 인연으로 생겨난 여러 수도 출세간이거나, 역시 산실도 없습니다. 사리자여. 지계는 출세간이거나, 역시 산실도 없으며, 수·화·풍·공·식계도 출세간이거나, 역시 산실도 없습니다. 사리자여. 고성제는 출세간이거나, 역시 산실도 없으며, 집·멸·도성제도 출세간이거나, 역시 산실도 없습니다. 사리자여. 무명은 출세간이거나, 역시 산실도 없으며, 행·식·명색·육처·촉·수·애·취·유·생·노사의 수탄고우뇌도 출세간이거나, 역시 산실도 없습니다. 사리자여. 내공은 출세간이거나, 역시 산실도 없으며, 외공·내외공·공공·대공·승의공·유위공·무위공·필경공·무제공·산공·무변이공·본성공·자상공·공상공·일체법공·불가득공·무성공·자성공·무성자성공도 출세간이거나, 역시 산실도 없습니다.

사리자여. 보시바라밀다는 출세간이거나, 역시 산실도 없으며, 정계·안인·정진·정려·반야바라밀다도 출세간이거나, 역시 산실도 없습니다. 사리자여. 4정려는 출세간이거나, 역시 산실도 없으며, 4무량·4무색정도 출세간이거나, 역시 산실도 없습니다. 사리자여. 8해탈은 출세간이거나, 역시 산실도 없으며, 8승저·9차제정·10변처도 출세간이거나, 역시 산실도 없습니다. 사리자여. 4념주는 출세간이거나, 역시 산실도 없으며, 4정단·4신족·5근·5력·7등각지·8성도지도 출세간이거나, 역시 산실도 없습니다. 사리자여. 공해탈문은 출세간이거나, 역시 산실도 없으며, 무상·무원해탈문도 출세간이거나, 역시 산실도 없습니다.

사리자여. 5안은 출세간이거나, 역시 산실도 없으며, 6신통도 출세간이거나, 역시 산실도 없습니다. 사리자여. 여래의 10력은 출세간이거나, 역시 산실도 없으며, 4무소외·4무애해·대자·대비·대희·대사·18불불공법도 출세간이거나, 역시 산실도 없습니다. 사리자여. 일체지는 출세간이거나, 역시 산실도 없으며, 도상지·일체상지도 출세간이거나, 역시 산실도 없습니다. 사리자여. 무망실법은 출세간이거나, 역시 산실도 없으며, 항주사성도 출세간이거나, 역시 산실도 없습니다. 사리자여. 일체의 다라니문은 출세간이거나, 역시 산실도 없으며, 일체의 삼마지문도 출세간이거나, 역시 산실도 없습니다.

사리자여. 극희지는 출세간이거나, 역시 산실도 없으며, 이구지·발광지·염혜지·극난승지·현전지·원행지·부동지·선혜지·법운지도 출세간이거나, 역시 산실도 없습니다. 사리자여. 이생지는 출세간이거나, 역시 산실도 없으며, 종성지·제팔지·구견지·박지·이욕지·이판지·독각지·보살지·여래지도 출세간이거나, 역시 산실도 없습니다. 사리자여. 성문승은 출세간이거나, 역시 산실도 없으며, 독각승·대승도 출세간이거나, 역시 산실도 없습니다.

사리자여. 오히려 이러한 인연을 까닭으로 '제법도 역시 그와 같아서 모두 자성이 없다.'라고 나는 이렇게 말을 지었습니다. 다시 다음으로 사리자여. 일체법은 항상하지 않거나, 무너지지도 않습니다."

이때 사리자가 선현에게 물어 말하였다.
"무슨 법은 무위이거나, 역시 산실도 없습니까?"
선현이 대답하여 말하였다.
"사리자여. 색은 무위이거나, 역시 산실도 없으며, 수·상·행·식도 출세간이거나, 역시 산실도 없습니다. 사리자여. 안처는 무위이거나, 역시 산실도 없으며, 이·비·설·신·의처도 무위이거나, 역시 산실도 없습니다. 사리자여. 색처는 무위이거나, 역시 산실도 없으며, 성·향·미·촉·법처도 출세간이거나, 역시 산실도 없습니다. 사리자여. 안계는 무위이거나, 역시 산실도 없으며, 색계·안식계, 나아가 안촉·안촉을 인연으로 생겨난 여러 수도 무위이거나, 역시 산실도 없습니다.

사리자여. 이계는 무위이거나, 역시 산실도 없으며, 성계·이식계, 나아가 이촉·이촉을 인연으로 생겨난 여러 수도 무위이거나, 역시 산실도 없습니다. 사리자여. 비계는 무위이거나, 역시 산실도 없으며, 향계·비식계, 나아가 비촉·비촉을 인연으로 생겨난 여러 수도 무위이거나, 역시 산실도 없습니다. 사리자여. 설계는 무위이거나, 역시 산실도 없으며, 미계·설식계, 나아가 설촉·설촉을 인연으로 생겨난 여러 수도 무위이거나, 역시 산실도 없습니다. 사리자여. 신계는 무위이거나, 역시 산실도 없으며, 촉계·신식계, 나아가 신촉·신촉을 인연으로 생겨난 여러 수도 무위이거나, 역시 산실도 없습니다.

사리자여. 의계는 무위이거나, 역시 산실도 없으며, 법계·의식계, 나아가 의촉·의촉을 인연으로 생겨난 여러 수도 무위이거나, 역시 산실도 없습니다. 사리자여. 지계는 무위이거나, 역시 산실도 없으며, 수·화·풍·공·식계도 무위이거나, 역시 산실도 없습니다. 사리자여. 고성제는 무위이거나, 역시 산실도 없으며, 집·멸·도성제도 무위이거나, 역시 산실도 없습니다. 사리자여. 무명은 무위이거나, 역시 산실도 없으며, 행·식·명색·육처·촉·수·애·취·유·생·노사의 수탄고우뇌도 무위이거나, 역시 산실도 없습니다. 사리자여. 내공은 무위이거나, 역시 산실도 없으며, 외공·내외공·공공·대공·승의공·유위공·무위공·필경공·무제공·산공·무변이공·본성공·자상공·공상공·일체법공·불가득공·무성공·자성공·무성자성공도 무위이거나, 역시 산실도 없습니다.

사리자여. 보시바라밀다는 무위이거나, 역시 산실도 없으며, 정계·안인·성진·정려·반야바라밀다도 무위이거나, 역시 산실도 없습니다. 사리자여. 4정려는 무위이거나, 역시 산실도 없으며, 4무량·4무색정도 무위이거나, 역시 산실도 없습니다. 사리자여. 8해탈은 무위이거나, 역시 산실도 없으며, 8승처·9차제정·10변처도 무위이거나, 역시 산실도 없습니다. 사리자여. 4념주는 무위이거나, 역시 산실도 없으며, 4정단·4신족·5근·5력·7등각지·8성도지도 무위이거나, 역시 산실도 없습니다. 사리자여. 공해탈문은 무위이거나, 역시 산실도 없으며, 무상·무원해탈문도 무위이거나, 역시 산실도 없습니다.

사리자여. 5안은 무위이거나, 역시 산실도 없으며, 6신통도 무위이거나,

역시 산실도 없습니다. 사리자여. 여래의 10력은 무위이거나, 역시 산실도 없으며, 4무소외·4무애해·대자·대비·대희·대사·18불불공법도 무위이거나, 역시 산실도 없습니다. 사리자여. 일체지는 무위이거나, 역시 산실도 없으며, 도상지·일체상지도 무위이거나, 역시 산실도 없습니다. 사리자여. 무망실법은 무위이거나, 역시 산실도 없으며, 항주사성도 무위이거나, 역시 산실도 없습니다. 사리자여. 일체의 다라니문은 무위이거나, 역시 산실도 없으며, 일체의 삼마지문도 무위이거나, 역시 산실도 없습니다.
 사리자여. 극희지는 무위이거나, 역시 산실도 없으며, 이구지·발광지·염혜지·극난승지·현전지·원행지·부동지·선혜지·법운지도 무위이거나, 역시 산실도 없습니다. 사리자여. 이생지는 무위이거나, 역시 산실도 없으며, 종성지·제팔지·구견지·박지·이욕지·이판지·독각지·보살지·여래지도 무위이거나, 역시 산실도 없습니다. 사리자여. 성문승은 무위이거나, 역시 산실도 없으며, 독각승·대승도 출세간이거나, 역시 산실도 없습니다.
 사리자여. 오히려 이러한 인연을 까닭으로 '제법도 역시 그와 같아서 모두 자성이 없다.'라고 나는 이렇게 말을 지었습니다. 다시 다음으로 사리자여. 제법은 무위(無爲)이거나, 역시 산실도 없습니다. 왜 그러한가? 만약 법이 무위라면 매우 많은 자성인 까닭입니다."

 이때 사리자가 선현에게 물어 말하였다.
 "어찌 항상하지 않거나, 무너지지 않는다고 말합니까?"
 선현이 대답하여 말하였다.
 "사리자여. 색은 항상하지 않거나, 무너지지 않습니다. 왜 그러한가? 본성(本性)이 그와 같은 까닭이고, 수·상·행·식도 항상하지 않거나, 무너지지 않습니다. 왜 그러한가? 본성이 그와 같은 까닭입니다. 사리자여. 안처는 항상하지 않거나, 무너지지 않습니다. 왜 그러한가? 본성이 그와 같은 까닭이고, 이·비·설·신·의처도 항상하지 않거나, 무너지지 않습니다. 왜 그러한가? 본성이 그와 같은 까닭입니다. 사리자여. 색처는 항상하지 않거나, 무너지지 않습니다. 왜 그러한가? 본성이 그와 같은 까닭이고, 성·향·미·촉·법처도 항상하지 않거나, 무너지지 않습니다. 왜 그러한가? 본성이 그와 같은 까닭입니다.

 사리자여. 안계는 항상하지 않거나, 무너지지 않습니다. 왜 그러한가? 본성이 그와 같은 까닭이고, 색계·안식계, 나아가 안촉·안촉을 인연으로 생겨난 여러 수도 항상하지 않거나, 무너지지 않습니다. 왜 그러한가? 본성이 그와 같은 까닭입니다. 사리자여. 이계는 항상하지 않거나, 무너지지 않습니다. 왜 그러한가? 본성이 그와 같은 까닭이고, 성계·이식계, 나아가 이촉·이촉을 인연으로 생겨난 여러 수도 항상하지 않거나, 무너지지 않습니다. 왜 그러한가? 본성이 그와 같은 까닭입니다. 사리자여. 비계는 항상하지 않거나, 무너지지 않습니다. 왜 그러한가? 본성이 그와 같은 까닭이고, 향계·비식계, 나아가 비촉·비촉을 인연으로 생겨난 여러 수도 항상하지 않거나, 무너지지 않습니다. 왜 그러한가? 본성이 그와 같은 까닭입니다.

 사리자여. 설계는 항상하지 않거나, 무너지지 않습니다. 왜 그러한가? 본성이 그와 같은 까닭이고, 미계·설식계, 나아가 설촉·설촉을 인연으로 생겨난 여러 수도 항상하지 않거나, 무너지지 않습니다. 왜 그러한가? 본성이 그와 같은 까닭입니다. 사리자여. 신계는 항상하지 않거나, 무너지지 않습니다. 왜 그러한가? 본성이 그와 같은 까닭이고, 촉계·신식계, 나아가 신촉·신촉을 인연으로 생겨난 여러 수도 항상하지 않거나, 무너지지 않습니다. 왜 그러한가? 본성이 그와 같은 까닭입니다. 사리자여. 의계는 항상하지 않거나, 무너지지 않습니다. 왜 그러한가? 본성이 그와 같은 까닭이고, 법계·의식계, 나아가 의촉·의촉을 인연으로 생겨난 여러 수도 항상하지 않거나, 무너지지 않습니다. 왜 그러한가? 본성이 그와 같은 까닭입니다.

 사리자여. 지계는 항상하지 않거나, 무너지지 않습니다. 왜 그러한가? 본성이 그와 같은 까닭이고, 수·화·풍·공·식계도 항상하지 않거나, 무너지지 않습니다. 왜 그러한가? 본성이 그와 같은 까닭입니다. 사리자여.

고성제는 항상하지 않거나, 무너지지 않습니다. 왜 그러한가? 본성이 그와 같은 까닭이고, 집·멸·도성제도 항상하지 않거나, 무너지지 않습니다. 왜 그러한가? 본성이 그와 같은 까닭입니다. 사리자여. 무명은 항상하지 않거나, 무너지지 않습니다. 왜 그러한가? 본성이 그와 같은 까닭이고, 행·식·명색·육처·촉·수·애·취·유·생·노사의 수탄고우뇌도 항상하지 않거나, 무너지지 않습니다. 왜 그러한가? 본성이 그와 같은 까닭입니다.

사리자여. 내공은 항상하지 않거나, 무너지지 않습니다. 왜 그러한가? 본성이 그와 같은 까닭이고, 외공·내외공·공공·대공·승의공·유위공·무위공·필경공·무제공·산공·무변이공·본성공·자상공·공상공·일체법공·불가득공·무성공·자성공·무성자성공도 항상하지 않거나, 무너지지 않습니다. 왜 그러한가? 본성이 그와 같은 까닭입니다. 사리자여. 보시바라밀다는 항상하지 않거나, 무너지지 않습니다. 왜 그러한가? 본성이 그와 같은 까닭이고, 정계·안인·정진·정려·반야바라밀다도 항상하지 않거나, 무너지지 않습니다. 왜 그러한가? 본성이 그와 같은 까닭입니다.

사리자여. 4정려는 항상하지 않거나, 무너지지 않습니다. 왜 그러한가? 본성이 그와 같은 까닭이고, 4무량·4무색정도 항상하지 않거나, 무너지지 않습니다. 왜 그러한가? 본성이 그와 같은 까닭입니다. 사리자여. 8해탈은 항상하지 않거나, 무너지지 않습니다. 왜 그러한가? 본성이 그와 같은 까닭이고, 8승처·9차제정·10변처도 항상하지 않거나, 무너지지 않습니다. 왜 그러한가? 본성이 그와 같은 까닭입니다. 사리자여. 4념주는 무위이거나, 역시 산실도 없으며, 4정단·4신족·5근·5력·7등각지·8성도지도 항상하지 않거나, 무너지지 않습니다. 왜 그러한가? 본성이 그와 같은 까닭입니다.

사리자여. 공해탈문은 항상하지 않거나, 무너지지 않습니다. 왜 그러한가? 본성이 그와 같은 까닭이고, 무상·무원해탈문도 항상하지 않거나, 무너지지 않습니다. 왜 그러한가? 본성이 그와 같은 까닭입니다. 사리자여. 5안은 항상하지 않거나, 무너지지 않습니다. 왜 그러한가? 본성이 그와 같은 까닭이고, 6신통도 항상하지 않거나, 무너지지 않습니다. 왜 그러한가? 본성이 그와 같은 까닭입니다. 사리자여. 여래의 10력은 항상하지 않거나, 무너지지 않습니다. 왜 그러한가? 본성이 그와 같은 까닭이고, 4무소외·4무애해·대자·대비·대희·대사·18불불공법도 항상하지 않거나, 무너지지 않습니다. 왜 그러한가? 본성이 그와 같은 까닭입니다. 사리자여. 항상하지 않거나, 무너지지 않습니다. 왜 그러한가? 본성이 그와 같은 까닭이고, 도상지·일체상지도 항상하지 않거나, 무너지지 않습니다. 왜 그러한가? 본성이 그와 같은 까닭입니다.

사리자여. 무망실법은 항상하지 않거나, 무너지지 않습니다. 왜 그러한가? 본성이 그와 같은 까닭이고, 항주사성도 항상하지 않거나, 무너지지 않습니다. 왜 그러한가? 본성이 그와 같은 까닭입니다. 사리자여. 일체의 다라니문은 항상하지 않거나, 무너지지 않습니다. 왜 그러한가? 본성이 그와 같은 까닭이고, 일체의 삼마지문도 항상하지 않거나, 무너지지 않습니다. 왜 그러한가? 본성이 그와 같은 까닭입니다. 사리자여. 극희지는 항상하지 않거나, 무너지지 않습니다. 왜 그러한가? 본성이 그와 같은 까닭이고, 이구지·발광지·염혜지·극난승지·현전지·원행지·부동지·선혜지·법운지도 항상하지 않거나, 무너지지 않습니다. 왜 그러한가? 본성이 그와 같은 까닭입니다.

사리자여. 이생지는 항상하지 않거나, 무너지지 않습니다. 왜 그러한가? 본성이 그와 같은 까닭이고, 종성지·제팔지·구견지·박지·이욕지·이판지·독각지·보살지·여래지도 항상하지 않거나, 무너지지 않습니다. 왜 그러한가? 본성이 그와 같은 까닭입니다. 사리자여. 성문승은 항상하지 않거나, 무너지지 않습니다. 왜 그러한가? 본성이 그와 같은 까닭이고, 독각승·대승도 항상하지 않거나, 무너지지 않습니다. 왜 그러한가? 본성이 그와 같은 까닭입니다.

사리자여. 요약하여서 그것을 말한다면 일체의 선법(善法)이 항상하지 않거나, 무너지지 않습니다. 왜 그러한가? 본성이 그와 같은 까닭입니다. 일체의 선법이 아닌 것(非善法)도 항상하지 않거나, 무너지지 않습니다. 왜 그러한가? 본성이 그와 같은 까닭입니다. 일체의 유기법(有記法)이 항상하지 않거나, 무너지지 않습니다. 왜 그러한가? 본성이 그와 같은 까닭입니다. 일체의 무기법(無記法)도 항상하지 않거나, 무너지지 않습니다. 왜 그러한가? 본성이 그와 같은 까닭입니다.

일체의 유루법(有漏法)이 항상하지 않거나, 무너지지 않습니다. 왜 그러한가? 본성이 그와 같은 까닭입니다. 일체의 무루법(無漏法)도 항상하지 않거나, 무너지지 않습니다. 왜 그러한가? 본성이 그와 같은 까닭입니다. 일체의 유위법(有爲法)이 항상하지 않거나, 무너지지 않습니다. 왜 그러한가? 본성이 그와 같은 까닭입니다. 일체의 무위법(無爲法)도 항상하지 않거나, 무너지지 않습니다. 왜 그러한가? 본성이 그와 같은 까닭입니다.

사리자여. 이러한 인연을 까닭으로 '제법도 역시 그와 같아서 모두 자성이 없다.'라고 나는 이렇게 말을 지었습니다."

그때 구수 선현이 다시 사리자에게 대답하여 말하였다.
"존자께서 '무슨 인연을 까닭으로 색 등의 제법은 반드시 결국에는 생겨나지 않는 것이다.'라고 말하였던 것과 같이, 사리자여. 색의 본성은 결국에는 생겨나지 않습니다. 왜 그러한가? 짓는 것이 아닌 까닭입니다. 수·상·행·식의 본성은 결국에는 생겨나지 않습니다. 왜 그러한가? 짓는 것이 아닌 까닭입니다. 그 까닭은 무엇인가? 색, 나아가 식으로써 짓는 것은 얻을 수 없는 까닭입니다. 사리자여. 안처의 본성은 결국에는 생겨나지 않습니다. 왜 그러한가? 짓는 것이 아닌 까닭입니다. 이·비·설·신·의처의 본성은 결국에는 생겨나지 않습니다. 왜 그러한가? 짓는 것이 아닌 까닭입니다. 그 까닭은 무엇인가? 안처, 나아가 의처로써 짓는 것은 얻을 수 없는 까닭입니다.

사리자여. 색처의 본성은 결국에는 생겨나지 않습니다. 왜 그러한가? 짓는 것이 아닌 까닭입니다. 성·향·미·촉·법처의 본성은 결국에는 생겨나지 않습니다. 왜 그러한가? 짓는 것이 아닌 까닭입니다. 그 까닭은 무엇인가? 색처, 나아가 법처로써 짓는 것은 얻을 수 없는 까닭입니다. 사리자여.

안계의 본성은 결국에는 생겨나지 않습니다. 왜 그러한가? 짓는 것이 아닌 까닭입니다. 색계·안식계, 나아가 안촉·안촉을 인연으로 생겨난 여러 수의 본성은 결국에는 생겨나지 않습니다. 왜 그러한가? 짓는 것이 아닌 까닭입니다. 그 까닭은 무엇인가? 안계, 나아가 안촉을 인연으로 생겨난 여러 수로써 짓는 것은 얻을 수 없는 까닭입니다.

사리자여, 이계의 본성은 결국에는 생겨나지 않습니다. 왜 그러한가? 짓는 것이 아닌 까닭입니다. 성계·이식계, 나아가 이촉·이촉을 인연으로 생겨난 여러 수의 본성은 결국에는 생겨나지 않습니다. 왜 그러한가? 짓는 것이 아닌 까닭입니다. 그 까닭은 무엇인가? 이계, 나아가 이촉을 인연으로 생겨난 여러 수로써 짓는 것은 얻을 수 없는 까닭입니다. 사리자여, 비계의 본성은 결국에는 생겨나지 않습니다. 왜 그러한가? 짓는 것이 아닌 까닭입니다. 향계·비식계, 나아가 비촉·비촉을 인연으로 생겨난 여러 수의 본성은 결국에는 생겨나지 않습니다. 왜 그러한가? 짓는 것이 아닌 까닭입니다. 그 까닭은 무엇인가? 비계, 나아가 비촉을 인연으로 생겨난 여러 수로써 짓는 것은 얻을 수 없는 까닭입니다.

사리자여, 설계의 본성은 결국에는 생겨나지 않습니다. 왜 그러한가? 짓는 것이 아닌 까닭입니다. 미계·설식계, 나아가 설촉·설촉을 인연으로 생겨난 여러 수의 본성은 결국에는 생겨나지 않습니다. 왜 그러한가? 짓는 것이 아닌 까닭입니다. 그 까닭은 무엇인가? 설계, 나아가 설촉을 인연으로 생겨난 여러 수로써 짓는 것은 얻을 수 없는 까닭입니다. 사리자여, 신계의 본성은 결국에는 생겨나지 않습니다. 왜 그러한가? 짓는 것이 아닌 까닭입니다. 촉계·신식계, 나아가 신촉·신촉을 인연으로 생겨난 여러 수의 본성은 결국에는 생겨나지 않습니다. 왜 그러한가? 짓는 것이 아닌 까닭입니다. 그 까닭은 무엇인가? 설계, 나아가 설촉을 인연으로 생겨난 여러 수로써 짓는 것은 얻을 수 없는 까닭입니다. 사리자여, 의계의 본성은 결국에는 생겨나지 않습니다. 왜 그러한가? 짓는 것이 아닌 까닭입니다. 법계·의식계, 나아가 의촉·의촉을 인연으로 생겨난 여러 수의 본성은 결국에는 생겨나지 않습니다. 왜 그러한가? 짓는 것이 아닌 까닭입니다. 그 까닭은 무엇인가? 의계, 나아가 의촉을 인연으로 생겨난 여러 수로써 짓는 것은 얻을 수 없는 까닭입니다.

사리자여. 공계의 본성은 결국에는 생겨나지 않습니다. 왜 그러한가? 짓는 것이 아닌 까닭입니다. 수·화·풍·공·식계의 본성은 결국에는 생겨나지 않습니다. 왜 그러한가? 짓는 것이 아닌 까닭입니다. 그 까닭은 무엇인가? 공계, 나아가 식계로써 짓는 것은 얻을 수 없는 까닭입니다. 사리자여. 고성제의 본성은 결국에는 생겨나지 않습니다. 왜 그러한가? 짓는 것이 아닌 까닭입니다. 집·멸·도성제의 본성은 결국에는 생겨나지 않습니다. 왜 그러한가? 짓는 것이 아닌 까닭입니다. 그 까닭은 무엇인가? 고성제, 나아가 도성제로써 짓는 것은 얻을 수 없는 까닭입니다.

사리자여. 무명의 본성은 결국에는 생겨나지 않습니다. 왜 그러한가? 짓는 것이 아닌 까닭입니다. 행·식·명색·육처·촉·수·애·취·유·생·노사의 수탄고우뇌의 본성은 결국에는 생겨나지 않습니다. 왜 그러한가? 짓는 것이 아닌 까닭입니다. 그 까닭은 무엇인가? 무명, 나아가 노사의 수탄고우뇌로써 짓는 것은 얻을 수 없는 까닭입니다. 사리자여. 내공의 본성은 결국에는 생겨나지 않습니다. 왜 그러한가? 짓는 것이 아닌 까닭입니다. 외공·내외공·공공·대공·승의공·유위공·무위공·필경공·무제공·산공·무변이공·본성공·자상공·공상공·일체법공·불가득공·무성공·자성공·무성자성공의 본성은 결국에는 생겨나지 않습니다. 왜 그러한가? 짓는 것이 아닌 까닭입니다. 그 까닭은 무엇인가? 내공, 나아가 무성자성공으로써 짓는 것은 얻을 수 없는 까닭입니다.

사리자여. 보시바라밀다의 본성은 결국에는 생겨나지 않습니다. 왜 그러한가? 짓는 것이 아닌 까닭입니다. 정계·안인·정진·정려·반야바라밀다의 본성은 결국에는 생겨나지 않습니다. 왜 그러한가? 짓는 것이 아닌 까닭입니다. 그 까닭은 무엇인가? 보시바라밀다, 나아가 반야바라밀다로써 짓는 것은 얻을 수 없는 까닭입니다. 사리자여. 4정려의 본성은 결국에는 생겨나지 않습니다. 왜 그러한가? 짓는 것이 아닌 까닭입니다. 4무량·4무색정의 본성은 결국에는 생겨나지 않습니다. 왜 그러한가?

짓는 것이 아닌 까닭입니다. 그 까닭은 무엇인가? 4정려·4무량·4무색정으로써 짓는 것은 얻을 수 없는 까닭입니다.

사리자여. 8해탈의 본성은 결국에는 생겨나지 않습니다. 왜 그러한가? 짓는 것이 아닌 까닭입니다. 8승처·9차제정·10변처의 본성은 결국에는 생겨나지 않습니다. 왜 그러한가? 짓는 것이 아닌 까닭입니다. 그 까닭은 무엇인가? 8해탈, 나아가 10변처로써 짓는 것은 얻을 수 없는 까닭입니다. 사리자여. 4념주의 본성은 결국에는 생겨나지 않습니다. 왜 그러한가? 짓는 것이 아닌 까닭입니다. 4정단·4신족·5근·5력·7등각지·8성도지의 본성은 결국에는 생겨나지 않습니다. 왜 그러한가? 짓는 것이 아닌 까닭입니다. 그 까닭은 무엇인가? 4념주, 나아가 8성도지로써 짓는 것은 얻을 수 없는 까닭입니다.

사리자여. 공해탈문의 본성은 결국에는 생겨나지 않습니다. 왜 그러한가? 짓는 것이 아닌 까닭입니다. 무상·무원해탈문의 본성은 결국에는 생겨나지 않습니다. 왜 그러한가? 짓는 것이 아닌 까닭입니다. 그 까닭은 무엇인가? 공해탈문·무상·무원해탈문으로써 짓는 것은 얻을 수 없는 까닭입니다. 사리자여. 5안의 본성은 결국에는 생겨나지 않습니다. 왜 그러한가? 짓는 것이 아닌 까닭입니다. 6신통의 본성은 결국에는 생겨나지 않습니다. 왜 그러한가? 짓는 것이 아닌 까닭입니다. 그 까닭은 무엇인가? 5안·6신통으로써 짓는 것은 얻을 수 없는 까닭입니다.

사리자여. 여래의 10력의 본성은 결국에는 생겨나지 않습니다. 왜 그러한가? 짓는 것이 아닌 까닭입니다. 4무소외·4무애해·대자·대비·대희·대사·18불불공법의 본성은 결국에는 생겨나지 않습니다. 왜 그러한가? 짓는 것이 아닌 까닭입니다. 그 까닭은 무엇인가? 여래의 10력, 나아가 18불불공법으로써 짓는 것은 얻을 수 없는 까닭입니다. 사리자여. 일체지의 본성은 결국에는 생겨나지 않습니다. 왜 그러한가? 짓는 것이 아닌 까닭입니다. 도상지·일체상지의 본성은 결국에는 생겨나지 않습니다. 왜 그러한가? 짓는 것이 아닌 까닭입니다. 그 까닭은 무엇인가? 일체지·도상지·일체상지로써 짓는 것은 얻을 수 없는 까닭입니다.

사리자여. 무망실법의 본성은 결국에는 생겨나지 않습니다. 왜 그러한가? 짓는 것이 아닌 까닭입니다. 항주사성의 본성은 결국에는 생겨나지 않습니다. 왜 그러한가? 짓는 것이 아닌 까닭입니다. 그 까닭은 무엇인가? 무망실법·항주사성으로써 짓는 것은 얻을 수 없는 까닭입니다. 사리자여. 일체의 다라니문의 본성은 결국에는 생겨나지 않습니다. 왜 그러한가? 짓는 것이 아닌 까닭입니다. 일체의 삼마지문의 본성은 결국에는 생겨나지 않습니다. 왜 그러한가? 짓는 것이 아닌 까닭입니다. 그 까닭은 무엇인가? 일체의 다라니문·일체의 삼마지문으로써 짓는 것은 얻을 수 없는 까닭입니다.

사리자여. 극희지의 본성은 결국에는 생겨나지 않습니다. 왜 그러한가? 짓는 것이 아닌 까닭입니다. 이구지·발광지·염혜지·극난승지·현전지·원행지·부동지·선혜지·법운지의 본성은 결국에는 생겨나지 않습니다. 왜 그러한가? 짓는 것이 아닌 까닭입니다. 그 까닭은 무엇인가? 극희지, 나아가 법운지로써 짓는 것은 얻을 수 없는 까닭입니다. 사리자여. 이생지의 본성은 결국에는 생겨나지 않습니다. 왜 그러한가? 짓는 것이 아닌 까닭입니다. 종성지·제팔지·구견지·박지·이욕지·여래지의 본성은 결국에는 생겨나지 않습니다. 왜 그러한가? 짓는 것이 아닌 까닭입니다. 그 까닭은 무엇인가? 이생지, 나아가 여래지로써 짓는 것은 얻을 수 없는 까닭입니다.

사리자여. 성문승의 본성은 결국에는 생겨나지 않습니다. 왜 그러한가? 짓는 것이 아닌 까닭입니다. 독각승·대승의 본성은 결국에는 생겨나지 않습니다. 왜 그러한가? 짓는 것이 아닌 까닭입니다. 그 까닭은 무엇인가? 이판지·성문승·독각승·대승으로써 짓는 것은 얻을 수 없는 까닭입니다.

사리자여. 오히려 이러한 인연을 까닭으로 '색 등의 제법은 반드시 결국 생겨나지 않는다.'라고 나는 이렇게 말을 지었습니다."

그때 구수 선현이 다시 사리자에게 대답하여 말하였다.

"존자께서 '무슨 인연을 까닭으로 만약 반드시 결국에 생겨나지 않는다면, 곧 색 등이라고 이름하지 않는 것인가?'라고 말하였던 것과 같이, 사리자여. 이와 같고, 이와 같습니다. 만약 반드시 결국에 생겨나지 않는다면, 곧 색이라고 이름하지 않습니다. 왜 그러한가? 사리자여. 색의 본성은 공(空)한 까닭입니다. 만약 법의 본성이 공하다면, 곧 만약 생겨나거나(生), 만약 사라지거나(滅), 만약 머무르거나(住), 만약 달라지게(異) 시설(施設)할 수 없습니다. 오히려 이러한 인연을 까닭으로 만약 반드시 결국에 생겨나지 않는다면, 곧 색이라고 이름하지 않습니다. 사리자여. 수·상·행·식의 본성은 공한 까닭입니다. 만약 법의 본성이 공하다면, 곧 만약 생겨나거나, 만약 사라지거나, 만약 머무르거나, 만약 다르게 시설할 수 없습니다. 오히려 이러한 인연을 까닭으로 만약 반드시 결국에 생겨나지 않는다면, 곧 수·상·행·식이라고 이름하지 않습니다.

사리자여. 안처의 본성은 공한 까닭입니다. 만약 법의 본성이 공하다면, 곧 만약 생겨나거나, 만약 사라지거나, 만약 머무르거나, 만약 달라지게 시설할 수 없습니다. 오히려 이러한 인연을 까닭으로 만약 반드시 결국에 생겨나지 않는다면, 곧 안처라고 이름하지 않습니다. 사리자여. 이·비·설·신·의처의 본성은 공한 까닭입니다. 만약 법의 본성이 공하다면, 곧 만약 생겨나거나, 만약 사라지거나, 만약 머무르거나, 만약 달라지게 시설할 수 없습니다. 오히려 이러한 인연을 까닭으로 만약 반드시 결국에 생겨나지 않는다면, 곧 이·비·설·신·의처라고 이름하지 않습니다.

사리자여. 색처의 본성은 공한 까닭입니다. 만약 법의 본성이 공하다면, 곧 만약 생겨나거나, 만약 사라지거나, 만약 머무르거나, 만약 달라지게 시설할 수 없습니다. 오히려 이러한 인연을 까닭으로 만약 반드시 결국에 생겨나지 않는다면, 곧 색처라고 이름하지 않습니다. 사리자여. 성·향·미·촉·법처의 본성은 공한 까닭입니다. 만약 법의 본성이 공하다면, 곧 만약 생겨나거나, 만약 사라지거나, 만약 머무르거나, 만약 달라지게 시설할 수 없습니다. 오히려 이러한 인연을 까닭으로 만약 반드시 결국에 생겨나지 않는다면, 곧 성·향·미·촉·법처라고 이름하지 않습니다.

사리자여. 안계의 본성은 공한 까닭입니다. 만약 법의 본성이 공하다면,

곧 만약 생겨나거나, 만약 사라지거나, 만약 머무르거나, 만약 달라지게
시설할 수 없습니다. 오히려 이러한 인연을 까닭으로 만약 반드시 결국에
생겨나지 않는다면, 곧 안계라고 이름하지 않습니다. 사리자여. 색계·안
식계, 나아가 안촉·안촉을 인연으로 생겨난 여러 수의 본성은 공한 까닭입
니다. 만약 법의 본성이 공하다면, 곧 만약 생겨나거나, 만약 사라지거나,
만약 머무르거나, 만약 달라지게 시설할 수 없습니다. 오히려 이러한
인연을 까닭으로 만약 반드시 결국에 생겨나지 않는다면, 곧 색계·안식계,
나아가 안촉·안촉을 인연으로 생겨난 여러 수라고 이름하지 않습니다.

사리자여. 이계의 본성은 공한 까닭입니다. 만약 법의 본성이 공하다면,
곧 만약 생겨나거나, 만약 사라지거나, 만약 머무르거나, 만약 달라지게
시설할 수 없습니다. 오히려 이러한 인연을 까닭으로 만약 반드시 결국에
생겨나지 않는다면, 곧 이계라고 이름하지 않습니다. 사리자여. 성계·이
식계, 나아가 이촉·이촉을 인연으로 생겨난 여러 수의 본성은 공한 까닭입
니다. 만약 법의 본성이 공하다면, 곧 만약 생겨나거나, 만약 사라지거나,
만약 머무르거나, 만약 달라지게 시설할 수 없습니다. 오히려 이러한
인연을 까닭으로 만약 반드시 결국에 생겨나지 않는다면, 곧 성계·이식계,
나아가 이촉·이촉을 인연으로 생겨난 여러 수라고 이름하지 않습니다.

사리자여. 비계의 본성은 공한 까닭입니다. 만약 법의 본성이 공하다면,
곧 만약 생겨나거나, 만약 사라지거나, 만약 머무르거나, 만약 달라지게
시설할 수 없습니다. 오히려 이러한 인연을 까닭으로 만약 반드시 결국에
생겨나지 않는다면, 곧 비계라고 이름하지 않습니다. 사리자여. 향계·비
식계, 나아가 비촉·비촉을 인연으로 생겨난 여러 수의 본성은 공한 까닭입
니다. 만약 법의 본성이 공하다면, 곧 만약 생겨나거나, 만약 사라지거나,
만약 머무르거나, 만약 달라지게 시설할 수 없습니다. 오히려 이러한
인연을 까닭으로 만약 반드시 결국에 생겨나지 않는다면, 곧 향계·비식계,
나아가 비촉·비촉을 인연으로 생겨난 여러 수라고 이름하지 않습니다.

사리자여. 설계의 본성은 공한 까닭입니다. 만약 법의 본성이 공하다면,
곧 만약 생겨나거나, 만약 사라지거나, 만약 머무르거나, 만약 달라지게

시설할 수 없습니다. 오히려 이러한 인연을 까닭으로 만약 반드시 결국에 생겨나지 않는다면, 곧 설계라고 이름하지 않습니다. 사리자여. 미계·설식계, 나아가 설촉·설촉을 인연으로 생겨난 여러 수의 본성은 공한 까닭입니다. 만약 법의 본성이 공하다면, 곧 만약 생겨나거나, 만약 사라지거나, 만약 머무르거나, 만약 달라지게 시설할 수 없습니다. 오히려 이러한 인연을 까닭으로 만약 반드시 결국에 생겨나지 않는다면, 곧 미계·설식계, 나아가 설촉·설촉을 인연으로 생겨난 여러 수라고 이름하지 않습니다.

사리자여. 신계의 본성은 공한 까닭입니다. 만약 법의 본성이 공하다면, 곧 만약 생겨나거나, 만약 사라지거나, 만약 머무르거나, 만약 달라지게 시설할 수 없습니다. 오히려 이러한 인연을 까닭으로 만약 반드시 결국에 생겨나지 않는다면, 곧 신계라고 이름하지 않습니다. 사리자여. 촉계·신식계, 나아가 신촉·신촉을 인연으로 생겨난 여러 수의 본성은 공한 까닭입니다. 만약 법의 본성이 공하다면, 곧 만약 생겨나거나, 만약 사라지거나, 만약 머무르거나, 만약 달라지게 시설할 수 없습니다. 오히려 이러한 인연을 까닭으로 만약 반드시 결국에 생겨나지 않는다면, 곧 촉계·신식계, 나아가 신촉·신촉을 인연으로 생겨난 여러 수라고 이름하지 않습니다.

사리자여. 의계의 본성은 공한 까닭입니다. 만약 법의 본성이 공하다면, 곧 만약 생겨나거나, 만약 사라지거나, 만약 머무르거나, 만약 달라지게 시설할 수 없습니다. 오히려 이러한 인연을 까닭으로 만약 반드시 결국에 생겨나지 않는다면, 곧 의계라고 이름하지 않습니다. 사리자여. 법계·의식계, 나아가 의촉·의촉을 인연으로 생겨난 여러 수의 본성은 공한 까닭입니다. 만약 법의 본성이 공하다면, 곧 만약 생겨나거나, 만약 사라지거나, 만약 머무르거나, 만약 달라지게 시설할 수 없습니다. 오히려 이러한 인연을 까닭으로 만약 반드시 결국에 생겨나지 않는다면, 곧 법계·의식계, 나아가 의촉·의촉을 인연으로 생겨난 여러 수라고 이름하지 않습니다.

사리자여. 지계의 본성은 공한 까닭입니다. 만약 법의 본성이 공하다면, 곧 만약 생겨나거나, 만약 사라지거나, 만약 머무르거나, 만약 달라지게 시설할 수 없습니다. 오히려 이러한 인연을 까닭으로 만약 반드시 결국에 생겨나지 않는다면, 곧 지계라고 이름하지 않습니다. 사리자여. 수·화·풍·공·식계의 본성은 공한 까닭입니다. 만약 법의 본성이 공하다면, 곧 만약 생겨나거나, 만약 사라지거나, 만약 머무르거나, 만약 달라지게 시설할 수 없습니다. 오히려 이러한 인연을 까닭으로 만약 반드시 결국에 생겨나지 않는다면, 곧 수·화·풍·공·식계라고 이름하지 않습니다.

사리자여. 고성제의 본성은 공한 까닭입니다. 만약 법의 본성이 공하다면, 곧 만약 생겨나거나, 만약 사라지거나, 만약 머무르거나, 만약 달라지게 시설할 수 없습니다. 오히려 이러한 인연을 까닭으로 만약 반드시 결국에 생겨나지 않는다면, 곧 고성제라고 이름하지 않습니다. 사리자여. 집·멸·도성제의 본성은 공한 까닭입니다. 만약 법의 본성이 공하다면, 곧 만약 생겨나거나, 만약 사라지거나, 만약 머무르거나, 만약 달라지게 시설할 수 없습니다. 오히려 이러한 인연을 까닭으로 만약 반드시 결국에 생겨나지 않는다면, 곧 집·멸·도성제라고 이름하지 않습니다.

사리자여. 무명의 본성은 공한 까닭입니다. 만약 법의 본성이 공하다면, 곧 만약 생겨나거나, 만약 사라지거나, 만약 머무르거나, 만약 달라지게 시설할 수 없습니다. 오히려 이러한 인연을 까닭으로 만약 반드시 결국에 생겨나지 않는다면, 곧 무명이라고 이름하지 않습니다. 사리자여. 행·식·명색·육처·촉·수·애·취·유·생·노사의 수탄고우뇌의 본성은 공한 까닭입니다. 만약 법의 본성이 공하다면, 곧 만약 생겨나거나, 만약 사라지거나, 만약 머무르거나, 만약 달라지게 시설할 수 없습니다. 오히려 이러한 인연을 까닭으로 만약 반드시 결국에 생겨나지 않는다면, 곧 행, 나아가 노사의 수탄고우뇌라고 이름하지 않습니다.

사리자여. 내공의 본성은 공한 까닭입니다. 만약 법의 본성이 공하다면, 곧 만약 생겨나거나, 만약 사라지거나, 만약 머무르거나, 만약 달라지게 시설할 수 없습니다. 오히려 이러한 인연을 까닭으로 만약 반드시 결국에 생겨나지 않는다면, 곧 내공이라고 이름하지 않습니다. 사리자여. 외공·내외공·공공·대공·승의공·유위공·무위공·필경공·무제공·산공·무변이공·본성공·자상공·공상공·일체법공·불가득공·무성공·자성공·무성자성공의 본성은 공한 까닭입니다. 만약 법의 본성이 공하다면, 곧 만약 생겨나거나, 만약 사라지거나, 만약 머무르거나, 만약 달라지게 시설할 수 없습니다. 오히려 이러한 인연을 까닭으로 만약 반드시 결국에 생겨나지 않는다면, 곧 외공, 나아가 무성자성공이라고 이름하지 않습니다.

사리자여. 보시바라밀다의 본성은 공한 까닭입니다. 만약 법의 본성이 공하다면, 곧 만약 생겨나거나, 만약 사라지거나, 만약 머무르거나, 만약 달라지게 시설할 수 없습니다. 오히려 이러한 인연을 까닭으로 만약 반드시 결국에 생겨나지 않는다면, 곧 보시바라밀다라고 이름하지 않습니다. 사리자여. 정계·안인·정진·정려·반야바라밀다의 본성은 공한 까닭입니다. 만약 법의 본성이 공하다면, 곧 만약 생겨나거나, 만약 사라지거나, 만약 머무르거나, 만약 달라지게 시설할 수 없습니다. 오히려 이러한 인연을 까닭으로 만약 반드시 결국에 생겨나지 않는다면, 곧 정계, 나아가 반야바라밀다라고 이름하지 않습니다.

사리자여. 4정려의 본성은 공한 까닭입니다. 만약 법의 본성이 공하다면, 곧 만약 생겨나거나, 만약 사라지거나, 만약 머무르거나, 만약 달라지게 시설할 수 없습니다. 오히려 이러한 인연을 까닭으로 만약 반드시 결국에 생겨나지 않는다면, 곧 4정려라고 이름하지 않습니다. 사리자여. 4무량·4무색정의 본성은 공한 까닭입니다. 만약 법의 본성이 공하다면, 곧 만약 생겨나거나, 만약 사라지거나, 만약 머무르거나, 만약 달라지게 시설할 수 없습니다. 오히려 이러한 인연을 까닭으로 만약 반드시 결국에 생겨나지 않는다면, 곧 4무량·4무색정이라고 이름하지 않습니다.

사리자여. 8해탈의 본성은 공한 까닭입니다. 만약 법의 본성이 공하다면, 곧 만약 생겨나거나, 만약 사라지거나, 만약 머무르거나, 만약 달라지게 시설할 수 없습니다. 오히려 이러한 인연을 까닭으로 만약 반드시 결국에 생겨나지 않는다면, 곧 8해탈이라고 이름하지 않습니다. 사리자여. 8승처·9차제정·10변처의 본성은 공한 까닭입니다. 만약 법의 본성이 공하다면, 곧 만약 생겨나거나, 만약 사라지거나, 만약 머무르거나, 만약 달라지게 시설할 수 없습니다. 오히려 이러한 인연을 까닭으로 만약 반드시 결국에 생겨나지 않는다면, 곧 8승처·9차제정·10변처라고 이름하지 않습니다.
　사리자여. 4념주의 본성은 공한 까닭입니다. 만약 법의 본성이 공하다면, 곧 만약 생겨나거나, 만약 사라지거나, 만약 머무르거나, 만약 달라지게 시설할 수 없습니다. 오히려 이러한 인연을 까닭으로 만약 반드시 결국에 생겨나지 않는다면, 곧 4념주라고 이름하지 않습니다. 사리자여. 4정단·4신족·5근·5력·7등각지·8성도지의 본성은 공한 까닭입니다. 만약 법의 본성이 공하다면, 곧 만약 생겨나거나, 만약 사라지거나, 만약 머무르거나, 만약 달라지게 시설할 수 없습니다. 오히려 이러한 인연을 까닭으로 만약 반드시 결국에 생겨나지 않는다면, 곧 4정단·4신족·5근·5력·7등각지·8성도지라고 이름하지 않습니다.
　사리자여. 공해탈문의 본성은 공한 까닭입니다. 만약 법의 본성이 공하다면, 곧 만약 생겨나거나, 만약 사라지거나, 만약 머무르거나, 만약 달라지게 시설할 수 없습니다. 오히려 이러한 인연을 까닭으로 만약 반드시 결국에 생겨나지 않는다면, 곧 공해탈문이라고 이름하지 않습니다. 사리자여. 무상·무원해탈문의 본성은 공한 까닭입니다. 만약 법의 본성이 공하다면, 곧 만약 생겨나거나, 만약 사라지거나, 만약 머무르거나, 만약 달라지게 시설할 수 없습니다. 오히려 이러한 인연을 까닭으로 만약 반드시 결국에 생겨나지 않는다면, 곧 무상·무원해탈문이라고 이름하지 않습니다."

마하반야바라밀다경 제70권

18. 무소득품(無所得品)(10)

"사리자여. 5안의 본성은 공한 까닭입니다. 만약 법의 본성이 공하다면, 곧 만약 생겨나거나, 만약 사라지거나, 만약 머무르거나, 만약 달라지게 시설할 수 없습니다. 오히려 이러한 인연을 까닭으로 만약 반드시 결국에 생겨나지 않는다면, 곧 5안이라고 이름하지 않습니다. 사리자여. 6신통의 본성은 공한 까닭입니다. 만약 법의 본성이 공하다면, 곧 만약 생겨나거나, 만약 사라지거나, 만약 머무르거나, 만약 달라지게 시설할 수 없습니다. 오히려 이러한 인연을 까닭으로 만약 반드시 결국에 생겨나지 않는다면, 곧 6신통이라고 이름하지 않습니다.

사리자여. 여래의 10력의 본성은 공한 까닭입니다. 만약 법의 본성이 공하다면, 곧 만약 생겨나거나, 만약 사라지거나, 만약 머무르거나, 만약 달라지게 시설할 수 없습니다. 오히려 이러한 인연을 까닭으로 만약 반드시 결국에 생겨나지 않는다면, 곧 여래의 10력이라고 이름하지 않습니다. 사리자여. 4무소외·4무애해·대자·대비·대희·대사·18불불공법의 본성은 공한 까닭입니다. 만약 법의 본성이 공하다면, 곧 만약 생겨나거나, 만약 사라지거나, 만약 머무르거나, 만약 달라지게 시설할 수 없습니다. 오히려 이러한 인연을 까닭으로 만약 반드시 결국에 생겨나지 않는다면, 곧 4무소외, 나아가 18불불공법이라고 이름하지 않습니다.

사리자여. 일체지의 본성은 공한 까닭입니다. 만약 법의 본성이 공하다면, 곧 만약 생겨나거나, 만약 사라지거나, 만약 머무르거나, 만약 달라지게 시설할 수 없습니다. 오히려 이러한 인연을 까닭으로 만약 반드시 결국에 생겨나지 않는다면, 곧 일체지라고 이름하지 않습니다. 사리자여. 도상지·일체상지의 본성은 공한 까닭입니다. 만약 법의 본성이 공하다면, 곧 만약 생겨나거나, 만약 사라지거나, 만약 머무르거나, 만약 달라지게 시설할 수 없습니다. 오히려 이러한 인연을 까닭으로 만약 반드시 결국에 생겨나지 않는다면, 곧 도상지·일체상지라고 이름하지 않습니다.

사리자여. 무망실법의 본성은 공한 까닭입니다. 만약 법의 본성이 공하다면, 곧 만약 생겨나거나, 만약 사라지거나, 만약 머무르거나, 만약 달라지게 시설할 수 없습니다. 오히려 이러한 인연을 까닭으로 만약 반드시 결국에 생겨나지 않는다면, 곧 무망실법이라고 이름하지 않습니다. 사리자여. 항주사성의 본성은 공한 까닭입니다. 만약 법의 본성이 공하다면, 곧 만약 생겨나거나, 만약 사라지거나, 만약 머무르거나, 만약 달라지게 시설할 수 없습니다. 오히려 이러한 인연을 까닭으로 만약 반드시 결국에 생겨나지 않는다면, 곧 항주사성이라고 이름하지 않습니다.

사리자여. 일체의 다라니문의 본성은 공한 까닭입니다. 만약 법의 본성이 공하다면, 곧 만약 생겨나거나, 만약 사라지거나, 만약 머무르거나, 만약 달라지게 시설할 수 없습니다. 오히려 이러한 인연을 까닭으로 만약 반드시 결국에 생겨나지 않는다면, 곧 일체의 다라니문이라고 이름하지 않습니다. 사리자여. 일체의 삼마지문의 본성은 공한 까닭입니다. 만약 법의 본성이 공하다면, 곧 만약 생겨나거나, 만약 사라지거나, 만약 머무르거나, 만약 달라지게 시설할 수 없습니다. 오히려 이러한 인연을 까닭으로 만약 반드시 결국에 생겨나지 않는다면, 곧 일체의 삼마지문이라고 이름하지 않습니다.

사리자여. 극희지의 본성은 공한 까닭입니다. 만약 법의 본성이 공하다면, 곧 만약 생겨나거나, 만약 사라지거나, 만약 머무르거나, 만약 달라지게 시설할 수 없습니다. 오히려 이러한 인연을 까닭으로 만약 반드시 결국에 생겨나지 않는다면, 곧 극희지라고 이름하지 않습니다. 사리자여. 이구지·발광지·염혜지·극난승지·현전지·원행지·부동지·선혜지·법운지의 본성은 공한 까닭입니다. 만약 법의 본성이 공하다면, 곧 만약 생겨나거나, 만약 사라지거나, 만약 머무르거나, 만약 달라지게 시설할 수 없습니다. 오히려 이러한 인연을 까닭으로 만약 반드시 결국에 생겨나지 않는다면, 곧 이구지, 나아가 법운지라고 이름하지 않습니다.

사리자여. 이생지의 본성은 공한 까닭입니다. 만약 법의 본성이 공하다면, 곧 만약 생겨나거나, 만약 사라지거나, 만약 머무르거나, 만약 달라지게 시설할 수 없습니다. 오히려 이러한 인연을 까닭으로 만약 반드시 결국에 생겨나지 않는다면, 곧 이생지라고 이름하지 않습니다. 사리자여. 종성지·제팔지·구견지·박지·이욕지·이판지·독각지·보살지·여래지의 본성은 공한 까닭입니다. 만약 법의 본성이 공하다면, 곧 만약 생겨나거나, 만약 사라지거나, 만약 머무르거나, 만약 달라지게 시설할 수 없습니다. 오히려 이러한 인연을 까닭으로 만약 반드시 결국에 생겨나지 않는다면, 곧 종성지, 나아가 여래지라고 이름하지 않습니다.

사리자여. 성문승의 본성은 공한 까닭입니다. 만약 법의 본성이 공하다면, 곧 만약 생겨나거나, 만약 사라지거나, 만약 머무르거나, 만약 달라지게 시설할 수 없습니다. 오히려 이러한 인연을 까닭으로 만약 반드시 결국에 생겨나지 않는다면, 곧 성문승이라고 이름하지 않습니다. 사리자여. 독각승·대승의 본성은 공한 까닭입니다. 만약 법의 본성이 공하다면, 곧 만약 생겨나거나, 만약 사라지거나, 만약 머무르거나, 만약 달라지게 시설할 수 없습니다. 오히려 이러한 인연을 까닭으로 만약 반드시 결국에 생겨나지 않는다면, 곧 독각승·대승이라고 이름하지 않습니다.

사리자여. 오히려 이러한 인연을 까닭으로 '만약 반드시 결국에 생겨나지 않는다면, 곧 색 등이라고 이름하지 않는 것이고, 공하므로 무생법(無生法)은 설할 수 없는 까닭이다.'라고 나는 이렇게 말을 지었습니다."

그때 구수 선현이 다시 사리자에게 대답하여 말하였다.

"존자께서 '무슨 인연을 까닭으로 제가 어떻게 능히 반드시 결국에 생겨나지 않는 반야바라밀다로써 결국에 생겨나지 않는 제보살마하살을 교계(敎誡)하고 교수(敎授)하겠습니까?'라고 말하였던 것과 같이, 사리자여. 반드시 결국에 곧 반야바라밀다는 생겨나지 않는 것이고, 반야바라밀다는 곧 반드시 결국에는 생겨나지 않는 것입니다. 왜 그러한가? 결국에는 생겨나지 않는 것과 반야바라밀다는 두 가지가 없고 두 가지로 나눌 수 없는 까닭입니다. 사리자여. 반드시 결국에는 생겨나지 않는 것이 곧 보살마하살이고, 보살마하살은 곧 반드시 결국에는 생겨나지 않습니다. 왜 그러한가? 결국에는 생겨나지 않는 것과 반야바라밀다는 두 가지가 없고 두 가지로 나눌 수 없는 까닭입니다.
　사리자여. 오히려 이러한 인연을 까닭으로 '제가 어떻게 능히 반드시 결국에 생겨나지 않는 반야바라밀다로써 결국에 생겨나지 않는 제보살마하살을 교계하고 교수하겠습니까?'라고 나는 이렇게 말을 지었습니다."

　그때 구수 선현이 다시 사리자에게 대답하여 말하였다.
　"존자께서 '무슨 인연을 까닭으로 반드시 결국에 생겨나지 않는 것을 벗어나거나, 역시 보살마하살이 능히 무상정등보리(無上正等菩提)를 행하는 것이 없다고 설하는가?'라고 말하였던 것과 같이, 사리자여. 제보살마하살은 반야바라밀다를 수행(修行)하는 때에, 반야바라밀다가 반드시 결국에 생겨나지 않는 것과 다르다고 보지 않고, 역시 보살마하살이 반드시 결국에 생겨나지 않는 것과 다르다고 보지 않습니다. 왜 그러한가? 만약 반야바라밀다이거나, 만약 보살마하살이더라도 반드시 결국에는 생겨나지 않고 두 가지가 없으며 두 가지로 나눌 수 없는 까닭입니다. 사리자여. 제보살마하살은 반야바라밀다를 수행하는 때에, 역시 색이 반드시 결국에 생겨나지 않는 것과 다르다고 보지 않고, 역시 수·상·행·식이 반드시 결국에 생겨나지 않는 것과 다르다고 보지 않습니다. 왜 그러한가? 색, 나아가 식은 함께 반드시 결국에는 생겨나지 않고 두 가지가 없으며 두 가지로 나눌 수 없는 까닭입니다.
　사리자여. 제보살마하살은 반야바라밀다를 수행하는 때에, 역시 안처가 반드시 결국에 생겨나지 않는 것과 다르다고 보지 않고, 역시 이·비·설·

신·의처가 반드시 결국에 생겨나지 않는 것과 다르다고 보지 않습니다. 왜 그러한가? 안처, 나아가 의처는 함께 반드시 결국에는 생겨나지 않고 두 가지가 없으며 두 가지로 나눌 수 없는 까닭입니다. 사리자여. 제보살마하살은 반야바라밀다를 수행하는 때에, 색처가 반드시 결국에 생겨나지 않는 것과 다르다고 보지 않고, 역시 성·향·미·촉·법처가 반드시 결국에 생겨나지 않는 것과 다르다고 보지 않습니다. 왜 그러한가? 색처, 나아가 법처는 함께 반드시 결국에는 생겨나지 않고 두 가지가 없으며 두 가지로 나눌 수 없는 까닭입니다.

사리자여. 제보살마하살은 반야바라밀다를 수행하는 때에, 역시 안계가 반드시 결국에 생겨나지 않는 것과 다르다고 보지 않고, 역시 색계·안식계, 나아가 안촉·안촉을 인연으로 생겨난 여러 수가 반드시 결국에 생겨나지 않는 것과 다르다고 보지 않습니다. 왜 그러한가? 안계, 나아가 안촉을 인연으로 생겨난 여러 수는 함께 반드시 결국에는 생겨나지 않고 두 가지가 없으며 두 가지로 나눌 수 없는 까닭입니다. 사리자여. 제보살마하살은 반야바라밀다를 수행하는 때에, 역시 이계가 반드시 결국에 생겨나지 않는 것과 다르다고 보지 않고, 역시 성계·이식계, 나아가 이촉·이촉을 인연으로 생겨난 여러 수가 반드시 결국에 생겨나지 않는 것과 다르다고 보지 않습니다. 왜 그러한가? 이계, 나아가 이촉을 인연으로 생겨난 여러 수는 함께 반드시 결국에는 생겨나지 않고 두 가지가 없으며 두 가지로 나눌 수 없는 까닭입니다.

사리자여. 제보살마하살은 반야바라밀다를 수행하는 때에, 역시 비계가 반드시 결국에 생겨나지 않는 것과 다르다고 보지 않고, 역시 향계·비식계, 나아가 비촉·비촉을 인연으로 생겨난 여러 수가 반드시 결국에 생겨나지 않는 것과 다르다고 보지 않습니다. 왜 그러한가? 비계, 나아가 비촉을 인연으로 생겨난 여러 수는 함께 반드시 결국에는 생겨나지 않고 두 가지가 없으며 두 가지로 나눌 수 없는 까닭입니다. 사리자여. 제보살마하살은 반야바라밀다를 수행하는 때에, 역시 설계가 반드시 결국에 생겨나지 않는 것과 다르다고 보지 않고, 역시 미계·설식계, 나아가 설촉·설촉을 인연으로 생겨난 여러 수가 반드시 결국에 생겨나지 않는 것과 다르다고 보지 않습니다. 왜 그러한가? 설계, 나아가 설촉을 인연으로 생겨난 여러 수는 함께 반드시 결국에는 생겨나지 않고 두 가지가 없으며 두 가지로 나눌 수 없는 까닭입니다.
　사리자여. 제보살마하살은 반야바라밀다를 수행하는 때에, 역시 신계가 반드시 결국에 생겨나지 않는 것과 다르다고 보지 않고, 촉계·신식계, 나아가 신촉·신촉을 인연으로 생겨난 여러 수가 반드시 결국에 생겨나지 않는 것과 다르다고 보지 않습니다. 왜 그러한가? 신계, 나아가 신촉을 인연으로 생겨난 여러 수는 함께 반드시 결국에는 생겨나지 않고 두 가지가 없으며 두 가지로 나눌 수 없는 까닭입니다. 사리자여. 제보살마하살은 반야바라밀다를 수행하는 때에, 역시 의계가 반드시 결국에 생겨나지 않는 것과 다르다고 보지 않고, 역시 법계·의식계, 나아가 의촉·의촉을 인연으로 생겨난 여러 수가 반드시 결국에 생겨나지 않는 것과 다르다고 보지 않습니다. 왜 그러한가? 의계, 나아가 의촉을 인연으로 생겨난 여러 수는 함께 반드시 결국에는 생겨나지 않고 두 가지가 없으며 두 가지로 나눌 수 없는 까닭입니다.
　사리자여. 제보살마하살은 반야바라밀다를 수행하는 때에, 역시 지계가 반드시 결국에 생겨나지 않는 것과 다르다고 보지 않고, 역시 수·화·풍·공·식계가 반드시 결국에 생겨나지 않는 것과 다르다고 보지 않습니다. 왜 그러한가? 지계, 나아가 식계는 함께 반드시 결국에는 생겨나지 않고 두 가지가 없으며 두 가지로 나눌 수 없는 까닭입니다. 사리자여. 제보살마하살은 반야바라밀다를 수행하는 때에, 역시 고성제가 반드시 결국에 생겨나지 않는 것과 다르다고 보지 않고, 역시 집·멸·도성제가 반드시 결국에 생겨나지 않는 것과 다르다고 보지 않습니다. 왜 그러한가? 고성제, 나아가 도성제는 함께 반드시 결국에는 생겨나지 않고 두 가지가 없으며 두 가지로 나눌 수 없는 까닭입니다.
　사리자여. 제보살마하살은 반야바라밀다를 수행하는 때에, 역시 무명이 반드시 결국에 생겨나지 않는 것과 다르다고 보지 않고, 역시 행·식·명색·육처·촉·수·애·취·유·생·노사의 수탄고우뇌가 반드시 결국에 생겨나지 않는 것과 다르다고 보지 않습니다. 왜 그러한가? 무명, 나아가 노사의 수탄고우뇌는 함께 반드시 결국에는 생겨나지 않고 두 가지가 없으며 두 가지로 나눌 수 없는 까닭입니다. 사리자여. 제보살마하살은 반야바라밀다를 수행하는 때에, 역시 내공이 반드시 결국에 생겨나지 않는 것과 다르다고 보지 않고, 역시 외공·내외공·공공·대공·승의공·유위공·무위공·필경공·무제공·산공·무변이공·본성공·자상공·공상공·일체법공·불가득공·무성공·자성공·무성자성공이 반드시 결국에 생겨나지 않는 것과 다르다고 보지 않습니다. 왜 그러한가? 내공, 나아가 무성자성공은 함께 반드시 결국에는 생겨나지 않고 두 가지가 없으며 두 가지로 나눌 수 없는 까닭입니다.

　사리자여. 제보살마하살은 반야바라밀다를 수행하는 때에, 역시 보시바라밀다가 반드시 결국에 생겨나지 않는 것과 다르다고 보지 않고, 역시 정계·안인·정진·정려·반야바라밀다가 반드시 결국에 생겨나지 않는 것과 다르다고 보지 않습니다. 왜 그러한가? 보시, 나아가 반야바라밀다는 함께 반드시 결국에는 생겨나지 않고 두 가지가 없으며 두 가지로 나눌 수 없는 까닭입니다. 사리자여. 제보살마하살은 반야바라밀다를 수행하는 때에, 역시 4정려가 반드시 결국에 생겨나지 않는 것과 다르다고 보지 않고, 역시 4무량·4무색정이 반드시 결국에 생겨나지 않는 것과 다르다고 보지 않습니다. 왜 그러한가? 4정려·4무량·4무색정은 함께 반드시 결국에는 생겨나지 않고 두 가지가 없으며 두 가지로 나눌 수 없는 까닭입니다.

　사리자여. 제보살마하살은 반야바라밀다를 수행하는 때에, 역시 8해탈이 반드시 결국에 생겨나지 않는 것과 다르다고 보지 않고, 역시 8승처·9차제정·10변처가 반드시 결국에 생겨나지 않는 것과 다르다고 보지 않습니다. 왜 그러한가? 8해탈, 나아가 10변처는 함께 반드시 결국에는 생겨나지 않고 두 가지가 없으며 두 가지로 나눌 수 없는 까닭입니다. 사리자여. 제보살마하살은 반야바라밀다를 수행하는 때에, 역시 4념주가 반드시 결국에 생겨나지 않는 것과 다르다고 보지 않고, 역시 4정단·4신족·5근·5력·7등각지·8성도지가 반드시 결국에 생겨나지 않는 것과 다르다고 보지 않습니다. 왜 그러한가? 4념주, 나아가 8성도지는 함께 반드시 결국에는 생겨나지 않고 두 가지가 없으며 두 가지로 나눌 수 없는 까닭입니다.

사리자여. 제보살마하살은 반야바라밀다를 수행하는 때에, 역시 5안이 반드시 결국에 생겨나지 않는 것과 다르다고 보지 않고, 역시 6신통이 반드시 결국에 생겨나지 않는 것과 다르다고 보지 않습니다. 왜 그러한가? 5안·6신통이 함께 반드시 결국에는 생겨나지 않고 두 가지가 없으며 두 가지로 나눌 수 없는 까닭입니다. 사리자여. 제보살마하살은 반야바라밀다를 수행하는 때에, 역시 여래의 10력이 반드시 결국에 생겨나지 않는 것과 다르다고 보지 않고, 역시 4무소외·4무애해·대자·대비·대희·대사·18불불공법이 반드시 결국에 생겨나지 않는 것과 다르다고 보지 않습니다. 왜 그러한가? 4념주, 나아가 18불불공법은 함께 반드시 결국에는 생겨나지 않고 두 가지가 없으며 두 가지로 나눌 수 없는 까닭입니다.

사리자여. 제보살마하살은 반야바라밀다를 수행하는 때에, 역시 무망실법이 반드시 결국에 생겨나지 않는 것과 다르다고 보지 않고, 역시 항주사성이 반드시 결국에 생겨나지 않는 것과 다르다고 보지 않습니다. 왜 그러한가? 무망실법·항주사성이 함께 반드시 결국에는 생겨나지 않고 두 가지가 없으며 두 가지로 나눌 수 없는 까닭입니다. 사리자여. 제보살마하살은 반야바라밀다를 수행하는 때에, 역시 일체의 다라니문이 반드시 결국에 생겨나지 않는 것과 다르다고 보지 않고, 역시 일체의 삼마지문이 반드시 결국에 생겨나지 않는 것과 다르다고 보지 않습니다. 왜 그러한가? 일체의 다라니문·일체의 삼마지문은 함께 반드시 결국에는 생겨나지 않고 두 가지가 없으며 두 가지로 나눌 수 없는 까닭입니다.

사리자여. 제보살마하살은 반야바라밀다를 수행하는 때에, 역시 극희지가 반드시 결국에 생겨나지 않는 것과 다르다고 보지 않고, 역시 이구지·발광지·염혜지·극난승지·현전지·원행지·부동지·선혜지·법운지가 반드시 결국에 생겨나지 않는 것과 다르다고 보지 않습니다. 왜 그러한가?

극희지, 나아가 법운지가 함께 반드시 결국에는 생겨나지 않고 두 가지가 없으며 두 가지로 나눌 수 없는 까닭입니다. 사리자여. 제보살마하살은 반야바라밀다를 수행하는 때에, 역시 이생지가 반드시 결국에 생겨나지 않는 것과 다르다고 보지 않고, 역시 종성지·제팔지·구견지·박지·이욕지·이판지·독각지·보살지·여래지가 반드시 결국에 생겨나지 않는 것과 다르다고 보지 않습니다. 왜 그러한가? 이생지, 나아가 여래지는 함께 반드시 결국에는 생겨나지 않고 두 가지가 없으며 두 가지로 나눌 수 없는 까닭입니다.

사리자여. 제보살마하살은 반야바라밀다를 수행하는 때에, 역시 성문승이 반드시 결국에 생겨나지 않는 것과 다르다고 보지 않고, 역시 독각승·대승이 반드시 결국에 생겨나지 않는 것과 다르다고 보지 않습니다. 왜 그러한가? 성문승·독각승·대승은 함께 반드시 결국에는 생겨나지 않고 두 가지가 없으며 두 가지로 나눌 수 없는 까닭입니다.

사리자여. 오히려 이러한 인연을 까닭으로 '반드시 결국에는 생겨나지 않는 것을 벗어나거나, 역시 무상정등보리를 능히 행할 수 있는 보살마하살이 없다.'라고 나는 이렇게 말을 지었습니다."

그때 구수 선현이 다시 사리자에게 대답하여 말하였다.

"존자께서 '무슨 인연을 까닭으로 만약 보살마하살이 이러한 말을 듣고서 그 마음에서 놀라지 않고 두려워하지도 않으며 겁내지도 않고 침울하지도 않으며 감추지도 않고 근심하거나 후회하지 않는다면, 마땅히 이 보살마하살은 능히 반야바라밀다를 행할 수 있는 자라고 알겠는가?'라고 말하였던 것과 같이, 사리자여. 제보살마하살은 반야바라밀다를 수행할 때에, 제법에는 깨달음(覺)이나 작용(用)이 있다고 보지 않고, 일체법은 환영의 일(幻事)과 같고 꿈의 경계(夢境)와 같으며 형상(像)과 같고 메아리(響)와 같으며 빛의 그림자(光影)와 같고 아지랑이(陽焰)와 같으며 허공의 꽃(空花)과 같고 심향성(尋香城)과 같으며 변화한 일(變化事)과 같아서 모두 진실로 존재하지 않는다고 보며, 제법의 본품이 모두가 공하다고 설하는 것을 듣고는 깊이 마음으로 환희(歡喜)합니다.
 사리자여. 오히려 이러한 인연을 까닭으로 '만약 보살마하살이 이러한 말을 듣고서 그 마음에서 놀라지 않고 두려워하지도 않으며 겁내지도 않고 침울하지도 않으며 감추지도 않고 근심하거나 후회하지 않는다면, 마땅히 이 보살마하살은 능히 반야바라밀다를 행할 수 있는 자라고 알겠다.'라고 나는 이렇게 말을 지었습니다."

19. 관행품(觀行品)(1)

그때 구수 선현이 세존께 아뢰어 말하였다.
 "세존이시여. 제보살마하살이 반야바라밀다를 수행하면서 제법을 관찰(觀)하는 때에, 색(色)에서 받아들이지 않고(不受) 취하지 않으며(不取) 집착하지 않고(不執不着), 역시 색이라고 시설하지도 않으며, 수(受)·상(想)·행(行)·식(識)에서 받아들이지 않고 취하지 않으며 집착하지 않고, 역시 수·상·행·식이라고 시설하지도 않습니다.
 세존이시여. 제보살마하살이 반야바라밀다를 수행하면서 제법을 관찰하는 때에, 안처에서 받아들이지 않고 취하지 않으며 집착하지 않고, 역시 안처라고 시설하지도 않으며, 이(耳)·비(鼻)·설(舌)·신(身)·의처(意處)에서 받아들이지 않고 취하지 않으며 집착하지 않고, 역시 이·비·설·신·의처라고 시설하지도 않습니다. 세존이시여. 제보살마하살이 반야바라밀다를 수행하면서 제법을 관찰하는 때에, 색처(色處)에서 받아들이지 않고 취하지 않으며 집착하지 않고, 역시 색처라고 시설하지도 않으며, 성(聲)·향(香)·미(味)·촉(觸)·법처(法處)에서 받아들이지 않고 취하지 않으며 집착하지 않고, 역시 성·향·미·촉·법처라고 시설하지도 않습니다.
 세존이시여. 제보살마하살이 반야바라밀다를 수행하면서 제법을 관찰하는 때에, 안계(眼界)에서 받아들이지 않고 취하지 않으며 집착하지 않고, 역시 안계라고 시설하지도 않으며, 색계(色界)·안식계(眼識界), ……
나아가 …… 안촉(眼觸)·안촉을 인연으로 생겨나는 여러 수(受)에서 받아
들이지 않고 취하지 않으며 집착하지 않고, 역시 색계, 나아가 안촉을
인연으로 생겨난 여러 수라고 시설하지도 않습니다. 세존이시여. 제보살
마하살이 반야바라밀다를 수행하면서 제법을 관찰하는 때에, 이계(耳界)
에서 받아들이지 않고 취하지 않으며 집착하지 않고, 역시 이계라고
시설하지도 않으며, 성계(聲界)·이식계(耳識界), …… 나아가 …… 이촉(耳
觸)·이촉을 인연으로 생겨나는 여러 수에서 받아들이지 않고 취하지
않으며 집착하지 않고, 역시 성계, 나아가 이촉을 인연으로 생겨난 여러
수라고 시설하지도 않습니다.

세존이시여. 제보살마하살이 반야바라밀다를 수행하면서 제법을 관찰
하는 때에, 비계(鼻界)에서 받아들이지 않고 취하지 않으며 집착하지
않고, 역시 비계라고 시설하지도 않으며, 향계(香界)·비식계(鼻識界), ……
나아가 …… 비촉(鼻觸)·비촉을 인연으로 생겨나는 여러 수에서 받아들이
지 않고 취하지 않으며 집착하지 않고, 역시 향계, 나아가 비촉을 인연으로
생겨난 여러 수라고 시설하지도 않습니다. 세존이시여. 제보살마하살이
반야바라밀다를 수행하면서 제법을 관찰하는 때에, 설계(舌界)에서 받아
들이지 않고 취하지 않으며 집착하지 않고, 역시 설계라고 시설하지도
않으며, 미계(味界)·설식계(舌識界), …… 나아가 …… 설촉(舌觸)·설촉을
인연으로 생겨나는 여러 수에서 받아들이지 않고 취하지 않으며 집착하지
않고, 역시 미계, 나아가 설촉을 인연으로 생겨난 여러 수라고 시설하지도
않습니다.

세존이시여. 제보살마하살이 반야바라밀다를 수행하면서 제법을 관찰
하는 때에, 신계(身界)에서 받아들이지 않고 취하지 않으며 집착하지
않고, 역시 신계라고 시설하지도 않으며, 촉계(觸界)·신식계(身識界), ……
나아가 …… 신촉(身觸)·신촉을 인연으로 생겨나는 여러 수에서 받아들이
지 않고 취하지 않으며 집착하지 않고, 역시 촉계, 나아가 신촉을 인연으로
생겨난 여러 수라고 시설하지도 않습니다. 세존이시여. 제보살마하살이

반야바라밀다를 수행하면서 제법을 관찰하는 때에, 의계(意界)에서 받아들이지 않고 취하지 않으며 집착하지 않고, 역시 의계라고 시설하지도 않으며, 법계(法界)·의식계(意識界), …… 나아가 …… 의촉(意觸)·의촉을 인연으로 생겨나는 여러 수에서 받아들이지 않고 취하지 않으며 집착하지 않고, 역시 법계, 나아가 의촉을 인연으로 생겨난 여러 수라고 시설하지도 않습니다.

세존이시여. 제보살마하살이 반야바라밀다를 수행하면서 제법을 관찰하는 때에, 지계(地界)에서 받아들이지 않고 취하지 않으며 집착하지 않고, 역시 지계라고 시설하지도 않으며, 수(水)·화(火)·풍(風)·공(空)·식계(識界)에서 받아들이지 않고 취하지 않으며 집착하지 않고, 역시 수·화·풍·공·식계를 인연으로 생겨난 여러 수라고 시설하지도 않습니다. 세존이시여. 제보살마하살이 반야바라밀다를 수행하면서 제법을 관찰하는 때에, 고성제(苦聖諦)에서 받아들이지 않고 취하지 않으며 집착하지 않고, 역시 고성제라고 시설하지도 않으며, 집(集)·멸(滅)·도성제(道聖諦)에서 받아들이지 않고 취하지 않으며 집착하지 않고, 역시 집·멸·도성제라고 시설하지도 않습니다.

세존이시여. 제보살마하살이 반야바라밀다를 수행하면서 제법을 관찰하는 때에, 무명(無明)에서 받아들이지 않고 취하지 않으며 집착하지 않고, 역시 무명이라고 시설하지도 않으며, 행(行)·식(識)·명색(名色)·육처(六處)·촉(觸)·수(受)·애(愛)·취(取)·유(有)·생(生)·노사(老死)의 수탄고우뇌(愁歎苦憂惱)에서 받아들이지 않고 취하지 않으며 집착하지 않고, 역시 행, 노사의 수탄고우뇌라고 시설하지도 않습니다. 세존이시여. 제보살마하살이 반야바라밀다를 수행하면서 제법을 관찰하는 때에, 내공(內空)에서 받아들이지 않고 취하지 않으며 집착하지 않고, 역시 내공이라고 시설하지도 않으며, 외공(外空)·내외공(內外空)·공공(空空)·대공(大空)·승의공(勝義空)·유위공(有爲空)·무위공(無爲空)·필경공(畢竟空)·무제공(無際空)·산공(散空)·무변이공(無變異空)·본성공(本性空)·자상공(自相空)·공상공(共相空)·일체법공(一切法空)·불가득공(不可得空)·무성공(無性

空)·자성공(自性空)·무성자성공(無性自性空)에서 받아들이지 않고 취하지 않으며 집착하지 않고, 역시 외공, 나아가 무성자성공이라고 시설하지도 않습니다.
　세존이시여. 제보살마하살이 반야바라밀다를 수행하면서 제법을 관찰하는 때에, 보시바라밀다(布施波羅蜜多)에서 받아들이지 않고 취하지 않으며 집착하지 않고, 역시 보시바라밀다라고 시설하지도 않으며, 정계(淨戒)·안인(安忍)·정진(精進)·정려(靜慮)·반야바라밀다(般若波羅蜜多)에서 받아들이지 않고 취하지 않으며 집착하지 않고, 역시 정계, 반야바라밀다라고 시설하지도 않습니다. 세존이시여. 제보살마하살이 반야바라밀다를 수행하면서 제법을 관찰하는 때에, 4정려(四靜慮)에서 받아들이지 않고 취하지 않으며 집착하지 않고, 역시 4정려라고 시설하지도 않으며, 4무량(四無量)·4무색정(四無色定)에서 받아들이지 않고 취하지 않으며 집착하지 않고, 역시 4무량·4무색정이라고 시설하지도 않습니다.
　세존이시여. 제보살마하살이 반야바라밀다를 수행하면서 제법을 관찰하는 때에, 8해탈(八解脫)에서 받아들이지 않고 취하지 않으며 집착하지 않고, 역시 8해탈이라고 시설하지도 않으며, 8승처(八勝處)·9차제정(九次第定)·10변처(十遍處)에서 받아들이지 않고 취하지 않으며 집착하지 않고, 역시 8승처·9차제정·10변처라고 시설하지도 않습니다. 세존이시여. 제보살마하살이 반야바라밀다를 수행하면서 제법을 관찰하는 때에, 4념주(四念住)에서 받아들이지 않고 취하지 않으며 집착하지 않고, 역시 4념주라고 시설하지도 않으며, 4정단(四正斷)·4신족(四神足)·5근(五根)·5력(五力)·7등각지(七等覺支)·8성도지(八聖道支)에서 받아들이지 않고 취하지 않으며 집착하지 않고, 역시 4정단, 나아가 8성도지라고 시설하지도 않습니다.
　세존이시여. 제보살마하살이 반야바라밀다를 수행하면서 제법을 관찰하는 때에, 공해탈문(空解脫門)에서 받아들이지 않고 취하지 않으며 집착하지 않고, 역시 공해탈문이라고 시설하지도 않으며, 무상(無相)·무원해탈문(無願解脫門)에서 받아들이지 않고 취하지 않으며 집착하지 않고,

역시 무상·무원해탈문이라고 시설하지도 않습니다. 세존이시여. 제보살마하살이 반야바라밀다를 수행하면서 제법을 관찰하는 때에, 5안(五眼)에서 받아들이지 않고 취하지 않으며 집착하지 않고, 역시 5안이라고 시설하지도 않으며, 6신통(六神通)에서 받아들이지 않고 취하지 않으며 집착하지 않고, 역시 6신통이라고 시설하지도 않습니다.

세존이시여. 제보살마하살이 반야바라밀다를 수행하면서 제법을 관찰하는 때에, 여래(如來)의 10력(十力)에서 받아들이지 않고 취하지 않으며 집착하지 않고, 역시 여래의 10력이라고 시설하지도 않으며, 4무소외(四無所畏)·4무애해(四無礙解)·대자(大慈)·대비(大悲)·대희(大喜)·대사(大捨)·18불불공법(十八佛不共法)에서 받아들이지 않고 취하지 않으며 집착하지 않고, 역시 4무소외·4무애해·대자·대비·대희·대사·18불불공법이라고 시설하지도 않습니다. 세존이시여. 제보살마하살이 반야바라밀다를 수행하면서 제법을 관찰하는 때에, 진여(眞如)에서 받아들이지 않고 취하지 않으며 집착하지 않고, 역시 진여라고 시설하지도 않으며, 법계(法界)·법성(法性)·불허망성(不虛妄性)·불변이성(不變異性)·평등성(平等性)·이생성(離生性)·법정(法定)·법주(法住)·실제(實際)·허공계(虛空界)·부사의계(不思議界)에서 받아들이지 않고 취하지 않으며 집착하지 않고, 역시 법계, 나아가 부사의계라고 시설하지도 않습니다.

세존이시여. 제보살마하살이 반야바라밀다를 수행하면서 제법을 관찰하는 때에, 무상정등보리(無上正等菩提)에서 받아들이지 않고 취하지 않으며 집착하지 않고, 역시 무상정등보리라고 시설하지도 않으며, 일체지(一切智)·일체상지(一切相智)에서 받아들이지 않고 취하지 않으며 집착하지 않고, 역시 일체지·일체상지라고 시설하지도 않습니다. 세존이시여. 제보살마하살이 반야바라밀다를 수행하면서 제법을 관찰하는 때에, 무망실법(無忘失法)에서 받아들이지 않고 취하지 않으며 집착하지 않고, 역시 무망실법이라고 시설하지도 않으며, 항주사성(恒住捨性)에서 받아들이지 않고 취하지 않으며 집착하지 않고, 역시 항주사성이라고 시설하지도 않습니다.

세존이시여. 제보살마하살이 반야바라밀다를 수행하면서 제법을 관찰하는 때에, 일체(一切)의 다라니문(陀羅尼門)에서 받아들이지 않고 취하지 않으며 집착하지 않고, 역시 일체의 다라니문이라고 시설하지도 않으며, 일체의 삼마지문(三摩地門)에서 받아들이지 않고 취하지 않으며 집착하지 않고, 역시 일체의 삼마지문이라고 시설하지도 않습니다."

"세존이시여. 제보살마하살이 반야바라밀다를 수행하는 때에, 색을 보지 않나니, 왜 그러한가? 색의 자성이 공하므로 생겨남(生)과 소멸함(滅)이 없는 까닭이고, 수·상·행·식을 보지 않나니, 왜 그러한가? 수·상·행·식의 자성이 공하므로 생겨남과 소멸함이 없는 까닭입니다. 세존이시여. 제보살마하살이 반야바라밀다를 수행하는 때에, 안처를 보지 않나니, 왜 그러한가? 안처의 자성이 공하므로 생겨남과 소멸함이 없는 까닭이고, 이·비·설·신·의처를 보지 않나니, 왜 그러한가? 이·비·설·신·의처의 자성이 공하므로 생겨남과 소멸함이 없는 까닭입니다.

세존이시여. 제보살마하살이 반야바라밀다를 수행하는 때에, 색처를 보지 않나니, 왜 그러한가? 색처의 자성이 공하므로 생겨남과 소멸함이 없는 까닭이고, 성·향·미·촉·법처를 보지 않나니, 왜 그러한가? 성·향·미·촉·법처의 자성이 공하므로 생겨남과 소멸함이 없는 까닭입니다. 세존이시여. 제보살마하살이 반야바라밀다를 수행하는 때에, 안계를 보지 않나니, 왜 그러한가? 안계의 자성이 공하므로 생겨남과 소멸함이 없는 까닭이고, 색계·안식계, 나아가 안촉·안촉을 인연으로 생겨난 여러 수를 보지 않나니, 왜 그러한가? 색계, 나아가 안촉을 인연으로 생겨난 여러 수의 자성이 공하므로 생겨남과 소멸함이 없는 까닭입니다.

세존이시여. 제보살마하살이 반야바라밀다를 수행하는 때에, 이계를 보지 않나니, 왜 그러한가? 이계의 자성이 공하므로 생겨남과 소멸함이 없는 까닭이고, 성계·이식계, 나아가 이촉·이촉을 인연으로 생겨난 여러 수를 보지 않나니, 왜 그러한가? 성계, 나아가 이촉을 인연으로 생겨난 여러 수의 자성이 공하므로 생겨남과 소멸함이 없는 까닭입니다. 세존이시여, 제보살마하살이 반야바라밀다를 수행하는 때에, 비계를 보지 않나니, 왜 그러한가? 비계의 자성이 공하므로 생겨남과 소멸함이 없는 까닭이고, 향계·비식계, 나아가 비촉·비촉을 인연으로 생겨난 여러 수를 보지 않나니, 왜 그러한가? 향계, 나아가 비촉을 인연으로 생겨난 여러 수의 자성이 공하므로 생겨남과 소멸함이 없는 까닭입니다.

세존이시여. 제보살마하살이 반야바라밀다를 수행하는 때에, 설계를 보지 않나니, 왜 그러한가? 설계의 자성이 공하므로 생겨남과 소멸함이 없는 까닭이고, 미계·설식계, 나아가 설촉·설촉을 인연으로 생겨난 여러 수를 보지 않나니, 왜 그러한가? 미계, 나아가 설촉을 인연으로 생겨난 여러 수의 자성이 공하므로 생겨남과 소멸함이 없는 까닭입니다. 세존이시여. 제보살마하살이 반야바라밀다를 수행하는 때에, 신계를 보지 않나니, 왜 그러한가? 신계의 자성이 공하므로 생겨남과 소멸함이 없는 까닭이고, 촉계·신식계, 나아가 신촉·신촉을 인연으로 생겨난 여러 수를 보지 않나니, 왜 그러한가? 촉계, 나아가 신촉을 인연으로 생겨난 여러 수의 자성이 공하므로 생겨남과 소멸함이 없는 까닭입니다.

세존이시여. 제보살마하살이 반야바라밀다를 수행하는 때에, 의계를 보지 않나니, 왜 그러한가? 의계의 자성이 공하므로 생겨남과 소멸함이 없는 까닭이고, 법계·의식계, 나아가 의촉·의촉을 인연으로 생겨난 여러 수를 보지 않나니, 왜 그러한가? 법계, 나아가 의촉을 인연으로 생겨난 여러 수의 자성이 공하므로 생겨남과 소멸함이 없는 까닭입니다. 세존이시여. 제보살마하살이 반야바라밀다를 수행하는 때에, 지계를 보지 않나니, 왜 그러한가? 지계의 자성이 공하므로 생겨남과 소멸함이 없는 까닭이고, 수·화·풍·공·식계를 보지 않나니, 왜 그러한가? 수·화·풍·공·식계의 자성이 공하므로 생겨남과 소멸함이 없는 까닭입니다.

세존이시여. 제보살마하살이 반야바라밀다를 수행하는 때에, 고성제를 보지 않나니, 왜 그러한가? 고성제의 자성이 공하므로 생겨남과 소멸함이 없는 까닭이고, 집·멸·도성제를 보지 않나니, 왜 그러한가? 집·멸·도성제의 자성이 공하므로 생겨남과 소멸함이 없는 까닭입니다. 세존이시여.

제보살마하살이 반야바라밀다를 수행하는 때에, 무명을 보지 않나니, 왜 그러한가? 무명이 공하므로 생겨남과 소멸함이 없는 까닭이고, 행·식·명색·육처·촉·수·애·취·유·생·노사의 수탄고우뇌를 보지 않나니, 왜 그러한가? 행, 나아가 노사의 수탄고우뇌의 자성이 공하므로 생겨남과 소멸함이 없는 까닭입니다.

세존이시여. 제보살마하살이 반야바라밀다를 수행하는 때에, 내공을 보지 않나니, 왜 그러한가? 내공의 자성이 공하므로 생겨남과 소멸함이 없는 까닭이고, 외공·내외공·공공·대공·승의공·유위공·무위공·필경공·무제공·산공·무변이공·본성공·자상공·공상공·일체법공·불가득공·무성공·자성공·무성자성공을 보지 않나니, 왜 그러한가? 외공, 나아가 무성자성공의 자성이 공하므로 생겨남과 소멸함이 없는 까닭입니다.

세존이시여. 제보살마하살이 반야바라밀다를 수행하는 때에, 보시바라밀다를 보지 않나니, 왜 그러한가? 보시바라밀다가 공하므로 생겨남과 소멸함이 없는 까닭이고, 정계·안인·정진·정려·반야바라밀다의 수탄고우뇌를 보지 않나니, 왜 그러한가? 정계·안인·정진·정려·반야바라밀다의 자성이 공하므로 생겨남과 소멸함이 없는 까닭입니다.

세존이시여. 제보살마하살이 반야바라밀다를 수행하는 때에, 4정려를 보지 않나니, 왜 그러한가? 4정려의 자성이 공하므로 생겨남과 소멸함이 없는 까닭이고, 4무량·4무색정을 보지 않나니, 왜 그러한가? 4무량·4무색정의 자성이 공하므로 생겨남과 소멸함이 없는 까닭입니다. 세존이시여. 제보살마하살이 반야바라밀다를 수행하는 때에, 8해탈을 보지 않나니, 왜 그러한가? 8해탈의 자성이 공하므로 생겨남과 소멸함이 없는 까닭이고, 8승처·9차제정·10변처를 보지 않나니, 왜 그러한가? 8승처·9차제정·10변처의 자성이 공하므로 생겨남과 소멸함이 없는 까닭입니다.

세존이시여. 제보살마하살이 반야바라밀다를 수행하는 때에, 4념주를 보지 않나니, 왜 그러한가? 4념주의 자성이 공하므로 생겨남과 소멸함이 없는 까닭이고, 4정단·4신족·5근·5력·7등각지·8성도지를 보지 않나니, 왜 그러한가? 4정단, 나아가 8성도지의 자성이 공하므로 생겨남과 소멸함이 없는 까닭입니다. 세존이시여. 제보살마하살이 반야바라밀다를 수행하는 때에, 공해탈문을 보지 않나니, 왜 그러한가? 공해탈문의 자성이 공하므로 생겨남과 소멸함이 없는 까닭이고, 무상·무원해탈문을 보지 않나니, 왜 그러한가? 무상·무원해탈문의 자성이 공하므로 생겨남과 소멸함이 없는 까닭입니다.

세존이시여. 제보살마하살이 반야바라밀다를 수행하는 때에, 5안을 보지 않나니, 왜 그러한가? 5안의 자성이 공하므로 생겨남과 소멸함이 없는 까닭이고, 6신통을 보지 않나니, 왜 그러한가? 6신통의 자성이 공하므로 생겨남과 소멸함이 없는 까닭입니다. 세존이시여. 제보살마하살이 반야바라밀다를 수행하는 때에, 여래의 10력을 보지 않나니, 왜 그러한가? 여래의 10력의 자성이 공하므로 생겨남과 소멸함이 없는 까닭이고, 4무소외·4무애해·대자·대비·대희·대사·18불불공법을 보지 않나니, 왜 그러한가? 4무소외, 나아가 18불불공법의 자성이 공하므로 생겨남과 소멸함이 없는 까닭입니다.

세존이시여. 제보살마하살이 반야바라밀다를 수행하는 때에, 진여를 보지 않나니, 왜 그러한가? 진여의 자성이 공하므로 생겨남과 소멸함이 없는 까닭이고, 법계·법성·불허망성·불변이성·평등성·이생성·법정·법주·실제·허공계·부사의계를 보지 않나니, 왜 그러한가? 법계, 나아가 부사의계의 자성이 공하므로 생겨남과 소멸함이 없는 까닭입니다. 세존이시여. 제보살마하살이 반야바라밀다를 수행하는 때에, 무상정등보리를 보지 않나니, 왜 그러한가? 무상정등보리의 자성이 공하므로 생겨남과 소멸함이 없는 까닭이고, 일체지·도상지·일체상지를 보지 않나니, 왜 그러한가? 일체지·도상지·일체상지의 자성이 공하므로 생겨남과 소멸함이 없는 까닭입니다.

세존이시여. 제보살마하살이 반야바라밀다를 수행하는 때에, 무망실법을 보지 않나니, 왜 그러한가? 무망실법의 자성이 공하므로 생겨남과 소멸함이 없는 까닭이고, 항주사성을 보지 않나니, 왜 그러한가? 항주사성의 자성이 공하므로 생겨남과 소멸함이 없는 까닭입니다. 세존이시여.

제보살마하살이 반야바라밀다를 수행하는 때에, 일체의 다라니문을 보지 않나니, 왜 그러한가? 일체의 다라니문의 자성이 공하므로 생겨남과 소멸함이 없는 까닭이고, 일체의 삼마지문을 보지 않나니, 왜 그러한가? 일체의 삼마지문의 자성이 공하므로 생겨남과 소멸함이 없는 까닭입니다."

"세존이시여. 색이 생겨나지 않는다면(不生) 곧 색이 아니고, 수·상·행·식이 생겨나지 않는다면 수·상·행·식이 아닙니다. 그 까닭은 무엇인가? 색과 생겨나지 않는 것은 무이(無二)이고 둘로 나눌 수 없으며, 수·상·행·식과 생겨나지 않은 것은 무이이고 둘로 나눌 수 없는 까닭입니다. 왜 그러한가? 생겨나지 않은 법은 하나가 아니고 둘도 아니며, 여럿도 아니고 다르지도 않습니다. 이러한 까닭으로 색이 생겨나지 않는다면 곧 색이 아니고, 수·상·행·식이 생겨나지 않는다면 수·상·행·식이 아닙니다.

세존이시여. 안처가 생겨나지 않는다면 곧 안처가 아니고, 이·비·설·신·의처가 생겨나지 않는다면 이·비·설·신·의처가 아닙니다. 그 까닭은 무엇인가? 안처와 생겨나지 않는 것은 무이이고 둘로 나눌 수 없으며, 이·비·설·신·의처와 생겨나지 않는 것은 무이이고 둘로 나눌 수 없는 까닭입니다. 왜 그러한가? 생겨나지 않은 법으로써 하나가 아니고 둘도 아니며, 여럿도 아니고 다르지도 않습니다. 이러한 까닭으로 안처가 생겨나지 않는다면 곧 안처가 아니고, 이·비·설·신·의처가 생겨나지 않는다면 이·비·설·신·의처가 아닙니다.

세존이시여. 색처가 생겨나지 않는다면 곧 색처가 아니고, 성·향·미·촉·법처가 생겨나지 않는다면 성·향·미·촉·법처가 아닙니다. 그 까닭은 무엇인가? 색처와 생겨나지 않는 것은 무이이고 둘로 나눌 수 없으며, 성·향·미·촉·법처와 생겨나지 않는 것은 무이이고 둘로 나눌 수 없는 까닭입니다. 왜 그러한가? 생겨나지 않은 법으로써 하나가 아니고 둘도 아니며, 여럿도 아니고 다르지도 않습니다. 이러한 까닭으로 색처가 생겨나지 않는다면 곧 색처가 아니고, 성·향·미·촉·법처가 생겨나지 않는다면 성·향·미·촉·법처가 아닙니다.

세존이시여. 안계가 생겨나지 않는다면 곧 안계가 아니고, 색계·안식계, 나아가 안촉·안촉을 인연으로 생겨난 여러 수가 생겨나지 않는다면 색계, 나아가 안촉을 인연으로 생겨난 여러 수가 아닙니다. 그 까닭은 무엇인가? 안계와 생겨나지 않는 것은 무이이고 둘로 나눌 수 없으며, 색계, 나아가 안촉을 인연으로 생겨난 여러 수와 생겨나지 않는 것은 무이이고 둘로 나눌 수 없는 까닭입니다. 왜 그러한가? 생겨나지 않은 법으로써 하나가 아니고 둘도 아니며, 여럿도 아니고 다르지도 않습니다. 이러한 까닭으로 안계가 생겨나지 않는다면 곧 안계가 아니고, 색계, 나아가 안촉을 인연으로 생겨난 여러 수가 생겨나지 않는다면 색계, 나아가 안촉을 인연으로 생겨난 여러 수가 아닙니다.

세존이시여. 이계가 생겨나지 않는다면 곧 이계가 아니고, 성계·이식계, 나아가 이촉·이촉을 인연으로 생겨난 여러 수가 생겨나지 않는다면 성계, 나아가 이촉을 인연으로 생겨난 여러 수가 아닙니다. 그 까닭은 무엇인가? 이계와 생겨나지 않는 것은 무이이고 둘로 나눌 수 없으며, 성계, 나아가 이촉을 인연으로 생겨난 여러 수와 생겨나지 않는 것은 무이이고 둘로 나눌 수 없는 까닭입니다. 왜 그러한가? 생겨나지 않은 법으로써 하나가 아니고 둘도 아니며, 여럿도 아니고 다르지도 않습니다. 이러한 까닭으로 이계가 생겨나지 않는다면 곧 이계가 아니고, 성계, 나아가 이촉을 인연으로 생겨난 여러 수가 생겨나지 않는다면 성계, 나아가 이촉을 인연으로 생겨난 여러 수가 아닙니다.

세존이시여. 비계가 생겨나지 않는다면 곧 비계가 아니고, 향계·비식계, 나아가 비촉·비촉을 인연으로 생겨난 여러 수가 생겨나지 않는다면 향계, 나아가 비촉을 인연으로 생겨난 여러 수가 아닙니다. 그 까닭은 무엇인가? 비계와 생겨나지 않는 것은 무이이고 둘로 나눌 수 없으며, 향계, 나아가 비촉을 인연으로 생겨난 여러 수와 생겨나지 않는 것은 무이이고 둘로 나눌 수 없는 까닭입니다. 왜 그러한가? 생겨나지 않은 법으로써 하나가 아니고 둘도 아니며, 여럿도 아니고 다르지도 않습니다. 이러한 까닭으로 비계가 생겨나지 않는다면 곧 비계가 아니고, 향계,

나아가 비촉을 인연으로 생겨난 여러 수가 생겨나지 않는다면 향계, 나아가 비촉을 인연으로 생겨난 여러 수가 아닙니다.

세존이시여. 설계가 생겨나지 않는다면 곧 설계가 아니고, 미계·설식계, 나아가 설촉·설촉을 인연으로 생겨난 여러 수가 생겨나지 않는다면 미계, 나아가 설촉을 인연으로 생겨난 여러 수가 아닙니다. 그 까닭은 무엇인가? 설계와 생겨나지 않는 것은 무이이고 둘로 나눌 수 없으며, 미계, 나아가 설촉을 인연으로 생겨난 여러 수와 생겨나지 않는 것은 무이이고 둘로 나눌 수 없는 까닭입니다. 왜 그러한가? 생겨나지 않은 법으로써 하나가 아니고 둘도 아니며, 여럿도 아니고 다르지도 않습니다. 이러한 까닭으로 설계가 생겨나지 않는다면 곧 설계가 아니고, 미계, 나아가 설촉을 인연으로 생겨난 여러 수가 생겨나지 않는다면 미계, 나아가 설촉을 인연으로 생겨난 여러 수가 아닙니다.

세존이시여. 신계가 생겨나지 않는다면 곧 신계가 아니고, 촉계·신식계, 나아가 신촉·신촉을 인연으로 생겨난 여러 수가 생겨나지 않는다면 촉계, 나아가 신촉을 인연으로 생겨난 여러 수가 아닙니다. 그 까닭은 무엇인가? 신계와 생겨나지 않는 것은 무이이고 둘로 나눌 수 없으며, 촉계, 나아가 신촉을 인연으로 생겨난 여러 수와 생겨나지 않는 것은 무이이고 둘로 나눌 수 없는 까닭입니다. 왜 그러한가? 생겨나지 않은 법으로써 하나가 아니고 둘도 아니며, 여럿도 아니고 다르지도 않습니다. 이러한 까닭으로 신계가 생겨나지 않는다면 곧 신계가 아니고, 촉계, 나아가 신촉을 인연으로 생겨난 여러 수가 생겨나지 않는다면 촉계, 나아가 신촉을 인연으로 생겨난 여러 수가 아닙니다.

세존이시여. 의계가 생겨나지 않는다면 곧 의계가 아니고, 법계·의식계, 나아가 의촉·의촉을 인연으로 생겨난 여러 수가 생겨나지 않는다면 법계, 나아가 의촉을 인연으로 생겨난 여러 수가 아닙니다. 그 까닭은 무엇인가? 의계와 생겨나지 않는 것은 무이이고 둘로 나눌 수 없으며, 법계, 나아가 의촉을 인연으로 생겨난 여러 수와 생겨나지 않는 것은 무이이고 둘로 나눌 수 없는 까닭입니다. 왜 그러한가? 생겨나지 않은 법으로써 하나가 아니고 둘도 아니며, 여럿도 아니고 다르지도 않습니다. 이러한 까닭으로 의계가 생겨나지 않는다면 곧 의계가 아니고, 법계, 나아가 의촉을 인연으로 생겨난 여러 수가 생겨나지 않는다면 법계, 나아가 의촉을 인연으로 생겨난 여러 수가 아닙니다.

세존이시여. 지계가 생겨나지 않는다면 곧 지계가 아니고, 수·화·풍·공·식계가 생겨나지 않는다면 수·화·풍·공·식계가 아닙니다. 그 까닭은 무엇인가? 지계와 생겨나지 않는 것은 무이이고 둘로 나눌 수 없으며, 수·화·풍·공·식계와 생겨나지 않는 것은 무이이고 둘로 나눌 수 없는 까닭입니다. 왜 그러한가? 생겨나지 않은 법으로써 하나가 아니고 둘도 아니며, 여럿도 아니고 다르지도 않습니다. 이러한 까닭으로 지계가 생겨나지 않는다면 곧 지계가 아니고, 수·화·풍·공·식계가 생겨나지 않는다면 수·화·풍·공·식계가 아닙니다.

세존이시여. 고성제가 생겨나지 않는다면 곧 고성제가 아니고, 집·멸·도성제가 생겨나지 않는다면 집·멸·도성제가 아닙니다. 그 까닭은 무엇인가? 고성제와 생겨나지 않는 것은 무이이고 둘로 나눌 수 없으며, 집·멸·도성제와 생겨나지 않는 것은 무이이고 둘로 나눌 수 없는 까닭입니다. 왜 그러한가? 생겨나지 않은 법으로써 하나가 아니고 둘도 아니며, 여럿도 아니고 다르지도 않습니다. 이러한 까닭으로 고성제가 생겨나지 않는다면 곧 고성제가 아니고, 집·멸·도성제가 생겨나지 않는다면 집·멸·도성제가 아닙니다.

세존이시여. 무명이 생겨나지 않는다면 곧 무명이 아니고, 행·식·명색·육처·촉·수·애·취·유·생·노사의 수탄고우뇌가 생겨나지 않는다면 행, 나아가 노사의 수탄고우뇌가 아닙니다. 그 까닭은 무엇인가? 무명과 생겨나지 않는 것은 무이이고 둘로 나눌 수 없으며, 행, 나아가 노사의 수탄고우뇌와 생겨나지 않는 것은 무이이고 둘로 나눌 수 없는 까닭입니다. 왜 그러한가? 생겨나지 않은 법으로써 하나가 아니고 둘도 아니며, 여럿도 아니고 다르지도 않습니다. 이러한 까닭으로 무명이 생겨나지 않는다면 곧 무명이 아니고, 행, 나아가 노사의 수탄고우뇌가 생겨나지 않는다면 행, 나아가 노사의 수탄고우뇌가 아닙니다.

　세존이시여, 내공이 생겨나지 않는다면 곧 내공이 아니고, 외공·내외공·공공·대공·승의공·유위공·무위공·필경공·무제공·산공·무변이공·본성공·자상공·공상공·일체법공·불가득공·무성공·자성공·무성자성공이 생겨나지 않는다면 외공, 나아가 무성자성공이 아닙니다. 그 까닭은 무엇인가? 내공과 생겨나지 않는 것은 무이이고 둘로 나눌 수 없으며, 외공, 나아가 무성자성공과 생겨나지 않는 것은 무이이고 둘로 나눌 수 없는 까닭입니다. 왜 그러한가? 생겨나지 않은 법으로써 하나가 아니고 둘도 아니며, 여럿도 아니고 다르지도 않습니다. 이러한 까닭으로 내공이 생겨나지 않는다면 곧 내공이 아니고, 외공, 나아가 무성자성공이 생겨나지 않는다면 외공, 나아가 무성자성공이 아닙니다."

마하반야바라밀다경 제71권

19. 관행품(觀行品)(2)

 "세존이시여, 보시바라밀다가 생겨나지 않는다면 곧 보시바라밀다가 아니고, 정계·안인·정진·정려·반야바라밀다가 생겨나지 않는다면 정계·안인·정진·정려·반야바라밀다가 아닙니다. 그 까닭은 무엇인가? 보시바라밀다와 생겨나지 않는 것은 무이(無二)이고 둘로 나눌 수 없으며(無二分), 정계·안인·정진·정려·반야바라밀다와 생겨나지 않는 것은 무이이고 둘로 나눌 수 없는 까닭입니다. 왜 그러한가? 생겨나지 않은 법으로써 하나가 아니고(非一) 둘도 아니며(非二), 여럿도 아니고(非多) 다르지도 않습니다(非多). 이러한 까닭으로 보시바라밀다가 생겨나지 않는다면 곧 보시바라밀다가 아니고, 정계·안인·정진·정려·반야바라밀다가 생겨나지 않는다면 정계·안인·정진·정려·반야바라밀다가 아닙니다.
 세존이시여, 4정려가 생겨나지 않는다면 곧 4정려가 아니고, 4무량·4무색정이 생겨나지 않는다면 4무량·4무색정이 아닙니다. 그 까닭은 무엇인가? 4정려와 생겨나지 않는 것은 무이이고 둘로 나눌 수 없으며, 4무량·4무색정과 생겨나지 않는 것은 무이이고 둘로 나눌 수 없는 까닭입니다. 왜 그러한가? 생겨나지 않은 법으로써 하나가 아니고 둘도 아니며, 여럿도 아니고 다르지도 않습니다. 이러한 까닭으로 4정려가 생겨나지 않는다면 곧 4정려가 아니고, 4무량·4무색정이 생겨나지 않는다면 4무량·4무색정이 아닙니다.
 세존이시여, 8해탈이 생겨나지 않는다면 곧 8해탈이 아니고, 8승처·9차제정·10변처가 생겨나지 않는다면 8승처·9차제정·10변처가 아닙니다. 그 까닭은 무엇인가? 8해탈과 생겨나지 않는 것은 무이이고 둘로 나눌 수 없으며, 8승처·9차제정·10변처와 생겨나지 않는 것은 무이이고 둘로 나눌 수 없는 까닭입니다. 왜 그러한가? 생겨나지 않은 법으로써 하나가 아니고 둘도 아니며, 여럿도 아니고 다르지도 않습니다. 이러한 까닭으로 8해탈이 생겨나지 않는다면 곧 8해탈이 아니고, 8승처·9차제정·10변처가 생겨나지 않는다면 8승처·9차제정·10변처가 아닙니다.

세존이시여. 4념주가 생겨나지 않는다면 곧 4념주가 아니고, 4정단·4신족·5근·5력·7등각지·8성도지가 생겨나지 않는다면 4정단, 나아가 8성도지가 아닙니다. 그 까닭은 무엇인가? 4념주와 생겨나지 않는 것은 무이이고 둘로 나눌 수 없으며, 4정단, 나아가 8성도지와 생겨나지 않는 것은 무이이고 둘로 나눌 수 없는 까닭입니다. 왜 그러한가? 생겨나지 않은 법으로써 하나가 아니고 둘도 아니며, 여럿도 아니고 다르지도 않습니다. 이러한 까닭으로 4념주가 생겨나지 않는다면 곧 4념주가 아니고, 4정단, 나아가 8성도지가 생겨나지 않는다면 4정단, 나아가 8성도지가 아닙니다.

세존이시여. 공해탈문이 생겨나지 않는다면 곧 공해탈문이 아니고, 무상·무원해탈문이 생겨나지 않는다면 무상·무원해탈문이 아닙니다. 그 까닭은 무엇인가? 공해탈문과 생겨나지 않는 것은 무이이고 둘로 나눌 수 없으며, 무상·무원해탈문과 생겨나지 않는 것은 무이이고 둘로 나눌 수 없는 까닭입니다. 왜 그러한가? 생겨나지 않은 법으로써 하나가 아니고 둘도 아니며, 여럿도 아니고 다르지도 않습니다. 이러한 까닭으로 공해탈문이 생겨나지 않는다면 곧 공해탈문이 아니고, 무상·무원해탈문이 생겨나지 않는다면 무상·무원해탈문이 아닙니다.

세존이시여. 5안이 생겨나지 않는다면 곧 5안이 아니고, 6신통이 생겨나지 않는다면 6신통이 아닙니다. 그 까닭은 무엇인가? 5안과 생겨나지 않는 것은 무이이고 둘로 나눌 수 없으며, 6신통과 생겨나지 않는 것은 무이이고 둘로 나눌 수 없는 까닭입니다. 왜 그러한가? 생겨나지 않은 법으로써 하나가 아니고 둘도 아니며, 여럿도 아니고 다르지도 않습니다.

이러한 까닭으로 5안이 생겨나지 않는다면 곧 5안이 아니고, 6신통이 생겨나지 않는다면 6신통이 아닙니다.

　세존이시여. 여래의 10력이 생겨나지 않는다면 곧 여래의 10력이 아니고, 4무소외·4무애해·대자·대비·대희·대사·18불불공법이 생겨나지 않는다면 4무소외, 나아가 18불불공법이 아닙니다. 그 까닭은 무엇인가? 여래의 10력과 생겨나지 않는 것은 무이이고 둘로 나눌 수 없으며, 4무소외, 나아가 18불불공법과 생겨나지 않는 것은 무이이고 둘로 나눌 수 없는 까닭입니다. 왜 그러한가? 생겨나지 않은 법으로써 하나가 아니고 둘도 아니며, 여럿도 아니고 다르지도 않습니다. 이러한 까닭으로 여래의 10력이 생겨나지 않는다면 곧 여래의 10력이 아니고, 4무소외, 나아가 18불불공법이 생겨나지 않는다면 4무소외, 나아가 18불불공법이 아닙니다.

　세존이시여. 진여가 생겨나지 않는다면 곧 진여가 아니고, 법계·법성·불허망성·불변이성·평등성·이생성·법정·법주·실제·허공계·부사의계가 생겨나지 않는다면 법계, 나아가 부사의계가 아닙니다. 그 까닭은 무엇인가? 진여와 생겨나지 않는 것은 무이이고 둘로 나눌 수 없으며, 법계, 나아가 부사의계와 생겨나지 않는 것은 무이이고 둘로 나눌 수 없는 까닭입니다. 왜 그러한가? 생겨나지 않은 법으로써 하나가 아니고 둘도 아니며, 여럿도 아니고 다르지도 않습니다. 이러한 까닭으로 진여가 생겨나지 않는다면 곧 진여가 아니고, 법계, 나아가 부사의계가 생겨나지 않는다면 법계, 나아가 부사의계가 아닙니다.

　세존이시여. 무상정등보리가 생겨나지 않는다면 곧 무상정등보리가 아니고, 일체지·도상지·일체상지가 생겨나지 않는다면 일체지·도상지·일체상지가 아닙니다. 그 까닭은 무엇인가? 무상정등보리와 생겨나지 않는 것은 무이이고 둘로 나눌 수 없으며, 일체지·도상지·일체상지와 생겨나지 않는 것은 무이이고 둘로 나눌 수 없는 까닭입니다. 왜 그러한가? 생겨나지 않은 법으로써 하나가 아니고 둘도 아니며, 여럿도 아니고 다르지도 않습니다. 이러한 까닭으로 무상정등보리가 생겨나지 않는다면 곧 무상정등보리가 아니고, 일체지·도상지·일체상지가 생겨나지 않는다면 일체지·도상지·일체상지가 아닙니다.

　세존이시여. 무망실법이 생겨나지 않는다면 곧 무망실법이 아니고, 항주사성이 생겨나지 않는다면 항주사성이 아닙니다. 그 까닭은 무엇인가? 무망실법과 생겨나지 않는 것은 무이이고 둘로 나눌 수 없으며, 항주사성과 생겨나지 않는 것은 무이이고 둘로 나눌 수 없는 까닭입니다. 왜 그러한가? 생겨나지 않은 법으로써 하나가 아니고 둘도 아니며, 여럿도 아니고 다르지도 않습니다. 이러한 까닭으로 무망실법이 생겨나지 않는다면 곧 무망실법이 아니고, 항주사성이 생겨나지 않는다면 항주사성이 아닙니다.

　세존이시여. 일체의 다라니문이 생겨나지 않는다면 곧 일체의 다라니문이 아니고, 일체의 삼마지문이 생겨나지 않는다면 일체의 삼마지문이 아닙니다. 그 까닭은 무엇인가? 일체의 다라니문과 생겨나지 않는 것은 무이이고 둘로 나눌 수 없으며, 일체의 삼마지문과 생겨나지 않는 것은 무이이고 둘로 나눌 수 없는 까닭입니다. 왜 그러한가? 생겨나지 않은 법으로써 하나가 아니고 둘도 아니며, 여럿도 아니고 다르지도 않습니다. 이러한 까닭으로 일체의 다라니문이 생겨나지 않는다면 곧 일체의 다라니문이 아니고, 일체의 삼마지문이 생겨나지 않는다면 일체의 삼마지문이 아닙니다."

　"세존이시여. 색이 소멸하지 않는다면(不滅) 곧 색이 아니고, 수·상·행·식이 소멸하지 않는다면 수·상·행·식이 아닙니다. 그 까닭은 무엇인가? 색과 소멸하지 않는 것은 무이이고 둘로 나눌 수 없으며, 수·상·행·식과 소멸하지 않는 것은 무이이고 둘로 나눌 수 없는 까닭입니다. 왜 그러한가? 소멸하지 않은 법은 하나가 아니고 둘도 아니며, 여럿도 아니고 다르지도 않습니다. 이러한 까닭으로 색이 소멸하지 않는다면 곧 색이 아니고, 수·상·행·식이 소멸하지 않는다면 수·상·행·식이 아닙니다.

　세존이시여. 안처가 소멸하지 않는다면 곧 안처가 아니고, 이·비·설·신·의처가 소멸하지 않는다면 이·비·설·신·의처가 아닙니다. 그 까닭은 무엇인가? 안처와 소멸하지 않는 것은 무이이고 둘로 나눌 수 없으며, 이·비·설·신·의처와 소멸하지 않는 것은 무이이고 둘로 나눌 수 없는 까닭입니다. 왜 그러한가? 소멸하지 않은 법으로써 하나가 아니고 둘도 아니며, 여럿도 아니고 다르지도 않습니다. 이러한 까닭으로 안처가 소멸하지 않는다면 곧 안처가 아니고, 이·비·설·신·의처가 소멸하지 않는다면 이·비·설·신·의처가 아닙니다.

　세존이시여. 색처가 소멸하지 않는다면 곧 색처가 아니고, 성·향·미·촉·법처가 소멸하지 않는다면 성·향·미·촉·법처가 아닙니다. 그 까닭은 무엇인가? 색처와 소멸하지 않는 것은 무이이고 둘로 나눌 수 없으며, 성·향·미·촉·법처와 소멸하지 않는 것은 무이이고 둘로 나눌 수 없는 까닭입니다. 왜 그러한가? 소멸하지 않은 법으로써 하나가 아니고 둘도 아니며, 여럿도 아니고 다르지도 않습니다. 이러한 까닭으로 색처가 소멸하지 않는다면 곧 색처가 아니고, 성·향·미·촉·법처가 소멸하지 않는다면 성·향·미·촉·법처가 아닙니다.

　세존이시여. 안계가 소멸하지 않는다면 곧 안계가 아니고, 색계·안식계, 나아가 안촉·안촉을 인연으로 생겨난 여러 수가 소멸하지 않는다면 색계, 나아가 안촉을 인연으로 생겨난 여러 수가 아닙니다. 그 까닭은 무엇인가? 안계와 생겨나지 않는 것은 무이이고 둘로 나눌 수 없으며, 색계, 나아가 안촉을 인연으로 생겨난 여러 수와 소멸하지 않는 것은 무이이고 둘로 나눌 수 없는 까닭입니다. 왜 그러한가? 소멸하지 않은 법으로써 하나가 아니고 둘도 아니며, 여럿도 아니고 다르지도 않습니다. 이러한 까닭으로 안계가 소멸하지 않는다면 곧 안계가 아니고, 색계, 나아가 안촉을 인연으로 생겨난 여러 수가 소멸하지 않는다면 색계, 나아가 안촉을 인연으로 생겨난 여러 수가 아닙니다.

　세존이시여. 이계가 소멸하지 않는다면 곧 이계가 아니고, 성계·이식계, 나아가 이촉·이촉을 인연으로 생겨난 여러 수가 소멸하지 않는다면 성계, 나아가 이촉을 인연으로 생겨난 여러 수가 아닙니다. 그 까닭은 무엇인가? 이계와 소멸하지 않는 것은 무이이고 둘로 나눌 수 없으며,

성계, 나아가 이촉을 인연으로 생겨난 여러 수와 소멸하지 않는 것은 무이이고 둘로 나눌 수 없는 까닭입니다. 왜 그러한가? 소멸하지 않은 법으로써 하나가 아니고 둘도 아니며, 여럿도 아니고 다르지도 않습니다. 이러한 까닭으로 이계가 소멸하지 않는다면 곧 이계가 아니고, 성계, 나아가 이촉을 인연으로 생겨난 여러 수가 소멸하지 않는다면 성계, 나아가 이촉을 인연으로 생겨난 여러 수가 아닙니다.

세존이시여. 비계가 소멸하지 않는다면 곧 비계가 아니고, 향계·비식계, 나아가 비촉·비촉을 인연으로 생겨난 여러 수가 소멸하지 않는다면 향계, 나아가 비촉을 인연으로 생겨난 여러 수가 아닙니다. 그 까닭은 무엇인가? 비계와 소멸하지 않는 것은 무이이고 둘로 나눌 수 없으며, 향계, 나아가 비촉을 인연으로 생겨난 여러 수와 소멸하지 않는 것은 무이이고 둘로 나눌 수 없는 까닭입니다. 왜 그러한가? 소멸하지 않은 법으로써 하나가 아니고 둘도 아니며, 여럿도 아니고 다르지도 않습니다. 이러한 까닭으로 비계가 소멸하지 않는다면 곧 비계가 아니고, 향계, 나아가 비촉을 인연으로 생겨난 여러 수가 소멸하지 않는다면 향계, 나아가 비촉을 인연으로 생겨난 여러 수가 아닙니다.

세존이시여. 설계가 소멸하지 않는다면 곧 설계가 아니고, 미계·설식계, 나아가 설촉·설촉을 인연으로 생겨난 여러 수가 소멸하지 않는다면 미계, 나아가 설촉을 인연으로 생겨난 여러 수가 아닙니다. 그 까닭은 무엇인가? 설계와 소멸하지 않는 것은 무이이고 둘로 나눌 수 없으며, 미계, 나아가 설촉을 인연으로 생겨난 여러 수와 소멸하지 않는 것은 무이이고 둘로 나눌 수 없는 까닭입니다. 왜 그러한가? 소멸하지 않은 법으로써 하나가 아니고 둘도 아니며, 여럿도 아니고 다르지도 않습니다. 이러한 까닭으로 설계가 소멸하지 않는다면 곧 설계가 아니고, 미계, 나아가 설촉을 인연으로 생겨난 여러 수가 소멸하지 않는다면 미계, 나아가 설촉을 인연으로 생겨난 여러 수가 아닙니다.

세존이시여. 신계가 소멸하지 않는다면 곧 신계가 아니고, 촉계·신식계, 나아가 신촉·신촉을 인연으로 생겨난 여러 수가 소멸하지 않는다면 촉계, 나아가 신촉을 인연으로 생겨난 여러 수가 아닙니다. 그 까닭은 무엇인가? 신계와 소멸하지 않는 것은 무이이고 둘로 나눌 수 없으며, 촉계, 나아가 신촉을 인연으로 생겨난 여러 수와 소멸하지 않는 것은 무이이고 둘로 나눌 수 없는 까닭입니다. 왜 그러한가? 소멸하지 않은 법으로써 하나가 아니고 둘도 아니며, 여럿도 아니고 다르지도 않습니다. 이러한 까닭으로 신계가 소멸하지 않는다면 곧 신계가 아니고, 촉계, 나아가 신촉을 인연으로 생겨난 여러 수가 소멸하지 않는다면 촉계, 나아가 신촉을 인연으로 생겨난 여러 수가 아닙니다.

세존이시여. 의계가 소멸하지 않는다면 곧 의계가 아니고, 법계·의식계, 나아가 의촉·의촉을 인연으로 생겨난 여러 수가 소멸하지 않는다면 법계, 나아가 의촉을 인연으로 생겨난 여러 수가 아닙니다. 그 까닭은 무엇인가? 의계와 소멸하지 않는 것은 무이이고 둘로 나눌 수 없으며, 법계, 나아가 의촉을 인연으로 생겨난 여러 수와 소멸하지 않는 것은 무이이고 둘로 나눌 수 없는 까닭입니다. 왜 그러한가? 소멸하지 않은 법으로써 하나가 아니고 둘도 아니며, 여럿도 아니고 다르지도 않습니다. 이러한 까닭으로 의계가 소멸하지 않는다면 곧 의계가 아니고, 법계, 나아가 의촉을 인연으로 생겨난 여러 수가 소멸하지 않는다면 법계, 나아가 의촉을 인연으로 생겨난 여러 수가 아닙니다.

세존이시여. 지계가 소멸하지 않는다면 곧 지계가 아니고, 수·화·풍·공·식계가 소멸하지 않는다면 수·화·풍·공·식계가 아닙니다. 그 까닭은 무엇인가? 지계와 소멸하지 않는 것은 무이이고 둘로 나눌 수 없으며, 수·화·풍·공·식계와 소멸하지 않는 것은 무이이고 둘로 나눌 수 없는 까닭입니다. 왜 그러한가? 소멸하지 않은 법으로써 하나가 아니고 둘도 아니며, 여럿도 아니고 다르지도 않습니다. 이러한 까닭으로 지계가 소멸하지 않는다면 곧 지계가 아니고, 수·화·풍·공·식계가 소멸하지 않는다면 수·화·풍·공·식계가 아닙니다.

세존이시여. 고성제가 소멸하지 않는다면 곧 고성제가 아니고, 집·멸·도성제가 소멸하지 않는다면 집·멸·도성제가 아닙니다. 그 까닭은 무엇인가? 고성제와 소멸하지 않는 것은 무이이고 둘로 나눌 수 없으며, 집·멸·도성제와 소멸하지 않는 것은 무이이고 둘로 나눌 수 없는 까닭입니다. 왜 그러한가? 소멸하지 않은 법으로써 하나가 아니고 둘도 아니며, 여럿도 아니고 다르지도 않습니다. 이러한 까닭으로 고성제가 소멸하지 않는다면 곧 고성제가 아니고, 집·멸·도성제가 소멸하지 않는다면 집·멸·도성제가 아닙니다.

　세존이시여, 무명이 소멸하지 않는다면 곧 무명이 아니고, 행·식·명색·육처·촉·수·애·취·유·생·노사의 수탄고우뇌가 소멸하지 않는다면 행, 나아가 노사의 수탄고우뇌가 아닙니다. 그 까닭은 무엇인가? 무명과 소멸하지 않는 것은 무이이고 둘로 나눌 수 없으며, 행, 나아가 노사의 수탄고우뇌와 소멸하지 않는 것은 무이이고 둘로 나눌 수 없는 까닭입니다. 왜 그러한가? 소멸하지 않은 법으로써 하나가 아니고 둘도 아니며, 여럿도 아니고 다르지도 않습니다. 이러한 까닭으로 무명이 소멸하지 않는다면 곧 무명이 아니고, 행, 나아가 노사의 수탄고우뇌가 소멸하지 않는다면 행, 나아가 노사의 수탄고우뇌가 아닙니다.

　세존이시여, 내공이 소멸하지 않는다면 곧 내공이 아니고, 외공·내외공·공공·대공·승의공·유위공·무위공·필경공·무제공·산공·무변이공·본성공·자상공·공상공·일체법공·불가득공·무성공·자성공·무성자성공이 소멸하지 않는다면 외공, 나아가 무성자성공이 아닙니다. 그 까닭은 무엇인가? 내공과 소멸하지 않는 것은 무이이고 둘로 나눌 수 없으며, 외공, 나아가 무성자성공과 소멸하지 않는 것은 무이이고 둘로 나눌 수 없는 까닭입니다. 왜 그러한가? 소멸하지 않은 법으로써 하나가 아니고 둘도 아니며, 여럿도 아니고 다르지도 않습니다. 이러한 까닭으로 내공이 소멸하지 않는다면 곧 내공이 아니고, 외공, 나아가 무성자성공이 소멸하지 않는다면 외공, 나아가 무성자성공이 아닙니다.

　세존이시여. 보시바라밀다가 소멸하지 않는다면 곧 보시바라밀다가 아니고, 정계·안인·정진·정려·반야바라밀다가 소멸하지 않는다면 정계·안인·정진·정려·반야바라밀다가 아닙니다. 그 까닭은 무엇인가? 보시바라밀다와 소멸하지 않는 것은 무이이고 둘로 나눌 수 없으며, 정계·안인·정진·정려·반야바라밀다와 소멸하지 않는 것은 무이이고 둘로 나눌 수 없는 까닭입니다. 왜 그러한가? 소멸하지 않은 법으로써 하나가 아니고 둘도 아니며, 여럿도 아니고 다르지도 않습니다. 이러한 까닭으로 보시바라밀다가 소멸하지 않는다면 곧 보시바라밀다가 아니고, 정계·안인·정진·정려·반야바라밀다가 소멸하지 않는다면 정계·안인·정진·정려·반야바라밀다가 아닙니다.

　세존이시여. 4정려가 소멸하지 않는다면 곧 4정려가 아니고, 4무량·4무색정이 소멸하지 않는다면 4무량·4무색정이 아닙니다. 그 까닭은 무엇인가? 4정려와 소멸하지 않는 것은 무이이고 둘로 나눌 수 없으며, 4무량·4무색정과 소멸하지 않는 것은 무이이고 둘로 나눌 수 없는 까닭입니다. 왜 그러한가? 소멸하지 않은 법으로써 하나가 아니고 둘도 아니며, 여럿도 아니고 다르지도 않습니다. 이러한 까닭으로 4정려가 소멸하지 않는다면 곧 4정려가 아니고, 4무량·4무색정이 소멸하지 않는다면 4무량·4무색정이 아닙니다.

　세존이시여. 8해탈이 소멸하지 않는다면 곧 8해탈이 아니고, 8승처·9차제정·10변처가 소멸하지 않는다면 8승처·9차제정·10변처가 아닙니다. 그 까닭은 무엇인가? 8해탈과 소멸하지 않는 것은 무이이고 둘로 나눌 수 없으며, 8승처·9차제정·10변처와 소멸하지 않는 것은 무이이고 둘로 나눌 수 없는 까닭입니다. 왜 그러한가? 소멸하지 않은 법으로써 하나가 아니고 둘도 아니며, 여럿도 아니고 다르지도 않습니다. 이러한 까닭으로 8해탈이 소멸하지 않는다면 곧 8해탈이 아니고, 8승처·9차제정·10변처가 소멸하지 않는다면 8승처·9차제정·10변처가 아닙니다.

　세존이시여. 4념주가 소멸하지 않는다면 곧 4념주가 아니고, 4정단·4신족·5근·5력·7등각지·8성도지가 소멸하지 않는다면 4정단, 나아가 8성도지가 아닙니다. 그 까닭은 무엇인가? 4념주와 소멸하지 않는 것은 무이이고 둘로 나눌 수 없으며, 4정단, 나아가 8성도지와 소멸하지 않는 것은 무이이고 둘로 나눌 수 없는 까닭입니다. 왜 그러한가? 소멸하지 않은 법으로써 하나가 아니고 둘도 아니며, 여럿도 아니고 다르지도 않습니다. 이러한 까닭으로 4념주가 소멸하지 않는다면 곧 4념주가 아니고, 4정단, 나아가 8성도지가 소멸하지 않는다면 4정단, 나아가 8성도지가 아닙니다.

세존이시여. 공해탈문이 소멸하지 않는다면 곧 공해탈문이 아니고, 무상·무원해탈문이 소멸하지 않는다면 무상·무원해탈문이 아닙니다. 그 까닭은 무엇인가? 공해탈문과 소멸하지 않는 것은 무이이고 둘로 나눌 수 없으며, 무상·무원해탈문과 소멸하지 않는 것은 무이이고 둘로 나눌 수 없는 까닭입니다. 왜 그러한가? 소멸하지 않은 법으로써 하나가 아니고 둘도 아니며, 여럿도 아니고 다르지도 않습니다. 이러한 까닭으로 공해탈문이 소멸하지 않는다면 곧 공해탈문이 아니고, 무상·무원해탈문이 소멸하지 않는다면 무상·무원해탈문이 아닙니다.

세존이시여. 5안이 소멸하지 않는다면 곧 5안이 아니고, 6신통이 소멸하지 않는다면 6신통이 아닙니다. 그 까닭은 무엇인가? 5안과 소멸하지 않는 것은 무이이고 둘로 나눌 수 없으며, 6신통과 소멸하지 않는 것은 무이이고 둘로 나눌 수 없는 까닭입니다. 왜 그러한가? 소멸하지 않은 법으로써 하나가 아니고 둘도 아니며, 여럿도 아니고 다르지도 않습니다. 이러한 까닭으로 5안이 소멸하지 않는다면 곧 5안이 아니고, 6신통이 소멸하지 않는다면 6신통이 아닙니다.

세존이시여. 여래의 10력이 소멸하지 않는다면 곧 여래의 10력이 아니고, 4무소외·4무애해·대자·대비·대희·대사·18불불공법이 소멸하지 않는다면 4무소외, 나아가 18불불공법이 아닙니다. 그 까닭은 무엇인가? 여래의 10력과 소멸하지 않는 것은 무이이고 둘로 나눌 수 없으며, 4무소외, 나아가 18불불공법과 소멸하지 않는 것은 무이이고 둘로 나눌 수 없는 까닭입니다. 왜 그러한가? 소멸하지 않은 법으로써 하나가 아니고 둘도 아니며, 여럿도 아니고 다르지도 않습니다. 이러한 까닭으로 여래의 10력이 소멸하지 않는다면 곧 여래의 10력이 아니고, 4무소외, 나아가 18불불공법이 소멸하지 않는다면 4무소외, 나아가 18불불공법이 아닙니다.

세존이시여. 진여가 소멸하지 않는다면 곧 진여가 아니고, 법계·법성·

불허망성·불변이성·평등성·이생성·법정·법주·실제·허공계·부사의계가 소멸하지 않는다면 법계, 나아가 부사의계가 아닙니다. 그 까닭은 무엇인가? 진여와 소멸하지 않는 것은 무이이고 둘로 나눌 수 없으며, 법계, 나아가 부사의계와 소멸하지 않는 것은 무이이고 둘로 나눌 수 없는 까닭입니다. 왜 그러한가? 소멸하지 않은 법으로써 하나가 아니고 둘도 아니며, 여럿도 아니고 다르지도 않습니다. 이러한 까닭으로 진여가 소멸하지 않는다면 곧 진여가 아니고, 법계, 나아가 부사의계가 소멸하지 않는다면 법계, 나아가 부사의계가 아닙니다.

　세존이시여. 무상정등보리가 소멸하지 않는다면 곧 무상정등보리가 아니고, 일체지·도상지·일체상지가 소멸하지 않는다면 일체지·도상지·일체상지가 아닙니다. 그 까닭은 무엇인가? 무상정등보리와 소멸하지 않는 것은 무이이고 둘로 나눌 수 없으며, 일체지·도상지·일체상지와 소멸하지 않는 것은 무이이고 둘로 나눌 수 없는 까닭입니다. 왜 그러한가? 생겨나지 않은 법으로써 하나가 아니고 둘도 아니며, 여럿도 아니고 다르지도 않습니다. 이러한 까닭으로 무상정등보리가 소멸하지 않는다면 곧 무상정등보리가 아니고, 일체지·도상지·일체상지가 소멸하지 않는다면 일체지·도상지·일체상지가 아닙니다.

　세존이시여. 무망실법이 소멸하지 않는다면 곧 무망실법이 아니고, 항주사성이 소멸하지 않는다면 항주사성이 아닙니다. 그 까닭은 무엇인가? 무망실법과 소멸하지 않는 것은 무이이고 둘로 나눌 수 없으며, 항주사성과 소멸하지 않는 것은 무이이고 둘로 나눌 수 없는 까닭입니다. 왜 그러한가? 소멸하지 않은 법으로써 하나가 아니고 둘도 아니며, 여럿도 아니고 다르지도 않습니다. 이러한 까닭으로 무망실법이 소멸하지 않는다면 곧 무망실법이 아니고, 항주사성이 소멸하지 않는다면 항주사성이 아닙니다.

　세존이시여. 일체의 다라니문이 소멸하지 않는다면 곧 일체의 다라니문이 아니고, 일체의 삼마지문이 소멸하지 않는다면 일체의 삼마지문이 아닙니다. 그 까닭은 무엇인가? 일체의 다라니문과 소멸하지 않는 것은 무이이고 둘로 나눌 수 없으며, 일체의 삼마지문과 소멸하지 않는 것은 무이이고 둘로 나눌 수 없는 까닭입니다. 왜 그러한가? 소멸하지 않은 법으로써 하나가 아니고 둘도 아니며, 여럿도 아니고 다르지도 않습니다. 이러한 까닭으로 일체의 다라니문이 소멸하지 않는다면 곧 일체의 다라니문이 아니고, 일체의 삼마지문이 소멸하지 않는다면 일체의 삼마지문이 아닙니다."

"세존이시여. 색이 둘이 아니라면(不二) 색이 아니고, 수·상·행·식이 둘이 아니라면 수·상·행·식이 아닙니다. 세존이시여. 안처가 둘이 아니라면 안처가 아니고, 이·비·설·신·의처가 둘이 아니라면 이·비·설·신·의처가 아닙니다. 세존이시여. 색처가 둘이 아니라면 색처가 아니고, 성·향·미·촉·법처가 둘이 아니라면 성·향·미·촉·법처가 아닙니다.

세존이시여. 안계가 둘이 아니라면 안계가 아니고, 색계·안식계, 나아가 안촉·안촉을 인연으로 생겨난 여러 수가 둘이 아니라면 색계, 나아가 안촉을 인연으로 생겨난 여러 수가 아닙니다. 세존이시여. 이계가 둘이 아니라면 이계가 아니고, 성계·이식계, 나아가 이촉·이촉을 인연으로 생겨난 여러 수가 둘이 아니라면 성계, 나아가 이촉을 인연으로 생겨난 여러 수가 아닙니다. 세존이시여. 비계가 둘이 아니라면 비계가 아니고, 향계·비식계, 나아가 비촉·비촉을 인연으로 생겨난 여러 수가 둘이 아니라면 향계, 나아가 비촉을 인연으로 생겨난 여러 수가 아닙니다.

세존이시여. 설계가 둘이 아니라면 설계가 아니고, 미계·설식계, 나아가 설촉·설촉을 인연으로 생겨난 여러 수가 둘이 아니라면 미계, 나아가 설촉을 인연으로 생겨난 여러 수가 아닙니다. 세존이시여. 신계가 둘이 아니라면 신계가 아니고, 촉계·신식계, 나아가 신촉·신촉을 인연으로 생겨난 여러 수가 둘이 아니라면 촉계, 나아가 신촉을 인연으로 생겨난 여러 수가 아닙니다. 세존이시여. 의계가 둘이 아니라면 의계가 아니고, 법계·의식계, 나아가 의촉·의촉을 인연으로 생겨난 여러 수가 둘이 아니라면 법계, 나아가 의촉을 인연으로 생겨난 여러 수가 아닙니다.

세존이시여. 지계가 둘이 아니라면 지계가 아니고, 수·화·풍·공·식계가 둘이 아니라면 수·화·풍·공·식계가 아닙니다. 세존이시여. 고성제가 둘이 아니라면 고성제가 아니고, 집·멸·도성제가 둘이 아니라면 집·멸·도성제가 아닙니다. 세존이시여. 무명이 둘이 아니라면 무명이 아니고, 행·식·명색·육처·촉·수·애·취·유·생·노사의 수탄고우뇌가 둘이 아니라면 행, 나아가 노사의 수탄고우뇌가 아닙니다.
　세존이시여. 내공이 둘이 아니라면 내공이 아니고, 외공·내외공·공공·대공·승의공·유위공·무위공·필경공·무제공·산공·무변이공·본성공·자상공·공상공·일체법공·불가득공·무성공·자성공·무성자성공이 둘이 아니라면 외공, 나아가 무성자성공이 아닙니다. 세존이시여. 보시바라밀다가 둘이 아니라면 보시바라밀다가 아니고, 정계·안인·정진·정려·반야바라밀다가 둘이 아니라면 정계·안인·정진·정려·반야바라밀다가 아닙니다. 세존이시여. 4정려가 둘이 아니라면 4정려가 아니고, 4무량·4무색정이 둘이 아니라면 4무량·4무색정이 아닙니다.
　세존이시여. 8해탈이 둘이 아니라면 8해탈이 아니고, 8승처·9차제정·10변처가 둘이 아니라면 8승처·9차제정·10변처가 아닙니다. 세존이시여. 4념주가 둘이 아니라면 4념주가 아니고, 4정단·4신족·5근·5력·7등각지·8성도지가 둘이 아니라면 4정단, 나아가 8성도지가 아닙니다. 세존이시여. 공해탈문이 둘이 아니라면 공해탈문이 아니고, 무상·무원해탈문이 둘이 아니라면 무상·무원해탈문이 아닙니다.
　세존이시여. 5안이 둘이 아니라면 5안이 아니고, 6신통이 둘이 아니라면 6신통이 아닙니다. 세존이시여. 여래의 10력이 둘이 아니라면 여래의 10력이 아니고, 4무소외·4무애해·대자·대비·대희·대사·18불불공법이 둘이 아니라면 4무소외, 나아가 18불불공법이 아닙니다. 세존이시여. 진여가 둘이 아니라면 진여가 아니고, 법계·법성·불허망성·불변이성·평등성·이생성·법정·법주·실제·허공계·부사의계가 둘이 아니라면 법계, 나아가 부사의계가 아닙니다.
　세존이시여. 무상정등보리가 둘이 아니라면 무상정등보리가 아니고,

6신통이 둘이 아니라면 일체지·도상지·일체상지가 아닙니다. 세존이시여. 무망실법이 둘이 아니라면 무망실법이 아니고, 항주사성이 둘이 아니라면 항주사성이 아닙니다. 세존이시여. 일체의 다라니문이 둘이 아니라면 일체의 다라니문이 아니고, 일체의 삼마지문이 둘이 아니라면 일체의 삼마지문이 아닙니다."

"세존이시여. 색은 둘이 아니고 허망함이 없는 법수(法數)[1]에 들어가며(入), 수·상·행·식도 둘이 아니고 허망함이 없는 법수에 들어갑니다. 세존이시여. 안처는 둘이 아니고 허망함이 없는 법수에 들어가며, 이·비·설·신·의처도 둘이 아니고 허망함이 없는 법수에 들어갑니다. 세존이시여. 색처는 둘이 아니고 허망함이 없는 법수에 들어가며, 성·향·미·촉·법처도 둘이 아니고 허망함이 없는 법수에 들어갑니다.

세존이시여. 안계는 둘이 아니고 허망함이 없는 법수에 들어가며, 색계·안식계, 나아가 안촉·안촉을 인연으로 생겨난 여러 수도 둘이 아니고 허망함이 없는 법수에 들어갑니다. 세존이시여. 이계는 둘이 아니고 허망함이 없는 법수에 들어가며, 성계·이식계, 나아가 이촉·이촉을 인연으로 생겨난 여러 수도 둘이 아니고 허망함이 없는 법수에 들어갑니다. 세존이시여. 비계는 둘이 아니고 허망함이 없는 법수에 들어가며, 향계·비식계, 나아가 비촉·비촉을 인연으로 생겨난 여러 수도 둘이 아니고 허망함이 없는 법수에 들어갑니다.

세존이시여. 설계는 둘이 아니고 허망함이 없는 법수에 들어가며, 미계·설식계, 나아가 설촉·설촉을 인연으로 생겨난 여러 수도 둘이 아니고 허망함이 없는 법수에 들어갑니다. 세존이시여. 신계는 둘이 아니고 허망함이 없는 법수에 들어가며, 촉계·신식계, 나아가 신촉·신촉을 인연으로 생겨난 여러 수도 둘이 아니고 허망함이 없는 법수에 들어갑니다. 세존이시여. 의계는 둘이 아니고 허망함이 없는 법수에 들어가며, 법계·의

---

[1] 법문(法門)의 숫자를 표시한 것으로, 곧 3계(界)·5온(蘊)·75법(法)·100법(法)·4제(諦)·6도(度)·12인연(因緣) 등이 있다.

식계, 나아가 의촉·의촉을 인연으로 생겨난 여러 수도 둘이 아니고 허망함이 없는 법수에 들어갑니다.
　세존이시여. 지계는 둘이 아니고 허망함이 없는 법수에 들어가며, 수·화·풍·공·식계도 둘이 아니고 허망함이 없는 법수에 들어갑니다. 세존이시여. 고성제는 둘이 아니고 허망함이 없는 법수에 들어가며, 집·멸·도성제도 둘이 아니고 허망함이 없는 법수에 들어갑니다. 세존이시여. 무명은 둘이 아니고 허망함이 없는 법수에 들어가며, 행·식·명색·육처·촉·수·애·취·유·생·노사의 수탄고우뇌도 둘이 아니고 허망함이 없는 법수에 들어갑니다.
　세존이시여. 내공은 둘이 아니고 허망함이 없는 법수에 들어가며, 외공·내외공·공공·대공·승의공·유위공·무위공·필경공·무제공·산공·무변이공·본성공·자상공·공상공·일체법공·불가득공·무성공·자성공·무성자성공도 둘이 아니고 허망함이 없는 법수에 들어갑니다. 세존이시여. 보시바라밀다는 둘이 아니고 허망함이 없는 법수에 들어가며, 정계·안인·정진·정려·반야바라밀다도 둘이 아니고 허망함이 없는 법수에 들어갑니다. 세존이시여. 4정려는 둘이 아니고 허망함이 없는 법수에 들어가며, 4무량·4무색정도 둘이 아니고 허망함이 없는 법수에 들어갑니다.
　세존이시여. 8해탈은 둘이 아니고 허망함이 없는 법수에 들어가며, 8승처·9차제정·10변처도 둘이 아니고 허망함이 없는 법수에 들어갑니다. 세존이시여. 4념주는 둘이 아니고 허망함이 없는 법수에 들어가며, 4정단·4신족·5근·5력·7등각지·8성도지도 둘이 아니고 허망함이 없는 법수에 들어갑니다. 세존이시여. 공해탈문은 둘이 아니고 허망함이 없는 법수에 들어가며, 무상·무원해탈문도 둘이 아니고 허망함이 없는 법수에 들어갑니다.
　세존이시여. 5안은 둘이 아니고 허망함이 없는 법수에 들어가며, 6신통도 둘이 아니고 허망함이 없는 법수에 들어갑니다. 세존이시여. 여래의 10력은 둘이 아니고 허망함이 없는 법수에 들어가며, 4무소외·4무애해·대자·대비·대희·대사·18불불공법도 둘이 아니고 허망함이 없는 법수에 들어갑니다. 세존이시여. 진여는 둘이 아니고 허망함이 없는 법수에 들어가며, 법계·법성·불허망성·불변이성·평등성·이생성·법정·법주·실제·허공계·부사의계도 둘이 아니고 허망함이 없는 법수에 들어갑니다.
　세존이시여. 무상정등보리는 둘이 아니고 허망함이 없는 법수에 들어가며, 일체지·도상지·일체상지도 둘이 아니고 허망함이 없는 법수에 들어갑니다. 세존이시여. 무망실법은 둘이 아니고 허망함이 없는 법수에 들어가며, 항주사성도 둘이 아니고 허망함이 없는 법수에 들어갑니다. 세존이시여. 일체의 다라니문은 둘이 아니고 허망함이 없는 법수에 들어가고, 일체의 삼마지문도 둘이 아니고 허망함이 없는 법수에 들어갑니다."

　이때 사리자가 선현에게 물어 말하였다.
　"보살마하살이 반야바라밀다를 수행하면서 제법을 관찰하는 때이라고 말하였던 것에서, 무엇을 보살마하살이라고 말하고, 무엇을 반야바라밀다라고 말하며, 무엇을 제법을 관찰한다고 말합니까?"
　그때 구수 선현이 사리자에게 대답하여 말하였다.
　"존자께서 '무엇을 보살마하살이라 말하는가?'라고 말한 것과 같이, 사리자여. 유정(有情)들을 위하여 보리(菩提)를 구하고, 역시 보리가 있으므로 보살이라고 이름하며, 그 일체법의 상(相)을 여실(如實)하게 알았더라도 집착하지 않은 까닭으로 다시 마하살이라고 이름합니다."
　사리자가 말하였다.
　"무엇을 보살마하살이 일체법의 상을 여실하게 알았더라도 집착하지 않는다고 말합니까?"
　선현이 대답하여 말하였다.
　"사리자여. 보살마하살은 색의 상을 여실하게 알았더라도 집착하지 않고, 수·상·행·식의 상을 여실하게 알았더라도 집착하지 않습니다. 사리자여. 보살마하살은 안처의 상을 여실하게 알았더라도 집착하지 않고, 이·비·설·신·의처의 상을 여실하게 알았더라도 집착하지 않습니다. 사리자여. 보살마하살은 색처의 상을 여실하게 알았더라도 집착하지 않고,

성·향·미·촉·법처의 상을 여실하게 알았더라도 집착하지 않습니다.

사리자여. 보살마하살은 안계의 상을 여실하게 알았더라도 집착하지 않고, 색계·안식계, 나아가 안촉·안촉을 인연으로 생겨난 여러 수의 상을 여실하게 알았더라도 집착하지 않습니다. 사리자여. 보살마하살은 이계의 상을 여실하게 알았더라도 집착하지 않고, 성계·이식계, 나아가 이촉·이촉을 인연으로 생겨난 여러 수의 상을 여실하게 알았더라도 집착하지 않습니다. 사리자여. 보살마하살은 비계의 상을 여실하게 알았더라도 집착하지 않고, 향계·비식계, 나아가 비촉·비촉을 인연으로 생겨난 여러 수의 상을 여실하게 알았더라도 집착하지 않습니다.

사리자여. 보살마하살은 설계의 상을 여실하게 알았더라도 집착하지 않고, 미계·설식계, 나아가 설촉·설촉을 인연으로 생겨난 여러 수의 상을 여실하게 알았더라도 집착하지 않습니다. 사리자여. 보살마하살은 신계의 상을 여실하게 알았더라도 집착하지 않고, 촉계·신식계, 나아가 신촉·신촉을 인연으로 생겨난 여러 수의 상을 여실하게 알았더라도 집착하지 않습니다. 사리자여. 보살마하살은 의계의 상을 여실하게 알았더라도 집착하지 않고, 법계·의식계, 나아가 의촉·의촉을 인연으로 생겨난 여러 수의 상을 여실하게 알았더라도 집착하지 않습니다.

사리자여. 보살마하살은 지계의 상을 여실하게 알았더라도 집착하지 않고, 수·화·풍·공·식계의 상을 여실하게 알았더라도 집착하지 않습니다. 사리자여. 보살마하살은 고성제의 상을 여실하게 알았더라도 집착하지 않고, 집·멸·도성제의 상을 여실하게 알았더라도 집착하지 않습니다. 사리자여. 보살마하살은 무명의 상을 여실하게 알았더라도 집착하지 않고, 행·식·명색·육처·촉·수·애·취·유·생·노사의 수탄고우뇌의 상을 여실하게 알았더라도 집착하지 않습니다.

사리자여. 보살마하살은 내공의 상을 여실하게 알았더라도 집착하지 않고, 외공·내외공·공공·대공·승의공·유위공·무위공·필경공·무제공·산공·무변이공·본성공·자상공·공상공·일체법공·불가득공·무성공·자성공·무성자성공의 상을 여실하게 알았더라도 집착하지 않습니다. 사리자여. 보살마하살은 보시바라밀다의 상을 여실하게 알았더라도 집착하지 않고, 정계·안인·정진·정려·반야바라밀다의 상을 여실하게 알았더라도 집착하지 않습니다. 사리자여. 보살마하살은 4정려의 상을 여실하게 알았더라도 집착하지 않고, 4무량·4무색정의 상을 여실하게 알았더라도 집착하지 않습니다.

 사리자여. 보살마하살은 8해탈의 상을 여실하게 알았더라도 집착하지 않고, 8승처·9차제정·10변처의 상을 여실하게 알았더라도 집착하지 않습니다. 사리자여. 보살마하살은 4념주의 상을 여실하게 알았더라도 집착하지 않고, 4정단·4신족·5근·5력·7등각지·8성도지의 상을 여실하게 알았더라도 집착하지 않습니다. 사리자여. 보살마하살은 공해탈문의 상을 여실하게 알았더라도 집착하지 않고, 무상·무원해탈문의 상을 여실하게 알았더라도 집착하지 않습니다.

 사리자여. 보살마하살은 5안의 상을 여실하게 알았더라도 집착하지 않고, 6신통의 상을 여실하게 알았더라도 집착하지 않습니다. 사리자여. 보살마하살은 여래의 10력의 상을 여실하게 알았더라도 집착하지 않고, 10력·4무소외·4무애해·대자·대비·대희·대사·18불불공법의 상을 여실하게 알았더라도 집착하지 않습니다. 사리자여. 보살마하살은 진여의 상을 여실하게 알았더라도 집착하지 않고, 법계·법성·불허망성·불변이성·평등성·이생성·법정·법주·실제·허공계·부사의계의 상을 여실하게 알았더라도 집착하지 않습니다.

 사리자여. 보살마하살은 무상정등보리의 상을 여실하게 알았더라도 집착하지 않고, 일체지·도상지·일체상지의 상을 여실하게 알았더라도 집착하지 않습니다. 사리자여. 보살마하살은 무망실법의 상을 여실하게 알았더라도 집착하지 않고, 항주사성의 상을 여실하게 알았더라도 집착하지 않습니다. 사리자여. 보살마하살은 일체의 다라니문의 상을 여실하게 알았더라도 집착하지 않고, 일체의 삼마지문의 상을 여실하게 알았더라도 집착하지 않습니다."

이때 사리자가 선현에게 물어 말하였다.
"무엇을 제법의 상이라고 이름합니까?"
선현이 대답하여 말하였다.
"만약 이와 같은 여러 행상(行相)의 표면적인 상태(狀表)를 이유로 제법을 이것은 색(色)이고 이것은 성(聲)이며 이것은 향(香)이고 이것은 미(味)이며 촉(觸)이고 이것은 법(法)이며 이것은 내신(內身)이고 이것은 외신(外身)이며 이것은 유루(有漏)이고 이것은 무루(無漏)이며 이것은 유위(有爲)이고 이것은 무위(無爲)라고 알았다면, 이것 등을 일체법의 상이라고 이름합니다."
그때 구수 선현이 다시 사리자에게 대답하여 말하였다.
"존자께서 '무엇을 반야바라밀다라고 말하는가?'라고 말한 것과 같이, 사리자여. 수승하고 묘한 지혜가 있으면서 멀리 벗어나는 것이 있으므로 반야바라밀다라고 이름합니다."
사리자가 말하였다.
"이것은 무슨 법에서 멀리 벗어납니까?"
선현이 대답하여 말하였다.
"이것은 일체의 번뇌(煩惱)와 견취(見趣)2)를 멀리 벗어나고, 이것은 일체의 6취(六趣)3)와 4생(四生)4)을 멀리 벗어나며, 이것은 일체의 온(蘊)·계(界)·처(處)5) 등을 멀리 벗어나므로 반야바라밀다라고 이름합니다. 또한 사리자여, 수승하고 묘한 지혜가 있으면서 멀리 이르는 것이 있으므로 반야바라밀다라고 이름합니다."
사리자가 말하였다.
"이것은 무슨 법에서 멀리 이르게 됩니까?"

---

2) 견해를 일으켜서 고집하는 것을 가리킨다.
3) 육도(六道)를 다르게 부르는 말이고, 천상(天上)·인간(人間)·아수라(阿修羅)·축생(畜生)·아귀(餓鬼)·지옥(地獄) 등을 가리킨다.
4) 유정들이 태어나는 네 가지 형식으로 태생(胎生)·난생(卵生)·습생(濕生)·화생(化生) 등을 가리킨다.
5) 5온(五蘊)·12처(十二處)·18계(十八界)를 가리킨다.

선현이 대답하였다.
"사리자여. 이것은 색의 진실한 자성(實性)에서 멀리 이르게 되고, 수·상·행·식의 진실한 자성에서 멀리 이르게 되므로 반야바라밀다라고 이름합니다. 사리자여. 이것은 안처의 진실한 자성에서 멀리 이르게 되고, 이·비·설·신·의처의 진실한 자성에서 멀리 이르게 되므로 반야바라밀다라고 이름합니다. 사리자여. 이것은 색처의 진실한 자성에서 멀리 이르게 되고, 성·향·미·촉·법처의 진실한 자성에서 멀리 이르게 되므로 반야바라밀다라고 이름합니다.

사리자여. 이것은 안계의 진실한 자성에서 멀리 이르게 되고, 색계·안식계, 나아가 안촉·안촉을 인연으로 생겨난 여러 수의 진실한 자성에서 멀리 이르게 되므로 반야바라밀다라고 이름합니다. 사리자여. 이것은 이계의 진실한 자성에서 멀리 이르게 되고, 성계·이식계, 나아가 이촉·이촉을 인연으로 생겨난 여러 수의 진실한 자성에서 멀리 이르게 되므로 반야바라밀다라고 이름합니다. 사리자여. 이것은 비계의 진실한 자성에서 멀리 이르게 되고, 향계·비식계, 나아가 비촉·비촉을 인연으로 생겨난 여러 수의 진실한 자성에서 멀리 이르게 되므로 반야바라밀다라고 이름합니다.

사리자여. 이것은 설계의 진실한 자성에서 멀리 이르게 되고, 미계·설식계, 나아가 설촉·설촉을 인연으로 생겨난 여러 수의 진실한 자성에서 멀리 이르게 되므로 반야바라밀다라고 이름합니다. 사리자여. 이것은 신계의 진실한 자성에서 멀리 이르게 되고, 촉계·신식계, 나아가 신촉·신촉을 인연으로 생겨난 여러 수의 진실한 자성에서 멀리 이르게 되므로 반야바라밀다라고 이름합니다. 사리자여. 이것은 의계의 진실한 자성에서 멀리 이르게 되고, 법계·의식계, 나아가 의촉·의촉을 인연으로 생겨난 여러 수의 진실한 자성에서 멀리 이르게 되므로 반야바라밀다라고 이름합니다.

사리자여. 이것은 지계의 진실한 자성에서 멀리 이르게 되고, 수·화·풍·공·식계의 진실한 자성에서 멀리 이르게 되므로 반야바라밀다라고 이름합니다. 사리자여. 이것은 고성제의 진실한 자성에서 멀리 이르게 되고, 집·멸·도성제의 진실한 자성에서 멀리 이르게 되므로 반야바라밀다라고 이름합니다. 사리자여. 이것은 무명의 진실한 자성에서 멀리 이르게 되고, 행·식·명색·육처·촉·수·애·취·유·생·노사의 수탄고우뇌의 진실한 자성에서 멀리 이르게 되므로 반야바라밀다라고 이름합니다.

사리자여. 이것은 내공의 진실한 자성에서 멀리 이르게 되고, 외공·내외공·공공·대공·승의공·유위공·무위공·필경공·무제공·산공·무변이공·본성공·자상공·공상공·일체법공·불가득공·무성공·자성공·무성자성공의 진실한 자성에서 멀리 이르게 되므로 반야바라밀다라고 이름합니다. 사리자여. 이것은 보시바라밀다의 진실한 자성에서 멀리 이르게 되고, 정계·안인·정진·정려·반야바라밀다의 진실한 자성에서 멀리 이르게 되므로 반야바라밀다라고 이름합니다. 사리자여. 이것은 4정려의 진실한 자성에서 멀리 이르게 되고, 4무량·4무색정의 진실한 자성에서 멀리 이르게 되므로 반야바라밀다라고 이름합니다.

사리자여. 이것은 8해탈의 진실한 자성에서 멀리 이르게 되고, 8승처·9차제정·10변처의 진실한 자성에서 멀리 이르게 되므로 반야바라밀다라고 이름합니다. 사리자여. 이것은 4념주의 진실한 자성에서 멀리 이르게 되고, 4정단·4신족·5근·5력·7등각지·8성도지의 진실한 자성에서 멀리 이르게 되므로 반야바라밀다라고 이름합니다. 사리자여. 이것은 공해탈문의 진실한 자성에서 멀리 이르게 되고, 무상·무원해탈문의 진실한 자성에서 멀리 이르게 되므로 반야바라밀다라고 이름합니다.

사리자여. 이것은 5안의 진실한 자성에서 멀리 이르게 되고, 6신통의 진실한 자성에서 멀리 이르게 되므로 반야바라밀다라고 이름합니다. 사리자여. 이것은 여래의 10력의 진실한 자성에서 멀리 이르게 되고, 4무소외·4무애해·대자·대비·대희·대사·18불불공법의 진실한 자성에서 멀리 이르게 되므로 반야바라밀다라고 이름합니다. 사리자여. 이것은 진여의 진실한 자성에서 멀리 이르게 되고, 법계·법성·불허망성·불변이성·평등성·이생성·법정·법주·실제·허공계·부사의계의 진실한 자성에서 멀리 이르게 되므로 반야바라밀다라고 이름합니다.
 사리자여. 이것은 무상정등보리의 진실한 자성에서 멀리 이르게 되고, 일체지·도상지·일체상지의 진실한 자성에서 멀리 이르게 되므로 반야바라밀다라고 이름합니다. 사리자여. 이것은 무망실법의 진실한 자성에서 멀리 이르게 되고, 항주사성의 진실한 자성에서 멀리 이르게 되므로 반야바라밀다라고 이름합니다. 사리자여. 이것은 일체의 다라니문의 진실한 자성에서 멀리 이르게 되고, 일체의 삼마지문의 진실한 자성에서 멀리 이르게 되므로 반야바라밀다라고 이름합니다."

마하반야바라밀다경 제72권

19. 관행품(觀行品)(3)

그때 구수 선현이 다시 사리자에게 대답하여 말하였다.
"존자께서 '무엇을 제법을 관찰(觀)한다고 말하는가?'라고 말한 것과 같이, 사리자여. 제보살마하살은 반야바라밀다를 수행하는 때에, 색이 항상(常)하지 않고 무상(無常)하지도 않다고 관찰하고, 수·상·행·식이 항상하지 않고 무상하지도 않다고 관찰하며, 색이 즐겁지도 않고 괴롭지도 않다고 관찰하고 수·상·행·식이 즐겁지도 않고 괴롭지도 않다고 관찰하며, 색이 내(我)가 아니고 무아(無我)도 아니라고 관찰하고 수·상·행·식이 내가 아니고 무아도 아니라고 관찰하며, 색이 청정(淨)하지 않고 부정(不淨)하지도 않다고 관찰하고 수·상·행·식이 청정하지 않고 부정하지도 않다고 관찰하며, 색이 공하지 않고 공하지 않은 것도 아니라고 관찰하고 수·상·행·식이 공한 것도 아니고 공하지 않은 것도 아니라고 관찰하며, 색이 유상(有相)이 아니고 무상(無相)도 아니라고 관찰하고 수·상·행·식이 유상이 아니고 무상도 아니라고 관찰하며, 색이 유원(有願)이 아니고 무원(無願)도 아니라고 관찰하고 수·상·행·식이 유원이 아니고 무원도 아니라고 관찰하며, 색이 적정(寂靜)하지 않고 적정하지 않은 것도 아니라고 관찰하고 수·상·행·식이 적정하지 않고 적정하지 않은 것도 아니라고 관찰하며, 색이 멀리 벗어나지(遠離) 않고 멀리 벗어나지 않은 것도 아니라고 관찰하고 수·상·행·식이 멀리 벗어나지(遠離) 않고 멀리 벗어나지 않은 것도 아니라고 관찰합니다. 사리자여. 이것을 제법을 관찰한다고 말합니다.
　사리자여. 제보살마하살은 반야바라밀다를 수행하는 때에, 안처가 항상하지 않고 무상하지도 않다고 관찰하고, 이·비·설·신·의처가 항상하지 않고 무상하지도 않다고 관찰하며, 안처가 즐겁지 않고 괴롭지도 않다고 관찰하고 이·비·설·신·의처가 즐겁지도 않고 괴롭지도 않다고 관찰하며, 안처가 내가 아니고 무아도 아니라고 관찰하고 이·비·설·신·의처가 내가 아니고 무아도 아니라고 관찰하며, 안처가 청정하지 않고 부정하지도 않다고 관찰하고 이·비·설·신·의처가 청정하지 않고 부정하지도 않다고 관찰하며, 안처가 공하지 않고 공하지 않은 것도 아니라고 관찰하고 이·비·설·신·의처가 공한 것도 아니고 공하지 않은 것도 아니라고 관찰하며, 안처가 유상이 아니고 무상도 아니라고 관찰하고 이·비·설·신·의처가 유상이 아니고 무상도 아니라고 관찰하며, 안처가 유원이 아니고 무원도 아니라고 관찰하고 이·비·설·신·의처가 유원이 아니고 무원도 아니라고 관찰하며, 안처가 적정하지 않고 적정하지 않은 것도 아니라고 관찰하고 이·비·설·신·의처가 적정하지 않고 적정하지 않은 것도 아니라고 관찰하며, 안처가 멀리 벗어나지 않고 멀리 벗어나지 않은 것도 아니라고 관찰하고 이·비·설·신·의처가 멀리 벗어나지 않고 멀리 벗어나지 않은 것도 아니라고 관찰합니다. 사리자여. 이것을 제법을 관찰한다고 말합니다.
　사리자여. 제보살마하살은 반야바라밀다를 수행하는 때에, 색처가 항상하지 않고 무상하지도 않다고 관찰하고, 성·향·미·촉·법처가 항상하지 않고 무상하지도 않다고 관찰하며, 색처가 즐겁지 않고 괴롭지도 않다고 관찰하고 성·향·미·촉·법처가 즐겁지도 않고 괴롭지도 않다고 관찰하며, 색처가 내가 아니고 무아도 아니라고 관찰하고 성·향·미·촉·법처가 내가 아니고 무아도 아니라고 관찰하며, 색처가 청정하지 않고 부정하지도 않다고 관찰하고 성·향·미·촉·법처가 청정하지 않고 부정하지도 않다고 관찰하며, 색처가 공하지 않고 공하지 않은 것도 아니라고 관찰하고 성·향·미·촉·법처가 공한 것도 아니고 공하지 않은 것도 아니라고 관찰하며, 색처가 유상이 아니고 무상도 아니라고 관찰하고 성·향·미·촉·법처가 유상이 아니고 무상도 아니라고 관찰하며, 색처가 유원이 아니고 무원도 아니라고 관찰하고 성·향·미·촉·법처가 유원이 아니고 무원도 아니라고 관찰하며, 색처가 적정하지 않고 적정하지 않은 것도 아니라고 관찰하고 성·향·미·촉·법처가 적정하지 않고 적정하지 않은 것도 아니라고 관찰하며, 색처가 멀리 벗어나지 않고 멀리 벗어나지 않은 것도 아니라고 관찰하고 성·향·미·촉·법처가 멀리 벗어나지 않고 멀리 벗어나지 않은 것도 아니라고 관찰합니다. 사리자여, 이것을 제법을 관찰한다고 말합니다.

사리자여, 제보살마하살은 반야바라밀다를 수행하는 때에, 안계가 항상하지 않고 무상하지도 않다고 관찰하고, 색계·안식계, 나아가 안촉·안촉을 인연으로 생겨난 여러 수가 항상하지 않고 무상하지도 않다고 관찰하며, 안계가 즐겁지 않고 괴롭지도 않다고 관찰하고 색계·안식계, 나아가 안촉·안촉을 인연으로 생겨난 여러 수가 즐겁지도 않고 괴롭지도 않다고 관찰하며, 안계가 내가 아니고 무아도 아니라고 관찰하고 색계·안식계, 나아가 안촉·안촉을 인연으로 생겨난 여러 수가 내가 아니고 무아도 아니라고 관찰하며, 안계가 청정하지 않고 부정하지도 않다고 관찰하고 색계·안식계, 나아가 안촉·안촉을 인연으로 생겨난 여러 수가 청정하지 않고 부정하지도 않다고 관찰하며, 안계가 공하지 않고 공하지 않은 것도 아니라고 관찰하고 색계·안식계, 나아가 안촉·안촉을 인연으로 생겨난 여러 수가 공한 것도 아니고 공하지 않은 것도 아니라고 관찰하며, 안계가 유상이 아니고 무상도 아니라고 관찰하고 색계·안식계, 나아가 안촉·안촉을 인연으로 생겨난 여러 수가 유상이 아니고 무상도 아니라고 관찰하며, 안계가 유원이 아니고 무원도 아니라고 관찰하고 색계·안식계, 나아가 안촉·안촉을 인연으로 생겨난 여러 수가 유원이 아니고 무원도 아니라고 관찰하며, 안계가 적정하지 않고 적정하지 않은 것도 아니라고 관찰하고 색계·안식계, 나아가 안촉·안촉을 인연으로 생겨난 여러 수가 적정하지 않고 적정하지 않은 것도 아니라고 관찰하며, 안계가 멀리 벗어나지 않고 멀리 벗어나지 않은 것도 아니라고 관찰하고 색계·안식계, 나아가 안촉·안촉을 인연으로 생겨난 여러 수가 멀리 벗어나지 않고 멀리 벗어나지 않은 것도 아니라고 관찰합니다. 사리자여. 이것을 제법을 관찰한다고 말합니다.
　사리자여. 제보살마하살은 반야바라밀다를 수행하는 때에, 이계가 항상하지 않고 무상하지도 않다고 관찰하고, 성계·이식계, 나아가 이촉·이촉을 인연으로 생겨난 여러 수가 항상하지 않고 무상하지도 않다고 관찰하며, 이계가 즐겁지 않고 괴롭지도 않다고 관찰하고 성계·이식계, 나아가 이촉·이촉을 인연으로 생겨난 여러 수가 즐겁지도 않고 괴롭지도 않다고 관찰하며, 이계가 내가 아니고 무아도 아니라고 관찰하고 성계·이식계, 나아가 이촉·이촉을 인연으로 생겨난 여러 수가 내가 아니고 무아도 아니라고 관찰하며, 이계가 청정하지 않고 부정하지도 않다고 관찰하고 성계·이식계, 나아가 이촉·이촉을 인연으로 생겨난 여러 수가 청정하지 않고 부정하지도 않다고 관찰하며, 이계가 공하지 않고 공하지 않은 것도 아니라고 관찰하고 성계·이식계, 나아가 이촉·이촉을 인연으로 생겨난 여러 수가 공한 것도 아니고 공하지 않은 것도 아니라고 관찰하며, 이계가 유상이 아니고 무상도 아니라고 관찰하고 성계·이식계, 나아가 이촉·이촉을 인연으로 생겨난 여러 수가 유상이 아니고 무상도 아니라고 관찰하며, 이계가 유원이 아니고 무원도 아니라고 관찰하고 성계·이식계, 나아가 이촉·이촉을 인연으로 생겨난 여러 수가 유원이 아니고 무원도 아니라고 관찰하며, 이계가 적정하지 않고 적정하지 않은 것도 아니라고 관찰하고 성계·이식계, 나아가 이촉·이촉을 인연으로 생겨난 여러 수가 적정하지 않고 적정하지 않은 것도 아니라고 관찰하며, 이계가 멀리 벗어나지 않고 멀리 벗어나지 않은 것도 아니라고 관찰하고 성계·이식계, 나아가 이촉·이촉을 인연으로 생겨난 여러 수가 멀리 벗어나지 않고 멀리 벗어나지 않은 것도 아니라고 관찰합니다. 사리자여. 이것을 제법을 관찰한다고 말합니다.
　사리자여. 제보살마하살은 반야바라밀다를 수행하는 때에, 비계가

항상하지 않고 무상하지도 않다고 관찰하고, 향계·비식계, 나아가 비촉·
비촉을 인연으로 생겨난 여러 수가 항상하지 않고 무상하지도 않다고
관찰하며, 비계가 즐겁지 않고 괴롭지도 않다고 관찰하고 향계·비식계,
나아가 비촉·비촉을 인연으로 생겨난 여러 수가 즐겁지도 않고 괴롭지도
않다고 관찰하며, 비계가 내가 아니고 무아도 아니라고 관찰하고 향계·비
식계, 나아가 비촉·비촉을 인연으로 생겨난 여러 수가 내가 아니고 무아도
아니라고 관찰하며, 비계가 청정하지 않고 부정하지도 않다고 관찰하고
향계·비식계, 나아가 비촉·비촉을 인연으로 생겨난 여러 수가 청정하지
않고 부정하지도 않다고 관찰하며, 비계가 공하지 않고 공하지 않은
것도 아니라고 관찰하고 향계·비식계, 나아가 비촉·비촉을 인연으로
생겨난 여러 수가 공한 것도 아니고 공하지 않은 것도 아니라고 관찰하며,
비계가 유상이 아니고 무상도 아니라고 관찰하고 향계·비식계, 나아가
비촉·비촉을 인연으로 생겨난 여러 수가 유상이 아니고 무상도 아니라고
관찰하며, 비계가 유원이 아니고 무원도 아니라고 관찰하고 향계·비식계,
나아가 비촉·비촉을 인연으로 생겨난 여러 수가 유원이 아니고 무원도
아니라고 관찰하며, 비계가 적정하지 않고 적정하지 않은 것도 아니라고
관찰하고 향계·비식계, 나아가 비촉·비촉을 인연으로 생겨난 여러 수가
적정하지 않고 적정하지 않은 것도 아니라고 관찰하며, 비계가 멀리
벗어나지 않고 멀리 벗어나지 않은 것도 아니라고 관찰하고 향계·비식계,
나아가 비촉·비촉을 인연으로 생겨난 여러 수가 멀리 벗어나지 않고
멀리 벗어나지 않은 것도 아니라고 관찰합니다. 사리자여. 이것을 제법을
관찰한다고 말합니다.

　사리자여. 제보살마하살은 반야바라밀다를 수행하는 때에, 설계가
항상하지 않고 무상하지도 않다고 관찰하고, 미계·설식계, 나아가 설촉·
설촉을 인연으로 생겨난 여러 수가 항상하지 않고 무상하지도 않다고
관찰하며, 설계가 즐겁지 않고 괴롭지도 않다고 관찰하고 미계·설식계,
나아가 설촉·설촉을 인연으로 생겨난 여러 수가 즐겁지도 않고 괴롭지도
않다고 관찰하며, 설계가 내가 아니고 무아도 아니라고 관찰하고 미계·설

식계, 나아가 설촉·설촉을 인연으로 생겨난 여러 수가 내가 아니고 무아도 아니라고 관찰하며, 설계가 청정하지 않고 부정하지도 않다고 관찰하고 미계·설식계, 나아가 설촉·설촉을 인연으로 생겨난 여러 수가 청정하지 않고 부정하지도 않다고 관찰하며, 설계가 공하지 않고 공하지 않은 것도 아니라고 관찰하고 미계·설식계, 나아가 설촉·설촉을 인연으로 생겨난 여러 수가 공한 것도 아니고 공하지 않은 것도 아니라고 관찰하며, 설계가 유상이 아니고 무상도 아니라고 관찰하고 미계·설식계, 나아가 설촉·설촉을 인연으로 생겨난 여러 수가 유상이 아니고 무상도 아니라고 관찰하며, 설계가 유원이 아니고 무원도 아니라고 관찰하고 미계·설식계, 나아가 설촉·설촉을 인연으로 생겨난 여러 수가 유원이 아니고 무원도 아니라고 관찰하며, 설계가 적정하지 않고 적정하지 않은 것도 아니라고 관찰하고 미계·설식계, 나아가 설촉·설촉을 인연으로 생겨난 여러 수가 적정하지 않고 적정하지 않은 것도 아니라고 관찰하며, 설계가 멀리 벗어나지 않고 멀리 벗어나지 않은 것도 아니라고 관찰하고 미계·설식계, 나아가 설촉·설촉을 인연으로 생겨난 여러 수가 멀리 벗어나지 않고 멀리 벗어나지 않은 것도 아니라고 관찰합니다. 사리자여. 이것을 제법을 관찰한다고 말합니다.

　사리자여. 제보살마하살은 반야바라밀다를 수행하는 때에, 신계가 항상하지 않고 무상하지도 않다고 관찰하고, 촉계·신식계, 나아가 신촉·신촉을 인연으로 생겨난 어러 수가 항상하지 않고 무상하지도 않다고 관찰하며, 신계가 즐겁지 않고 괴롭지도 않다고 관찰하고 촉계·신식계, 나아가 신촉·신촉을 인연으로 생겨난 여러 수가 즐겁지도 않고 괴롭지도 않다고 관찰하며, 신계가 내가 아니고 무아도 아니라고 관찰하고 촉계·신식계, 나아가 신촉·신촉을 인연으로 생겨난 여러 수가 내가 아니고 무아도 아니라고 관찰하며, 신계가 청정하지 않고 부정하지도 않다고 관찰하고 촉계·신식계, 나아가 신촉·신촉을 인연으로 생겨난 여러 수가 청정하지 않고 부정하지도 않다고 관찰하며, 신계가 공하지 않고 공하지 않은 것도 아니라고 관찰하고 촉계·신식계, 나아가 신촉·신촉을 인연으로 생겨난 여러 수가 공한 것도 아니고 공하지 않은 것도 아니라고 관찰하며, 신계가 유상이 아니고 무상도 아니라고 관찰하고 촉계·신식계, 나아가 신촉·신촉을 인연으로 생겨난 여러 수가 유상이 아니고 무상도 아니라고 관찰하며, 신계가 유원이 아니고 무원도 아니라고 관찰하고 촉계·신식계, 나아가 신촉·신촉을 인연으로 생겨난 여러 수가 유원이 아니고 무원도 아니라고 관찰하며, 신계가 적정하지 않고 적정하지 않은 것도 아니라고 관찰하고 촉계·신식계, 나아가 신촉·신촉을 인연으로 생겨난 여러 수가 적정하지 않고 적정하지 않은 것도 아니라고 관찰하며, 신계가 멀리 벗어나지 않고 멀리 벗어나지 않은 것도 아니라고 관찰하고 촉계·신식계, 나아가 신촉·신촉을 인연으로 생겨난 여러 수가 멀리 벗어나지 않고 멀리 벗어나지 않은 것도 아니라고 관찰합니다. 사리자여. 이것을 제법을 관찰한다고 말합니다.

사리자여. 제보살마하살은 반야바라밀다를 수행하는 때에, 의계가 항상하지 않고 무상하지도 않다고 관찰하고, 법계·의식계, 나아가 의촉·의촉을 인연으로 생겨난 여러 수가 항상하지 않고 무상하지도 않다고 관찰하며, 의계가 즐겁지 않고 괴롭지도 않다고 관찰하고 법계·의식계, 나아가 의촉·의촉을 인연으로 생겨난 여러 수가 즐겁지도 않고 괴롭지도 않다고 관찰하며, 의계가 내가 아니고 무아도 아니라고 관찰하고 법계·의식계, 나아가 의촉·의촉을 인연으로 생겨난 여러 수가 내가 아니고 무아도 아니라고 관찰하며, 의계가 청정하지 않고 부정하지도 않다고 관찰하고 법계·의식계, 나아가 의촉·의촉을 인연으로 생겨난 여러 수가 청정하지 않고 부정하지도 않다고 관찰하며, 의계가 공하지 않고 공하지 않은 것도 아니라고 관찰하고 법계·의식계, 나아가 의촉·의촉을 인연으로 생겨난 여러 수가 공한 것도 아니고 공하지 않은 것도 아니라고 관찰하며, 의계가 유상이 아니고 무상도 아니라고 관찰하고 법계·의식계, 나아가 의촉·의촉을 인연으로 생겨난 여러 수가 유상이 아니고 무상도 아니라고 관찰하며, 의계가 유원이 아니고 무원도 아니라고 관찰하고 법계·의식계, 나아가 의촉·의촉을 인연으로 생겨난 여러 수가 유원이 아니고 무원도 아니라고 관찰하며, 의계가 적정하지 않고 적정하지 않은 것도 아니라고 관찰하고 법계·의식계, 나아가 의촉·의촉을 인연으로 생겨난 여러 수가 적정하지 않고 적정하지 않은 것도 아니라고 관찰하며, 의계가 멀리 벗어나지 않고 멀리 벗어나지 않은 것도 아니라고 관찰하고 법계·의식계, 나아가 의촉·의촉을 인연으로 생겨난 여러 수가 멀리 벗어나지 않고 멀리 벗어나지 않은 것도 아니라고 관찰합니다. 사리자여. 이것을 제법을 관찰한다고 말합니다.

사리자여. 제보살마하살은 반야바라밀다를 수행하는 때에, 지계가 항상하지 않고 무상하지도 않다고 관찰하고, 수·화·풍·공·식계가 항상하지 않고 무상하지도 않다고 관찰하며, 지계가 즐겁지 않고 괴롭지도 않다고 관찰하고 수·화·풍·공·식계가 즐겁지도 않고 괴롭지도 않다고 관찰하며, 지계가 내가 아니고 무아도 아니라고 관찰하고 수·화·풍·공·식계가 내가 아니고 무아도 아니라고 관찰하며, 지계가 청정하지 않고 부정하지도 않다고 관찰하고 수·화·풍·공·식계가 청정하지 않고 부정하지도 않다고 관찰하며, 지계가 공하지 않고 공하지 않은 것도 아니라고 관찰하고 수·화·풍·공·식계가 공한 것도 아니고 공하지 않은 것도 아니라고 관찰하며, 지계가 유상이 아니고 무상도 아니라고 관찰하고 수·화·풍·공·식계가 유상이 아니고 무상도 아니라고 관찰하며, 지계가 유원이 아니고 무원도 아니라고 관찰하고 수·화·풍·공·식계가 유원이 아니고 무원도 아니라고 관찰하며, 지계가 적정하지 않고 적정하지 않은 것도 아니라고 관찰하고 수·화·풍·공·식계가 적정하지 않고 적정하지 않은 것도 아니라고 관찰하며, 지계가 멀리 벗어나지 않고 멀리 벗어나지 않은 것도 아니라고 관찰하고 수·화·풍·공·식계가 멀리 벗어나지 않고 멀리 벗어나지 않은 것도 아니라고 관찰합니다. 사리자여. 이것을 제법을 관찰한다고 말합니다.

사리자여. 제보살마하살은 반야바라밀다를 수행하는 때에, 고성제가 항상하지 않고 무상하지도 않다고 관찰하고, 집·멸·도성제가 항상하지 않고 무상하지도 않다고 관찰하며, 고성제가 즐겁지 않고 괴롭지도 않다고 관찰하고 집·멸·도성제가 즐겁지도 않고 괴롭지도 않다고 관찰하며, 고성제가 내가 아니고 무아도 아니라고 관찰하고 집·멸·도성제가 내가 아니고 무아도 아니라고 관찰하며, 고성제가 청정하지 않고 부정하지도 않다고 관찰하고 집·멸·도성제가 청정하지 않고 부정하지도 않다고 관찰하며, 고성제가 공하지 않고 공하지 않은 것도 아니라고 관찰하고 집·멸·도성제가 공한 것도 아니고 공하지 않은 것도 아니라고 관찰하며, 고성제가 유상이 아니고 무상도 아니라고 관찰하고 집·멸·도성제가 유상이 아니고 무상도 아니라고 관찰하며, 지계가 유원이 아니고 무원도 아니라고 관찰하고 집·멸·도성제가 유원이 아니고 무원도 아니라고 관찰하며, 고성제가 적정하지 않고 적정하지 않은 것도 아니라고 관찰하고 집·멸·도성제가 적정하지 않고 적정하지 않은 것도 아니라고 관찰하며, 고성제가 멀리 벗어나지 않고 멀리 벗어나지 않은 것도 아니라고 관찰하고 집·멸·도성제가 멀리 벗어나지 않고 멀리 벗어나지 않은 것도 아니라고 관찰합니다. 사리자여, 이것을 제법을 관찰한다고 말합니다.

  사리자여, 제보살마하살은 반야바라밀다를 수행하는 때에, 무명이 항상하지 않고 무상하지도 않다고 관찰하고, 행·식·명색·육처·촉·수·애·취·유·생·노사의 수탄고우뇌가 항상하지 않고 무상하지도 않다고 관찰하며, 무명이 즐겁지 않고 괴롭지도 않다고 관찰하고 행·식·명색·육처·촉·수·애·취·유·생·노사의 수탄고우뇌가 즐겁지도 않고 괴롭지도 않다고 관찰하며, 무명이 내가 아니고 무아도 아니라고 관찰하고 행·식·명색·육처·촉·수·애·취·유·생·노사의 수탄고우뇌가 내가 아니고 무아도 아니라고 관찰하며, 무명이 청정하지 않고 부정하지도 않다고 관찰하고 행·식·명색·육처·촉·수·애·취·유·생·노사의 수탄고우뇌가 청정하지 않고 부정하지도 않다고 관찰하며, 무명이 공하지 않고 공하지 않은 것도 아니라고 관찰하고 행·식·명색·육처·촉·수·애·취·유·생·노사의 수탄고우뇌가 공한 것도 아니고 공하지 않은 것도 아니라고 관찰하며, 무명이 유상이 아니고 무상도 아니라고 관찰하고 행·식·명색·육처·촉·수·애·취·유·생·노사의 수탄고우뇌가 유상이 아니고 무상도 아니라고 관찰하며, 무명이 유원이 아니고 무원도 아니라고 관찰하고 행·식·명색·육처·촉·수·애·취·유·생·노사의 수탄고우뇌가 유원이 아니고 무원도 아니라고 관찰하며, 무명이 적정하지 않고 적정하지 않은 것도 아니라고 관찰하고 행·식·명색·육처·촉·수·애·취·유·생·노사의 수탄고우뇌가 적정하지 않고 적정하지 않은 것도 아니라고 관찰하며, 무명이 멀리 벗어나지 않고 멀리 벗어나지 않은 것도 아니라고 관찰하고 행·식·명색·육처·촉·수·애·취·유·생·노사의 수탄고우뇌가 멀리 벗어나지 않고 멀리 벗어나지 않은 것도 아니라고 관찰합니다. 사리자여. 이것을 제법을 관찰한다고 말합니다.

사리자여. 제보살마하살은 반야바라밀다를 수행하는 때에, 내공이 항상하지 않고 무상하지도 않다고 관찰하고, 외공·내외공·공공·대공·승의공·유위공·무위공·필경공·무제공·산공·무변이공·본성공·자상공·공상공·일체법공·불가득공·무성공·자성공·무성자성공이 항상하지 않고 무상하지도 않다고 관찰하며, 내공이 즐겁지 않고 괴롭지도 않다고 관찰하고 외공·내외공·공공·대공·승의공·유위공·무위공·필경공·무제공·산공·무변이공·본성공·자상공·공상공·일체법공·불가득공·무성공·자성공·무성자성공이 즐겁지도 않고 괴롭지도 않다고 관찰하며, 내공이 내가 아니고 무아도 아니라고 관찰하고 외공·내외공·공공·대공·승의공·유위공·무위공·필경공·무제공·산공·무변이공·본성공·자상공·공상공·일체법공·불가득공·무성공·자성공·무성자성공이 내가 아니고 무아도 아니라고 관찰하며, 내공이 청정하지 않고 부정하지도 않다고 관찰하고 외공·내외공·공공·대공·승의공·유위공·무위공·필경공·무제공·산공·무변이공·본성공·자상공·공상공·일체법공·불가득공·무성공·자성공·무성자성공이 청정하지 않고 부정하지도 않다고 관찰하며, 내공이 공하지 않고 공하지 않은 것도 아니라고 관찰하고 외공·내외공·공공·대공·승의공·유위공·무위공·필경공·무제공·산공·무변이공·본성공·자상공·공상공·일체법공·불가득공·무성공·자성공·무성자성공이 공한 것도 아니고 공하지 않은 것도 아니라고 관찰하며, 내공이 유상이 아니고 무상도 아니라고 관찰하고 외공·내외공·공공·대공·승의공·유위공·무위공·필경공·무제공·산공·무변이공·본성공·자상공·공상공·일체법공·불가득공·무성공·자성공·무성자성공이 유상이 아니고 무상도 아니라고 관찰하며, 내공이 유원이 아니고 무원도 아니라고 관찰하고 외공·내외공·공공·대공·승의공·유위공·무위공·필경공·무제공·산공·무변이공·본성공·자상공·공상공·일체법공·불가득공·무성공·자성공·무성자성공이 유원이 아니고 무원도 아니라고 관찰하며, 내공이 적정하지 않고 적정하지 않은 것도 아니라고 관찰하고 외공·내외공·공공·대공·승의공·유위공·무위공·필경공·무제공·산공·무변이공·본성공·자상공·공상공·일체법공·불가득공·무성공·자성공·무성자성공이 적정하지 않고 적정하지 않은 것도 아니라고 관찰하며, 내공이 멀리 벗어나지 않고 멀리 벗어나지 않은 것도 아니라고 관찰하고 외공·내외공·공공·대공·승의공·유위공·무위공·필경공·무제공·산공·무변이공·본성공·자상공·공상공·일체법공·불가득공·무성공·자성공·무성자성공이 멀리 벗어나지 않고 멀리 벗어나지 않은 것도 아니라고 관찰합니다. 사리자여. 이것을 제법을 관찰한다고 말합니다.

　사리자여. 제보살마하살은 반야바라밀다를 수행하는 때에, 보시바라밀다가 항상하지 않고 무상하지도 않다고 관찰하고, 정계·안인·정진·정려·반야바라밀다가 항상하지 않고 무상하지도 않다고 관찰하며, 보시바라밀다가 즐겁지 않고 괴롭지도 않다고 관찰하고 정계·안인·정진·정려·반야바라밀다가 즐겁지도 않고 괴롭지도 않다고 관찰하며, 보시바라밀다가 내가 아니고 무아도 아니라고 관찰하고 정계·안인·정진·정려·반야바라밀다가 내가 아니고 무아도 아니라고 관찰하며, 보시바라밀다가 청정하지 않고 부정하지도 않다고 관찰하고 정계·안인·정진·정려·반야바라밀다가 청정하지 않고 부정하지도 않다고 관찰하며, 보시바라밀다가 공하지 않고 공하지 않은 것도 아니라고 관찰하고 정계·안인·정진·정려·반야바라밀다가 공한 것도 아니고 공하지 않은 것도 아니라고 관찰하며, 지계가 유상이 아니고 무상도 아니라고 관찰하고 수·화·풍·공·식계가 유상이 아니고 무상도 아니라고 관찰하며, 보시바라밀다가 유원이 아니고 무원도 아니라고 관찰하고 정계·안인·정진·정려·반야바라밀다가 유원이 아니고 무원도 아니라고 관찰하며, 보시바라밀다가 적정하지 않고 적정하지 않은 것도 아니라고 관찰하고 정계·안인·정진·정려·반야바라밀다가 적정하지 않고 적정하지 않은 것도 아니라고 관찰하며, 보시바라밀다가 멀리 벗어나지 않고 멀리 벗어나지 않은 것도 아니라고 관찰하고 정계·안인·정진·정려·반야바라밀다가 멀리 벗어나지 않고 멀리 벗어나지 않은 것도 아니라고 관찰합니다. 사리자여. 이것을 제법을 관찰한다고 말합니다.

사리자여. 제보살마하살은 반야바라밀다를 수행하는 때에, 4정려가 항상하지 않고 무상하지도 않다고 관찰하고, 4무량·4무색정이 항상하지 않고 무상하지도 않다고 관찰하며, 4정려가 즐겁지 않고 괴롭지도 않다고 관찰하고 4무량·4무색정이 즐겁지도 않고 괴롭지도 않다고 관찰하며, 4정려가 내가 아니고 무아도 아니라고 관찰하고 4무량·4무색정이 내가 아니고 무아도 아니라고 관찰하며, 4정려가 청정하지 않고 부정하지도 않다고 관찰하고 4무량·4무색정이 청정하지 않고 부정하지도 않다고 관찰하며, 4정려가 공하지 않고 공하지 않은 것도 아니라고 관찰하고 4무량·4무색정이 공한 것도 아니고 공하지 않은 것도 아니라고 관찰하며, 4정려가 유상이 아니고 무상도 아니라고 관찰하고 4무량·4무색정이 유상이 아니고 무상도 아니라고 관찰하며, 4정려가 유원이 아니고 무원도 아니라고 관찰하고 4무량·4무색정이 유원이 아니고 무원도 아니라고 관찰하며, 4정려가 적정하지 않고 적정하지 않은 것도 아니라고 관찰하고 4무량·4무색정이 적정하지 않고 적정하지 않은 것도 아니라고 관찰하며, 4정려가 멀리 벗어나지 않고 멀리 벗어나지 않은 것도 아니라고 관찰하고 4무량·4무색정이 멀리 벗어나지 않고 멀리 벗어나지 않은 것도 아니라고 관찰합니다. 사리자여. 이것을 제법을 관찰한다고 말합니다.

사리자여. 제보살마하살은 반야바라밀다를 수행하는 때에, 8해탈이 항상하지 않고 무상하지도 않다고 관찰하고, 8승처·9차제정·10변처가 항상하지 않고 무상하지도 않다고 관찰하며, 8해탈이 즐겁지 않고 괴롭지도 않다고 관찰하고 8승처·9차제정·10변처가 즐겁지도 않고 괴롭지도 않다고 관찰하며, 8해탈이 내가 아니고 무아도 아니라고 관찰하고 8승처·9차제정·10변처가 내가 아니고 무아도 아니라고 관찰하며, 8해탈이 청정하지 않고 부정하지도 않다고 관찰하고 8승처·9차제정·10변처가 청정하지 않고 부정하지도 않다고 관찰하며, 8해탈이 공하지 않고 공하지 않은 것도 아니라고 관찰하고 8승처·9차제정·10변처가 공한 것도 아니고 공하지 않은 것도 아니라고 관찰하며, 8해탈이 유상이 아니고 무상도 아니라고 관찰하고 8승처·9차제정·10변처가 유상이 아니고 무상도 아니라고 관찰하며, 8해탈이 유원이 아니고 무원도 아니라고 관찰하고 8승처·9차제정·10변처가 유원이 아니고 무원도 아니라고 관찰하며, 8해탈이 적정하지 않고 적정하지 않은 것도 아니라고 관찰하고 8승처·9차제정·10변처가 적정하지 않고 적정하지 않은 것도 아니라고 관찰하며, 8해탈이 멀리 벗어나지 않고 멀리 벗어나지 않은 것도 아니라고 관찰하고 8승처·9차제정·10변처가 멀리 벗어나지 않고 멀리 벗어나지 않은 것도 아니라고 관찰합니다. 사리자여. 이것을 제법을 관찰한다고 말합니다.

사리자여. 제보살마하살은 반야바라밀다를 수행하는 때에, 4념주가 항상하지 않고 무상하지도 않다고 관찰하고, 4정단·4신족·5근·5력·7등각지·8성도지가 항상하지 않고 무상하지도 않다고 관찰하며, 4념주가 즐겁지 않고 괴롭지도 않다고 관찰하고 4정단·4신족·5근·5력·7등각지·8성도지가 즐겁지도 않고 괴롭지도 않다고 관찰하며, 4념주가 내가 아니고 무아도 아니라고 관찰하고 4정단·4신족·5근·5력·7등각지·8성도지가 내가 아니고 무아도 아니라고 관찰하며, 4념주가 청정하지 않고 부정하지도 않다고 관찰하고 4정단·4신족·5근·5력·7등각지·8성도지가 청정하지 않고 부정하지도 않다고 관찰하며, 4념주가 공하지 않고 공하지 않은 것도 아니라고 관찰하고 4정단·4신족·5근·5력·7등각지·8성도지가 공한 것도 아니고 공하지 않은 것도 아니라고 관찰하며, 4념주가 유상이 아니고 무상도 아니라고 관찰하고 4정단·4신족·5근·5력·7등각지·8성도지가 유상이 아니고 무상도 아니라고 관찰하며, 4념주가 유원이 아니고 무원도 아니라고 관찰하고 4정단·4신족·5근·5력·7등각지·8성도지가 유원이 아니고 무원도 아니라고 관찰하며, 4념주가 적정하지 않고 적정하지 않은 것도 아니라고 관찰하고 4정단·4신족·5근·5력·7등각지·8성도지가 적정하지 않고 적정하지 않은 것도 아니라고 관찰하며, 4념주가 멀리 벗어나지 않고 멀리 벗어나지 않은 것도 아니라고 관찰하고 4정단·4신족·5근·5력·7등각지·8성도지가 멀리 벗어나지 않고 멀리 벗어나지 않은 것도 아니라고 관찰합니다. 사리자여. 이것을 제법을 관찰한다고 말합니다.

사리자여. 제보살마하살은 반야바라밀다를 수행하는 때에, 공해탈문이 항상하지 않고 무상하지도 않다고 관찰하고, 무상·무원해탈문이 항상하지 않고 무상하지도 않다고 관찰하며, 공해탈문이 즐겁지 않고 괴롭지도 않다고 관찰하고 무상·무원해탈문이 즐겁지도 않고 괴롭지도 않다고 관찰하며, 공해탈문이 내가 아니고 무아도 아니라고 관찰하고 무상·무원해탈문이 내가 아니고 무아도 아니라고 관찰하며, 공해탈문이 청정하지 않고 부정하지도 않다고 관찰하고 무상·무원해탈문이 청정하지 않고 부정하지도 않다고 관찰하며, 공해탈문이 공하지 않고 공하지 않은 것도 아니라고 관찰하고 무상·무원해탈문이 공한 것도 아니고 공하지 않은 것도 아니라고 관찰하며, 공해탈문이 유상이 아니고 무상도 아니라고 관찰하고 무상·무원해탈문이 유상이 아니고 무상도 아니라고 관찰하며, 공해탈문이 유원이 아니고 무원도 아니라고 관찰하고 무상·무원해탈문이 유원이 아니고 무원도 아니라고 관찰하며, 공해탈문이 적정하지 않고 적정하지 않은 것도 아니라고 관찰하고 무상·무원해탈문이 적정하지 않고 적정하지 않은 것도 아니라고 관찰하며, 공해탈문이 멀리 벗어나지 않고 멀리 벗어나지 않은 것도 아니라고 관찰하고 무상·무원해탈문이 멀리 벗어나지 않고 멀리 벗어나지 않은 것도 아니라고 관찰합니다. 사리자여. 이것을 제법을 관찰한다고 말합니다.

사리자여. 제보살마하살은 반야바라밀다를 수행하는 때에, 5안이 항상하지 않고 무상하지도 않다고 관찰하고, 6신통이 항상하지 않고 무상하지도 않다고 관찰하며, 5안이 즐겁지 않고 괴롭지도 않다고 관찰하고 6신통이 즐겁지도 않고 괴롭지도 않다고 관찰하며, 5안이 내가 아니고 무아도

아니라고 관찰하고 6신통이 내가 아니고 무아도 아니라고 관찰하며,
5안이 청정하지 않고 부정하지도 않다고 관찰하고 6신통이 청정하지
않고 부정하지도 않다고 관찰하며, 5안이 공하지 않고 공하지 않은 것도
아니라고 관찰하고 6신통이 공한 것도 아니고 공하지 않은 것도 아니라고
관찰하며, 5안이 유상이 아니고 무상도 아니라고 관찰하고 6신통이 유상
이 아니고 무상도 아니라고 관찰하며, 5안이 유원이 아니고 무원도 아니라
고 관찰하고 6신통이 유원이 아니고 무원도 아니라고 관찰하며, 5안이
적정하지 않고 적정하지 않은 것도 아니라고 관찰하고 6신통이 적정하지
않고 적정하지 않은 것도 아니라고 관찰하며, 5안이 멀리 벗어나지 않고
멀리 벗어나지 않은 것도 아니라고 관찰하고 6신통이 멀리 벗어나지
않고 멀리 벗어나지 않은 것도 아니라고 관찰합니다. 사리자여. 이것을
제법을 관찰한다고 말합니다.

　사리자여. 제보살마하살은 반야바라밀다를 수행하는 때에, 여래의
10력이 항상하지 않고 무상하지도 않다고 관찰하고, 4무소외·4무애해·대
자·대비·대희·대사·18불불공법이 항상하지 않고 무상하지도 않다고 관
찰하며, 여래의 10력이 즐겁지 않고 괴롭지도 않다고 관찰하고 4무소외·4
무애해·대자·대비·대희·대사·18불불공법이 즐겁지도 않고 괴롭지도 않
다고 관찰하며, 여래의 10력이 내가 아니고 무아도 아니라고 관찰하고
4무소외·4무애해·대자·대비·대희·대사·18불불공법이 내가 아니고 무
아도 아니라고 관찰하며, 여래의 10력이 청정하지 않고 부정하지도 않다
고 관찰하고 4무소외·4무애해·대자·대비·대희·대사·18불불공법이 청
정하지 않고 부정하지도 않다고 관찰하며, 여래의 10력이 공하지 않고
공하지 않은 것도 아니라고 관찰하고 4무소외·4무애해·대자·대비·대희·
대사·18불불공법이 공한 것도 아니고 공하지 않은 것도 아니라고 관찰하
며, 지계가 유상이 아니고 무상도 아니라고 관찰하고 4무소외·4무애해·대
자·대비·대희·대사·18불불공법이 유상이 아니고 무상도 아니라고 관찰
하며, 지계가 유원이 아니고 무원도 아니라고 관찰하고 4무소외·4무애해·
대자·대비·대희·대사·18불불공법이 유원이 아니고 무원도 아니라고 관

찰하며, 여래의 10력이 적정하지 않고 적정하지 않은 것도 아니라고 관찰하고 4무소외·4무애해·대자·대비·대희·대사·18불불공법이 적정하지 않고 적정하지 않은 것도 아니라고 관찰하며, 여래의 10력이 멀리 벗어나지 않고 멀리 벗어나지 않은 것도 아니라고 관찰하고 4무소외·4무애해·대자·대비·대희·대사·18불불공법이 멀리 벗어나지 않고 멀리 벗어나지 않은 것도 아니라고 관찰합니다. 사리자여, 이것을 제법을 관찰한다고 말합니다.

사리자여. 제보살마하살은 반야바라밀다를 수행하는 때에, 진여가 항상하지 않고 무상하지도 않다고 관찰하고, 법계·법성·불허망성·불변이성·평등성·이생성·법정·법주·실제·허공계·부사의계가 항상하지 않고 무상하지도 않다고 관찰하며, 진여가 즐겁지 않고 괴롭지도 않다고 관찰하고 법계·법성·불허망성·불변이성·평등성·이생성·법정·법주·실제·허공계·부사의계가 즐겁지도 않고 괴롭지도 않다고 관찰하며, 진여가 내가 아니고 무아도 아니라고 관찰하고 법계·법성·불허망성·불변이성·평등성·이생성·법정·법주·실제·허공계·부사의계가 내가 아니고 무아도 아니라고 관찰하며, 진여가 청정하지 않고 부정하지도 않다고 관찰하고 법계·법성·불허망성·불변이성·평등성·이생성·법정·법주·실제·허공계·부사의계가 청정하지 않고 부정하지도 않다고 관찰하며, 진여가 공하지 않고 공하지 않은 것도 아니라고 관찰하고 법계·법성·불허망성·불변이성·평등성·이생성·법정·법주·실제·허공계·부사의계가 공한 것도 아니고 공하지 않은 것도 아니라고 관찰하며, 진여가 유상이 아니고 무상도 아니라고 관찰하고 법계·법성·불허망성·불변이성·평등성·이생성·법정·법주·실제·허공계·부사의계가 유상이 아니고 무상도 아니라고 관찰하며, 진여가 유원이 아니고 무원도 아니라고 관찰하고 법계·법성·불허망성·불변이성·평등성·이생성·법정·법주·실제·허공계·부사의계가 유원이 아니고 무원도 아니라고 관찰하며, 진여가 적정하지 않고 적정하지 않은 것도 아니라고 관찰하고 법계·법성·불허망성·불변이성·평등성·이생성·법정·법주·실제·허공계·부사의계가 적정하지 않고 적정하지 않은 것도 아니라고 관찰하며, 진여가 멀리 벗어나지 않고 멀리 벗어나지 않은 것도 아니라고 관찰하고 법계·법성·불허망성·불변이성·평등성·이생성·법정·법주·실제·허공계·부사의계가 멀리 벗어나지 않고 멀리 벗어나지 않은 것도 아니라고 관찰합니다. 사리자여. 이것을 제법을 관찰한다고 말합니다.

사리자여. 제보살마하살은 반야바라밀다를 수행하는 때에, 무상정등보리가 항상하지 않고 무상하지도 않다고 관찰하고, 일체지·도상지·일체상지가 항상하지 않고 무상하지도 않다고 관찰하며, 무상정등보리가 즐겁지 않고 괴롭지도 않다고 관찰하고 일체지·도상지·일체상지가 즐겁지도 않고 괴롭지도 않다고 관찰하며, 무상정등보리가 내가 아니고 무아도 아니라고 관찰하고 일체지·도상지·일체상지가 내가 아니고 무아도 아니라고 관찰하며, 무상정등보리가 청정하지 않고 부정하지도 않다고 관찰하고 일체지·도상지·일체상지가 청정하지 않고 부정하지도 않다고 관찰하며, 무상정등보리가 공하지 않고 공하지 않은 것도 아니라고 관찰하고 일체지·도상지·일체상지가 공한 것도 아니고 공하지 않은 것도 아니라고 관찰하며, 무상정등보리가 유상이 아니고 무상도 아니라고 관찰하고 일체지·도상지·일체상지가 유상이 아니고 무상도 아니라고 관찰하며, 무상정등보리가 유원이 아니고 무원도 아니라고 관찰하고 일체지·도상지·일체상지가 유원이 아니고 무원도 아니라고 관찰하며, 무상정등보리가 적정하지 않고 적정하지 않은 것도 아니라고 관찰하고 일체지·도상지·일체상지가 적정하지 않고 적정하지 않은 것도 아니라고 관찰하며, 무상정등보리가 멀리 벗어나지 않고 멀리 벗어나지 않은 것도 아니라고 관찰하고 일체지·도상지·일체상지가 멀리 벗어나지 않고 멀리 벗어나지 않은 것도 아니라고 관찰합니다. 사리자여. 이것을 제법을 관찰한다고 말합니다.

사리자여. 제보살마하살은 반야바라밀다를 수행하는 때에, 무망실법이 항상하지 않고 무상하지도 않다고 관찰하고, 항주사성이 항상하지 않고 무상하지도 않다고 관찰하며, 무망실법이 즐겁지 않고 괴롭지도 않다고 관찰하고 항주사성이 즐겁지도 않고 괴롭지도 않다고 관찰하며, 무망실법이 내가 아니고 무아도 아니라고 관찰하고 항주사성이 내가 아니고 무아도 아니라고 관찰하며, 무망실법이 청정하지 않고 부정하지도 않다고 관찰하고 항주사성이 청정하지 않고 부정하지도 않다고 관찰하며, 무망실법이 공하지 않고 공하지 않은 것도 아니라고 관찰하고 항주사성이 공한 것도 아니고 공하지 않은 것도 아니라고 관찰하며, 무망실법이 유상이 아니고 무상도 아니라고 관찰하고 항주사성이 유상이 아니고 무상도 아니라고 관찰하며, 무망실법이 유원이 아니고 무원도 아니라고 관찰하고 항주사성이 유원이 아니고 무원도 아니라고 관찰하며, 무망실법이 적정하지 않고 적정하지 않은 것도 아니라고 관찰하고 항주사성이 적정하지 않고 적정하지 않은 것도 아니라고 관찰하며, 무망실법이 멀리 벗어나지 않고 멀리 벗어나지 않은 것도 아니라고 관찰하고 항주사성이 멀리 벗어나지 않고 멀리 벗어나지 않은 것도 아니라고 관찰합니다. 사리자여. 이것을 제법을 관찰한다고 말합니다.

사리자여. 제보살마하살은 반야바라밀다를 수행하는 때에, 일체의 다라니문이 항상하지 않고 무상하지도 않다고 관찰하고, 일체의 삼마지문이 항상하지 않고 무상하지도 않다고 관찰하며, 일체의 다라니문이 즐겁지 않고 괴롭지도 않다고 관찰하고 일체의 삼마지문이 즐겁지도 않고 괴롭지도 않다고 관찰하며, 일체의 다라니문이 내가 아니고 무아도 아니라고 관찰하고 일체의 삼마지문이 내가 아니고 무아도 아니라고 관찰하며, 일체의 다라니문이 청정하지 않고 부정하지도 않다고 관찰하고 일체의 삼마지문이 청정하지 않고 부정하지도 않다고 관찰하며, 일체의 다라니문이 공하지 않고 공하지 않은 것도 아니라고 관찰하고 일체의 삼마지문이 공한 것도 아니고 공하지 않은 것도 아니라고 관찰하며, 일체의 다라니문이 유상이 아니고 무상도 아니라고 관찰하고 수·화·풍·공·식계가 유상이 아니고 무상도 아니라고 관찰하며, 일체의 다라니문이 유원이 아니고 무원도 아니라고 관찰하고 일체의 삼마지문이 유원이 아니고 무원도 아니라고 관찰하며, 일체의 다라니문이 적정하지 않고 적정하지 않은

것도 아니라고 관찰하고 일체의 삼마지문이 적정하지 않고 적정하지
않은 것도 아니라고 관찰하며, 일체의 다라니문이 멀리 벗어나지 않고
멀리 벗어나지 않은 것도 아니라고 관찰하고 일체의 삼마지문이 멀리
벗어나지 않고 멀리 벗어나지 않은 것도 아니라고 관찰합니다. 사리자여.
이것을 제법을 관찰한다고 말합니다."

마하반야바라밀다경 제73권

19. 관행품(觀行品)(4)

이때 사리자가 선현에게 물어 말하였다.
"무슨 인연을 까닭으로 '색 등이 생겨나지 않는다면 곧 색 등이 아니다.'라고 설(說)합니까?"
선현이 대답하여 말하였다.
"사리자여. 색은 색의 자성이 공하고 이 자성이 공한 가운데에서는 생겨남(生)이 없고 색도 없으며, 수·상·행·식은 수·상·행·식의 자성이 공하고 이 자성이 공한 가운데에서는 생겨남이 없고 수·상·행·식도 없습니다. 사리자여. 이러한 인연을 까닭으로 '색이 생겨남이 없다면 곧 색이 아니고, 수·상·행·식이 생겨남이 없다면 곧 수·상·행·식이 아니다.'라고 나는 이렇게 말을 지었습니다.
사리자여. 안치는 인처의 자성이 공하고 이 자성이 공한 가운데에서는 생겨남이 없고 안처도 없으며, 이·비·설·신·의처는 이·비·설·신·의처의 자성이 공하고 이 자성이 공한 가운데에서는 생겨남이 없고 이·비·설·신·의처도 없습니다. 사리자여. 오히려 이러한 인연을 까닭으로 '안처가 생겨남이 없다면 곧 안처가 아니고, 이·비·설·신·의처가 생겨남이 없다면 곧 이·비·설·신·의처가 아니다.'라고 나는 이렇게 말을 지었습니다.
사리자여. 색처는 색처의 자성이 공하고 이 자성이 공한 가운데에서는 생겨남이 없고 색처도 없으며, 성·향·미·촉·법처는 성·향·미·촉·법처의 자성이 공하고 이 자성이 공한 가운데에서는 생겨남이 없고 성·향·미·촉·

법처도 없습니다. 사리자여. 오히려 이러한 인연을 까닭으로 '색처가 생겨남이 없다면 곧 색처가 아니고, 성·향·미·촉·법처가 생겨남이 없다면 곧 성·향·미·촉·법처가 아니다.'라고 나는 이렇게 말을 지었습니다.

　사리자여. 안계는 안계의 자성이 공하고 이 자성이 공한 가운데에서는 생겨남이 없고 안계도 없으며, 색계·안식계, 나아가 안촉·안촉을 인연으로 생겨난 여러 수는 색계, 나아가 안촉·안촉을 인연으로 생겨난 여러 수의 자성이 공하고 이 자성이 공한 가운데에서는 생겨남이 없고 색계, 나아가 안촉을 인연으로 생겨난 여러 수도 없습니다. 사리자여. 오히려 이러한 인연을 까닭으로 '안계가 생겨남이 없다면 곧 안계가 아니고, 색계, 나아가 안촉·안촉을 인연으로 생겨난 여러 수가 생겨남이 없다면 곧 색계, 나아가 안촉·안촉을 인연으로 생겨난 여러 수가 아니다.'라고 나는 이렇게 말을 지었습니다.

　사리자여. 이계는 이계의 자성이 공하고 이 자성이 공한 가운데에서는 생겨남이 없고 이계도 없으며, 성계·이식계, 나아가 이촉·이촉을 인연으로 생겨난 여러 수는 성계, 나아가 이촉을 인연으로 생겨난 여러 수의 자성이 공하고 이 자성이 공한 가운데에서는 생겨남이 없고 성계, 나아가 이촉을 인연으로 생겨난 여러 수도 없습니다. 사리자여. 오히려 이러한 인연을 까닭으로 '이계가 생겨남이 없다면 곧 이계가 아니고, 성계, 나아가 이촉을 인연으로 생겨난 여러 수가 생겨남이 없다면 곧 성계, 나아가 이촉을 인연으로 생겨난 여러 수가 아니다.'라고 나는 이렇게 말을 지었습니다.

　사리자여. 비계는 비계의 자성이 공하고 이 자성이 공한 가운데에서는 생겨남이 없고 비계도 없으며, 향계·비식계, 나아가 비촉·비촉을 인연으로 생겨난 여러 수는 향계, 나아가 비촉을 인연으로 생겨난 여러 수의 자성이 공하고 이 자성이 공한 가운데에서는 생겨남이 없고 향계, 나아가 비촉을 인연으로 생겨난 여러 수도 없습니다. 사리자여. 오히려 이러한 인연을 까닭으로 '비계가 생겨남이 없다면 곧 비계가 아니고, 향계, 나아가 비촉을 인연으로 생겨난 여러 수가 생겨남이 없다면 곧 향계, 나아가 비촉을 인연으로 생겨난 여러 수가 아니다.'라고 나는 이렇게 말을 지었습니다.
 사리자여. 설계는 설계의 자성이 공하고 이 자성이 공한 가운데에서는 생겨남이 없고 설계도 없으며, 미계·설식계, 나아가 설촉·설촉을 인연으로 생겨난 여러 수는 미계, 나아가 설촉을 인연으로 생겨난 여러 수의 자성이 공하고 이 자성이 공한 가운데에서는 생겨남이 없고 미계, 나아가 설촉을 인연으로 생겨난 여러 수도 없습니다. 사리자여. 오히려 이러한 인연을 까닭으로 '설계가 생겨남이 없다면 곧 설계가 아니고, 미계, 나아가 설촉을 인연으로 생겨난 여러 수가 생겨남이 없다면 곧 미계, 나아가 설촉을 인연으로 생겨난 여러 수가 아니다.'라고 나는 이렇게 말을 지었습니다.
 사리자여. 신계는 신계의 자성이 공하고 이 자성이 공한 가운데에서는 생겨남이 없고 신계도 없으며, 촉계·신식계, 나아가 신촉·신촉을 인연으로 생겨난 여러 수는 촉계, 나아가 신촉을 인연으로 생겨난 여러 수의 자성이 공하고 이 자성이 공한 가운데에서는 생겨남이 없고 촉계, 나아가 신촉을 인연으로 생겨난 여러 수도 없습니다. 사리자여. 오히려 이러한 인연을 까닭으로 '신계가 생겨남이 없다면 곧 신계가 아니고, 촉계, 나아가 신촉을 인연으로 생겨난 여러 수가 생겨남이 없다면 곧 촉계, 나아가 신촉을 인연으로 생겨난 여러 수가 아니다.'라고 나는 이렇게 말을 지었습니다.
 사리자여. 의계는 의계의 자성이 공하고 이 자성이 공한 가운데에서는 생겨남이 없고 의계도 없으며, 법계·의식계, 나아가 의촉·의촉을 인연으로 생겨난 여러 수는 법계, 나아가 의촉을 인연으로 생겨난 여러 수의 자성이 공하고 이 자성이 공한 가운데에서는 생겨남이 없고 법계, 나아가 의촉을 인연으로 생겨난 여러 수도 없습니다. 사리자여. 오히려 이러한 인연을 까닭으로 '의계가 생겨남이 없다면 곧 의계가 아니고, 법계, 나아가 의촉을 인연으로 생겨난 여러 수가 생겨남이 없다면 곧 법계, 나아가 의촉을 인연으로 생겨난 여러 수가 아니다.'라고 나는 이렇게 말을 지었습니다.

사리자여. 지계는 지계의 자성이 공하고 이 자성이 공한 가운데에서는 생겨남이 없고 지계도 없으며, 수·화·풍·공·식계는 수·화·풍·공·식계의 자성이 공하고 이 자성이 공한 가운데에서는 생겨남이 없고 수·화·풍·공·식계도 없습니다. 사리자여. 오히려 이러한 인연을 까닭으로 '지계가 생겨남이 없다면 곧 지계가 아니고, 수·화·풍·공·식계가 생겨남이 없다면 곧 수·화·풍·공·식계가 아니다.'라고 나는 이렇게 말을 지었습니다.

사리자여. 고성제는 고성제의 자성이 공하고 이 자성이 공한 가운데에서는 생겨남이 없고 고성제도 없으며, 집·멸·도성제는 집·멸·도성제의 자성이 공하고 이 자성이 공한 가운데에서는 생겨남이 없고 집·멸·도성제도 없습니다. 사리자여. 오히려 이러한 인연을 까닭으로 '고성제가 생겨남이 없다면 곧 고성제가 아니고, 집·멸·도성제가 생겨남이 없다면 곧 집·멸·도성제가 아니다.'라고 나는 이렇게 말을 지었습니다.

사리자여. 무명은 무명의 자성이 공하고 이 자성이 공한 가운데에서는 생겨남이 없고 무명도 없으며, 행·식·명색·육처·촉·수·애·취·유·생·노사의 수탄고우뇌는 행, 나아가 노사의 수탄고우뇌의 자성이 공하고 이 자성이 공한 가운데에서는 생겨남이 없고 행, 나아가 노사의 수탄고우뇌도 없습니다. 사리자여. 오히려 이러한 인연을 까닭으로 '무명이 생겨남이 없다면 곧 무명이 아니고, 행, 나아가 노사의 수탄고우뇌가 생겨남이 없다면 곧 행, 나아가 노사의 수탄고우뇌가 아니다.'라고 나는 이렇게 말을 지었습니다.

사리자여. 내공은 내공의 자성이 공하고 이 자성이 공한 가운데에서는 생겨남이 없고 내공도 없으며, 외공·내외공·공공·대공·승의공·유위공·무위공·필경공·무제공·산공·무변이공·본성공·자상공·공상공·일체법공·불가득공·무성공·자성공·무성자성공은 외공, 나아가 무성자성공의 자성이 공하고 이 자성이 공한 가운데에서는 생겨남이 없고 외공, 나아가 무성자성공도 없습니다. 사리자여. 오히려 이러한 인연을 까닭으로 '내공이 생겨남이 없다면 곧 내공이 아니고, 외공, 나아가 무성자성공이 생겨남이 없다면 곧 외공, 나아가 무성자성공이 아니다.'라고 나는 이렇게 말을 지었습니다.

사리자여. 보시바라밀다는 보시바라밀다의 자성이 공하고 이 자성이 공한 가운데에서는 생겨남이 없고 보시바라밀다도 없으며, 정계·안인·정진·정려·반야바라밀다는 정계·안인·정진·정려·반야바라밀다의 자성이 공하고 이 자성이 공한 가운데에서는 생겨남이 없고 정계·안인·정진·정려·반야바라밀다도 없습니다. 사리자여. 오히려 이러한 인연을 까닭으로 '보시바라밀다가 생겨남이 없다면 곧 보시바라밀다가 아니고, 정계·안인·정진·정려·반야바라밀다가 생겨남이 없다면 곧 정계·안인·정진·정려·반야바라밀다가 아니다.'라고 나는 이렇게 말을 지었습니다.

사리자여. 4정려는 4정려의 자성이 공하고 이 자성이 공한 가운데에서는 생겨남이 없고 4정려도 없으며, 4무량·4무색정은 4무량·4무색정의 자성이 공하고 이 자성이 공한 가운데에서는 생겨남이 없고 4무량·4무색정도 없습니다. 사리자여. 오히려 이러한 인연을 까닭으로 '4정려가 생겨남이 없다면 곧 4정려가 아니고, 4무량·4무색정이 생겨남이 없다면 곧 4무량·4무색정이 아니다.'라고 나는 이렇게 말을 지었습니다.

사리자여. 8해탈은 8해탈의 자성이 공하고 이 자성이 공한 가운데에서는 생겨남이 없고 8해탈도 없으며, 8승처·9차제정·10변처는 8승처·9차제정·10변처의 자성이 공하고 이 자성이 공한 가운데에서는 생겨남이 없고 8승처·9차제정·10변처도 없습니다. 사리자여. 오히려 이러한 인연을 까닭으로 '8해탈이 생겨남이 없다면 곧 8해탈이 아니고, 8승처·9차제정·10변처가 생겨남이 없다면 곧 8승처·9차제정·10변처가 아니다.'라고 나는 이렇게 말을 지었습니다.

사리자여. 4념주는 4념주의 자성이 공하고 이 자성이 공한 가운데에서는 생겨남이 없고 4념주도 없으며, 4정단·4신족·5근·5력·7등각지·8성도지는 4정단, 나아가 8성도지의 자성이 공하고 이 자성이 공한 가운데에서는 생겨남이 없고 4정단, 나아가 8성도지도 없습니다. 사리자여. 오히려 이러한 인연을 까닭으로 '4념주가 생겨남이 없다면 곧 4념주가 아니고,

4정단, 나아가 8성도지가 생겨남이 없다면 곧 4정단, 나아가 8성도지가 아니다.'라고 나는 이렇게 말을 지었습니다.
　사리자여. 공해탈문은 공해탈문의 자성이 공하고 이 자성이 공한 가운데에서는 생겨남이 없고 공해탈문도 없으며, 무상·무원해탈문은 무상·무원해탈문의 자성이 공하고 이 자성이 공한 가운데에서는 생겨남이 없고 무상·무원해탈문도 없습니다. 사리자여. 오히려 이러한 인연을 까닭으로 '공해탈문이 생겨남이 없다면 곧 공해탈문이 아니고, 무상·무원해탈문이 생겨남이 없다면 곧 무상·무원해탈문이 아니다.'라고 나는 이렇게 말을 지었습니다.
　사리자여. 5안은 5안의 자성이 공하고 이 자성이 공한 가운데에서는 생겨남이 없고 5안도 없으며, 6신통은 6신통의 자성이 공하고 이 자성이 공한 가운데에서는 생겨남이 없고 6신통도 없습니다. 사리자여. 오히려 이러한 인연을 까닭으로 '5안이 생겨남이 없다면 곧 5안이 아니고, 6신통이 생겨남이 없다면 곧 6신통이 아니다.'라고 나는 이렇게 말을 지었습니다.
　사리자여. 여래의 10력은 여래의 10력의 자성이 공하고 이 자성이 공한 가운데에서는 생겨남이 없고 여래의 10력도 없으며, 4무소외·4무애해·대자·대비·대희·대사·18불불공법은 4무소외, 나아가 18불불공법의 자성이 공하고 이 자성이 공한 가운데에서는 생겨남이 없고 4무소외, 나아가 18불불공법도 없습니다. 사리자여. 오히려 이러한 인연을 까닭으로 '여래의 10력이 생겨남이 없다면 곧 여래의 10력이 아니고, 4무소외, 나아가 18불불공법이 생겨남이 없다면 곧 4무소외, 나아가 18불불공법이 아니다.'라고 나는 이렇게 말을 지었습니다.
　사리자여. 진여는 진여의 자성이 공하고 이 자성이 공한 가운데에서는 생겨남이 없고 진여도 없으며, 법계·법성·불허망성·불변이성·평등성·이생성·법정·법주·실제·허공계·부사의계의 자성이 공하고 이 자성이 공한 가운데에서는 생겨남이 없고 법계, 나아가 부사의계도 없습니다. 사리자여. 오히려 이러한 인연을 까닭으로 '진여가 생겨남이 없다면 곧 진여가 아니고, 법계, 나아가 부사의계가 생겨남이 없다면 곧 법계, 나아가 부사의계가 아니다.'라고 나는 이렇게 말을 지었습니다.
 사리자여. 무상정등보리는 무상정등보리의 자성이 공하고 이 자성이 공한 가운데에서는 생겨남이 없고 무상정등보리도 없으며, 일체지·도상지·일체상지는 일체지·도상지·일체상지의 자성이 공하고 이 자성이 공한 가운데에서는 생겨남이 없고 일체지·도상지·일체상지도 없습니다. 사리자여. 오히려 이러한 인연을 까닭으로 '무상정등보리가 생겨남이 없다면 곧 무상정등보리가 아니고, 일체지·도상지·일체상지가 생겨남이 없다면 곧 일체지·도상지·일체상지가 아니다.'라고 나는 이렇게 말을 지었습니다.
 사리자여. 무망실법은 무망실법의 자성이 공하고 이 자성이 공한 가운데에서는 생겨남이 없고 무망실법도 없으며, 항주사성은 항주사성의 자성이 공하고 이 자성이 공한 가운데에서는 생겨남이 없고 항주사성도 없습니다. 사리자여. 오히려 이러한 인연을 까닭으로 '무망실법이 생겨남이 없다면 곧 무망실법이 아니고, 항주사성이 생겨남이 없다면 곧 항주사성이 아니다.'라고 나는 이렇게 말을 지었습니다.
 사리자여. 일체의 다라니문은 일체의 다라니문의 자성이 공하고 이 자성이 공한 가운데에서는 생겨남이 없고 일체의 다라니문도 없으며, 일체의 삼마지문은 일체의 삼마지문의 자성이 공하고 이 자성이 공한 가운데에서는 생겨남이 없고 일체의 삼마지문도 없습니다. 사리자여. 오히려 이러한 인연을 까닭으로 '일체의 다라니문이 생겨남이 없다면 곧 일체의 다라니문이 아니고, 일체의 삼마지문이 생겨남이 없다면 곧 일체의 삼마지문이 아니다.'라고 나는 이렇게 말을 지었습니다."

 이때 사리자가 선현에게 물어 말하였다.
 "무슨 인연을 까닭으로 '색 등이 소멸하지 않는다면, 곧 색 등이 아니다.'라고 설합니까?"
 선현이 대답하여 말하였다.
 "사리자여. 색은 색의 자성이 공하므로 이 자성이 공한 가운데에서는 소멸함이 없고 색도 없으며, 수·상·행·식은 수·상·행·식의 자성이 공하므로 이 자성이 공한 가운데에서는 소멸함이 없고 수·상·행·식도 없습니다. 사리자여. 오히려 이러한 인연을 까닭으로 '색이 소멸함이 없다면 곧 색이 아니고, 수·상·행·식이 소멸함이 없다면 곧 수·상·행·식이 아니다.' 라고 나는 이렇게 말을 지었습니다.

사리자여. 안처는 안처의 자성이 공하고 이 자성이 공한 가운데에서는 소멸함이 없고 안처도 없으며, 이·비·설·신·의처는 이·비·설·신·의처의 자성이 공하고 이 자성이 공한 가운데에서는 소멸함이 없고 이·비·설·신·의처도 없습니다. 사리자여. 오히려 이러한 인연을 까닭으로 '안처가 소멸함이 없다면 곧 안처가 아니고, 이·비·설·신·의처가 소멸함이 없다면 곧 이·비·설·신·의처가 아니다.'라고 나는 이렇게 말을 지었습니다.

사리자여. 색처는 색처의 자성이 공하고 이 자성이 공한 가운데에서는 소멸함이 없고 색처도 없으며, 성·향·미·촉·법처는 성·향·미·촉·법처의 자성이 공하고 이 자성이 공한 가운데에서는 소멸함이 없고 성·향·미·촉·법처도 없습니다. 사리자여. 오히려 이러한 인연을 까닭으로 '색처가 소멸함이 없다면 곧 색처가 아니고, 성·향·미·촉·법처가 소멸함이 없다면 곧 성·향·미·촉·법처가 아니다.'라고 나는 이렇게 말을 지었습니다.

사리자여. 안계는 안계의 자성이 공하고 이 자성이 공한 가운데에서는 소멸함이 없고 안계도 없으며, 색계·안식계, 나아가 안촉·안촉을 인연으로 생겨난 여러 수는 색계, 나아가 안촉·안촉을 인연으로 생겨난 여러 수의 자성이 공하고 이 자성이 공한 가운데에서는 소멸함이 없고 색계, 나아가 안촉을 인연으로 생겨난 여러 수도 없습니다. 사리자여. 오히려 이러한 인연을 까닭으로 '안계가 소멸함이 없다면 곧 안계가 아니고, 색계, 나아가 안촉·안촉을 인연으로 생겨난 여러 수가 소멸함이 없다면 곧 색계, 나아가 안촉·안촉을 인연으로 생겨난 여러 수가 아니다.'라고 나는 이렇게 말을 지었습니다.

사리자여. 이계는 이계의 자성이 공하고 이 자성이 공한 가운데에서는 소멸함이 없고 이계도 없으며, 성계·이식계, 나아가 이촉·이촉을 인연으로 생겨난 여러 수는 성계, 나아가 이촉을 인연으로 생겨난 여러 수의 자성이 공하고 이 자성이 공한 가운데에서는 소멸함이 없고 성계, 나아가 이촉을 인연으로 생겨난 여러 수도 없습니다. 사리자여. 오히려 이러한 인연을 까닭으로 '이계가 소멸함이 없다면 곧 이계가 아니고, 성계, 나아가 이촉을 인연으로 생겨난 여러 수가 소멸함이 없다면 곧 성계, 나아가 이촉을 인연으로 생겨난 여러 수가 아니다.'라고 나는 이렇게 말을 지었습니다.

사리자여. 비계는 비계의 자성이 공하고 이 자성이 공한 가운데에서는 소멸함이 없고 비계도 없으며, 향계·비식계, 나아가 비촉·비촉을 인연으로 생겨난 여러 수는 향계, 나아가 비촉을 인연으로 생겨난 여러 수의 자성이 공하고 이 자성이 공한 가운데에서는 소멸함이 없고 향계, 나아가 비촉을 인연으로 생겨난 여러 수도 없습니다. 사리자여. 오히려 이러한 인연을 까닭으로 '비계가 소멸함이 없다면 곧 비계가 아니고, 향계, 나아가 비촉을 인연으로 생겨난 여러 수가 소멸함이 없다면 곧 향계, 나아가 비촉을 인연으로 생겨난 여러 수가 아니다.'라고 나는 이렇게 말을 지었습니다.

사리자여. 설계는 설계의 자성이 공하고 이 자성이 공한 가운데에서는 소멸함이 없고 설계도 없으며, 미계·설식계, 나아가 설촉·설촉을 인연으로 생겨난 여러 수는 미계, 나아가 설촉을 인연으로 생겨난 여러 수의 자성이 공하고 이 자성이 공한 가운데에서는 소멸함이 없고 미계, 나아가 설촉을 인연으로 생겨난 여러 수도 없습니다. 사리자여. 오히려 이러한 인연을 까닭으로 '설계가 소멸함이 없다면 곧 설계가 아니고, 미계, 나아가 설촉을 인연으로 생겨난 여러 수가 소멸함이 없다면 곧 미계, 나아가 설촉을 인연으로 생겨난 여러 수가 아니다.'라고 나는 이렇게 말을 지었습니다.

사리자여. 신계는 신계의 자성이 공하고 이 자성이 공한 가운데에서는 소멸함이 없고 신계도 없으며, 촉계·신식계, 나아가 신촉·신촉을 인연으로 생겨난 여러 수는 촉계, 나아가 신촉을 인연으로 생겨난 여러 수의 자성이 공하고 이 자성이 공한 가운데에서는 소멸함이 없고 촉계, 나아가 신촉을 인연으로 생겨난 여러 수도 없습니다. 사리자여. 오히려 이러한 인연을 까닭으로 '신계가 소멸함이 없다면 곧 신계가 아니고, 촉계, 나아가 신촉을 인연으로 생겨난 여러 수가 소멸함이 없다면 곧 촉계, 나아가 신촉을 인연으로 생겨난 여러 수가 아니다.'라고 나는 이렇게 말을 지었습니다.

사리자여. 의계는 의계의 자성이 공하고 이 자성이 공한 가운데에서는 소멸함이 없고 의계도 없으며, 법계·의식계, 나아가 의촉·의촉을 인연으로 생겨난 여러 수는 법계, 나아가 의촉을 인연으로 생겨난 여러 수의 자성이 공하고 이 자성이 공한 가운데에서는 소멸함이 없고 법계, 나아가 의촉을 인연으로 생겨난 여러 수도 없습니다. 사리자여. 오히려 이러한 인연을 까닭으로 '의계가 소멸함이 없다면 곧 의계가 아니고, 법계, 나아가 의촉을 인연으로 생겨난 여러 수가 소멸함이 없다면 곧 법계, 나아가 의촉을 인연으로 생겨난 여러 수가 아니다.'라고 나는 이렇게 말을 지었습니다.

사리자여. 지계는 지계의 자성이 공하고 이 자성이 공한 가운데에서는 소멸함이 없고 지계도 없으며, 수·화·풍·공·식계는 수·화·풍·공·식계의 자성이 공하고 이 자성이 공한 가운데에서는 소멸함이 없고 수·화·풍·공·식계도 없습니다. 사리자여. 오히려 이러한 인연을 까닭으로 '지계가 소멸함이 없다면 곧 지계가 아니고, 수·화·풍·공·식계가 소멸함이 없다면 곧 수·화·풍·공·식계가 아니다.'라고 나는 이렇게 말을 지었습니다.

사리자여. 고성제는 고성제의 자성이 공하고 이 자성이 공한 가운데에서는 소멸함이 없고 고성제도 없으며, 집·멸·도성제는 집·멸·도성제의 자성이 공하고 이 자성이 공한 가운데에서는 소멸함이 없고 집·멸·도성제도 없습니다. 사리자여. 오히려 이러한 인연을 까닭으로 '고성제가 소멸함이 없다면 곧 고성제가 아니고, 집·멸·도성제가 소멸함이 없다면 곧 집·멸·도성제가 아니다.'라고 나는 이렇게 말을 지었습니다.

사리자여. 무명은 무명의 자성이 공하고 이 자성이 공한 가운데에서는 소멸함이 없고 무명도 없으며, 행·식·명색·육처·촉·수·애·취·유·생·노사의 수탄고우뇌는 행, 나아가 노사의 수탄고우뇌의 자성이 공하고 이 자성이 공한 가운데에서는 소멸함이 없고 행, 나아가 노사의 수탄고우뇌도 없습니다. 사리자여. 오히려 이러한 인연을 까닭으로 '무명이 소멸함이 없다면 곧 무명이 아니고, 행, 나아가 노사의 수탄고우뇌가 소멸함이 없다면 곧 행, 나아가 노사의 수탄고우뇌가 아니다.'라고 나는 이렇게 말을 지었습니다.

사리자여. 내공은 내공의 자성이 공하고 이 자성이 공한 가운데에서는 소멸함이 없고 내공도 없으며, 외공·내외공·공공·대공·승의공·유위공·무위공·필경공·무제공·산공·무변이공·본성공·자상공·공상공·일체법공·불가득공·무성공·자성공·무성자성공은 외공, 나아가 무성자성공의 자성이 공하고 이 자성이 공한 가운데에서는 소멸함이 없고 외공, 나아가 무성자성공도 없습니다. 사리자여. 오히려 이러한 인연을 까닭으로 '내공이 소멸함이 없다면 곧 내공이 아니고, 외공, 나아가 무성자성공이 소멸함이 없다면 곧 외공, 나아가 무성자성공이 아니다.'라고 나는 이렇게 말을 지었습니다.

사리자여. 보시바라밀다는 보시바라밀다의 자성이 공하고 이 자성이 공한 가운데에서는 소멸함이 없고 보시바라밀다도 없으며, 정계·안인·정진·정려·반야바라밀다는 정계·안인·정진·정려·반야바라밀다의 자성이 공하고 이 자성이 공한 가운데에서는 소멸함이 없고 정계·안인·정진·정려·반야바라밀다도 없습니다. 사리자여. 오히려 이러한 인연을 까닭으로 '보시바라밀다가 소멸함이 없다면 곧 보시바라밀다가 아니고, 정계·안인·정진·정려·반야바라밀다가 소멸함이 없다면 곧 정계·안인·정진·정려·반야바라밀다가 아니다.'라고 나는 이렇게 말을 지었습니다.

사리자여. 4정려는 4정려의 자성이 공하고 이 자성이 공한 가운데에서는 소멸함이 없고 4정려도 없으며, 4무량·4무색정은 4무량·4무색정의 자성이 공하고 이 자성이 공한 가운데에서는 소멸함이 없고 4무량·4무색정도 없습니다. 사리자여. 오히려 이러한 인연을 까닭으로 '4정려가 소멸함이 없다면 곧 4정려가 아니고, 4무량·4무색정이 소멸함이 없다면 곧

4무량·4무색정이 아니다.'라고 나는 이렇게 말을 지었습니다.

　사리자여. 8해탈은 8해탈의 자성이 공하고 이 자성이 공한 가운데에서는 소멸함이 없고 8해탈도 없으며, 8승처·9차제정·10변처는 8승처·9차제정·10변처의 자성이 공하고 이 자성이 공한 가운데에서는 소멸함이 없고 8승처·9차제정·10변처도 없습니다. 사리자여. 오히려 이러한 인연을 까닭으로 '8해탈이 소멸함이 없다면 곧 8해탈이 아니고, 8승처·9차제정·10변처가 소멸함이 없다면 곧 8승처·9차제정·10변처 아니다.'라고 나는 이렇게 말을 지었습니다.

　사리자여. 4념주는 4념주의 자성이 공하고 이 자성이 공한 가운데에서는 소멸함이 없고 4념주도 없으며, 4정단·4신족·5근·5력·7등각지·8성도지는 4정단, 나아가 8성도지의 자성이 공하고 이 자성이 공한 가운데에서는 소멸함이 없고 4정단, 나아가 8성도지도 없습니다. 사리자여. 오히려 이러한 인연을 까닭으로 '4념주가 소멸함이 없다면 곧 4념주가 아니고, 4정단, 나아가 8성도지가 소멸함이 없다면 곧 4정단, 나아가 8성도지가 아니다.'라고 나는 이렇게 말을 지었습니다.

　사리자여. 공해탈문은 공해탈문의 자성이 공하고 이 자성이 공한 가운데에서는 소멸함이 없고 공해탈문도 없으며, 무상·무원해탈문은 무상·무원해탈문의 자성이 공하고 이 자성이 공한 가운데에서는 소멸함이 없고 무상·무원해탈문도 없습니다. 사리자여. 오히려 이러한 인연을 까닭으로 '공해탈문이 소멸함이 없다면 곧 공해탈문이 아니고, 무상·무원해탈문이 소멸함이 없다면 곧 무상·무원해탈문이 아니다.'라고 나는 이렇게 말을 지었습니다.

　사리자여. 5안은 5안의 자성이 공하고 이 자성이 공한 가운데에서는 소멸함이 없고 5안도 없으며, 6신통은 6신통의 자성이 공하고 이 자성이 공한 가운데에서는 소멸함이 없고 6신통도 없습니다. 사리자여. 오히려 이러한 인연을 까닭으로 '5안이 소멸함이 없다면 곧 5안이 아니고, 6신통이 소멸함이 없다면 곧 6신통이 아니다.'라고 나는 이렇게 말을 지었습니다.

　사리자여. 여래의 10력은 여래의 10력의 자성이 공하고 이 자성이 공한 가운데에서는 소멸함이 없고 여래의 10력도 없으며, 4무소외·4무애해·대자·대비·대희·대사·18불불공법은 4무소외, 나아가 18불불공법의 자성이 공하고 이 자성이 공한 가운데에서는 소멸함이 없고 4무소외, 나아가 18불불공법도 없습니다. 사리자여. 오히려 이러한 인연을 까닭으로 '여래의 10력이 소멸함이 없다면 곧 여래의 10력이 아니고, 4무소외, 나아가 18불불공법이 소멸함이 없다면 곧 4무소외, 나아가 18불불공법이 아니다.'라고 나는 이렇게 말을 지었습니다.

사리자여. 진여는 진여의 자성이 공하고 이 자성이 공한 가운데에서는 소멸함이 없고 진여도 없으며, 법계·법성·불허망성·불변이성·평등성·이생성·법정·법주·실제·허공계·부사의계의 자성이 공하고 이 자성이 공한 가운데에서는 소멸함이 없고 법계, 나아가 부사의계도 없습니다. 사리자여. 오히려 이러한 인연을 까닭으로 '진여가 소멸함이 없다면 곧 진여가 아니고, 법계, 나아가 부사의계가 소멸함이 없다면 곧 법계, 나아가 부사의계가 아니다.'라고 나는 이렇게 말을 지었습니다.

사리자여. 무상정등보리는 무상정등보리의 자성이 공하고 이 자성이 공한 가운데에서는 소멸함이 없고 무상정등보리도 없으며, 일체지·도상지·일체상지는 일체지·도상지·일체상지의 자성이 공하고 이 자성이 공한 가운데에서는 소멸함이 없고 일체지·도상지·일체상지도 없습니다. 사리자여. 오히려 이러한 인연을 까닭으로 '무상정등보리가 소멸함이 없다면 곧 무상정등보리가 아니고, 일체지·도상지·일체상지가 소멸함이 없다면 곧 일체지·도상지·일체상지가 아니다.'라고 나는 이렇게 말을 지었습니다.

사리자여. 무망실법은 무망실법의 자성이 공하고 이 자성이 공한 가운데에서는 소멸함이 없고 무망실법도 없으며, 항주사성은 항주사성의 자성이 공하고 이 자성이 공한 가운데에서는 소멸함이 없고 항주사성도 없습니다. 사리자여. 오히려 이러한 인연을 까닭으로 '무망실법이 소멸함이 없다면 곧 무망실법이 아니고, 항주사성이 소멸함이 없다면 곧 항주사성이 아니다.'라고 나는 이렇게 말을 지었습니다.

사리자여. 일체의 다라니문은 일체의 다라니문의 자성이 공하고 이 자성이 공한 가운데에서는 소멸함이 없고 일체의 다라니문도 없으며, 일체의 삼마지문은 일체의 삼마지문의 자성이 공하고 이 자성이 공한 가운데에서는 소멸함이 없고 일체의 삼마지문도 없습니다. 사리자여. 오히려 이러한 인연을 까닭으로 '일체의 다라니문이 소멸함이 없다면 곧 일체의 다라니문이 아니고, 일체의 삼마지문이 소멸함이 없다면 곧 일체의 삼마지문이 아니다.'라고 나는 이렇게 말을 지었습니다."

이때 사리자가 선현에게 물었다.
"무슨 인연을 까닭으로 '색 등이 둘이 아니라면, 곧 색 등이 아니다.'라고 설합니까?"
선현이 대답하여 말하였다.
"사리자여. 만약 색이고 만약 둘이 아니거나, 만약 수·상·행·식이고 만약 둘이 아니라면, 이와 같은 일체는 모두가 상응하는 것이 아니고 상응하지 않는 것도 아니며, 유색(有色)이 아니고 무색(無色)도 아니며, 유견(有見)도 아니고 무견(無見)도 아니며, 대상이 있는 것도 아니고 대상이 없는 것도 아니며, 모두가 동일(同一)한 상(相)이나니 이를테면, 무상(無相)입니다. 사리자여. 오히려 이러한 인연을 까닭으로 '색이 둘이 아니라면, 곧 색이 아니고, 수·상·행·식이 둘이 아니라면, 곧 수·상·행·식이 아니다.'라고 나는 이렇게 말을 지었습니다.

사리자여. 만약 안처이고 만약 둘이 아니거나, 만약 이·비·설·신·의처이고 만약 둘이 아니라면, 이와 같은 일체는 상응하는 것이 아니고 상응하지 않는 것도 아니며, 유색이 아니고 무색도 아니며, 유견도 아니고 무견도 아니며, 대상이 있는 것도 아니고 대상이 없는 것도 아니며, 모두가 동일한 상이나니 이를테면, 무상입니다. 사리자여. 오히려 이러한 인연을 까닭으로 '안처가 둘이 아니라면, 곧 안처가 아니고, 이·비·설·신·의처가 둘이 아니라면, 곧 이·비·설·신·의처가 아니다.'라고 나는 이렇게 말을 지었습니다.

사리자여. 만약 색처이고 만약 둘이 아니거나, 만약 성·향·미·촉·법처이고 만약 둘이 아니라면, 이와 같은 일체는 상응하는 것이 아니고 상응하지 않는 것도 아니며, 유색이 아니고 무색도 아니며, 유견도 아니고 무견도 아니며, 대상이 있는 것도 아니고 대상이 없는 것도 아니며, 모두가 동일한 상이나니 이를테면, 무상입니다. 사리자여. 오히려 이러한 인연을 까닭으로 '색처가 둘이 아니라면, 곧 색처가 아니고, 성·향·미·촉·법처가 둘이 아니라면, 곧 성·향·미·촉·법처가 아니다.'라고 나는 이렇게 말을 지었습니다.

사리자여. 만약 안계이고 만약 둘이 아니거나, 만약 색계·안식계, 나아가 안촉·안촉을 인연으로 생겨난 여러 수이고 만약 둘이 아니라면, 이와 같은 일체는 상응하는 것이 아니고 상응하지 않는 것도 아니며, 유견도 아니고 무견도 아니며, 대상이 있는 것도 아니고 대상이 없는 것도 아니며, 모두가 동일한 상이나니 이를테면, 무상입니다. 사리자여. 오히려 이러한 인연을 까닭으로 '안계가 둘이 아니라면, 곧 안계가 아니고, 색계, 나아가 안촉을 인연으로 생겨난 여러 수가 둘이 아니라면, 곧 색계, 나아가 안촉을 인연으로 생겨난 여러 수가 아니다.'라고 나는 이렇게 말을 지었습니다.

사리자여. 만약 이계이고 만약 둘이 아니거나, 만약 성계·이식계, 나아가 이촉·이촉을 인연으로 생겨난 여러 수이고 만약 둘이 아니라면, 이와 같은 일체는 상응하는 것이 아니고 상응하지 않는 것도 아니며, 유색이 아니고 무색도 아니며, 유견도 아니고 무견도 아니며, 대상이 있는 것도 아니고 대상이 없는 것도 아니며, 모두가 동일한 상이나니 이를테면, 무상입니다. 사리자여. 오히려 이러한 인연을 까닭으로 '이계가 둘이 아니라면, 곧 이계가 아니고, 성계, 나아가 이촉을 인연으로 생겨난 여러 수가 둘이 아니라면, 곧 성계, 나아가 이촉을 인연으로 생겨난 여러 수가 아니다.'라고 나는 이렇게 말을 지었습니다.

사리자여. 만약 비계이고 만약 둘이 아니거나, 만약 향계·비식계, 나아가 비촉·비촉을 인연으로 생겨난 여러 수이고 만약 둘이 아니라면, 이와 같은 일체는 상응하는 것이 아니고 상응하지 않는 것도 아니며, 유색이 아니고 무색도 아니며, 유견도 아니고 무견도 아니며, 대상이 있는 것도 아니고 대상이 없는 것도 아니며, 모두가 동일한 상이나니 이를테면, 무상입니다. 사리자여. 오히려 이러한 인연을 까닭으로 '비계가 둘이 아니라면, 곧 비계가 아니고, 향계, 나아가 비촉을 인연으로 생겨난 여러 수가 둘이 아니라면, 곧 향계, 나아가 비촉을 인연으로 생겨난 여러 수가 아니다.'라고 나는 이렇게 말을 지었습니다.

사리자여. 만약 설계이고 만약 둘이 아니거나, 만약 미계·설식계, 나아가 설촉·설촉을 인연으로 생겨난 여러 수이고 만약 둘이 아니라면, 이와 같은 일체는 상응하는 것이 아니고 상응하지 않는 것도 아니며, 유색이 아니고 무색도 아니며, 유견도 아니고 무견도 아니며, 대상이 있는 것도 아니고 대상이 없는 것도 아니며, 모두가 동일한 상이나니 이를테면, 무상입니다. 사리자여. 오히려 이러한 인연을 까닭으로 '설계가 둘이 아니라면, 곧 설계가 아니고, 미계, 나아가 설촉을 인연으로 생겨난 여러 수가 둘이 아니라면, 곧 미계, 나아가 설촉을 인연으로 생겨난 여러 수가 아니다.'라고 나는 이렇게 말을 지었습니다.

사리자여. 만약 신계이고 만약 둘이 아니거나, 만약 촉계·신식계, 나아가 신촉·신촉을 인연으로 생겨난 여러 수이고 만약 둘이 아니라면, 이와 같은 일체는 상응하는 것이 아니고 상응하지 않는 것도 아니며, 유색이 아니고 무색도 아니며, 유견도 아니고 무견도 아니며, 대상이 있는 것도 아니고 대상이 없는 것도 아니며, 모두가 동일한 상이나니 이를테면, 무상입니다. 사리자여. 오히려 이러한 인연을 까닭으로 '신계가 둘이 아니라면, 곧 신계가 아니고, 촉계, 나아가 신촉을 인연으로 생겨난 여러 수가 둘이 아니라면, 곧 촉계, 나아가 신촉을 인연으로 생겨난 여러 수가 아니다.'라고 나는 이렇게 말을 지었습니다.

사리자여. 만약 의계이고 만약 둘이 아니거나, 만약 법계·의식계, 나아가 의촉·의촉을 인연으로 생겨난 여러 수이고 만약 둘이 아니라면, 이와 같은 일체는 상응하는 것이 아니고 상응하지 않는 것도 아니며, 유색이 아니고 무색도 아니며, 유견도 아니고 무견도 아니며, 대상이 있는 것도 아니고 대상이 없는 것도 아니며, 모두가 동일한 상이나니 이를테면, 무상입니다. 사리자여. 오히려 이러한 인연을 까닭으로 '의계가 둘이 아니라면, 곧 의계가 아니고, 법계, 나아가 의촉을 인연으로 생겨난 여러 수가 둘이 아니라면, 곧 법계, 나아가 의촉을 인연으로 생겨난 여러 수가 아니다.'라고 나는 이렇게 말을 지었습니다.

사리자여. 만약 지계이고 만약 둘이 아니거나, 만약 수·화·풍·공·식계이고 만약 둘이 아니라면, 이와 같은 일체는 상응하는 것이 아니고 상응하지 않는 것도 아니며, 유색이 아니고 무색도 아니며, 유견도 아니고 무견도 아니며, 대상이 있는 것도 아니고 대상이 없는 것도 아니며, 모두가 동일한 상이나니 이를테면, 무상입니다. 사리자여. 오히려 이러한 인연을 까닭으로 '지계가 둘이 아니라면, 곧 지계가 아니고, 수·화·풍·공·식계가 둘이 아니라면, 곧 수·화·풍·공·식계가 아니다.'라고 나는 이렇게 말을 지었습니다.

사리자여. 만약 고성제이고 만약 둘이 아니거나, 만약 집·멸·도성제이고 만약 둘이 아니라면, 이와 같은 일체는 상응하는 것이 아니고 상응하지 않는 것도 아니며, 유색이 아니고 무색도 아니며, 유견도 아니고 무견도 아니며, 대상이 있는 것도 아니고 대상이 없는 것도 아니며, 모두가 동일한 상이나니 이를테면, 무상입니다. 사리자여. 오히려 이러한 인연을 까닭으로 '고성제가 둘이 아니라면, 곧 고성제가 아니고, 집·멸·도성제가 둘이 아니라면, 곧 집·멸·도성제기 이니다.'라고 나는 이렇게 말을 지었습니다.

사리자여. 만약 무명이고 만약 둘이 아니거나, 만약 행·식·명색·육처·촉·수·애·취·유·생·노사의 수탄고우뇌이고 만약 둘이 아니라면, 이와 같은 일체는 상응하는 것이 아니고 상응하지 않는 것도 아니며, 유색이 아니고 무색도 아니며, 유견도 아니고 무견도 아니며, 대상이 있는 것도 아니고 대상이 없는 것도 아니며, 모두가 동일한 상이나니 이를테면, 무상입니다. 사리자여. 오히려 이러한 인연을 까닭으로 '무명이 둘이 아니라면, 곧 무명이 아니고, 행, 나아가 노사의 수탄고우뇌가 둘이 아니라면, 곧 행, 나아가 노사의 수탄고우뇌가 아니다.'라고 나는 이렇게 말을 지었습니다.

사리자여. 만약 내공이고 만약 둘이 아니거나, 만약 외공·내외공·공공·대공·승의공·유위공·무위공·필경공·무제공·산공·무변이공·본성공·자상공·공상공·일체법공·불가득공·무성공·자성공·무성자성공이고 만약 둘이 아니라면, 이와 같은 일체는 상응하는 것이 아니고 상응하지 않는 것도 아니며, 유색이 아니고 무색도 아니며, 유견도 아니고 무견도 아니며, 대상이 있는 것도 아니고 대상이 없는 것도 아니며, 모두가 동일한 상이나니 이를테면, 무상입니다. 사리자여. 오히려 이러한 인연을 까닭으로 '내공이 둘이 아니라면, 곧 내공이 아니고, 외공, 나아가 무성자성공이 둘이 아니라면, 곧 외공, 나아가 무성자성공이 아니다.'라고 나는 이렇게 말을 지었습니다.

사리자여. 만약 보시바라밀다이고 만약 둘이 아니거나, 만약 정계·안인·정진·정려·반야바라밀다이고 만약 둘이 아니라면, 이와 같은 일체는 상응하는 것이 아니고 상응하지 않는 것도 아니며, 유색이 아니고 무색도 아니며, 유견도 아니고 무견도 아니며, 대상이 있는 것도 아니고 대상이 없는 것도 아니며, 모두가 동일한 상이나니 이를테면, 무상입니다. 사리자여. 오히려 이러한 인연을 까닭으로 '보시바라밀다가 둘이 아니라면, 곧 보시바라밀다가 아니고, 정계·안인·정진·정려·반야바라밀다가 둘이 아니라면, 곧 정계·안인·정진·정려·반야바라밀다가 아니다.'라고 나는 이렇게 말을 지었습니다.

사리자여. 만약 4정려이고 만약 둘이 아니거나, 만약 4무량·4무색정이고 만약 둘이 아니라면, 이와 같은 일체는 상응하는 것이 아니고 상응하지 않는 것도 아니며, 유색이 아니고 무색도 아니며, 유견도 아니고 무견도 아니며, 대상이 있는 것도 아니고 대상이 없는 것도 아니며, 모두가 동일한 상이나니 이를테면, 무상입니다. 사리자여. 오히려 이러한 인연을 까닭으로 '4정려가 둘이 아니라면, 곧 4정려가 아니고, 4무량·4무색정이 둘이 아니라면, 곧 4무량·4무색정이 아니다.'라고 나는 이렇게 말을 지었습니다.

　사리자여. 만약 8해탈이고 만약 둘이 아니거나, 만약 8승처·9차제정·10변처이고 만약 둘이 아니라면, 이와 같은 일체는 상응하는 것이 아니고 상응하지 않는 것도 아니며, 유색이 아니고 무색도 아니며, 유견도 아니고 무견도 아니며, 대상이 있는 것도 아니고 대상이 없는 것도 아니며, 모두가 동일한 상이나니 이를테면, 무상입니다. 사리자여. 오히려 이러한 인연을 까닭으로 '8해탈이 둘이 아니라면, 곧 8해탈이 아니고, 8승처·9차제정·10변처가 둘이 아니라면, 곧 8승처·9차제정·10변처가 아니다.'라고 나는 이렇게 말을 지었습니다.

　사리자여. 만약 4념주이고 만약 둘이 아니거나, 만약 4정단·4신족·5근·5력·7등각지·8성도지이고 만약 둘이 아니라면, 이와 같은 일체는 상응하는 것이 아니고 상응하지 않는 것도 아니며, 유색이 아니고 무색도 아니며, 유견도 아니고 무견도 아니며, 대상이 있는 것도 아니고 대상이 없는 것도 아니며, 모두가 동일한 상이나니 이를테면, 무상입니다. 사리자여. 오히려 이러한 인연을 까닭으로 '4념주가 둘이 아니라면, 곧 4념주가 아니고, 4정단, 나아가 8성도지가 둘이 아니라면, 곧 4정단, 나아가 8성도지가 아니다.'라고 나는 이렇게 말을 지었습니다.

　사리자여. 만약 공해탈문이고 만약 둘이 아니거나, 만약 무상·무원해탈문이고 만약 둘이 아니라면, 이와 같은 일체는 상응하는 것이 아니고 상응하지 않는 것도 아니며, 유색이 아니고 무색도 아니며, 유견도 아니고 무견도 아니며, 대상이 있는 것도 아니고 대상이 없는 것도 아니며, 모두가 동일한 상이나니 이를테면, 무상입니다. 사리자여. 오히려 이러한 인연을 까닭으로 '공해탈문이 둘이 아니라면, 곧 공해탈문이 아니고, 무상·무원해탈문이 둘이 아니라면, 곧 무상·무원해탈문이 아니다.'라고 나는 이렇게 말을 지었습니다.

　사리자여. 만약 5안이고 만약 둘이 아니거나, 만약 6신통이고 만약 둘이 아니라면, 이와 같은 일체는 상응하는 것이 아니고 상응하지 않는 것도 아니며, 유색이 아니고 무색도 아니며, 유견도 아니고 무견도 아니며,

대상이 있는 것도 아니고 대상이 없는 것도 아니며, 모두가 동일한 상이나 니 이를테면, 무상입니다. 사리자여. 오히려 이러한 인연을 까닭으로 '5안이 둘이 아니라면, 곧 5안이 아니고, 6신통이 둘이 아니라면, 곧 6신통이 아니다.'라고 나는 이렇게 말을 지었습니다.

사리자여. 만약 여래의 10력이고 만약 둘이 아니거나, 만약 4무소외·4무애해·대자·대비·대희·대사·18불불공법이고 만약 둘이 아니라면, 이와 같은 일체는 상응하는 것이 아니고 상응하지 않는 것도 아니며, 유색이 아니고 무색도 아니며, 유견도 아니고 무견도 아니며, 대상이 있는 것도 아니고 대상이 없는 것도 아니며, 모두가 동일한 상이나니 이를테면, 무상입니다. 사리자여. 오히려 이러한 인연을 까닭으로 '여래의 10력이 둘이 아니라면, 곧 여래의 10력이 아니고, 4무소외, 나아가 18불불공법이 둘이 아니라면, 곧 4무소외, 나아가 18불불공법이 아니다.'라고 나는 이렇게 말을 지었습니다.

사리자여. 만약 진여이고 만약 둘이 아니거나, 만약 법계·법성·불허망성·불변이성·평등성·이생성·법정·법주·실제·허공계·부사의계이고 만약 둘이 아니라면, 이와 같은 일체는 상응하는 것이 아니고 상응하지 않는 것도 아니며, 유색이 아니고 무색도 아니며, 유견도 아니고 무견도 아니며, 대상이 있는 것도 아니고 대상이 없는 것도 아니며, 모두가 동일한 상이나니 이를테면, 무상입니다. 사리자여. 오히려 이러한 인연을 까닭으로 '진여가 둘이 아니라면, 곧 진여가 아니고, 법계, 나아가 부사의계가 둘이 아니라면, 곧 법계, 나아가 부사의계가 아니다.'라고 나는 이렇게 말을 지었습니다.

사리자여. 만약 무상정등보리이고 만약 둘이 아니거나, 만약 일체지·도상지·일체상지이고 만약 둘이 아니라면, 이와 같은 일체는 상응하는 것이 아니고 상응하지 않는 것도 아니며, 유색이 아니고 무색도 아니며, 유견도 아니고 무견도 아니며, 대상이 있는 것도 아니고 대상이 없는 것도 아니며, 모두가 동일한 상이나니 이를테면, 무상입니다. 사리자여. 오히려 이러한 인연을 까닭으로 '무상정등보리가 둘이 아니라면, 곧 무상정등보리가 아니고, 일체지·도상지·일체상지가 둘이 아니라면, 곧 일체지·도상지·일체상지가 아니다.'라고 나는 이렇게 말을 지었습니다.

사리자여. 만약 무망실법이고 만약 둘이 아니거나, 만약 항주사성이고 만약 둘이 아니라면, 이와 같은 일체는 상응하는 것이 아니고 상응하지 않는 것도 아니며, 유색이 아니고 무색도 아니며, 유견도 아니고 무견도 아니며, 대상이 있는 것도 아니고 대상이 없는 것도 아니며, 모두가 동일한 상이나니 이를테면, 무상입니다. 사리자여. 오히려 이러한 인연을 까닭으로 '무망실법이 둘이 아니라면, 곧 무망실법이 아니고, 항주사성이 둘이 아니라면, 곧 항주사성이 아니다.'라고 나는 이렇게 말을 지었습니다.

사리자여. 만약 일체의 다라니문이고 만약 둘이 아니거나, 만약 일체의 삼마지문이고 만약 둘이 아니라면, 이와 같은 일체는 상응하는 것이 아니고 상응하지 않는 것도 아니며, 유색이 아니고 무색도 아니며, 유견도 아니고 무견도 아니며, 대상이 있는 것도 아니고 대상이 없는 것도 아니며, 모두가 동일한 상이나니 이를테면, 무상입니다. 사리자여. 오히려 이러한 인연을 까닭으로 '일체의 다라니문이 둘이 아니라면, 곧 일체의 다라니문이 아니고, 일체의 삼마지문이 둘이 아니라면, 곧 일체의 삼마지문이 아니다.'라고 나는 이렇게 말을 지었습니다."

마하반야바라밀다경 제74권

19. 관행품(觀行品)(5)

이때 사리자가 선현에게 물어 말하였다.
"무슨 인연을 까닭으로 '색 등은 둘이 아니고 허망함이 없는 법수(法數)에 들어간다.'라고 설합니까?"
선현이 대답하여 말하였다.
"사리자여. 색은 생멸(生滅)이 없는 것과 다르지 않고(不異) 생멸이 없는 것은 색과 다르지 않으며, 색은 곧 생멸이 없는 것이고 생멸이 없는 것은 곧 색이며, 수·상·행·식은 생멸이 없는 것과 다르지 않고 생멸이 없는 것은 수·상·행·식과 다르지 않으며, 수·상·행·식은 곧 생멸이 없는 것이고 생멸이 없는 것이 곧 수·상·행·식입니다. 사리자여. 오히려 이러한 인연을 까닭으로 '색은 둘이 아니고 허망함이 없는 법수에 들어가며, 수·상·행·식은 둘이 아니고 허망함이 없는 법수에 들어간다.'라고 나는 이렇게 말을 지었습니다.
사리자여. 안처는 생멸이 없는 것과 다르지 않고 생멸이 없는 것은 안처와 다르지 않으며, 안처는 곧 생멸이 없는 것이고 생멸이 없는 것은 곧 안처이며, 이·비·설·신·의처는 생멸이 없는 것과 다르지 않고 생멸이 없는 것은 이·비·설·신·의처와 다르지 않으며, 이·비·설·신·의처는 곧 생멸이 없는 것이고 생멸이 없는 것이 곧 이·비·설·신·의처입니다. 사리자여. 오히려 이러한 인연을 까닭으로 '안처는 둘이 아니고 허망함이 없는 법수에 들어가며, 이·비·설·신·의처는 둘이 아니고 허망함이 없는 법수에 들어간다.'라고 나는 이렇게 말을 지었습니다.
 사리자여. 색처는 생멸이 없는 것과 다르지 않고 생멸이 없는 것은 색처와 다르지 않으며, 색처는 곧 생멸이 없는 것이고 생멸이 없는 것은 곧 색처이며, 성·향·미·촉·법처는 생멸이 없는 것과 다르지 않고 생멸이 없는 것은 이·비·설·신·의처와 다르지 않으며, 성·향·미·촉·법처는 곧 생멸이 없는 것이고 생멸이 없는 것이 곧 성·향·미·촉·법처입니다. 사리자여. 오히려 이러한 인연을 까닭으로 '색처는 둘이 아니고 허망함이 없는 법수에 들어가며, 성·향·미·촉·법처는 둘이 아니고 허망함이 없는 법수에 들어간다.'라고 나는 이렇게 말을 지었습니다.
 사리자여. 안계는 생멸이 없는 것과 다르지 않고 생멸이 없는 것은 안계와 다르지 않으며, 안계는 곧 생멸이 없는 것이고 생멸이 없는 것은 곧 안계이며, 색계·안식계, 나아가 안촉·안촉을 인연으로 생겨난 여러 수는 생멸이 없는 것과 다르지 않고 생멸이 없는 것은 색계, 나아가 안촉을 인연으로 생겨난 여러 수와 다르지 않으며, 색계, 나아가 안촉을 인연으로 생겨난 여러 수는 곧 생멸이 없는 것이고 생멸이 없는 것이 곧 색계, 나아가 안촉을 인연으로 생겨난 여러 수입니다. 사리자여. 오히려 이러한 인연을 까닭으로 '안계는 둘이 아니고 허망함이 없는 법수에 들어가며, 색계, 나아가 안촉을 인연으로 생겨난 여러 수는 둘이 아니고 허망함이 없는 법수에 들어간다.'라고 나는 이렇게 말을 지었습니다.
 사리사여. 이계는 생멸이 없는 것과 다르지 않고 생멸이 없는 것은 이계와 다르지 않으며, 이계는 곧 생멸이 없는 것이고 생멸이 없는 것은 곧 이계이며, 성계·이식계, 나아가 이촉·이촉을 인연으로 생겨난 여러 수는 생멸이 없는 것과 다르지 않고 생멸이 없는 것은 성계, 나아가 이촉을 인연으로 생겨난 여러 수와 다르지 않으며, 성계, 나아가 이촉을 인연으로 생겨난 여러 수는 곧 생멸이 없는 것이고 생멸이 없는 것이 곧 성계, 나아가 이촉을 인연으로 생겨난 여러 수입니다. 사리자여. 오히려 이러한 인연을 까닭으로 '이계는 둘이 아니고 허망함이 없는 법수에 들어가며, 성계, 나아가 이촉을 인연으로 생겨난 여러 수는 둘이 아니고 허망함이 없는 법수에 들어간다.'라고 나는 이렇게 말을 지었습니다.
 사리자여. 설계는 생멸이 없는 것과 다르지 않고 생멸이 없는 것은 설계와 다르지 않으며, 설계는 곧 생멸이 없는 것이고 생멸이 없는 것은 곧 설계이며, 미계·설식계, 나아가 설촉·설촉을 인연으로 생겨난 여러 수는 생멸이 없는 것과 다르지 않고 생멸이 없는 것은 미계, 나아가 설촉을 인연으로 생겨난 여러 수와 다르지 않으며, 미계, 나아가 설촉을 인연으로 생겨난 여러 수는 곧 생멸이 없는 것이고 생멸이 없는 것이 곧 미계, 나아가 설촉을 인연으로 생겨난 여러 수입니다. 사리자여. 오히려 이러한 인연을 까닭으로 '설계는 둘이 아니고 허망함이 없는 법수에 들어가며, 미계, 나아가 설촉을 인연으로 생겨난 여러 수는 둘이 아니고 허망함이 없는 법수에 들어간다.'라고 나는 이렇게 말을 지었습니다.
 사리자여. 신계는 생멸이 없는 것과 다르지 않고 생멸이 없는 것은 신계와 다르지 않으며, 신계는 곧 생멸이 없는 것이고 생멸이 없는 것은 곧 신계이며, 촉계·신식계, 나아가 신촉·신촉을 인연으로 생겨난 여러 수는 생멸이 없는 것과 다르지 않고 생멸이 없는 것은 촉계, 나아가 신촉을 인연으로 생겨난 여러 수와 다르지 않으며, 촉계, 나아가 신촉을 인연으로 생겨난 여러 수는 곧 생멸이 없는 것이고 생멸이 없는 것이 곧 촉계, 나아가 신촉을 인연으로 생겨난 여러 수입니다. 사리자여. 오히려 이러한 인연을 까닭으로 '신계는 둘이 아니고 허망함이 없는 법수에 들어가며, 촉계, 나아가 신촉을 인연으로 생겨난 여러 수는 둘이 아니고 허망함이 없는 법수에 들어간다.'라고 나는 이렇게 말을 지었습니다.
 사리자여. 의계는 생멸이 없는 것과 다르지 않고 생멸이 없는 것은 의계와 다르지 않으며, 의계는 곧 생멸이 없는 것이고 생멸이 없는 것은 곧 의계이며, 법계·의식계, 나아가 의촉·의촉을 인연으로 생겨난 여러 수는 생멸이 없는 것과 다르지 않고 생멸이 없는 것은 법계, 나아가 의촉을 인연으로 생겨난 여러 수와 다르지 않으며, 법계, 나아가 의촉을 인연으로 생겨난 여러 수는 곧 생멸이 없는 것이고 생멸이 없는 것이 곧 법계, 나아가 의촉을 인연으로 생겨난 여러 수입니다. 사리자여. 오히려 이러한 인연을 까닭으로 '의계는 둘이 아니고 허망함이 없는 법수에 들어가며, 법계, 나아가 의촉을 인연으로 생겨난 여러 수는 둘이 아니고 허망함이 없는 법수에 들어간다.'라고 나는 이렇게 말을 지었습니다.

사리자여. 지계는 생멸이 없는 것과 다르지 않고 생멸이 없는 것은 지계와 다르지 않으며, 지계는 곧 생멸이 없는 것이고 생멸이 없는 것은 곧 지계이며, 수·화·풍·공·식계는 생멸이 없는 것과 다르지 않고 생멸이 없는 것은 수·화·풍·공·식계와 다르지 않으며, 수·화·풍·공·식계는 곧 생멸이 없는 것이고 생멸이 없는 것이 곧 수·화·풍·공·식계입니다. 사리자여. 오히려 이러한 인연을 까닭으로 '지계는 둘이 아니고 허망함이 없는 법수에 들어가며, 수·화·풍·공·식계는 둘이 아니고 허망함이 없는 법수에 들어간다.'라고 나는 이렇게 말을 지었습니다.

사리자여. 고성제는 생멸이 없는 것과 다르지 않고 생멸이 없는 것은 고성제와 다르지 않으며, 고성제는 곧 생멸이 없는 것이고 생멸이 없는 것은 곧 고성제이며, 집·멸·도성제는 생멸이 없는 것과 다르지 않고 생멸이 없는 것은 집·멸·도성제와 다르지 않으며, 집·멸·도성제는 곧 생멸이 없는 것이고 생멸이 없는 것이 곧 집·멸·도성제입니다. 사리자여. 오히려 이러한 인연을 까닭으로 '고성제는 둘이 아니고 허망함이 없는 법수에 들어가며, 집·멸·도성제는 둘이 아니고 허망함이 없는 법수에 들어간다.'라고 나는 이렇게 말을 지었습니다.

사리자여. 무명은 생멸이 없는 것과 다르지 않고 생멸이 없는 것은 무명과 다르지 않으며, 무명은 곧 생멸이 없는 것이고 생멸이 없는 것은 곧 무명이며, 행·식·명색·육처·촉·수·애·취·유·생·노사의 수탄고우뇌는 생멸이 없는 것과 다르지 않고 생멸이 없는 것은 행, 나아가 노사의 수탄고우뇌와 다르지 않으며, 행, 나아가 노사의 수탄고우뇌는 곧 생멸이 없는 것이고 생멸이 없는 것이 곧 행, 나아가 노사의 수탄고우뇌입니다. 사리자여. 오히려 이러한 인연을 까닭으로 '무명은 둘이 아니고 허망함이 없는 법수에 들어가며, 행, 나아가 노사의 수탄고우뇌는 둘이 아니고 허망함이 없는 법수에 들어간다.'라고 나는 이렇게 말을 지었습니다.

사리자여. 내공은 생멸이 없는 것과 다르지 않고 생멸이 없는 것은 내공과 다르지 않으며, 내공은 곧 생멸이 없는 것이고 생멸이 없는 것은 곧 내공이며, 외공·내외공·공공·대공·승의공·유위공·무위공·필경공·무제공·산공·무변이공·본성공·자상공·공상공·일체법공·불가득공·무성공·자성공·무성자성공은 생멸이 없는 것과 다르지 않고 생멸이 없는 것은 외공, 나아가 무성자성공과 다르지 않으며, 외공, 나아가 무성자성공은 곧 생멸이 없는 것이고 생멸이 없는 것이 곧 외공, 나아가 무성자성공입니다. 사리자여. 오히려 이러한 인연을 까닭으로 '내공은 둘이 아니고 허망함이 없는 법수에 들어가며, 외공, 나아가 무성자성공은 둘이 아니고 허망함이 없는 법수에 들어간다.'라고 나는 이렇게 말을 지었습니다.

사리자여. 보시바라밀다는 생멸이 없는 것과 다르지 않고 생멸이 없는 것은 보시바라밀다와 다르지 않으며, 보시바라밀다는 곧 생멸이 없는 것이고 생멸이 없는 것은 곧 보시바라밀다이며, 정계·안인·정진·정려·반야바라밀다는 생멸이 없는 것과 다르지 않고 생멸이 없는 것은 정계·안인·정진·정려·반야바라밀다와 다르지 않으며, 정계·안인·정진·정려·반야바라밀다는 곧 생멸이 없는 것이고 생멸이 없는 것이 곧 정계·안인·정진·정려·반야바라밀다입니다. 사리자여. 오히려 이러한 인연을 까닭으로 '보시바라밀다는 둘이 아니고 허망함이 없는 법수에 들어가며, 정계·안인·정진·정려·반야바라밀다는 둘이 아니고 허망함이 없는 법수에 들어간다.'라고 나는 이렇게 말을 지었습니다.

사리자여. 4정려는 생멸이 없는 것과 다르지 않고 생멸이 없는 것은 4정려와 다르지 않으며, 4정려는 곧 생멸이 없는 것이고 생멸이 없는 것은 곧 4정려이며, 4무량·4무색정은 생멸이 없는 것과 다르지 않고 생멸이 없는 것은 4무량·4무색정과 다르지 않으며, 4무량·4무색정은 곧 생멸이 없는 것이고 생멸이 없는 것이 곧 4무량·4무색정입니다. 사리자여. 오히려 이러한 인연을 까닭으로 '4정려는 둘이 아니고 허망함이 없는 법수에 들어가며, 4무량·4무색정은 둘이 아니고 허망함이 없는 법수에 들어간다.'라고 나는 이렇게 말을 지었습니다.

사리자여. 8해탈은 생멸이 없는 것과 다르지 않고 생멸이 없는 것은 8해탈과 다르지 않으며, 8해탈은 곧 생멸이 없는 것이고 생멸이 없는 것은 곧 8해탈이며, 8승처·9차제정·10변처는 생멸이 없는 것과 다르지 않고 생멸이 없는 것은 8승처·9차제정·10변처와 다르지 않으며, 8승처·9차제정·10변처는 곧 생멸이 없는 것이고 생멸이 없는 것이 곧 8승처·9차제정·10변처입니다. 사리자여. 오히려 이러한 인연을 까닭으로 '8해탈은 둘이 아니고 허망함이 없는 법수에 들어가며, 8승처·9차제정·10변처는 둘이 아니고 허망함이 없는 법수에 들어간다.'라고 나는 이렇게 말을 지었습니다.

사리자여. 4념주는 생멸이 없는 것과 다르지 않고 생멸이 없는 것은 4념주와 다르지 않으며, 4념주는 곧 생멸이 없는 것이고 생멸이 없는 것은 곧 4념주이며, 4정단·4신족·5근·5력·7등각지·8성도지는 생멸이 없는 것과 다르지 않고 생멸이 없는 것은 4정단, 나아가 8성도지와 다르지 않으며, 4정단, 나아가 8성도지는 곧 생멸이 없는 것이고 생멸이 없는 것이 곧 4정단, 나아가 8성도지입니다. 사리자여. 오히려 이러한 인연을 까닭으로 '4념주는 둘이 아니고 허망함이 없는 법수에 들어가며, 4정단, 나아가 8성도지는 둘이 아니고 허망함이 없는 법수에 들어간다.'라고 나는 이렇게 말을 지었습니다.

사리자여. 공해탈문은 생멸이 없는 것과 다르지 않고 생멸이 없는 것은 공해탈문과 다르지 않으며, 공해탈문은 곧 생멸이 없는 것이고 생멸이 없는 것은 곧 공해탈문이며, 무상·무원해탈문은 생멸이 없는 것과 다르지 않고 생멸이 없는 것은 무상·무원해탈문과 다르지 않으며, 무상·무원해탈문은 곧 생멸이 없는 것이고 생멸이 없는 것이 곧 무상·무원해탈문입니다. 사리자여. 오히려 이러한 인연을 까닭으로 '공해탈문은 둘이 아니고 허망함이 없는 법수에 들어가며, 무상·무원해탈문은 둘이 아니고 허망함이 없는 법수에 들어간다.'라고 나는 이렇게 말을 지었습니다.

사리자여. 5안은 생멸이 없는 것과 다르지 않고 생멸이 없는 것은 5안과 다르지 않으며, 5안은 곧 생멸이 없는 것이고 생멸이 없는 것은 곧 5안이며,

6신통은 생멸이 없는 것과 다르지 않고 생멸이 없는 것은 6신통과 다르지 않으며, 6신통은 곧 생멸이 없는 것이고 생멸이 없는 것이 곧 6신통입니다. 사리자여. 오히려 이러한 인연을 까닭으로 '5안은 둘이 아니고 허망함이 없는 법수에 들어가며, 6신통은 둘이 아니고 허망함이 없는 법수에 들어간다.'라고 나는 이렇게 말을 지었습니다.

사리자여. 여래의 10력은 생멸이 없는 것과 다르지 않고 생멸이 없는 것은 여래의 10력과 다르지 않으며, 여래의 10력은 곧 생멸이 없는 것이고 생멸이 없는 것은 곧 여래의 10력이며, 4무소외·4무애해·대자·대비·대희·대사·18불불공법은 생멸이 없는 것과 다르지 않고 생멸이 없는 것은 4무소외, 나아가 18불불공법과 다르지 않으며, 4무소외, 나아가 18불불공법은 곧 생멸이 없는 것이고 생멸이 없는 것이 곧 4무소외, 나아가 18불불공법입니다. 사리자여. 오히려 이러한 인연을 까닭으로 '여래의 10력은 둘이 아니고 허망함이 없는 법수에 들어가며, 4무소외, 나아가 18불불공법은 둘이 아니고 허망함이 없는 법수에 들어간다.'라고 나는 이렇게 말을 지었습니다.

사리자여. 진여는 생멸이 없는 것과 다르지 않고 생멸이 없는 것은 진여와 다르지 않으며, 진여는 곧 생멸이 없는 것이고 생멸이 없는 것은 곧 진여이며, 법계·법성·불허망성·불변이성·평등성·이생성·법정·법주·실제·허공계·부사의계는 생멸이 없는 것과 다르지 않고 생멸이 없는 것은 법계, 나아가 부사의계와 다르지 않으며, 법계, 나아가 부사의계는 곧 생멸이 없는 것이고 생멸이 없는 것이 곧 법계, 나아가 부사의계입니다. 사리자여. 오히려 이러한 인연을 까닭으로 '진여는 둘이 아니고 허망함이 없는 법수에 들어가며, 법계, 나아가 부사의계는 둘이 아니고 허망함이 없는 법수에 들어간다.'라고 나는 이렇게 말을 지었습니다.

사리자여. 무상정등보리는 생멸이 없는 것과 다르지 않고 생멸이 없는 것은 무상정등보리와 다르지 않으며, 무상정등보리는 곧 생멸이 없는 것이고 생멸이 없는 것은 곧 무상정등보리이며, 일체지·도상지·일체상지는 생멸이 없는 것과 다르지 않고 생멸이 없는 것은 일체지·도상지·일체상지와 다르지 않으며, 일체지·도상지·일체상지는 곧 생멸이 없는 것이고 생멸이 없는 것이 곧 일체지·도상지·일체상지입니다. 사리자여. 오히려 이러한 인연을 까닭으로 '무상정등보리는 둘이 아니고 허망함이 없는 법수에 들어가며, 일체지·도상지·일체상지는 둘이 아니고 허망함이 없는 법수에 들어간다.'라고 나는 이렇게 말을 지었습니다.

사리자여. 무망실법은 생멸이 없는 것과 다르지 않고 생멸이 없는 것은 무망실법과 다르지 않으며, 무망실법은 곧 생멸이 없는 것이고 생멸이 없는 것은 곧 무망실법이며, 항주사성은 생멸이 없는 것과 다르지 않고 생멸이 없는 것은 항주사성과 다르지 않으며, 항주사성은 곧 생멸이 없는 것이고 생멸이 없는 것이 곧 항주사성입니다. 사리자여. 오히려 이러한 인연을 까닭으로 '무망실법은 둘이 아니고 허망함이 없는 법수에 들어가며, 항주사성은 둘이 아니고 허망함이 없는 법수에 들어간다.'라고 나는 이렇게 말을 지었습니다.

사리자여. 일체의 다라니문은 생멸이 없는 것과 다르지 않고 생멸이 없는 것은 일체의 다라니문과는 다르지 않으며, 일체의 다라니문은 곧 생멸이 없는 것이고 생멸이 없는 것은 곧 일체의 다라니문이며, 일체의 삼마지문은 생멸이 없는 것과 다르지 않고 생멸이 없는 것은 일체의 삼마지문과 다르지 않으며, 일체의 삼마지문은 곧 생멸이 없는 것이고 생멸이 없는 것이 곧 일체의 삼마지문입니다. 사리자여. 오히려 이러한 인연을 까닭으로 '일체의 다라니문은 둘이 아니고 허망함이 없는 법수에 들어가며, 일체의 삼마지문은 둘이 아니고 허망함이 없는 법수에 들어간다.'라고 나는 이렇게 말을 지었습니다."

20. 무생품(無生品)(1)

그때 구수 선현이 세존께 아뢰어 말하였다.

"세존이시여. 제보살마하살이 반야바라밀다를 수행하면서 제법을 관찰(觀)하는 때에, 내가 무생(無生)이라고 본다면 반드시 결국에는 청정한 까닭이고, 유정(有情)·명자(命者)·생자(生者)·양자(養者)·사부(士夫)·보특가라(補特伽羅)·의생(意生)·유동(孺童)·작자(作者)·사작자(使作者)·기자(起者)·사기자(使起者)·수자(受者)·사수자(使受者)·지자(知者)·견자(見者)가 무생이라고 본다면 반드시 결국에는 청정한 까닭입니다.

세존이시여. 제보살마하살이 반야바라밀다를 수행하면서 제법을 관찰하는 때에, 색이 무생이라고 본다면 반드시 결국에는 청정한 까닭이고, 수·상·행·식이 생겨남이 없다고 본다면 반드시 결국에는 청정한 까닭입니다. 세존이시여. 제보살마하살이 반야바라밀다를 수행하면서 제법을 관찰하는 때에, 안처가 무생이라고 본다면 반드시 결국에는 청정한 까닭이고, 이·비·설·신·의처가 무생이라고 본다면 반드시 결국에는 청정한 까닭입니다.

세존이시여. 제보살마하살이 반야바라밀다를 수행하면서 제법을 관찰하는 때에, 색처가 무생이라고 본다면 반드시 결국에는 청정한 까닭이고, 성·향·미·촉·법처가 무생이라고 본다면 반드시 결국에는 청정한 까닭입니다. 세존이시여. 제보살마하살이 반야바라밀다를 수행하면서 제법을 관찰하는 때에, 안계가 무생이라고 본다면 반드시 결국에는 청정한 까닭이고, 색계·안식계, …… 나아가 …… 안촉·안촉을 인연으로 생겨난 여러 수가 무생이라고 본다면 반드시 결국에는 청정한 까닭입니다.

세존이시여. 제보살마하살이 반야바라밀다를 수행하면서 제법을 관찰하는 때에, 이계가 무생이라고 본다면 반드시 결국에는 청정한 까닭이고, 성계·이식계, …… 나아가 …… 이촉·이촉을 인연으로 생겨난 여러 수가 무생이라고 본다면 반드시 결국에는 청정한 까닭입니다. 세존이시여. 제보살마하살이 반야바라밀다를 수행하면서 제법을 관찰하는 때에, 비계가 무생이라고 본다면 반드시 결국에는 청정한 까닭이고, 향계·비식계, …… 나아가 …… 비촉·비촉을 인연으로 생겨난 여러 수가 무생이라고 본다면 반드시 결국에는 청정한 까닭입니다.

세존이시여. 제보살마하살이 반야바라밀다를 수행하면서 제법을 관찰하는 때에, 설계가 무생이라고 본다면 반드시 결국에는 청정한 까닭이고, 미계·설식계, …… 나아가 …… 설촉·설촉을 인연으로 생겨난 여러 수가 무생이라고 본다면 반드시 결국에는 청정한 까닭입니다. 세존이시여. 제보살마하살이 반야바라밀다를 수행하면서 제법을 관찰하는 때에, 신계가 무생이라고 본다면 반드시 결국에는 청정한 까닭이고, 촉계·신식계, …… 나아가 …… 신촉·신촉을 인연으로 생겨난 여러 수가 무생이라고 본다면 반드시 결국에는 청정한 까닭입니다.

세존이시여. 제보살마하살이 반야바라밀다를 수행하면서 제법을 관찰하는 때에, 의계가 무생이라고 본다면 반드시 결국에는 청정한 까닭이고, 법계·의식계, …… 나아가 …… 의촉·의촉을 인연으로 생겨난 여러 수가 무생이라고 본다면 반드시 결국에는 청정한 까닭입니다. 세존이시여. 제보살마하살이 반야바라밀다를 수행하면서 제법을 관찰하는 때에, 지계가 무생이라고 본다면 반드시 결국에는 청정한 까닭이고, 수·화·풍·공·식계가 무생이라고 본다면 반드시 결국에는 청정한 까닭입니다.

세존이시여. 제보살마하살이 반야바라밀다를 수행하면서 제법을 관찰하는 때에, 고성제가 무생이라고 본다면 반드시 결국에는 청정한 까닭이고, 집·멸·도성제가 무생이라고 본다면 반드시 결국에는 청정한 까닭입니다. 세존이시여. 제보살마하살이 반야바라밀다를 수행하면서 제법을 관찰하는 때에, 무명이 무생이라고 본다면 반드시 결국에는 청정한 까닭이고, 행·식·명색·육처·촉·수·애·취·유·생·노사의 수탄고우뇌가 무생이라고 본다면 반드시 결국에는 청정한 까닭입니다.

세존이시여. 제보살마하살이 반야바라밀다를 수행하면서 제법을 관찰하는 때에, 내공이 무생이라고 본다면 반드시 결국에는 청정한 까닭이고, 외공·내외공·공공·대공·승의공·유위공·무위공·필경공·무제공·산공·무변이공·본성공·자상공·공상공·일체법공·불가득공·무성공·자성공·무성자성공이 무생이라고 본다면 반드시 결국에는 청정한 까닭입니다. 세존이시여. 제보살마하살이 반야바라밀다를 수행하면서 제법을 관찰하는 때에, 보시바라밀다가 무생이라고 본다면 반드시 결국에는 청정한 까닭이고, 정계·안인·정진·정려·반야바라밀다가 무생이라고 본다면 반드시 결국에는 청정한 까닭입니다.

세존이시여. 제보살마하살이 반야바라밀다를 수행하면서 제법을 관찰하는 때에, 4정려가 무생이라고 본다면 반드시 결국에는 청정한 까닭이고, 4무량·4무색정이 무생이라고 본다면 반드시 결국에는 청정한 까닭입니다. 세존이시여. 제보살마하살이 반야바라밀다를 수행하면서 제법을 관찰하는 때에, 8해탈이 무생이라고 본다면 반드시 결국에는 청정한 까닭이고, 8승처·9차제정·10변처가 무생이라고 본다면 반드시 결국에는 청정한 까닭입니다.

세존이시여. 제보살마하살이 반야바라밀다를 수행하면서 제법을 관찰하는 때에, 4념주가 무생이라고 본다면 반드시 결국에는 청정한 까닭이고, 4정단·4신족·5근·5력·7등각지·8성도지가 무생이라고 본다면 반드시 결국에는 청정한 까닭입니다. 세존이시여. 제보살마하살이 반야바라밀다를 수행하면서 제법을 관찰하는 때에, 공해탈문이 무생이라고 본다면 반드시 결국에는 청정한 까닭이고, 무상·무원해탈문이 무생이라고 본다면 반드시 결국에는 청정한 까닭입니다.

세존이시여. 제보살마하살이 반야바라밀다를 수행하면서 제법을 관찰하는 때에, 5안이 무생이라고 본다면 반드시 결국에는 청정한 까닭이고, 6신통이 무생이라고 본다면 반드시 결국에는 청정한 까닭입니다. 세존이시여. 제보살마하살이 반야바라밀다를 수행하면서 제법을 관찰하는 때에, 여래의 10력이 무생이라고 본다면 반드시 결국에는 청정한 까닭이고, 4무소외·4무애해·대자·대비·대희·대사·18불불공법이 무생이라고 본다면 반드시 결국에는 청정한 까닭입니다.

세존이시여. 제보살마하살이 반야바라밀다를 수행하면서 제법을 관찰하는 때에, 일체지가 무생이라고 본다면 반드시 결국에는 청정한 까닭이고, 도상지·일체상지가 무생이라고 본다면 반드시 결국에는 청정한 까닭입니다. 세존이시여. 제보살마하살이 반야바라밀다를 수행하면서 제법을 관찰하는 때에, 무망실법이 무생이라고 본다면 반드시 결국에는 청정한 까닭이고, 항주사성이 무생이라고 본다면 반드시 결국에는 청정한 까닭입니다.

세존이시여. 제보살마하살이 반야바라밀다를 수행하면서 제법을 관찰하는 때에, 일체의 다라니문이 무생이라고 본다면 반드시 결국에는 청정한 까닭이고, 일체의 삼마지문이 무생이라고 본다면 반드시 결국에는 청정한 까닭입니다. 세존이시여. 제보살마하살이 반야바라밀다를 수행하면서 제법을 관찰하는 때에, 이생(異生)[1]이 무생이라고 본다면 반드시 결국에는 청정한 까닭이고, 이생의 법이 무생이라고 본다면 반드시 결국에는 청정한 까닭입니다.

세존이시여. 제보살마하살이 반야바라밀다를 수행하면서 제법을 관찰하는 때에, 예류(預流)가 무생이라고 본다면 반드시 결국에는 청정한 까닭이고, 예류법(預流法)이 무생이라고 본다면 반드시 결국에는 청정한 까닭입니다. 세존이시여. 제보살마하살이 반야바라밀다를 수행하면서 제법을 관찰하는 때에, 일래(一來)가 무생이라고 본다면 반드시 결국에는 청정한 까닭이고, 일래법(一來法)이 무생이라고 본다면 반드시 결국에는 청정한 까닭입니다.

세존이시여. 제보살마하살이 반야바라밀다를 수행하면서 제법을 관찰하는 때에, 불환(不還)이 무생이라고 본다면 반드시 결국에는 청정한 까닭이고, 불환법(不還法)이 무생이라고 본다면 반드시 결국에는 청정한 까닭입니다. 세존이시여. 제보살마하살이 반야바라밀다를 수행하면서 제법을 관찰하는 때에, 아라한(阿羅漢)이 무생이라고 본다면 반드시 결국에는 청정한 까닭이고, 아라한법(阿羅漢法)이 무생이라고 본다면 반드시 결국에는 청정한 까닭입니다.

세존이시여. 제보살마하살이 반야바라밀다를 수행하면서 제법을 관찰하는 때에, 독각(獨覺)이 무생이라고 본다면 반드시 결국에는 청정한

---

1) 번뇌에 얽매여서 생사를 초월하지 못하는 범부를 가리킨다.

까닭이고, 독각법(獨覺法)이 무생이라고 본다면 반드시 결국에는 청정한 까닭입니다. 세존이시여. 제보살마하살이 반야바라밀다를 수행하면서 제법을 관찰하는 때에, 보살(菩薩)이 무생이라고 본다면 반드시 결국에는 청정한 까닭이고, 보살법(菩薩法)이 무생이라고 본다면 반드시 결국에는 청정한 까닭입니다.

세존이시여. 제보살마하살이 반야바라밀다를 수행하면서 제법을 관찰하는 때에, 여래(如來)가 무생이라고 본다면 반드시 결국에는 청정한 까닭이고, 여래법(如來法)이 무생이라고 본다면 반드시 결국에는 청정한 까닭입니다."

이때 사리자가 선현에게 알려 말하였다.
"나는 그대(仁者)가 설하였던 뜻과 같이, 나(我)와 유정(有情) 등은 무생(無生)이고 색(色)과 수(受) 등도 무생이며, 나아가 여래와 여래의 법도 무생입니다. 만약 이와 같다면, 6취(六趣)의 생(生)을 받는 자는 상응하여 차별이 없어야 하고, 예류와 상응하지 않더라도 예류과를 얻어야 하고, 일래와 상응하지 않더라도 일래과를 얻어야 하며, 불환과 상응하지 않더라도 불환과를 얻어야 하고, 아라한과 상응하지 않더라도 아라한과를 얻어야 하며, 독각과 상응하지 않더라도 독각의 깨달음도 얻어야 하고, 보살마하살과 상응하지 않더라도 일체상지를 얻어야 하며, 역시 상응하지 않더라도 다섯 종류의 보리(菩提)를 얻어야 합니다.

다시 다음으로 선현이여. 만약 일체법이 결정적으로 무생이라면, 무슨 인연으로 예류가 예류과를 위하여 삼결(三結)2)을 끊는 도(道)를 수행하고, 무슨 인연으로 일래가 일래과를 위하여 탐(貪)·진(瞋)·치(癡)를 줄여가는 도를 수행하며, 무슨 인연으로 불환이 불환과를 위하여 5순하분결(五順下分結)3)을 끊는 도를 수행하고, 무슨 인연으로 아라한이 아라한과를 위하여

---

2) 산스크리트어 trīni saṁyojanāni의 번역이고, 견도(見道)에서 끊는 세 가지의 번뇌를 가리킨다. 첫째는 유신견결(有身見結)이고, 둘째는 계금취결(戒禁取結)이며, 셋째는 의결(疑結)이다.

5순상분결(五順上分結)⁴⁾을 끊는 도를 수행하며, 무슨 인연으로 독각이 독각의 보리를 위하여 연기(緣起)를 깨치는 도를 수행하고, 무슨 인연으로 보살마하살이 무량(無量)한 유정들을 제도하기 위하여 많은 백천 종류의 만행(難行)과 고행(苦行)을 수행하면서 무변(無邊)한 여러 종류의 극심한 고통을 준비하여 받아들이며, 무슨 인연으로 여래께서 무상정등보리를 증득(證得)하고, 무슨 인연으로 제불(諸佛)께서 유정들을 위하여 미묘한 법륜(法輪)을 굴리십니까?"

그때 구수 선현이 사리자에게 대답하여 말하였다.

"나는 무생법(無生法)의 가운데에서 6취(六趣)의 생을 받으면서 차별(差別)이 있다고 보지 않고, 나는 무생법의 가운데에서 제현관(諦現觀)⁵⁾에 능히 들어가는 자가 있다고 보지 않으며, 나는 무생법의 가운데에서 예류가 예류과를 증득하거나 일래가 일래과를 증득하거나 불환이 불환과를 증득하거나 아라한이 아라한과를 증득하는 것이 있다고 보지 않으며, 나는 무생법의 가운데에서 독각이 독각의 보리를 증득하는 것이 있음을 보지 않으며, 나는 무생법의 가운데에서 보살마하살이 일체상지와 다섯 종류의 보리를 증득하는 것이 있다고 보지 않습니다.

다시 다음으로 사리자여. 나는 무생법의 가운데에서 예류가 예류과를

---

3) 산스크리트어 pañca-āvarabhāgīya-sajyojanāni의 번역이고, 하분(下分)은 욕계(欲界)를 뜻하며 결(結)은 번뇌를 뜻한다. 중생을 욕계에 결박하여 해탈하지 못하게 하는 다섯 가지의 번뇌로써 첫째는 욕탐결(欲貪結)이며, 둘째는 진에결(瞋恚結)이며, 셋째는 유신견결(有身見結)이고, 넷째는 계금취견결(戒禁取見結)이며, 다섯째는 의결(疑結)이다.

4) 산스크리트어 pañcaūrdhvabhāgīya-sajyojanāni의 번역이고, 상분(上分)은 색계(色界)와 무색계(無色界)를 뜻한다. 색계(色界)와 무색계(無色界)에 결박하여 해탈하지 못하게 하는 다섯 가지의 번뇌로써 첫째는 색탐결(色貪結)이며, 둘째는 무색탐결(無色貪結)이며, 셋째는 도거결(掉擧結)이고, 넷째는 만결(慢結)이며, 다섯째는 무명결(無明結)이다.

5) 현관(現觀)은 산스크리트어 abhisamaya의 번역이고, 무루의 지혜로써 대상을 있는 그대로 명료하게 이해하는 깨달음(覺)을 뜻한다. 부파불교의 4제현관(四諦現觀)과 대승불교의 6현관(六現觀)이 있으며, 4제현관은 성제현관(聖諦現觀)이라고도 말한다.

위하여 삼결을 끊는 도를 수행하는 것이 있다고 보지 않고, 나는 무생법의 가운데에서 일래가 일래과를 위하여 탐·진·치를 줄어들게 하는 도를 수행하는 것이 있다고 보지 않으며, 나는 무생법의 가운데에서 불환이 불환과를 위하여 5순하분결을 끊는 도를 수행하는 것이 있다고 보지 않고, 나는 무생법의 가운데에서 아라한이 아라한과를 위하여 5순상분결을 끊는 도를 수행하는 것이 있다고 보지 않으며, 나는 무생법의 가운데에서 독각이 독각의 보리를 위하여 연기를 깨닫는 도를 수행하는 것이 있다고 보지 않으며, 나는 무생법의 가운데에서 보살마하살이 무량한 제유정들을 제도하기 위하여 많은 백천 종류의 난행과 고행을 수행하면서 무변한 여러 종류의 극심한 고통을 준비하여 받아들이는 것이 있다고 보지 않고, 또한 보살마하살은 역시 다시 난행과 고행이라는 생각을 일으키지 않습니다. 그 까닭은 무엇인가? 난행과 고행이라는 생각에 머무르지 않는다면, 능히 무량(無量)하고 무수(無數)이며 무변(無邊)한 유정들을 위하여 요익(饒益)한 일을 짓습니다.

사리자여. 그렇지만 제보살마하살은 얻을 수 없는 것으로써 방편으로 삼아서 일체의 유정들에게 대비심(大悲心)을 일으켜서 부모와 같다는 생각에 머무르고, 형제와 같다는 생각에 머무르며, 처자(妻子)와 같다는 생각에 머무르고, 자기의 몸과 같다는 생각에 머무릅니다. 이와 같다면 비로소 능히 무량하고 무수이며 무변한 유정들을 위하여 크게 요익한 일을 짓습니다.

사리자여. 제보살마하살은 '나의 자성(自性)이 일체법에서, 일체의 종류로써, 일체의 처소로써, 일체의 때로써, 구하더라도 얻을 수 없는 것과 같이, 내신(內身)과 외신(外身)의 제법도 역시 이와 같아서 모두 소유(所有)할 수 없고 모두 얻을 수 없다.'라고 상응하여 이렇게 생각을 짓습니다. 왜 그러한가? 제보살마하살이 만약 이러한 생각에 머무르면서 난행과 고행을 수행한다면, 곧 능히 무량하고 무수이며 무변한 유정들을 요익하게 하고, 일체법에서 상응하여 집수(執受)[6]하는 것이 없습니다.

사리자여. 나는 무생법의 가운데에서 제불께서 무상정등보리를 증득하여 미묘한 법륜을 굴리면서 무량한 중생을 제도하는 것이 있다고 보지 않습니다."

그때 사리자가 선현에게 물어 말하였다.
"그대는 지금 생법(生法)으로써 생법을 증득하려고 합니까? 무생법으로써 무생법을 증득하려고 합니까?"
선현이 대답하여 말하였다.
"나는 진실로 생법으로써 생법을 증득하려고 하지도 않고, 역시 진실로 무생법으로써 무생법을 증득하려고 하지도 않습니다."
사리자가 말하였다.
"만약 그와 같다면 그대는 지금 생법으로써 무생법을 증득하려고 합니까? 무생법으로써 생법을 증득하려고 합니까?"
선현이 대답하여 말하였다.
"나는 역시 생법으로써 무생법을 증득하려고 하지도 않고, 역시 다시 무생법으로써 생법을 증득하려고 하지도 않습니다."
사리자가 말하였다.
"만약 이와 같은 것이라면, 어찌 완전한 얻음도 없고, 완전한 현관(現觀)[7]도 없습니까?"
선현이 대답하여 말하였다.
"비록 얻음도 있고 현관도 있더라도 이 두 가지 법으로써 증득하지 않습니다. 사리자여. 다만 세간에서 언설(言說)을 따라서 얻음이 있고 현관이 있다고 시설(施設)하더라도, 승의(勝義)[8]의 가운데에서는 얻음이 있지 않고 현관이 있지 않습니다. 다만 세간의 언설을 따라서 예류가 있고 예류과가 있으며, 일래가 있고 일래과가 있으며, 불환이 있고 불환과

---

6) '집지(執持)하고서 수용(受用)한다.'는 뜻이다.
7) 산스크리트어 abhisamaya의 번역이고, 무루의 지혜로써 대상을 있는 그대로 명료한 이해하는 정관(正觀)을 가리킨다.
8) 산스크리트어 paramārtha의 번역이고, 수승한 진리의 원리를 말하며, '법(法)'의 실재(實在)', '진리(眞理)', '열반(涅槃)' 등을 가리킨다.

가 있으며, 아라한이 있고 아라한과가 있으며, 독각이 있고 독각의 보리가 있으며, 보살마하살이 있고 무상정등각(無上正等覺)이 있으나, 승의의 가운데에서는 예류, 나아가 무상정등보리가 있지 않습니다."

사리자가 말하였다.

"만약 세간의 언설을 따라서 얻음이 있고 현관이 있다고 시설하더라도, 승의의 가운데에서 아니라면, 6취의 차별도 역시 세간의 언설을 따라 시설하는 까닭으로 승의가 아닌 것이 있습니까?"

선현이 대답하여 말하였다.

"그와 같습니다. 그와 같습니다. 진실로 말한 것과 같습니다. 왜 그러한가? 사리자여. 승의의 가운데에는 업(業)도 없고 이숙(異熟)⁹⁾도 없으며 생겨남도 없고 소멸도 없으며 염오(染)도 없고 청정함도 없는 까닭입니다."

그때 사리자가 선현에게 물어 말하였다.

"그대는 지금 불생법(不生法)을 생겨나게 하려 합니까? 이미 이생법(已生法)을 생겨나게 하려 합니까?"

선현이 대답하여 말하였다.

"나는 불생법을 생겨나게 하려고 하지도 않고, 이생법을 생겨나게 하려고 하지도 않습니다."

사리자가 말하였다.

"무엇이 불생법이고, 그대는 그 법을 생겨나게 하려고 하지 않습니까?"

선현이 대답하여 말하였다.

"사리자여. 색은 불생법(不生法)이고, 나는 생겨나게 하려고 하지 않습니다. 왜 그러한가? 자성(自性)으로써 공(空)한 까닭이고, 수·상·행·식도 불생법이며, 나는 생겨나게 하려고 하지 않습니다. 왜 그러한가? 자성으로써 공한 까닭입니다. 사리자여. 안처는 불생법이고, 나는 생겨나게 하려고

---

9) 산스크리트어 vipāka의 번역이고, 인과(因果)가 다르게 변화되는 것으로, 선(善)이 쌓여서 그 결과 무기의 낙(樂)으로 성숙(成熟) 또는 변환되고, 악(惡)이 쌓여서 그 결과 무기의 고(苦)로 성숙 또는 변환되는 것을 말한다.

하지 않습니다. 왜 그러한가? 자성으로써 공한 까닭이고, 이·비·설·신·의 처도 불생법이며, 나는 생겨나게 하려고 하지 않습니다. 왜 그러한가? 자성으로써 공한 까닭입니다.

사리자여. 색처는 불생법이고, 나는 생겨나게 하려고 하지 않습니다. 왜 그러한가? 자성으로써 공한 까닭이고, 성·향·미·촉·법처도 불생법이며, 나는 생겨나게 하려고 하지 않습니다. 왜 그러한가? 자성으로써 공한 까닭입니다. 사리자여. 안계는 불생법이고, 나는 생겨나게 하려고 하지 않습니다. 왜 그러한가? 자성으로써 공한 까닭이고, 색계·안식계, 나아가 안촉·안촉을 인연으로 생겨난 여러 수도 불생법이며, 나는 생겨나게 하려고 하지 않습니다. 왜 그러한가? 자성으로써 공한 까닭입니다.

사리자여. 이계는 불생법이고, 나는 생겨나게 하려고 하지 않습니다. 왜 그러한가? 자성으로써 공한 까닭이고, 성계·이식계, 나아가 이촉·이촉을 인연으로 생겨난 여러 수도 불생법이며, 나는 생겨나게 하려고 하지 않습니다. 왜 그러한가? 자성으로써 공한 까닭입니다. 사리자여. 비계는 불생법이고, 나는 생겨나게 하려고 하지 않습니다. 왜 그러한가? 자성으로써 공한 까닭이고, 향계·비식계, 나아가 비촉·비촉을 인연으로 생겨난 여러 수도 불생법이며, 나는 생겨나게 하려고 하지 않습니다. 왜 그러한가? 자성으로써 공한 까닭입니다.

사리자여. 설계는 불생법이고, 나는 생겨나게 하려고 하지 않습니다. 왜 그러한가? 자성으로써 공한 까닭이고, 미계·설식계, 나아가 설촉·설촉을 인연으로 생겨난 여러 수도 불생법이며, 나는 생겨나게 하려고 하지 않습니다. 왜 그러한가? 자성으로써 공한 까닭입니다. 사리자여. 신계는 불생법이고, 나는 생겨나게 하려고 하지 않습니다. 왜 그러한가? 자성으로써 공한 까닭이고, 촉계·신식계, 나아가 신촉·신촉을 인연으로 생겨난 여러 수도 불생법이며, 나는 생겨나게 하려고 하지 않습니다. 왜 그러한가? 자성으로써 공한 까닭입니다.

사리자여. 의계는 불생법이고, 나는 생겨나게 하려고 하지 않습니다. 왜 그러한가? 자성으로써 공한 까닭이고, 법계·의식계, 나아가 의촉·의촉을 생겨난 여러 수도 불생법이며, 나는 생겨나게 하려고 하지 않습니다. 왜 그러한가? 자성으로써 공한 까닭입니다. 사리자여. 지계는 불생법이고, 나는 생겨나게 하려고 하지 않습니다. 왜 그러한가? 자성으로써 공한 까닭이고, 수·화·풍·공·식계도 불생법이며, 나는 생겨나게 하려고 하지 않습니다. 왜 그러한가? 자성으로써 공한 까닭입니다.

사리자여. 고성제는 불생법이고, 나는 생겨나게 하려고 하지 않습니다. 왜 그러한가? 자성으로써 공한 까닭이고, 집·멸·도성제도 불생법이며, 나는 생겨나게 하려고 하지 않습니다. 왜 그러한가? 자성으로써 공한 까닭입니다. 사리자여. 무명은 불생법이고, 나는 생겨나게 하려고 하지 않습니다. 왜 그러한가? 자성으로써 공한 까닭이고, 행·식·명색·육처·촉·수·애·취·유·생·노사의 수탄고우뇌도 불생법이며, 나는 생겨나게 하려고 하지 않습니다. 왜 그러한가? 자성으로써 공한 까닭입니다.

사리자여. 내공은 불생법이고, 나는 생겨나게 하려고 하지 않습니다. 왜 그러한가? 자성으로써 공한 까닭이고, 외공·내외공·공공·대공·승의공·유위공·무위공·필경공·무제공·산공·무변이공·본성공·자상공·공상공·일체법공·불가득공·무성공·자성공·무성자성공도 불생법이며, 나는 생겨나게 하려고 하지 않습니다. 왜 그러한가? 자성으로써 공한 까닭입니다. 사리자여. 보시바라밀다는 불생법이고, 나는 생겨나게 하려고 하지 않습니다. 왜 그러한가? 자성으로써 공한 까닭이고, 정계·안인·정진·정려·반야바라밀다도 불생법이며, 나는 생겨나게 하려고 하지 않습니다. 왜 그러한가? 자성으로써 공한 까닭입니다.

사리자여. 4정려는 불생법이고, 나는 생겨나게 하려고 하지 않습니다. 왜 그러한가? 자성으로써 공한 까닭이고, 4무량·4무색정도 불생법이며, 나는 생겨나게 하려고 하지 않습니다. 왜 그러한가? 자성으로써 공한 까닭입니다. 사리자여. 8해탈은 불생법이고, 나는 생겨나게 하려고 하지 않습니다. 왜 그러한가? 자성으로써 공한 까닭이고, 8승처·9차제정·10변처도 불생법이며, 나는 생겨나게 하려고 하지 않습니다. 왜 그러한가? 자성으로써 공한 까닭입니다.

사리자여. 4념주는 불생법이고, 나는 생겨나게 하려고 하지 않습니다. 왜 그러한가? 자성으로써 공한 까닭이고, 4정단·4신족·5근·5력·7등각지·8성도지도 불생법이며, 나는 생겨나게 하려고 하지 않습니다. 왜 그러한가? 자성으로써 공한 까닭입니다. 사리자여. 공해탈문은 불생법이고, 나는 생겨나게 하려고 하지 않습니다. 왜 그러한가? 자성으로써 공한 까닭이고, 무상·무원해탈문도 불생법이며, 나는 생겨나게 하려고 하지 않습니다. 왜 그러한가? 자성으로써 공한 까닭입니다.

사리자여. 5안은 불생법이고, 나는 생겨나게 하려고 하지 않습니다. 왜 그러한가? 자성으로써 공한 까닭이고, 6신통도 불생법이며, 나는 생겨나게 하려고 하지 않습니다. 왜 그러한가? 자성으로써 공한 까닭입니다. 사리자여. 여래의 10력은 불생법이고, 나는 생겨나게 하려고 하지 않습니다. 왜 그러한가? 자성으로써 공한 까닭이고, 4무소외·4무애해·대자·대비·대희·대사·18불불공법도 불생법이며, 나는 생겨나게 하려고 하지 않습니다. 왜 그러한가? 자성으로써 공한 까닭입니다.

사리자여. 일체지는 불생법이고, 나는 생겨나게 하려고 하지 않습니다. 왜 그러한가? 자성으로써 공한 까닭이고, 도상지·일체상지도 불생법이며, 나는 생겨나게 하려고 하지 않습니다. 왜 그러한가? 자성으로써 공한 까닭입니다. 사리자여. 무망실법은 불생법이고, 나는 생겨나게 하려고 하지 않습니다. 왜 그러한가? 자성으로써 공한 까닭이고, 항주사성도 불생법이며, 나는 생겨나게 하려고 하지 않습니다. 왜 그러한가? 자성으로써 공한 까닭입니다.

사리자여. 일체의 다라니문은 불생법이고, 나는 생겨나게 하려고 하지 않습니다. 왜 그러한가? 자성으로써 공한 까닭이고, 일체의 삼마지문도 불생법이며, 나는 생겨나게 하려고 하지 않습니다. 왜 그러한가? 자성으로써 공한 까닭입니다. 사리자여. 이생은 불생법이고, 나는 생겨나게 하려고 하지 않습니다. 왜 그러한가? 자성으로써 공한 까닭이고, 이생의 법도 불생법이며, 나는 생겨나게 하려고 하지 않습니다. 왜 그러한가? 자성으로써 공한 까닭입니다.

사리자여. 예류는 불생법이고, 나는 생겨나게 하려고 하지 않습니다. 왜 그러한가? 자성으로써 공한 까닭이고, 예류의 법도 불생법이며, 나는 생겨나게 하려고 하지 않습니다. 왜 그러한가? 자성으로써 공한 까닭입니다. 사리자여. 일래는 불생법이고, 나는 생겨나게 하려고 하지 않습니다. 왜 그러한가? 자성으로써 공한 까닭이고, 일래의 법도 불생법이며, 나는 생겨나게 하려고 하지 않습니다. 왜 그러한가? 자성으로써 공한 까닭입니다.

사리자여. 불환은 불생법이고, 나는 생겨나게 하려고 하지 않습니다. 왜 그러한가? 자성으로써 공한 까닭이고, 불환의 법도 불생법이며, 나는 생겨나게 하려고 하지 않습니다. 왜 그러한가? 자성으로써 공한 까닭입니다. 사리자여. 아라한은 불생법이고, 나는 생겨나게 하려고 하지 않습니다. 왜 그러한가? 자성으로써 공한 까닭이고, 아라한의 법도 불생법이며, 나는 생겨나게 하려고 하지 않습니다. 왜 그러한가? 자성으로써 공한 까닭입니다.

사리자여. 독각은 불생법이고, 나는 생겨나게 하려고 하지 않습니다. 왜 그러한가? 자성으로써 공한 까닭이고, 독각의 법도 불생법이며, 나는 생겨나게 하려고 하지 않습니다. 왜 그러한가? 자성으로써 공한 까닭입니다. 사리자여. 보살은 불생법이고, 나는 생겨나게 하려고 하지 않습니다. 왜 그러한가? 자성으로써 공한 까닭이고, 보살의 법도 불생법이며, 나는 생겨나게 하려고 하지 않습니다. 왜 그러한가? 자성으로써 공한 까닭입니다.

사리자여. 여래는 불생법이고, 나는 생겨나게 하려고 하지 않습니다. 왜 그러한가? 자성으로써 공한 까닭이고, 여래의 법도 불생법이며, 나는 생겨나게 하려고 하지 않습니다. 왜 그러한가? 자성으로써 공한 까닭입니다."

사리자가 말하였다.

"무엇이 이생법(已生法)[10]이고, 그대는 그 법을 생겨나게 하려고 하지 않습니까?"

선현이 대답하여 말하였다.

"사리자여. 색은 이생법이고, 나는 생겨나게 하려고 하지 않습니다. 왜 그러한가? 자성으로써 공한 까닭이고, 수·상·행·식도 이생법이며, 나는 생겨나게 하려고 하지 않습니다. 왜 그러한가? 자성으로써 공한 까닭입니다. 사리자여. 안처는 이생법이고, 나는 생겨나게 하려고 하지 않습니다. 왜 그러한가? 자성으로써 공한 까닭이고, 이·비·설·신·의처도 이생법이며, 나는 생겨나게 하려고 하지 않습니다. 왜 그러한가? 자성으로써 공한 까닭입니다.

사리자여. 색처는 이생법이고, 나는 생겨나게 하려고 하지 않습니다. 왜 그러한가? 자성으로써 공한 까닭이고, 성·향·미·촉·법처도 이생법이며, 나는 생겨나게 하려고 하지 않습니다. 왜 그러한가? 자성으로써 공한 까닭입니다. 사리자여. 안계는 이생법이고, 나는 생겨나게 하려고 하지 않습니다. 왜 그러한가? 자성으로써 공한 까닭이고, 색계·안식계, 나아가 안촉·안촉을 인연으로 생겨난 여러 수도 이생법이며, 나는 생겨나게 하려고 하지 않습니다. 왜 그러한가? 자성으로써 공한 까닭입니다.

사리자여. 이계는 이생법이고, 나는 생겨나게 하려고 하지 않습니다. 왜 그러한가? 자성으로써 공한 까닭이고, 성계·이식계, 나아가 이촉·이촉을 인연으로 생겨난 여러 수도 이생법이며, 나는 생겨나게 하려고 하지 않습니다. 왜 그러한가? 자성으로써 공한 까닭입니다. 사리자여. 비계는 이생법이고, 나는 생겨나게 하려고 하지 않습니다. 왜 그러한가? 자성으로써 공한 까닭이고, 향계·비식계, 나아가 비촉·비촉을 인연으로 생겨난 여러 수도 이생법이며, 나는 생겨나게 하려고 하지 않습니다. 왜 그러한가? 자성으로써 공한 까닭입니다.

사리자여. 설계는 이생법이고, 나는 생겨나게 하려고 하지 않습니다. 왜 그러한가? 자성으로써 공한 까닭이고, 미계·설식계, 나아가 설촉·설촉

---

10) '연이생법(緣已生法)'을 가리키고, 연기에 의하여 이미 생겨난 법(法)을 가리킨다.

을 인연으로 생겨난 여러 수도 이생법이며, 나는 생겨나게 하려고 하지 않습니다. 왜 그러한가? 자성으로써 공한 까닭입니다. 사리자여. 신계는 이생법이고, 나는 생겨나게 하려고 하지 않습니다. 왜 그러한가? 자성으로써 공한 까닭이고, 촉계·신식계, 나아가 신촉·신촉을 인연으로 생겨난 여러 수도 이생법이며, 나는 생겨나게 하려고 하지 않습니다. 왜 그러한가? 자성으로써 공한 까닭입니다.

사리자여. 의계는 이생법이고, 나는 생겨나게 하려고 하지 않습니다. 왜 그러한가? 자성으로써 공한 까닭이고, 법계·의식계, 나아가 의촉·의촉을 인연으로 생겨난 여러 수도 이생법이며, 나는 생겨나게 하려고 하지 않습니다. 왜 그러한가? 자성으로써 공한 까닭입니다. 사리자여. 지계는 이생법이고, 나는 생겨나게 하려고 하지 않습니다. 왜 그러한가? 자성으로써 공한 까닭이고, 수·화·풍·공·식계도 이생법이며, 나는 생겨나게 하려고 하지 않습니다. 왜 그러한가? 자성으로써 공한 까닭입니다.

사리자여. 고성제는 이생법이고, 나는 생겨나게 하려고 하지 않습니다. 왜 그러한가? 자성으로써 공한 까닭이고, 집·멸·도성제도 이생법이며, 나는 생겨나게 하려고 하지 않습니다. 왜 그러한가? 자성으로써 공한 까닭입니다. 사리자여. 무명은 이생법이고, 나는 생겨나게 하려고 하지 않습니다. 왜 그러한가? 자성으로써 공한 까닭이고, 행·식·명색·육처·촉·수·애·취·유·생·노사의 수탄고우뇌도 이생법이며, 나는 생겨나게 하려고 하지 않습니다. 왜 그러한가? 자성으로써 공한 까닭입니다.

사리자여. 내공은 이생법이고, 나는 생겨나게 하려고 하지 않습니다. 왜 그러한가? 자성으로써 공한 까닭이고, 외공·내외공·공공·대공·승의공·유위공·무위공·필경공·무제공·산공·무변이공·본성공·자상공·공상공·일체법공·불가득공·무성공·자성공·무성자성공도 이생법이며, 나는 생겨나게 하려고 하지 않습니다. 왜 그러한가? 자성으로써 공한 까닭입니다."

마하반야바라밀다경 제75권

20. 무생품(無生品)(2)

"사리자여. 보시바라밀다는 이생법(已生法)이고, 나는 생겨나게 하려고 하지 않습니다. 왜 그러한가? 자성으로써 공한 까닭이고, 정계·안인·정진·정려·반야바라밀다도 이생법이며, 나는 생겨나게 하려고 하지 않습니다. 왜 그러한가? 자성으로써 공한 까닭입니다. 사리자여. 4정려는 이생법이고, 나는 생겨나게 하려고 하지 않습니다. 왜 그러한가? 자성으로써 공한 까닭이고, 4무량·4무색정도 이생법이며, 나는 생겨나게 하려고 하지 않습니다. 왜 그러한가? 자성으로써 공한 까닭입니다.

사리자여. 8해탈은 이생법이고, 나는 생겨나게 하려고 하지 않습니다. 왜 그러한가? 자성으로써 공한 까닭이고, 8승처·9차제정·10변처도 이생법이며, 나는 생겨나게 하려고 하지 않습니다. 왜 그러한가? 자성으로써 공한 까닭입니다. 사리자여. 4념주는 이생법이고, 나는 생겨나게 하려고 하지 않습니다. 왜 그러한가? 자성으로써 공한 까닭이고, 4정단·4신족·5근·5력·7등각지·8성도지도 이생법이며, 나는 생겨나게 하려고 하지 않습니다. 왜 그러한가? 자성으로써 공한 까닭입니다.

사리자여. 공해탈문은 이생법이고, 나는 생겨나게 하려고 하지 않습니다. 왜 그러한가? 자성으로써 공한 까닭이고, 무상·무원해탈문도 이생법이며, 나는 생겨나게 하려고 하지 않습니다. 왜 그러한가? 자성으로써 공한 까닭입니다. 사리자여. 5안은 이생법이고, 나는 생겨나게 하려고 하지 않습니다. 왜 그러한가? 자성으로써 공한 까닭이고, 6신통도 이생법이며, 나는 생겨나게 하려고 하지 않습니다. 왜 그러한가? 자성으로써 공한 까닭입니다.

사리자여. 여래의 10력은 이생법이고, 나는 생겨나게 하려고 하지 않습니다. 왜 그러한가? 자성으로써 공한 까닭이고, 4무소외·4무애해·대자·대비·대희·대사·18불불공법도 이생법이며, 나는 생겨나게 하려고 하지 않습니다. 왜 그러한가? 자성으로써 공한 까닭입니다. 사리자여. 일체지는 이생법이고, 나는 생겨나게 하려고 하지 않습니다. 왜 그러한가? 자성으로써 공한 까닭이고, 도상지·일체상지도 이생법이며, 나는 생겨나게 하려고 하지 않습니다. 왜 그러한가? 자성으로써 공한 까닭입니다.

사리자여. 무망실법은 이생법이고, 나는 생겨나게 하려고 하지 않습니다. 왜 그러한가? 자성으로써 공한 까닭이고, 항주사성도 이생법이며, 나는 생겨나게 하려고 하지 않습니다. 왜 그러한가? 자성으로써 공한 까닭입니다. 사리자여. 일체의 다라니문은 이생법이고, 나는 생겨나게 하려고 하지 않습니다. 왜 그러한가? 자성으로써 공한 까닭이고, 일체의 삼마지문도 이생법이며, 나는 생겨나게 하려고 하지 않습니다. 왜 그러한가? 자성으로써 공한 까닭입니다.

사리자여. 이생은 이생법이고, 나는 생겨나게 하려고 하지 않습니다. 왜 그러한가? 자성으로써 공한 까닭이고, 이생의 법도 이생법이며, 나는 생겨나게 하려고 하지 않습니다. 왜 그러한가? 자성으로써 공한 까닭입니다. 사리자여. 예류는 이생법이고, 나는 생겨나게 하려고 하지 않습니다. 왜 그러한가? 자성으로써 공한 까닭이고, 예류의 법도 이생법이며, 나는 생겨나게 하려고 하지 않습니다. 왜 그러한가? 자성으로써 공한 까닭입니다.

사리자여. 일래는 이생법이고, 나는 생겨나게 하려고 하지 않습니다. 왜 그러한가? 자성으로써 공한 까닭이고, 일래의 법도 이생법이며, 나는 생겨나게 하려고 하지 않습니다. 왜 그러한가? 자성으로써 공한 까닭입니다. 사리자여. 불환은 이생법이고, 나는 생겨나게 하려고 하지 않습니다. 왜 그러한가? 자성으로써 공한 까닭이고, 불환의 법도 이생법이며, 나는 생겨나게 하려고 하지 않습니다. 왜 그러한가? 자성으로써 공한 까닭입니다.

사리자여. 아라한은 이생법이고, 나는 생겨나게 하려고 하지 않습니다. 왜 그러한가? 자성으로써 공한 까닭이고, 아라한의 법도 이생법이며, 나는 생겨나게 하려고 하지 않습니다. 왜 그러한가? 자성으로써 공한 까닭입니다. 사리자여. 독각은 이생법이고, 나는 생겨나게 하려고 하지 않습니다. 왜 그러한가? 자성으로써 공한 까닭이고, 독각의 법도 이생법이며, 나는 생겨나게 하려고 하지 않습니다. 왜 그러한가? 자성으로써 공한 까닭입니다.

사리자여. 보살은 이생법이고, 나는 생겨나게 하려고 하지 않습니다. 왜 그러한가? 자성으로써 공한 까닭이고, 보살의 법도 이생법이며, 나는 생겨나게 하려고 하지 않습니다. 왜 그러한가? 자성으로써 공한 까닭입니다. 사리자여. 여래는 이생법이고, 나는 생겨나게 하려고 하지 않습니다. 왜 그러한가? 자성으로써 공한 까닭이고, 여래의 법도 이생법이며, 나는 생겨나게 하려고 하지 않습니다. 왜 그러한가? 자성으로써 공한 까닭입니다."

이때 사리자가 선현에게 물어 말하였다.
"그대는 지금 생(生)을 생겨나게 하려고 합니까? 불생(不生)을 생겨나게 하려고 합니까?"

선현이 대답하여 말하였다.
"나는 생을 생겨나게 하려고 하지도 않고 불생을 생겨나게 하려고 하지도 않습니다. 왜 그러한가? 사리자여. 생과 불생의 이와 같은 두 법(二法)은 함께 상응하지 않고 상응하지 않지도 않으며, 색이 있는 것도 아니고 색은 없는 것도 아니며, 볼 수 있는 것도 아니고 볼 수 없는 것도 아니며, 마주할 수 있는 것도 아니고 마주할 수 없는 것도 아니며, 모두가 동일(同一)한 상(相)으로 이를테면, 무상(無相)입니다.

사리자여. 오히려 이러한 인연을 까닭으로 나는 생을 생겨나게 하려고 하지도 않고, 불생을 생겨나게 하려고 하지도 않습니다."
　이때 사리자가 선현에게 물어 말하였다.
　"그대는 무생법(無生法)에서 설하고 낙변설(樂辯說)에서 설하며 무생상(無生相)에서 설합니까?"
　선현이 대답하여 말하였다.
　"나는 무생법에서 설하고 낙변설에서 설하며 무생상에서 설하지 않습니다. 그 까닭은 무엇인가? 만약 무생법이거나 만약 무생상이거나 만약 낙변설이거나 이와 같은 일체는 모두가 상응하지 않고 상응하지 않지도 않으며, 색이 있는 것도 아니고 색이 없는 것도 아니며, 볼 수 있는 것도 아니고 볼 수 없는 것도 아니며, 마주할 수 있는 것도 아니고 마주할 수 없는 것도 아니며, 모두가 동일한 상으로 이를테면, 무상입니다."
　사리자가 말하였다.
　"불생법(不生法)에서 불생(不生)이 일어난다고 말할지라도, 이 불생이라는 말도 역시 불생이 아닙니까?"
　선현이 대답하여 말하였다.
　"그와 같습니다. 그와 같습니다. 그 까닭은 무엇인가? 사리자여. 색은 불생이고 수·상·행·식도 불생입니다. 왜 그러한가? 모두 본성(本性)이 공한 까닭입니다. 사리자여. 안처는 불생이고 이·비·설·신·의처도 불생입니다. 왜 그러한가? 모두 본성이 공한 까닭입니다. 사리자여. 색처는 불생이고 성·향·미·촉·법처도 불생입니다. 왜 그러한가? 모두 본성이 공한 까닭입니다.
　사리자여. 안계는 불생이고 색계·안식계, 나아가 안촉·안촉을 인연으로 생겨난 여러 수도 불생입니다. 왜 그러한가? 모두 본성이 공한 까닭입니다. 사리자여. 이계는 불생이고 성계·이식계, 나아가 이촉·이촉을 인연으로 생겨난 여러 수도 불생입니다. 왜 그러한가? 모두 본성이 공한 까닭입니다. 사리자여. 비계는 불생이고 향계·비식계, 나아가 비촉·비촉을 인연으로 생겨난 여러 수도 불생입니다. 왜 그러한가? 모두 본성이 공한 까닭입니다.

사리자여. 설계는 불생이고 미계·설식계, 나아가 설촉·설촉을 인연으로 생겨난 여러 수도 불생입니다. 왜 그러한가? 모두 본성이 공한 까닭입니다. 사리자여. 신계는 불생이고 촉계·신식계, 나아가 신촉·신촉을 인연으로 생겨난 여러 수도 불생입니다. 왜 그러한가? 모두 본성이 공한 까닭입니다. 사리자여. 의계는 불생이고 법계·의식계, 나아가 의촉·의촉을 인연으로 생겨난 여러 수도 불생입니다. 왜 그러한가? 모두 본성이 공한 까닭입니다.

사리자여. 지계는 불생이고 수·화·풍·공·식계도 불생입니다. 왜 그러한가? 모두 본성이 공한 까닭입니다. 사리자여. 고성제는 불생이고 집·멸·도성제도 불생입니다. 왜 그러한가? 모두 본성이 공한 까닭입니다. 사리자여. 무명은 불생이고 행·식·명색·육처·촉·수·애·취·유·생·노사의 수탄고우뇌도 불생입니다. 왜 그러한가? 모두 본성이 공한 까닭입니다.

사리자여. 내공은 불생이고 외공·내외공·공공·대공·승의공·유위공·무위공·필경공·무제공·산공·무변이공·본성공·자상공·공상공·일체법공·불가득공·무성공·자성공·무성자성공도 불생입니다. 왜 그러한가? 모두 본성이 공한 까닭입니다. 사리자여. 보시바라밀다는 불생이고 정계·안인·정진·정려·반야바라밀다도 불생입니다. 왜 그러한가? 모두 본성이 공한 까닭입니다. 사리자여. 4정려는 불생이고 4무량·4무색정도 불생입니다. 왜 그러한가? 모두 본성이 공한 까닭입니다.

사리자여. 8해달은 불생이고 8승처·9차제성·10변저도 불생입니다. 왜 그러한가? 모두 본성이 공한 까닭입니다. 사리자여. 4념주는 불생이고 4정단·4신족·5근·5력·7등각지·8성도지도 불생입니다. 왜 그러한가? 모두 본성이 공한 까닭입니다. 사리자여. 공해탈문은 불생이고 무상·무원해탈문도 불생입니다. 왜 그러한가? 모두 본성이 공한 까닭입니다.

사리자여. 5안은 불생이고 6신통도 불생입니다. 왜 그러한가? 모두 본성이 공한 까닭입니다. 사리자여. 여래의 10력은 불생이고 4무소외·4무애해·대자·대비·대희·대사·18불불공법도 불생입니다. 왜 그러한가? 모두 본성이 공한 까닭입니다. 사리자여. 일체지는 불생이고 도상지·일체상지도 불생입니다. 왜 그러한가? 모두 본성이 공한 까닭입니다.

사리자여. 무망실법은 불생이고 항주사성도 불생입니다. 왜 그러한가? 모두 본성이 공한 까닭입니다. 사리자여. 일체의 다라니문은 불생이고 일체의 삼마지문도 불생입니다. 왜 그러한가? 모두 본성이 공한 까닭입니다. 사리자여. 이생은 불생이고 이생의 법도 불생입니다. 왜 그러한가? 모두 본성이 공한 까닭입니다.

사리자여. 예류는 불생이고 예류의 법도 불생입니다. 왜 그러한가? 모두 본성이 공한 까닭입니다. 사리자여. 일래는 불생이고 일래의 법도 불생입니다. 왜 그러한가? 모두 본성이 공한 까닭입니다. 사리자여. 불환은 불생이고 불환의 법도 불생입니다. 왜 그러한가? 모두 본성이 공한 까닭입니다.

사리자여. 아라한은 불생이고 아라한의 법도 불생입니다. 왜 그러한가? 모두 본성이 공한 까닭입니다. 사리자여. 독각은 불생이고 독각의 법도 불생입니다. 왜 그러한가? 모두 본성이 공한 까닭입니다. 사리자여. 보살은 불생이고 보살의 법도 불생입니다. 왜 그러한가? 모두 본성이 공한 까닭입니다.

사리자여. 여래는 불생이고 여래의 법도 불생입니다. 왜 그러한가? 모두 본성이 공한 까닭입니다. 사리자여. 신행(身行)은 불생이고 어행(語行)·의행(意行)도 불생입니다. 왜 그러한가? 모두 본성이 공한 까닭입니다.

사리자여. 오히려 이러한 인연을 까닭으로 '불생법에서 불생이 일어난다.'라고 말할지라도, 역시 무생(無生)이라는 뜻입니다. 사리자여. 만약 설법인 것이라면, 만약 능히 설하였던 것, 설하였던 자, 들었던 자도 모두 불생(不生)인 까닭입니다."

이때 사리자가 선현에게 알려 말하였다.
"그대는 설법하는 사람의 가운데에서 최고이며 제일입니다. 왜 그러한가? 힐문(詰問)하는 것을 따라서 모두 능히 화답(酬答)하고, 막힘과 장애가 없는 까닭입니다."

선현이 대답하여 말하였다.

"제불의 제자는 일체법에 의지와 집착이 없는 자라면 법과 같이 모두 능히 힐문하는 것을 따라서 하나·하나를 화답하면서 자재(自在)하고 두려움이 없습니다. 왜 그러한가? 일체의 법은 의지하는 것이 없는 까닭입니다."

이때 사리자가 선현에게 물어 말하였다.

"어찌 제법은 모두 의지하는 것이 없습니까?"

선현이 대답하여 말하였다.

"사리자여. 색은 본성이 공하므로 내신(內身)에 의지하거나 외신(外身)에 의지하거나 두 중간(中間)에 의지하여도 얻을 수 없는 까닭이고, 수·상·행·식도 본성이 공하므로 내신에 의지하거나 외신에 의지하거나 두 중간에 의지하여도 얻을 수 없는 까닭입니다. 사리자여. 안처는 본성이 공하므로 내신에 의지하거나 외신에 의지하거나 두 중간에 의지하여도 얻을 수 없는 까닭이고, 이·비·설·신·의처도 본성이 공하므로 내신에 의지하거나 외신에 의지하거나 두 중간에 의지하여도 얻을 수 없는 까닭입니다. 사리자여. 색처는 본성이 공하므로 내신에 의지하거나 외신에 의지하거나 두 중간에 의지하여도 얻을 수 없는 까닭이고, 성·향·미·촉·법처도 본성이 공하므로 내신에 의지하거나 외신에 의지하거나 두 중간에 의지하여도 얻을 수 없는 까닭입니다.

사리자여. 안계는 본성이 공하므로 내신에 의지하거나 외신에 의지하거나 두 중간에 의지하여도 얻을 수 없는 까닭이고, 색계·안식계, 나아가 안촉·안촉을 인연으로 생겨난 여러 수도 본성이 공하므로 내신에 의지하거나 외신에 의지하거나 두 중간에 의지하여도 얻을 수 없는 까닭입니다. 사리자여. 이계는 본성이 공하므로 내신에 의지하거나 외신에 의지하거나 두 중간에 의지하여도 얻을 수 없는 까닭이고, 성계·이식계, 나아가 이촉·이촉을 인연으로 생겨난 여러 수도 본성이 공하므로 내신에 의지하거나 외신에 의지하거나 두 중간에 의지하여도 얻을 수 없는 까닭입니다. 사리자여. 비계는 본성이 공하므로 내신에 의지하거나 외신에 의지하거나 두 중간에 의지하여도 얻을 수 없는 까닭이고, 향계·비식계, 나아가 비촉·비촉을 인연으로 생겨난 여러 수도 본성이 공하므로 내신에 의지하거나 외신에 의지하거나 두 중간에 의지하여도 얻을 수 없는 까닭입니다. 사리자여. 설계는 본성이 공하므로 내신에 의지하거나 외신에 의지하거나 두 중간에 의지하여도 얻을 수 없는 까닭이고, 미계·설식계, 나아가 설촉·설촉을 인연으로 생겨난 여러 수도 본성이 공하므로 내신에 의지하거나 외신에 의지하거나 두 중간에 의지하여도 얻을 수 없는 까닭입니다.

사리자여. 신계는 본성이 공하므로 내신에 의지하거나 외신에 의지하거나 두 중간에 의지하여도 얻을 수 없는 까닭이고, 촉계·신식계, 나아가 신촉·신촉을 인연으로 생겨난 여러 수도 본성이 공하므로 내신에 의지하거나 외신에 의지하거나 두 중간에 의지하여도 얻을 수 없는 까닭입니다. 사리자여. 의계는 본성이 공하므로 내신에 의지하거나 외신에 의지하거나 두 중간에 의지하여도 얻을 수 없는 까닭이고, 법계·의식계, 나아가 의촉·의촉을 인연으로 생겨난 여러 수도 본성이 공하므로 내신에 의지하거나 외신에 의지하거나 두 중간에 의지하여도 얻을 수 없는 까닭입니다.

사리자여. 지계는 본성이 공하므로 내신에 의지하거나 외신에 의지하거나 두 중간에 의지하여도 얻을 수 없는 까닭이고, 수·화·풍·공·식계도 본성이 공하므로 내신에 의지하거나 외신에 의지하거나 두 중간에 의지하여도 얻을 수 없는 까닭입니다. 사리자여. 고성제는 본성이 공하므로 내신에 의지하거나 외신에 의지하거나 두 중간에 의지하여도 얻을 수 없는 까닭이고, 집·멸·도성제도 본성이 공하므로 내신에 의지하거나 외신에 의지하거나 두 중간에 의지하여도 얻을 수 없는 까닭입니다.

사리자여. 무명은 본성이 공하므로 내신에 의지하거나 외신에 의지하거나 두 중간에 의지하여도 얻을 수 없는 까닭이고, 행·식·명색·육처·촉·수·애·취·유·생·노사의 수탄고우뇌도 본성이 공하므로 내신에 의지하거나 외신에 의지하거나 두 중간에 의지하여도 얻을 수 없는 까닭입니다. 사리자여. 내공은 본성이 공하므로 내신에 의지하거나 외신에 의지하거나 두 중간에 의지하여도 얻을 수 없는 까닭이고, 외공·내외공·공공·대공·승의공·유위공·무위공·필경공·무제공·산공·무변이공·본성공·자상공·

공상공·일체법공·불가득공·무성공·자성공·무성자성공도 본성이 공하므로 내신에 의지하거나 외신에 의지하거나 두 중간에 의지하여도 얻을 수 없는 까닭입니다.

사리자여. 보시바라밀다는 본성이 공하므로 내신에 의지하거나 외신에 의지하거나 두 중간에 의지하여도 얻을 수 없는 까닭이고, 정계·안인·정진·정려·반야바라밀다도 본성이 공하므로 내신에 의지하거나 외신에 의지하거나 두 중간에 의지하여도 얻을 수 없는 까닭입니다. 사리자여. 4정려는 본성이 공하므로 내신에 의지하거나 외신에 의지하거나 두 중간에 의지하여도 얻을 수 없는 까닭이고, 4무량·4무색정도 본성이 공하므로 내신에 의지하거나 외신에 의지하거나 두 중간에 의지하여도 얻을 수 없는 까닭입니다.

사리자여. 8해탈은 본성이 공하므로 내신에 의지하거나 외신에 의지하거나 두 중간에 의지하여도 얻을 수 없는 까닭이고, 8승처·9차제정·10변처도 본성이 공하므로 내신에 의지하거나 외신에 의지하거나 두 중간에 의지하여도 얻을 수 없는 까닭입니다. 사리자여. 4념주는 본성이 공하므로 내신에 의지하거나 외신에 의지하거나 두 중간에 의지하여도 얻을 수 없는 까닭이고, 4정단·4신족·5근·5력·7등각지·8성도지도 본성이 공하므로 내신에 의지하거나 외신에 의지하거나 두 중간에 의지하여도 얻을 수 없는 까닭입니다.

사리자여. 공해달문은 본성이 공하므로 내신에 의지하거나 외신에 의지하거나 두 중간에 의지하여도 얻을 수 없는 까닭이고, 무상·무원해탈문도 본성이 공하므로 내신에 의지하거나 외신에 의지하거나 두 중간에 의지하여도 얻을 수 없는 까닭입니다. 사리자여. 5안은 본성이 공하므로 내신에 의지하거나 외신에 의지하거나 두 중간에 의지하여도 얻을 수 없는 까닭이고, 6신통도 본성이 공하므로 내신에 의지하거나 외신에 의지하거나 두 중간에 의지하여도 얻을 수 없는 까닭입니다.

사리자여. 여래의 10력은 본성이 공하므로 내신에 의지하거나 외신에 의지하거나 두 중간에 의지하여도 얻을 수 없는 까닭이고, 4무소외·4무애해·대자·대비·대희·대사·18불불공법도 본성이 공하므로 내신에 의지하거나 외신에 의지하거나 두 중간에 의지하여도 얻을 수 없는 까닭입니다. 사리자여. 일체지는 본성이 공하므로 내신에 의지하거나 외신에 의지하거나 두 중간에 의지하여도 얻을 수 없는 까닭이고, 도상지·일체상지도 본성이 공하므로 내신에 의지하거나 외신에 의지하거나 두 중간에 의지하여도 얻을 수 없는 까닭입니다.

사리자여. 무망실법은 본성이 공하므로 내신에 의지하거나 외신에 의지하거나 두 중간에 의지하여도 얻을 수 없는 까닭이고, 항주사성도 본성이 공하므로 내신에 의지하거나 외신에 의지하거나 두 중간에 의지하여도 얻을 수 없는 까닭입니다. 사리자여. 일체의 다라니문은 본성이 공하므로 내신에 의지하거나 외신에 의지하거나 두 중간에 의지하여도 얻을 수 없는 까닭이고, 일체의 삼마지문도 본성이 공하므로 내신에 의지하거나 외신에 의지하거나 두 중간에 의지하여도 얻을 수 없는 까닭입니다.

사리자여. 이생은 본성이 공하므로 내신에 의지하거나 외신에 의지하거나 두 중간에 의지하여도 얻을 수 없는 까닭이고, 이생의 법도 본성이 공하므로 내신에 의지하거나 외신에 의지하거나 두 중간에 의지하여도 얻을 수 없는 까닭입니다. 사리자여. 예류는 본성이 공하므로 내신에 의지하거나 외신에 의지하거나 두 중간에 의지하여도 얻을 수 없는 까닭이고, 예류의 법도 본성이 공하므로 내신에 의지하거나 외신에 의지하거나 두 중간에 의지하여도 얻을 수 없는 까닭입니다.

사리자여. 일래는 본성이 공하므로 내신에 의지하거나 외신에 의지하거나 두 중간에 의지하여도 얻을 수 없는 까닭이고, 일래의 법도 본성이 공하므로 내신에 의지하거나 외신에 의지하거나 두 중간에 의지하여도 얻을 수 없는 까닭입니다. 사리자여. 불환은 본성이 공하므로 내신에 의지하거나 외신에 의지하거나 두 중간에 의지하여도 얻을 수 없는 까닭이고, 불환의 법도 본성이 공하므로 내신에 의지하거나 외신에 의지하거나 두 중간에 의지하여도 얻을 수 없는 까닭입니다.

사리자여. 아라한은 본성이 공하므로 내신에 의지하거나 외신에 의지하거나 두 중간에 의지하여도 얻을 수 없는 까닭이고, 아라한의 법도 본성이 공하므로 내신에 의지하거나 외신에 의지하거나 두 중간에 의지하여도 얻을 수 없는 까닭입니다. 사리자여. 독각은 본성이 공하므로 내신에 의지하거나 외신에 의지하거나 두 중간에 의지하여도 얻을 수 없는 까닭이고, 독각의 법도 본성이 공하므로 내신에 의지하거나 외신에 의지하거나 두 중간에 의지하여도 얻을 수 없는 까닭입니다.

사리자여. 보살은 본성이 공하므로 내신에 의지하거나 외신에 의지하거나 두 중간에 의지하여도 얻을 수 없는 까닭이고, 보살의 법도 본성이 공하므로 내신에 의지하거나 외신에 의지하거나 두 중간에 의지하여도 얻을 수 없는 까닭입니다. 사리자여. 여래는 본성이 공하므로 내신에 의지하거나 외신에 의지하거나 두 중간에 의지하여도 얻을 수 없는 까닭이고, 여래의 법도 본성이 공하므로 내신에 의지하거나 외신에 의지하거나 두 중간에 의지하여도 얻을 수 없는 까닭입니다.

사리자여. 오히려 이러한 인연을 까닭으로 '나는 제법은 모두 의지하는 것이 없다.'라고 설하였습니다."

21. 정도품(淨道品)(1)

그때 구수 선현이 사리자에게 알려 말하였다.

"제보살마하살은 6종류의 바라밀다를 수행하는 때에, 색에 상응하여 청정해야 하고 수·상·행·식에 상응하여 청정해야 하며, 안처에 상응하여 청정해야 하고 이·비·설·신·의처에 상응하여 청정해야 하며, 색처에 상응하여 청정해야 하고 성·향·미·촉·법처에 상응하여 청정해야 하며, 안계에 상응하여 청정해야 하고 색계·안식계, …… 나아가 …… 안촉·안촉을 인연으로 생겨난 여러 수에 상응하여 청정해야 하며, 이계에 상응하여

청정해야 하고 성계·이식계, …… 나아가 …… 이촉·이촉을 인연으로
생겨난 여러 수에 상응하여 청정해야 하며, 비계에 상응하여 청정해야
하고 향계·비식계, …… 나아가 …… 비촉·비촉을 인연으로 생겨난 여러
수에 상응하여 청정해야 하며, 미계에 상응하여 청정해야 하고 미계·설식
계, …… 나아가 …… 설촉·설촉을 인연으로 생겨난 여러 수에 상응하여
청정해야 하며, 신계에 상응하여 청정해야 하고 촉계·신식계, …… 나아가
…… 신촉·신촉을 인연으로 생겨난 여러 수에 상응하여 청정해야 하며,
의계에 상응하여 청정해야 하고, 법계·의식계, …… 나아가 …… 의촉·의촉
을 인연으로 생겨나는 여러 수에 상응하여 청정해야 합니다.

 지계에 상응하여 청정해야 하고 수·화·풍·공·식계에 상응하여 청정해
야 하며, 고성제에 상응하여 청정해야 하고 집·멸·도성제에 상응하여
청정해야 하며, 무명에 상응하여 청정해야 하고 행·식·명색·육처·촉·수·
애·취·유·생·노사의 수탄고우뇌에 상응하여 청정해야 하며, 내공에 상응
하여 청정해야 하고 외공·내외공·공공·대공·승의공·유위공·무위공·필
경공·무제공·산공·무변이공·본성공·자상공·공상공·일체법공·불가득
공·무성공·자성공·무성자성공에 상응하여 청정해야 하며, 보시바라밀
다에 상응하여 청정해야 하고 정계·안인·정진·정려·반야바라밀다에 상
응하여 청정해야 하며, 4정려에 상응하여 청정해야 하고 4무량·4무색정에
상응하여 청정해야 하며, 8해탈에 상응하여 청정해야 하고 8승처·9차제정
·10변처에 상응하여 청정해야 하며, 4념주에 상응하여 청정해야 하고
4정단·4신족·5근·5력·7등각지·8성도지에 상응하여 청정해야 하며, 공해
탈문에 상응하여 청정해야 하고 무상·무원해탈문에 상응하여 청정해야
하며, 5안에 상응하여 청정해야 하고 6신통에 상응하여 청정해야 하며,
여래의 10력에 상응하여 청정해야 하고 4무소외·4무애해·대자·대비·대
희·대사·18불불공법에 상응하여 청정해야 하며, 무망실법에 상응하여
청정해야 하고 항주사성에 상응하여 청정해야 하며, 일체의 다라니문에
상응하여 청정해야 하고 일체의 삼마지문에 상응하여 청정해야 하며,
일체지에 상응하여 청정해야 하고 도상지·일체상지에 상응하여 청정해

야 하며, 보리도(菩提道)에 상응하여 청정해야 합니다."

이때 사리자가 선현에게 물어 말하였다.

"무엇을 보살마하살이 6종류의 바라밀다를 수행하는 때에, 청정한 보리도라고 말합니까?"

선현이 대답하여 말하였다.

"사리자여. 6종류의 바라밀다에 각각 두 종류가 있나니, 첫째는 세간(世間)이고, 둘째는 출세간(出世間)입니다."

사리자가 말하였다.

"무엇이 세간의 보시바라밀다라고 말합니까?"

선현이 대답하여 말하였다.

"만약 보살마하살이 대시주(大施主)가 되어서 능히 일체의 사문이거나 바라문이거나 가난하고 병들었으며 외롭고 길에 다니며 구걸하는 자에게 보시하면서, 음식이 필요하면 음식을 주고 음료(飮)가 필요하면 음료를 주며, 탈 것이 필요하면 탈 것을 주고 옷이 필요하면 옷을 주며, 향이 필요하면 향을 주고 꽃이 필요하면 꽃을 주며, 장엄구가 필요하면 장엄구를 주고 집이 필요하면 집을 주며, 의약품이 필요하면 의약품을 주고 조명(照明)이 필요하면 조명을 주며, 좌구(坐具)·와구(臥具)가 필요하면 좌구·와구를 줍니다. 이와 같이 일체를 그가 필요한 것을 따라서 자생(資生)1)의 집물(什物)2)을 모두 보시하여 줍니다.

만약 다시 누가 와서 아들을 구걸하면 아들을 주고 딸을 구걸하면 딸을 주며, 아내를 구걸하면 아내를 주고 벼슬(官)을 구걸하면 벼슬을 주며, 국토를 구걸하면 국토를 주고 왕위를 구걸하면 왕위를 주며, 머리(首)와 눈(目)을 구걸하면 머리와 눈을 주고 손과 발을 구걸하면 손과 발을 주며, 지절(支節)3)을 구걸하면 지절을 주고 살과 피를 구걸하면 살과 피를 주며, 뼈와 골수를 구걸하면 뼈와 골수를 주고 귀와 코를

---

1) 어떠한 직업을 가지고 생계를 유지하는 것이다.
2) '일상생활의 용품' 또는 '일상의 가구와 집기'를 가리킨다.
3) 사지(四肢) 또는 사지의 관절인 팔과 다리의 마디뼈를 가리킨다.

구걸하면 귀와 코를 주며, 하인(僮僕)을 구걸하면 하인을 주고 진귀한 재물을 구걸하면 진귀한 재물을 주며, 생물(生類)을 구걸하면 생물을 줍니다. 이와 같이 일체를 그가 구걸하는 것을 따라서 안과 밖의 물건을 모두 보시하여 줍니다.

비록 이와 같이 보시할지라도 의지하는 것이 있나니 이를테면, '나는 보시하였고 그는 받았다. 나는 시주(施主)가 되었고, 나는 간탐(慳貪)하지 않았다. 나는 세존의 가르침을 따라서 일체를 능히 버렸고, 나는 보시바라밀다를 행하고 있다.'라고 이렇게 생각을 지으며, 그가 보시를 행하는 때에, 얻을 수 있는 것으로써 방편으로 삼아서 여러 유정들과 함께 아뇩다라삼먁삼보리에 회향합니다.

다시 '내가 지닌 이 복을 여러 유정에게 베풀어서 이 세간(世間)과 다른 세간이 안락(安樂)을 얻게 하고, 나아가 무여열반(無餘涅槃)을 증득하게 하겠다.'라고 이렇게 생각을 지으며, 오히려 이러한 삼륜(三輪)에 집착하면서 보시를 행하는데, 첫째는 자상(自想)이고, 둘째는 타상(他想)이며, 셋째는 시상(施想)입니다. 오히려 이러한 삼륜에 집착하면서 보시를 행하는 까닭으로 세간의 보시바라밀다라고 이름합니다.

무슨 인연으로 이러한 보시를 세간이라고 이름하는가? 세간과 함께 공동(共同)으로써 행한 까닭이고, 출세간법을 초월하여 감응(超動)하지 못하는 까닭입니다. 이와 같다면 세간의 보시바라밀다라고 이름합니다."

사리자가 말하였다.

"무엇을 출세간의 보시바라밀다라고 말합니까?"

선현이 대답하여 말하였다.

"만약 보살마하살이 보시를 행하는 때라도 삼륜이 청정하나니, 첫째는 '나는 보시하는 자이다.'라고 집착하지 않고, 둘째는 '그는 받는 자이다.'라고 집착하지 않으며, 셋째는 보시와 보시의 과보에 집착하지 않습니다. 이것이 보살마하살이 보시를 행하는 때의 삼륜이 청정한 것입니다.

또한 사리자여, 만약 보살마하살이 대비(大悲)로써 상수(上首)를 삼아서 보시를 수습하는 것의 복을 널리 유정들에게 베풀더라도 제유정들에게 모두 얻는 것이 없으며, 비록 일체 유정들과 함께 아뇩다라삼먁삼보리에 회향하더라도 그 가운데에서 적은 상(相)이라도 보지 않는다면 오히려 모두 집착하는 것이 없게 보시를 행하는 까닭으로 출세간의 보시바라밀다 라고 이름합니다.

무슨 인연으로 이러한 보시를 출세간이라고 이름하는가? 세간과 함께 공동으로 행하지 않는 까닭이고, 능히 출세간법을 초월하여 감응하는 까닭입니다. 이와 같다면 출세간의 보시바라밀다라고 이름합니다."

사리자가 말하였다.

"무엇을 세간의 정계바라밀다라고 말합니까?"

선현이 대답하여 말하였다.

"만약 보살마하살이 비록 계를 수지(受持)하더라도 의지하는 것이 있는 데 이를테면, '나는 일체의 유정들을 요익(饒益)하게 하기 위하여 정계를 받아 수지한다. 나는 세존의 가르침을 따라서 청정한 시라(尸羅)[4]에서 범하는 것이 없고, 나는 정계바라밀다를 행하고 있다.'라고 이렇게 생각을 지으며, 그가 계율을 수지하는 때에 얻을 수 있는 것으로써 방편으로 삼아서 제유정들과 함께 공동으로 아뇩다라삼먁삼보리에 회향합니다.

다시 '내가 지닌 이 복을 여러 유정에게 베풀어서 이 세간과 다른 세간이 안락을 얻게 하고, 나아가 무여열반을 증득하게 하겠다.'라고 이렇게 생각을 지으며, 그러한 삼륜에 집착하면서 계를 수지하는데, 첫째 는 사상이고, 둘째는 타상이며, 셋째는 계상(戒想)입니다. 오히려 이러한 삼륜에 집착하면서 계를 수지하는 까닭으로 세간의 정계바라밀다라고 이름합니다.

무슨 인연으로 이러한 정계를 세간이라고 이름하는가? 세간과 함께 공동으로써 행한 까닭이고, 출세간법을 초월하여 감응하지 못하는 까닭입 니다. 이와 같다면 세간의 정계바라밀다라고 이름합니다."

사리자가 말하였다.

---

4) 산스크리트어 Sila의 음사이고, '계율(戒律)', '율(律)'이라고 번역한다.

"무엇을 출세간의 정계바라밀다라고 말합니까?"

선현이 대답하여 말하였다.

"만약 보살마하살이 계를 수지하는 때라도 삼륜이 청정하나니, 첫째는 '나는 능히 계를 수지한다.'라고 집착하지 않고, 둘째는 '유정을 보호하는 것이다.'라고 집착하지 않으며, 셋째는 계율과 계율의 과보에 집착하지 않는 것입니다. 이것이 보살마하살이 계율을 수지하는 때에 삼륜이 청정한 것입니다.

또한 사리자여, 만약 보살마하살이 대비로써 상수를 삼아서 지계(持戒)하는 것의 복을 널리 유정들에게 베풀더라도 제유정들에게 모두 얻는 것이 없으며, 비록 일체 유정들과 함께 아뇩다라삼먁삼보리에 회향하더라도 그 가운데에서 적은 상이라도 보지 않는다면 오히려 모두 집착하는 것이 없게 계를 수지하는 까닭으로 출세간의 정계바라밀다라고 이름합니다.

무슨 인연으로 이러한 정계를 출세간이라고 이름하는가? 세간과 함께 공동으로 행하지 않는 까닭이고, 능히 출세간법을 초월하여 감응하는 까닭입니다. 이와 같다면 출세간의 정계바라밀다라고 이름합니다."

사리자가 말하였다.

"무엇을 세간의 안인바라밀다라고 말합니까?"

선현이 대답하여 말하였다.

"만약 보살마하살이 비록 안인을 수습(修習)하더라도 의지하는 것이 있는데 이를테면, '나는 일체의 유정들을 요익하게 하기 위하여 안인을 수행한다. 나는 세존의 가르침을 따라서 수승한 안인을 능히 바르게 수습하고, 나는 안인바라밀다를 행하고 있다.'라고 이렇게 생각을 지으며, 그가 안인을 수습하는 때에 얻을 수 있는 것으로써 방편으로 삼아서 제유정들과 함께 공동으로 아뇩다라삼먁삼보리에 회향합니다.

다시 '내가 지닌 이 복을 여러 유정에게 베풀어서 이 세간과 다른 세간이 안락을 얻게 하고, 나아가 무여열반을 증득하게 하겠다.'라고 이렇게 생각을 지으며, 그러한 삼륜에 집착하면서 안인을 수습하는데, 첫째는 자상이고, 둘째는 타상이며, 셋째는 인상(忍想)입니다. 오히려 이러한 삼륜에 집착하면서 안인을 수습하는 까닭으로 세간의 안인바라밀다라고 이름합니다.
　무슨 인연으로 이러한 안인을 세간이라고 이름하는가? 세간과 함께 공동으로써 행한 까닭이고, 출세간법을 초월하여 감응하지 못하는 까닭입니다. 이와 같다면 세간의 안인바라밀다라고 이름합니다."
　사리자가 말하였다.
　"무엇을 출세간의 안인바라밀다라고 말합니까?"
　선현이 대답하여 말하였다.
　"만약 보살마하살이 안인을 수습하는 때라도 삼륜이 청정하나니, 첫째는 '나는 능히 안인을 수습한다.'라고 집착하지 않고, 둘째는 '유정을 안인하는 것이다.'라고 집착하지 않으며, 셋째는 안인과 안인의 과보에 집착하지 않는 것입니다. 이것이 보살마하살이 안인을 수습하는 때에 삼륜이 청정한 것입니다.
　또한 사리자여, 만약 보살마하살이 대비로써 상수를 삼아서 안인하는 것의 복을 널리 유정들에게 베풀더라도 제유정들에게 모두 얻는 것이 없으며, 비록 일체 유정들과 함께 아뇩다라삼먁삼보리에 회향하더라도 그 가운데에서 적은 상이라도 보지 않는다면 오히려 모두 집착하는 것이 없게 안인을 수습하는 까닭으로 출세간의 안인바라밀다라고 이름합니다.
　무슨 인연으로 이러한 안인을 출세간이라고 이름하는가? 세간과 함께 공동으로 행하지 않는 까닭이고, 능히 출세간법을 초월하여 감응하는 까닭입니다. 이와 같다면 출세간의 안인바라밀다라고 이름합니다."
　사리자가 말하였다.
　"무엇을 세간의 정진바라밀다라고 말합니까?"
　선현이 대답하여 말하였다.
　"만약 보살마하살이 비록 부지런히 정진하더라도 의지하는 것이 있는데 이를테면, '나는 일체의 유정들을 요익하게 하기 위하여 부지런히 정진한다. 나는 세존의 가르침을 따라서 몸과 마음을 책려(策勵)[5]하고 일찍이 해태(懈怠)가 없었으며, 나는 정진바라밀다를 행하고 있다.'라고 이렇게 생각을 지으며, 그가 부지런히 정진하는 때에 얻을 수 있는 것으로써 방편으로 삼아서 제유정들과 함께 공동으로 아뇩다라삼먁삼보리에 회향합니다.

다시 '내가 지닌 이 복을 여러 유정에게 베풀어서 이 세간과 다른 세간이 안락을 얻게 하고, 나아가 무여열반을 증득하게 하겠다.'라고 이렇게 생각을 지으며, 그러한 삼륜에 집착하면서 부지런히 정진하는데, 첫째는 자상이고, 둘째는 타상이며, 셋째는 정진상(精進想)입니다. 오히려 이러한 삼륜에 집착하면서 정진을 수습하는 까닭으로 세간의 정진바라밀다라고 이름합니다.

무슨 인연으로 이러한 정진을 세간이라고 이름하는가? 세간과 함께 공동으로써 행한 까닭이고, 출세간법을 초월하여 감응하지 못하는 까닭입니다. 이와 같다면 세간의 정진바라밀다라고 이름합니다."

사리자가 말하였다.

"무엇을 출세간의 정진바라밀다라고 말합니까?"

선현이 대답하여 말하였다.

"만약 보살마하살이 부지런히 정진하는 때라도 삼륜이 청정하나니, 첫째는 '나는 능히 정진한다.'라고 집착하지 않고, 둘째는 '유정을 위하는 것이다.'라고 집착하지 않으며, 셋째는 정진과 정진의 과보에 집착하지 않는 것입니다. 이것이 보살마하살이 부지런히 정진하는 때에 삼륜이 청정한 것입니다.

또한 사리자여, 만약 보살마하살이 대비로써 상수를 삼아서 부지런히 정진하는 것의 복을 널리 유정들에게 베풀더라도 제유정들에게 모두 얻는 것이 없으며, 비록 일체 유정들과 함께 아뇩다라삼먁삼보리에 회향하더라도 그 가운데에서 적은 상이라도 보지 않는다면 오히려 모두 집착하는 것이 없게 정진을 수습하는 까닭으로 출세간의 정진바라밀다라고 이름합니다.

---

5) '채찍질하듯이 격려하다.'는 뜻이다.

무슨 인연으로 이러한 정진을 출세간이라고 이름하는가? 세간과 함께 공동으로 행하지 않는 까닭이고, 능히 출세간법을 초월하여 감응하는 까닭입니다. 이와 같다면 출세간의 정진바라밀다라고 이름합니다."

사리자가 말하였다.

"무엇을 세간의 정려바라밀다라고 말합니까?"

선현이 대답하여 말하였다.

"만약 보살마하살이 비록 정려를 수습하더라도 의지하는 것이 있는데 이를테면, '나는 일체의 유정들을 요익하게 하기 위하여 정려를 수습한다. 나는 세존의 가르침을 따라서 수승한 등지(等持)6)에서 능히 바르게 수습하고, 나는 정려바라밀다를 행하고 있다.'라고 이렇게 생각을 지으며, 그가 정려를 수습하는 때에 얻을 수 있는 것으로써 방편으로 삼아서 제유정들과 함께 공동으로 아뇩다라삼먁삼보리에 회향합니다.

다시 '내가 지닌 이 복을 여러 유정에게 베풀어서 이 세간과 다른 세간이 안락을 얻게 하고, 나아가 무여열반을 증득하게 하겠다.'라고 이렇게 생각을 지으며, 그러한 삼륜에 집착하면서 부지런히 정진하는데, 첫째는 자상이고, 둘째는 타상이며, 셋째는 정려상(靜慮想)입니다. 오히려 이러한 삼륜에 집착하면서 정려를 수습하는 까닭으로 세간의 정려바라밀다라고 이름합니다.

무슨 인연으로 이러한 정진을 세간이라고 이름하는가? 세간과 함께 공동으로써 행한 까닭이고, 출세간법을 초월하여 감응하지 못하는 까닭입니다. 이와 같다면 세간의 정려바라밀다라고 이름합니다."

사리자가 말하였다.

"무엇을 출세간의 정려바라밀다라고 말합니까?"

선현이 대답하여 말하였다.

"만약 보살마하살이 정려를 수습하는 때라도 삼륜이 청정하나니, 첫째는 '나는 능히 정려를 수습한다.'라고 집착하지 않고, 둘째는 '유정을

---

6) '선정(禪定)' 또는 '삼매(三昧)'를 다르게 부르는 말이다.

위하는 것이다.'라고 집착하지 않으며, 셋째는 정려와 정려의 과보에
집착하지 않는 것입니다. 이것이 보살마하살이 부지런히 정진하는 때에
삼륜이 청정한 것입니다.

또한 사리자여, 만약 보살마하살이 대비로써 상수를 삼아서 정려를
수습하는 것의 복을 널리 유정들에게 베풀더라도 제유정들에게 모두
얻는 것이 없으며, 비록 일체 유정들과 함께 아뇩다라삼먁삼보리에 회향
하더라도 그 가운데에서 적은 상이라도 보지 않는다면 오히려 모두 집착하
는 것이 없게 정려를 수습하는 까닭으로 출세간의 정려바라밀다라고
이름합니다.

무슨 인연으로 이러한 정려를 출세간이라고 이름하는가? 세간과 함께
공동으로 행하지 않는 까닭이고, 능히 출세간법을 초월하여 감응하는
까닭입니다. 이와 같다면 출세간의 정려바라밀다라고 이름합니다."

사리자가 말하였다.

"무엇을 세간의 반야바라밀다라고 말합니까?"

선현이 대답하여 말하였다.

"만약 보살마하살이 비록 반야를 수습하더라도 의지하는 것이 있는데
이를테면, '나는 일체의 유정들을 요익하게 하기 위하여 반야를 수습한다.
나는 세존의 가르침을 따라서 수습한 반야에서 능히 바르게 수행하고,
나는 능히 스스로가 지은 악을 참회하여 없애며, 나는 다른 사람의 악을
보아도 결국 비난하고 업신여기지 않고, 나는 다른 사람이 닦는 것의
복을 따라서 기뻐하며, 나는 능히 세존께 묘한 법륜 굴리시기를 청하고,
나는 들은 것을 따라서 바르게 결정하여 선택(決擇)하며, 나는 반야바라밀
다를 행하고 있다.'라고 이렇게 생각을 지으며, 그가 지혜를 수습하는
때에 얻을 수 있는 것으로써 방편으로 삼아서 제유정들과 함께 공동으로
아뇩다라삼먁삼보리에 회향합니다.

다시 '내가 지닌 이 복을 여러 유정에게 베풀어서 이 세간과 다른
세간이 안락을 얻게 하고, 나아가 무여열반을 증득하게 하겠다.'라고
이렇게 생각을 지으며, 그러한 삼륜에 집착하면서 부지런히 정진하는데,

첫째는 자상이고, 둘째는 타상이며, 셋째는 반야상(般若想)입니다. 오히려 이러한 삼륜에 집착하면서 반야를 수습하는 까닭으로 세간의 반야바라밀다라고 이름합니다.

무슨 인연으로 이러한 반야를 세간이라고 이름하는가? 세간과 함께 공동으로써 행한 까닭이고, 출세간법을 초월하여 감응하지 못하는 까닭입니다. 이와 같다면 세간의 반야바라밀다라고 이름합니다."

사리자가 말하였다.

"무엇을 출세간의 반야바라밀다라고 말합니까?"

선현이 대답하여 말하였다.

"만약 보살마하살이 반야를 수습하는 때라도 삼륜이 청정하나니, 첫째는 '나는 능히 반야를 수습한다.'라고 집착하지 않고, 둘째는 '유정을 위하는 것이다.'라고 집착하지 않으며, 셋째는 반야와 반야의 과보에 집착하지 않는 것입니다. 이것이 보살마하살이 반야를 수습하는 때에 삼륜이 청정한 것입니다.

또한 사리자여, 만약 보살마하살이 대비로써 상수를 삼아서 반야를 수습하는 것의 복을 널리 유정들에게 베풀더라도 제유정들에게 모두 얻는 것이 없고, 비록 일체 유정들과 함께 아뇩다라삼먁삼보리에 회향하더라도 그 가운데에서 적은 상이라도 보지 않는다면 오히려 모두 집착하는 것이 없게 반야를 수습하는 까닭으로 출세간의 반야바라밀다라고 이름합니다.

무슨 인연으로 이러한 반야를 출세간이라고 이름하는가? 세간과 함께 공동으로 행하지 않는 까닭이고, 능히 출세간법을 초월하여 감응하는 까닭입니다. 이와 같다면 출세간의 반야바라밀다라고 이름합니다.

사리자여. 이와 같이 보살마하살은 6종류의 바라밀다를 수행하는 때에 보리도를 청정하게 합니다."

그때 사리자가 선현에게 물어 말하였다.

"무엇 등을 보살마하살의 보리도(菩提道)라고 이름합니까?"

선현이 대답하여 말하였다.

"사리자여. 내공을 보살마하살의 보리도라고 이름하고, 외공·내외공·공공·대공·승의공·유위공·무위공·필경공·무제공·산공·무변이공·본성공·자상공·공상공·일체법공·불가득공·무성공·자성공·무성자성공을 보살마하살의 보리도라고 이름합니다. 사리자여. 진여를 보살마하살의 보리도라고 이름하고, 법계·법성·불허망성·불변이성·평등성·이생성·법정·법주·실제·허공계·부사의계를 보살마하살의 보리도라고 이름합니다. 사리자여. 고성제를 보살마하살의 보리도라고 이름하고, 집·멸·도성제를 보살마하살의 보리도라고 이름합니다.

사리자여. 보시바라밀다를 보살마하살의 보리도라고 이름하고, 정계·안인·정진·정려·반야바라밀다를 보살마하살의 보리도라고 이름합니다. 사리자여. 4정려를 보살마하살의 보리도라고 이름하고, 4무량·4무색정을 보살마하살의 보리도라고 이름합니다. 사리자여. 8해탈을 보살마하살의 보리도라고 이름하고, 8승처·9차제정·10변처를 보살마하살의 보리도라고 이름합니다. 사리자여. 4념주를 보살마하살의 보리도라고 이름하고, 4정단·4신족·5근·5력·7등각지·8성도지를 보살마하살의 보리도라고 이름합니다.

사리자여. 공해탈문을 보살마하살의 보리도라고 이름하고, 무상·무원해탈문을 보살마하살의 보리도라고 이름합니다. 사리자여. 5안을 보살마하살의 보리도라고 이름하고, 6신통을 보살마하살의 보리도라고 이름합니다. 사리자여. 여래의 10력을 보살마하살의 보리도라고 이름하고, 4무소외·4무애해·대자·대비·대희·대사·18불불공법을 보살마하살의 보리도라고 이름합니다. 사리자여. 무망실법을 보살마하살의 보리도라고 이름하고, 항주사성을 보살마하살의 보리도라고 이름합니다.

사리자여. 일체의 다라니문을 보살마하살의 보리도라고 이름하고, 일체의 삼마지문을 보살마하살의 보리도라고 이름합니다. 사리자여. 일체지를 보살마하살의 보리도라고 이름하고, 도상지·일체상지를 보살마하살의 보리도라고 이름합니다. 사리자여. 이와 같은 것 등의 무량하고 무변한 대공덕의 적취(聚)를 보살마하살의 보리도라고 이름합니다."
이때 사리자가 선현을 찬탄하며 말하였다.
"옳습니다. 옳습니다. 진실로 설한 것과 같습니다. 이와 같은 공덕은 무엇 등의 바라밀다의 세력(勢力)을 이유로 이르는 것입니까?"
선현이 말하였다.
"사리자여. 이와 같은 공덕은 모두 반야바라밀다의 세력을 이유로 이르게 됩니다. 왜 그러한가? 사리자여. 이와 같은 반야바라밀다는 능히 일체의 선법(善法)의 어머니가 되고, 일체의 성문·독각·보살·여래의 선법이 이것을 쫓아서 생겨나는 까닭입니다. 사리자여. 이와 같은 반야바라밀다는 능히 일체의 선법을 널리 섭수(攝受)하는데, 일체의 성문·독각·보살·여래의 선법이 이것을 의지하여 머무르는 까닭입니다.
사리자여. 과거의 제불은 반야바라밀다를 수행하여 지극히 원만(圓滿)하였던 까닭으로 이미 무상정등보리를 증득하였고, 묘한 법륜을 굴리시어 무량한 중생을 제도하셨고, 미래의 제불도 반야바라밀다를 수행하여 지극히 원만하실 까닭으로 마땅히 무상정등보리를 증득하시어 묘한 법륜을 굴려서 무량한 중생을 제도할 것이며, 현재의 시방세계의 제불도 반야바라밀다를 수행하여 지극히 원만하신 까닭으로 현재에 무상정등보리를 증득하시어 묘한 법륜을 굴리면서 무량한 중생들을 제도하십니다."

마하반야바라밀다경 제76권

21. 정도품(淨道品)(2)

"사리자여. 만약 보살마하살이 반야바라밀다를 설하는 것을 듣고서 마음에 의혹(疑惑)이 없고 역시 미민(迷悶)[1]도 없다면, 이 보살마하살은 이와 같이 머무르고 작의(作意)[2]를 벗어나지 않으면서 머무르는데 이를테면, 일체의 유정들을 구호(救護)하고자 하고, 항상 일체의 유정들에게 대비(大悲)의 작의를 버리거나 벗어나지 않는다고 마땅히 아십시오."

이때 사리자가 선현에게 알려 말하였다.

"만약 보살마하살이 이와 같이 머무르고 작의를 벗어나지 않으면서 머무른다면, 곧 일체의 유정들도 역시 상응하여 보살마하살을 성취합니다. 왜 그러한가? 일체의 유정들로써 역시 항상 이러한 작의를 벗어나지 않는 까닭이니, 이것은 곧 보살마하살과 일체의 유정들이 상응하고 차별(差別)이 없습니다."

그때 구수(具壽) 선현(善現)이 사리자를 찬탄하여 말하였다.

"옳습니다. 옳습니다. 진실로 그대가 설한 것과 같습니다. 능히 내가 설한 뜻을 진실과 같이 취(取)하였습니다. 그 까닭은 무엇인가? 사리자여. 유정(有情)이 있지 않은 까닭으로 작의도 역시 있지 않다고 마땅히 알아야

---

1) 미혹하여 깨닫지 못하는 마음을 뜻한다.
2) 산스크리트어 manasikara의 번역이고, 아뢰야식(阿賴耶識)에 있는 종자(種子)로부터 생겨나는 마음작용으로, 심왕(心王)에 의해 일어나 마음과 함께 전변(轉變)하고 현행(現行)하여 인식대상과 상응(相應)하는 마음작용이다.

하고, 나(我)·명자(命者)·생자(生者)·양자(養者)·사부(士夫)·보특가라(補特伽羅)·의생(意生)·유동(孺童)·작자(作者)·수자(受者)·지자(知者)·견자(見者)도 있지 않는 까닭으로 작의도 역시 있지 않다고 마땅히 알아야 합니다.

유정이 진실로 없는 까닭으로 작의도 역시 없다고 마땅히 알아야 하고, 나, …… 나아가 …… 견자가 진실로 없는 까닭으로 작의도 역시 진실로 없다고 마땅히 알아야 하며, 유정의 자성이 없는 까닭으로 작의도 역시 없다고 마땅히 알아야 하고, 나, 나아가 견자의 자성이 없는 까닭으로 작의도 역시 없다고 마땅히 알아야 합니다. 유정이 공한 까닭으로 작의도 역시 공하다고 마땅히 알아야 하고, 나, 나아가 견자가 공한 까닭으로 작의도 역시 공하다고 마땅히 알아야 하며, 유정이 멀리 벗어나는 까닭으로 작의도 멀리 벗어난다고 마땅히 알아야 하고, 나, 나아가 견자가 멀리 벗어나는 까닭으로 작의도 역시 멀리 벗어난다고 마땅히 알아야 하며, 유정이 적정한 까닭으로 작의도 멀리 적정하다고 마땅히 알아야 하고, 나, 나아가 견자가 적정한 까닭으로 작의도 역시 멀리 적정하다고 마땅히 알아야 하며, 유정이 각지(覺知)[3]가 없는 까닭으로 작의도 각지가 없다고 마땅히 알아야 하고, 나, 나아가 견자가 각지가 없는 까닭으로 작의도 역시 각지가 없다고 마땅히 알아야 합니다.

사리자여. 색(色)이 있지 않은 까닭으로 작의도 역시 없다고 마땅히 알아야 하고, 수(受)·상(想)·행(行)·식(識)이 있지 않은 까닭에 작의도 역시 없다고 마땅히 알아야 하며, 색의 자성이 없는 까닭으로 작의도 역시 없다고 마땅히 알아야 하고, 수·상·행·식의 자성이 없는 까닭으로 작의도 역시 없다고 마땅히 알아야 하며, 색이 공한 까닭으로 작의도 역시 공하다고 마땅히 알아야 하고, 수·상·행·식이 공한 까닭으로 작의도 역시 공하다고 마땅히 알아야 하며, 색이 멀리 벗어나는 까닭으로 작의도 멀리 벗어난다고 마땅히 알아야 하고, 수·상·행·식이 멀리 벗어나는

---

3) 견문각지(見聞覺知)의 줄임말로 마음(心)이 6경(六境)과 접촉하는 것을 말한다. 따라서 마음의 모든 '인식활동' 또는 '인식기능'을 통칭하는 말이다.

까닭으로 작의도 역시 멀리 벗어난다고 마땅히 알아야 하며, 색이 적정한 까닭으로 작의도 멀리 적정하다고 마땅히 알아야 하고, 수·상·행·식이 적정한 까닭으로 작의도 역시 멀리 적정하다고 마땅히 알아야 하며, 색이 각지가 없는 까닭으로 작의도 각지가 없다고 마땅히 알아야 하고, 수·상·행·식이 각지가 없는 까닭으로 작의도 역시 각지가 없다고 마땅히 알아야 합니다.

사리자여. 안처(眼處)가 있지 않은 까닭으로 작의도 역시 없다고 마땅히 알아야 하고, 이(耳)·비(鼻)·설(舌)·신(身)·의처(意處)가 있지 않은 까닭에 작의도 역시 없다고 마땅히 알아야 하며, 안처의 자성이 없는 까닭으로 작의도 역시 없다고 마땅히 알아야 하고, 이·비·설·신·의처의 자성이 없는 까닭으로 작의도 역시 없다고 마땅히 알아야 하며, 안처가 공한 까닭으로 작의도 역시 공하다고 마땅히 알아야 하고, 이·비·설·신·의처가 공한 까닭으로 작의도 역시 공하다고 마땅히 알아야 하며, 안처가 멀리 벗어나는 까닭으로 작의도 멀리 벗어난다고 마땅히 알아야 하고, 이·비·설·신·의처가 멀리 벗어나는 까닭으로 작의도 역시 멀리 벗어난다고 마땅히 알아야 하며, 안처가 적정한 까닭으로 작의도 멀리 적정하다고 마땅히 알아야 하고, 이·비·설·신·의처가 적정한 까닭으로 작의도 역시 멀리 적정하다고 마땅히 알아야 하며, 안처가 각지가 없는 까닭으로 작의도 각지가 없다고 마땅히 알아야 하고, 이·비·설·신·의처가 각지가 없는 까닭으로 작의도 역시 각지가 없다고 마땅히 알아야 합니다.

사리자여. 색처(色處)가 있지 않은 까닭으로 작의도 역시 없다고 마땅히 알아야 하고, 성(聲)·향(香)·미(味)·촉(觸)·법처(法處)가 있지 않은 까닭에 작의도 역시 없다고 마땅히 알아야 하며, 색처의 자성이 없는 까닭으로 작의도 역시 없다고 마땅히 알아야 하고, 성·향·미·촉·법처의 자성이 없는 까닭으로 작의도 역시 없다고 마땅히 알아야 하며, 색처가 공한 까닭으로 작의도 역시 공하다고 마땅히 알아야 하고, 성·향·미·촉·법처가 공한 까닭으로 작의도 역시 공하다고 마땅히 알아야 하며, 색처가 멀리 벗어나는 까닭으로 작의도 멀리 벗어난다고 마땅히 알아야 하고, 성·향·미

·촉·법처가 멀리 벗어나는 까닭으로 작의도 역시 멀리 벗어난다고 마땅히 알아야 하며, 색처가 적정한 까닭으로 작의도 멀리 적정하다고 마땅히 알아야 하고, 성·향·미·촉·법처가 적정한 까닭으로 작의도 역시 멀리 적정하다고 마땅히 알아야 하며, 색처가 각지가 없는 까닭으로 작의도 각지가 없다고 마땅히 알아야 하고, 성·향·미·촉·법처가 각지가 없는 까닭으로 작의도 역시 각지가 없다고 마땅히 알아야 합니다.

사리자여. 안계(眼界)가 있지 않은 까닭으로 작의도 역시 없다고 마땅히 알아야 하고, 색계(色界)·안식계(眼識界), …… 나아가 …… 안촉(眼觸)·안촉을 인연으로 생겨나는 여러 수(受)가 있지 않은 까닭에 작의도 역시 없다고 마땅히 알아야 하며, 안계의 자성이 없는 까닭으로 작의도 역시 없다고 마땅히 알아야 하고, 색계, 나아가 안촉을 인연으로 생겨난 여러 수의 자성이 없는 까닭으로 작의도 역시 없다고 마땅히 알아야 하며, 안계가 공한 까닭으로 작의도 역시 공하다고 마땅히 알아야 하고, 색계, 나아가 안촉을 인연으로 생겨난 여러 수가 공한 까닭으로 작의도 역시 공하다고 마땅히 알아야 하며, 안계가 멀리 벗어나는 까닭으로 작의도 멀리 벗어난다고 마땅히 알아야 하고, 색계, 나아가 안촉을 인연으로 생겨난 여러 수가 멀리 벗어나는 까닭으로 작의도 역시 멀리 벗어난다고 마땅히 알아야 하며, 안계가 적정한 까닭으로 작의도 멀리 적정하다고 마땅히 알아야 하고, 색계, 나아가 안촉을 인연으로 생겨난 여러 수가 적정한 까닭으로 작의도 역시 멀리 적정하다고 마땅히 알아야 하며, 안계가 각지가 없는 까닭으로 작의도 각지가 없다고 마땅히 알아야 하고, 색계, 나아가 안촉을 인연으로 생겨난 여러 수가 각지가 없는 까닭으로 작의도 역시 각지가 없다고 마땅히 알아야 합니다.

사리자여. 이계(耳界)가 있지 않은 까닭으로 작의도 역시 없다고 마땅히 알아야 하고, 성계(聲界)·이식계(耳識界), …… 나아가 …… 이촉(耳觸)·이촉을 인연으로 생겨나는 여러 수가 있지 않은 까닭에 작의도 역시 없다고 마땅히 알아야 하며, 이계의 자성이 없는 까닭으로 작의도 역시 없다고 마땅히 알아야 하고, 성계, 나아가 이촉을 인연으로 생겨난 여러 수의 자성이 없는 까닭으로 작의도 역시 없다고 마땅히 알아야 하며, 이계가 공한 까닭으로 작의도 역시 공하다고 마땅히 알아야 하고, 성계, 나아가 이촉을 인연으로 생겨난 여러 수가 공한 까닭으로 작의도 역시 공하다고 마땅히 알아야 하며, 이계가 멀리 벗어나는 까닭으로 작의도 멀리 벗어난다고 마땅히 알아야 하고, 성계, 나아가 이촉을 인연으로 생겨난 여러 수가 멀리 벗어나는 까닭으로 작의도 역시 멀리 벗어난다고 마땅히 알아야 하며, 이계가 적정한 까닭으로 작의도 멀리 적정하다고 마땅히 알아야 하고, 성계, 나아가 이촉을 인연으로 생겨난 여러 수가 적정한 까닭으로 작의도 역시 멀리 적정하다고 마땅히 알아야 하며, 이계가 각지가 없는 까닭으로 작의도 각지가 없다고 마땅히 알아야 하고, 성계, 나아가 이촉을 인연으로 생겨난 여러 수가 각지가 없는 까닭으로 작의도 역시 각지가 없다고 마땅히 알아야 합니다.

사리자여. 비계(鼻界)가 있지 않은 까닭으로 작의도 역시 없다고 마땅히 알아야 하고, 향계(香界)·비식계(鼻識界), …… 나아가 …… 비촉(鼻觸)·비촉을 인연으로 생겨나는 여러 수가 있지 않은 까닭에 작의도 역시 없다고 마땅히 알아야 하며, 비계의 자성이 없는 까닭으로 작의도 역시 없다고 마땅히 알아야 하고, 향계, 나아가 비촉을 인연으로 생겨난 여러 수의 자성이 없는 까닭으로 작의도 역시 없다고 마땅히 알아야 하며, 비계가 공한 까닭으로 작의도 역시 공하다고 마땅히 알아야 하고, 향계, 나아가 비촉을 인연으로 생겨난 여러 수가 공한 까닭으로 작의도 역시 공하다고 마땅히 알아야 하며, 비계가 멀리 벗어나는 까닭으로 작의도 멀리 벗어난다고 마땅히 알아야 하고, 향계, 나아가 비촉을 인연으로 생겨난 여러 수가 멀리 벗어나는 까닭으로 작의도 역시 멀리 벗어난다고 마땅히 알아야 하며, 비계가 적정한 까닭으로 작의도 멀리 적정하다고 마땅히 알아야 하고, 향계, 나아가 비촉을 인연으로 생겨난 여러 수가 적정한 까닭으로 작의도 역시 멀리 적정하다고 마땅히 알아야 하며, 비계가 각지가 없는 까닭으로 작의도 각지가 없다고 마땅히 알아야 하고, 향계, 나아가 비촉을 인연으로 생겨난 여러 수가 각지가 없는 까닭으로 작의도 역시 각지가 없다고 마땅히 알아야 합니다.

사리자여. 설계(舌界)가 있지 않은 까닭으로 작의도 역시 없다고 마땅히 알아야 하고, 미계(味界)·설식계(舌識界), …… 나아가 …… 설촉(舌觸)·설촉을 인연으로 생겨나는 여러 수가 있지 않은 까닭에 작의도 역시 없다고 마땅히 알아야 하며, 설계의 자성이 없는 까닭으로 작의도 역시 없다고 마땅히 알아야 하고, 미계, 나아가 설촉을 인연으로 생겨난 여러 수의 자성이 없는 까닭으로 작의도 역시 없다고 마땅히 알아야 하며, 설계가 공한 까닭으로 작의도 역시 공하다고 마땅히 알아야 하고, 미계, 나아가 설촉을 인연으로 생겨난 여러 수가 공한 까닭으로 작의도 역시 공하다고 마땅히 알아야 하며, 설계가 멀리 벗어나는 까닭으로 작의도 멀리 벗어난다고 마땅히 알아야 하고, 미계, 나아가 설촉을 인연으로 생겨난 여러 수가 멀리 벗어나는 까닭으로 작의도 역시 멀리 벗어난다고 마땅히 알아야 하며, 설계가 적정한 까닭으로 작의도 멀리 적정하다고 마땅히 알아야 하고, 미계, 나아가 설촉을 인연으로 생겨난 여러 수가 적정한 까닭으로 작의도 역시 멀리 적정하다고 마땅히 알아야 하며, 설계가 각지가 없는 까닭으로 작의도 각지가 없다고 마땅히 알아야 하고, 미계, 나아가 설촉을 인연으로 생겨난 여러 수가 각지가 없는 까닭으로 작의도 역시 각지가 없다고 마땅히 알아야 합니다.

사리자여. 신계(身界)가 있지 않은 까닭으로 작의도 역시 없다고 마땅히 알아야 하고, 촉계(觸界)·신식계(身識界), …… 나아가 …… 신촉(身觸)·신촉을 인연으로 생겨나는 여러 수가 있지 않은 까닭에 작의도 역시 없다고 마땅히 알아야 하며, 신계의 자성이 없는 까닭으로 작의도 역시 없다고 마땅히 알아야 하고, 촉계, 나아가 신촉을 인연으로 생겨난 여러 수의 자성이 없는 까닭으로 작의도 역시 없다고 마땅히 알아야 하며, 신계가 공한 까닭으로 작의도 역시 공하다고 마땅히 알아야 하고, 촉계, 나아가 신촉을 인연으로 생겨난 여러 수가 공한 까닭으로 작의도 역시 공하다고 마땅히 알아야 하며, 신계가 멀리 벗어나는 까닭으로 작의도 멀리 벗어난다고 마땅히 알아야 하고, 촉계, 나아가 신촉을 인연으로 생겨난 여러 수가 멀리 벗어나는 까닭으로 작의도 역시 멀리 벗어난다고 마땅히 알아야 하며, 신계가 적정한 까닭으로 작의도 멀리 적정하다고 마땅히 알아야 하고, 촉계, 나아가 신촉을 인연으로 생겨난 여러 수가 적정한 까닭으로 작의도 역시 멀리 적정하다고 마땅히 알아야 하며, 신계가 각지가 없는 까닭으로 작의도 각지가 없다고 마땅히 알아야 하고, 촉계, 나아가 신촉을 인연으로 생겨난 여러 수가 각지가 없는 까닭으로 작의도 역시 각지가 없다고 마땅히 알아야 합니다.

사리자여. 의계(意界)가 있지 않은 까닭으로 작의도 역시 없다고 마땅히 알아야 하고, 법계(法界)·의식계(意識界), …… 나아가 …… 의촉(意觸)·의촉을 인연으로 생겨나는 여러 수가 있지 않은 까닭에 작의도 역시 없다고 마땅히 알아야 하며, 의계의 자성이 없는 까닭으로 작의도 역시 없다고 마땅히 알아야 하고, 법계, 나아가 의촉을 인연으로 생겨난 여러 수의 자성이 없는 까닭으로 작의도 역시 없다고 마땅히 알아야 하며, 의계가 공한 까닭으로 작의도 역시 공하다고 마땅히 알아야 하고, 법계, 나아가 의촉을 인연으로 생겨난 여러 수가 공한 까닭으로 작의도 역시 공하다고 마땅히 알아야 하며, 의계가 멀리 벗어나는 까닭으로 작의도 멀리 벗어난다고 마땅히 알아야 하고, 법계, 나아가 의촉을 인연으로 생겨난 여러 수가 멀리 벗어나는 까닭으로 작의도 역시 멀리 벗어난다고 마땅히 알아야 하며, 의계가 적정한 까닭으로 작의도 멀리 적정하다고 마땅히 알아야 하고, 법계, 나아가 의촉을 인연으로 생겨난 여러 수가 적정한 까닭으로 작의도 역시 멀리 적정하다고 마땅히 알아야 하며, 의계가 각지가 없는 까닭으로 작의도 각지가 없다고 마땅히 알아야 하고, 법계, 나아가 의촉을 인연으로 생겨난 여러 수가 각지가 없는 까닭으로 작의도 역시 각지가 없다고 마땅히 알아야 합니다.

사리자여. 지계(地界)가 있지 않은 까닭으로 작의도 역시 없다고 마땅히 알아야 하고, 수(水)·화(火)·풍(風)·공(空)·식계(識界)가 있지 않은 까닭에 작의도 역시 없다고 마땅히 알아야 하며, 지계의 자성이 없는 까닭으로 작의도 역시 없다고 마땅히 알아야 하고, 수·화·풍·공·식계의 자성이 없는 까닭으로 작의도 역시 없다고 마땅히 알아야 하며, 지계가 공한 까닭으로 작의도 역시 공하다고 마땅히 알아야 하고, 수·화·풍·공·식계가 공한 까닭으로 작의도 역시 공하다고 마땅히 알아야 하며, 지계가 멀리 벗어나는 까닭으로 작의도 멀리 벗어난다고 마땅히 알아야 하고, 수·화·풍·공·식계가 멀리 벗어나는 까닭으로 작의도 역시 멀리 벗어난다고 마땅히 알아야 하며, 지계가 적정한 까닭으로 작의도 멀리 적정하다고 마땅히 알아야 하고, 수·화·풍·공·식계가 적정한 까닭으로 작의도 역시 멀리 적정하다고 마땅히 알아야 하며, 지계가 각지가 없는 까닭으로 작의도 각지가 없다고 마땅히 알아야 하고, 수·화·풍·공·식계가 각지가 없는 까닭으로 작의도 역시 각지가 없다고 마땅히 알아야 합니다.

사리자여. 고성제(苦聖諦)가 있지 않은 까닭으로 작의도 역시 없다고 마땅히 알아야 하고, 집(集)·멸(滅)·도성제(道聖諦)가 있지 않은 까닭에 작의도 역시 없다고 마땅히 알아야 하며, 고성제의 자성이 없는 까닭으로 작의도 역시 없다고 마땅히 알아야 하고, 집·멸·도성제의 자성이 없는 까닭으로 작의도 역시 없다고 마땅히 알아야 하며, 고성제가 공한 까닭으로 작의도 역시 공하다고 마땅히 알아야 하고, 집·멸·도성제가 공한 까닭으로 작의도 역시 공하다고 마땅히 알아야 하며, 고성제가 멀리 벗어나는 까닭으로 작의도 멀리 벗어난다고 마땅히 알아야 하고, 집·멸·도성제가 멀리 벗어나는 까닭으로 작의도 역시 멀리 벗어난다고 마땅히 알아야 하며, 고성제가 적정한 까닭으로 작의도 멀리 적정하다고 마땅히 알아야 하고, 집·멸·도성제가 적정한 까닭으로 작의도 역시 멀리 적정하다고 마땅히 알아야 하며, 고성제가 각지가 없는 까닭으로 작의도 각지가 없다고 마땅히 알아야 하고, 집·멸·도성제가 각지가 없는 까닭으로 작의도 역시 각지가 없다고 마땅히 알아야 합니다.

사리자여. 무명(無明)이 있지 않은 까닭으로 작의도 역시 없다고 마땅히 알아야 하고, 행(行)·식(識)·명색(名色)·육처(六處)·촉(觸)·수(受)·애(愛)·취(取)·유(有)·생(生)·노사(老死)의 수탄고우뇌(愁歎苦憂惱)가 있지 않은 까닭에 작의도 역시 없다고 마땅히 알아야 하며, 무명의 자성이 없는 까닭으로 작의도 역시 없다고 마땅히 알아야 하고, 행, 나아가 노사의 수탄고우뇌의 자성이 없는 까닭으로 작의도 역시 없다고 마땅히 알아야 하며, 무명이 공한 까닭으로 작의도 역시 공하다고 마땅히 알아야 하고, 행, 나아가 노사의 수탄고우뇌가 공한 까닭으로 작의도 역시 공하다고 마땅히 알아야 하며, 무명이 멀리 벗어나는 까닭으로 작의도 멀리 벗어난다고 마땅히 알아야 하고, 행, 나아가 노사의 수탄고우뇌가 멀리 벗어나는 까닭으로 작의도 역시 멀리 벗어난다고 마땅히 알아야 하며, 무명이 적정한 까닭으로 작의도 멀리 적정하다고 마땅히 알아야 하고, 행, 나아가 노사의 수탄고우뇌가 적정한 까닭으로 작의도 역시 멀리 적정하다고 마땅히 알아야 하며, 무명이 각지가 없는 까닭으로 작의도 각지가 없다고 마땅히 알아야 하고, 행, 나아가 노사의 수탄고우뇌가 각지가 없는 까닭으로 작의도 역시 각지가 없다고 마땅히 알아야 합니다.

사리자여. 내공(內空)이 있지 않은 까닭으로 작의도 역시 없다고 마땅히 알아야 하고, 외공(外空)·내외공(內外空)·공공(空空)·대공(大空)·승의공(勝義空)·유위공(有爲空)·무위공(無爲空)·필경공(畢竟空)·무제공(無際空)·산공(散空)·무변이공(無變異空)·본성공(本性空)·자상공(自相空)·공상공(共相空)·일체법공(一切法空)·불가득공(不可得空)·무성공(無性空)·자성공(自性空)·무성자성공(無性自性空)이 있지 않은 까닭에 작의도 역시 없다고 마땅히 알아야 하며, 내공의 자성이 없는 까닭으로 작의도 역시 없다고 마땅히 알아야 하고, 외공, 나아가 무성자성공의 자성이 없는 까닭으로 작의도 역시 없다고 마땅히 알아야 하며, 내공이 공한 까닭으로 작의도 역시 공하다고 마땅히 알아야 하고, 외공, 나아가 무성자성공이 공한 까닭으로 작의도 역시 공하다고 마땅히 알아야 하며, 내공이 멀리 벗어나는 까닭으로 작의도 멀리 벗어난다고 마땅히 알아야 하고, 외공, 나아가 무성자성공이 멀리 벗어나는 까닭으로 작의도 역시 멀리 벗어난다고 마땅히 알아야 하며, 내공이 적정한 까닭으로 작의도 멀리 적정하다고 마땅히 알아야 하고, 외공, 나아가 무성자성공이 적정한 까닭으로 작의도 역시 멀리 적정하다고 마땅히 알아야 하며, 내공이 각지가 없는 까닭으로 작의도 각지가 없다고 마땅히 알아야 하고, 외공, 나아가 무성자성공이 각지가 없는 까닭으로 작의도 역시 각지가 없다고 마땅히 알아야 합니다.

사리자여. 진여(眞如)가 있지 않은 까닭으로 작의도 역시 없다고 마땅히 알아야 하고, 법계(法界)·법성(法性)·불허망성(不虛妄性)·불변이성(不變異性)·평등성(平等性)·이생성(離生性)·법정(法定)·법주(法住)·실제(實際)·허공계(虛空界)·부사의계(不思議界)가 있지 않은 까닭에 작의도 역시 없다고 마땅히 알아야 하며, 진여의 자성이 없는 까닭으로 작의도 역시 없다고 마땅히 알아야 하고, 법계, 나아가 부사의계의 자성이 없는 까닭으로 작의도 역시 없다고 마땅히 알아야 하며, 진여가 공한 까닭으로 작의도 역시 공하다고 마땅히 알아야 하고, 법계, 나아가 부사의계가 공한 까닭으로 작의도 역시 공하다고 마땅히 알아야 하며, 진여가 멀리 벗어나는 까닭으로 작의도 멀리 벗어난다고 마땅히 알아야 하고, 법계, 나아가 부사의계가 멀리 벗어나는 까닭으로 작의도 역시 멀리 벗어난다고 마땅히 알아야 하며, 진여가 적정한 까닭으로 작의도 멀리 적정하다고 마땅히 알아야 하고, 법계, 나아가 부사의계가 적정한 까닭으로 작의도 역시 멀리 적정하다고 마땅히 알아야 하며, 진여가 각지가 없는 까닭으로 작의도 각지가 없다고 마땅히 알아야 하고, 법계, 나아가 부사의계가 각지가 없는 까닭으로 작의도 역시 각지가 없다고 마땅히 알아야 합니다.

사리자여. 보시바라밀다(布施波羅蜜多)가 있지 않은 까닭으로 작의도 역시 없다고 마땅히 알아야 하고, 정계(淨戒)·안인(安忍)·정진(精進)·정려(靜慮)·반야바라밀다(般若波羅蜜多)가 있지 않은 까닭에 작의도 역시 없다고 마땅히 알아야 하며, 보시바라밀다의 자성이 없는 까닭으로 작의도 역시 없다고 마땅히 알아야 하고, 정계, 나아가 반야바라밀다의 자성이 없는 까닭으로 작의도 역시 없다고 마땅히 알아야 하며, 보시바라밀다가 공한 까닭으로 작의도 역시 공하다고 마땅히 알아야 하고, 정계, 나아가 반야바라밀다가 공한 까닭으로 작의도 역시 공하다고 마땅히 알아야 하며, 보시바라밀다가 멀리 벗어나는 까닭으로 작의도 멀리 벗어난다고 마땅히 알아야 하고, 정계, 나아가 반야바라밀다가 멀리 벗어나는 까닭으로 작의도 역시 멀리 벗어난다고 마땅히 알아야 하며, 보시바라밀다가 적정한 까닭으로 작의도 멀리 적정하다고 마땅히 알아야 하고, 정계, 나아가 반야바라밀다가 적정한 까닭으로 작의도 역시 멀리 적정하다고 마땅히 알아야 하며, 보시바라밀다가 각지가 없는 까닭으로 작의도 각지가 없다고 마땅히 알아야 하고, 정계, 나아가 반야바라밀다가 각지가 없는 까닭으로 작의도 역시 각지가 없다고 마땅히 알아야 합니다.

사리자여. 4정려(四靜慮)가 있지 않은 까닭으로 작의도 역시 없다고 마땅히 알아야 하고, 4무량(四無量)·4무색정(四無色定)이 있지 않은 까닭에 작의도 역시 없다고 마땅히 알아야 하며, 4정려의 자성이 없는 까닭으로 작의도 역시 없다고 마땅히 알아야 하고, 4무량·4무색정의 자성이 없는 까닭으로 작의도 역시 없다고 마땅히 알아야 하며, 4정려가 공한 까닭으로 작의도 역시 공하다고 마땅히 알아야 하고, 4무량·4무색정이 공한 까닭으로 작의도 역시 공하다고 마땅히 알아야 하며, 4정려가 멀리 벗어나는 까닭으로 작의도 멀리 벗어난다고 마땅히 알아야 하고, 4무량·4무색정이 멀리 벗어나는 까닭으로 작의도 역시 멀리 벗어난다고 마땅히 알아야 하며, 4정려가 적정한 까닭으로 작의도 멀리 적정하다고 마땅히 알아야 하고, 4무량·4무색정이 적정한 까닭으로 작의도 역시 멀리 적정하다고 마땅히 알아야 하며, 4정려가 각지가 없는 까닭으로 작의도 각지가 없다고 마땅히 알아야 하고, 4무량·4무색정이 각지가 없는 까닭으로 작의도 역시 각지가 없다고 마땅히 알아야 합니다.

사리자여. 8해탈(八解脫)이 있지 않은 까닭으로 작의도 역시 없다고 마땅히 알아야 하고, 8승처(八勝處)·9차제정(九次第定)·10변처(十遍處)가 있지 않은 까닭에 작의도 역시 없다고 마땅히 알아야 하며, 8해탈의 자성이 없는 까닭으로 작의도 역시 없다고 마땅히 알아야 하고, 8승처·9차제정·10변처의 자성이 없는 까닭으로 작의도 역시 없다고 마땅히 알아야 하며, 8해탈이 공한 까닭으로 작의도 역시 공하다고 마땅히 알아야 하고, 8승처·9차제정·10변처가 공한 까닭으로 작의도 역시 공하다고 마땅히 알아야 하며, 8해탈이 멀리 벗어나는 까닭으로 작의도 멀리 벗어난다고 마땅히 알아야 하고, 8승처·9차제정·10변처가 멀리 벗어나는 까닭으로 작의도 역시 멀리 벗어난다고 마땅히 알아야 하며, 8해탈이 적정한 까닭으로 작의도 멀리 적정하다고 마땅히 알아야 하고, 8승처·9차제정·10변처가 적정한 까닭으로 작의도 역시 멀리 적정하다고 마땅히 알아야 하며, 8해탈이 각지가 없는 까닭으로 작의도 각지가 없다고 마땅히 알아야 하고, 8승처·9차제정·10변처가 각지가 없는 까닭으로 작의도 역시 각지가 없다고 마땅히 알아야 합니다.

사리자여. 4념주(四念住)가 있지 않은 까닭으로 작의도 역시 없다고 마땅히 알아야 하고, 4정단(四正斷)·4신족(四神足)·5근(五根)·5력(五力)·7등각지(七等覺支)·8성도지(八聖道支)가 있지 않은 까닭에 작의도 역시 없다고 마땅히 알아야 하며, 4념주의 자성이 없는 까닭으로 작의도 역시 없다고 마땅히 알아야 하고, 4정단, 나아가 8성도지의 자성이 없는 까닭으로 작의도 역시 없다고 마땅히 알아야 하며, 4념주가 공한 까닭으로 작의도 역시 공하다고 마땅히 알아야 하고, 4정단, 나아가 8성도지가 공한 까닭으로 작의도 역시 공하다고 마땅히 알아야 하며, 4념주가 멀리 벗어나는 까닭으로 작의도 멀리 벗어난다고 마땅히 알아야 하고, 4정단, 나아가 8성도지가 멀리 벗어나는 까닭으로 작의도 역시 멀리 벗어난다고 마땅히 알아야 하며, 4념주가 적정한 까닭으로 작의도 멀리 적정하다고 마땅히 알아야 하고, 4정단, 나아가 8성도지가 적정한 까닭으로 작의도 역시 멀리 적정하다고 마땅히 알아야 하며, 4념주가 각지가 없는 까닭으로 작의도 각지가 없다고 마땅히 알아야 하고, 4정단, 나아가 8성도지가 각지가 없는 까닭으로 작의도 역시 각지가 없다고 마땅히 알아야 합니다.

사리자여. 공해탈문(空解脫門)이 있지 않은 까닭으로 작의도 역시 없다고 마땅히 알아야 하고, 무상(無相)·무원해탈문(無願解脫門)이 있지 않은 까닭에 작의도 역시 없다고 마땅히 알아야 하며, 공해탈문의 자성이 없는 까닭으로 작의도 역시 없다고 마땅히 알아야 하고, 무상·무원해탈문의 자성이 없는 까닭으로 작의도 역시 없다고 마땅히 알아야 하며, 공해탈문이 공한 까닭으로 작의도 역시 공하다고 마땅히 알아야 하고, 무상·무원해탈문이 공한 까닭으로 작의도 역시 공하다고 마땅히 알아야 하며, 공해탈문이 멀리 벗어나는 까닭으로 작의도 멀리 벗어난다고 마땅히 알아야 하고, 무상·무원해탈문이 멀리 벗어나는 까닭으로 작의도 역시 멀리 벗어난다고 마땅히 알아야 하며, 공해탈문이 적정한 까닭으로 작의도 멀리 적정하다고 마땅히 알아야 하고, 무상·무원해탈문이 적정한 까닭으로 작의도 역시 멀리 적정하다고 마땅히 알아야 하며, 공해탈문이 각지가 없는 까닭으로 작의도 각지가 없다고 마땅히 알아야 하고, 무상·무원해탈문이 각지가 없는 까닭으로 작의도 역시 각지가 없다고 마땅히 알아야 합니다.

사리자여. 5안(五眼)이 있지 않은 까닭으로 작의도 역시 없다고 마땅히 알아야 하고, 6신통(六神通)이 있지 않은 까닭에 작의도 역시 없다고 마땅히 알아야 하며, 5안의 자성이 없는 까닭으로 작의도 역시 없다고 마땅히 알아야 하고, 6신통의 자성이 없는 까닭으로 작의도 역시 없다고 마땅히 알아야 하며, 5안이 공한 까닭으로 작의도 역시 공하다고 마땅히 알아야 하고, 6신통이 공한 까닭으로 작의도 역시 공하다고 마땅히 알아야 하며, 5안이 멀리 벗어나는 까닭으로 작의도 멀리 벗어난다고 마땅히 알아야 하고, 6신통이 멀리 벗어나는 까닭으로 작의도 역시 멀리 벗어난다고 마땅히 알아야 하며, 5안이 적정한 까닭으로 작의도 멀리 적정하다고 마땅히 알아야 하고, 6신통이 적정한 까닭으로 작의도 역시 멀리 적정하다고 마땅히 알아야 하며, 5안이 각지가 없는 까닭으로 작의도 각지가 없다고 마땅히 알아야 하고, 6신통이 각지가 없는 까닭으로 작의도 역시 각지가 없다고 마땅히 알아야 합니다.

사리자여. 여래(如來)의 10력(十力)이 있지 않은 까닭으로 작의도 역시 없다고 마땅히 알아야 하고, 4무소외(四無所畏)·4무애해(四無礙解)·대자(大慈)·대비(大悲)·대희(大喜)·대사(大捨)·18불불공법(十八佛不共法)이 있지 않은 까닭에 작의도 역시 없다고 마땅히 알아야 하며, 여래의 10력의 자성이 없는 까닭으로 작의도 역시 없다고 마땅히 알아야 하고, 4무소외, 나아가 18불불공법의 자성이 없는 까닭으로 작의도 역시 없다고 마땅히 알아야 하며, 여래의 10력이 공한 까닭으로 작의도 역시 공하다고 마땅히 알아야 하고, 4무소외, 나아가 18불불공법이 공한 까닭으로 작의도 역시 공하다고 마땅히 알아야 하며, 여래의 10력이 멀리 벗어나는 까닭으로 작의도 멀리 벗어난다고 마땅히 알아야 하고, 4무소외, 나아가 18불불공법이 멀리 벗어나는 까닭으로 작의도 역시 멀리 벗어난다고 마땅히 알아야 하며, 여래의 10력이 적정한 까닭으로 작의도 멀리 적정하다고 마땅히 알아야 하고, 4무소외, 나아가 18불불공법이 적정한 까닭으로 작의도 역시 멀리 적정하다고 마땅히 알아야 하며, 여래의 10력이 각지가 없는 까닭으로 작의도 각지가 없다고 마땅히 알아야 하고, 4무소외, 나아가 18불불공법이 각지가 없는 까닭으로 작의도 역시 각지가 없다고 마땅히 알아야 합니다.

　사리자여. 무망실법(無忘失法)이 있지 않은 까닭으로 작의도 역시 없다고 마땅히 알아야 하고, 항주사성(恒住捨性)이 있지 않은 까닭에 작의도 역시 없다고 마땅히 알아야 하며, 무망실법의 자성이 없는 까닭으로 작의도 역시 없다고 마땅히 알아야 하고, 항주사성의 자성이 없는 까닭으로 작의도 역시 없다고 마땅히 알아야 하며, 무망실법이 공한 까닭으로 작의도 역시 공하다고 마땅히 알아야 하고, 항주사성이 공한 까닭으로 작의도 역시 공하다고 마땅히 알아야 하며, 무망실법이 멀리 벗어나는 까닭으로 작의도 멀리 벗어난다고 마땅히 알아야 하고, 항주사성이 멀리 벗어나는 까닭으로 작의도 역시 멀리 벗어난다고 마땅히 알아야 하며, 무망실법이 적정한 까닭으로 작의도 멀리 적정하다고 마땅히 알아야 하고, 항주사성이 적정한 까닭으로 작의도 역시 멀리 적정하다고 마땅히 알아야 하며, 무망실법이 각지가 없는 까닭으로 작의도 각지가 없다고 마땅히 알아야 하고, 항주사성이 각지가 없는 까닭으로 작의도 역시 각지가 없다고 마땅히 알아야 합니다.

　사리자여. 일체의 다라니문(陀羅尼門)이 있지 않은 까닭으로 작의도 역시 없다고 마땅히 알아야 하고, 일체의 삼마지문(三摩地門)이 있지 않은 까닭에 작의도 역시 없다고 마땅히 알아야 하며, 일체의 다라니문의 자성이 없는 까닭으로 작의도 역시 없다고 마땅히 알아야 하고, 일체의 삼마지문의 자성이 없는 까닭으로 작의도 역시 없다고 마땅히 알아야 하며, 일체의 다라니문이 공한 까닭으로 작의도 역시 공하다고 마땅히 알아야 하고, 일체의 삼마지문이 공한 까닭으로 작의도 역시 공하다고 마땅히 알아야 하며, 일체의 다라니문이 멀리 벗어나는 까닭으로 작의도 멀리 벗어난다고 마땅히 알아야 하고, 일체의 삼마지문이 멀리 벗어나는 까닭으로 작의도 역시 멀리 벗어난다고 마땅히 알아야 하며, 일체의 다라니문이 적정한 까닭으로 작의도 멀리 적정하다고 마땅히 알아야 하고, 일체의 삼마지문이 적정한 까닭으로 작의도 역시 멀리 적정하다고 마땅히 알아야 하며, 일체의 다라니문이 각지가 없는 까닭으로 작의도 각지가 없다고 마땅히 알아야 하고, 일체의 삼마지문이 각지가 없는 까닭으로 작의도 역시 각지가 없다고 마땅히 알아야 합니다.

사리자여. 일체지(一切智)가 있지 않은 까닭으로 작의도 역시 없다고 마땅히 알아야 하고, 도상지(道相智)·일체상지(一切相智)가 있지 않은 까닭에 작의도 역시 없다고 마땅히 알아야 하며, 일체지의 자성이 없는 까닭으로 작의도 역시 없다고 마땅히 알아야 하고, 도상지·일체상지의 자성이 없는 까닭으로 작의도 역시 없다고 마땅히 알아야 하며, 일체지가 공한 까닭으로 작의도 역시 공하다고 마땅히 알아야 하고, 도상지·일체상지가 공한 까닭으로 작의도 역시 공하다고 마땅히 알아야 하며, 일체지가 멀리 벗어나는 까닭으로 작의도 멀리 벗어난다고 마땅히 알아야 하고, 도상지·일체상지가 멀리 벗어나는 까닭으로 작의도 역시 멀리 벗어난다고 마땅히 알아야 하며, 일체지가 적정한 까닭으로 작의도 멀리 적정하다고 마땅히 알아야 하고, 도상지·일체상지가 적정한 까닭으로 작의도 역시 멀리 적정하다고 마땅히 알아야 하며, 일체지가 각지가 없는 까닭으로 작의도 각지가 없다고 마땅히 알아야 하고, 도상지·일체상지가 각지가 없는 까닭으로 작의도 역시 각지가 없다고 마땅히 알아야 합니다.

사리자여. 성문(聲聞)의 보리(菩提)가 있지 않은 까닭으로 작의도 역시 없다고 마땅히 알아야 하고, 독각(獨覺)의 보리가 있지 않은 까닭에 작의도 역시 없다고 마땅히 알아야 하며, 성문의 보리의 자성이 없는 까닭으로 작의도 역시 없다고 마땅히 알아야 하고, 독각의 보리의 자성이 없는 까닭으로 작의도 역시 없다고 마땅히 알아야 하며, 성문의 보리가 공한 까닭으로 작의도 역시 공하다고 마땅히 알아야 하고, 독각의 보리가 공한 까닭으로 작의도 역시 공하다고 마땅히 알아야 하며, 성문의 보리가 멀리 벗어나는 까닭으로 작의도 멀리 벗어난다고 마땅히 알아야 하고, 독각의 보리가 멀리 벗어나는 까닭으로 작의도 역시 멀리 벗어난다고 마땅히 알아야 하며, 성문의 보리가 적정한 까닭으로 작의도 멀리 적정하다고 마땅히 알아야 하고, 독각의 보리가 적정한 까닭으로 작의도 역시 멀리 적정하다고 마땅히 알아야 하며, 성문의 보리가 각지가 없는 까닭으로 작의도 각지가 없다고 마땅히 알아야 하고, 독각의 보리가 각지가 없는 까닭으로 작의도 역시 각지가 없다고 마땅히 알아야 합니다.

사리자여. 오히려 이러한 인연을 까닭으로 제보살마하살은 이와 같이 머무르고, 항상 대비의 작의를 버리지 않으면서 머물러야 합니다.”

그때 세존께서 선현을 찬탄하여 말씀하셨다.

"옳도다. 옳도다. 그대는 능히 보살마하살을 위하여 반야바라밀다를 널리 설하였나니, 이것은 모두 여래의 위신력(威神力)이니라. 여러 보살마하살을 위하여 반야바라밀다를 널리 설하려는 자가 있다면 모두 그대가 널리 설한 것과 같이 상응해야 하고, 여러 반야바라밀다를 수학하려는 보살마하살이 있다면, 모두 그대가 설한 것과 상응하여 수학해야 하느니라.”

구수 선현이 제보살마하살을 위하여 이 반야바라밀다를 설하던 때에, 이 삼천대천세계는 여섯 종류로 전변(轉變)하였는데 이를테면, 동극동등극동(動極動等極動)[4], 용극용등극용(踊極踊等極踊)[5], 진극진등극진(震極震

---

[4] 이 변동은 첫째는 미동(微動)이고, 둘째는 극동(極動)이고, 셋째는 등극동(等極動)이다.

[5] 이 변동은 첫째는 미용(微涌)이고, 둘째는 극용(極涌)이고, 셋째는 등극용(等極涌)

等極震)6), 격극격등극격(擊極擊等極擊)7), 후극후등극후(吼極吼等極吼)8), 폭극폭등극폭(爆極爆等極爆)9)이었다. 또한 이 세계가 동쪽에서 솟아났고 서쪽으로 잠겼으며, 서쪽에서 솟아났고 동쪽으로 잠겼으며, 남쪽에서 솟아났고 북쪽으로 잠겼으며, 북쪽에서 솟아났고 남쪽으로 잠겼으며, 가운데서 솟아났고 끝자락으로 잠겼으며, 끝자락에서 솟아났고 가운데로 잠겼다.

그때 여래께서는 곧 미소를 지으셨으며, 구수 선현이 아뢰어 말하였다.
"세존이시여. 무슨 인연으로 지금 이렇게 미소를 지으십니까?"
세존께서 선현에게 알리셨다.
"내가 이 삼천대천의 감인(堪忍)세계에서 제보살마하살을 위하여 반야바라밀다를 설하는 것과 같이, 지금 시방의 무량(無量)하고 무수(無數)이며 무변(無邊)한 세계의 제불·세존께서도 역시 제보살마하살을 위하여 반야바라밀다를 지금과 같이 설하고 있고, 지금 이 삼천대천의 감인세계에서 12나유타(那庾多)의 여러 천인(天人)들이 반야바라밀다를 설하는 것을 듣고서 제법의 가운데에서 무생법인(無生法忍)을 얻은 것과 같이, 지금 시방의 한량없고 헤아릴 수 없고 그지없는 세계에서도 각각 무량하고 무수이며 무변한 유정들이 있으며 그 제불께서 설하신 반야바라밀다를 듣고서 역시 아뇩다라삼먁삼보리심(阿耨多羅三藐三菩提心)을 일으켰느니라."

이다.
6) 이 변동은 첫째는 미진(微震)이고, 둘째는 극진(極震)이고, 셋째는 등극진(等極震)이다.
7) 이 변동은 첫째는 미격(微擊)이고, 둘째는 극격(極擊)이고, 셋째는 등극격(等極擊)이다.
8) 이 변동은 첫째는 미후(微吼)이고, 둘째는 극후(極吼)이고, 셋째는 등극후(等極吼)이다.
9) 이 변동은 첫째는 미폭(微爆)이고, 둘째는 극폭(極爆)이고, 셋째는 등극폭(等極爆)이다.

마하반야바라밀다경 제77권

22. 천제품(天帝品)(1)

그때 이 삼천대천세계에서 처소에 있었던 많은 4대천왕(四大天王)[1]들이 각자 무량한 백천 구지(俱胝)·나유타(那庾多)의 4대천(四大天)의 대중들과 함께 와서 모여서 앉았고, 이 삼천대천세계에서 처소에 있었던 많은 천제(天帝)[2]들이 각자 무량한 백천 구지·나유타의 삼십삼천(三十三天)[3]의 대중들과 함께 와서 모여서 앉았으며, 이 삼천대천세계에서 처소에 있었던 많은 선시분천왕(善時分天王)[4]이 각자 무량한 백천 구지·나유타의 시분천(時分天)[5]의 대중들과 함께 와서 모여서 앉았고, 이 삼천대천세계에서 처소에 있었던 많은 묘희족천왕(妙喜足天王)[6]이 각자 무량한 백천 구지·나유타의 희족천(喜足天)[7]의 대중들과 함께 와서 모여서 앉았으며, 이 삼천대천세계에서 처소에 있었던 많은 낙변화천왕(樂變化天王)[8]이

---

1) 산스크리트어 cātur-mahārāja-kāyikā devāḥ의 번역이고, 욕계의 제1천(天)이다.
2) 산스크리트어 Śakra의 번역이고, 제석천(帝釋天)을 가리킨다. 제석천(帝釋天)·제석(帝釋)·석제환인(釋提桓因) 등으로 불린다.
3) 산스크리트어 trayastriṃśa의 번역이고, 욕계의 제2천이다.
4) 산스크리트어 Suyāma-devarāja의 번역이다.
5) 산스크리트어 Yāmādevāḥ의 번역이고, 야마천(夜摩天)을 가리킨다. 수야마천(須夜摩天)·염마천(焰摩天)·염천(焰天)·선시천(善時天) 등으로 불리며, 욕계의 제3천이다.
6) Saṃtusita-devarāja의 번역이다.
7) 산스크리트어 Tuṣita의 번역이고, 도솔천(兜率天)을 가리킨다. 지족천(知足天)·묘족천(妙足天)·희락천(喜樂天)·도사다천(睹史多天) 등으로 불리며, 욕계의 제4천이다.

각자 무량한 백천 구지·나유타의 낙변화천(樂變化天)9)의 대중들과 함께
와서 모여 앉았고, 이 삼천대천세계에서 처소에 있었던 많은 자재천왕(自
在天王)10)이 각자 무량한 백천 구지·나유타의 타화자재천(他化自在天)11)
의 대중들과 함께 와서 모여 앉았으며, 이 삼천대천세계에서 처소에
있었던 많은 대범천왕(大梵天王)12)이 각자 무량한 백천 구지·나유타의
초정려천(初靜慮天)13)의 대중들과 함께 와서 모여 앉았고, 이 삼천대천세
계에서 처소에 있었던 많은 극광정천(極光淨天)14)이 각자 무량한 백천
구지·나유타의 제2정려천(二靜慮天)의 대중들과 함께 와서 모여 앉았으
며, 이 삼천대천세계에서 처소에 있었던 많은 변정천(遍淨天)15)이 각자
무량한 백천 구지·나유타의 제3정려천의 대중들과 함께 와서 모여 앉았고,
이 삼천대천세계에서 처소에 있었던 많은 광과천(廣果天)16)들이 각자
무량한 백천 구지·나유타의 제4정려천의 대중들과 함께 와서 모여 앉았으
며, 이 삼천대천세계에에서 처소에 있었던 많은 색구경천(色究竟天)17)이
각자 무량한 백천 구지·나유타의 정거천(淨居天)18)의 대중들과 함께 와서

---

8) 산스크리트어 Sunirmita-devarāja의 번역이다.
9) 산스크리트어 Nirmāṇaratideva의 번역이고, 화락천(化樂天)·화자재천(化自在天)·묘변화천(妙變化天) 등으로 불리며, 욕계의 제5천이다.
10) 산스크리트어 Vaśavartti-devarāja의 번역이다.
11) 산스크리트어 Para-nirmita-vaśa-vartino devāḥ의 번역이다.
12) 산스크리트어 Mahābrahmā의 번역이고, 범천주(梵天主)·정천(淨天)·사바세계주(娑婆世界主) 등으로 불린다.
13) 산스크리트어 prathama-dhyāna의 번역이고, 초선정(初禪定)·초정려(初靜慮)를 가리킨다.
14) 산스크리트어 Ābhāsvara의 번역이고, 광음천(光音天)·변승광천(遍勝光天) 등으로 불린다.
15) 산스크리트어 Subha-kiṇṇa의 번역이고, 무량정천(無量淨天)·광선천(廣善天) 등으로 불린다.
16) 산스크리트어 Brhatphala의 번역이고, 果實天(果實天)·밀과천(密果天)·대과천(大果天)·광천(廣天)·극묘천(極妙天) 등으로 불린다.
17) 산스크리트어 Akanistha의 번역이고, 일구경천(一究竟天)·일선천(一善天)·무결애천(無結愛天)·무소천(無小天) 등으로 불린다.
18) 산스크리트어 Śuddhāvāsa의 번역이고, 색계의 제4선이다.

모여 앉았다.

이 여러 천상의 대중들은 수승한 업으로써 미묘하게 몸이 광명으로 감응하였으나, 여래의 몸에서 항상 나타나는 광명과 비교한다면 백분(百分)의 일에도 미치지 못하였고, 천분의 일에도 미치지 못하였으며, 백천분의 일에도 미치지 못하였고, 나아가 백천 구지·나유타분의 일에도 미치지 못하였으며, 이러한 수분(數分)·산분(算分)·계분(計分)·유분(喩分) 나아가 오파니살담분(鄔波尼殺曇分)19)의 일에도 모두 미치지 못하였다. 왜 그러한가?

여래의 몸에서 항상 나타나는 광명은 치연(熾然)하고 불처럼 빛나는데, 여러 광명의 가운데에서 최고로 존중받고, 최고로 수승하며, 최고로 지극하고, 최고로 미묘하며, 비교할 수 없고, 무등(無等)이며, 무상(無上)으로 제일(第一)이었고, 여러 하늘의 광명을 가려서 모두 나타나지 않게 하였으므로, 오히려 검은 철(鐵)이 섬부(贍部)20)의 금(金)을 마주한 것과 같았다.

이때 천제석(天帝釋)이 선현에게 말려 말하였다.

"지금 이 삼천대천세계의 욕계(欲界)와 색계(色界)의 여러 천인(天人)들이 일체가 와서 모였고, 함께 모두가 대덕(大德)께서 널리 설하는 반야바라밀다를 간절하게 듣고자 합니다. 대덕이시여. 무엇이 보살마하살의 반야바라밀다입니까? 무엇을 보살마하살이 반야바라밀다에 상응하여 머무른다고 말합니까? 무엇을 보살마하살이 반야바라밀다를 상응하여 수학(修學)한다고 말합니까?"

구수 선현이 제석(帝釋)에게 알려 말하였다.

"옳습니다. 교시가(憍尸迦)21)여. 그대 등의 여러 천인들은 자세하게 듣고 자세히 들으십시오. 나는 마땅히 세존의 신력(神力)을 받들고 여래의

---

19) 산스크리트어 upaniṣadam-api의 음사이고, 고대 인도에는 매우 적은 숫자를 가리킨다.
20) 산스크리트어 Jambudvīpa의 음사이고, 불교의 우주관에서 수미산(須彌山)의 주위에 있는 남쪽의 세계이다. 남쪽에 있으므로 남섬부주(南贍部洲)라고 부르며, 현재 인간들이 살아가는 세계를 뜻한다.
21) 산스크리트어 Kauśika의 음사이고, 도리천의 왕인 제석천의 다른 이름이다.

뜻에 수순하며, 여러 보살마하살을 위하여 반야바라밀다를 널리 설하겠는데, 보살마하살이 상응하여 머물러야 하는 것이고 상응하여 배워야 하는 것입니다. 교시가여. 그대 등의 여러 천인들이 아뇩다라삼먁삼보리(阿耨多羅三藐三菩提)22)의 마음을 일으키지 않았다면 지금 모두가 상응하여 일으켜야 합니다.

교시가여. 만약 성문과 독각의 정성이생(正性離生)23)에 들어간 자라면 능히 다시는 아뇩다라삼먁삼보리의 마음을 일으킬 수 없습니다. 왜 그러한가? 그들은 생사(生死)의 흐름에서 이미 한계를 짓고서 막는 까닭입니다. 이 가운데에서 설사 능히 무상정등보리(無上正等菩提)에 마음을 일으켜서 나아가는 자가 있다면, 나도 역시 따라서 기뻐할 것입니다. 왜 그러한가? 수승한 사부(士夫)라면 상응하여 다시 상묘한 법(上法)을 구해야 하고, 나는 유정들에게 있어서 최고로 묘한 선품(善品)24)을 장애하지 않는 까닭입니다.

교시가여. 그대가 '무엇이 보살마하살의 반야바라밀다입니까?'라고 물었는데, 자세하게 듣고 자세하게 들으십시오. 마땅히 그대를 위하여 설하겠습니다.

교시가여. 만약 보살마하살이라면 일체지지(一切智智)에 상응하는 마음으로써 얻을 수 없는 것을 수용(容)하여 방편으로 삼아서 색(色)은 무상(無常)하다고 사유(思惟)하고 수(受)·상(想)·행(行)·식(識)도 무상하다고 사유하며, 색은 괴롭다고 사유하고 수·상·행·식도 괴롭다고 사유하며, 색은 무아(無我)라고 사유하고 수·상·행·식도 무아라고 사유하며,

---

22) 산스크리트어 anuttara-samyak-sambodhi의 음사이다. '아(阿, a)'는 무(無)의 뜻이고, '녹다라(耨多羅, nuttarā)'는 위(上)를 뜻하며, '삼(三, sam)'은 정(正)의 뜻이고, '먁(藐, myak)'은 '등(等)'의 뜻이며, '보리(菩提, bodhi)'는 '각(覺)'의 뜻이므로, 무상정등정각(無上正等正覺)으로 번역된다.
23) 산스크리트어 darśana-mārga의 번역이고, 견도위(見道位)를 말한다. 수행자가 모든 견혹(見惑)에서 벗어나는 계위를 가리킨다.
24) '선한 유형의 것', '각각의 선'을 뜻한다. 따라서 선품은 '선법(善法)'과 같은 의미로 이해할 수 있겠다.

색은 부정(不淨)하다고 사유하고, 수·상·행·식도 부정하다고 사유하며, 색은 공(空)하다고 사유하고 수·상·행·식도 공하다고 사유하며, 색은 무상(無相)하다고 사유하고 수·상·행·식도 무상하다고 사유하며, 색은 무원(無願)이라고 사유하고 수·상·행·식도 무원이라고 사유하며, 색은 적정(寂靜)하다고 사유하고 수·상·행·식도 적정하다고 사유하며, 색은 멀리 벗어났다(遠離)고 사유하고 수·상·행·식도 멀리 벗어났다고 사유합니다.

색은 질병과 같다(如病)고 사유하고 수·상·행·식도 질병과 같다고 사유하며, 색은 종기와 같다(如癰)고 사유하고 수·상·행·식도 종기와 같다고 사유하며, 색은 화살과 같다(如箭)고 사유하고 수·상·행·식도 화살과 같다고 사유하며, 색은 상처와 같다(如瘡)고 사유하고 수·상·행·식도 상처와 같다고 사유하며, 색은 뜨거운 번뇌(熱惱)라고 사유하고 수·상·행·식도 뜨거운 번뇌라고 사유하며, 색은 몹시 핍박한다(逼切)고 사유하고 수·상·행·식도 몹시 핍박한다고 사유하며, 색은 부서지고 무너진다(敗壞)고 사유하고 수·상·행·식도 부서지고 무너진다고 사유하며, 색은 낡아서 썩는다(衰朽)고 사유하고 수·상·행·식도 낡아서 썩는다고 사유하며, 색은 변하여 움직인다(變動)고 사유하고 수·상·행·식도 변하여 움직인다고 사유하며, 색은 빠르게 소멸한다(速滅)고 사유하고 수·상·행·식도 빠르게 소멸한다고 사유합니다.

색은 두려워할 것(可畏)이라고 사유하고 수·상·행·식도 두려워할 것이라고 사유하며, 색은 싫어할 것(可厭)이라고 사유하고 수·상·행·식도 싫어할 것이라고 사유하며, 색은 재앙이 있다(有災)고 사유하고 수·상·행·식도 재앙이 있다고 사유하며, 색은 액난이 있다(有橫)고 사유하고 수·상·행·식도 액난이 있다고 사유하며, 색은 역병이 있다(有疫)고 사유하고 수·상·행·식도 역병이 있다고 사유하며, 색은 염병[25]이 있다(有癘)고 사유하고, 수·상·행·식도 염병이 있다고 사유하며, 색은 그 성품이 안은하

---

25) 첫째는 '장티푸스'를 비천하게 부르는 말이고, 둘째는 전염성을 가진 병들을 통틀어 이르는 말이다.

지 않다(性不安穩)고 사유하고 수·상·행·식도 그 성품이 안은하지 않다고 사유하며, 색은 믿을 수 없다(不可保信)고 사유하고 수·상·행·식도 믿을 수 없다고 사유하며, 색은 생겨남이 없고 소멸함도 없다(無生無滅)고 사유하고 수·상·행·식도 생겨남이 없고 소멸함도 없다고 사유하며, 색은 염오가 없고 청정함도 없다(無染無淨)고 사유하고 수·상·행·식도 염오가 없고 청정함도 없다고 사유하며, 색은 짓는 것이 없고 하는 것도 없다(無作無爲)고 사유하고 수·상·행·식도 짓는 것이 없고 하는 것도 없다고 사유합니다. 교시가여. 이것이 보살마하살의 반야바라밀다입니다.

교시가여. 만약 보살마하살이라면 일체지지에 상응하는 마음으로써 얻을 수 없는 것을 수용하여 방편으로 삼아서 안처(眼處)는 무상하다고 사유하고 이(耳)·비(鼻)·설(舌)·신(身)·의처(意處)도 무상하다고 사유하며, 안처는 괴롭다고 사유하고 이·비·설·신·의처도 괴롭다고 사유하며, 안처는 무아라고 사유하고 이·비·설·신·의처도 무아라고 사유하며, 안처는 부정하다고 사유하고, 이·비·설·신·의처도 부정하다고 사유하며, 안처는 공하다고 사유하고 이·비·설·신·의처도 공하다고 사유하며, 안처는 무상하다고 사유하고 이·비·설·신·의처도 무상하다고 사유하며, 안처는 무원이라고 사유하고 이·비·설·신·의처도 무원이라고 사유하며, 안처는 적정하다고 사유하고 이·비·설·신·의처도 적정하다고 사유하며, 안처는 멀리 벗어났다고 사유하고 이·비·설·신·의처도 멀리 벗어났다고 사유합니다.

안처는 질병과 같다고 사유하고 이·비·설·신·의처도 질병과 같다고 사유하며, 안처는 종기와 같다고 사유하고 이·비·설·신·의처도 종기와 같다고 사유하며, 안처는 화살과 같다고 사유하고 이·비·설·신·의처도 화살과 같다고 사유하며, 안처는 상처와 같다고 사유하고 이·비·설·신·의처 상처와 같다고 사유하며, 안처는 뜨거운 번뇌라고 사유하고 이·비·설·신·의처도 뜨거운 번뇌라고 사유하며, 안처는 몹시 핍박한다고 사유하고 이·비·설·신·의처도 몹시 핍박한다고 사유하며, 안처는 부서지고 무너진다고 사유하고 이·비·설·신·의처도 부서지고 무너진다고 사유하며, 안처는 낡아서 썩는다고 사유하고 이·비·설·신·의처도 낡아서 썩는다고 사유하며, 안처는 변하여 움직인다고 사유하고 이·비·설·신·의처도 변하여 움직인다고 사유하며, 안처는 빠르게 소멸한다고 사유하고 이·비·설·신·의처도 빠르게 소멸한다고 사유합니다.

안처는 두려워할 것이라고 사유하고 이·비·설·신·의처도 두려워할 것이라고 사유하며, 안처는 싫어할 것이라고 사유하고 이·비·설·신·의처도 싫어할 것이라고 사유하며, 안처는 재앙이 있다고 사유하고 이·비·설·신·의처도 재앙이 있다고 사유하며, 안처는 액난이 있다고 사유하고 이·비·설·신·의처도 액난이 있다고 사유하며, 안처는 역병이 있다고 사유하고 이·비·설·신·의처도 역병이 있다고 사유하며, 안처는 염병이 있다고 사유하고, 이·비·설·신·의처도 염병이 있다고 사유하며, 안처는 그 성품이 안은하지 않다고 사유하고 이·비·설·신·의처도 그 성품이 안은하지 않다고 사유하며, 안처는 믿을 수 없다고 사유하고 이·비·설·신·의처도 믿을 수 없다고 사유하며, 안처는 생겨남이 없고 소멸함도 없다고 사유하고 이·비·설·신·의처도 생겨남이 없고 소멸함도 없다고 사유하며, 안처는 염오가 없고 청정함도 없다고 사유하고 이·비·설·신·의처도 염오가 없고 청정함도 없다고 사유하며, 안처는 짓는 것이 없고 하는 것도 없다고 사유하고 이·비·설·신·의처도 짓는 것이 없고 하는 것도 없다고 사유합니다. 교시가여. 이것이 보살마하살의 반야바라밀다입니다.

교시가여. 만약 보살마하살이라면 일체지지에 상응하는 마음으로써 얻을 수 없는 것을 수용하여 방편으로 삼아서 색처(色處)는 무상하다고 사유하고 성(聲)·향(香)·미(味)·촉(觸)·법처(法處)도 무상하다고 사유하며, 색처는 괴롭다고 사유하고 성·향·미·촉·법처도 괴롭다고 사유하며, 색처는 무아라고 사유하고 성·향·미·촉·법처도 무아라고 사유하며, 색처는 부정하다고 사유하고, 성·향·미·촉·법처도 부정하다고 사유하며, 색처는 공하다고 사유하고 성·향·미·촉·법처도 공하다고 사유하며, 색처는 무상하다고 사유하고 성·향·미·촉·법처도 무상하다고 사유하며, 색처는 무원이라고 사유하고 성·향·미·촉·법처도 무원이라고 사유하며, 색처는 적정하다고 사유하고 성·향·미·촉·법처도 적정하다고 사유하며, 색처는 멀리 벗어났다고 사유하고 성·향·미·촉·법처도 멀리 벗어났다고 사유합니다.

색처는 질병과 같다고 사유하고 성·향·미·촉·법처도 질병과 같다고 사유하며, 색처는 종기와 같다고 사유하고 성·향·미·촉·법처도 종기와 같다고 사유하며, 색처는 화살과 같다고 사유하고 성·향·미·촉·법처도 화살과 같다고 사유하며, 색처는 상처와 같다고 사유하고 성·향·미·촉·법처도 상처와 같다고 사유하며, 색처는 뜨거운 번뇌라고 사유하고 성·향·미·촉·법처도 뜨거운 번뇌라고 사유하며, 색처는 몹시 핍박한다고 사유하고 성·향·미·촉·법처도 몹시 핍박한다고 사유하며, 색처는 부서지고 무너진다고 사유하고 성·향·미·촉·법처도 부서지고 무너진다고 사유하며, 색처는 낡아서 썩는다고 사유하고 성·향·미·촉·법처도 낡아서 썩는다고 사유하며, 색처는 변하여 움직인다고 사유하고 성·향·미·촉·법처도 변하여 움직인다고 사유하며, 색처는 빠르게 소멸한다고 사유하고 성·향·미·촉·법처도 빠르게 소멸한다고 사유합니다.

색처는 두려워할 것이라고 사유하고 성·향·미·촉·법처도 두려워할 것이라고 사유하며, 색처는 싫어할 것이라고 사유하고 성·향·미·촉·법처도 싫어할 것이라고 사유하며, 색처는 재앙이 있다고 사유하고 성·향·미·촉·법처도 재앙이 있다고 사유하며, 색처는 액난이 있다고 사유하고 성·향·미·촉·법처도 액난이 있다고 사유하며, 색처는 역병이 있다고 사유하고 성·향·미·촉·법처도 역병이 있다고 사유하며, 색처는 염병이 있다고 사유하고, 성·향·미·촉·법처도 염병이 있다고 사유하며, 색처는 그 성품이 안은하지 않다고 사유하고 성·향·미·촉·법처도 그 성품이 안은하지 않다고 사유하며, 색처는 믿을 수 없다고 사유하고 성·향·미·촉·법처도 믿을 수 없다고 사유하며, 색처는 생겨남이 없고 소멸함도 없다고 사유하고 성·향·미·촉·법처도 생겨남이 없고 소멸함도 없다고 사유하며, 색처는 염오가 없고 청정함도 없다고 사유하고 성·향·미·촉·법처도 염오가 없고 청정함도 없다고 사유하며, 색처는 짓는 것이 없고 하는 것도 없다고 사유하고 성·향·미·촉·법처도 짓는 것이 없고 하는 것도 없다고 사유합니다. 교시가여. 이것이 보살마하살의 반야바라밀다입니다.

교시가여. 만약 보살마하살이라면 일체지지에 상응하는 마음으로써 얻을 수 없는 것을 수용하여 방편으로 삼아서 안계(眼界)는 무상하다고 사유하고 색계(色界)·안식계(眼識界), …… 나아가 …… 안촉(眼觸)·안촉을 인연으로 생겨나는 여러 수(受)도 무상하다고 사유하며, 안계는 괴롭다고 사유하고 색계·안식계, 나아가 안촉·안촉을 인연으로 생겨난 여러 수도 괴롭다고 사유하며, 안계는 무아라고 사유하고 색계·안식계, 나아가 안촉·안촉을 인연으로 생겨난 여러 수도 무아라고 사유하며, 안계는 부정하다고 사유하고, 색계·안식계, 나아가 안촉·안촉을 인연으로 생겨난 여러 수도 부정하다고 사유하며, 안계는 공하다고 사유하고 색계·안식계, 나아가 안촉·안촉을 인연으로 생겨난 여러 수도 공하다고 사유하며, 안계는 무상하다고 사유하고 색계·안식계, 나아가 안촉·안촉을 인연으로 생겨난 여러 수도 무상하다고 사유하며, 안계는 무원이라고 사유하고 색계·안식계, 나아가 안촉·안촉을 인연으로 생겨난 여러 수도 무원이라고 사유하며, 안계는 적정하다고 사유하고 색계·안식계, 나아가 안촉·안촉을 인연으로 생겨난 여러 수도 적정하다고 사유하며, 안계는 멀리 벗어났다고 사유하고 색계·안식계, 나아가 안촉·안촉을 인연으로 생겨난 여러 수도 멀리 벗어났다고 사유합니다.

안계는 질병과 같다고 사유하고 색계·안식계, 나아가 안촉·안촉을 인연으로 생겨난 여러 수도 질병과 같다고 사유하며, 안계는 종기와 같다고 사유하고 색계·안식계, 나아가 안촉·안촉을 인연으로 생겨난 여러 수도 종기와 같다고 사유하며, 안계는 화살과 같다고 사유하고 색계·안식계, 나아가 안촉·안촉을 인연으로 생겨난 여러 수도 화살과 같다고 사유하며, 안계는 상처와 같다고 사유하고 색계·안식계, 나아가 안촉·안촉을 인연으로 생겨난 여러 수도 상처와 같다고 사유하며, 안계는 뜨거운 번뇌라고 사유하고 색계·안식계, 나아가 안촉·안촉을 인연으로 생겨난 여러 수도 뜨거운 번뇌라고 사유하며, 안계는 몹시 핍박한다고

사유하고 색계·안식계, 나아가 안촉·안촉을 인연으로 생겨난 여러 수도
몹시 핍박한다고 사유하며, 안계는 부서지고 무너진다고 사유하고 색계·
안식계, 나아가 안촉·안촉을 인연으로 생겨난 여러 수도 부서지고 무너진
다고 사유하며, 안계는 낡아서 썩는다고 사유하고 색계·안식계, 나아가
안촉·안촉을 인연으로 생겨난 여러 수도 낡아서 썩는다고 사유하며,
안계는 변하여 움직인다고 사유하고 색계·안식계, 나아가 안촉·안촉을
인연으로 생겨난 여러 수도 변하여 움직인다고 사유하며, 안계는 빠르게
소멸한다고 사유하고 색계·안식계, 나아가 안촉·안촉을 인연으로 생겨난
여러 수도 빠르게 소멸한다고 사유합니다.

안계는 두려워할 것이라고 사유하고 색계·안식계, 나아가 안촉·안촉을
인연으로 생겨난 여러 수도 두려워할 것이라고 사유하며, 안계는 싫어할
것이라고 사유하고 색계·안식계, 나아가 안촉·안촉을 인연으로 생겨난
여러 수도 싫어할 것이라고 사유하며, 안계는 재앙이 있다고 사유하고
색계·안식계, 나아가 안촉·안촉을 인연으로 생겨난 여러 수도 재앙이
있다고 사유하며, 안계는 액난이 있다고 사유하고 색계·안식계, 나아가
안촉·안촉을 인연으로 생겨난 여러 수도 액난이 있다고 사유하며, 안계는
역병이 있다고 사유하고 색계·안식계, 나아가 안촉·안촉을 인연으로
생겨난 여러 수도 역병이 있다고 사유하며, 안계는 염병이 있다고 사유하
고, 색계·안식계, 나아가 안촉·안촉을 인연으로 생겨난 여러 수도 염병이
있다고 사유하며, 안계는 그 성품이 안온하지 않다고 사유하고 색계·안식
계, 나아가 안촉·안촉을 인연으로 생겨난 여러 수도 그 성품이 안온하지
않다고 사유하며, 안계는 믿을 수 없다고 사유하고 색계·안식계, 나아가
안촉·안촉을 인연으로 생겨난 여러 수도 믿을 수 없다고 사유하며, 안계는
생겨남이 없고 소멸함도 없다고 사유하고 색계·안식계, 나아가 안촉·안촉
을 인연으로 생겨난 여러 수도 생겨남이 없고 소멸함도 없다고 사유하며,
안계는 염오가 없고 청정함도 없다고 사유하고 색계·안식계, 나아가
안촉·안촉을 인연으로 생겨난 여러 수도 염오가 없고 청정함도 없다고
사유하며, 안계는 짓는 것이 없고 하는 것도 없다고 사유하고 색계·안식계,

나아가 안촉·안촉을 인연으로 생겨난 여러 수도 짓는 것이 없고 하는 것도 없다고 사유합니다. 교시가여. 이것이 보살마하살의 반야바라밀다입니다.

교시가여. 만약 보살마하살이라면 일체지지에 상응하는 마음으로써 얻을 수 없는 것을 수용하여 방편으로 삼아서 이계(耳界)는 무상하다고 사유하고 성계(聲界)·이식계(耳識界), …… 나아가 …… 이촉(耳觸)·이촉을 인연으로 생겨나는 여러 수도 무상하다고 사유하며, 이계는 괴롭다고 사유하고 성계·이식계, 나아가 이촉·이촉을 인연으로 생겨난 여러 수도 괴롭다고 사유하며, 이계는 무아라고 사유하고 성계·이식계, 나아가 이촉·이촉을 인연으로 생겨난 여러 수도 무아라고 사유하며, 이계는 부정하다고 사유하고, 성계·이식계, 나아가 이촉·이촉을 인연으로 생겨난 여러 수도 부정하다고 사유하며, 이계는 공하다고 사유하고 성계·이식계, 나아가 이촉·이촉을 인연으로 생겨난 여러 수도 공하다고 사유하며, 이계는 무상하다고 사유하고 성계·이식계, 나아가 이촉·이촉을 인연으로 생겨난 여러 수도 무상하다고 사유하며, 이계는 무원이라고 사유하고 성계·이식계, 나아가 이촉·이촉을 인연으로 생겨난 여러 수도 무원이라고 사유하며, 이계는 적정하다고 사유하고 성계·이식계, 나아가 이촉·이촉을 인연으로 생겨난 여러 수도 적정하다고 사유하며, 이계는 멀리 벗어났다고 사유하고 성계·이식계, 나아가 이촉·이촉을 인연으로 생겨난 여러 수도 멀리 벗어났다고 사유합니다.

이계는 질병과 같다고 사유하고 성계·이식계, 나아가 이촉·이촉을 인연으로 생겨난 여러 수도 질병과 같다고 사유하며, 이계는 종기와 같다고 사유하고 성계·이식계, 나아가 이촉·이촉을 인연으로 생겨난 여러 수도 종기와 같다고 사유하며, 이계는 화살과 같다고 사유하고 성계·이식계, 나아가 이촉·이촉을 인연으로 생겨난 여러 수도 화살과 같다고 사유하며, 이계는 상처와 같다고 사유하고 성계·이식계, 나아가 이촉·이촉을 인연으로 생겨난 여러 수도 상처와 같다고 사유하며, 이계는 뜨거운 번뇌라고 사유하고 성계·이식계, 나아가 이촉·이촉을 인연으로 생겨난 여러 수도 뜨거운 번뇌라고 사유하며, 이계는 몹시 핍박한다고 사유하고 성계·이식계, 나아가 이촉·이촉을 인연으로 생겨난 여러 수도 몹시 핍박한다고 사유하며, 이계는 부서지고 무너진다고 사유하고 성계·이식계, 나아가 이촉·이촉을 인연으로 생겨난 여러 수도 부서지고 무너진다고 사유하며, 이계는 낡아서 썩는다고 사유하고 성계·이식계, 나아가 이촉·이촉을 인연으로 생겨난 여러 수도 낡아서 썩는다고 사유하며, 이계는 변하여 움직인다고 사유하고 성계·이식계, 나아가 이촉·이촉을 인연으로 생겨난 여러 수도 변하여 움직인다고 사유하며, 이계는 빠르게 소멸한다고 사유하고 성계·이식계, 나아가 이촉·이촉을 인연으로 생겨난 여러 수도 빠르게 소멸한다고 사유합니다.

 이계는 두려워할 것이라고 사유하고 색계·안식계, 나아가 안촉·안촉을 인연으로 생겨난 여러 수도 두려워할 것이라고 사유하며, 이계는 싫어할 것이라고 사유하고 성계·이식계, 나아가 이촉·이촉을 인연으로 생겨난 여러 수도 싫어할 것이라고 사유하며, 이계는 재앙이 있다고 사유하고 성계·이식계, 나아가 이촉·이촉을 인연으로 생겨난 여러 수도 재앙이 있다고 사유하며, 이계는 액난이 있다고 사유하고 성계·이식계, 나아가 이촉·이촉을 인연으로 생겨난 여러 수도 액난이 있다고 사유하며, 이계는 역병이 있다고 사유하고 성계·이식계, 나아가 이촉·이촉을 인연으로 생겨난 여러 수도 역병이 있다고 사유하며, 이계는 염병이 있다고 사유하고, 성계·이식계, 나아가 이촉·이촉을 인연으로 생겨난 여러 수도 염병이 있다고 사유하며, 이계는 그 성품이 안은하지 않다고 사유하고 성계·이식계, 나아가 이촉·이촉을 인연으로 생겨난 여러 수도 그 성품이 안은하지 않다고 사유하며, 이계는 믿을 수 없다고 사유하고 색계·안식계, 나아가 안촉·안촉을 인연으로 생겨난 여러 수도 믿을 수 없다고 사유하며, 이계는 생겨남이 없고 소멸함도 없다고 사유하고 성계·이식계, 나아가 이촉·이촉을 인연으로 생겨난 여러 수도 생겨남이 없고 소멸함도 없다고 사유하며, 이계는 염오가 없고 청정함도 없다고 사유하고 성계·이식계, 나아가 이촉·이촉을 인연으로 생겨난 여러 수도 염오가 없고 청정함도 없다고 사유하며, 이계는 짓는 것이 없고 하는 것도 없다고 사유하고 성계·이식계, 나아가 이촉·이촉을 인연으로 생겨난 여러 수도 짓는 것이 없고 하는 것도 없다고 사유합니다. 교시가여. 이것이 보살마하살의 반야바라밀다입니다.

교시가여. 만약 보살마하살이라면 일체지지에 상응하는 마음으로써 얻을 수 없는 것을 수용하여 방편으로 삼아서 비계(鼻界)는 무상하다고 사유하고 향계(香界)·비식계(鼻識界), …… 나아가 …… 비촉(鼻觸)·비촉을 인연으로 생겨나는 여러 수도 무상하다고 사유하며, 비계는 괴롭다고 사유하고 향계·비식계, 나아가 비촉·비촉을 인연으로 생겨난 여러 수도 괴롭다고 사유하며, 비계는 무아라고 사유하고 향계·비식계, 나아가 비촉·비촉을 인연으로 생겨난 여러 수도 무아라고 사유하며, 비계는 부정하다고 사유하고, 향계·비식계, 나아가 비촉·비촉을 인연으로 생겨난 여러 수도 부정하다고 사유하며, 비계는 공하다고 사유하고 향계·비식계, 나아가 비촉·비촉을 인연으로 생겨난 여러 수도 공하다고 사유하며, 비계는 무상하다고 사유하고 향계·비식계, 나아가 비촉·비촉을 인연으로 생겨난 여러 수도 무상하다고 사유하며, 비계는 무원이라고 사유하고 향계·비식계, 나아가 비촉·비촉을 인연으로 생겨난 여러 수도 무원이라고 사유하며, 비계는 적정하다고 사유하고 향계·비식계, 나아가 비촉·비촉을 인연으로 생겨난 여러 수도 적정하다고 사유하며, 비계는 멀리 벗어났다고 사유하고 향계·비식계, 나아가 비촉·비촉을 인연으로 생겨난 여러 수도 멀리 벗어났다고 사유합니다.

비계는 질병과 같다고 사유하고 향계·비식계, 나아가 비촉·비촉을 인연으로 생겨난 여러 수도 질병과 같다고 사유하며, 비계는 종기와 같다고 사유하고 향계·비식계, 나아가 비촉·비촉을 인연으로 생겨난 여러 수도 종기와 같다고 사유하며, 비계는 화살과 같다고 사유하고 향계·비식계, 나아가 비촉·비촉을 인연으로 생겨난 여러 수도 화살과 같다고 사유하며, 비계는 상처와 같다고 사유하고 향계·비식계, 나아가 비촉·비촉을 인연으로 생겨난 여러 수도 상처와 같다고 사유하며, 비계는

뜨거운 번뇌라고 사유하고 향계·비식계, 나아가 비촉·비촉을 인연으로
생겨난 여러 수도 뜨거운 번뇌라고 사유하며, 비계는 몹시 핍박한다고
사유하고 향계·비식계, 나아가 비촉·비촉을 인연으로 생겨난 여러 수도
몹시 핍박한다고 사유하며, 비계는 부서지고 무너진다고 사유하고 향계·
비식계, 나아가 비촉·비촉을 인연으로 생겨난 여러 수도 부서지고 무너진
다고 사유하며, 비계는 낡아서 썩는다고 사유하고 향계·비식계, 나아가
비촉·비촉을 인연으로 생겨난 여러 수도 낡아서 썩는다고 사유하며,
비계는 변하여 움직인다고 사유하고 향계·비식계, 나아가 비촉·비촉을
인연으로 생겨난 여러 수도 변하여 움직인다고 사유하며, 비계는 빠르게
소멸한다고 사유하고 향계·비식계, 나아가 비촉·비촉을 인연으로 생겨난
여러 수도 빠르게 소멸한다고 사유합니다.

　비계는 두려워할 것이라고 사유하고 향계·비식계, 나아가 비촉·비촉을
인연으로 생겨난 여러 수도 두려워할 것이라고 사유하며, 비계는 싫어할
것이라고 사유하고 향계·비식계, 나아가 비촉·비촉을 인연으로 생겨난
여러 수도 싫어할 것이라고 사유하며, 비계는 재앙이 있다고 사유하고
향계·비식계, 나아가 비촉·비촉을 인연으로 생겨난 여러 수도 재앙이
있다고 사유하며, 비계는 액난이 있다고 사유하고 향계·비식계, 나아가
비촉·비촉을 인연으로 생겨난 여러 수도 액난이 있다고 사유하며, 비계는
역병이 있다고 사유하고 향계·비식계, 나아가 비촉·비촉을 인연으로
생겨난 여러 수도 역병이 있다고 사유하며, 비계는 염병이 있다고 사유하
고, 향계·비식계, 나아가 비촉·비촉을 인연으로 생겨난 여러 수도 염병이
있다고 사유하며, 비계는 그 성품이 안은하지 않다고 사유하고 향계·비식
계, 나아가 비촉·비촉을 인연으로 생겨난 여러 수도 그 성품이 안은하지
않다고 사유하며, 비계는 믿을 수 없다고 사유하고 향계·비식계, 나아가
비촉·비촉을 인연으로 생겨난 여러 수도 믿을 수 없다고 사유하며, 비계는
생겨남이 없고 소멸함도 없다고 사유하고 향계·비식계, 나아가 비촉·비촉
을 인연으로 생겨난 여러 수도 생겨남이 없고 소멸함도 없다고 사유하며,
비계는 염오가 없고 청정함도 없다고 사유하고 향계·비식계, 나아가

비촉·비촉을 인연으로 생겨난 여러 수도 염오가 없고 청정함도 없다고 사유하며, 비계는 짓는 것이 없고 하는 것도 없다고 사유하고 향계·비식계, 나아가 비촉·비촉을 인연으로 생겨난 여러 수도 짓는 것이 없고 하는 것도 없다고 사유합니다. 교시가여. 이것이 보살마하살의 반야바라밀다입니다.

교시가여. 만약 보살마하살이라면 일체지지에 상응하는 마음으로써 얻을 수 없는 것을 수용하여 방편으로 삼아서 설계(舌界)는 무상하다고 사유하고 미계(味界)·설식계(舌識界), …… 나아가 …… 설촉(舌觸)·설촉을 인연으로 생겨나는 여러 수도 무상하다고 사유하며, 설계는 괴롭다고 사유하고 미계·설식계, 나아가 설촉·설촉을 인연으로 생겨난 여러 수도 괴롭다고 사유하며, 설계는 무아라고 사유하고 미계·설식계, 나아가 설촉·설촉을 인연으로 생겨난 여러 수도 무아라고 사유하며, 설계는 부정하다고 사유하고, 미계·설식계, 나아가 설촉·설촉을 인연으로 생겨난 여러 수도 부정하다고 사유하며, 설계는 공하다고 사유하고 미계·설식계, 나아가 설촉·설촉을 인연으로 생겨난 여러 수도 공하다고 사유하며, 설계는 무상하다고 사유하고 미계·설식계, 나아가 설촉·설촉을 인연으로 생겨난 여러 수도 무상하다고 사유하며, 설계는 무원이라고 사유하고 미계·설식계, 나아가 설촉·설촉을 인연으로 생겨난 여러 수도 무원이라고 사유하며, 설계는 적정하다고 사유하고 미계·설식계, 나아가 설촉·설촉을 인연으로 생겨난 여러 수도 적정하다고 사유하며, 설계는 멀리 벗어났다고 사유하고 미계·설식계, 나아가 설촉·설촉을 인연으로 생겨난 여러 수도 멀리 벗어났다고 사유합니다.

설계는 질병과 같다고 사유하고 미계·설식계, 나아가 설촉·설촉을 인연으로 생겨난 여러 수도 질병과 같다고 사유하며, 설계는 종기와 같다고 사유하고 미계·설식계, 나아가 설촉·설촉을 인연으로 생겨난 여러 수도 종기와 같다고 사유하며, 설계는 화살과 같다고 사유하고 미계·설식계, 나아가 설촉·설촉을 인연으로 생겨난 여러 수도 화살과 같다고 사유하며, 설계는 상처와 같다고 사유하고 미계·설식계, 나아가 설촉·설촉을 인연으로 생겨난 여러 수도 상처와 같다고 사유하며, 설계는 뜨거운 번뇌라고 사유하고 미계·설식계, 나아가 설촉·설촉을 인연으로 생겨난 여러 수도 뜨거운 번뇌라고 사유하며, 설계는 몹시 핍박한다고 사유하고 미계·설식계, 나아가 설촉·설촉을 인연으로 생겨난 여러 수도 몹시 핍박한다고 사유하며, 설계는 부서지고 무너진다고 사유하고 미계·설식계, 나아가 설촉·설촉을 인연으로 생겨난 여러 수도 부서지고 무너진다고 사유하며, 설계는 낡아서 썩는다고 사유하고 미계·설식계, 나아가 설촉·설촉을 인연으로 생겨난 여러 수도 낡아서 썩는다고 사유하며, 설계는 변하여 움직인다고 사유하고 미계·설식계, 나아가 설촉·설촉을 인연으로 생겨난 여러 수도 변하여 움직인다고 사유하며, 설계는 빠르게 소멸한다고 사유하고 미계·설식계, 나아가 설촉·설촉을 인연으로 생겨난 여러 수도 빠르게 소멸한다고 사유합니다.

　설계는 두려워할 것이라고 사유하고 미계·설식계, 나아가 설촉·설촉을 인연으로 생겨난 여러 수도 두려워할 것이라고 사유하며, 설계는 싫어할 것이라고 사유하고 미계·설식계, 나아가 설촉·설촉을 인연으로 생겨난 여러 수도 싫어할 것이라고 사유하며, 설계는 재앙이 있다고 사유하고 미계·설식계, 나아가 설촉·설촉을 인연으로 생겨난 여러 수도 재앙이 있다고 사유하며, 설계는 액난이 있다고 사유하고 미계·설식계, 나아가 설촉·설촉을 인연으로 생겨난 여러 수도 액난이 있다고 사유하며, 설계는 역병이 있다고 사유하고 미계·설식계, 나아가 설촉·설촉을 인연으로 생겨난 여러 수도 역병이 있다고 사유하며, 설계는 염병이 있다고 사유하고, 미계·설식계, 나아가 설촉·설촉을 인연으로 생겨난 여러 수도 염병이 있다고 사유하며, 설계는 그 성품이 안은하지 않다고 사유하고 미계·설식계, 나아가 설촉·설촉을 인연으로 생겨난 여러 수도 그 성품이 안은하지 않다고 사유하며, 설계는 믿을 수 없다고 사유하고 미계·설식계, 나아가 설촉·설촉을 인연으로 생겨난 여러 수도 믿을 수 없다고 사유하며, 설계는 생겨남이 없고 소멸함도 없다고 사유하고 미계·설식계, 나아가 설촉·설촉을 인연으로 생겨난 여러 수도 생겨남이 없고 소멸함도 없다고 사유하며,

설계는 염오가 없고 청정함도 없다고 사유하고 미계·설식계, 나아가 설촉·설촉을 인연으로 생겨난 여러 수도 염오가 없고 청정함도 없다고 사유하며, 설계는 짓는 것이 없고 하는 것도 없다고 사유하고 미계·설식계, 나아가 설촉·설촉을 인연으로 생겨난 여러 수도 짓는 것이 없고 하는 것도 없다고 사유합니다. 교시가여. 이것이 보살마하살의 반야바라밀다 입니다.

교시가여. 만약 보살마하살이라면 일체지지에 상응하는 마음으로써 얻을 수 없는 것을 수용하여 방편으로 삼아서 신계(身界)는 무상하다고 사유하고 촉계(觸界)·신식계(身識界), …… 나아가 …… 신촉(身觸)·신촉을 인연으로 생겨나는 여러 수도 무상하다고 사유하며, 신계는 괴롭다고 사유하고 촉계·신식계, 나아가 신촉·신촉을 인연으로 생겨난 여러 수도 괴롭다고 사유하며, 신계는 무아라고 사유하고 촉계·신식계, 나아가 신촉·신촉을 인연으로 생겨난 여러 수도 무아라고 사유하며, 신계는 부정하다고 사유하고, 촉계·신식계, 나아가 신촉·신촉을 인연으로 생겨난 여러 수도 부정하다고 사유하며, 신계는 공하다고 사유하고 촉계·신식계, 나아가 신촉·신촉을 인연으로 생겨난 여러 수도 공하다고 사유하며, 안계는 무상하다고 사유하고 촉계·신식계, 나아가 신촉·신촉을 인연으로 생겨난 여러 수도 무상하다고 사유하며, 신계는 무원이라고 사유하고 촉계·신식계, 나아가 신촉·신촉을 인연으로 생겨난 여러 수도 무원이라고 사유하며, 신계는 적정하다고 사유하고 촉계·신식계, 나아가 신촉·신촉을 인연으로 생겨난 여러 수도 적정하다고 사유하며, 신계는 멀리 벗어났다고 사유하고 촉계·신식계, 나아가 신촉·신촉을 인연으로 생겨난 여러 수도 멀리 벗어났다고 사유합니다.

신계는 질병과 같다고 사유하고 촉계·신식계, 나아가 신촉·신촉을 인연으로 생겨난 여러 수도 질병과 같다고 사유하며, 신계는 종기와 같다고 사유하고 촉계·신식계, 나아가 신촉·신촉을 인연으로 생겨난 여러 수도 종기와 같다고 사유하며, 신계는 화살과 같다고 사유하고 촉계·신식계, 나아가 신촉·신촉을 인연으로 생겨난 여러 수도 화살과

같다고 사유하며, 신계는 상처와 같다고 사유하고 촉계·신식계, 나아가
신촉·신촉을 인연으로 생겨난 여러 수도 상처와 같다고 사유하며, 신계는
뜨거운 번뇌라고 사유하고 촉계·신식계, 나아가 신촉·신촉을 인연으로
생겨난 여러 수도 뜨거운 번뇌라고 사유하며, 신계는 몹시 핍박한다고
사유하고 촉계·신식계, 나아가 신촉·신촉을 인연으로 생겨난 여러 수도
몹시 핍박한다고 사유하며, 신계는 부서지고 무너진다고 사유하고 촉계·
신식계, 나아가 신촉·신촉을 인연으로 생겨난 여러 수도 부서지고 무너진
다고 사유하며, 신계는 낡아서 썩는다고 사유하고 촉계·신식계, 나아가
신촉·신촉을 인연으로 생겨난 여러 수도 낡아서 썩는다고 사유하며,
신계는 변하여 움직인다고 사유하고 촉계·신식계, 나아가 신촉·신촉을
인연으로 생겨난 여러 수도 변하여 움직인다고 사유하며, 신계는 빠르게
소멸한다고 사유하고 촉계·신식계, 나아가 신촉·신촉을 인연으로 생겨난
여러 수도 빠르게 소멸한다고 사유합니다.

　신계는 두려워할 것이라고 사유하고 촉계·신식계, 나아가 신촉·신촉을
인연으로 생겨난 여러 수도 두려워할 것이라고 사유하며, 신계는 싫어할
것이라고 사유하고 촉계·신식계, 나아가 신촉·신촉을 인연으로 생겨난
여러 수도 싫어할 것이라고 사유하며, 신계는 재앙이 있다고 사유하고
촉계·신식계, 나아가 신촉·신촉을 인연으로 생겨난 여러 수도 재앙이
있다고 사유하며, 신계는 액난이 있다고 사유하고 촉계·신식계, 나아가
신촉·신촉을 인연으로 생겨난 여러 수도 액난이 있다고 사유하며, 신계는
역병이 있다고 사유하고 촉계·신식계, 나아가 신촉·신촉을 인연으로
생겨난 여러 수도 역병이 있다고 사유하며, 신계는 염병이 있다고 사유하
고, 촉계·신식계, 나아가 신촉·신촉을 인연으로 생겨난 여러 수도 염병이
있다고 사유하며, 신계는 그 성품이 안은하지 않다고 사유하고 촉계·신식
계, 나아가 신촉·신촉을 인연으로 생겨난 여러 수도 그 성품이 안은하지
않다고 사유하며, 신계는 믿을 수 없다고 사유하고 촉계·신식계, 나아가
신촉·신촉을 인연으로 생겨난 여러 수도 믿을 수 없다고 사유하며, 신계는
생겨남이 없고 소멸함도 없다고 사유하고 촉계·신식계, 나아가 신촉·신촉

을 인연으로 생겨난 여러 수도 생겨남이 없고 소멸함도 없다고 사유하며, 신계는 염오가 없고 청정함도 없다고 사유하고 촉계·신식계, 나아가 신촉·신촉을 인연으로 생겨난 여러 수도 염오가 없고 청정함도 없다고 사유하며, 신계는 짓는 것이 없고 하는 것도 없다고 사유하고 촉계·신식계, 나아가 신촉·신촉을 인연으로 생겨난 여러 수도 짓는 것이 없고 하는 것도 없다고 사유합니다. 교시가여. 이것이 보살마하살의 반야바라밀다입니다.

교시가여. 만약 보살마하살이라면 일체지지에 상응하는 마음으로써 얻을 수 없는 것을 수용하여 방편으로 삼아서 의계(意界)는 무상하다고 사유하고 법계(法界)·의식계(意識界), …… 나아가 …… 의촉(意觸)·의촉을 인연으로 생겨나는 여러 수도 무상하다고 사유하며, 의계는 괴롭다고 사유하고 법계·의식계, 나아가 의촉·의촉을 인연으로 생겨난 여러 수도 괴롭다고 사유하며, 의계는 무아라고 사유하고 법계·의식계, 나아가 의촉·의촉을 인연으로 생겨난 여러 수도 무아라고 사유하며, 의계는 부정하다고 사유하고, 법계·의식계, 나아가 의촉·의촉을 인연으로 생겨난 여러 수도 부정하다고 사유하며, 의계는 공하다고 사유하고 법계·의식계, 나아가 의촉·의촉을 인연으로 생겨난 여러 수도 공하다고 사유하며, 의계는 무상하다고 사유하고 법계·의식계, 나아가 의촉·의촉을 인연으로 생겨난 여러 수도 무상하다고 사유하며, 의계는 무원이라고 사유하고 법계·의식계, 나아가 의촉·의촉을 인연으로 생겨난 여러 수도 무원이라고 사유하며, 의계는 적정하다고 사유하고 법계·의식계, 나아가 의촉·의촉을 인연으로 생겨난 여러 수도 적정하다고 사유하며, 의계는 멀리 벗어났다고 사유하고 법계·의식계, 나아가 의촉·의촉을 인연으로 생겨난 여러 수도 멀리 벗어났다고 사유합니다.

의계는 질병과 같다고 사유하고 법계·의식계, 나아가 의촉·의촉을 인연으로 생겨난 여러 수도 질병과 같다고 사유하며, 의계는 종기와 같다고 사유하고 법계·의식계, 나아가 의촉·의촉을 인연으로 생겨난 여러 수도 악창과 같다고 사유하며, 의계는 화살과 같다고 사유하고 법계·의식계, 나아가 의촉·의촉을 인연으로 생겨난 여러 수도 화살과 같다고 사유하며, 의계는 상처와 같다고 사유하고 법계·의식계, 나아가 의촉·의촉을 인연으로 생겨난 여러 수도 상처와 같다고 사유하며, 의계는 뜨거운 번뇌라고 사유하고 법계·의식계, 나아가 의촉·의촉을 인연으로 생겨난 여러 수도 뜨거운 번뇌라고 사유하며, 의계는 몹시 핍박한다고 사유하고 법계·의식계, 나아가 의촉·의촉을 인연으로 생겨난 여러 수도 몹시 핍박한다고 사유하며, 의계는 부서지고 무너진다고 사유하고 법계·의식계, 나아가 의촉·의촉을 인연으로 생겨난 여러 수도 부서지고 무너진다고 사유하며, 의계는 낡아서 썩는다고 사유하고 법계·의식계, 나아가 의촉·의촉을 인연으로 생겨난 여러 수도 낡아서 썩는다고 사유하며, 의계는 변하여 움직인다고 사유하고 법계·의식계, 나아가 의촉·의촉을 인연으로 생겨난 여러 수도 변하여 움직인다고 사유하며, 의계는 빠르게 소멸한다고 사유하고 법계·의식계, 나아가 의촉·의촉을 인연으로 생겨난 여러 수도 빠르게 소멸한다고 사유합니다.

　의계는 두려워할 것이라고 사유하고 법계·의식계, 나아가 의촉·의촉을 인연으로 생겨난 여러 수도 두려워할 것이라고 사유하며, 의계는 싫어할 것이라고 사유하고 법계·의식계, 나아가 의촉·의촉을 인연으로 생겨난 여러 수도 싫어할 것이라고 사유하며, 의계는 재앙이 있다고 사유하고 법계·의식계, 나아가 의촉·의촉을 인연으로 생겨난 여러 수도 재앙이 있다고 사유하며, 의계는 액난이 있다고 사유하고 법계·의식계, 나아가 의촉·의촉을 인연으로 생겨난 여러 수도 액난이 있다고 사유하며, 의계는 역병이 있다고 사유하고 법계·의식계, 나아가 의촉·의촉을 인연으로 생겨난 여러 수도 역병이 있다고 사유하며, 의계는 염병이 있다고 사유하고, 법계·의식계, 나아가 의촉·의촉을 인연으로 생겨난 여러 수도 염병이 있다고 사유하며, 의계는 그 성품이 안은하지 않다고 사유하고 법계·의식계, 나아가 의촉·의촉을 인연으로 생겨난 여러 수도 그 성품이 안은하지 않다고 사유하며, 의계는 믿을 수 없다고 사유하고 법계·의식계, 나아가 의촉·의촉을 인연으로 생겨난 여러 수도 믿을 수 없다고 사유하며, 의계는 생겨남이 없고 소멸함도 없다고 사유하고 법계·의식계, 나아가 의촉·의촉을 인연으로 생겨난 여러 수도 생겨남이 없고 소멸함도 없다고 사유하며, 의계는 염오가 없고 청정함도 없다고 사유하고 법계·의식계, 나아가 의촉·의촉을 인연으로 생겨난 여러 수도 염오가 없고 청정함도 없다고 사유하며, 의계는 짓는 것이 없고 하는 것도 없다고 사유하고 법계·의식계, 나아가 의촉·의촉을 인연으로 생겨난 여러 수도 짓는 것이 없고 하는 것도 없다고 사유합니다. 교시가여. 이것이 보살마하살의 반야바라밀다입니다."

마하반야바라밀다경 제78권

22. 천제품(天帝品)(2)

"교시가여. 만약 보살마하살이라면 일체지지에 상응하는 마음으로써 얻을 수 없는 것을 수용하여 방편으로 삼아서 지계(地界)는 무상하다고 사유하고 수(水)·화(火)·풍(風)·공(空)·식계(識界)도 무상하다고 사유하며, 지계는 괴롭다고 사유하고 수·화·풍·공·식계도 괴롭다고 사유하며, 지계는 무아라고 사유하고 수·화·풍·공·식계도 무아라고 사유하며, 지계는 부정하다고 사유하고 수·화·풍·공·식계도 부정하다고 사유하며, 지계는 공하다고 사유하고 수·화·풍·공·식계도 공하다고 사유하며, 안처는 무상하다고 사유하고 수·화·풍·공·식계도 무상하다고 사유하며, 지계는 무원이라고 사유하고 이·비·설·신·의처도 무원이라고 사유하며, 지계는 적정하다고 사유하고 수·화·풍·공·식계도 적정하다고 사유하며, 지계는 멀리 벗어났다고 사유하고 수·화·풍·공·식계도 멀리 벗어났다고 사유합니다.

지계는 질병과 같다고 사유하고 수·화·풍·공·식계도 질병과 같다고 사유하며, 지계는 종기와 같다고 사유하고 수·화·풍·공·식계도 악창과 같다고 사유하며, 지계는 화살과 같다고 사유하고 수·화·풍·공·식계도 화살과 같다고 사유하며, 지계는 상처와 같다고 사유하고 수·화·풍·공·식계도 상처와 같다고 사유하며, 지계는 뜨거운 번뇌라고 사유하고 수·화·풍·공·식계도 뜨거운 번뇌라고 사유하며, 지계는 몹시 핍박한다고 사유하고 수·화·풍·공·식계도 몹시 핍박한다고 사유하며, 지계는 부서지고 무너진다고 사유하고 수·화·풍·공·식계도 부서지고 무너진다고 사유하며, 지계는 낡아서 썩는다고 사유하고 수·화·풍·공·식계도 낡아서 썩는다고 사유하며, 지계는 변하여 움직인다고 사유하고 수·화·풍·공·식계도 변하여 움직인다고 사유하며, 지계는 빠르게 소멸한다고 사유하고 수·화·풍·공·식계도 빠르게 소멸한다고 사유합니다.

지계는 두려워할 것이라고 사유하고 수·화·풍·공·식계도 두려워할 것이라고 사유하며, 지계는 싫어할 것이라고 사유하고 수·화·풍·공·식계도 싫어할 것이라고 사유하며, 지계는 재앙이 있다고 사유하고 수·화·풍·공·식계도 재앙이 있다고 사유하며, 지계는 액난이 있다고 사유하고 수·화·풍·공·식계도 액난이 있다고 사유하며, 지계는 역병이 있다고 사유하고 수·화·풍·공·식계도 역병이 있다고 사유하며, 지계는 염병이 있다고 사유하고, 수·화·풍·공·식계도 염병이 있다고 사유하며, 지계는 그 성품이 안은하지 않다고 사유하고 수·화·풍·공·식계도 그 성품이 안은하지 않다고 사유하며, 지계는 믿을 수 없다고 사유하고 수·화·풍·공·식계도 믿을 수 없다고 사유하며, 지계는 생겨남이 없고 소멸함도 없다고 사유하고 수·화·풍·공·식계도 생겨남이 없고 소멸함도 없다고 사유하며, 지계는 염오가 없고 청정함도 없다고 사유하고 수·화·풍·공·식계도 염오가 없고 청정함도 없다고 사유하며, 지계는 짓는 것이 없고 하는 것도 없다고 사유하고 수·화·풍·공·식계도 짓는 것이 없고 하는 것도 없다고 사유합니다. 교시가여. 이것이 보살마하살의 반야바라밀다입니다.

교시가여. 만약 보살마하살이라면 일체지지에 상응하는 마음으로써 얻을 수 없는 것을 수용하여 방편으로 삼아서 무명(無明)은 무상하다고 사유(思惟)하고 행(行)·식(識)·명색(名色)·육처(六處)·촉(觸)·수(受)·애(愛)·취(取)·유(有)·생(生)·노사(老死)의 수탄고우뇌(愁歎苦憂惱)도 무상하다고 사유하며, 무명은 괴롭다고 사유하고 행, 나아가 노사의 수탄고우뇌도 괴롭다고 사유하며, 무명은 무아라고 사유하고 행, 나아가 노사의 수탄고우뇌도 무아라고 사유하며, 무명은 부정하다고 사유하고, 행, 나아가 노사의 수탄고우뇌도 부정하다고 사유하며, 무명은 공하다고 사유하고

행, 나아가 노사의 수탄고우뇌도 공하다고 사유하며, 무명은 무상하다고
사유하고 행, 나아가 노사의 수탄고우뇌도 무상하다고 사유하며, 무명은
무원이라고 사유하고 행, 나아가 노사의 수탄고우뇌도 무원이라고 사유하
며, 무명은 적정하다고 사유하고 행, 나아가 노사의 수탄고우뇌도 적정하
다고 사유하며, 무명은 멀리 벗어났다고 사유하고 행, 나아가 노사의
수탄고우뇌도 멀리 벗어났다고 사유합니다.

　무명은 질병과 같다고 사유하고 행, 나아가 노사의 수탄고우뇌도 질병
과 같다고 사유하며, 무명은 종기와 같다고 사유하고 행, 나아가 노사의
수탄고우뇌도 종기와 같다고 사유하며, 무명은 화살과 같다고 사유하고
행, 나아가 노사의 수탄고우뇌도 화살과 같다고 사유하며, 무명은 상처와
같다고 사유하고 행, 나아가 노사의 수탄고우뇌도 상처와 같다고 사유하
며, 무명은 뜨거운 번뇌라고 사유하고 행, 나아가 노사의 수탄고우뇌도
뜨거운 번뇌라고 사유하며, 무명은 몹시 핍박한다고 사유하고 행, 나아가
노사의 수탄고우뇌도 몹시 핍박한다고 사유하며, 무명은 부서지고 무너진
다고 사유하고 행, 나아가 노사의 수탄고우뇌도 부서지고 무너진다고
사유하며, 무명은 낡아서 썩는다고 사유하고 행, 나아가 노사의 수탄고우
뇌도 낡아서 썩는다고 사유하며, 무명은 변하여 움직인다고 사유하고
행, 나아가 노사의 수탄고우뇌도 변하여 움직인다고 사유하며, 무명은
빠르게 소멸한다고 사유하고 행, 나아가 노사의 수탄고우뇌도 빠르게
소멸한다고 사유합니다.

　무명은 두려워할 것이라고 사유하고 행, 나아가 노사의 수탄고우뇌도
두려워할 것이라고 사유하며, 무명은 싫어할 것이라고 사유하고 행, 나아
가 노사의 수탄고우뇌도 싫어할 것이라고 사유하며, 무명은 재앙이 있다
고 사유하고 행, 나아가 노사의 수탄고우뇌도 재앙이 있다고 사유하며,
무명은 액난이 있다고 사유하고 행, 나아가 노사의 수탄고우뇌도 액난이
있다고 사유하며, 무명은 역병이 있다고 사유하고 행, 나아가 노사의
수탄고우뇌도 역병이 있다고 사유하며, 무명은 염병이 있다고 사유하고,
행, 나아가 노사의 수탄고우뇌도 염병이 있다고 사유하며, 무명은 그

성품이 안은하지 않다고 사유하고 행, 나아가 노사의 수탄고우뇌도 그 성품이 안은하지 않다고 사유하며, 무명은 믿을 수 없다고 사유하고 행, 나아가 노사의 수탄고우뇌도 믿을 수 없다고 사유하며, 무명은 생겨남이 없고 소멸함도 없다고 사유하고 행, 나아가 노사의 수탄고우뇌도 생겨남이 없고 소멸함도 없다고 사유하며, 무명은 염오가 없고 청정함도 없다고 사유하고 행, 나아가 노사의 수탄고우뇌도 염오가 없고 청정함도 없다고 사유하며, 무명은 짓는 것이 없고 하는 것도 없다고 사유하고 행, 나아가 노사의 수탄고우뇌도 짓는 것이 없고 하는 것도 없다고 사유합니다. 교시가여, 이것이 보살마하살의 반야바라밀다입니다.

교시가여. 만약 보살마하살이라면 일체지지에 상응하는 마음으로써 얻을 수 없는 것을 수용하여 방편으로 삼아서 내공(內空)은 무상하다고 사유(思惟)하고 외공(外空)·내외공(內外空)·공공(空空)·대공(大空)·승의공(勝義空)·유위공(有爲空)·무위공(無爲空)·필경공(畢竟空)·무제공(無際空)·산공(散空)·무변이공(無變異空)·본성공(本性空)·자상공(自相空)·공상공(共相空)·일체법공(一切法空)·불가득공(不可得空)·무성공(無性空)·자성공(自性空)·무성자성공(無性自性空)도 무상하다고 사유하며, 내공은 괴롭다고 사유하고 외공, 나아가 무성자성공도 괴롭다고 사유하며, 내공은 무아라고 사유하고 외공, 나아가 무성자성공도 무아라고 사유하며, 내공은 부정하다고 사유하고 외공, 나아가 무성자성공도 부정하다고 사유하며, 내공은 공하다고 사유하고 외공, 나아가 무성자성공도 공하다고 사유하며, 내공은 무상하다고 사유하고 외공, 나아가 무성자성공도 무상하다고 사유하며, 내공은 무원이라고 사유하고 외공, 나아가 무성자성공도 무원이라고 사유하며, 내공은 적정하다고 사유하고 외공, 나아가 무성자성공도 적정하다고 사유하며, 내공은 멀리 벗어났다고 사유하고 외공, 나아가 무성자성공도 멀리 벗어났다고 사유하고, …… 내공은 생겨남이 없고 소멸함도 없다고 사유하고 외공, 나아가 무성자성공도 생겨남이 없고 소멸함도 없다고 사유하며, 내공은 염오가 없고 청정함도 없다고 사유하고 외공, 나아가 무성자성공도 염오가 없고 청정함도 없다고 사유하며, 내공은 짓는 것이 없고 하는 것도 없다고 사유하고 외공, 나아가 무성자성공도 짓는 것이 없고 하는 것도 없다고 사유합니다. 교시가여. 이것이 보살마하살의 반야바라밀다입니다.

교시가여. 만약 보살마하살이라면 일체지지에 상응하는 마음으로써 얻을 수 없는 것을 수용하여 방편으로 삼아서 진여(眞如)는 무상하다고 사유(思惟)하고 법계(法界)·법성(法性)·불허망성(不虛妄性)·불변이성(不變異性)·평등성(平等性)·이생성(離生性)·법정(法定)·법주(法住)·실제(實際)·허공계(虛空界)·부사의계(不思議界)도 무상하다고 사유하며, 진여는 괴롭다고 사유하고 법계, 나아가 부사의계도 괴롭다고 사유하며, 진여는 무아라고 사유하고 법계, 나아가 부사의계도 무아라고 사유하며, 진여는 부정하다고 사유하고 법계, 나아가 부사의계도 부정하다고 사유하며, 진여는 공하다고 사유하고 법계, 나아가 부사의계도 공하다고 사유하며, 진여는 무상하다고 사유하고 법계, 나아가 부사의계도 무상하다고 사유하며, 진여는 무원이라고 사유하고 법계, 나아가 부사의계도 무원이라고 사유하며, 진여는 적정하다고 사유하고 법계, 나아가 부사의계도 적정하다고 사유하며, 진여는 멀리 벗어났다고 사유하고 법계, 나아가 부사의계도 멀리 벗어났다고 사유하고, …… 진여는 생겨남이 없고 소멸함도 없다고 사유하고 법계, 나아가 부사의계도 생겨남이 없고 소멸함도 없다고 사유하며, 진여는 염오가 없고 청정함도 없다고 사유하고 법계, 나아가 부사의계도 염오가 없고 청정함도 없다고 사유하며, 진여는 짓는 것이 없고 하는 것도 없다고 사유하고 법계, 나아가 부사의계도 짓는 것이 없고 하는 것도 없다고 사유합니다. 교시가여. 이것이 보살마하살의 반야바라밀다입니다.

다시 다음으로 교시가여. 만약 보살마하살이라면 일체지지에 상응하는 마음으로써 얻을 수 없는 것을 수용하여 방편으로 삼아서 보시바라밀다를 행하고, 만약 보살마하살이라면 일체지지에 상응하는 마음으로써 얻을 수 없는 것을 수용하여 방편으로 삼아서 정계바라밀다를 행하며, 만약 보살마하살이라면 일체지지에 상응하는 마음으로써 얻을 수 없는 것을 수용하여 방편으로 삼아서 안인바라밀다를 행하고, 만약 보살마하살이라면 일체지지에 상응하는 마음으로써 얻을 수 없는 것을 수용하여 방편으로 삼아서 정진바라밀다를 행하며, 만약 보살마하살이라면 일체지지에 상응하는 마음으로써 얻을 수 없는 것을 수용하여 방편으로 삼아서 정려바라밀다를 행하고, 만약 보살마하살이라면 일체지지에 상응하는 마음으로써 얻을 수 없는 것을 수용하여 방편으로 삼아서 반야바라밀다를 행하나니, 교시가여. 이것이 보살마하살의 반야바라밀다입니다.

다시 다음으로 교시가여. 만약 보살마하살이라면 일체지지에 상응하는 마음으로써 얻을 수 없는 것을 수용하여 방편으로 삼아서 4정려를 수행하고, 만약 보살마하살이라면 일체지지에 상응하는 마음으로써 얻을 수 없는 것을 수용하여 방편으로 삼아서 4무량을 수행하며, 만약 보살마하살이라면 일체지지에 상응하는 마음으로써 얻을 수 없는 것을 수용하여 방편으로 삼아서 4무색정을 수행하고, 만약 보살마하살이라면 일체지지에 상응하는 마음으로써 얻을 수 없는 것을 수용하여 방편으로 삼아서 8해탈을 수행하며, 만약 보살마하살이라면 일체지지에 상응하는 마음으로써 얻을 수 없는 것을 수용하여 방편으로 삼아서 8승처를 수행하고, 만약 보살마하살이라면 일체지지에 상응하는 마음으로써 얻을 수 없는 것을 수용하여 방편으로 삼아서 9차제정을 수행하며, 만약 보살마하살이라면 일체지지에 상응하는 마음으로써 얻을 수 없는 것을 수용하여 방편으로 삼아서 10변처를 수행합니다.

만약 보살마하살이라면 일체지지에 상응하는 마음으로써 얻을 수 없는 것을 수용하여 방편으로 삼아서 4념주를 수행하며, 만약 보살마하살이라면 일체지지에 상응하는 마음으로써 얻을 수 없는 것을 수용하여 방편으로 삼아서 4정단을 수행하고, 만약 보살마하살이라면 일체지지에 상응하는 마음으로써 얻을 수 없는 것을 수용하여 방편으로 삼아서 4신족을 수행하며, 만약 보살마하살이라면 일체지지에 상응하는 마음으로써 얻을 수 없는 것을 수용하여 방편으로 삼아서 5근을 수행하고, 만약 보살마하살이라면 일체지지에 상응하는 마음으로써 얻을 수 없는 것을 수용하여 방편으로 삼아서 5력을 수행하며, 만약 보살마하살이라면 일체지지에 상응하는 마음으로써 얻을 수 없는 것을 수용하여 방편으로 삼아서 7등각지를 수행하고, 만약 보살마하살이라면 일체지지에 상응하는 마음으로써 얻을 수 없는 것을 수용하여 방편으로 삼아서 8성도지를 수행합니다.

만약 보살마하살이라면 일체지지에 상응하는 마음으로써 얻을 수 없는 것을 수용하여 방편으로 삼아서 공해탈문을 수행하고, 만약 보살마하살이라면 일체지지에 상응하는 마음으로써 얻을 수 없는 것을 수용하여 방편으로 삼아서 무상해탈문을 수행하며, 만약 보살마하살이라면 일체지지에 상응하는 마음으로써 얻을 수 없는 것을 수용하여 방편으로 삼아서 무원해탈문을 수행하고, 만약 보살마하살이라면 일체지지에 상응하는 마음으로써 얻을 수 없는 것을 수용하여 방편으로 삼아서 4성제지(四聖諦智)를 수행하며, 만약 보살마하살이라면 일체지지에 상응하는 마음으로써 얻을 수 없는 것을 수용하여 방편으로 삼아서 5안을 수행하고, 만약 보살마하살이라면 일체지지에 상응하는 마음으로써 얻을 수 없는 것을 수용하여 방편으로 삼아서 6신통을 수행합니다.

만약 보살마하살이라면 일체지지에 상응하는 마음으로써 얻을 수 없는 것을 수용하여 방편으로 삼아서 여래의 10력을 수행하고, 만약 보살마하살이라면 일체지지에 상응하는 마음으로써 얻을 수 없는 것을 수용하여 방편으로 삼아서 4무소외를 수행하며, 만약 보살마하살이라면 일체지지에 상응하는 마음으로써 얻을 수 없는 것을 수용하여 방편으로 삼아서 4무애해를 수행하고, 만약 보살마하살이라면 일체지지에 상응하는 마음으로써 얻을 수 없는 것을 수용하여 방편으로 삼아서 대자·대비·대희·대사를 수행하며, 만약 보살마하살이라면 일체지지에 상응하는 마음으로써 얻을 수 없는 것을 수용하여 방편으로 삼아서 18불불공법을 수행합니다.

만약 보살마하살이라면 일체지지에 상응하는 마음으로써 얻을 수 없는 것을 수용하여 방편으로 삼아서 무망실법을 수행하고, 만약 보살마하살이라면 일체지지에 상응하는 마음으로써 얻을 수 없는 것을 수용하여 방편으로 삼아서 항주사성을 수행하며, 만약 보살마하살이라면 일체지지에 상응하는 마음으로써 얻을 수 없는 것을 수용하여 방편으로 삼아서 일체의 다라니문을 수행하고, 만약 보살마하살이라면 일체지지에 상응하는 마음으로써 얻을 수 없는 것을 수용하여 방편으로 삼아서 일체의 삼마지문을 수행하며, 만약 보살마하살이라면 일체지지에 상응하는 마음으로써 얻을 수 없는 것을 수용하여 방편으로 삼아서 일체지를 수행하고, 만약 보살마하살의 일체지지에 상응하는 마음으로써 얻을 수 없는 것을 수용하여 방편으로 삼아서 도상지를 수행하며, 만약 보살마하살이라면 일체지지에 상응하는 마음으로써 얻을 수 없는 것을 수용하여 방편으로 삼아서 일체상지를 수행합니다.

다시 다음으로 교시가여. 만약 보살마하살이 반야바라밀다를 수행하는 때에, '오직 제법이 서로를 인연을 의지하고 있다면, 윤택(滋潤)하게 하고 증장(增長)시키며 두루 가득하게 하고 충족(充溢)시키나니, 아(我)·아소(我所)가 없다.'라고 이와 같이 관찰을 짓는 것이고, 다시 '보살마하살의 회향심(廻向心)은 보리심(菩提心)과 함께 화합하지 않고, 보리심은 회향심과 화합하지 않으며, 회향심은 보리심의 가운데에 소유하지 않아서 얻을 수 없고, 보리심도 회향심의 가운데에 소유하지 않아서 얻을 수 없다.'라고 이렇게 관찰을 짓나니, 보살마하살은 비록 제법을 관찰하더라도 제법에서 모두 보는 것이 없습니다. 교시가여. 이것이 보살마하살의 반야바라밀다입니다."

이때 천제석이 선현에게 물어 말하였다.

"대덕(大德)[1]이시여. 무엇을 보살마하살의 회향심과 보리심이 함께 화합하지 않는다고 말합니까? 무엇을 보리심과 회향심이 함께 화합하지 않는다고 말합니까? 무엇을 회향심이 보리심의 가운데에서 무소유(無所有)이고 얻을 수 없다고 말합니까? 무엇을 보리심이 회향심의 가운데에서 무소유이고 얻을 수 없다고 말합니까?"

---

1) 비구(比丘)의 가운데에서 장로 등을 높여서 부르는 말이다.

선현이 대답하여 말하였다.

"교시가여. '보살마하살의 회향심은 곧 마음이 아니고, 보리심도 역시 마음이 아닙니다. 만약 마음이 아니라면 곧 불가사의(不可思議)이고, 마음이 아닌 것을 마음이 아닌 것에 상응하여 회향하지 않아야 하고, 마음이 아닌 것을 불가사의에 상응하여 회향하지 않아야 하며, 불가사의를 불가사의에 상응하여 회향하지 않아야 하고, 불가사의를 마음이 아닌 것에 상응하여 회향하지 않아야 합니다. 왜 그러한가? 마음이 아닌 것이 곧 불가사의이고, 불가사의가 곧 마음이 아니며, 이와 같은 두 가지는 함께 무소유이고 무소유의 가운데에서는 회향이 없는 까닭입니다. 교시가여. 만약 이렇게 관찰을 짓는다면 이것이 보살마하살의 반야바라밀다입니다."

그때 세존께서 선현을 찬탄하여 말씀하셨다.

"옳도다. 옳도다. 그대는 제보살마하살을 위하여 반야바라밀다를 능히 널리 잘 설하였고, 역시 환희하고 용약(踊躍)하면서 반야바라밀다를 수학(修學)하게 제보살마하살에게 능히 잘 권유(勸勵)하였느니라."

이때 구수 선현이 세존께 아뢰어 말하였다.

"세존이시여. 제가 이미 은혜를 알았으므로 상응하여 보답하지 않을 수 없습니다. 왜 그러한가? 과거의 제불과 여러 제자들도 제보살마하살을 위하여 6바라밀다를 널리 설하여 보여주셨고 가르쳐서 이끌었으며 찬탄하였고 환희(慶喜)하게 하였으며 안무(安撫)2)하였고 건립(建立)하여 구경(究竟)을 얻게 하셨습니다. 세존께서도 그때 역시 그 가운데에 머무시면서 수학하셨고, 지금 무상정등보리를 증득하셨던 까닭으로, 저도 역시 세존의 가르침에 상응하여 받들고 수순하면서 제보살마하살을 위하여 널리 6바라밀다를 설하여 보여주고 가르쳐서 이끌며 찬탄하고 환희하게 하며 안무하고 건립하여 구경을 얻게 하면서, 빠르게 무상정등보리를 증득하게 합니다. 이것을 곧 그 은덕(恩德)을 보답하는 것이라고 이름합니다."

---

2) 사정(事情)을 살펴서 어루만져서 위로(慰勞)한다는 뜻이다.

그때 구수 선현이 천제석에게 알려 말하였다.

"교시가여. 그대는 '어찌 보살마하살은 반야바라밀다라는 것에 상응하여 머무르는가?'라고 물었는데, 자세하게 듣고 자세하게 들으십시오. 마땅히 그대를 위하여 설하겠습니다. 보살마하살은 반야바라밀다에서 상응하는 것과 같이 머물러야 하고, 상(相)에 상응하여 머무르지 않아야 합니다. 교시가여. 색(色)은 색의 자성이 공(空)하고, 수(受)·상(想)·행(行)·식(識)은 수·상·행·식의 자성이 공하며, 보살마하살은 보살마하살의 자성이 공하므로, 만약 색의 자성이 공하거나, 만약 수·상·행·식의 자성이 공하거나, 보살마하살의 자성이 공하더라도 이와 같이 일체는 무이(無二)이고 둘로 나눌 수 없습니다. 교시가여. 보살마하살은 반야바라밀다에서 이와 같이 상응하여 머물러야 합니다.

교시가여. 안처(眼處)는 안처의 자성이 공하고, 이(耳)·비(鼻)·설(舌)·신(身)·의처(意處)는 이·비·설·신·의처의 자성이 공하며, 보살마하살은 보살마하살의 자성이 공하므로, 만약 안처의 자성이 공하거나, 만약 이·비·설·신·의처의 자성이 공하거나, 보살마하살의 자성이 공하더라도 이와 같이 일체는 무이이고 둘로 나눌 수 없습니다. 교시가여. 보살마하살은 반야바라밀다에서 이와 같이 상응하여 머물러야 합니다.

교시가여. 색처(色處)는 색처의 자성이 공하고, 성(聲)·향(香)·미(味)·촉(觸)·법처(法處)는 성·향·미·촉·법처의 자성이 공하며, 보살마하살은 보살마하살의 자싱이 공하므로, 만약 색저의 자성이 공하거나, 만약 성·향·미·촉·법처의 자성이 공하거나, 보살마하살의 자성이 공하더라도 이와 같은 일체는 무이이고 둘로 나눌 수 없습니다. 교시가여. 보살마하살은 반야바라밀다에서 이와 같이 상응하여 머물러야 합니다.

교시가여. 안계(眼界)는 안계의 자성이 공하고, 색계(色界)·안식계(眼識界), …… 나아가 …… 안촉(眼觸)·안촉을 인연으로 생겨나는 여러 수(受)는 색계, 나아가 안촉을 인연으로 생겨난 여러 수의 자성이 공하며, 보살마하살은 보살마하살의 자성이 공하므로, 만약 안계의 자성이 공하거나, 만약 색계·안식계, 나아가 안촉·안촉을 인연으로 생겨난 여러 수의 자성이 공하거나, 보살마하살의 자성이 공하더라도 이와 같은 일체는 무이이고 둘로 나눌 수 없습니다. 교시가여. 보살마하살은 반야바라밀다에서 이와 같이 상응하여 머물러야 합니다.

교시가여. 이계(耳界)는 이계의 자성이 공하고, 성계(聲界)·이식계(耳識界), …… 나아가 …… 이촉(耳觸)·이촉을 인연으로 생겨나는 여러 수는 성계, 나아가 이촉을 인연으로 생겨난 여러 수의 자성이 공하며, 보살마하살은 보살마하살의 자성이 공하므로, 만약 이계의 자성이 공하거나, 만약 성계·이식계, 나아가 이촉·이촉을 인연으로 생겨난 여러 수의 자성이 공하거나, 보살마하살의 자성이 공하더라도 이와 같은 일체는 무이이고 둘로 나눌 수 없습니다. 교시가여. 보살마하살은 반야바라밀다에서 이와 같이 상응하여 머물러야 합니다.

교시가여. 비계(鼻界)는 비계의 자성이 공하고, 향계(香界)·비식계(鼻識界), …… 나아가 …… 비촉(鼻觸)·비촉을 인연으로 생겨나는 여러 수는 향계, 나아가 비촉을 인연으로 생겨난 여러 수의 자성이 공하며, 보살마하살은 보살마하살의 자성이 공하므로, 만약 이계의 자성이 공하거나, 만약 향계·비식계, 나아가 비촉·비촉을 인연으로 생겨난 여러 수의 자성이 공하거나, 보살마하살의 자성이 공하더라도 이와 같은 일체는 무이이고 둘로 나눌 수 없습니다. 교시가여. 보살마하살은 반야바라밀다에서 이와 같이 상응하여 머물러야 합니다.

교시가여. 설계(舌界)는 설계의 자성이 공하고, 미계(味界)·설식계(舌識界), …… 나아가 …… 설촉(舌觸)·설촉을 인연으로 생겨나는 여러 수는 미계, 나아가 설촉을 인연으로 생겨난 여러 수의 자성이 공하며, 보살마하살은 보살마하살의 자성이 공하므로, 만약 이계의 자성이 공하거나, 만약 미계·설식계, 나아가 설촉·설촉을 인연으로 생겨난 여러 수의 자성이 공하거나, 보살마하살의 자성이 공하더라도 이와 같은 일체는 무이이고 둘로 나눌 수 없습니다. 교시가여. 보살마하살은 반야바라밀다에서 이와 같이 상응하여 머물러야 합니다.

교시가여. 신계(身界)는 신계의 자성이 공하고, 촉계(觸界)·신식계(身識

界), …… 나아가 …… 신촉(身觸)·신촉을 인연으로 생겨나는 여러 수는 촉계, 나아가 신촉을 인연으로 생겨난 여러 수의 자성이 공하며, 보살마하살은 보살마하살의 자성이 공하므로, 만약 이계의 자성이 공하거나, 만약 촉계·신식계, 나아가 신촉·신촉을 인연으로 생겨난 여러 수의 자성이 공하거나, 보살마하살의 자성이 공하더라도 이와 같은 일체는 무이이고 둘로 나눌 수 없습니다. 교시가여. 보살마하살은 반야바라밀다에서 이와 같이 상응하여 머물러야 합니다.

교시가여. 의계(意界)는 의계의 자성이 공하고, 법계(法界)·의식계(意識界), …… 나아가 …… 의촉(意觸)·의촉을 인연으로 생겨나는 여러 수는 법계, 나아가 의촉을 인연으로 생겨난 여러 수의 자성이 공하며, 보살마하살은 보살마하살의 자성이 공하므로, 만약 이계의 자성이 공하거나, 만약 법계·의식계, …… 나아가 …… 의촉·의촉을 인연으로 생겨난 여러 수의 자성이 공하거나, 보살마하살의 자성이 공하더라도 이와 같은 일체는 무이이고 둘로 나눌 수 없습니다. 교시가여. 보살마하살은 반야바라밀다에서 이와 같이 상응하여 머물러야 합니다.

교시가여. 지계(地界)는 지계의 자성이 공하고, 수(水)·화(火)·풍(風)·공(空)·식계(識界)는 수·화·풍·공·식계의 자성이 공하며, 보살마하살은 보살마하살의 자성이 공하므로, 만약 지계의 자성이 공하거나, 만약 수·화·풍·공·식계의 자성이 공하거나, 보살마하살의 자성이 공하더라도 이와 같은 일체는 무이이고 둘로 나눌 수 없습니다. 교시가여. 보살마하살은 반야바라밀다에서 이와 같이 상응하여 머물러야 합니다.

교시가여. 고성제(苦聖諦)는 고성제의 자성이 공하고, 집(集)·멸(滅)·도성제(道聖諦)는 집·멸·도성제의 자성이 공하며, 보살마하살은 보살마하살의 자성이 공하므로, 만약 고성제의 자성이 공하거나, 만약 집·멸·도성제의 자성이 공하거나, 보살마하살의 자성이 공하더라도 이와 같은 일체는 무이이고 둘로 나눌 수 없습니다. 교시가여. 보살마하살은 반야바라밀다에서 이와 같이 상응하여 머물러야 합니다.

교시가여. 무명(無明)은 무명의 자성이 공하고, 행(行)·식(識)·명색(名

色)·육처(六處)·촉(觸)·수(受)·애(愛)·취(取)·유(有)·생(生)·노사(老死)의 수탄고우뇌(愁歎苦憂惱)는 행, 나아가 노사의 수탄고우뇌의 자성이 공하며, 보살마하살은 보살마하살의 자성이 공하므로, 만약 무명의 자성이 공하거나, 만약 행, 나아가 노사의 수탄고우뇌의 자성이 공하거나, 보살마하살의 자성이 공하더라도 이와 같은 일체는 무이이고 둘로 나눌 수 없습니다. 교시가여. 보살마하살은 반야바라밀다에서 이와 같이 상응하여 머물러야 합니다.

교시가여. 내공(內空)은 내공의 자성이 공하고, 외공(外空)·내외공(內外空)·공공(空空)·대공(大空)·승의공(勝義空)·유위공(有爲空)·무위공(無爲空)·필경공(畢竟空)·무제공(無際空)·산공(散空)·무변이공(無變異空)·본성공(本性空)·자상공(自相空)·공상공(共相空)·일체법공(一切法空)·불가득공(不可得空)·무성공(無性空)·자성공(自性空)·무성자성공(無性自性空)은 외공, 나아가 무성자성공의 자성이 공하며, 보살마하살은 보살마하살의 자성이 공하므로, 만약 내공의 자성이 공하거나, 만약 외공, 나아가 무성자성공의 자성이 공하거나, 보살마하살의 자성이 공하더라도 이와 같은 일체는 무이이고 둘로 나눌 수 없습니다. 교시가여. 보살마하살은 반야바라밀다에서 이와 같이 상응하여 머물러야 합니다.

교시가여. 진여(眞如)는 진여의 자성이 공하고, 법계(法界)·법성(法性)·불허망성(不虛妄性)·불변이성(不變異性)·평등성(平等性)·이생성(離生性)·법정(法定)·법주(法住)·실제(實際)·허공계(虛空界)·부사의계(不思議界)는 법계, 나아가 부사의계의 자성이 공하며, 보살마하살은 보살마하살의 자성이 공하므로, 만약 진여의 자성이 공하거나, 만약 법계, 나아가 부사의계의 자성이 공하거나, 보살마하살의 자성이 공하더라도 이와 같은 일체는 무이이고 둘로 나눌 수 없습니다. 교시가여. 보살마하살은 반야바라밀다에서 이와 같이 상응하여 머물러야 합니다.

교시가여. 보시바라밀다(布施波羅蜜多)는 보시바라밀다의 자성이 공하고, 정계(淨戒)·안인(安忍)·정진(精進)·정려(靜慮)·반야바라밀다(般若波羅蜜多)는 정계, 나아가 반야바라밀다의 자성이 공하며, 보살마하살은 보살마하살의 자성이 공하므로, 만약 보시바라밀다의 자성이 공하거나, 만약 정계, 나아가 반야바라밀다의 자성이 공하거나, 보살마하살의 자성이 공하더라도 이와 같은 일체는 무이이고 둘로 나눌 수 없습니다. 교시가여. 보살마하살은 반야바라밀다에서 이와 같이 상응하여 머물러야 합니다.

교시가여. 4정려(四靜慮)는 4정려의 자성이 공하고, 4무량(四無量)·4무색정(四無色定)은 4무량·4무색정의 자성이 공하며, 보살마하살은 보살마하살의 자성이 공하므로, 만약 4정려의 자성이 공하거나, 만약 4무량·4무색정의 자성이 공하거나, 보살마하살의 자성이 공하더라도 이와 같은 일체는 무이이고 둘로 나눌 수 없습니다. 교시가여. 보살마하살은 반야바라밀다에서 이와 같이 상응하여 머물러야 합니다.

교시가여. 8해탈(八解脫)은 8해탈의 자성이 공하고, 8승처(八勝處)·9차제정(九次第定)·10변처(十遍處)는 8승처·9차제정·10변처의 자성이 공하며, 보살마하살은 보살마하살의 자성이 공하므로, 만약 8해탈의 자성이 공하거나, 만약 8승처·9차제정·10변처의 자성이 공하거나, 보살마하살의 자성이 공하더라도 이와 같은 일체는 무이이고 둘로 나눌 수 없습니다. 교시가여. 보살마하살은 반야바라밀다에서 이와 같이 상응하여 머물러야 합니다.

교시가여. 4념주(四念住)는 4념주의 자성이 공하고, 4정단(四正斷)·4신족(四神足)·5근(五根)·5력(五力)·7등각지(七等覺支)·8성도지(八聖道支)는 4성단, 나아가 8성도지의 자성이 공하며, 보살마하살은 보살마하살의 자성이 공하므로, 만약 4념주의 자성이 공하거나, 만약 4정단, 나아가 8성도지의 자성이 공하거나, 보살마하살의 자성이 공하더라도 이와 같은 일체는 무이이고 둘로 나눌 수 없습니다. 교시가여. 보살마하살은 반야바라밀다에서 이와 같이 상응하여 머물러야 합니다.

교시가여. 공해탈문(空解脫門)은 공해탈문의 자성이 공하고, 무상(無相)·무원해탈문(無願解脫門)은 무상·무원해탈문의 자성이 공하며, 보살마하살은 보살마하살의 자성이 공하므로, 만약 공해탈문의 자성이 공하거나, 만약 무상·무원해탈문의 자성이 공하거나, 보살마하살의 자성이 공하더라도 이와 같은 일체는 무이이고 둘로 나눌 수 없습니다. 교시가여.
보살마하살은 반야바라밀다에서 이와 같이 상응하여 머물러야 합니다.

교시가여. 5안(五眼)은 5안의 자성이 공하고, 6신통(六神通)은 6신통의 자성이 공하며, 보살마하살은 보살마하살의 자성이 공하므로, 만약 5안의 자성이 공하거나, 만약 6신통의 자성이 공하거나, 보살마하살의 자성이 공하더라도 이와 같은 일체는 무이이고 둘로 나눌 수 없습니다. 교시가여. 보살마하살은 반야바라밀다에서 이와 같이 상응하여 머물러야 합니다.

교시가여. 여래(如來)의 10력(十力)은 여래의 10력의 자성이 공하고, 4무소외(四無所畏)·4무애해(四無礙解)·대자(大慈)·대비(大悲)·대희(大喜)·대사(大捨)·18불불공법(十八佛不共法)은 4무소외, 나아가 18불불공법의 자성이 공하며, 보살마하살은 보살마하살의 자성이 공하므로, 만약 여래의 10력의 자성이 공하거나, 만약 4무소외, 나아가 18불불공법의 자성이 공하거나, 보살마하살의 자성이 공하더라도 이와 같은 일체는 무이이고 둘로 나눌 수 없습니다. 교시가여. 보살마하살은 반야바라밀다에서 이와 같이 상응하여 머물러야 합니다.

교시가여. 무망실법(無忘失法)은 무망실법의 자성이 공하고, 항주사성(恒住捨性)은 항주사성의 자성이 공하며, 보살마하살은 보살마하살의 자성이 공하므로, 만약 무망실법의 자성이 공하거나, 만약 항주사성의 자성이 공하거나, 보살마하살의 자성이 공하더라도 이와 같은 일체는 무이이고 둘로 나눌 수 없습니다. 교시가여. 보살마하살은 반야바라밀다에서 이와 같이 상응하여 머물러야 합니다.

교시가여. 일체의 다라니문(陀羅尼門)은 일체의 다라니문의 자성이 공하고, 일체의 삼마지문(三摩地門)은 일체의 삼마지문의 자성이 공하며, 보살마하살은 보살마하살의 자성이 공하므로, 만약 일체의 다라니문의 자성이 공하거나, 만약 일체의 삼마지문의 자성이 공하거나, 보살마하살의 자성이 공하더라도 이와 같은 일체는 무이이고 둘로 나눌 수 없습니다. 교시가여. 보살마하살은 반야바라밀다에서 이와 같이 상응하여 머물러야 합니다.

교시가여. 일체지(一切智)는 지계의 자성이 공하고, 도상지·일체상지는 도상지·일체상지의 자성이 공하며, 보살마하살은 보살마하살의 자성이 공하므로, 만약 일체지의 자성이 공하거나, 만약 도상지·일체상지의 자성이 공하거나, 보살마하살의 자성이 공하더라도 이와 같은 일체는 무이이고 둘로 나눌 수 없습니다. 교시가여. 보살마하살은 반야바라밀다에서 이와 같이 상응하여 머물러야 합니다.

교시가여. 성문승(聲聞乘)은 성문승의 자성이 공하고, 독각승(獨覺乘)·무상승(無上乘)은 독각승·무상승의 자성이 공하며, 보살마하살은 보살마하살의 자성이 공하므로, 만약 성문승의 자성이 공하거나, 만약 독각승·무상승의 자성이 공하거나, 보살마하살의 자성이 공하더라도 이와 같은 일체는 무이이고 둘로 나눌 수 없습니다. 교시가여. 보살마하살은 반야바라밀다에서 이와 같이 상응하여 머물러야 합니다.

교시가여. 예류(預流)는 예류의 자성이 공하고, 일래(一來)·불환(不還)·아라한(阿羅漢)·독각·보살·여래는 일래, 나아가 여래의 자성이 공하며, 보살마하살은 보살마하살의 자성이 공하므로, 만약 예류의 자성이 공하거나, 만약 일래·불환·아라한·독각·보살·여래의 자성이 공하거나, 보살마하살의 자성이 공하더라도 이와 같은 일체는 무이이고 둘로 나눌 수 없습니다. 교시가여. 보살마하살은 반야바라밀다에서 이와 같이 상응하여 머물러야 합니다.

교시가여. 극희지(極喜地)는 극희지의 자성이 공하고, 이구지(離垢地)·발광지(發光地)·염혜지(焰慧地)·극난승지(極難勝地)·현전지(現前地)·원행지(遠行地)·부동지(不動地)·선혜지(善慧地)·법운지(法雲地)는 이구지, 나아가 법운지의 자성이 공하며, 보살마하살은 보살마하살의 자성이 공하므로, 만약 극희지의 자성이 공하거나, 만약 이구지, 나아가 법운지의 자성이 공하거나, 보살마하살의 자성이 공하더라도 이와 같은 일체는 무이이고 둘로 나눌 수 없습니다. 교시가여. 보살마하살은 반야바라밀다에서 이와 같이 상응하여 머물러야 합니다.

교시가여. 이생지(異生地)는 지계의 자성이 공하고, 종성지(種性地)·제팔지(第八地)·구견지(具見地)·박지(薄地)·이욕지(離欲地)·이판지(已辦地)·독각지(獨覺地)·보살지(菩薩地)·여래지(如來地)는 종성지, 나아가 여래지의 자성이 공하며, 보살마하살은 보살마하살의 자성이 공하므로, 만약 이생지의 자성이 공하거나, 만약 종성지, 나아가 여래지의 자성이 공하거나, 보살마하살의 자성이 공하더라도 이와 같은 일체는 무이이고 둘로 나눌 수 없습니다. 교시가여, 보살마하살은 반야바라밀다에서 이와 같이 상응하여 머물러야 합니다."

이때 천제석이 선현에게 물어 말하였다.
"무엇을 보살마하살이 반야바라밀다를 수행하는 때에, 상응하여 머무르지 않는 것이라고 말합니까?"
선현이 대답하여 말하였다.
"교시가여. 보살마하살은 반야바라밀다를 수행하는 때에, 색에 상응하여 머무르지 않아야 하고, 수·상·행·식에 상응하여 머무르지 않아야 합니다. 왜 그러한가? 얻을 수 있는 것(有所得)으로써 방편으로 삼는 까닭입니다. 교시가여. 보살마하살은 반야바라밀다를 수행하는 때에, 안처에 상응하여 머무르지 않아야 하고, 이·비·설·신·의처에 상응하여 머무르지 않아야 합니다. 왜 그러한가? 얻을 수 있는 것으로써 방편으로 삼는 까닭입니다. 교시가여. 보살마하살은 반야바라밀다를 수행하는 때에, 색처에 상응하여 머무르지 않아야 하고, 성·향·미·촉·법처에 상응하여 머무르지 않아야 합니다. 왜 그러한가? 얻을 수 있는 것으로써 방편으로 삼는 까닭입니다.

교시가여. 보살마하살은 반야바라밀다를 수행하는 때에, 안계에 상응하여 머무르지 않아야 하고, 색계·안식계, 나아가 안촉·안촉을 인연으로 생겨난 여러 수에 상응하여 머무르지 않아야 합니다. 왜 그러한가? 얻을 수 있는 것으로써 방편으로 삼는 까닭입니다. 교시가여. 보살마하살은 반야바라밀다를 수행하는 때에, 이계에 상응하여 머무르지 않아야 하고, 성계·이식계, 나아가 이촉·이촉을 인연으로 생겨난 여러 수에 상응하여 머무르지 않아야 합니다. 왜 그러한가? 얻을 수 있는 것으로써 방편으로 삼는 까닭입니다.

교시가여. 보살마하살은 반야바라밀다를 수행하는 때에, 비계에 상응하여 머무르지 않아야 하고, 향계·비식계, 나아가 비촉·비촉을 인연으로 생겨난 여러 수에 상응하여 머무르지 않아야 합니다. 왜 그러한가? 얻을 수 있는 것으로써 방편으로 삼는 까닭입니다. 교시가여. 보살마하살은 반야바라밀다를 수행하는 때에, 설계에 상응하여 머무르지 않아야 하고, 미계·설식계, 나아가 설촉·설촉을 인연으로 생겨난 여러 수에 상응하여 머무르지 않아야 합니다. 왜 그러한가? 얻을 수 있는 것으로써 방편으로 삼는 까닭입니다.

교시가여. 보살마하살은 반야바라밀다를 수행하는 때에, 신계에 상응하여 머무르지 않아야 하고, 촉계·신식계, 나아가 신촉·신촉을 인연으로 생겨난 여러 수에 상응하여 머무르지 않아야 합니다. 왜 그러한가? 얻을 수 있는 것으로써 방편으로 삼는 까닭입니다. 교시가여. 보살마하살은 반야바라밀다를 수행하는 때에, 의계에 상응하여 머무르지 않아야 하고, 법계·의식계, 나아가 의촉·의촉을 인연으로 생겨난 여러 수에 상응하여 머무르지 않아야 합니다. 왜 그러한가? 얻을 수 있는 것으로써 방편으로 삼는 까닭입니다.

교시가여. 보살마하살은 반야바라밀다를 수행하는 때에, 지계에 상응하여 머무르지 않아야 하고, 수·화·풍·공·식계에 상응하여 머무르지 않아야 합니다. 왜 그러한가? 얻을 수 있는 것으로써 방편으로 삼는 까닭입니다. 교시가여. 보살마하살은 반야바라밀다를 수행하는 때에, 고성제에 상응하여 머무르지 않아야 하고, 집·멸·도성제에 상응하여 머무르지 않아야 합니다. 왜 그러한가? 얻을 수 있는 것으로써 방편으로 삼는 까닭입니다. 교시가여. 보살마하살은 반야바라밀다를 수행하는 때에, 무명에 상응하여 머무르지 않아야 하고, 행·식·명색·육처·촉·수·애·취·유·생·노사의 수탄고우뇌에 상응하여 머무르지 않아야 합니다. 왜 그러한가? 얻을 수 있는 것으로써 방편으로 삼는 까닭입니다.

교시가여. 보살마하살은 반야바라밀다를 수행하는 때에, 내공에 상응하여 머무르지 않아야 하고, 외공·내외공·공공·대공·승의공·유위공·무위공·필경공·무제공·산공·무변이공·본성공·자상공·공상공·일체법공·불가득공·무성공·자성공·무성자성공에 상응하여 머무르지 않아야 합니다. 왜 그러한가? 얻을 수 있는 것으로써 방편으로 삼는 까닭입니다. 교시가여. 보살마하살은 반야바라밀다를 수행하는 때에, 진여에 상응하여 머무르지 않아야 하고, 법계·법성·불허망성·불변이성·평등성·이생성·법정·법주·실제·허공계·부사의계에 상응하여 머무르지 않아야 합니다. 왜 그러한가? 얻을 수 있는 것으로써 방편으로 삼는 까닭입니다.

교시가여. 보살마하살은 반야바라밀다를 수행하는 때에, 보시바라밀다에 상응하여 머무르지 않아야 하고, 정계·안인·정진·정려·반야바라밀다에 상응하여 머무르지 않아야 합니다. 왜 그러한가? 얻을 수 있는 것으로써 방편으로 삼는 까닭입니다. 교시가여. 보살마하살은 반야바라밀다를 수행하는 때에, 4정려에 상응하여 머무르지 않아야 하고, 4무량·4무색정에 상응하여 머무르지 않아야 합니다. 왜 그러한가? 얻을 수 있는 것으로써 방편으로 삼는 까닭입니다. 교시가여. 보살마하살은 반야바라밀다를 수행하는 때에, 8해탈에 상응하여 머무르지 않아야 하고, 8승처·9차제정·10변처에 상응하여 머무르지 않아야 합니다. 왜 그러한가? 얻을 수 있는 것으로써 방편으로 삼는 까닭입니다.

교시가여. 보살마하살은 반야바라밀다를 수행하는 때에, 4념주에 상응하여 머무르지 않아야 하고, 4정단·4신족·5근·5력·7등각지·8성도지에 상응하여 머무르지 않아야 합니다. 왜 그러한가? 얻을 수 있는 것으로써 방편으로 삼는 까닭입니다. 교시가여. 보살마하살은 반야바라밀다를 수행하는 때에, 공해탈문에 상응하여 머무르지 않아야 하고, 무상·무원해탈문에 상응하여 머무르지 않아야 합니다. 왜 그러한가? 얻을 수 있는 것으로써 방편으로 삼는 까닭입니다. 교시가여. 보살마하살은 반야바라밀다를 수행하는 때에, 5안에 상응하여 머무르지 않아야 하고, 6신통에 상응하여 머무르지 않아야 합니다. 왜 그러한가? 얻을 수 있는 것으로써 방편으로 삼는 까닭입니다.
 교시가여, 보살마하살은 반야바라밀다를 수행하는 때에, 여래의 10력에 상응하여 머무르지 않아야 하고, 4무소외·4무애해·대자·대비·대희·대사·18불불공법에 상응하여 머무르지 않아야 합니다. 왜 그러한가? 얻을 수 있는 것으로써 방편으로 삼는 까닭입니다. 교시가여, 보살마하살은 반야바라밀다를 수행하는 때에, 무망실법에 상응하여 머무르지 않아야 하고, 항주사성에 상응하여 머무르지 않아야 합니다. 왜 그러한가? 얻을 수 있는 것으로써 방편으로 삼는 까닭입니다. 교시가여, 보살마하살은 반야바라밀다를 수행하는 때에, 일체지에 상응하여 머무르지 않아야 하고, 도상지·일체상지에 상응하여 머무르지 않아야 합니다. 왜 그러한가? 얻을 수 있는 것으로써 방편으로 삼는 까닭입니다.
 교시가여, 보살마하살은 반야바라밀다를 수행하는 때에, 성문승에 상응하여 머무르지 않아야 하고, 독각승·무상승에 상응하여 머무르지 않아야 합니다. 왜 그러한가? 얻을 수 있는 것으로써 방편으로 삼는 까닭입니다. 교시가여, 보살마하살은 반야바라밀다를 수행하는 때에, 예류과에 상응하여 머무르지 않아야 하고, 일래·불환·아라한·독각·보살·여래에 상응하여 머무르지 않아야 합니다. 왜 그러한가? 얻을 수 있는 것으로써 방편으로 삼는 까닭입니다.
 교시가여, 보살마하살은 반야바라밀다를 수행하는 때에, 극희지에 상응하여 머무르지 않아야 하고, 이구지·발광지·염혜지·극난승지·현전지·원행지·부동지·선혜지·법운지에 상응하여 머무르지 않아야 합니다. 왜 그러한가? 얻을 수 있는 것으로써 방편으로 삼는 까닭입니다. 교시가여, 보살마하살은 반야바라밀다를 수행하는 때에, 이생지에 상응하여 머무르지 않아야 하고, 종성지·제팔지·구견지·박지·이욕지·이판지·독각지·보살지·여래지에 상응하여 머무르지 않아야 합니다. 왜 그러한가? 얻을 수 있는 것으로써 방편으로 삼는 까닭입니다."

마하반야바라밀다경 제79권

22. 천제품(天帝品)(3)

 "다시 다음으로 교시가여. 보살마하살은 반야바라밀다를 수행하는 때에, '이것은 색이다.'라고 상응하여 머무르지 않아야 하고, '이것은 수·상·행·식이다.'라고 상응하여 머무르지 않아야 합니다. 왜 그러한가? 얻을 수 있는 것으로써 방편으로 삼는 까닭입니다. 교시가여. 보살마하살은 반야바라밀다를 수행하는 때에, '이것은 안처이다.'라고 상응하여 머무르지 않아야 하고, '이것은 이·비·설·신·의처이다.'라고 상응하여 머무르지 않아야 합니다. 왜 그러한가? 얻을 수 있는 것으로써 방편으로 삼는 까닭입니다.
 교시가여. 보살마하살은 반야바라밀다를 수행하는 때에, '이것은 색처이다.'라고 상응하여 머무르지 않아야 하고, '이것은 성·향·미·촉·법처이다.'라고 상응하여 머무르지 않아야 합니다. 왜 그러한가? 얻을 수 있는 것으로써 방편으로 삼는 까닭입니다. 교시가여. 보살마하살은 반야바라밀다를 수행하는 때에, '이것은 안계이다.'라고 상응하여 머무르지 않아야 하고, '이것은 색계·안식계, 나아가 안촉·안촉을 인연으로 생겨난 여러 수이다.'라고 상응하여 머무르지 않아야 합니다. 왜 그러한가? 얻을 수 있는 것으로써 방편으로 삼는 까닭입니다.
 교시가여. 보살마하살은 반야바라밀다를 수행하는 때에, '이것은 이계이다.'라고 상응하여 머무르지 않아야 하고, '이것은 성계·이식계, 나아가 이촉·이촉을 인연으로 생겨난 여러 수이다.'라고 상응하여 머무르지 않아야 합니다. 왜 그러한가? 얻을 수 있는 것으로써 방편으로 삼는 까닭입니다. 교시가여. 보살마하살은 반야바라밀다를 수행하는 때에, '이것은 비계이다.'라고 상응하여 머무르지 않아야 하고, '이것은 향계·비식계, 나아가 비촉·비촉을 인연으로 생겨난 여러 수이다.'라고 상응하여 머무르지 않아야 합니다. 왜 그러한가? 얻을 수 있는 것으로써 방편으로 삼는 까닭입니다.

교시가여. 보살마하살은 반야바라밀다를 수행하는 때에, '이것은 설계이다.'라고 상응하여 머무르지 않아야 하고, '이것은 미계·설식계, 나아가 설촉·설촉을 인연으로 생겨난 여러 수이다.'라고 상응하여 머무르지 않아야 합니다. 왜 그러한가? 얻을 수 있는 것으로써 방편으로 삼는 까닭입니다. 교시가여. 보살마하살은 반야바라밀다를 수행하는 때에, '이것은 신계이다.'라고 상응하여 머무르지 않아야 하고, '이것은 촉계·신식계, 나아가 신촉·신촉을 인연으로 생겨난 여러 수이다.'라고 상응하여 머무르지 않아야 합니다. 왜 그러한가? 얻을 수 있는 것으로써 방편으로 삼는 까닭입니다.

교시가여. 보살마하살은 반야바라밀다를 수행하는 때에, '이것은 의계이다.'라고 상응하여 머무르지 않아야 하고, '이것은 법계·의식계, 나아가 의촉·의촉을 인연으로 생겨난 여러 수이다.'라고 상응하여 머무르지 않아야 합니다. 왜 그러한가? 얻을 수 있는 것으로써 방편으로 삼는 까닭입니다. 교시가여. 보살마하살은 반야바라밀다를 수행하는 때에, '이것은 지계이다.'라고 상응하여 머무르지 않아야 하고, '이것은 수·화·풍·공·식계이다.'라고 상응하여 머무르지 않아야 합니다. 왜 그러한가? 얻을 수 있는 것으로써 방편으로 삼는 까닭입니다.

교시가여. 보살마하살은 반야바라밀다를 수행하는 때에, '이것은 고성제이다.'라고 상응하여 머무르지 않아야 하고, '이것은 집·멸·도성제이다.'라고 상응하여 머무르지 않아야 합니다. 왜 그러한가? 얻을 수 있는 것으로써 방편으로 삼는 까닭입니다. 교시가여. 보살마하살은 반야바라밀다를 수행하는 때에, '이것은 무명이다.'라고 상응하여 머무르지 않아야 하고, '이것은 행·식·명색·육처·촉·수·애·취·유·생·노사의 수탄고우뇌이다.'라고 상응하여 머무르지 않아야 합니다. 왜 그러한가? 얻을 수 있는 것으로써 방편으로 삼는 까닭입니다.

교시가여. 보살마하살은 반야바라밀다를 수행하는 때에, '이것은 내공이다.'라고 상응하여 머무르지 않아야 하고, '이것은 외공·내외공·공공·대공·승의공·유위공·무위공·필경공·무제공·산공·무변이공·본성공·자상공·공상공·일체법공·불가득공·무성공·자성공·무성자성공이다.'라고 상응하여 머무르지 않아야 합니다. 왜 그러한가? 얻을 수 있는 것으로써 방편으로 삼는 까닭입니다. 교시가여. 보살마하살은 반야바라밀다를 수행하는 때에, '이것은 진여이다.'라고 상응하여 머무르지 않아야 하고, '이것은 법계·법성·불허망성·불변이성·평등성·이생성·법정·법주·실제·허공계·부사의계이다.'라고 상응하여 머무르지 않아야 합니다. 왜 그러한가? 얻을 수 있는 것으로써 방편으로 삼는 까닭입니다.

교시가여. 보살마하살은 반야바라밀다를 수행하는 때에, '이것은 보시바라밀다이다.'라고 상응하여 머무르지 않아야 하고, '이것은 정계·안인·정진·정려·반야바라밀다이다.'라고 상응하여 머무르지 않아야 합니다. 왜 그러한가? 얻을 수 있는 것으로써 방편으로 삼는 까닭입니다. 교시가여. 보살마하살은 반야바라밀다를 수행하는 때에, '이것은 4정려이다.'라고 상응하여 머무르지 않아야 하고, '이것은 4무량·4무색정이다.'라고 상응하여 머무르지 않아야 합니다. 왜 그러한가? 얻을 수 있는 것으로써 방편으로 삼는 까닭입니다.

교시가여. 보살마하살은 반야바라밀다를 수행하는 때에, '이것은 8해탈이다.'라고 상응하여 머무르지 않아야 하고, '이것은 8승처·9차제정·10변처이다.'라고 상응하여 머무르지 않아야 합니다. 왜 그러한가? 얻을 수 있는 것으로써 방편으로 삼는 까닭입니다. 교시가여. 보살마하살은 반야바라밀다를 수행하는 때에, '이것은 4념주이다.'라고 상응하여 머무르지 않아야 하고, '이것은 4정단·4신족·5근·5력·7등각지·8성도지이다.'라고 상응하여 머무르지 않아야 합니다. 왜 그러한가? 얻을 수 있는 것으로써 방편으로 삼는 까닭입니다.
 교시가여. 보살마하살은 반야바라밀다를 수행하는 때에, '이것은 공해탈문이다.'라고 상응하여 머무르지 않아야 하고, '이것은 무상·무원해탈문이다.'라고 상응하여 머무르지 않아야 합니다. 왜 그러한가? 얻을 수 있는 것으로써 방편으로 삼는 까닭입니다. 교시가여. 보살마하살은 반야바라밀다를 수행하는 때에, '이것은 5안이다.'라고 상응하여 머무르지 않아야 하고, '이것은 6신통이다.'라고 상응하여 머무르지 않아야 합니다. 왜 그러한가? 얻을 수 있는 것으로써 방편으로 삼는 까닭입니다.
 교시가여. 보살마하살은 반야바라밀다를 수행하는 때에, '이것은 여래의 10력이다.'라고 상응하여 머무르지 않아야 하고, '이것은 4무소외·4무애해·대자·대비·대희·대사·18불불공법이다.'라고 상응하여 머무르지 않아야 합니다. 왜 그러한가? 얻을 수 있는 것으로써 방편으로 삼는 까닭입니다. 교시가여. 보살마하살은 반야바라밀다를 수행하는 때에, '이것은 무망실법이다.'라고 상응하여 머무르지 않아야 하고, '이것은 항주사성이다.'라고 상응하여 머무르지 않아야 합니다. 왜 그러한가? 얻을 수 있는 것으로써 방편으로 삼는 까닭입니다.
 교시가여. 보살마하살은 반야바라밀다를 수행하는 때에, '이것은 일체의 다라니문이다.'라고 상응하여 머무르지 않아야 하고, '이것은 일체의 삼마지문이다.'라고 상응하여 머무르지 않아야 합니다. 왜 그러한가? 얻을 수 있는 것으로써 방편으로 삼는 까닭입니다. 교시가여. 보살마하살은 반야바라밀다를 수행하는 때에, '이것은 일체지이다.'라고 상응하여 머무르지 않아야 하고, '이것은 도상지·일체상지이다.'라고 상응하여 머무르지 않아야 합니다. 왜 그러한가? 얻을 수 있는 것으로써 방편으로 삼는 까닭입니다.
 교시가여. 보살마하살은 반야바라밀다를 수행하는 때에, '이것은 성문승이다.'라고 상응하여 머무르지 않아야 하고, '이것은 독각승·무상승이다.'라고 상응하여 머무르지 않아야 합니다. 왜 그러한가? 얻을 수 있는 것으로써 방편으로 삼는 까닭입니다. 교시가여. 보살마하살은 반야바라밀다를 수행하는 때에, '이것은 예류과이다.'라고 상응하여 머무르지 않아야 하고, '이것은 일래과·불환과·아라한과·독각·보살·여래이다.'라고 상응하여 머무르지 않아야 합니다. 왜 그러한가? 얻을 수 있는 것으로써 방편으로 삼는 까닭입니다.

교시가여. 보살마하살은 반야바라밀다를 수행하는 때에, '이것은 극희지이다.'라고 상응하여 머무르지 않아야 하고, '이것은 이구지·발광지·염혜지·극난승지·현전지·원행지·부동지·선혜지·법운지이다.'라고 상응하여 머무르지 않아야 합니다. 왜 그러한가? 얻을 수 있는 것으로써 방편으로 삼는 까닭입니다. 교시가여. 보살마하살은 반야바라밀다를 수행하는 때에, '이것은 이생지이다.'라고 상응하여 머무르지 않아야 하고, '이것은 종성지·제팔지·구견지·박지·이욕지·이판지·독각지·보살지·여래지이다.'라고 상응하여 머무르지 않아야 합니다. 왜 그러한가? 얻을 수 있는 것으로써 방편으로 삼는 까닭입니다."

"다시 다음으로 교시가여. 보살마하살은 반야바라밀다를 수행하는 때에, 색이 만약 항상(常)하거나 만약 무상(無常)하다는 것에 상응하여 머무르지 않아야 하고 수·상·행·식이 만약 항상이거나 만약 무상하다는 것에 상응하여 머무르지 않아야 하며, 색이 만약 즐겁거나 만약 괴롭다는 것에 상응하여 머무르지 않아야 하고 수·상·행·식이 만약 즐겁거나 만약 괴롭다는 것에 상응하여 머무르지 않아야 하며, 색이 만약 나(我)이거나 만약 무아(無我)라는 것에 상응하여 머무르지 않아야 하고 수·상·행·식이 나이거나 무아라는 것에 상응하여 머무르지 않아야 하며, 색이 만약 청정(淨)하거나 만약 부정(不淨)한 것에 상응하여 머무르지 않아야 하고 수·상·행·식이 만약 청정하거나 만약 부정한 것에 상응하여 머무르지 않아야 하며, 색이 만약 적정(寂靜)하거나 만약 적정하지 않다는 것에 상응하여 머무르지 않아야 하고 수·상·행·식이 만약 적정하거나 만약 적정하지 않다는 것에 상응하여 머무르지 않아야 하며, 색이 만약 멀리 벗어났거나 만약 멀리 벗어나지 않는다는 것에 상응하여 머무르지 않아야 하고 수·상·행·식이 만약 멀리 벗어났거나 만약 멀리 벗어나지 않는다는 것에 상응하여 머무르지 않아야 하며, 색이 만약 공(空)하거나 만약 공하지 않다는 것에 상응하여 머무르지 않아야 하고 수·상·행·식이 만약 공하거나 만약 공하지 않다는 것에 상응하여 머무르지 않아야 하며, 색이 만약 유상(有相)이거나 만약 무상(無相)이라는 것에 상응하여 머무르지 않아야 하고 수·상·행·식이 만약 유상이거나 만약 무상이라는 것에 상응하여 머무르지 않아야 하며, 색이 만약 유원(有願)이거나 만약 무원(無願)이라는 것에 상응하여 머무르지 않아야 하고 수·상·행·식이 만약 유원이거나 만약 무원이라는 것에 상응하여 머무르지 않아야 합니다. 왜 그러한가? 얻을 수 있는 것으로써 방편으로 삼는 까닭입니다.

다시 다음으로 교시가여. 보살마하살은 반야바라밀다를 수행하는 때에, 안처가 만약 항상하거나 만약 무상하다는 것에 상응하여 머무르지 않아야 하고 이·비·설·신·의처가 만약 항상이거나 만약 무상하다는 것에 상응하여 머무르지 않아야 하며, 안처가 만약 즐겁거나 만약 괴롭다는 것에 상응하여 머무르지 않아야 하고 이·비·설·신·의처가 만약 즐겁거나 만약 괴롭다는 것에 상응하여 머무르지 않아야 하며, 안처가 만약 나이거나 만약 무아라는 것에 상응하여 머무르지 않아야 하고 이·비·설·신·의처가 만약 나이거나 만약 무아라는 것에 상응하여 머무르지 않아야 하며, 안처가 만약 청정하거나 만약 부정하다는 것에 상응하여 머무르지 않아야 하고 이·비·설·신·의처가 만약 청정하거나 만약 부정하다는 것에 상응하여 머무르지 않아야 하며, 안처가 만약 적정하거나 만약 적정하지 않다는 것에 상응하여 머무르지 않아야 하고 이·비·설·신·의처가 만약 적정하거나 만약 적정하지 않다는 것에 상응하여 머무르지 않아야 하며, 안처가 만약 멀리 벗어났거나 만약 멀리 벗어나지 않는다는 것에 상응하여 머무르지 않아야 하고 이·비·설·신·의처가 만약 멀리 벗어났거나 만약 멀리 벗어나지 않는다는 것에 상응하여 머무르지 않아야 하며, 안처가 만약 공하거나 만약 공하지 않다는 것에 상응하여 머무르지 않아야 하고 이·비·설·신·의처가 만약 공하거나 만약 공하지 않다는 것에 상응하여 머무르지 않아야 하며, 안처가 만약 유상이거나 만약 무상이라는 것에 상응하여 머무르지 않아야 하고 이·비·설·신·의처가 만약 유상이거나 만약 무상이라는 것에 상응하여 머무르지 않아야 하며, 안처가 만약 유원이거나 만약 무원이라는 것에 상응하여 머무르지 않아야 하고 이·비·설·신·의처가 만약 유원이거나 만약 무원이라는 것에 상응하여 머무르지 않아야 합니다. 왜 그러한가? 얻을 수 있는 것으로써 방편으로 삼는 까닭입니다.

다시 다음으로 교시가여. 보살마하살은 반야바라밀다를 수행하는 때에, 색처가 만약 항상하거나 만약 무상하다는 것에 상응하여 머무르지 않아야 하고 성·향·미·촉·법처가 만약 항상이거나 만약 무상하다는 것에 상응하여 머무르지 않아야 하며, 색처가 만약 즐겁거나 만약 괴롭다는 것에 상응하여 머무르지 않아야 하고 성·향·미·촉·법처가 만약 즐겁거나 만약 괴롭다는 것에 상응하여 머무르지 않아야 하며, 색처가 만약 나이거나 만약 무아라는 것에 상응하여 머무르지 않아야 하고 성·향·미·촉·법처가 만약 나이거나 만약 무아라는 것에 상응하여 머무르지 않아야 하며, 색처가 만약 청정하거나 만약 부정하다는 것에 상응하여 머무르지 않아야 하고 성·향·미·촉·법처가 만약 청정하거나 만약 부정하다는 것에 상응하여 머무르지 않아야 하며, 색처가 만약 적정하거나 만약 적정하지 않다는 것에 상응하여 머무르지 않아야 하고 성·향·미·촉·법처가 만약 적정하거나 만약 적정하지 않다는 것에 상응하여 머무르지 않아야 하며, 색처가 만약 멀리 벗어났거나 만약 멀리 벗어나지 않는다는 것에 상응하여 머무르지 않아야 하고 성·향·미·촉·법처가 만약 멀리 벗어났거나 만약 멀리 벗어나지 않는다는 것에 상응하여 머무르지 않아야 하며, 색처가 만약 공하거나 만약 공하지 않다는 것에 상응하여 머무르지 않아야 하고 성·향·미·촉·법처가 만약 공하거나 만약 공하지 않다는 것에 상응하여 머무르지 않아야 하며, 색처가 만약 유상이거나 만약 무상인 것에 상응하여 머무르지 않아야 하고 성·향·미·촉·법처가 만약 유상이거나 만약 무상이라는 것에 상응하여 머무르지 않아야 하며, 색처가 만약 유원이거나 만약 무원이라는 것에 상응하여 머무르지 않아야 하고 성·향·미·촉·법처가 만약 유원이거나 만약 무원이라는 것에 상응하여 머무르지 않아야 합니다. 왜 그러한가? 얻을 수 있는 것으로써 방편으로 삼는 까닭입니다.

다시 다음으로 교시가여. 보살마하살은 반야바라밀다를 수행하는 때에, 안계가 만약 항상하거나 만약 무상하다는 것에 상응하여 머무르지 않아야 하고 색계·안식계, 나아가 안촉·안촉을 인연으로 생겨난 여러 수가 만약 항상이거나 만약 무상하다는 것에 상응하여 머무르지 않아야 하며, 안계가 만약 즐겁거나 만약 괴롭다는 것에 상응하여 머무르지 않아야 하고 색계, 나아가 안촉을 인연으로 생겨난 여러 수가 만약 즐겁거나 만약 괴롭다는 것에 상응하여 머무르지 않아야 하며, 안계가 만약 나이거나 만약 무아라는 것에 상응하여 머무르지 않아야 하고 색계, 나아가 안촉을 인연으로 생겨난 여러 수가 나이거나 무아라는 것에 상응하여 머무르지 않아야 하며, 안계가 만약 청정하거나 만약 부정하다는 것에 상응하여 머무르지 않아야 하고 색계, 나아가 안촉을 인연으로 생겨난 여러 수가 청정하거나 만약 부정하다는 것에 상응하여 머무르지 않아야 하며, 안계가 만약 적정하거나 만약 적정하지 않다는 것에 상응하여 머무르지 않아야 하고 색계, 나아가 안촉을 인연으로 생겨난 여러 수가 만약 적정하거나 만약 적정하지 않다는 것에 상응하여 머무르지 않아야 하며, 안계가 만약 멀리 벗어났거나 만약 멀리 벗어나지 않는다는 것에 상응하여 머무르지 않아야 하고 색계, 나아가 안촉을 인연으로 생겨난 여러 수가 만약 멀리 벗어났거나 만약 멀리 벗어나지 않는다는 것에 상응하여 머무르지 않아야 하며, 안계가 만약 공하거나 만약 공하지 않다는 것에 상응하여 머무르지 않아야 하고 색계, 나아가 안촉을 인연으로 생겨난 여러 수가 만약 공하거나 만약 공하지 않다는 것에 상응하여 머무르지 않아야 하며, 안계가 만약 유상이거나 만약 무상이라는 것에 상응하여 머무르지 않아야 하고 색계, 나아가 안촉을 인연으로 생겨난 여러 수가 만약 유상이거나 만약 무상이라는 것에 상응하여 머무르지 않아야 하며, 안계가 만약 유원이거나 만약 무원이라는 것에 상응하여 머무르지 않아야 하고 색계, 나아가 안촉을 인연으로 생겨난 여러 수가 만약 유원이거나 만약 무원이라는 것에 상응하여 머무르지 않아야 합니다. 왜 그러한가? 얻을 수 있는 것으로써 방편으로 삼는 까닭입니다.
　다시 다음으로 교시가여. 보살마하살은 반야바라밀다를 수행하는 때에, 이계가 만약 항상하거나 만약 무상하다는 것에 상응하여 머무르지 않아야 하고 성계·이식계, 나아가 이촉·이촉을 인연으로 생겨난 여러 수가 만약 항상하거나 만약 무상하다는 것에 상응하여 머무르지 않아야 하며, 이계가 만약 즐겁거나 만약 괴롭다는 것에 상응하여 머무르지 않아야 하고 성계, 나아가 이촉을 인연으로 생겨난 여러 수가 만약 즐겁거나 만약 괴롭다는 것에 상응하여 머무르지 않아야 하며, 이계가 만약 나이거나 만약 무아라는 것에 상응하여 머무르지 않아야 하고 성계, 나아가 이촉을 인연으로 생겨난 여러 수가 나이거나 무아라는 것에 상응하여 머무르지 않아야 하며, 이계가 만약 청정하거나 만약 부정하다는 것에 상응하여 머무르지 않아야 하고 성계, 나아가 이촉을 인연으로 생겨난 여러 수가 청정하거나 만약 부정하다는 것에 상응하여 머무르지 않아야 하며, 이계가 만약 적정하거나 만약 적정하지 않다는 것에 상응하여 머무르지 않아야 하고 성계, 나아가 이촉을 인연으로 생겨난 여러 수가 만약 적정하거나 만약 적정하지 않다는 것에 상응하여 머무르지 않아야 하며, 이계가 만약 멀리 벗어났거나 만약 멀리 벗어나지 않는다는 것에 상응하여 머무르지 않아야 하고 성계, 나아가 이촉을 인연으로 생겨난 여러 수가 만약 멀리 벗어났거나 만약 멀리 벗어나지 않는다는 것에 상응하여 머무르지 않아야 하며, 이계가 만약 공하거나 만약 공하지 않다는 것에 상응하여 머무르지 않아야 하고 성계, 나아가 이촉을 인연으로 생겨난 여러 수가 만약 공하거나 만약 공하지 않다는 것에 상응하여 머무르지 않아야 하며, 이계가 만약 유상이거나 만약 무상이라는 것에 상응하여 머무르지 않아야 하고 성계, 나아가 이촉을 인연으로 생겨난 여러 수가 만약 유상이거나 만약 무상이라는 것에 상응하여 머무르지 않아야 하며, 이계가 만약 유원이거나 만약 무원이라는 것에 상응하여 머무르지 않아야 하고 성계, 나아가 이촉을 인연으로 생겨난 여러 수가 만약 유원이거나 만약 무원이라는 것에 상응하여 머무르지 않아야 합니다. 왜 그러한가? 얻을 수 있는 것으로써 방편으로 삼는 까닭입니다.
 다시 다음으로 교시가여. 보살마하살은 반야바라밀다를 수행하는 때에, 비계가 만약 항상하거나 만약 무상하다는 것에 상응하여 머무르지 않아야 하고 향계·비식계, 나아가 비촉·비촉을 인연으로 생겨난 여러 수가 만약 항상하거나 만약 무상하다는 것에 상응하여 머무르지 않아야 하며, 비계가 만약 즐겁거나 만약 괴롭다는 것에 상응하여 머무르지 않아야 하고 향계, 나아가 비촉을 인연으로 생겨난 여러 수가 만약 즐겁거나 만약 괴롭다는 것에 상응하여 머무르지 않아야 하며, 비계가 만약 나이거나 만약 무아라는 것에 상응하여 머무르지 않아야 하고 향계, 나아가 비촉을 인연으로 생겨난 여러 수가 나이거나 무아라는 것에 상응하여 머무르지 않아야 하며, 비계가 만약 청정하거나 만약 부정하다는 것에 상응하여 머무르지 않아야 하고 향계, 나아가 비촉을 인연으로 생겨난 여러 수가 청정하거나 만약 부정하다는 것에 상응하여 머무르지 않아야 하며, 비계가 만약 적정하거나 만약 적정하지 않다는 것에 상응하여 머무르지 않아야 하고 향계, 나아가 비촉을 인연으로 생겨난 여러 수가 만약 적정하거나 만약 적정하지 않다는 것에 상응하여 머무르지 않아야 하며, 비계가 만약 멀리 벗어났거나 만약 멀리 벗어나지 않는다는 것에 상응하여 머무르지 않아야 하고 향계, 나아가 비촉을 인연으로 생겨난 여러 수가 만약 멀리 벗어났거나 만약 멀리 벗어나지 않는다는 것에 상응하여 머무르지 않아야 하며, 비계가 만약 공하거나 만약 공하지 않다는 것에 상응하여 머무르지 않아야 하고 향계, 나아가 비촉을 인연으로 생겨난 여러 수가 만약 공하거나 만약 공하지 않다는 것에 상응하여 머무르지 않아야 하며, 비계가 만약 유상이거나 만약 무상이라는 것에 상응하여 머무르지 않아야 하고 향계, 나아가 비촉을 인연으로 생겨난 여러 수가 만약 유상이거나 만약 무상이라는 것에 상응하여 머무르지 않아야 하며, 비계가 만약 유원이거나 만약 무원이라는 것에 상응하여 머무르지 않아야 하고 향계, 나아가 비촉을 인연으로 생겨난 여러 수가 만약 유원이거나 만약 무원이라는 것에 상응하여 머무르지 않아야 합니다. 왜 그러한가? 얻을 수 있는 것으로써 방편으로 삼는 까닭입니다.
 다시 다음으로 교시가여. 보살마하살은 반야바라밀다를 수행하는 때에, 설계가 만약 항상하거나 만약 무상하다는 것에 상응하여 머무르지 않아야 하고 미계·설식계, 나아가 설촉·설촉을 인연으로 생겨난 여러 수가 만약 항상하거나 만약 무상하다는 것에 상응하여 머무르지 않아야 하며, 설계가 만약 즐겁거나 만약 괴롭다는 것에 상응하여 머무르지 않아야 하고 미계, 나아가 설촉을 인연으로 생겨난 여러 수가 만약 즐겁거나 만약 괴롭다는 것에 상응하여 머무르지 않아야 하며, 설계가 만약 나이거나 만약 무아라는 것에 상응하여 머무르지 않아야 하고 미계, 나아가 설촉을 인연으로 생겨난 여러 수가 나이거나 무아라는 것에 상응하여 머무르지 않아야 하며, 설계가 만약 청정하거나 만약 부정하다는 것에 상응하여 머무르지 않아야 하고 미계, 나아가 설촉을 인연으로 생겨난 여러 수가 청정하거나 만약 부정하다는 것에 상응하여 머무르지 않아야 하며, 설계가 만약 적정하거나 만약 적정하지 않다는 것에 상응하여 머무르지 않아야 하고 미계, 나아가 설촉을 인연으로 생겨난 여러 수가 만약 적정하거나 만약 적정하지 않다는 것에 상응하여 머무르지 않아야 하며, 설계가 만약 멀리 벗어났거나 만약 멀리 벗어나지 않는다는 것에 상응하여 머무르지 않아야 하고 미계, 나아가 설촉을 인연으로 생겨난 여러 수가 만약 멀리 벗어났거나 만약 멀리 벗어나지 않는다는 것에 상응하여 머무르지 않아야 하며, 설계가 만약 공하거나 만약 공하지 않다는 것에 상응하여 머무르지 않아야 하고 미계, 나아가 설촉을 인연으로 생겨난 여러 수가 만약 공하거나 만약 공하지 않다는 것에 상응하여 머무르지 않아야 하며, 설계가 만약 유상이거나 만약 무상이라는 것에 상응하여 머무르지 않아야 하고 미계, 나아가 설촉을 인연으로 생겨난 여러 수가 만약 유상이거나 만약 무상이라는 것에 상응하여 머무르지 않아야 하며, 설계가 만약 유원이거나 만약 무원이라는 것에 상응하여 머무르지 않아야 하고 미계, 나아가 설촉을 인연으로 생겨난 여러 수가 만약 유원이거나 만약 무원이라는 것에 상응하여 머무르지 않아야 합니다. 왜 그러한가? 얻을 수 있는 것으로써 방편으로 삼는 까닭입니다.

다시 다음으로 교시가여. 보살마하살은 반야바라밀다를 수행하는 때에, 신계가 만약 항상하거나 만약 무상하다는 것에 상응하여 머무르지 않아야 하고 촉계·신식계, 나아가 신촉·신촉을 인연으로 생겨난 여러 수가 만약 항상하거나 만약 무상하다는 것에 상응하여 머무르지 않아야 하며, 신계가 만약 즐겁거나 만약 괴롭다는 것에 상응하여 머무르지 않아야 하고 촉계, 나아가 신촉을 인연으로 생겨난 여러 수가 만약 즐겁거나 만약 괴롭다는 것에 상응하여 머무르지 않아야 하며, 신계가 만약 나이거나 만약 무아라는 것에 상응하여 머무르지 않아야 하고 촉계, 나아가 신촉을 인연으로 생겨난 여러 수가 나이거나 무아라는 것에 상응하여 머무르지 않아야 하며, 신계가 만약 청정하거나 만약 부정하다는 것에 상응하여 머무르지 않아야 하고 촉계, 나아가 신촉을 인연으로 생겨난 여러 수가 만약 청정하거나 만약 부정하다는 것에 상응하여 머무르지 않아야 하며, 신계가 만약 적정하거나 만약 적정하지 않다는 것에 상응하여 머무르지 않아야 하고 촉계, 나아가 신촉을 인연으로 생겨난 여러 수가 만약 적정하거나 만약 적정하지 않다는 것에 상응하여 머무르지 않아야 하며, 신계가 만약 멀리 벗어났거나 만약 멀리 벗어나지 않는다는 것에 상응하여 머무르지 않아야 하고 촉계, 나아가 신촉을 인연으로 생겨난 여러 수가 만약 멀리 벗어났거나 만약 멀리 벗어나지 않는다는 것에 상응하여 머무르지 않아야 하며, 신계가 만약 공하거나 만약 공하지 않다는 것에 상응하여 머무르지 않아야 하고 촉계, 나아가 신촉을 인연으로 생겨난 여러 수가 만약 공하거나 만약 공하지 않다는 것에 상응하여 머무르지 않아야 하며, 신계가 만약 유상이거나 만약 무상이라는 것에 상응하여 머무르지 않아야 하고 촉계, 나아가 신촉을 인연으로 생겨난 여러 수가 만약 유상이거나 만약 무상이라는 것에 상응하여 머무르지 않아야 하며, 신계가 만약 유원이거나 만약 무원이라는 것에 상응하여 머무르지 않아야 하고 촉계, 나아가 신촉을 인연으로 생겨난 여러 수가 만약 유원이거나 만약 무원이라는 것에 상응하여 머무르지 않아야 합니다. 왜 그러한가? 얻을 수 있는 것으로써 방편으로 삼는 까닭입니다.
 다시 다음으로 교시가여. 보살마하살은 반야바라밀다를 수행하는 때에, 의계가 만약 항상하거나 만약 무상한 것에 상응하여 머무르지 않아야 하고 법계·의식계, 나아가 의촉·의촉을 인연으로 생겨난 여러 수가 만약 항상하거나 만약 무상하다는 것에 상응하여 머무르지 않아야 하며, 의계가 만약 즐겁거나 만약 괴롭다는 것에 상응하여 머무르지 않아야 하고 법계, 나아가 의촉을 인연으로 생겨난 여러 수가 만약 즐겁거나 만약 괴롭다는 것에 상응하여 머무르지 않아야 하며, 의계가 만약 나이거나 만약 무아라는 것에 상응하여 머무르지 않아야 하고 법계, 나아가 의촉을 인연으로 생겨난 여러 수가 만약 나이거나 만약 무아라는 것에 상응하여 머무르지 않아야 하며, 의계가 만약 청정하거나 만약 부정하다는 것에 상응하여 머무르지 않아야 하고 법계, 나아가 의촉을 인연으로 생겨난 여러 수가 만약 청정하거나 만약 부정하다는 것에 상응하여 머무르지 않아야 하며, 의계가 만약 적정하거나 만약 적정하지 않다는 것에 상응하여 머무르지 않아야 하고 법계, 나아가 의촉을 인연으로 생겨난 여러 수가 만약 적정하거나 만약 적정하지 않다는 것에 상응하여 머무르지 않아야 하며, 의계가 만약 멀리 벗어났거나 만약 멀리 벗어나지 않는다는 것에 상응하여 머무르지 않아야 하고 법계, 나아가 의촉을 인연으로 생겨난 여러 수가 만약 멀리 벗어났거나 만약 멀리 벗어나지 않는다는 것에 상응하여 머무르지 않아야 하며, 의계가 만약 공하거나 만약 공하지 않다는 것에 상응하여 머무르지 않아야 하고 법계, 나아가 의촉을 인연으로 생겨난 여러 수가 만약 공하거나 만약 공하지 않다는 것에 상응하여 머무르지 않아야 하며, 의계가 만약 유상이거나 만약 무상이라는 것에 상응하여 머무르지 않아야 하고 법계, 나아가 의촉을 인연으로 생겨난 여러 수가 만약 유상이거나 만약 무상이라는 것에 상응하여 머무르지 않아야 하며, 의계가 만약 유원이거나 만약 무원이라는 것에 상응하여 머무르지 않아야 하고 법계, 나아가 의촉을 인연으로 생겨난 여러 수가 만약 유원이거나 만약 무원이라는 것에 상응하여 머무르지 않아야 합니다. 왜 그러한가? 얻을 수 있는 것으로써 방편으로 삼는 까닭입니다.

 다시 다음으로 교시가여. 보살마하살은 반야바라밀다를 수행하는 때에, 지계가 만약 항상하거나 만약 무상하다는 것에 상응하여 머무르지 않아야 하고 수·화·풍·공·식계가 만약 항상하거나 만약 무상하다는 것에 상응하여 머무르지 않아야 하며, 지계가 만약 즐겁거나 만약 괴롭다는 것에 상응하여 머무르지 않아야 하고 수·화·풍·공·식계가 만약 즐겁거나 만약 괴롭다는 것에 상응하여 머무르지 않아야 하며, 지계가 만약 나이거나 만약 무아라는 것에 상응하여 머무르지 않아야 하고 수·화·풍·공·식계가 만약 나이거나 만약 무아라는 것에 상응하여 머무르지 않아야 하며, 지계가 만약 청정하거나 만약 부정하다는 것에 상응하여 머무르지 않아야 하고 수·화·풍·공·식계가 만약 청정하거나 만약 부정하다는 것에 상응하여 머무르지 않아야 하며, 지계가 만약 적정하거나 만약 적정하지 않다는 것에 상응하여 머무르지 않아야 하고 수·화·풍·공·식계가 만약 적정하거나 만약 적정하지 않다는 것에 상응하여 머무르지 않아야 하며, 지계가 만약 멀리 벗어났거나 만약 멀리 벗어나지 않는다는 것에 상응하여 머무르지 않아야 하고 수·화·풍·공·식계가 만약 멀리 벗어났거나 만약 멀리 벗어나지 않는다는 것에 상응하여 머무르지 않아야 하며, 지계가 만약 공하거나 만약 공하지 않다는 것에 상응하여 머무르지 않아야 하고 수·화·풍·공·식계가 만약 공하거나 만약 공하지 않다는 것에 상응하여 머무르지 않아야 하며, 지계가 만약 유상이거나 만약 무상이라는 것에 상응하여 머무르지 않아야 하고 수·화·풍·공·식계가 만약 유상이거나 만약 무상이라는 것에 상응하여 머무르지 않아야 하며, 지계가 만약 유원이거나 만약 무원이라는 것에 상응하여 머무르지 않아야 하고 수·화·풍·공·식계가 만약 유원이거나 만약 무원이라는 것에 상응하여 머무르지 않아야 합니다. 왜 그러한가? 얻을 수 있는 것으로써 방편으로 삼는 까닭입니다.

 다시 다음으로 교시가여. 보살마하살은 반야바라밀다를 수행하는 때에, 고성제가 만약 항상하거나 만약 무상한 것에 상응하여 머무르지 않아야 하고 집·멸·도성제가 만약 항상하거나 만약 무상하다는 것에 상응하여 머무르지 않아야 하며, 고성제가 만약 즐겁거나 만약 괴롭다는 것에 상응하여 머무르지 않아야 하고 집·멸·도성제가 만약 즐겁거나 만약 괴롭다는 것에 상응하여 머무르지 않아야 하며, 고성제가 만약 나이거나 만약 무아라는 것에 상응하여 머무르지 않아야 하고 집·멸·도성제가 만약 나이거나 만약 무아라는 것에 상응하여 머무르지 않아야 하며, 고성제가 만약 청정하거나 만약 부정하다는 것에 상응하여 머무르지 않아야 하고 집·멸·도성제가 만약 청정하거나 만약 부정하다는 것에 상응하여 머무르지 않아야 하며, 고성제가 만약 적정하거나 만약 적정하지 않다는 것에 상응하여 머무르지 않아야 하고 집·멸·도성제가 만약 적정하거나 만약 적정하지 않다는 것에 상응하여 머무르지 않아야 하며, 고성제가 만약 멀리 벗어났거나 만약 멀리 벗어나지 않는다는 것에 상응하여 머무르지 않아야 하고 집·멸·도성제가 만약 멀리 벗어났거나 만약 멀리 벗어나지 않는다는 것에 상응하여 머무르지 않아야 하며, 고성제가 만약 공하거나 만약 공하지 않다는 것에 상응하여 머무르지 않아야 하고 집·멸·도성제가 만약 공하거나 만약 공하지 않다는 것에 상응하여 머무르지 않아야 하며, 고성제가 만약 유상이거나 만약 무상이라는 것에 상응하여 머무르지 않아야 하고 집·멸·도성제가 만약 유상이거나 만약 무상이라는 것에 상응하여 머무르지 않아야 하며, 고성제가 만약 유원이거나 만약 무원이라는 것에 상응하여 머무르지 않아야 하고 집·멸·도성제가 만약 유원이거나 만약 무원이라는 것에 상응하여 머무르지 않아야 합니다. 왜 그러한가? 얻을 수 있는 것으로써 방편으로 삼는 까닭입니다.

　다시 다음으로 교시가여. 보살마하살은 반야바라밀다를 수행하는 때에, 무명이 만약 항상하거나 만약 무상하다는 것에 상응하여 머무르지 않아야 하고 행·식·명색·육처·촉·수·애·취·유·생·노사의 수탄고우뇌가 만약 항상하거나 만약 무상하다는 것에 상응하여 머무르지 않아야 하며, 무명이 만약 즐겁거나 만약 괴롭다는 것에 상응하여 머무르지 않아야 하고 행, 나아가 노사의 수탄고우뇌가 만약 즐겁거나 만약 괴롭다는 것에 상응하여 머무르지 않아야 하며, 무명이 만약 나이거나 만약 무아라는 것에 상응하여 머무르지 않아야 하고 행, 나아가 노사의 수탄고우뇌가 만약 나이거나 만약 무아라는 것에 상응하여 머무르지 않아야 하며, 무명이 만약 청정하거나 만약 부정하다는 것에 상응하여 머무르지 않아야 하고 행, 나아가 노사의 수탄고우뇌가 만약 청정하거나 만약 부정하다는 것에 상응하여 머무르지 않아야 하며, 무명이 만약 적정하거나 만약 적정하지 않다는 것에 상응하여 머무르지 않아야 하고 행, 나아가 노사의 수탄고우뇌가 만약 적정하거나 만약 적정하지 않다는 것에 상응하여 머무르지 않아야 하며, 무명이 만약 멀리 벗어났거나 만약 멀리 벗어나지 않는다는 것에 상응하여 머무르지 않아야 하고 행, 나아가 노사의 수탄고우뇌가 만약 멀리 벗어났거나 만약 멀리 벗어나지 않는다는 것에 상응하여 머무르지 않아야 하며, 무명이 만약 공하거나 만약 공하지 않다는 것에 상응하여 머무르지 않아야 하고 행, 나아가 노사의 수탄고우뇌가 만약 공하거나 만약 공하지 않다는 것에 상응하여 머무르지 않아야 하며, 무명이 만약 유상이거나 만약 무상이라는 것에 상응하여 머무르지 않아야 하고 행, 나아가 노사의 수탄고우뇌가 만약 유상이거나 만약 무상이라는 것에 상응하여 머무르지 않아야 하며, 무명이 만약 유원이거나 만약 무원이라는 것에 상응하여 머무르지 않아야 하고 행, 나아가 노사의 수탄고우뇌가 만약 유원이거나 만약 무원이라는 것에 상응하여 머무르지 않아야 합니다. 왜 그러한가? 얻을 수 있는 것으로써 방편으로 삼는 까닭입니다.

다시 다음으로 교시가여. 보살마하살은 반야바라밀다를 수행하는 때에, 내공이 만약 항상하거나 만약 무상하다는 것에 상응하여 머무르지 않아야 하고 외공·내외공·공공·대공·승의공·유위공·무위공·필경공·무제공·산공·무변이공·본성공·자상공·공상공·일체법공·불가득공·무성공·자성공·무성자성공이 만약 항상하거나 만약 무상하다는 것에 상응하여 머무르지 않아야 하며, 내공이 만약 즐겁거나 만약 괴롭다는 것에 상응하여 머무르지 않아야 하고 외공, 나아가 무성자성공이 만약 즐겁거나 만약 괴롭다는 것에 상응하여 머무르지 않아야 하며, 내공이 만약 나이거나 만약 무아라는 것에 상응하여 머무르지 않아야 하고 외공, 나아가 무성자성공이 만약 나이거나 만약 무아라는 것에 상응하여 머무르지 않아야 하며, 내공이 만약 청정하거나 만약 부정하다는 것에 상응하여 머무르지 않아야 하고 외공, 나아가 무성자성공이 만약 청정하거나 만약 부정하다는 것에 상응하여 머무르지 않아야 하며, 내공이 만약 적정하거나 만약 적정하지 않다는 것에 상응하여 머무르지 않아야 하고 외공, 나아가 무성자성공이 만약 적정하거나 만약 적정하지 않다는 것에 상응하여 머무르지 않아야 하며, 내공이 만약 멀리 벗어났거나 만약 멀리 벗어나지 않는다는 것에 상응하여 머무르지 않아야 하고 외공, 나아가 무성자성공이 만약 멀리 벗어났거나 만약 멀리 벗어나지 않는다는 것에 상응하여 머무르지 않아야 하며, 내공이 만약 공하거나 만약 공하지 않다는 것에 상응하여 머무르지 않아야 하고 외공, 나아가 무성자성공이 만약 공하거나 만약 공하지 않다는 것에 상응하여 머무르지 않아야 하며, 내공이 만약 유상이거나 만약 무상이라는 것에 상응하여 머무르지 않아야 하고 외공, 나아가 무성자성공이 만약 유상이거나 만약 무상이라는 것에 상응하여 머무르지 않아야 하며, 내공이 만약 유원이거나 만약 무원이라는 것에 상응하여 머무르지 않아야 하고 외공, 나아가 무성자성공이 만약 유원이거나 만약 무원이라는 것에 상응하여 머무르지 않아야 합니다. 왜 그러한가? 얻을 수 있는 것으로써 방편으로 삼는 까닭입니다.

다시 다음으로 교시가여. 보살마하살은 반야바라밀다를 수행하는 때에, 진여가 만약 항상하거나 만약 무상하다는 것에 상응하여 머무르지 않아야 하고 법계·법성·불허망성·불변이성·평등성·이생성·법정·법주·실제·허공계·부사의계가 만약 항상하거나 만약 무상하다는 것에 상응하여 머무르지 않아야 하며, 진여가 만약 즐겁거나 만약 괴롭다는 것에 상응하여 머무르지 않아야 하고 법계, 나아가 부사의계가 만약 즐겁거나 만약 괴롭다는 것에 상응하여 머무르지 않아야 하며, 진여가 만약 나이거나 만약 무아라는 것에 상응하여 머무르지 않아야 하고 법계, 나아가 부사의계가 만약 나이거나 만약 무아라는 것에 상응하여 머무르지 않아야 하며, 진여가 만약 청정하거나 만약 부정하다는 것에 상응하여 머무르지 않아야 하고 법계, 나아가 부사의계가 만약 청정하거나 만약 부정하다는 것에 상응하여 머무르지 않아야 하며, 진여가 만약 적정하거나 만약 적정하지 않다는 것에 상응하여 머무르지 않아야 하고 법계, 나아가 부사의계가 만약 적정하거나 만약 적정하지 않다는 것에 상응하여 머무르지 않아야 하며, 진여가 만약 멀리 벗어났거나 만약 멀리 벗어나지 않는다는 것에 상응하여 머무르지 않아야 하고 법계, 나아가 부사의계가 만약 멀리 벗어났거나 만약 멀리 벗어나지 않는다는 것에 상응하여 머무르지 않아야 하며, 진여가 만약 공하거나 만약 공하지 않다는 것에 상응하여 머무르지 않아야 하고 법계, 나아가 부사의계가 만약 공하거나 만약 공하지 않다는 것에 상응하여 머무르지 않아야 하며, 진여가 만약 유상이거나 만약 무상이라는 것에 상응하여 머무르지 않아야 하고 법계, 나아가 부사의계가 만약 유상이거나 만약 무상이라는 것에 상응하여 머무르지 않아야 하며, 진여가 만약 유원이거나 만약 무원이라는 것에 상응하여 머무르지 않아야 하고 법계, 나아가 부사의계가 만약 유원이거나 만약 무원이라는 것에 상응하여 머무르지 않아야 합니다. 왜 그러한가? 얻을 수 있는 것으로써 방편으로 삼는 까닭입니다.

다시 다음으로 교시가여. 보살마하살은 반야바라밀다를 수행하는 때에, 보시바라밀다가 만약 항상하거나 만약 무상하다는 것에 상응하여 머무르지 않아야 하고 정계·안인·정진·정려·반야바라밀다가 만약 항상하거나 만약 무상하다는 것에 상응하여 머무르지 않아야 하며, 보시바라밀다가 만약 즐겁거나 만약 괴롭다는 것에 상응하여 머무르지 않아야 하고 정계, 나아가 반야바라밀다가 만약 즐겁거나 만약 괴롭다는 것에 상응하여 머무르지 않아야 하며, 보시바라밀다가 만약 나이거나 만약 무아라는 것에 상응하여 머무르지 않아야 하고 정계, 나아가 반야바라밀다가 만약 나이거나 만약 무아라는 것에 상응하여 머무르지 않아야 하며,

보시바라밀다가 만약 청정하거나 만약 부정하다는 것에 상응하여 머무르지 않아야 하고 정계, 나아가 반야바라밀다가 만약 청정하거나 만약 부정하다는 것에 상응하여 머무르지 않아야 하며, 안처가 만약 적정하거나 만약 적정하지 않다는 것에 상응하여 머무르지 않아야 하고 정계, 나아가 반야바라밀다가 만약 적정하거나 만약 적정하지 않다는 것에 상응하여 머무르지 않아야 하며, 보시바라밀다가 만약 멀리 벗어났거나 만약 멀리 벗어나지 않는다는 것에 상응하여 머무르지 않아야 하고 정계, 나아가 반야바라밀다가 만약 멀리 벗어났거나 만약 멀리 벗어나지 않는다는 것에 상응하여 머무르지 않아야 하며, 보시바라밀다가 만약 공하거나 만약 공하지 않다는 것에 상응하여 머무르지 않아야 하고 정계, 나아가 반야바라밀다가 만약 공하거나 만약 공하지 않다는 것에 상응하여 머무르지 않아야 하며, 보시바라밀다가 만약 유상이거나 만약 무상이라는 것에 상응하여 머무르지 않아야 하고 정계, 나아가 반야바라밀다가 만약 유상이거나 만약 무상이라는 것에 상응하여 머무르지 않아야 하며, 보시바라밀다가 만약 유원이거나 만약 무원이라는 것에 상응하여 머무르지 않아야 하고 정계, 나아가 반야바라밀다가 만약 유원이거나 만약 무원이라는 것에 상응하여 머무르지 않아야 합니다. 왜 그러한가? 얻을 수 있는 것으로써 방편으로 삼는 까닭입니다.

다시 다음으로 교시가여. 보살마하살은 반야바라밀다를 수행하는 때에, 4정려가 만약 항상하거나 만약 무상하다는 것에 상응하여 머무르지 않아야 하고 4무량·4무색정이 만약 항상하거나 만약 무상하다는 것에 상응하여 머무르지 않아야 하며, 4정려가 만약 즐겁거나 만약 괴롭다는 것에 상응하여 머무르지 않아야 하고 4무량·4무색정이 만약 즐겁거나 만약 괴롭다는 것에 상응하여 머무르지 않아야 하며, 4정려가 만약 나이거나 만약 무아라는 것에 상응하여 머무르지 않아야 하고 4무량·4무색정이 만약 나이거나 만약 무아라는 것에 상응하여 머무르지 않아야 하며, 4정려가 만약 청정하거나 만약 부정하다는 것에 상응하여 머무르지 않아야 하고 4무량·4무색정이 만약 청정하거나 만약 부정하다는 것에 상응하여 머무르지 않아야 하며, 4정려가 만약 적정하거나 만약 적정하지 않다는 것에 상응하여 머무르지 않아야 하고 4무량·4무색정이 만약 적정하거나 만약 적정하지 않다는 것에 상응하여 머무르지 않아야 하며, 4정려가 만약 멀리 벗어났거나 만약 멀리 벗어나지 않는다는 것에 상응하여 머무르지 않아야 하고 4무량·4무색정이 만약 멀리 벗어났거나 만약 멀리 벗어나지 않는다는 것에 상응하여 머무르지 않아야 하며, 4정려가 만약 공하거나 만약 공하지 않다는 것에 상응하여 머무르지 않아야 하고 4무량·4무색정이 만약 공하거나 만약 공하지 않다는 것에 상응하여 머무르지 않아야 하며, 4정려가 만약 유상이거나 만약 무상이라는 것에 상응하여 머무르지 않아야 하고 4무량·4무색정이 만약 유상이거나 만약 무상이라는 것에 상응하여 머무르지 않아야 하며, 4정려가 만약 유원이거나 만약 무원이라는 것에 상응하여 머무르지 않아야 하고 4무량·4무색정이 만약 유원이거나 만약 무원이라는 것에 상응하여 머무르지 않아야 합니다. 왜 그러한가? 얻을 수 있는 것으로써 방편으로 삼는 까닭입니다.

다시 다음으로 교시가여. 보살마하살은 반야바라밀다를 수행하는 때에, 8해탈이 만약 항상하거나 만약 무상하다는 것에 상응하여 머무르지 않아야 하고 8승처·9차제정·10변처가 만약 항상하거나 만약 무상하다는 것에 상응하여 머무르지 않아야 하며, 8해탈이 만약 즐겁거나 만약 괴롭다는 것에 상응하여 머무르지 않아야 하고 8승처·9차제정·10변처가 만약 즐겁거나 만약 괴롭다는 것에 상응하여 머무르지 않아야 하며, 8해탈이 만약 나이거나 만약 무아라는 것에 상응하여 머무르지 않아야 하고 8승처·9차제정·10변처가 만약 나이거나 만약 무아라는 것에 상응하여 머무르지 않아야 하며, 8해탈이 만약 청정하거나 만약 부정하다는 것에 상응하여 머무르지 않아야 하고 8승처·9차제정·10변처가 만약 청정하거나 만약 부정하다는 것에 상응하여 머무르지 않아야 하며, 8해탈이 만약 적정하거나 만약 적정하지 않다는 것에 상응하여 머무르지 않아야 하고 8승처·9차제정·10변처가 만약 적정하거나 만약 적정하지 않다는 것에 상응하여 머무르지 않아야 하며, 8해탈이 만약 멀리 벗어났거나 만약 멀리 벗어나지 않는다는 것에 상응하여 머무르지 않아야 하고 8승처·9차제정·10변처가 만약 멀리 벗어났거나 만약 멀리 벗어나지 않는다는 것에 상응하여 머무르지 않아야 하며, 8해탈이 만약 공하거나 만약 공하지 않다는 것에 상응하여 머무르지 않아야 하고 8승처·9차제정·10변처가 만약 공하거나 만약 공하지 않다는 것에 상응하여 머무르지 않아야 하며, 8해탈이 만약 유상이거나 만약 무상이라는 것에 상응하여 머무르지 않아야 하고 8승처·9차제정·10변처가 만약 유상이거나 만약 무상이라는 것에 상응하여 머무르지 않아야 하며, 8해탈이 만약 유원이거나 만약 무원이라는 것에 상응하여 머무르지 않아야 하고 8승처·9차제정·10변처가 만약 유원이거나 만약 무원이라는 것에 상응하여 머무르지 않아야 합니다. 왜 그러한가? 얻을 수 있는 것으로써 방편으로 삼는 까닭입니다.

　다시 다음으로 교시가여. 보살마하살은 반야바라밀다를 수행하는 때에, 4념주가 만약 항상하거나 만약 무상하다는 것에 상응하여 머무르지 않아야 하고 4정단·4신족·5근·5력·7등각지·8성도지가 만약 항상하거나 만약 무상하다는 것에 상응하여 머무르지 않아야 하며, 4념주가 만약 즐겁거나 만약 괴롭다는 것에 상응하여 머무르지 않아야 하고 4정단, 나아가 8성도지가 만약 즐겁거나 만약 괴롭다는 것에 상응하여 머무르지 않아야 하며, 4념주가 만약 나이거나 만약 무아라는 것에 상응하여 머무르지 않아야 하고 4정단, 나아가 8성도지가 만약 나이거나 만약 무아라는 것에 상응하여 머무르지 않아야 하며, 4념주가 만약 청정하거나 만약 부정하다는 것에 상응하여 머무르지 않아야 하고 4정단, 나아가 8성도지가 만약 청정하거나 만약 부정하다는 것에 상응하여 머무르지 않아야 하며, 4념주가 만약 적정하거나 만약 적정하지 않다는 것에 상응하여 머무르지 않아야 하고 4정단, 나아가 8성도지가 만약 적정하거나 만약 적정하지 않다는 것에 상응하여 머무르지 않아야 하며, 4념주가 만약 멀리 벗어났거나 만약 멀리 벗어나지 않는다는 것에 상응하여 머무르지 않아야 하고 4정단, 나아가 8성도지가 만약 멀리 벗어났거나 만약 멀리 벗어나지 않는다는 것에 상응하여 머무르지 않아야 하며, 4념주가 만약 공하거나 만약 공하지 않다는 것에 상응하여 머무르지 않아야 하고 4정단, 나아가 8성도지가 만약 공하거나 만약 공하지 않다는 것에 상응하여 머무르지 않아야 하며, 4념주가 만약 유상이거나 만약 무상이라는 것에 상응하여 머무르지 않아야 하고 4정단, 나아가 8성도지가 만약 유상이거나 만약 무상이라는 것에 상응하여 머무르지 않아야 하며, 4념주가 만약 유원이거나 만약 무원이라는 것에 상응하여 머무르지 않아야 하고 4정단, 나아가 8성도지가 만약 유원이거나 만약 무원이라는 것에 상응하여 머무르지 않아야 합니다. 왜 그러한가? 얻을 수 있는 것으로써 방편으로 삼는 까닭입니다.

　다시 다음으로 교시가여. 보살마하살은 반야바라밀다를 수행하는 때에, 공해탈문이 만약 항상하거나 만약 무상하다는 것에 상응하여 머무르지 않아야 하고 무상·무원해탈문이 만약 항상하거나 만약 무상하다는 것에 상응하여 머무르지 않아야 하며, 공해탈문이 만약 즐겁거나 만약 괴롭다는 것에 상응하여 머무르지 않아야 하고 무상·무원해탈문이 만약 즐겁거나 만약 괴롭다는 것에 상응하여 머무르지 않아야 하며, 공해탈문이 만약 나이거나 만약 무아라는 것에 상응하여 머무르지 않아야 하고 무상·무원해탈문이 만약 나이거나 만약 무아라는 것에 상응하여 머무르지 않아야 하며, 공해탈문이 만약 청정하거나 만약 부정하다는 것에 상응하여 머무르지 않아야 하고 무상·무원해탈문이 만약 청정하거나 만악 부정하다는 것에 상응하여 머무르지 않아야 하며, 공해탈문이 만약 적정하거나 만약 적정하지 않다는 것에 상응하여 머무르지 않아야 하고 무상·무원해탈문이 만약 적정하거나 만약 적정하지 않다는 것에 상응하여 머무르지 않아야 하며, 공해탈문이 만약 멀리 벗어났거나 만약 멀리 벗어나지 않는다는 것에 상응하여 머무르지 않아야 하고 무상·무원해탈문이 만약 멀리 벗어났거나 만약 멀리 벗어나지 않는다는 것에 상응하여 머무르지 않아야 하며, 공해탈문이 만약 공하거나 만약 공하지 않다는 것에 상응하여 머무르지 않아야 하고 무상·무원해탈문이 만약 공하거나 만약 공하지 않다는 것에 상응하여 머무르지 않아야 하며, 공해탈문이 만약 유상이거나 만약 무상이라는 것에 상응하여 머무르지 않아야 하고 무상·무원해탈문이 만약 유상이거나 만약 무상이라는 것에 상응하여 머무르지 않아야 하며, 공해탈문이 만약 유원이거나 만약 무원이라는 것에 상응하여 머무르지 않아야 하고 무상·무원해탈문이 만약 유원이거나 만약 무원이라는 것에 상응하여 머무르지 않아야 합니다. 왜 그러한가? 얻을 수 있는 것으로써 방편으로 삼는 까닭입니다.

다시 다음으로 교시가여. 보살마하살은 반야바라밀다를 수행하는 때에, 5안이 만약 항상하거나 만약 무상하다는 것에 상응하여 머무르지 않아야 하고 6신통이 만약 항상하거나 만약 무상하다는 것에 상응하여 머무르지 않아야 하며, 5안이 만약 즐겁거나 만약 괴롭다는 것에 상응하여 머무르지 않아야 하고 6신통이 만약 즐겁거나 만약 괴롭다는 것에 상응하여 머무르지 않아야 하며, 5안이 만약 나이거나 만약 무아라는 것에 상응하여 머무르지 않아야 하고 6신통이 만약 나이거나 만약 무아라는 것에 상응하여 머무르지 않아야 하며, 5안이 만약 청정하거나 만약 부정하다는 것에 상응하여 머무르지 않아야 하고 6신통이 만약 청정하거나 만약 부정하다는 것에 상응하여 머무르지 않아야 하며, 5안이 만약 적정하거나 만약 적정하지 않다는 것에 상응하여 머무르지 않아야 하고 6신통이 만약 적정하거나 만약 적정하지 않다는 것에 상응하여 머무르지 않아야 하며, 5안이 만약 멀리 벗어났거나 만약 멀리 벗어나지 않는다는 것에 상응하여 머무르지 않아야 하고 6신통이 만약 멀리 벗어났거나 만약 멀리 벗어나지 않는다는 것에 상응하여 머무르지 않아야 하며, 5안이 만약 공하거나 만약 공하지 않다는 것에 상응하여 머무르지 않아야 하고 6신통이 만약 공하거나 만약 공하지 않다는 것에 상응하여 머무르지 않아야 하며, 5안이 만약 유상이거나 만약 무상이라는 것에 상응하여 머무르지 않아야 하고 6신통이 만약 유상이거나 만약 무상이라는 것에 상응하여 머무르지 않아야 하며, 5안이 만약 유원이거나 만약 무원이라는 것에 상응하여 머무르지 않아야 하고 6신통이 만약 유원이거나 만약 무원이라는 것에 상응하여 머무르지 않아야 합니다. 왜 그러한가? 얻을 수 있는 것으로써 방편으로 삼는 까닭입니다.

다시 다음으로 교시가여. 보살마하살은 반야바라밀다를 수행하는 때에, 여래의 10력이 만약 항상하거나 만약 무상하다는 것에 상응하여 머무르지 않아야 하고 4무소외·4무애해·대자·대비·대희·대사·18불불공법이 만약 항상하거나 만약 무상하다는 것에 상응하여 머무르지 않아야 하며, 여래의 10력이 만약 즐겁거나 만약 괴롭다는 것에 상응하여 머무르지 않아야 하고 4무소외, 나아가 18불불공법이 만약 즐겁거나 만약 괴롭다는 것에 상응하여 머무르지 않아야 하며, 여래의 10력이 만약 나이거나 만약 무아라는 것에 상응하여 머무르지 않아야 하고 4무소외, 나아가 18불불공법이 만약 나이거나 만약 무아라는 것에 상응하여 머무르지 않아야 하며, 여래의 10력이 만약 청정하거나 만약 부정하다는 것에 상응하여 머무르지 않아야 하고 4무소외, 나아가 18불불공법이 만약 청정하거나 만약 부정하다는 것에 상응하여 머무르지 않아야 하며, 여래의 10력이 만약 적정하거나 만약 적정하지 않다는 것에 상응하여 머무르지 않아야 하고 4무소외, 나아가 18불불공법이 만약 적정하거나 만약 적정하지 않다는 것에 상응하여 머무르지 않아야 하며, 여래의 10력이 만약 멀리 벗어났거나 만약 멀리 벗어나지 않는다는 것에 상응하여 머무르지 않아야 하고 4무소외, 나아가 18불불공법이 만약 멀리 벗어났거나 만약 멀리 벗어나지 않는다는 것에 상응하여 머무르지 않아야 하며, 여래의 10력이 만약 공하거나 만약 공하지 않다는 것에 상응하여 머무르지 않아야 하고 4무소외, 나아가 18불불공법이 만약 공하거나 만약 공하지 않다는 것에 상응하여 머무르지 않아야 하며, 여래의 10력이 만약 유상이거나 만약 무상이라는 것에 상응하여 머무르지 않아야 하고 4무소외, 나아가 18불불공법이 만약 유상이거나 만약 무상이라는 것에 상응하여 머무르지 않아야 하며, 여래의 10력이 만약 유원이거나 만약 무원이라는 것에 상응하여 머무르지 않아야 하고 4무소외, 나아가 18불불공법이 만약 유원이거나 만약 무원이라는 것에 상응하여 머무르지 않아야 합니다. 왜 그러한가? 얻을 수 있는 것으로써 방편으로 삼는 까닭입니다."

마하반야바라밀다경 제80권

22. 천제품(天帝品)(4)

 "다시 다음으로 교시가여. 보살마하살은 반야바라밀다를 수행하는 때에, 무망실법이 만약 항상하거나 만약 무상하다는 것에 상응하여 머무르지 않아야 하고 항주사성이 만약 항상하거나 만약 무상하다는 것에 상응하여 머무르지 않아야 하며, 무망실법이 만약 즐겁거나 만약 괴롭다는 것에 상응하여 머무르지 않아야 하고 항주사성이 만약 즐겁거나 만약 괴롭다는 것에 상응하여 머무르지 않아야 하며, 무망실법이 만약 나이거나 만약 무아라는 것에 상응하여 머무르지 않아야 하고 항주사성이 만약 나이거나 만약 무아라는 것에 상응하여 머무르지 않아야 하며, 무망실법이 만약 청정하거나 만약 부정하다는 것에 상응하여 머무르지 않아야 하고 항주사성이 만약 청정하거나 만약 부정하다는 것에 상응하여 머무르지 않아야 하며, 무망실법이 만약 적정하거나 만약 적정하지 않다는 것에 상응하여 머무르지 않아야 하고 항주사성이 만약 적정하거나 만약 적정하지 않다는 것에 상응하여 머무르지 않아야 하며, 무망실법이 만약 멀리 벗어났거나 만약 멀리 벗어나지 않는다는 것에 상응하여 머무르지 않아야 하고 항주사성이 만약 멀리 벗어났거나 만약 멀리 벗어나지 않는다는 것에 상응하여 머무르지 않아야 하며, 무망실법이 만약 공하거나 만약 공하지 않다는 것에 상응하여 머무르지 않아야 하고 항주사성이 만약 공하거나 만약 공하지 않다는 것에 상응하여 머무르지 않아야 하며, 무망실법이 만약 유상이거나 만약 무상이라는 것에 상응하여 머무르지 않아야 하고 항주사성이 만약 유상이거나 만약 무상이라는 것에 상응하여 머무르지 않아야 하며, 무망실법이 만약 유원이거나 만약 무원이라는 것에 상응하여 머무르지 않아야 하고 항주사성이 만약 유원이거나 만약 무원이라는 것에 상응하여 머무르지 않아야 합니다. 왜 그러한가? 얻을 수 있는 것으로써 방편으로 삼는 까닭입니다.

다시 다음으로 교시가여. 보살마하살은 반야바라밀다를 수행하는 때에, 일체의 다라니문이 만약 항상하거나 만약 무상하다는 것에 상응하여 머무르지 않아야 하고 일체의 삼마지문이 만약 항상하거나 만약 무상하다는 것에 상응하여 머무르지 않아야 하며, 일체의 다라니문이 만약 즐겁거나 만약 괴롭다는 것에 상응하여 머무르지 않아야 하고 일체의 삼마지문이 만약 즐겁거나 만약 괴롭다는 것에 상응하여 머무르지 않아야 하며, 일체의 다라니문이 만약 나이거나 만약 무아라는 것에 상응하여 머무르지 않아야 하고 일체의 삼마지문이 만약 나이거나 만약 무아라는 것에 상응하여 머무르지 않아야 하며, 일체의 다라니문이 만약 청정하거나 만약 부정하다는 것에 상응하여 머무르지 않아야 하고 일체의 삼마지문이 만약 청정하거나 만약 부정하다는 것에 상응하여 머무르지 않아야 하며, 일체의 다라니문이 만약 적정하거나 만약 적정하지 않다는 것에 상응하여 머무르지 않아야 하고 일체의 삼마지문이 만약 적정하거나 만약 적정하지 않다는 것에 상응하여 머무르지 않아야 하며, 일체의 다라니문이 만약 멀리 벗어났거나 만약 멀리 벗어나지 않는다는 것에 상응하여 머무르지 않아야 하고 일체의 삼마지문이 만약 멀리 벗어났거나 만약 멀리 벗어나지 않는다는 것에 상응하여 머무르지 않아야 하며, 일체의 다라니문이 만약 공하거나 만약 공하지 않다는 것에 상응하여 머무르지 않아야 하고 일체의 삼마지문이 만약 공하거나 만약 공하지 않다는 것에 상응하여 머무르지 않아야 하며, 일체의 다라니문이 만약 유상이거나 만약 무상이라는 것에 상응하여 머무르지 않아야 하고 일체의 삼마지문이 만약 유상이거나 만약 무상이라는 것에 상응하여 머무르지 않아야 하며, 일체의 다라니문이 만약 유원이거나 만약 무원이라는 것에 상응하여 머무르지 않아야 하고 일체의 삼마지문이 만약 유원이거나 만약 무원이라는 것에 상응하여 머무르지 않아야 합니다. 왜 그러한가? 얻을 수 있는 것으로써 방편으로 삼는 까닭입니다.

다시 다음으로 교시가여. 보살마하살은 반야바라밀다를 수행하는 때에, 일체지가 만약 항상하거나 만약 무상하다는 것에 상응하여 머무르지 않아야 하고 도상지·일체상지가 만약 항상하거나 만약 무상하다는 것에 상응하여 머무르지 않아야 하며, 일체지가 만약 즐겁거나 만약 괴롭다는 것에 상응하여 머무르지 않아야 하고 도상지·일체상지가 만약 즐겁거나 만약 괴롭다는 것에 상응하여 머무르지 않아야 하며, 일체지가 만약 나이거나 만약 무아라는 것에 상응하여 머무르지 않아야 하고 도상지·일체상지가 만약 나이거나 만약 무아라는 것에 상응하여 머무르지 않아야 하며, 일체지가 만약 청정하거나 만약 부정하다는 것에 상응하여 머무르지 않아야 하고 도상지·일체상지가 만약 청정하거나 만약 부정하다는 것에 상응하여 머무르지 않아야 하며, 일체지가 만약 적정하거나 만약 적정하지 않다는 것에 상응하여 머무르지 않아야 하고 도상지·일체상지가 만약 적정하거나 만약 적정하지 않다는 것에 상응하여 머무르지 않아야 하며, 일체지가 만약 멀리 벗어났거나 만약 멀리 벗어나지 않는다는 것에 상응하여 머무르지 않아야 하고 도상지·일체상지가 만약 멀리 벗어났거나 만약 멀리 벗어나지 않는다는 것에 상응하여 머무르지 않아야 하며, 일체지가 만약 공하거나 만약 공하지 않다는 것에 상응하여 머무르지 않아야 하고 도상지·일체상지가 만약 공하거나 만약 공하지 않다는 것에 상응하여 머무르지 않아야 하며, 일체지가 만약 유상이거나 만약 무상이라는 것에 상응하여 머무르지 않아야 하고 도상지·일체상지가 만약 유상이거나 만약 무상이라는 것에 상응하여 머무르지 않아야 하며, 일체지가 만약 유원이거나 만약 무원이라는 것에 상응하여 머무르지 않아야 하고 도상지·일체상지가 만약 유원이거나 만약 무원이라는 것에 상응하여 머무르지 않아야 합니다. 왜 그러한가? 얻을 수 있는 것으로써 방편으로 삼는 까닭입니다.

다시 다음으로 교시가여. 보살마하살은 반야바라밀다를 수행하는 때에, 성문승이 만약 항상하거나 만약 무상하다는 것에 상응하여 머무르지 않아야 하고 독각승·무상승이 만약 항상하거나 만약 무상하다는 것에 상응하여 머무르지 않아야 하며, 성문승이 만약 즐겁거나 만약 괴롭다는 것에 상응하여 머무르지 않아야 하고 독각승·무상승이 만약 즐겁거나 만약 괴롭다는 것에 상응하여 머무르지 않아야 하며, 성문승이 만약 나이거나 만약 무아라는 것에 상응하여 머무르지 않아야 하고 독각승·무상승이 만약 나이거나 만약 무아라는 것에 상응하여 머무르지 않아야 하며, 성문승이 만약 청정하거나 만약 부정하다는 것에 상응하여 머무르지 않아야 하고 독각승·무상승이 만약 청정하거나 만약 부정하다는 것에 상응하여 머무르지 않아야 하며, 성문승이 만약 적정하거나 만약 적정하지 않다는 것에 상응하여 머무르지 않아야 하고 독각승·무상승이 만약 적정하거나 만약 적정하지 않다는 것에 상응하여 머무르지 않아야 하며, 성문승이 만약 멀리 벗어났거나 만약 멀리 벗어나지 않는다는 것에 상응하여 머무르지 않아야 하고 독각승·무상승이 만약 멀리 벗어났거나 만약 멀리 벗어나지 않는다는 것에 상응하여 머무르지 않아야 하며, 성문승이 만약 공하거나 만약 공하지 않다는 것에 상응하여 머무르지 않아야 하고 독각승·무상승이 만약 공하거나 만약 공하지 않다는 것에 상응하여 머무르지 않아야 하며, 성문승이 만약 유상이거나 만약 무상이라는 것에 상응하여 머무르지 않아야 하고 독각승·무상승이 만약 유상이거나 만약 무상이라는 것에 상응하여 머무르지 않아야 하며, 성문승이 만약 유원이거나 만약 무원이라는 것에 상응하여 머무르지 않아야 하고 독각승·무상승이 만약 유원이거나 만약 무원이라는 것에 상응하여 머무르지 않아야 합니다. 왜 그러한가? 얻을 수 있는 것으로써 방편으로 삼는 까닭입니다.

다시 다음으로 교시가여. 보살마하살은 반야바라밀다를 수행하는 때에, 예류가 만약 항상하거나 만약 무상하다는 것에 상응하여 머무르지 않아야 하고 일래·불환·아라한이 만약 항상하거나 만약 무상하다는 것에 상응하여 머무르지 않아야 하며, 예류가 만약 즐겁거나 만약 괴롭다는 것에 상응하여 머무르지 않아야 하고 일래·불환·아라한이 만약 즐겁거나 만약 괴롭다는 것에 상응하여 머무르지 않아야 하며, 예류가 만약 나이거나 만약 무아라는 것에 상응하여 머무르지 않아야 하고 일래·불환·아라한이 만약 나이거나 만약 무아라는 것에 상응하여 머무르지 않아야 하며, 예류가 만약 청정하거나 만약 부정하다는 것에 상응하여 머무르지 않아야 하고 일래·불환·아라한이 만약 청정하거나 만약 부정하다는 것에 상응하여 머무르지 않아야 하며, 예류가 만약 적정하거나 만약 적정하지 않다는 것에 상응하여 머무르지 않아야 하고 일래·불환·아라한이 만약 적정하거나 만약 적정하지 않다는 것에 상응하여 머무르지 않아야 하며, 예류가 만약 멀리 벗어났거나 만약 멀리 벗어나지 않는다는 것에 상응하여 머무르지 않아야 하고 일래·불환·아라한이 만약 멀리 벗어났거나 만약 멀리 벗어나지 않는다는 것에 상응하여 머무르지 않아야 하며, 예류가 만약 공하거나 만약 공하지 않다는 것에 상응하여 머무르지 않아야 하고 일래·불환·아라한이 만약 공하거나 만약 공하지 않다는 것에 상응하여 머무르지 않아야 하며, 예류가 만약 유상이거나 만약 무상이라는 것에 상응하여 머무르지 않아야 하고 일래·불환·아라한이 만약 유상이거나 만약 무상이라는 것에 상응하여 머무르지 않아야 하며, 예류가 만약 유원이거나 만약 무원이라는 것에 상응하여 머무르지 않아야 하고 일래·불환·아라한이 만약 유원이거나 만약 무원이라는 것에 상응하여 머무르지 않아야 합니다. 왜 그러한가? 얻을 수 있는 것으로써 방편으로 삼는 까닭입니다.

다시 다음으로 교시가여. 보살마하살은 반야바라밀다를 수행하는 때에, 예류향·예류과가 만약 항상하거나 만약 무상하다는 것에 상응하여 머무르지 않아야 하고 일래향·일래과·불환향·불환과·아라한향·아라한과가 만약 항상하거나 만약 무상하다는 것에 상응하여 머무르지 않아야 하며, 예류향·예류과가 만약 즐겁거나 만약 괴롭다는 것에 상응하여 머무르지 않아야 하고 일래향·일래과·불환향·불환과·아라한향·아라한과가 만약 즐겁거나 만약 괴롭다는 것에 상응하여 머무르지 않아야 하며, 예류향·예류과가 만약 나이거나 만약 무아라는 것에 상응하여 머무르지 않아야 하고 일래향·일래과·불환향·불환과·아라한향·아라한과가 만약 나이거나 만약 무아라는 것에 상응하여 머무르지 않아야 하며, 예류향·예류과가 만약 청정하거나 만약 부정하다는 것에 상응하여 머무르지 않아야 하고 일래향·일래과·불환향·불환과·아라한향·아라한과가 만약 청정하거나 만약 부정하다는 것에 상응하여 머무르지 않아야 하며, 예류향·예류과가 만약 적정하거나 만약 적정하지 않다는 것에 상응하여 머무르지 않아야 하고 일래향·일래과·불환향·불환과·아라한향·아라한과가 만약 적정하거나 만약 적정하지 않다는 것에 상응하여 머무르지 않아야 하며, 예류향·예류과가 만약 멀리 벗어났거나 만약 멀리 벗어나지 않는다는 것에 상응하여 머무르지 않아야 하고 일래향·일래과·불환향·불환과·아라한향·아라한과가 만약 멀리 벗어났거나 만약 멀리 벗어나지 않는다는 것에 상응하여 머무르지 않아야 하며, 예류향·예류과가 만약 공하거나 만약 공하지 않다는 것에 상응하여 머무르지 않아야 하고 일래향·일래과·불환향·불환과·아라한향·아라한과가 만약 공하거나 만약 공하지 않다는 것에 상응하여 머무르지 않아야 하며, 예류향·예류과가 만약 유상이거나 만약 무상이라는 것에 상응하여 머무르지 않아야 하고 일래향·일래과·불환향·불환과·아라한향·아라한과가 만약 유상이거나 만약 무상이라는 것에 상응하여 머무르지 않아야 하며, 예류향·예류과가 만약 유원이거나 만약 무원이라는 것에 상응하여 머무르지 않아야 하고 일래향·일래과·불환향·불환과·아라한향·아라한과가 만약 유원이거나 만약 무원이라는 것에 상응하여 머무르지 않아야 합니다. 왜 그러한가? 얻을 수 있는 것으로써 방편으로 삼는 까닭입니다.

다시 다음으로 교시가여. 보살마하살은 반야바라밀다를 수행하는 때에, 독각이 만약 항상하거나 만약 무상하다는 것에 상응하여 머무르지 않아야 하고 독각향·독각과가 만약 항상하거나 만약 무상하다는 것에 상응하여 머무르지 않아야 하며, 독각이 만약 즐겁거나 만약 괴롭다는 것에 상응하여 머무르지 않아야 하고 독각향·독각과가 만약 즐겁거나 만약 괴롭다는 것에 상응하여 머무르지 않아야 하며, 독각이 만약 나이거나 만약 무아라는 것에 상응하여 머무르지 않아야 하고 독각향·독각과가 만약 나이거나 만약 무아라는 것에 상응하여 머무르지 않아야 하며, 독각이 만약 청정하거나 만약 부정하다는 것에 상응하여 머무르지 않아야 하고 독각향·독각과가 만약 청정하거나 만약 부정하다는 것에 상응하여 머무르지 않아야 하며, 독각이 만약 적정하거나 만약 적정하지 않다는 것에 상응하여 머무르지 않아야 하고 독각향·독각과가 만약 적정하거나 만약 적정하지 않다는 것에 상응하여 머무르지 않아야 하며, 독각이 만약 멀리 벗어났거나 만약 멀리 벗어나지 않는다는 것에 상응하여 머무르지 않아야 하고 독각향·독각과가 만약 멀리 벗어났거나 만약 멀리 벗어나지 않는다는 것에 상응하여 머무르지 않아야 하며, 독각이 만약 공하거나 만약 공하지 않다는 것에 상응하여 머무르지 않아야 하고 독각향·독각과가 만약 공하거나 만약 공하지 않다는 것에 상응하여 머무르지 않아야 하며, 독각이 만약 유상이거나 만약 무상이라는 것에 상응하여 머무르지 않아야 하고 독각향·독각과가 만약 유상이거나 만약 무상이라는 것에 상응하여 머무르지 않아야 하며, 독각이 만약 유원이거나 만약 무원이라는 것에 상응하여 머무르지 않아야 하고 독각향·독각과가 만약 유원이거나 만약 무원이라는 것에 상응하여 머무르지 않아야 합니다. 왜 그러한가? 얻을 수 있는 것으로써 방편으로 삼는 까닭입니다.

다시 다음으로 교시가여. 보살마하살은 반야바라밀다를 수행하는 때에, 보살·여래가 만약 항상하거나 만약 무상하다는 것에 상응하여 머무르지 않아야 하고 보살·여래의 법이 만약 항상하거나 만약 무상하다는 것에 상응하여 머무르지 않아야 하며, 보살·여래가 만약 즐겁거나 만약 괴롭다는 것에 상응하여 머무르지 않아야 하고 보살·여래의 법이 만약 즐겁거나 만약 괴롭다는 것에 상응하여 머무르지 않아야 하며, 보살·여래가 만약 나이거나 만약 무아라는 것에 상응하여 머무르지 않아야 하고 보살·여래의 법이 만약 나이거나 만약 무아라는 것에 상응하여 머무르지 않아야 하며, 보살·여래가 만약 청정하거나 만약 부정하다는 것에 상응하여 머무르지 않아야 하며 보살·여래의 법이 만약 청정하거나 만약 부정하다는 것에 상응하여 머무르지 않아야 하며, 보살·여래가 만약 적정하거나 만약 적정하지 않다는 것에 상응하여 머무르지 않아야 하고 보살·여래의 법이 만약 적정하거나 만약 적정하지 않다는 것에 상응하여 머무르지 않아야 하며, 보살·여래가 만약 멀리 벗어났거나 만약 멀리 벗어나지 않는다는 것에 상응하여 머무르지 않아야 하고 보살·여래의 법이 만약 멀리 벗어났거나 만약 멀리 벗어나지 않는다는 것에 상응하여 머무르지 않아야 하며, 보살·여래가 만약 공하거나 만약 공하지 않다는 것에 상응하여 머무르지 않아야 하고 보살·여래의 법이 만약 공하거나 만약 공하지 않다는 것에 상응하여 머무르지 않아야 하며, 보살·여래가 만약 유상이거나 만약 무상이라는 것에 상응하여 머무르지 않아야 하고 보살·여래의 법이 만약 유상이거나 만약 무상이라는 것에 상응하여 머무르지 않아야 하며, 보살·여래가 만약 유원이거나 만약 무원이라는 것에 상응하여 머무르지 않아야 하고 보살·여래의 법이 만약 유원이거나 만약 무원이라는 것에 상응하여 머무르지 않아야 합니다. 왜 그러한가? 얻을 수 있는 것으로써 방편으로 삼는 까닭입니다.

다시 다음으로 교시가여. 보살마하살은 반야바라밀다를 수행하는 때에, 극희지와 극희지의 법이 만약 항상하거나 만약 무상하다는 것에 상응하여 머무르지 않아야 하고 이구지·발광지·염혜지·극난승지·현전지·원행지·부동지·선혜지·법운지와 이구지, 나아가 법운지의 법이 만약 항상하거나 만약 무상하다는 것에 상응하여 머무르지 않아야 하며, 극희지와 극희지의 법이 만약 즐겁거나 만약 괴롭다는 것에 상응하여 머무르지 않아야 하고 이구지, 나아가 법운지와 이구지, 나아가 법운지의 법이 만약 즐겁거나 만약 괴롭다는 것에 상응하여 머무르지 않아야 하며, 극희지와 극희지의 법이 만약 나이거나 만약 무아라는 것에 상응하여 머무르지 않아야 하고 이구지, 나아가 법운지와 이구지, 나아가 법운지의 법이 만약 나이거나 만약 무아라는 것에 상응하여 머무르지 않아야 하며, 극희지와 극희지의 법이 만약 청정하거나 만약 부정하다는 것에 상응하여 머무르지 않아야 하고 이구지, 나아가 법운지와 이구지, 나아가 법운지의 법이 만약 청정하거나 만약 부정하다는 것에 상응하여 머무르지 않아야 하며, 극희지와 극희지의 법이 만약 적정하거나 만약 적정하지 않다는 것에 상응하여 머무르지 않아야 하고 이구지, 나아가 법운지와 이구지, 나아가 법운지의 법이 만약 적정하거나 만약 적정하지 않다는 것에 상응하여 머무르지 않아야 하며, 극희지와 극희지의 법이 만약 멀리 벗어났거나 만약 멀리 벗어나지 않는다는 것에 상응하여 머무르지 않아야 하고 이구지, 나아가 법운지와 이구지, 나아가 법운지의 법이 만약 멀리 벗어났거나 만약 멀리 벗어나지 않는다는 것에 상응하여 머무르지 않아야 하며, 극희지와 극희지의 법이 만약 공하거나 만약 공하지 않다는 것에 상응하여 머무르지 않아야 하고 이구지, 나아가 법운지와 이구지, 나아가 법운지의 법이 만약 공하거나 만약 공하지 않다는 것에 상응하여 머무르지 않아야 하며, 극희지와 극희지의 법이 만약 유상이거나 만약 무상이라는 것에 상응하여 머무르지 않아야 하고 이구지, 나아가 법운지와 이구지, 나아가 법운지의 법이 만약 유상이거나 만약 무상이라는 것에 상응하여 머무르지 않아야 하며, 극희지와 극희지의 법이 만약 유원이거나 만약 무원이라는 것에 상응하여 머무르지 않아야 하고 이구지, 나아가 법운지와 이구지, 나아가 법운지의 법이 만약 유원이거나 만약 무원이라는 것에 상응하여 머무르지 않아야 합니다. 왜 그러한가? 얻을 수 있는 것으로써 방편으로 삼는 까닭입니다.

다시 다음으로 교시가여. 보살마하살은 반야바라밀다를 수행하는 때에, 이생지와 이생지의 법이 만약 항상하거나 만약 무상하다는 것에 상응하여 머무르지 않아야 하고 종성지·제팔지·구견지·박지·이욕지·이판지·독각지·보살지·여래지와 종성지, 나아가 여래지의 법이 만약 항상하거나 만약 무상하다는 것에 상응하여 머무르지 않아야 하며, 이생지와 이생지의 법이 만약 즐겁거나 만약 괴롭다는 것에 상응하여 머무르지 않아야 하고 종성지, 나아가 여래지와 종성지, 나아가 여래지의 법이 만약 즐겁거나 만약 괴롭다는 것에 상응하여 머무르지 않아야 하며, 이생지와 이생지의 법이 만약 나이거나 만약 무아라는 것에 상응하여 머무르지 않아야 하고 종성지, 나아가 여래지와 종성지, 나아가 여래지의 법이 만약 나이거나 만약 무아라는 것에 상응하여 머무르지 않아야 하며, 이생지와 이생지의 법이 만약 청정하거나 만약 부정하다는 것에 상응하여 머무르지 않아야 하고 종성지, 나아가 여래지와 종성지, 나아가 여래지의 법이 만약 청정하거나 만약 부정하다는 것에 상응하여 머무르지 않아야 하며, 이생지와 이생지의 법이 만약 적정하거나 만약 적정하지 않다는 것에 상응하여 머무르지 않아야 하고 종성지, 나아가 여래지와 종성지, 나아가 여래지의 법이 만약 적정하거나 만약 적정하지 않다는 것에 상응하여 머무르지 않아야 하며, 이생지와 이생지의 법이 만약 멀리 벗어났거나 만약 멀리 벗어나지 않는다는 것에 상응하여 머무르지 않아야 하고 종성지, 나아가 여래지와 종성지, 나아가 여래지의 법이 만약 멀리 벗어났거나 만약 멀리 벗어나지 않는다는 것에 상응하여 머무르지 않아야 하며, 이생지와 이생지의 법이 만약 공하거나 만약 공하지 않다는 것에 상응하여 머무르지 않아야 하고 종성지, 나아가 여래지와 종성지, 나아가 여래지의 법이 만약 공하거나 만약 공하지 않다는 것에 상응하여 머무르지 않아야 하며, 이생지와 이생지의 법이 만약 유상이거나 만약 무상이라는 것에 상응하여 머무르지 않아야 하고 종성지, 나아가 여래지와 종성지, 나아가 여래지의 법이 만약 유상이거나 만약 무상이라는 것에 상응하여 머무르지 않아야 하며, 이생지와 이생지의 법이 만약 유원이거나 만약 무원이라는 것에 상응하여 머무르지 않아야 하고 종성지, 나아가 여래지와 종성지, 나아가 여래지의 법이 만약 유원이거나 만약 무원이라는 것에 상응하여 머무르지 않아야 합니다. 왜 그러한가? 얻을 수 있는 것으로써 방편으로 삼는 까닭입니다."

"다시 다음으로 교시가여. 보살마하살은 반야바라밀다를 수행하는 때에, '예류과는 무위(無爲)의 상(相)이다.'라고 상응하여 머무르지 않아야 하고, '일래과·불환과·아라한과는 무위의 상이다.'라고 상응하여 머무르지 않아야 합니다. 왜 그러한가? 얻을 수 있는 것으로써 방편으로 삼는 까닭입니다. 교시가여. 보살마하살은 반야바라밀다를 수행하는 때에, '독각의 보리(菩提)는 무위의 상이다.'라고 상응하여 머무르지 않아야 합니다. 왜 그러한가? 얻을 수 있는 것으로써 방편으로 삼는 까닭입니다. 교시가여. 보살마하살은 반야바라밀다를 수행하는 때에, '아뇩다라삼먁삼보리(阿耨多羅三藐三菩提)는 무위의 상이다.'라고 상응하여 머무르지 않아야 합니다. 왜 그러한가? 얻을 수 있는 것으로써 방편으로 삼는 까닭입니다.

다시 다음으로 교시가여. 보살마하살은 반야바라밀다를 수행하는 때에, '예류는 복전(福田)이다.'라고 상응하여 머무르지 않아야 하고, '일래과·불환과·아라한과는 복전이다.'라고 상응하여 머무르지 않아야 합니다. 왜 그러한가? 얻을 수 있는 것으로써 방편으로 삼는 까닭입니다. 교시가여. 보살마하살은 반야바라밀다를 수행하는 때에, '독각의 보리는 복전이다.'라고 상응하여 머무르지 않아야 합니다. 왜 그러한가? 얻을 수 있는 것으로써 방편으로 삼는 까닭입니다. 교시가여. 보살마하살은 반야바라밀다를 수행하는 때에, '보살과 여래(如來)·응공(應供)·정등각(正等覺)은 복전이다.'라고 상응하여 머무르지 않아야 합니다. 왜 그러한가? 얻을 수 있는 것으로써 방편으로 삼는 까닭입니다.

다시 다음으로 교시가여. 보살마하살은 반야바라밀다를 수행하는 때에, 초지(初地)의 수승한 일에 상응하여 머무르지 않아야 하고, 제2지, 나아가 제10지의 수승한 일에 상응하여 머무르지 않아야 합니다. 왜 그러한가? 얻을 수 있는 것으로써 방편으로 삼는 까닭입니다. 다시 다음으로 교시가여. 보살마하살은 반야바라밀다를 수행하는 때에, 초발심(初發心)으로 '나는 마땅히 보시바라밀다를 원만하게 하겠다.'라고 곧 이렇게 생각을 지으면서 상응하여 머무르지 않아야 하고, 초발심으로 '나는 마땅히 정계·안인·정진·정려·반야바라밀다를 원만하게 하겠다.'라고 곧 이렇게 생각을 지으면서 상응하여 머무르지 않아야 합니다. 왜 그러한가? 얻을 수 있는 것으로써 방편으로 삼는 까닭입니다.

교시가여. 보살마하살은 반야바라밀다를 수행하는 때에, '나는 마땅히

4정려를 원만하게 하겠다.'라고 상응하여 머무르지 않아야 하고, '나는 마땅히 4무량·4무색정을 원만하게 하겠다.'라고 상응하여 머무르지 않아야 합니다. 왜 그러한가? 얻을 수 있는 것으로써 방편으로 삼는 까닭입니다. 교시가여. 보살마하살은 반야바라밀다를 수행하는 때에, '나는 마땅히 8해탈을 원만하게 하겠다.'라고 상응하여 머무르지 않아야 하고, '나는 마땅히 8승처·9차제정·10변처를 원만하게 하겠다.'라고 상응하여 머무르지 않아야 합니다. 왜 그러한가? 얻을 수 있는 것으로써 방편으로 삼는 까닭입니다.

교시가여. 보살마하살은 반야바라밀다를 수행하는 때에, '나는 마땅히 4념주를 원만하게 하겠다.'라고 상응하여 머무르지 않아야 하고, '나는 마땅히 4정단·4신족·5근·5력·7등각지·8성도지를 원만하게 하겠다.'라고 상응하여 머무르지 않아야 합니다. 왜 그러한가? 얻을 수 있는 것으로써 방편으로 삼는 까닭입니다. 교시가여. 보살마하살은 반야바라밀다를 수행하는 때에, '나는 마땅히 공해탈문을 원만하게 하겠다.'라고 상응하여 머무르지 않아야 하고, '나는 마땅히 무상·무원해탈문을 원만하게 하겠다.'라고 상응하여 머무르지 않아야 합니다. 왜 그러한가? 얻을 수 있는 것으로써 방편으로 삼는 까닭입니다.

교시가여. 보살마하살은 반야바라밀다를 수행하는 때에, '나는 가행(加行)[1]을 수습하여 이미 원만하므로 마땅히 보살의 정성이생(正性離生)[2]에 들어갔다.'라고 상응하여 머무르지 않아야 하고, '나는 이미 정성이생에 들어갔으니 마땅히 보살의 불퇴전지(不退轉地)[3]에 머무르겠다.'라고 상응하여 머무르지 않아야 합니다. 왜 그러한가? 얻을 수 있는 것으로써

---

1) 산스크리트어 prayoga의 번역이고, 실천의 수단을 뜻하므로 방편(方便)이라고도 말한다.
2) 견도(見道)의 다른 이름이고, 산스크리트어 darśana-mārga의 번역이다. 수행자가 모든 견혹(見惑)에서 벗어나는 계위로 견도위(見道位)라고도 말하며, 부파불교의 수행계위인 성문의 4향 4과에서 수다원향(須陀洹向)인 예류향(預流向)에 해당한다.
3) 산스크리트어 avinivartanīya의 번역이고, 아유월치(阿惟越致), 아비발치(阿鞞跋致)로 음사한다.

방편으로 삼는 까닭입니다.

교시가여. 보살마하살은 반야바라밀다를 수행하는 때에, '나는 보살의 5신통을 원만하게 하였다.'라고 상응하여 머무르지 않아야 하고, '나는 원만한 5신통을 얻었으므로 무량하고 무수한 세계를 유행하면서 제불·세존을 예경(禮敬)하겠고 우러러 바라보겠으며 공양하겠고 받들어 섬기겠으며, 정법(正法)을 듣고서 이치와 같게 사유하며 유정들을 위하여 널리 설하고 열어서 보이겠다.'라고 상응하여 머무르지 않아야 합니다. 왜 그러한가? 얻을 수 있는 것으로써 방편으로 삼는 까닭입니다.

교시가여. 보살마하살은 반야바라밀다를 수행하는 때에, '나는 마땅히 시방의 세존께서 기거하시는 처소인 정토(淨土)와 같이 청정하게 장엄하겠다.'라고 상응하여 머무르지 않아야 하고, '나는 제유정의 부류들을 성숙시켜 무상정등보리를 얻게 하거나, 혹은 반열반(般涅槃)을 얻게 하거나, 혹은 인간과 천상의 즐거움을 얻게 하겠다.'라고 상응하여 머무르지 않아야 합니다. 왜 그러한가? 얻을 수 있는 것으로써 방편으로 삼는 까닭입니다.

교시가여. 보살마하살은 반야바라밀다를 수행하는 때에, '나는 마땅히 무량하고 무변한 제불의 국토로 가서 제불·세존을 공양하겠고 공경하겠으며, 존중하겠고 찬탄하겠으며, 다시 무변한 꽃(花)·향(香)·영락(瓔珞)·보배(寶)·당번(幢幡)·일산(蓋)·의복(衣服)·와구(臥具)·음식(飮食)·등불(燈明)과 백천 구지(俱胝)·나유타(那庾多)의 많은 천상의 여러 기악(伎樂)과 무량한 종류의 상묘(上妙)한 보배(珍)와 재물로써 공양하겠다.'라고 상응하여 머무르지 않아야 하고, '나는 마땅히 무량하고 무변한 유정들을 안립(安立)시켜서 무상정등보리에서 불퇴전을 얻게 하겠다.'라고 상응하여 머무르지 않아야 합니다. 왜 그러한가? 얻을 수 있는 것으로써 방편으로 삼는 까닭입니다.

교시가여. 보살마하살은 반야바라밀다를 수행하는 때에, '나는 마땅히 청정한 육안(肉眼)을 성취(成辦)하겠다.'라고 상응하여 머무르지 않아야 하고, '나는 마땅히 청정한 천안(天眼)·혜안(慧眼)·법안(法眼)과 구경(究竟)

의 불안(佛眼)을 성취하겠다.'라고 상응하여 머무르지 않아야 합니다. 왜 그러한가? 얻을 수 있는 것으로써 방편으로 삼는 까닭입니다.

교시가여. 보살마하살은 반야바라밀다를 수행하는 때에, '나는 마땅히 구경의 원만한 신경지통(神境智通)을 성취하겠다.'라고 상응하여 머무르지 않아야 하고, '나는 마땅히 구경의 원만한 천안(天眼)·천이(天耳)·타심(他心)·숙주(宿住)·누진지통(漏盡智通)을 성취하겠다.'라고 상응하여 머무르지 않아야 합니다. 왜 그러한가? 얻을 수 있는 것으로써 방편으로 삼는 까닭입니다.

교시가여. 보살마하살은 반야바라밀다를 수행하는 때에, '나는 마땅히 여래의 10력을 성취하겠다.'라고 상응하여 머무르지 않아야 하고, '나는 마땅히 4무소외·4무애해·대자·대비·대희·대사·18불불공법을 성취하겠다.'라고 상응하여 머무르지 않아야 합니다. 왜 그러한가? 얻을 수 있는 것으로써 방편으로 삼는 까닭입니다. 교시가여. 보살마하살은 반야바라밀다를 수행하는 때에, '나는 마땅히 무망실법을 성취하겠다.'라고 상응하여 머무르지 않아야 하고, '나는 마땅히 항주사성을 성취하겠다.'라고 상응하여 머무르지 않아야 합니다. 왜 그러한가? 얻을 수 있는 것으로써 방편으로 삼는 까닭입니다.

교시가여. 보살마하살은 반야바라밀다를 수행하는 때에, '나는 마땅히 일체지를 성취하겠다.'라고 상응하여 머무르지 않아야 하고, '나는 마땅히 도상지·일체상지를 성취하겠다.'라고 상응하여 머무르지 않아야 합니다. 왜 그러한가? 얻을 수 있는 것으로써 방편으로 삼는 까닭입니다. 교시가여. 보살마하살은 반야바라밀다를 수행하는 때에, '나는 마땅히 일체의 다라니문을 성취하여 무량하고 무변한 처소에서 짓는 사업(事業)의 총지(總持)[4]를 자재하게 하겠다.'라고 상응하여 머무르지 않아야 하고, '나는 마땅히 일체의 삼마지문을 성취하여 무량하고 무변한 등지(等持)의 차별에서 유희(遊戲)를 자재하게 하겠다.'라고 상응하여 머무르지 않아야

---

4) 산스크리트어 dhāraṇī의 번역이고, '능지(能持)', '능차(能遮)' 등으로 한역하며, '다린니(陀隣尼)', '다라니(馱囉尼)', '다라니(陀羅尼)' 등으로 음사한다.

합니다. 왜 그러한가? 얻을 수 있는 것으로써 방편으로 삼는 까닭입니다.

교시가여, 보살마하살은 반야바라밀다를 수행하는 때에, '나는 마땅히 32상(三十二相)으로 장엄된 몸을 성취하여 제유정의 보는 자가 환희(歡喜)하게 하겠다.'라고 상응하여 머무르지 않아야 하고, '나는 마땅히 80수호(八十隨好)로 장엄된 몸을 성취하여 제유정의 보는 자가 싫어함이 없게 하겠다.'라고 상응하여 머무르지 않아야 합니다. 왜 그러한가? 얻을 수 있는 것으로써 방편으로 삼는 까닭입니다.

교시가여, 보살마하살은 반야바라밀다를 수행하는 때에, '이 자는 믿음을 따라서 행하는 자(隨信行者)이고, 이 자는 법을 따라 행하는 자(隨法行者)이며, 이 자는 제8의 보특가라(補特伽羅)5)이다.'라고 상응하여 머무르지 않아야 하고, '이 자는 예류과(預流果)이고, 이 자는 일곱 번의 한계로 되돌아오는 자(極七返有)이다.'라고 상응하여 머무르지 않아야 하며, '이 자는 가가(家家)6)이고, 이 자는 1간(一間)7)이다.'라고 상응하여 머무르지 않아야 하고, '이 자는 상수(上首)와 가지런한 보특가라이고, 나아가 목숨을 끝마치면 번뇌가 곧 없어질 것이다.'라고 상응하여 머무르지 않아야 하며, '이 자는 예류이고 반드시 떨어지지 않는 법이며, 이 자는 중간에 반열반하는 법이다.'라고 상응하여 머무르지 않아야 하고, '이 자는 일래향이고 이 자는 일래과이므로, 이 세간으로 한 번을 와서 괴로움을 끝마칠 것이다.'라고 상응하여 머무르지 않아야 하며, '이 자는 불환향이고 이 자는 불환과이므로, 이 세간으로 그곳으로 가서 곧 반열반을 얻을 자이다.'라고 상응하여 머무르지 않아야 하고, '이 자는 아라한향이고 이 자는 아라한과이므로, 현재에서 반드시 무여열반(無餘涅槃)에 들어갈 것이다.'라고 상응하여 머무르지 않아야 하며, '이 자는 독각향이고 이 자는 독각과이므로, 현재에서 반드시 무여열반에 들어갈 것이다.'라고 상응하여 머무

---

5) 산스크리트어 Pudgalāstikāya의 음사이고, '유정(有情)', '중생(衆生)', '삭취취(數取趣)' 등으로 한역되며, 육도(六道)를 윤회하는 주체를 가리킨다.
6) '예류과' 또는 '일래향'을 가리킨다.
7) '일래과' '불환향'을 가리킨다.

르지 않아야 하고, '이 자는 성문(聲聞)·독각지(獨覺地)를 뛰어넘었으므로 보살지(菩薩地)에 머무는 자이다.'라고 상응하여 머무르지 않아야 합니다. 왜 그러한가? 얻을 수 있는 것으로써 방편으로 삼는 까닭입니다.

교시가여. 보살마하살은 반야바라밀다를 수행하는 때에, '나는 마땅히 일체지·도상지·일체상지를 구족하여 일체법과 일체상을 깨달았으므로, 일체의 상속(相續)하는 번뇌와 여러 습기(習氣)를 영원히 끊겠다.'라고 상응하여 머무르지 않아야 하고, '나는 마땅히 아뇩다라삼먁삼보리를 증득하여 묘한 법륜을 굴리면서 여러 불사(佛事)를 짓겠고 무량하고 무수한 유정들을 도탈(度脫)시키겠으며 열반을 얻어서 안락을 얻게 하겠다.'라고 상응하여 머무르지 않아야 합니다. 왜 그러한가? 얻을 수 있는 것으로써 방편으로 삼는 까닭입니다.

교시가여. 보살마하살은 반야바라밀다를 수행하는 때에, '나는 마땅히 4신족(四神足)을 잘 수습하였으므로 이와 같은 수승한 등지(等持)에 안주(安住)하고, 오히려 이 등지의 증상(增上)인 세력(勢力)으로 나의 수명(壽命)을 긍가(殑伽)의 모래와 같게 하겠으며, 대겁(大劫)을 머무르겠다.'라고 상응하여 머무르지 않아야 하고, '나는 마땅히 무변한 수량(壽量)을 획득(獲得)하겠다.'라고 상응하여 머무르지 않아야 합니다. 왜 그러한가? 얻을 수 있는 것으로써 방편으로 삼는 까닭입니다.

교시가여. 보살마하살은 반야바라밀다를 수행하는 때에, '나는 마땅히 최고로 수승한 32종류의 대사부상(大士夫相)을 성취하여 그 하나·하나의 상을 백 가지의 복덕으로 장엄하겠다.'라고 상응하여 머무르지 않아야 하고, '나는 마땅히 최고로 원만한 80수호(八十隨好)를 성취하여 그 하나·하나의 수호 가운데 있는 무수하고 무량하게 희유(希有)하고 수승한 일로 장엄하겠다.'라고 상응하여 머무르지 않아야 합니다. 왜 그러한가? 얻을 수 있는 것으로써 방편으로 삼는 까닭입니다.

교시가여. 보살마하살은 반야바라밀다를 수행하는 때에, '나는 마땅히 그 국토가 시방으로 크고 넓은 면적으로 긍가의 모래와 같은 분량인 하나의 청정하게 장엄된 국토에 안주(安住)하겠다.'라고 상응하여 머무르지 않아야 하고, '나는 마땅히 그 자리의 넓이와 크기가 삼천대천(三千大千)의 불토(佛土)와 같은 하나의 금강좌(金剛座)에 안좌(安坐)하겠다.'라고 상응하여 머무르지 않아야 합니다. 왜 그러한가? 얻을 수 있는 것으로써 방편으로 삼는 까닭입니다.

교시가여. 보살마하살은 반야바라밀다를 수행하는 때에, '나는 마땅히 그 나무가 높고 넓으며 여러 보배로 장엄된 것에서 풍겨나는 묘한 향기를 그 유정들이 맡은 자라면 탐(貪)·진(瞋)·치(癡) 등의 마음의 질병이 모두 없어지고 무량하고 무변한 몸의 질병도 역시 치료하는 대보리수(大菩提樹)에 의지하겠다.'라고 상응하여 머무르지 않아야 하고, '유정들이 이 보리수의 향기를 맡으면 여러 성문·독각의 작의(作意)를 벗어나고 반드시 무상정등보리를 얻을 것이다.'라고 상응하여 머무르지 않아야 합니다. 왜 그러한가? 얻을 수 있는 것으로써 방편으로 삼는 까닭입니다."

"다시 다음으로 교시가여. 보살마하살은 반야바라밀다를 수행하는 때에, '원하건대, 내가 마땅히 얻는 불토의 가운데에는 색이라는 명자(名字)와 음성(音聲)이 없고, 수·상·행·식이라는 명자와 음성도 없게 하십시오.'라고 상응하여 머무르지 않아야 합니다. 왜 그러한가? 얻을 수 있는 것으로써 방편으로 삼는 까닭입니다. 교시가여. 보살마하살은 반야바라밀다를 수행하는 때에, '원하건대, 내가 마땅히 얻는 불토의 가운데에는 안처라는 명자와 음성도 없고, 이·비·설·신·의처라는 명자와 음성도 없게 하십시오.'라고 상응하여 머무르지 않아야 합니다. 왜 그러한가? 얻을 수 있는 것으로써 방편으로 삼는 까닭입니다.

교시가여. 보살마하살은 반야바라밀다를 수행하는 때에, '원하건대, 내가 마땅히 얻는 불토의 가운데에는 색처라는 명자와 음성도 없고, 성·향·미·촉·법처라는 명자와 음성도 없게 하십시오.'라고 상응하여 머무르지 않아야 합니다. 왜 그러한가? 얻을 수 있는 것으로써 방편으로 삼는 까닭입니다. 교시가여. 보살마하살은 반야바라밀다를 수행하는 때에, '원하건대, 내가 마땅히 얻는 불토의 가운데에는 안계라는 명자와 음성도 없고, 색계·안식계, 나아가 안촉·안촉을 인연으로 생겨난 여러 수라는 명자와 음성도 없게 하십시오.'라고 상응하여 머무르지 않아야 합니다. 왜 그러한가? 얻을 수 있는 것으로써 방편으로 삼는 까닭입니다.

교시가여. 보살마하살은 반야바라밀다를 수행하는 때에, '원하건대, 내가 마땅히 얻는 불토의 가운데에는 이계라는 명자와 음성도 없고, 성계·이식계, 나아가 이촉·이촉을 인연으로 생겨난 여러 수라는 명자와 음성도 없게 하십시오.'라고 상응하여 머무르지 않아야 합니다. 왜 그러한가? 얻을 수 있는 것으로써 방편으로 삼는 까닭입니다. 교시가여. 보살마하살은 반야바라밀다를 수행하는 때에, '원하건대, 내가 마땅히 얻는 불토의 가운데에는 비계라는 명자와 음성도 없고, 향계·비식계, 나아가 비촉·비촉을 인연으로 생겨난 여러 수라는 명자와 음성도 없게 하십시오.'라고 상응하여 머무르지 않아야 합니다. 왜 그러한가? 얻을 수 있는 것으로써 방편으로 삼는 까닭입니다.

교시가여. 보살마하살은 반야바라밀다를 수행하는 때에, '원하건대, 내가 마땅히 얻는 불토의 가운데에는 설계라는 명자와 음성도 없고, 미계·설식계, 나아가 설촉·설촉을 인연으로 생겨난 여러 수라는 명자와 음성도 없게 하십시오.'라고 상응하여 머무르지 않아야 합니다. 왜 그러한가? 얻을 수 있는 것으로써 방편으로 삼는 까닭입니다. 교시가여. 보살마하살은 반야바라밀다를 수행하는 때에, '원하건대, 내가 마땅히 얻는 불토의 가운데에는 신계라는 명자와 음성도 없고, 촉계·신식계, 나아가 신촉·신촉을 인연으로 생겨난 여러 수라는 명자와 음성도 없게 하십시오.'라고 상응하여 머무르지 않아야 합니다. 왜 그러한가? 얻을 수 있는 것으로써 방편으로 삼는 까닭입니다.

교시가여. 보살마하살은 반야바라밀다를 수행하는 때에, '원하건대, 내가 마땅히 얻는 불토의 가운데에는 의계라는 명자와 음성도 없고, 법계·의식계, 나아가 의촉·의촉을 인연으로 생겨난 여러 수라는 명자와 음성도 없게 하십시오.'라고 상응하여 머무르지 않아야 합니다. 왜 그러한가? 얻을 수 있는 것으로써 방편으로 삼는 까닭입니다. 교시가여. 보살마하살은 반야바라밀다를 수행하는 때에, '원하건대, 내가 마땅히 얻는 불토의 가운데에는 지계라는 명자와 음성도 없고, 수·화·풍·공·식계라는 명자와 음성도 없게 하십시오.'라고 상응하여 머무르지 않아야 합니다. 왜 그러한가? 얻을 수 있는 것으로써 방편으로 삼는 까닭입니다.

교시가여. 보살마하살은 반야바라밀다를 수행하는 때에, '원하건대, 내가 마땅히 얻는 불토의 가운데에는 고성제라는 명자와 음성도 없고, 집·멸·도성제라는 명자와 음성도 없게 하십시오.'라고 상응하여 머무르지 않아야 합니다. 왜 그러한가? 얻을 수 있는 것으로써 방편으로 삼는 까닭입니다. 교시가여. 보살마하살은 반야바라밀다를 수행하는 때에, '원하건대, 내가 마땅히 얻는 불토의 가운데에는 무명이라는 명자와 음성도 없고, 행·식·명색·육처·촉·수·애·취·유·생·노사의 수탄고우뇌라는 명자와 음성도 없게 하십시오.'라고 상응하여 머무르지 않아야 합니다. 왜 그러한가? 얻을 수 있는 것으로써 방편으로 삼는 까닭입니다.

교시가여. 보살마하살은 반야바라밀다를 수행하는 때에, '원하건대, 내가 마땅히 얻는 불토의 가운데에는 내공이라는 명자와 음성도 없고, 외공·내외공·공공·대공·승의공·유위공·무위공·필경공·무제공·산공·무변이공·본성공·자상공·공상공·일체법공·불가득공·무성공·자성공·무성자성공이라는 명자와 음성도 없게 하십시오.'라고 상응하여 머무르지 않아야 합니다. 왜 그러한가? 얻을 수 있는 것으로써 방편으로 삼는 까닭입니다. 교시가여. 보살마하살은 반야바라밀다를 수행하는 때에, '원하건대, 내가 마땅히 얻는 불토의 가운데에는 진여라는 명자와 음성도 없고, 법계·법성·불허망성·불변이성·평등성·이생성·법정·법주·실제·허공계·부사의계라는 명자와 음성도 없게 하십시오.'라고 상응하여 머무르지 않아야 합니다. 왜 그러한가? 얻을 수 있는 것으로써 방편으로 삼는 까닭입니다.

교시가여. 보살마하살은 반야바라밀다를 수행하는 때에, '원하건대, 내가 마땅히 얻는 불토의 가운데에는 보시바라밀다라는 명자와 음성도 없고, 정계·안인·정진·정려·반야바라밀다라는 명자와 음성도 없게 하십시오.'라고 상응하여 머무르지 않아야 합니다. 왜 그러한가? 얻을 수 있는 것으로써 방편으로 삼는 까닭입니다. 교시가여, 보살마하살은 반야바라밀다를 수행하는 때에, '원하건대, 내가 마땅히 얻는 불토의 가운데에는 4정려라는 명자와 음성도 없고, 4무량·4무색정이라는 명자와 음성도 없게 하십시오.'라고 상응하여 머무르지 않아야 합니다. 왜 그러한가? 얻을 수 있는 것으로써 방편으로 삼는 까닭입니다.

교시가여. 보살마하살은 반야바라밀다를 수행하는 때에, '원하건대, 내가 마땅히 얻는 불토의 가운데에는 8해탈이라는 명자와 음성도 없고, 8승처·9차제정·10변처라는 명자와 음성도 없게 하십시오.'라고 상응하여 머무르지 않아야 합니다. 왜 그러한가? 얻을 수 있는 것으로써 방편으로 삼는 까닭입니다. 교시가여. 보살마하살은 반야바라밀다를 수행하는 때에, '원하건대, 내가 마땅히 얻는 불토의 가운데에는 4념주라는 명자와 음성도 없고, 4정단·4신족·5근·5력·7등각지·8성도지라는 명자와 음성도 없게 하십시오.'라고 상응하여 머무르지 않아야 합니다. 왜 그러한가? 얻을 수 있는 것으로써 방편으로 삼는 까닭입니다.

교시가여. 보살마하살은 반야바라밀다를 수행하는 때에, '원하건대, 내가 마땅히 얻는 불토의 가운데에는 공해탈문이라는 명자와 음성도 없고, 무상·무원해탈문이라는 명자와 음성도 없게 하십시오.'라고 상응하여 머무르지 않아야 합니다. 왜 그러한가? 얻을 수 있는 것으로써 방편으로 삼는 까닭입니다. 교시가여. 보살마하살은 반야바라밀다를 수행하는 때에, '원하건대, 내가 마땅히 얻는 불토의 가운데에는 5안이라는 명자와 음성도 없고, 6신통이라는 명자와 음성도 없게 하십시오.'라고 상응하여 머무르지 않아야 합니다. 왜 그러한가? 얻을 수 있는 것으로써 방편으로 삼는 까닭입니다.

교시가여. 보살마하살은 반야바라밀다를 수행하는 때에, '원하건대, 내가 마땅히 얻는 불토의 가운데에는 여래의 10력이라는 명자와 음성도 없고, 4무소외·4무애해·대자·대비·대희·대사·18불불공법이라는 명자와 음성도 없게 하십시오.'라고 상응하여 머무르지 않아야 합니다. 왜 그러한가? 얻을 수 있는 것으로써 방편으로 삼는 까닭입니다. 교시가여.
보살마하살은 반야바라밀다를 수행하는 때에, '원하건대, 내가 마땅히
얻는 불토의 가운데에는 무망실법이라는 명자와 음성도 없고, 항주사성이
라는 명자와 음성도 없게 하십시오.'라고 상응하여 머무르지 않아야 합니
다. 왜 그러한가? 얻을 수 있는 것으로써 방편으로 삼는 까닭입니다.

교시가여. 보살마하살은 반야바라밀다를 수행하는 때에, '원하건대,
내가 마땅히 얻는 불토의 가운데에는 일체지라는 명자와 음성도 없고,
도상지·일체상지라는 명자와 음성도 없게 하십시오.'라고 상응하여 머무
르지 않아야 합니다. 왜 그러한가? 얻을 수 있는 것으로써 방편으로
삼는 까닭입니다. 교시가여. 보살마하살은 반야바라밀다를 수행하는
때에, '원하건대, 내가 마땅히 얻는 불토의 가운데에는 성문승이라는
명자와 음성도 없고, 독각승·무상승이라는 명자와 음성도 없게 하십시오.'
라고 상응하여 머무르지 않아야 합니다. 왜 그러한가? 얻을 수 있는
것으로써 방편으로 삼는 까닭입니다.

교시가여. 보살마하살은 반야바라밀다를 수행하는 때에, '원하건대,
내가 마땅히 얻는 불토의 가운데에는 예류·예류향·예류과이라는 명자와
음성도 없고, 일래·불환·아라한 및 일래, 나아가 아라한과라는 명자와
음성도 없게 하십시오.'라고 상응하여 머무르지 않아야 합니다. 왜 그러한
가? 얻을 수 있는 것으로써 방편으로 삼는 까닭입니다. 교시가여. 보살마
하살은 반야바라밀다를 수행하는 때에, '원하건대, 내가 마땅히 얻는
불토의 가운데에는 독각·독각의 보리라는 명자와 음성도 없고, 보살·여래
및 보살·여래의 법이라는 명자와 음성도 없게 하십시오.'라고 상응하여
머무르지 않아야 합니다. 왜 그러한가? 얻을 수 있는 것으로써 방편으로
삼는 까닭입니다.

교시가여. 보살마하살은 반야바라밀다를 수행하는 때에, '원하건대,
내가 마땅히 얻는 불토의 가운데에는 극희지·극희지법이라는 명자와
음성도 없고, 이구지·발광지·염혜지·극난승지·현전지·원행지·부동지·
선혜지·법운지 및 이구지, 나아가 법운지의 법이라는 명자와 음성도

없게 하십시오.'라고 상응하여 머무르지 않아야 합니다. 왜 그러한가? 얻을 수 있는 것으로써 방편으로 삼는 까닭입니다. 교시가여. 보살마하살은 반야바라밀다를 수행하는 때에, '원하건대, 내가 마땅히 얻는 불토의 가운데에는 이생지·이생지의 법이라는 명자와 음성도 없고, 종성지·제팔지·구견지·박지·이욕지·이판지·독각지·보살지·여래지 및 종성지·제팔지·구견지·박지·이욕지·이판지·독각지·보살지·여래지의 법이라는 명자와 음성도 없게 하십시오.'라고 상응하여 머무르지 않아야 합니다. 왜 그러한가? 얻을 수 있는 것으로써 방편으로 삼는 까닭입니다.

그 까닭은 무엇인가? 일체의 여래·응공·정등각께서는 아뇩다라삼먁삼보리를 얻는 때에, 일체법은 모두 무소유(無所有)이므로 명자(名字)와 음성(音聲)을 모두 얻을 수 없다고 깨닫습니다. 교시가여. 이것이 보살마하살은 반야바라밀다에서 상응하여 머물러야 하는 것과 같고, 상(相)에 머무르지 않아야 하는 것과 같습니다. 교시가여. 보살마하살은 반야바라밀다에서 상응하여 머물러야 하는 것을 따라서 머무르고 상에 상응하여 머무르지 않아야 하며, 얻을 수 없는 것을 방편으로 삼아서 이와 같이 수학해야 합니다."

이때 사리자는 "만약 보살마하살은 일체법에서 상응하여 머무르지 않는 자는 어찌 반야바라밀다에 상응하여 머무른다고 말하는가?"라고 이렇게 생각을 지으면서 말하였다. 구수 선현은 사리자가 마음으로 생각하는 것을 알고 곧 알려서 말하였다.

"뜻에서 무엇을 말합니까? 제여래의 마음은 어느 곳에 머무릅니까?"
사리자가 말하였다.

"제여래의 마음은 모두 머무르는 곳이 없습니다. 그 까닭은 무엇인가? 선현이여. 여래의 마음은 색에 머무르지 않고, 수·상·행·식에도 머무르지 않습니다. 왜 그러한가? 색온(色蘊) 등으로써 얻을 수 없는 까닭입니다. 선현이여. 여래의 마음은 안처에 머무르지 않고, 이·비·설·신·의처에도 머무르지 않습니다. 왜 그러한가? 안처 등으로써 얻을 수 없는 까닭입니다. 선현이여. 여래의 마음은 색처에 머무르지 않고, 성·향·미·촉·법처에 머무르지도 않습니다. 왜 그러한가? 색처 등으로써 얻을 수 없는 까닭입니다.

선현이여. 여래의 마음은 안계에 머무르지 않고, 색계·안식계, 나아가 안촉·안촉을 인연으로 생겨난 여러 수에도 머무르지 않습니다. 왜 그러한가? 안계 등으로써 얻을 수 없는 까닭입니다. 선현이여. 여래의 마음은 이계에 머무르지 않고, 성계·이식계, 나아가 이촉·이촉을 인연으로 생겨난 여러 수에도 머무르지 않습니다. 왜 그러한가? 이계 등으로써 얻을 수 없는 까닭입니다. 선현이여. 여래의 마음은 비계에 머무르지 않고, 향계·비식계, 나아가 비촉·비촉을 인연으로 생겨난 여러 수에 머무르지도 않습니다. 왜 그러한가? 비계 등으로써 얻을 수 없는 까닭입니다.

선현이여. 여래의 마음은 설계에 머무르지 않고, 미계·설식계, 나아가 설촉·설촉을 인연으로 생겨난 여러 수에도 머무르지 않습니다. 왜 그러한가? 설계 등으로써 얻을 수 없는 까닭입니다. 선현이여. 여래의 마음은 신계에 머무르지 않고, 촉계·신식계, 나아가 신촉·신촉을 인연으로 생겨난 여러 수에도 머무르지 않습니다. 왜 그러한가? 신계 등으로써 얻을 수 없는 까닭입니다. 선현이여. 여래의 마음은 의계에 머무르지 않고, 법계·의식계, 나아가 의촉·의촉을 인연으로 생겨난 여러 수에 머무르지도 않습니다. 왜 그러한가? 의계 등으로써 얻을 수 없는 까닭입니다.

선현이여. 여래의 마음은 지계에 머무르지 않고, 수·화·풍·공·식계에도 머무르지 않습니다. 왜 그러한가? 지계 등으로써 얻을 수 없는 까닭입니다. 선현이여. 여래의 마음은 고성제에 머무르지 않고, 집·멸·도성제에도 머무르지 않습니다. 왜 그러한가? 고성제 등으로써 얻을 수 없는 까닭입니다. 선현이여. 여래의 마음은 무명에 머무르지 않고, 행·식·명색·육처·촉·수·애·취·유·생·노사의 수탄고우뇌에 머무르지도 않습니다. 왜 그러한가? 무명 등으로써 얻을 수 없는 까닭입니다.

선현이여. 여래의 마음은 내공에 머무르지 않고, 외공·내외공·공공·대공·승의공·유위공·무위공·필경공·무제공·산공·무변이공·본성공·자상공·공상공·일체법공·불가득공·무성공·자성공·무성자성공에도 머무르지 않습니다. 왜 그러한가? 내공 등으로써 얻을 수 없는 까닭입니다. 선현이여. 여래의 마음은 진여에 머무르지 않고, 법계·법성·불허망성·불변이성·평등성·이생성·법정·법주·실제·허공계·부사의계에 머무르지도 않습니다. 왜 그러한가? 진여 등으로써 얻을 수 없는 까닭입니다."

마하반야바라밀다경 제81권

22. 천제품(天帝品)(5)

"선현이여. 여래의 마음은 보시바라밀다에 머무르지 않고, 정계·안인·정진·정려·반야바라밀다에도 머무르지 않습니다. 왜 그러한가? 보시바라밀다 등으로써 얻을 수 없는 까닭입니다. 선현이여. 여래의 마음은 4정려에 머무르지 않고, 4무량·4무색정에도 머무르지 않습니다. 왜 그러한가? 4정려 등으로써 얻을 수 없는 까닭입니다. 선현이여. 여래의 마음은 8해탈에 머무르지 않고, 8승처·9차제정·10변처에 머무르지도 않습니다. 왜 그러한가? 8해탈 등으로써 얻을 수 없는 까닭입니다.

선현이여. 여래의 마음은 4념주에 머무르지 않고, 4정단·4신족·5근·5력·7등각지·8성도지에도 머무르지 않습니다. 왜 그러한가? 4념주 등으로써 얻을 수 없는 까닭입니다. 선현이여. 여래의 마음은 공해탈문에 머무르지 않고, 무상·무원해탈문에도 머무르지 않습니다. 왜 그러한가? 공해탈문 등으로써 얻을 수 없는 까닭입니다. 선현이여. 여래의 마음은 5안에 머무르지 않고, 6신통에 머무르지도 않습니다. 왜 그러한가? 5안 등으로써 얻을 수 없는 까닭입니다.

선현이여. 여래의 마음은 여래의 10력에 머무르지 않고, 4무소외·4무애해·대자·대비·대희·대사·18불불공법에도 머무르지 않습니다. 왜 그러한가? 여래의 10력 등으로써 얻을 수 없는 까닭입니다. 선현이여. 여래의 마음은 무망실법에 머무르지 않고, 항주사성에도 머무르지 않습니다. 왜 그러한가? 무망실법 등으로써 얻을 수 없는 까닭입니다. 선현이여.

여래의 마음은 일체의 다라니문에 머무르지 않고, 일체의 삼마지문에 머무르지도 않습니다. 왜 그러한가? 일체의 다라니문 등으로써 얻을 수 없는 까닭입니다.

선현이여. 여래의 마음은 일체지에 머무르지 않고, 도상지·일체상지에도 머무르지 않습니다. 왜 그러한가? 일체지 등으로써 얻을 수 없는 까닭입니다. 선현이여. 여래의 마음은 성문승에 머무르지 않고, 독각승·무상승에도 머무르지 않습니다. 왜 그러한가? 성문승 등으로써 얻을 수 없는 까닭입니다. 선현이여. 여래의 마음은 예류·예류향·예류과에 머무르지 않고, 일래·불환·아라한 및 일래, 나아가 아라한과에 머무르지도 않습니다. 왜 그러한가? 예류 등으로써 얻을 수 없는 까닭입니다.

선현이여. 여래의 마음은 독각·독각의 보리에 머무르지 않고, 보살·여래 및 보살·여래의 법에도 머무르지 않습니다. 왜 그러한가? 독각 등으로써 얻을 수 없는 까닭입니다. 선현이여. 여래의 마음은 극희지·극희지법에 머무르지 않고, 이구지·발광지·염혜지·극난승지·현전지·원행지·부동지·선혜지·법운지 및 이구지, 나아가 법운지의 법에도 머무르지 않습니다. 왜 그러한가? 극희지 등으로써 얻을 수 없는 까닭입니다. 선현이여. 여래의 마음은 이생지·이생지의 법에 머무르지 않고, 종성지·제팔지·구견지·박지·이욕지·이판지·독각지·보살지·여래지 및 종성지, 나아가 여래지의 법에 머무르지도 않습니다. 왜 그러한가? 예류 등으로써 얻을 수 없는 까닭입니다.

이와 같이 선현이여. 여래의 마음은 일체법에 모두 머무르는 것이 없고, 또 머무르지 않지도 않습니다."

이때 구수 선현이 사리자에게 말하였다.

"그와 같습니다. 보살마하살은 비록 반야바라밀다에 머물지라도 여래와 같이 일체법에 모두 머무르는 것이 없고, 역시 머무르지 않는 것도 아닙니다. 그 까닭은 무엇인가? 사리자여. 보살마하살이 비록 반야바라밀다에 머물지라도 색에 머무르는 것이 아니고 머무르지 않는 것도 아니며,

수·상·행·식에 머무르는 것이 아니고 머무르지 않는 것도 아닙니다. 왜 그러한가? 색온(色蘊) 등은 무이(無二)의 상(相)인 까닭입니다.
　사리자여, 보살마하살이 비록 반야바라밀다에 머물지라도 안처에 머무르는 것이 아니고 머무르지 않는 것도 아니며, 이·비·설·신·의처에 머무르는 것이 아니고 머무르지 않는 것도 아닙니다. 왜 그러한가? 안처 등은 무이의 상인 까닭입니다. 사리자여, 보살마하살이 비록 반야바라밀다에 머물지라도 색처에 머무르는 것이 아니고 머무르지 않는 것도 아니며, 성·향·미·촉·법처에 머무르는 것이 아니고 머무르지 않는 것도 아닙니다. 왜 그러한가? 색처 등은 무이의 상이 없는 까닭입니다.
　사리자여, 보살마하살이 비록 반야바라밀다에 머물지라도 안계에 머무르는 것이 아니고 머무르지 않는 것도 아니며, 색계·안식계, 나아가 안촉·안촉을 인연으로 생겨난 여러 수에 머무르는 것이 아니고 머무르지 않는 것도 아닙니다. 왜 그러한가? 안계 등은 무이의 상인 까닭입니다 사리자여, 보살마하살이 비록 반야바라밀다에 머물지라도 이계에 머무르는 것이 아니고 머무르지 않는 것도 아니며, 성계·이식계, 나아가 이촉·이촉을 인연으로 생겨난 여러 수에 머무르는 것이 아니고 머무르지 않는 것도 아닙니다. 왜 그러한가? 이계 등은 무이의 상이 없는 까닭입니다.
　사리자여, 보살마하살이 비록 반야바라밀다에 머물지라도 비계에 머무르는 것이 아니고 머무르지 않는 것도 아니며, 향계·비식계, 나아가 비촉·비촉을 인연으로 생겨난 여러 수에 머무르는 것이 아니고 머무르지 않는 것도 아닙니다. 왜 그러한가? 비계 등은 무이의 상인 까닭입니다. 사리자여, 보살마하살이 비록 반야바라밀다에 머물지라도 설계에 머무르는 것이 아니고 머무르지 않는 것도 아니며, 미계·설식계, 나아가 설촉·설촉을 인연으로 생겨난 여러 수에 머무르는 것이 아니고 머무르지 않는 것도 아닙니다. 왜 그러한가? 설계 등은 무이의 상이 없는 까닭입니다.
　사리자여, 보살마하살이 비록 반야바라밀다에 머물지라도 신계에 머무르는 것이 아니고 머무르지 않는 것도 아니며, 촉계·신식계, 나아가 신촉·신촉을 인연으로 생겨난 여러 수에 머무르는 것이 아니고 머무르지 않는 것도 아닙니다. 왜 그러한가? 신계 등은 무이의 상인 까닭입니다. 사리자여. 보살마하살이 비록 반야바라밀다에 머물지라도 의계에 머무르는 것이 아니고 머무르지 않는 것도 아니며, 법계·의식계, 나아가 의촉·의촉을 인연으로 생겨난 여러 수에 머무르는 것이 아니고 머무르지 않는 것도 아닙니다. 왜 그러한가? 의계 등은 무이의 상이 없는 까닭입니다.

사리자여. 보살마하살이 비록 반야바라밀다에 머물지라도 지계에 머무르는 것이 아니고 머무르지 않는 것도 아니며, 수·화·풍·공·식계에 머무르는 것이 아니고 머무르지 않는 것도 아닙니다. 왜 그러한가? 지계 등은 무이의 상인 까닭입니다. 사리자여. 보살마하살이 비록 반야바라밀다에 머물지라도 고성제에 머무르는 것이 아니고 머무르지 않는 것도 아니며, 집·멸·도성제에 머무르는 것이 아니고 머무르지 않는 것도 아닙니다. 왜 그러한가? 고성제 등은 무이의 상이 없는 까닭입니다.

사리자여. 보살마하살이 비록 반야바라밀다에 머물지라도 무명에 머무르는 것이 아니고 머무르지 않는 것도 아니며, 행·식·명색·육처·촉·수·애·취·유·생·노사의 수탄고우뇌에 머무르는 것이 아니고 머무르지 않는 것도 아닙니다. 왜 그러한가? 무명 등은 무이의 상인 까닭입니다. 사리자여. 보살마하살이 비록 반야바라밀다에 머물지라도 내공에 머무르는 것이 아니고 머무르지 않는 것도 아니며, 외공·내외공·공공·대공·승의공·유위공·무위공·필경공·무제공·산공·무변이공·본성공·자상공·공상공·일체법공·불가득공·무성공·사성공·무성자성공에 머무르는 것이 아니고 머무르지 않는 것도 아닙니다. 왜 그러한가? 내공 등은 무이의 상이 없는 까닭입니다.

사리자여. 보살마하살이 비록 반야바라밀다에 머물지라도 진여에 머무르는 것이 아니고 머무르지 않는 것도 아니며, 법계·법성·불허망성·불변이성·평등성·이생성·법정·법주·실제·허공계·부사의계에 머무르는 것이 아니고 머무르지 않는 것도 아닙니다. 왜 그러한가? 진여 등은 무이의 상인 까닭입니다. 사리자여. 보살마하살이 비록 반야바라밀다에 머물지라도 보시바라밀다에 머무르는 것이 아니고 머무르지 않는 것도 아니며,

정계·안인·정진·정려·반야바라밀다에 머무르는 것이 아니고 머무르지 않는 것도 아닙니다. 왜 그러한가? 보시바라밀다 등은 무이의 상이 없는 까닭입니다.

사리자여. 보살마하살이 비록 반야바라밀다에 머물지라도 4정려에 머무르는 것이 아니고 머무르지 않는 것도 아니며, 4무량·4무색정에 머무르는 것이 아니고 머무르지 않는 것도 아닙니다. 왜 그러한가? 4정려 등은 무이의 상인 까닭입니다. 사리자여. 보살마하살이 비록 반야바라밀다에 머물지라도 8해탈에 머무르는 것이 아니고 머무르지 않는 것도 아니며, 8승처·9차제정·10변처에 머무르는 것이 아니고 머무르지 않는 것도 아닙니다. 왜 그러한가? 보시바라밀다 등은 무이의 상이 없는 까닭입니다.

사리자여. 보살마하살이 비록 반야바라밀다에 머물지라도 4념주에 머무르는 것이 아니고 머무르지 않는 것도 아니며, 4정단·4신족·5근·5력·7등각지·8성도지에 머무르는 것이 아니고 머무르지 않는 것도 아닙니다. 왜 그러한가? 4념주 등은 무이의 상인 까닭입니다. 사리자여. 보살마하살이 비록 반야바라밀다에 머물지라도 공해탈문에 머무르는 것이 아니고 머무르지 않는 것도 아니며, 무상·무원해탈문에 머무르는 것이 아니고 머무르지 않는 것도 아닙니다. 왜 그러한가? 공해탈문 등은 무이의 상이 없는 까닭입니다.

사리자여. 보살마하살이 비록 반야바라밀다에 머물지라도 5안에 머무르는 것이 아니고 머무르지 않는 것도 아니며, 6신통에 머무르는 것이 아니고 머무르지 않는 것도 아닙니다. 왜 그러한가? 5안 등은 무이의 상인 까닭입니다. 사리자여. 보살마하살이 비록 반야바라밀다에 머물지라도 일체의 다라니문에 머무르는 것이 아니고 머무르지 않는 것도 아니며, 일체의 삼마지문에 머무르는 것이 아니고 머무르지 않는 것도 아닙니다. 왜 그러한가? 일체의 다라니문 등은 무이의 상이 없는 까닭입니다.

사리자여. 보살마하살이 비록 반야바라밀다에 머물지라도 일체지에 머무르는 것이 아니고 머무르지 않는 것도 아니며, 도상지·일체상지에 머무르는 것이 아니고 머무르지 않는 것도 아닙니다. 왜 그러한가? 일체지 등은 무이의 상인 까닭입니다. 사리자여. 보살마하살이 비록 반야바라밀다에 머물지라도 성문승에 머무르는 것이 아니고 머무르지 않는 것도 아니며, 독각승·무상승에 머무르는 것이 아니고 머무르지 않는 것도 아닙니다. 왜 그러한가? 성문승 등은 무이의 상이 없는 까닭입니다.

사리자여. 보살마하살이 비록 반야바라밀다에 머물지라도 예류 및 예류향·예류과에 머무르는 것이 아니고 머무르지 않는 것도 아니며, 일래·불환·아라한 및 일래·불환·아라한향·일래·불환·아라한과에 머무르는 것이 아니고 머무르지 않는 것도 아닙니다. 왜 그러한가? 예류 등은 무이의 상인 까닭입니다. 사리자여. 보살마하살이 비록 반야바라밀다에 머물지라도 독각·독각의 보리에 머무르는 것이 아니고 머무르지 않는 것도 아니며, 보살·여래 및 보살·여래의 법에 머무르는 것이 아니고 머무르지 않는 것도 아닙니다. 왜 그러한가? 독각 등은 무이의 상이 없는 까닭입니다.

사리자여. 보살마하살이 비록 반야바라밀다에 머물지라도 극희지·극희지의 법에 머무르는 것이 아니고 머무르지 않는 것도 아니며, 이구지·발광지·염혜지·극난승지·현전지·원행지·부동지·선혜지·법운지 및 이구지, 나아가 법운지의 법에 머무르는 것이 아니고 머무르지 않는 것도 아닙니다. 왜 그러한가? 극희지 등은 무이의 상인 까닭입니다. 사리자여. 보살마하살이 비록 반야바라밀다에 머물지라도 이생지·이생지의 법에 머무르는 것이 아니고 머무르지 않는 것도 아니며, 종성지·제팔지·구견지·박지·이욕지·이판지·독각지·보살지·여래지 및 종성지, 나아가 여래지의 법에 머무르는 것이 아니고 머무르지 않는 것도 아닙니다. 왜 그러한가? 이생지 등은 무이의 상이 없는 까닭입니다.

사리자여. 보살마하살은 반야바라밀다에 머무르는 것이 아니고 머무르지 않지도 않는 것을 따르면서 얻을 수 없는 것을 방편으로 삼아서 이와 같이 수학해야 합니다."

23. 제천자품(諸天子品)(1)

  그때 회중(會中)에 있었던 여러 천자들은 '여러 약차(藥叉)[1]들의 언어(言詞)와 주문(呪句)은 비록 다시 비밀스러워도 오히려 알 수 있었는데, 존자 선현께서 이 반야바라밀다에서 비록 여러 종류의 언어로 나타내 보였으나, 우리들의 무리는 결국 능히 이해할 수 없구나!'라고 살며시 이렇게 생각을 지었다. 선현은 그들이 마음 속으로 생각하는 것을 알고 곧 알려 말하였다.
  "그대들 천자들은 내가 설하는 것을 능히 이해하지 못합니까?"
  여러 천자들이 말하였다.
  "그와 같습니다. 그와 같습니다."
  구수 선현이 다시 그들에게 알려 말하였다.
  "나는 일찍이 이것을 한 글자도 설하지 않았고 그대들도 듣지 않았는데, 마땅히 어느 것을 이해하겠습니까? 왜 그러한가? 매우 깊은 반야바라밀다는 문자와 언설(言說)을 모두 멀리 벗어난 까닭입니다. 오히려 이 가운데서 설하는 자와 듣는 자 및 이해하는 자를 모두 얻을 수 없으며, 일체의 여래·응공·정등각께서 증득하셨던 무상정등보리의 그러한 상(相)도 매우 깊고, 역시 다시 이와 같습니다.
  천자들이여. 마땅히 아십시오. 세존의 화신(化身)이 비구(苾芻)[2]·비구니(苾芻尼)[3]·우바색가(鄔波索迦)[4]·우바사가(鄔波斯迦)[5] 등을 변화로 지어서 함께 와서 모이게 하고, 다시 한 명의 설법에 유능한 사람을 변화로 지어서 그 대중의 가운데에서 묘한 법을 드날리게 하는 것과 같다면,

---

1) 산스크리트어 yakṣa의 음사이고, '능담귀(能啖鬼)', '첩질귀(捷疾鬼)', '용건(勇健)' 등으로 한역한다.
2) 산스크리트어 bhikṣu의 음사이다.
3) 산스크리트어 bhikṣuni의 음사이다.
4) 산스크리트어 upāsaka의 음사이다.
5) 산스크리트어 Upāsikā의 음사이다.

(그대들의) 뜻은 어떻습니까? 이 가운데에서 진실로 능히 설하는 자와 능히 듣는 자와 능히 이해하는 자가 있습니까?"

여러 천자들이 말하였다.

"없습니다. 대덕이시여."

선현이 알려 말하였다.

"그와 같습니다. 천자들이여. 일체법은 모두 이 변화와 같은 까닭으로, 반야의 가운데에서 설하는 자와 능히 듣는 자와 능히 이해하는 자는 모두 얻을 수 없습니다. 천자들이여. 마땅히 아십시오. 꿈속에 있으면서 세존께서 보살과 성문들을 교계(敎誡)하고 교수(敎授)하는 것을 꿈에서 보는 것과 같다면, (그대들의) 뜻은 어떻습니까? 이 가운데에서 진실로 능히 설하는 자와 능히 듣는 자와 능히 이해하는 자가 있습니까?"

여러 천자들이 말하였다.

"없습니다. 대덕이시여."

선현이 알려 말하였다.

"이와 같이 천자들이여. 일체법은 모두 이 꿈과 같은 까닭으로, 반야의 가운데에서 설하는 자와 능히 듣는 자와 능히 이해하는 자는 모두 얻을 수 없습니다. 천자들이여. 마땅히 아십시오. 두 사람의 처소가 하나의 골짜기에 있어서 각자 한쪽 산비탈에 머무르면서 불(佛)·법(法)·승(僧)을 찬탄하면서 같은 때에 소리를 지르는 것과 같다면, (그대들의) 뜻은 어떻습니까? 이 두 가지의 메아리를 능히 서로가 듣고 능히 서로가 이해하겠습니까?"

여러 천자들이 말하였다.

"없습니다. 대덕이시여."

선현이 알려 말하였다.

"이와 같이 천자들이여. 일체법은 모두 이 두 가지의 메아리와 같은 까닭으로, 반야의 가운데에서 설하는 자와 능히 듣는 자와 능히 이해하는 자는 모두 얻을 수 없습니다. 천자들이여. 마땅히 아십시오. 교묘한 마술사(幻師)이거나, 혹은 그의 제자가 네거리에서 사부대중과 한 세존의 상호를 짓고서 처소의 가운데에서 설법하게 하는 것과 같다면, (그대들의) 뜻은 어떻습니까? 이 가운데에서 진실로 능히 설하는 자와 능히 듣는 자와 능히 이해하는 자가 있습니까?"

여러 천자들이 말하였다.

"없습니다. 대덕이시여."

선현이 알려 말하였다.

"이와 같이 천자들이여. 일체법은 모두 마술과 같은 까닭으로, 반야의 가운데에서 설하는 자와 능히 듣는 자와 능히 이해하는 자는 모두 얻을 수 없습니다."

이때 여러 천자들은 다시 이렇게 생각을 지었다.

'존자 선현께서 이 반야바라밀다에서 비록 다시 여러 종류의 방편으로 드러내 설하여 쉽게 이해시키려고 하지만, 그 의취(意趣)6)는 너무 깊고 전전(展轉)하여도 매우 깊으며 미세(微細)하고 다시 미세하므로 측정하여 헤아리기가 어렵구나.'

선현은 그들이 마음으로 생각하는 것을 알고서 곧 알려 말하였다.

"천자들이여. 마땅히 아십시오. 색은 매우 깊은 것도 아니고 미세한 것도 아니며, 수·상·행·식도 역시 매우 깊은 것도 아니고 미세한 것도 아닙니다. 왜 그러한가? 색의 깊고 미세한 자성(自性)은 얻을 수 없는 까닭이고, 수·상·행·식의 깊고 미세한 자성도 얻을 수 없는 까닭입니다. 천자들이여. 마땅히 아십시오. 안처는 매우 깊은 것도 아니고 미세한 것도 아니며, 이·비·설·신·의처도 역시 매우 깊은 것도 아니고 미세한 것도 아닙니다. 왜 그러한가? 안처의 깊고 미세한 자성은 얻을 수 없는 까닭이고, 이·비·설·신·의처의 깊고 미세한 자성도 얻을 수 없는 까닭입니다.

천자들이여. 마땅히 아십시오. 색처는 매우 깊은 것도 아니고 미세한 것도 아니며, 성·향·미·촉·법처도 역시 매우 깊은 것도 아니고 미세한

---

6) 어떠한 가르침을 설하는 목적이나 의도를 뜻한다.

것도 아닙니다. 왜 그러한가? 색처의 깊고 미세한 자성은 얻을 수 없는 까닭이고, 성·향·미·촉·법처의 깊고 미세한 자성도 얻을 수 없는 까닭입니다. 천자들이여. 마땅히 아십시오. 안계는 매우 깊은 것도 아니고 미세한 것도 아니며, 색계·안식계, 나아가 안촉·안촉을 인연으로 생겨난 여러 수도 역시 매우 깊은 것도 아니고 미세한 것도 아닙니다. 왜 그러한가? 안계의 깊고 미세한 자성은 얻을 수 없는 까닭이고, 색계, 나아가 안촉을 인연으로 생겨난 여러 수의 깊고 미세한 자성도 얻을 수 없는 까닭입니다.

천자들이여. 마땅히 아십시오. 이계는 매우 깊은 것도 아니고 미세한 것도 아니며, 성계·이식계, 나아가 이촉·이촉을 인연으로 생겨난 여러 수도 역시 매우 깊은 것도 아니고 미세한 것도 아닙니다. 왜 그러한가? 이계의 깊고 미세한 자성은 얻을 수 없는 까닭이고, 성계, 나아가 이촉을 인연으로 생겨난 여러 수의 깊고 미세한 자성도 얻을 수 없는 까닭입니다. 천자들이여. 마땅히 아십시오. 비계는 매우 깊은 것도 아니고 미세한 것도 아니며, 향계·비식계, 나아가 비촉·비촉을 인연으로 생겨난 여러 수도 역시 매우 깊은 것도 아니고 미세한 것도 아닙니다. 왜 그러한가? 비계의 깊고 미세한 자성은 얻을 수 없는 까닭이고, 향계, 나아가 비촉을 인연으로 생겨난 여러 수의 깊고 미세한 자성도 얻을 수 없는 까닭입니다.

천자들이여. 마땅히 아십시오. 설계는 매우 깊은 것도 아니고 미세한 것도 아니며, 미계·설식계, 나아가 설촉·설촉을 인연으로 생겨난 여러 수도 역시 매우 깊은 것도 아니고 미세한 것도 아닙니다. 왜 그러한가? 설계의 깊고 미세한 자성은 얻을 수 없는 까닭이고, 미계, 나아가 설촉을 인연으로 생겨난 여러 수의 깊고 미세한 자성도 얻을 수 없는 까닭입니다. 천자들이여. 마땅히 아십시오. 신계는 매우 깊은 것도 아니고 미세한 것도 아니며, 촉계·신식계, 나아가 신촉·신촉을 인연으로 생겨난 여러 수도 역시 매우 깊은 것도 아니고 미세한 것도 아닙니다. 왜 그러한가? 신계의 깊고 미세한 자성은 얻을 수 없는 까닭이고, 촉계, 나아가 신촉을 인연으로 생겨난 여러 수의 깊고 미세한 자성도 얻을 수 없는 까닭입니다.

천자들이여. 마땅히 아십시오. 의계는 매우 깊은 것도 아니고 미세한 것도 아니며, 법계·의식계, 나아가 의촉·의촉을 인연으로 생겨난 여러 수도 역시 매우 깊은 것도 아니고 미세한 것도 아닙니다. 왜 그러한가? 의계의 깊고 미세한 자성은 얻을 수 없는 까닭이고, 법계, 나아가 의촉을 인연으로 생겨난 여러 수의 깊고 미세한 자성도 얻을 수 없는 까닭입니다. 천자들이여. 마땅히 아십시오. 지계는 매우 깊은 것도 아니고 미세한 것도 아니며, 수·화·풍·공·식계도 역시 매우 깊은 것도 아니고 미세한 것도 아닙니다. 왜 그러한가? 지계의 깊고 미세한 자성은 얻을 수 없는 까닭이고, 수·화·풍·공·식계의 깊고 미세한 자성도 얻을 수 없는 까닭입니다.

천자들이여. 마땅히 아십시오. 고성제는 매우 깊은 것도 아니고 미세한 것도 아니며, 집·멸·도성제도 역시 매우 깊은 것도 아니고 미세한 것도 아닙니다. 왜 그러한가? 고성제의 깊고 미세한 자성은 얻을 수 없는 까닭이고, 집·멸·도성제의 깊고 미세한 자성도 얻을 수 없는 까닭입니다. 천자들이여. 마땅히 아십시오. 무명은 매우 깊은 것도 아니고 미세한 것도 아니며, 행·식·명색·육처·촉·수·애·취·유·생·노사의 수탄고우뇌도 역시 매우 깊은 것도 아니고 미세한 것도 아닙니다. 왜 그러한가? 무명의 깊고 미세한 자성은 얻을 수 없는 까닭이고, 행, 나아가 노사의 수탄고우뇌의 깊고 미세한 자성도 얻을 수 없는 까닭입니다.

천자들이여. 마땅히 아십시오. 내공은 매우 깊은 것도 아니고 미세한 것도 아니며, 외공·내외공·공공·대공·승의공·유위공·무위공·필경공·무제공·산공·무변이공·본성공·자상공·공상공·일체법공·불가득공·무성공·자성공·무성자성공도 역시 매우 깊은 것도 아니고 미세한 것도 아닙니다. 왜 그러한가? 내공의 깊고 미세한 자성은 얻을 수 없는 까닭이고, 외공, 나아가 무성자성공의 깊고 미세한 자성도 얻을 수 없는 까닭입니다. 천자들이여. 마땅히 아십시오. 진여는 매우 깊은 것도 아니고 미세한 것도 아니며, 법계·법성·불허망성·불변이성·평등성·이생성·법정·법주·실제·허공계·부사의계도 역시 매우 깊은 것도 아니고 미세한 것도 아닙니다. 왜 그러한가? 진여의 깊고 미세한 자성은 얻을 수 없는 까닭이고, 법계, 나아가 부사의계의 깊고 미세한 자성도 얻을 수 없는 까닭입니다.

천자들이여. 마땅히 아십시오. 보시바라밀다는 매우 깊은 것도 아니고 미세한 것도 아니며, 정계·안인·정진·정려·반야바라밀다도 역시 매우 깊은 것도 아니고 미세한 것도 아닙니다. 왜 그러한가? 보시바라밀다의 깊고 미세한 자성은 얻을 수 없는 까닭이고, 정계, 나아가 반야바라밀다의 깊고 미세한 자성도 얻을 수 없는 까닭입니다. 천자들이여. 마땅히 아십시오. 4정려는 매우 깊은 것도 아니고 미세한 것도 아니며, 4무량·4무색정도 역시 매우 깊은 것도 아니고 미세한 것도 아닙니다. 왜 그러한가? 4정려의 깊고 미세한 자성은 얻을 수 없는 까닭이고, 4무량·4무색정의 깊고 미세한 자성도 얻을 수 없는 까닭입니다.

천자들이여. 마땅히 아십시오. 8해탈은 매우 깊은 것도 아니고 미세한 것도 아니며, 8승처·9차제정·10변처도 역시 매우 깊은 것도 아니고 미세한 것도 아닙니다. 왜 그러한가? 8해탈의 깊고 미세한 자성은 얻을 수 없는 까닭이고, 8승처·9차제정·10변처의 깊고 미세한 자성도 얻을 수 없는 까닭입니다. 천자들이여. 마땅히 아십시오. 4념주는 매우 깊은 것도 아니고 미세한 것도 아니며, 4정단·4신족·5근·5력·7등각지·8성도지도 역시 매우 깊은 것도 아니고 미세한 것도 아닙니다. 왜 그러한가? 4념주의 깊고 미세한 자성은 얻을 수 없는 까닭이고, 4정단, 나아가 8성도지의 깊고 미세한 자성도 얻을 수 없는 까닭입니다.

천자들이여. 마땅히 아십시오. 공해탈문은 매우 깊은 것도 아니고 미세한 것도 아니며, 무상·무원해탈문도 역시 매우 깊은 것도 아니고 미세한 것도 아닙니다. 왜 그러한가? 공해탈문의 깊고 미세한 자성은 얻을 수 없는 까닭이고, 무상·무원해탈문의 깊고 미세한 자성도 얻을 수 없는 까닭입니다. 천자들이여. 마땅히 아십시오. 5안은 매우 깊은 것도 아니고 미세한 것도 아니며, 6신통도 역시 매우 깊은 것도 아니고 미세한 것도 아닙니다. 왜 그러한가? 5안의 깊고 미세한 자성은 얻을 수 없는 까닭이고, 6신통의 깊고 미세한 자성도 얻을 수 없는 까닭입니다.

천자들이여. 마땅히 아십시오. 여래의 10력은 매우 깊은 것도 아니고 미세한 것도 아니며, 4무소외·4무애해·대자·대비·대희·대사·18불불공법도 역시 매우 깊은 것도 아니고 미세한 것도 아닙니다. 왜 그러한가? 여래의 10력의 깊고 미세한 자성은 얻을 수 없는 까닭이고, 4무소외, 나아가 18불불공법의 깊고 미세한 자성도 얻을 수 없는 까닭입니다. 천자들이여. 마땅히 아십시오. 무망실법은 매우 깊은 것도 아니고 미세한 것도 아니며, 항주사성도 역시 매우 깊은 것도 아니고 미세한 것도 아닙니다. 왜 그러한가? 무망실법의 깊고 미세한 자성은 얻을 수 없는 까닭이고, 항주사성의 깊고 미세한 자성도 얻을 수 없는 까닭입니다.

천자들이여. 마땅히 아십시오. 일체의 다라니문은 매우 깊은 것도 아니고 미세한 것도 아니며, 일체의 삼마지문도 역시 매우 깊은 것도 아니고 미세한 것도 아닙니다. 왜 그러한가? 일체의 다라니문의 깊고 미세한 자성은 얻을 수 없는 까닭이고, 일체의 삼마지문의 깊고 미세한 자성도 얻을 수 없는 까닭입니다. 천자들이여. 마땅히 아십시오. 일체지는 매우 깊은 것도 아니고 미세한 것도 아니며, 도상지·일체상지도 역시 매우 깊은 것도 아니고 미세한 것도 아닙니다. 왜 그러한가? 일체지의 깊고 미세한 자성은 얻을 수 없는 까닭이고, 도상지·일체상지의 깊고 미세한 자성도 얻을 수 없는 까닭입니다.

천자들이여. 마땅히 아십시오. 성문승은 매우 깊은 것도 아니고 미세한 것도 아니며, 독각승·무상승도 역시 매우 깊은 것도 아니고 미세한 것도 아닙니다. 왜 그러한가? 성문승의 깊고 미세한 자성은 얻을 수 없는 까닭이고, 독각승·무상승의 깊고 미세한 자성도 얻을 수 없는 까닭입니다. 천자들이여. 마땅히 아십시오. 예류는 매우 깊은 것도 아니고 미세한 것도 아니며, 일래·불환·아라한도 역시 매우 깊은 것도 아니고 미세한 것도 아닙니다. 왜 그러한가? 예류의 깊고 미세한 자성은 얻을 수 없는 까닭이고, 일래·불환·아라한의 깊고 미세한 자성도 얻을 수 없는 까닭입니다.

천자들이여. 마땅히 아십시오. 예류향·예류과는 매우 깊은 것도 아니고 미세한 것도 아니며, 일래향·일래과·불환향·불환과·아라한향·아라한과도 역시 매우 깊은 것도 아니고 미세한 것도 아닙니다. 왜 그러한가? 예류향·예류과의 깊고 미세한 자성은 얻을 수 없는 까닭이고, 일래향·일래과, 나아가 아라한향·아라한과의 깊고 미세한 자성도 얻을 수 없는 까닭입니다. 천자들이여. 마땅히 아십시오. 독각은 매우 깊은 것도 아니고 미세한 것도 아니며, 독각향·독각과도 역시 매우 깊은 것도 아니고 미세한 것도 아닙니다. 왜 그러한가? 예류의 깊고 미세한 자성은 얻을 수 없는 까닭이고, 독각향·독각과의 깊고 미세한 자성도 얻을 수 없는 까닭입니다.

천자들이여. 마땅히 아십시오. 보살마하살은 매우 깊은 것도 아니고 미세한 것도 아니며, 삼먁삼불타(三藐三佛陀)[7]도 역시 매우 깊은 것도 아니고 미세한 것도 아닙니다. 왜 그러한가? 보살마하살의 깊고 미세한 자성은 얻을 수 없는 까닭이고, 삼먁삼불타의 깊고 미세한 자성도 얻을 수 없는 까닭입니다. 천자들이여. 마땅히 아십시오. 보살마하살의 법은 매우 깊은 것도 아니고 미세한 것도 아니며, 무상정등보리도 역시 매우 깊은 것도 아니고 미세한 것도 아닙니다. 왜 그러한가? 보살마하살의 법의 깊고 미세한 자성은 얻을 수 없는 까닭이고, 무상정등보리의 깊고 미세한 자성도 얻을 수 없는 까닭입니다.

천자들이여. 마땅히 아십시오. 극희지는 매우 깊은 것도 아니고 미세한 것도 아니며, 이구지·발광지·염혜지·극난승지·현전지·원행지·부동지·선혜지·법운지도 역시 매우 깊은 것도 아니고 미세한 것도 아닙니다. 왜 그러한가? 극희지의 깊고 미세한 자성은 얻을 수 없는 까닭이고, 이구지, 나아가 법운지의 깊고 미세한 자성도 얻을 수 없는 까닭입니다. 천자들이여. 마땅히 아십시오. 극희지의 법은 매우 깊은 것도 아니고 미세한 것도 아니며, 이구지·발광지·염혜지·극난승지·현전지·원행지·부동지·선혜지·법운지의 법도 역시 매우 깊은 것도 아니고 미세한 것도 아닙니다. 왜 그러한가? 극희지의 법의 깊고 미세한 자성은 얻을 수 없는 까닭이고, 이구지, 나아가 법운지 법의 깊고 미세한 자성도 얻을 수 없는 까닭입니다.

천자들이여. 마땅히 아십시오. 이생지는 매우 깊은 것도 아니고 미세한

---

7) 산스크리트어 samyak-saṃbuddha의 음사이다.

것도 아니며, 종성지·제팔지·구견지·박지·이욕지·이판지·독각지·보살지·여래지도 역시 매우 깊은 것도 아니고 미세한 것도 아닙니다. 왜 그러한가? 이생지의 깊고 미세한 자성은 얻을 수 없는 까닭이고, 종성지, 나아가 여래지의 깊고 미세한 자성도 얻을 수 없는 까닭입니다. 천자들이여. 마땅히 아십시오. 이생지의 법은 매우 깊은 것도 아니고 미세한 것도 아니며, 종성지·제팔지·구견지·박지·이욕지·이판지·독각지·보살지·여래지의 법도 역시 매우 깊은 것도 아니고 미세한 것도 아닙니다. 왜 그러한가? 이생지의 법의 깊고 미세한 자성은 얻을 수 없는 까닭이고, 종성지, 나아가 여래지 법의 깊고 미세한 자성도 얻을 수 없는 까닭입니다."

이때 여러 천자들은 다시 이렇게 생각을 지었다.
'존자 선현께서 설하는 것의 법의 가운데에서는 색을 시설(施設)하지 않고, 수·상·행·식도 시설하지 않는구나. 왜 그러한가? 색온(色蘊)의 자성 등은 설할 수 없는 까닭이다. 존자 선현께서 설하는 것의 법의 가운데에서는 안처를 시설하지 않고, 이·비·설·신·의처도 시설하지 않는구나. 왜 그러한가? 안처의 자성 등은 설할 수 없는 까닭이다. 존자 선현께서 설하는 것의 법의 가운데에서는 색처를 시설하지 않고, 성·향·미·촉·법처도 시설하지 않는구나. 왜 그러한가? 색처의 자성 등은 설할 수 없는 까닭이다.
존자 선현께서 설하는 것의 법의 가운데에서는 안계를 시설하지 않고, 색계·안식계, 나아가 안촉·안촉을 인연으로 생겨난 여러 수도 시설하지 않는구나. 왜 그러한가? 안계의 자성 등은 설할 수 없는 까닭이다. 존자 선현께서 설하는 것의 법의 가운데에서는 이계를 시설하지 않고, 성계·이식계, 나아가 이촉·이촉을 인연으로 생겨난 여러 수도 시설하지 않는구나. 왜 그러한가? 이계의 자성 등은 설할 수 없는 까닭이다. 존자 선현께서 설하는 것의 법의 가운데에서는 비계를 시설하지 않고, 향계·비식계, 나아가 비촉·비촉을 인연으로 생겨난 여러 수도 시설하지 않는구나. 왜 그러한가? 비계의 자성 등은 설할 수 없는 까닭이다.

존자 선현께서 설하는 것의 법의 가운데에서는 설계를 시설하지 않고, 미계·설식계, 나아가 설촉·설촉을 인연으로 생겨난 여러 수도 시설하지 않는구나. 왜 그러한가? 설계의 자성 등은 설할 수 없는 까닭이다. 존자 선현께서 설하는 것의 법의 가운데에서는 신계를 시설하지 않고, 촉계·신식계, 나아가 신촉·신촉을 인연으로 생겨난 여러 수도 시설하지 않는구나. 왜 그러한가? 신계의 자성 등은 설할 수 없는 까닭이다. 존자 선현께서 설하는 것의 법의 가운데에서는 의계를 시설하지 않고, 법계·의식계, 나아가 의촉·의촉을 인연으로 생겨난 여러 수도 시설하지 않는구나. 왜 그러한가? 의계의 자성 등은 설할 수 없는 까닭이다.

존자 선현께서 설하는 것의 법의 가운데에서는 지계를 시설하지 않고, 수·화·풍·공·식계도 시설하지 않는구나. 왜 그러한가? 지계의 자성 등은 설할 수 없는 까닭이다. 존자 선현께서 설하는 것의 법의 가운데에서는 고성제를 시설하지 않고, 집·멸·도성제도 시설하지 않는구나. 왜 그러한가? 고성제의 자성 등은 설할 수 없는 까닭이다. 존자 선현께서 설하는 것의 법의 가운데에서는 무명을 시설하지 않고, 행·식·명색·육처·촉·수·애·취·유·생·노사의 수탄고우뇌도 시설하지 않는구나. 왜 그러한가? 무명의 자성 등은 설할 수 없는 까닭이다.

존자 선현께서 설하는 것의 법의 가운데에서는 내공을 시설하지 않고, 외공·내외공·공공·대공·승의공·유위공·무위공·필경공·무제공·산공·무변이공·본성공·자상공·공상공·일체법공·불가득공·무성공·자성공·무성자성공도 시설하지 않는구나. 왜 그러한가? 내공의 자성 등은 설할 수 없는 까닭이다. 존자 선현께서 설하는 것의 법의 가운데에서는 진여를 시설하지 않고, 법계·법성·불허망성·불변이성·평등성·이생성·법정·법주·실제·허공계·부사의계도 시설하지 않는구나. 왜 그러한가? 진여의 자성 등은 설할 수 없는 까닭이다. 존자 선현께서 설하는 것의 법의 가운데에서는 보시바라밀다를 시설하지 않고, 정계·안인·정진·정려·반야바라밀다도 시설하지 않는구나. 왜 그러한가? 보시바라밀다의 자성 등은 설할 수 없는 까닭이다.

존자 선현께서 설하는 것의 법의 가운데에서는 4정려를 시설하지 않고, 4무량·4무색정도 시설하지 않는구나. 왜 그러한가? 4정려의 자성 등은 설할 수 없는 까닭이다. 존자 선현께서 설하는 것의 법의 가운데에서는 8해탈을 시설하지 않고, 8승처·9차제정·10변처도 시설하지 않는구나. 왜 그러한가? 8해탈의 자성 등은 설할 수 없는 까닭이다. 존자 선현께서 설하는 것의 법의 가운데에서는 4념주를 시설하지 않고, 4정단·4신족·5근·5력·7등각지·8성도지도 시설하지 않는구나. 왜 그러한가? 4념주의 자성 등은 설할 수 없는 까닭이다.

존자 선현께서 설하는 것의 법의 가운데에서는 공해탈문을 시설하지 않고, 무상·무원해탈문도 시설하지 않는구나. 왜 그러한가? 공해탈문의 자성 등은 설할 수 없는 까닭이다. 존자 선현께서 설하는 것의 법의 가운데에서는 5안을 시설하지 않고, 6신통도 시설하지 않는구나. 왜 그러한가? 5안의 자성 등은 설할 수 없는 까닭이다. 존자 선현께서 설하는 것의 법의 가운데에서는 여래의 10력을 시설하지 않고, 4무소외·4무애해·대자·대비·대희·대사·18불불공법도 시설하지 않는구나. 왜 그러한가? 여래의 10력의 자성 등은 설할 수 없는 까닭이다.

존자 선현께서 설하는 것의 법의 가운데에서는 무망실법을 시설하지 않고, 항주사성도 시설하지 않는구나. 왜 그러한가? 무망실법의 자성 등은 설할 수 없는 까닭이다. 존자 선현께서 설하는 것의 법의 가운데에서는 일체의 다라니문을 시설하지 않고, 일체의 삼마지문도 시설하지 않는구나. 왜 그러한가? 일체의 다라니문의 자성 등은 설할 수 없는 까닭이다. 존자 선현께서 설하는 것의 법의 가운데에서는 일체지를 시설하지 않고, 도상지·일체상지도 시설하지 않는구나. 왜 그러한가? 일체지의 자성 등은 설할 수 없는 까닭이다.

존자 선현께서 설하는 것의 법의 가운데에서는 성문승을 시설하지 않고, 독각승·무상승도 시설하지 않는구나. 왜 그러한가? 성문승의 자성 등은 설할 수 없는 까닭이다. 존자 선현께서 설하는 것의 법의 가운데에서는 예류를 시설하지 않고, 일래·불환·아라한도 시설하지 않는구나. 왜 그러한가? 예류의 자성 등은 설할 수 없는 까닭이다. 존자 선현께서 설하는 것의 법의 가운데에서는 예류향·예류과를 시설하지 않고, 일래향·일래과·불환향·불환과·아라한향·아라한과도 시설하지 않는구나. 왜 그러한가? 예류향·예류과의 자성 등은 설할 수 없는 까닭이다.

존자 선현께서 설하는 것의 법의 가운데에서는 독각을 시설하지 않고, 독각향·독각과도 시설하지 않는구나. 왜 그러한가? 독각의 자성 등은 설할 수 없는 까닭이다. 존자 선현께서 설하는 것의 법의 가운데에서는 보살마하살을 시설하지 않고, 삼먁삼불타도 시설하지 않는구나. 왜 그러한가? 보살마하살의 자성 등은 설할 수 없는 까닭이다. 존자 선현께서 설하는 것의 법의 가운데에서는 보살마하살의 법을 시설하지 않고, 무상정등보리도 시설하지 않는구나. 왜 그러한가? 보살마하살의 법의 자성 등은 설할 수 없는 까닭이다.

존자 선현께서 설하는 것의 법의 가운데에서는 극희지를 시설하지 않고, 이구지·발광지·염혜지·극난승지·현전지·원행지·부동지·선혜지·법운지도 시설하지 않는구나. 왜 그러한가? 극희지의 자성 등은 설할 수 없는 까닭이다. 존자 선현께서 설하는 것의 법의 가운데에서는 극희지의 법을 시설하지 않고, 이구지·발광지·염혜지·극난승지·현전지·원행지·부동지·선혜지·법운지의 법도 시설하지 않는구나. 왜 그러한가? 극희지의 법의 자성 등은 설할 수 없는 까닭이다. 존자 선현께서 설하신 것의 법의 가운데에서는 이생지를 시설하지 않고, 종성지·제팔지·구견지·박지·이욕지·이판지·독각지·보살지·여래지도 시설하지 않는구나. 왜 그러한가? 이생지의 자성 등은 설할 수 없는 까닭이다.

존자 선현께서 설하는 것의 법의 가운데에서는 이생지의 법을 시설하지 않고, 종성지·제팔지·구견지·박지·이욕지·이판지·독각지·보살지·여래지의 법도 시설하지 않는구나. 왜 그러한가? 이생지의 법의 자성 등은 설할 수 없는 까닭이다. 존자 선현께서 설하는 것의 법의 가운데에서는 문자(文字)와 언어(語言)도 시설하지 않는구나. 왜 그러한가? 문자와 언어의 자성 등은 설할 수 없는 까닭이다.'

그때 선현은 여러 천자들의 심소(心所)8)와 사념(念)의 법(法)을 알고서 곧 알려 말하였다.

"그와 같습니다. 그와 같습니다. 그대들의 생각과 같습니다. 제법, 나아가 무상보리는 문자와 언어가 모두 미치지 못하는 것인 까닭으로, 반야바라밀다에서는 설하는 자도 없고 듣는 자도 없으며 이해하는 자도 없습니다. 이러한 까닭으로 그대들은 제법의 가운데에서 설하였던 것을 상응하여 따르면서 견고한 법인(忍)을 수습해야 합니다. 여러 유정(諸有)들이 예류·일래·불환·아라한과를 증득하려고 하거나, 머무르고자 한다면, 역시 이 지혜에 의지해야 구경(究竟)을 얻을 것이고, 여러 유정들이 독각의 보리를 증득하려고 하거나, 머무르고자 한다면, 역시 이 법인에 의지해야 구경을 얻을 것이며, 여러 유정들이 무상정등보리를 증득하려고 하거나, 머무르고자 한다면, 반드시 이 법인을 의지해야 구경을 얻을 것입니다.

이와 같이 여러 천자들이여. 제보살마하살은 초발심(初發心)부터 구경에 이르기까지 상응하여 설하는 것도 없고 듣는 것도 없으며 이해하는 것도 없는 매우 깊은 반야바라밀다에 머무르면서 항상 부지런히 수학해야 하고, 상응하여 버리거나 벗어나지 않아야 합니다."

이때 여러 천자들은 마음으로 다시 생각하면서 말하였다.

"존자 선현께서는 지금 어느 유정 등을 위하여 무슨 법 등을 설하고자 하는가?"

선현은 그때에 여러 천자들의 심소에서 사념하는 일(事)을 알고서 곧 알려 말하였다.

"천자들이여. 마땅히 아십시오. 나는 지금 환영(幻)과 같고 허깨비(化)와 같으며 꿈(夢)과 같은 유정들을 위하여 환영과 같고 허깨비와 같으며 꿈과 같은 법을 설하겠습니다. 왜 그러한가? 이와 같이 듣는 자라면

---

8) 산스크리트어 'caitta' 또는 'caitasika'의 번역이고, '심소유법(心所有法)' 또는 '심소법(心所法)'의 줄임말이며, 마음작용을 뜻한다.

설하는 것의 가운데서 듣는 것도 없고 이해하는 것도 없으며 증득하는 것도 없는 까닭입니다."

이때 여러 천자들이 곧 다시 물어 말하였다.

"능히 설하는 자와 능히 듣는 자와 설하는 법이라는 것은 환영과 같고 허깨비와 같으며 꿈과 같은 일입니까?"

선현이 대답하여 말하였다.

"그와 같습니다. 그와 같습니다. 그대들이 말하는 것과 같습니다. 환영과 같은 유정이 환영과 같은 자를 위하여 환영과 같은 법을 말하고, 허깨비와 같은 유정이 허깨비와 같은 자를 위하여 허깨비와 같은 법을 말하며, 꿈과 같은 유정이 꿈과 같은 자를 위하여 꿈과 같은 법을 말하는 것입니다.

천자들이여. 마땅히 아십시오. 나(我)는 환영과 같고 허깨비와 같으며 꿈과 같다고 보는 것이며, 유정(有情)·명자(命者)·생자(生者)·양자(養者)·사부(士夫)·보특가라(補特伽羅)·의생(意生)·유동(孺童)·작자(作者)·사작자(使作者)·기자(起者)·사기자(使起者)·수자(受者)·사수자(使受者)·지자(知者)·견자(見者)도 환영과 같고 허깨비와 같으며 꿈과 같다고 보는 것입니다. 왜 그러한가? 나 등은 자성이 공한 까닭입니다.

천자들이여. 마땅히 아십시오. 색은 환영과 같고 허깨비와 같으며 꿈과 같다고 보는 것이며, 수·상·행·식도 환영과 같고 허깨비와 같으며 꿈과 같다고 보는 것입니다. 왜 그러한가? 색 등은 자성이 공한 까닭입니다. 천자들이여. 마땅히 아십시오. 안처는 환영과 같고 허깨비와 같으며 꿈과 같다고 보는 것이며, 이·비·설·신·의처도 환영과 같고 허깨비와 같으며 꿈과 같다고 보는 것입니다. 왜 그러한가? 안처 등은 자성이 공한 까닭입니다. 천자들이여. 마땅히 아십시오. 색처는 환영과 같고 허깨비와 같으며 꿈과 같다고 보는 것이며, 성·향·미·촉·법처도 환영과 같고 허깨비와 같으며 꿈과 같다고 보는 것입니다. 왜 그러한가? 색처 등은 자성이 공한 까닭입니다.

천자들이여. 마땅히 아십시오. 안계는 환영과 같고 허깨비와 같으며 꿈과 같다고 보는 것이며, 색계·안식계, 나아가 안촉·안촉을 인연으로 생겨난 여러 수도 환영과 같고 허깨비와 같으며 꿈과 같다고 보는 것입니다. 왜 그러한가? 안계 등은 자성이 공한 까닭입니다. 천자들이여. 마땅히 아십시오. 이계는 환영과 같고 허깨비와 같으며 꿈과 같다고 보는 것이며, 성계·이식계, 나아가 이촉·이촉을 인연으로 생겨난 여러 수도 환영과 같고 허깨비와 같으며 꿈과 같다고 보는 것입니다. 왜 그러한가? 이계 등은 자성이 공한 까닭입니다.

천자들이여. 마땅히 아십시오. 비계는 환영과 같고 허깨비와 같으며 꿈과 같다고 보는 것이며, 향계·비식계, 나아가 비촉·비촉을 인연으로 생겨난 여러 수도 환영과 같고 허깨비와 같으며 꿈과 같다고 보는 것입니다. 왜 그러한가? 비계 등은 자성이 공한 까닭입니다. 천자들이여. 마땅히 아십시오. 설계는 환영과 같고 허깨비와 같으며 꿈과 같다고 보는 것이며, 미계·설식계, 나아가 설촉·설촉을 인연으로 생겨난 여러 수도 환영과 같고 허깨비와 같으며 꿈과 같다고 보는 것입니다. 왜 그러한가? 설계 등은 자성이 공한 까닭입니다.

천자들이여. 마땅히 아십시오. 신계는 환영과 같고 허깨비와 같으며 꿈과 같다고 보는 것이며, 촉계·신식계, 나아가 신촉·신촉을 인연으로 생겨난 여러 수도 환영과 같고 허깨비와 같으며 꿈과 같다고 보는 것입니다. 왜 그러한가? 신계 등은 자성이 공한 까닭입니다. 천자들이여. 마땅히 아십시오. 의계는 환영과 같고 허깨비와 같으며 꿈과 같다고 보는 것이며, 향법계·의식계, 나아가 의촉·의촉을 인연으로 생겨난 여러 수도 환영과 같고 허깨비와 같으며 꿈과 같다고 보는 것입니다. 왜 그러한가? 의계 등은 자성이 공한 까닭입니다.

천자들이여. 마땅히 아십시오. 지계는 환영과 같고 허깨비와 같으며 꿈과 같다고 보는 것이며, 수·화·풍·공·식계도 환영과 같고 허깨비와 같으며 꿈과 같다고 보는 것입니다. 왜 그러한가? 지계 등은 자성이 공한 까닭입니다. 천자들이여. 마땅히 아십시오. 고성제는 환영과 같고 허깨비와 같으며 꿈과 같다고 보는 것이며, 집·멸·도성제도 환영과 같고 허깨비와 같으며 꿈과 같다고 보는 것입니다. 왜 그러한가? 고성제 등은 자성이 공한 까닭입니다. 천자들이여. 마땅히 아십시오. 무명은 환영과 같고 허깨비와 같으며 꿈과 같다고 보는 것이며, 행·식·명색·육처·촉·수·애·취·유·생·노사의 수탄고우뇌도 환영과 같고 허깨비와 같으며 꿈과 같다고 보는 것입니다. 왜 그러한가? 무명 등은 자성이 공한 까닭입니다.

천자들이여. 마땅히 아십시오. 내공은 환영과 같고 허깨비와 같으며 꿈과 같다고 보는 것이며, 외공·내외공·공공·대공·승의공·유위공·무위공·필경공·무제공·산공·무변이공·본성공·자상공·공상공·일체법공·불가득공·무성공·자성공·무성자성공도 환영과 같고 허깨비와 같으며 꿈과 같다고 보는 것입니다. 왜 그러한가? 내공 등은 자성이 공한 까닭입니다. 천자들이여. 마땅히 아십시오. 진여는 환영과 같고 허깨비와 같으며 꿈과 같다고 보는 것이며, 법계·법성·불허망성·불변이성·평등성·이생성·법정·법주·실제·허공계·부사의계도 환영과 같고 허깨비와 같으며 꿈과 같다고 보는 것입니다. 왜 그러한가? 진여 등은 자성이 공한 까닭입니다."

마하반야바라밀다경 제82권

23. 제천자품(諸天子品)(2)

"천자들이여. 마땅히 아십시오. 보시바라밀다는 환영과 같고 허깨비와 같으며 꿈과 같다고 보는 것이며, 정계·안인·정진·정려·반야바라밀다도 환영과 같고 허깨비와 같으며 꿈과 같다고 보는 것입니다. 왜 그러한가? 보시바라밀다 등은 자성이 공한 까닭입니다. 천자들이여. 마땅히 아십시오. 4정려는 환영과 같고 허깨비와 같으며 꿈과 같다고 보는 것이며, 4무량·4무색정도 환영과 같고 허깨비와 같으며 꿈과 같다고 보는 것입니다. 왜 그러한가? 4정려 등은 자성이 공한 까닭입니다.

천자들이여. 마땅히 아십시오. 8해탈은 환영과 같고 허깨비와 같으며 꿈과 같다고 보는 것이며, 8승처·9차제정·10변처도 환영과 같고 허깨비와 같으며 꿈과 같다고 보는 것입니다. 왜 그러한가? 8해탈 등은 자성이 공한 까닭입니다. 천자들이여. 마땅히 아십시오. 4념주는 환영과 같고 허깨비와 같으며 꿈과 같다고 보는 것이며, 4정단·4신족·5근·5력·7등각지·8성도지도 환영과 같고 허깨비와 같으며 꿈과 같다고 보는 것입니다. 왜 그러한가? 4념주 등은 자성이 공한 까닭입니다.

천자들이여. 마땅히 아십시오. 공해탈문은 환영과 같고 허깨비와 같으며 꿈과 같다고 보는 것이며, 무상·무원해탈문도 환영과 같고 허깨비와 같으며 꿈과 같다고 보는 것입니다. 왜 그러한가? 공해탈문 등은 자성이 공한 까닭입니다. 천자들이여. 마땅히 아십시오. 5안은 환영과 같고 허깨비와 같으며 꿈과 같다고 보는 것이며, 6신통도 환영과 같고 허깨비와 같으며 꿈과 같다고 보는 것입니다. 왜 그러한가? 5안 등은 자성이 공한 까닭입니다.

　천자들이여. 마땅히 아십시오. 여래의 10력은 환영과 같고 허깨비와 같으며 꿈과 같다고 보는 것이며, 4무소외·4무애해·대자·대비·대희·대사·18불불공법도 환영과 같고 허깨비와 같으며 꿈과 같다고 보는 것입니다. 왜 그러한가? 여래의 10력 등은 자성이 공한 까닭입니다. 천자들이여. 마땅히 아십시오. 무망실법은 환영과 같고 허깨비와 같으며 꿈과 같다고 보는 것이며, 항주사성도 환영과 같고 허깨비와 같으며 꿈과 같다고 보는 것입니다. 왜 그러한가? 무망실법 등은 자성이 공한 까닭입니다.

　천자들이여. 마땅히 아십시오. 일체의 다라니문은 환영과 같고 허깨비와 같으며 꿈과 같다고 보는 것이며, 일체의 삼마지문도 환영과 같고 허깨비와 같으며 꿈과 같다고 보는 것입니다. 왜 그러한가? 일체의 다라니문 등은 자성이 공한 까닭입니다. 천자들이여. 마땅히 아십시오. 일체지는 환영과 같고 허깨비와 같으며 꿈과 같다고 보는 것이며, 도상지·일체상지도 환영과 같고 허깨비와 같으며 꿈과 같다고 보는 것입니다. 왜 그러한가? 일체지 등은 자성이 공한 까닭입니다.

　천자들이여. 마땅히 아십시오. 성문승은 환영과 같고 허깨비와 같으며 꿈과 같다고 보는 것이며, 독각승·무상승도 환영과 같고 허깨비와 같으며 꿈과 같다고 보는 것입니다. 왜 그러한가? 성문승 등은 자성이 공한 까닭입니다. 천자들이여. 마땅히 아십시오. 예류는 환영과 같고 허깨비와 같으며 꿈과 같다고 보는 것이며, 일래·불환·아라한도 환영과 같고 허깨비와 같으며 꿈과 같다고 보는 것입니다. 왜 그러한가? 예류 등은 자성이 공한 까닭입니다.

　천자들이여. 마땅히 아십시오. 예류향·예류과는 환영과 같고 허깨비와 같으며 꿈과 같다고 보는 것이며, 일래향·일래과·불환향·불환과·아라한향·아라한과도 환영과 같고 허깨비와 같으며 꿈과 같다고 보는 것입니다. 왜 그러한가? 예류향·예류과 등은 자성이 공한 까닭입니다. 천자들이여. 마땅히 아십시오. 독각은 환영과 같고 허깨비와 같으며 꿈과 같다고 보는 것이며, 독각향·독각과도 환영과 같고 허깨비와 같으며 꿈과 같다고 보는 것입니다. 왜 그러한가? 독각 등은 자성이 공한 까닭입니다.

　천자들이여. 마땅히 아십시오. 보살마하살은 환영과 같고 허깨비와 같으며 꿈과 같다고 보는 것이며, 삼먁삼불타도 환영과 같고 허깨비와 같으며 꿈과 같다고 보는 것입니다. 왜 그러한가? 보살마하살 등은 자성이 공한 까닭입니다. 천자들이여. 마땅히 아십시오. 보살마하살의 법은 환영과 같고 허깨비와 같으며 꿈과 같다고 보는 것이며, 무상정등보리도 환영과 같고 허깨비와 같으며 꿈과 같다고 보는 것입니다. 왜 그러한가? 보살마하살의 법 등은 자성이 공한 까닭입니다.

　천자들이여. 마땅히 아십시오. 극희지는 환영과 같고 허깨비와 같으며 꿈과 같다고 보는 것이며, 이구지·발광지·염혜지·극난승지·현전지·원행지·부동지·선혜지·법운지도 환영과 같고 허깨비와 같으며 꿈과 같다고 보는 것입니다. 왜 그러한가? 극희지 등은 자성이 공한 까닭입니다. 천자들이여. 마땅히 아십시오. 이생지는 환영과 같고 허깨비와 같으며 꿈과 같다고 보는 것이며, 종성지·제팔지·구견지·박지·이욕지·이판지·독각지·보살지·여래지도 환영과 같고 허깨비와 같으며 꿈과 같다고 보는 것입니다. 왜 그러한가? 이생지 등은 자성이 공한 까닭입니다.

　천자들이여. 마땅히 아십시오. 이생지의 법은 환영과 같고 허깨비와 같으며 꿈과 같다고 보는 것이며, 종성지, 나아가 여래지의 법도 환영과 같고 허깨비와 같으며 꿈과 같다고 보는 것입니다. 왜 그러한가? 이생지의 법 등은 자성이 공한 까닭입니다. 천자들이여. 마땅히 아십시오. 유위계(有爲界)는 환영과 같고 허깨비와 같으며 꿈과 같다고 보는 것이며, 무위계(無爲界)도 환영과 같고 허깨비와 같으며 꿈과 같다고 보는 것입니다. 왜 그러한가? 유위계 등은 자성이 공한 까닭입니다.

　천자들이여. 마땅히 아십시오. 오히려 이러한 인연을 까닭으로 '환영과 같은 유정이 환영과 같은 자를 위하여 환영과 같은 법을 말하고, 허깨비와 같은 유정이 허깨비와 같은 자를 위하여 허깨비와 같은 법을 말하며, 꿈과 같은 유정이 꿈과 같은 자를 위하여 꿈과 같은 법을 말하는 것이다.'라고 나는 이렇게 설하였습니다."

이때 여러 천자들이 선현에게 물어 말하였다.

"지금 존자께서는 다만 나(我) 등과 색(色) 등, 나아가 아뇩다라삼먁삼보리(阿耨多羅三藐三菩提) 등이 환영과 같고 허깨비와 같으며 꿈과 같다고 보는 것이라고 설하십니까? 역시 미묘(微妙)하고 적정(寂靜)하며 구경인 열반(涅槃) 등도 환영과 같고 허깨비와 같으며 꿈과 같다고 보는 것이라고 설하십니까?"

선현이 말하였다.

"여러 천자들이여. 나는 다만 나(我) 등과 색 등, 나아가 아뇩다라삼먁삼보리 등이 환영과 같고 허깨비와 같으며 꿈과 같다고 보는 것이라고 설하는 것이 아니고, 역시 미묘(微妙)하고 적정(寂靜)하며 구경인 열반(涅槃) 등도 환영과 같고 허깨비와 같으며 꿈과 같다고 보는 것이라고 널리 설합니다. 천자들이여. 마땅히 아십시오. 설사 다시 열반인 것보다 수승한 법이 있다고 하더라도, 나는 역시 환영과 같고 허깨비와 같으며 꿈과 같다고 보는 것이라고 말합니다. 그 까닭은 무엇인가? 환영·허깨비·꿈의 일과 일체법, 나아가 열반은 모두 무이(無二)이고 둘로 나눌 수(二分) 없는 까닭입니다."

24. 수교품(受敎品)(1)

그때 구수(具壽)[1] 사리자(舍利子)[2]·구수 대목련(大目連)[3]·구수 집대장(執大藏)[4]·구수 만자자(滿慈子)[5]·구수 대가다연나(大迦多衍那)[6]·구수 대

---

1) 산스크리트어 āyusmat의 번역이고, 아유솔만(阿瑜率滿)이라고 음사하며, 현자(賢者), 성자(聖者), 존자(尊者), 장로(長老), 혜명(慧命) 등으로 한역한다.
2) 산스크리트어 Śāriputra의 번역이다.
3) 산스크리트어 Maudgalyāyana의 번역이다.
4) 산스크리트어 mahā-kauṣṭhila의 번역이고, '마하구치라(摩訶俱絺羅)', '마하치라

가섭파(大迦葉波)7) 등의 여러 대성문(大聲聞)8)들과 무량한 백천의 보살마하살이 동시(同時)에 소리 높여 선현에게 물어 말하였다.

"설하였던 것의 반야바라밀다는 이와 같이 매우 깊어서 보기 어렵고 깨닫기도 어려우며, 심사(尋思)9)할 수 있는 것이 아니고 심사의 경계를 초월하였으며, 미묘하고 적정하며 최고로 수승하고 제일이므로 오직 지극한 성자(聖子)가 내신(內)으로 증득하는 것이고, 세간에서 총명하고 지혜로운 사람들은 능히 측정할 수 없는 것인데, 이와 같은 법에서 누가 능히 믿고서 받아들이겠습니까?"

선현이 대답하였다.

"보살마하살이 불퇴전지(不退轉地)10)에 머무르고 있다면, 이것에서 매우 깊어서 보기 어렵고 깨닫기도 어려우며, 심사할 수 있는 것이 아니고 심사의 경계를 초월하였으며, 미묘하고 적정하며 최고로 수승하고 제일인 반야바라밀다를 능히 깊이 믿고서 받아들일 수 있습니다. 다시 이미 성제(聖諦)를 보았거나, 번뇌를 없앤 아라한이고 소원이 원만하다면 이 반야바라밀다에서 역시 믿고서 받아들일 수 있습니다.

다시 선남자와 선여인 등이 이미 과거의 무량하고 무수인 백천의 구지·나유타의 여래(佛)의 처소에서 친근하고 공양하며 큰 서원을 일으켰고, 여러 가지 착한 근본을 심어서 근기가 예리하고 지혜가 총명하며, 여러 선지식에게 섭수를 받았던 자라면, 이것에서 매우 깊어서 보기

(摩訶絺羅)' 등으로 음사한다.
5) 산스크리트어 Purna Maitrayani-putra의 번역이고, 부루나미다라니자(富樓那彌多羅尼子)로 음사한다.
6) 산스크리트어 Kātyāyani-putra의 번역이고, 구역(舊譯)은 대가전연(大迦旃延)으로 번역한다.
7) 산스크리트어 Mahākāśyapa의 번역이다.
8) 산스크리트어 śrāvaka의 번역이다.
9) 산스크리트어 paryeṣaṇā의 번역이고, 심(尋)과 사(伺)의 마음작용을 통칭하는 말로써, '깊이 생각하는 것' 또는 '마음을 가라앉혀 깊이 사색(思索)하는 것'을 뜻한다.
10) 산스크리트어 Avinivartanīya의 번역이고, '아유월치(阿惟越致)', '아비발치(阿鞞跋致)' 등으로 음사한다.

어렵고 깨닫기도 어려우며, 심사할 수 있는 것이 아니고 심사의 경계를 초월하였으며, 미묘하고 적정하며 최고로 수승하고 제일인 반야바라밀다를 능히 깊이 믿고서 받아들일 수 있습니다.

왜 그러한가? 이와 같은 사람 등은 결국 공(空)하거나 공하지 않은 것으로써 색을 분별(分別)하지 않고, 역시 색으로써 공하거나 공하지 않은 것을 분별하지 않으며, 공하거나 공하지 않은 것으로써 수·상·행·식을 분별하지 않고, 역시 수·상·행·식으로써 공하거나 공하지 않은 것을 분별하지 않습니다.

유상(有相)이거나 무상(無相)인 것으로써 색을 분별하지 않고, 역시 색으로써 유상이거나 무상인 것을 분별하지 않으며, 유상이거나 무상인 것으로써 수·상·행·식을 분별하지 않고, 역시 수·상·행·식으로써 유상이거나 무상인 것을 분별하지 않습니다. 유원(有願)이거나 무원(無願)인 것으로써 색을 분별하지 않고, 역시 색으로써 유원이거나 무원인 것을 분별하지 않으며, 유원이거나 무원인 것으로써 수·상·행·식을 분별하지 않고, 역시 수·상·행·식으로써 유원이거나 무원인 것을 분별하지 않습니다.

생겨나거나 생겨나지 않는 것으로써 색을 분별하지 않고, 역시 색으로써 생겨나거나 생겨나지 않는 것을 분별하지 않으며, 생겨나거나 생겨나지 않는 것으로써 수·상·행·식을 분별하지 않고, 역시 수·상·행·식으로써 생겨나거나 생겨나지 않는 것을 분별하지 않습니다. 소멸(滅)하거나 소멸하지 않는 것으로써 색을 분별하지 않고, 역시 색으로써 소멸하거나 소멸하지 않는 것을 분별하지 않으며, 소멸하거나 소멸하지 않는 것으로써 수·상·행·식을 분별하지 않고, 역시 수·상·행·식으로써 소멸하거나 소멸하지 않는 것을 분별하지 않습니다.

적정(寂靜)하거나 적정하지 않는 것으로써 색을 분별하지 않고, 역시 색으로써 적정하거나 적정하지 않는 것을 분별하지 않으며, 적정하거나 적정하지 않는 것으로써 수·상·행·식을 분별하지 않고, 역시 수·상·행·식으로써 적정하거나 적정하지 않는 것을 분별하지 않습니다. 멀리 벗어나거나 멀리 벗어나지 않는 것으로써 색을 분별하지 않고, 역시 색으로써 멀리 벗어나거나 멀리 벗어나지 않는 것을 분별하지 않으며, 멀리 벗어나거나 멀리 벗어나지 않는 것으로써 수·상·행·식을 분별하지 않고, 역시 수·상·행·식으로써 멀리 벗어나거나 멀리 벗어나지 않는 것을 분별하지 않습니다.

이와 같은 사람 등은 결국 공하거나 공하지 않은 것으로써 안처를 분별하지 않고, 역시 안처로써 공하거나 공하지 않은 것을 분별하지 않으며, 공하거나 공하지 않은 것으로써 이·비·설·신·의처를 분별하지 않고, 역시 이·비·설·신·의처로써 공하거나 공하지 않은 것을 분별하지 않습니다.

유상이거나 무상인 것으로써 안처를 분별하지 않고, 역시 안처로써 유상이거나 무상인 것을 분별하지 않으며, 유상이거나 무상인 것으로써 이·비·설·신·의처를 분별하지 않고, 역시 이·비·설·신·의처로써 유상이거나 무상인 것을 분별하지 않습니다. 유원이거나 무원인 것으로써 안처를 분별하지 않고, 역시 안처로써 유원이거나 무원인 것을 분별하지 않으며, 유원이거나 무원인 것으로써 이·비·설·신·의처를 분별하지 않고, 역시 이·비·설·신·의처로써 유원이거나 무원인 것을 분별하지 않습니다.

생겨나거나 생겨나지 않는 것으로써 안처를 분별하지 않고, 역시 안처로써 생겨나거나 생겨나지 않는 것을 분별하지 않으며, 생겨나거나 생겨나지 않는 것으로써 이·비·설·신·의처를 분별하지 않고, 역시 이·비·설·신·의처로써 생겨나거나 생겨나지 않는 것을 분별하지 않습니다. 소멸하거나 소멸하지 않는 것으로써 안처를 분별하지 않고, 역시 안처로써 소멸하거나 소멸하지 않는 것을 분별하지 않으며, 소멸하거나 소멸하지 않는 것으로써 이·비·설·신·의처를 분별하지 않고, 역시 이·비·설·신·의처로써 소멸하거나 소멸하지 않는 것을 분별하지 않습니다.

적정하거나 적정하지 않는 것으로써 안처를 분별하지 않고, 역시 안처로써 적정하거나 적정하지 않는 것을 분별하지 않으며, 적정하거나 적정하지 않는 것으로써 이·비·설·신·의처를 분별하지 않고, 역시 이·비·설·

신·의처로써 적정하거나 적정하지 않는 것을 분별하지 않습니다. 멀리 벗어나거나 멀리 벗어나지 않는 것으로써 안처를 분별하지 않고, 역시 안처로써 멀리 벗어나거나 멀리 벗어나지 않는 것을 분별하지 않으며, 멀리 벗어나거나 멀리 벗어나지 않는 것으로써 이·비·설·신·의처를 분별하지 않고, 역시 이·비·설·신·의처로써 멀리 벗어나거나 멀리 벗어나지 않는 것을 분별하지 않습니다.

이와 같은 사람 등은 결국 공하거나 공하지 않은 것으로써 색처를 분별하지 않고, 역시 색처로써 공하거나 공하지 않은 것을 분별하지 않으며, 공하거나 공하지 않은 것으로써 성·향·미·촉·법처를 분별하지 않고, 역시 성·향·미·촉·법처로써 공하거나 공하지 않은 것을 분별하지 않습니다.

유상이거나 무상인 것으로써 색처를 분별하지 않고, 역시 색처로써 유상이거나 무상인 것을 분별하지 않으며, 유상이거나 무상인 것으로써 성·향·미·촉·법처를 분별하지 않고, 역시 성·향·미·촉·법처로써 유상이거나 무상인 것을 분별하지 않습니다. 유원이거나 무원인 것으로써 색처를 분별하지 않고, 역시 색처로써 유원이거나 무원인 것을 분별하지 않으며, 유원이거나 무원인 것으로써 성·향·미·촉·법처를 분별하지 않고, 역시 성·향·미·촉·법처로써 유원이거나 무원인 것을 분별하지 않습니다. 생겨나거나 생겨나지 않는 것으로써 색처를 분별하지 않고, 역시 색처로써 생겨나거나 생겨나지 않는 것을 분별하지 않으며, 생겨나거나 생겨나지 않는 것으로써 성·향·미·촉·법처를 분별하지 않고, 역시 성·향·미·촉·법처로써 생겨나거나 생겨나지 않는 것을 분별하지 않습니다. 소멸하거나 소멸하지 않는 것으로써 색처를 분별하지 않고, 역시 색처로써 소멸하거나 소멸하지 않는 것을 분별하지 않으며, 소멸하거나 소멸하지 않는 것으로써 성·향·미·촉·법처를 분별하지 않고, 역시 성·향·미·촉·법처로써 소멸하거나 소멸하지 않는 것을 분별하지 않습니다.

적정하거나 적정하지 않는 것으로써 색처를 분별하지 않고, 역시 색처로써 적정하거나 적정하지 않는 것을 분별하지 않으며, 적정하거나 적정하지 않는 것으로써 성·향·미·촉·법처를 분별하지 않고, 역시 성·향·미·촉·법처로써 적정하거나 적정하지 않는 것을 분별하지 않습니다. 멀리 벗어나거나 멀리 벗어나지 않는 것으로써 색처를 분별하지 않고, 역시 색처로써 멀리 벗어나거나 멀리 벗어나지 않는 것을 분별하지 않으며, 멀리 벗어나거나 멀리 벗어나지 않는 것으로써 성·향·미·촉·법처를 분별하지 않고, 역시 성·향·미·촉·법처로써 멀리 벗어나거나 멀리 벗어나지 않는 것을 분별하지 않습니다.

이와 같은 사람 등은 결국 공하거나 공하지 않은 것으로써 안계를 분별하지 않고, 역시 안계로써 공하거나 공하지 않은 것을 분별하지 않으며, 공하거나 공하지 않은 것으로써 색계·안식계, 나아가 안촉·안촉을 인연으로 생겨난 여러 수를 분별하지 않고, 역시 색계, 나아가 안촉을 인연으로 생겨난 여러 수로써 공하거나 공하지 않은 것을 분별하지 않습니다.

유상이거나 무상인 것으로써 안계를 분별하지 않고, 역시 안계로써 유상이거나 무상인 것을 분별하지 않으며, 유상이거나 무상인 것으로써 색계, 나아가 안촉을 인연으로 생겨난 여러 수를 분별하지 않고, 역시 색계, 나아가 안촉을 인연으로 생겨난 여러 수로써 유상이거나 무상인 것을 분별하지 않습니다. 유원이거나 무원인 것으로써 안계를 분별하지 않고, 역시 안계로써 유원이거나 무원인 것을 분별하지 않으며, 유원이거나 무원인 것으로써 색계, 나아가 안촉을 인연으로 생겨난 여러 수를 분별하지 않고, 역시 색계, 나아가 안촉을 인연으로 생겨난 여러 수로써 유원이거나 무원인 것을 분별하지 않습니다.

생겨나거나 생겨나지 않는 것으로써 안계를 분별하지 않고, 역시 안계로써 생겨나거나 생겨나지 않는 것을 분별하지 않으며, 생겨나거나 생겨나지 않는 것으로써 색계, 나아가 안촉을 인연으로 생겨난 여러 수를 분별하지 않고, 역시 색계, 나아가 안촉을 인연으로 생겨난 여러 수로써 생겨나거나 생겨나지 않는 것을 분별하지 않습니다. 소멸하거나 소멸하지 않는 것으로써 안계를 분별하지 않고, 역시 안계로써 소멸하거나 소멸하지 않는 것을 분별하지 않으며, 소멸하거나 소멸하지 않는 것으로써 색계, 나아가 안촉을 인연으로 생겨난 여러 수를 분별하지 않고, 역시 색계, 나아가 안촉을 인연으로 생겨난 여러 수로써 소멸하거나 소멸하지 않는 것을 분별하지 않습니다.

적정하거나 적정하지 않는 것으로써 안계를 분별하지 않고, 역시 안계로써 적정하거나 적정하지 않는 것을 분별하지 않으며, 적정하거나 적정하지 않는 것으로써 색계, 나아가 안촉을 인연으로 생겨난 여러 수를 분별하지 않고, 역시 색계, 나아가 안촉을 인연으로 생겨난 여러 수로써 적정하거나 적정하지 않는 것을 분별하지 않습니다. 멀리 벗어나거나 멀리 벗어나지 않는 것으로써 안계를 분별하지 않고, 역시 안계로써 멀리 벗어나거나 멀리 벗어나지 않는 것을 분별하지 않으며, 멀리 벗어나거나 멀리 벗어나지 않는 것으로써 색계, 나아가 안촉을 인연으로 생겨난 여러 수를 분별하지 않고, 역시 색계, 나아가 안촉을 인연으로 생겨난 여러 수로써 멀리 벗어나거나 멀리 벗어나지 않는 것을 분별하지 않습니다.

이와 같은 사람 등은 결국 공하거나 공하지 않은 것으로써 이계를 분별하지 않고, 역시 이계로써 공하거나 공하지 않은 것을 분별하지 않으며, 공하거나 공하지 않은 것으로써 성계·이식계, 나아가 이촉·이촉을 인연으로 생겨난 여러 수를 분별하지 않고, 역시 성계, 나아가 이촉을 인연으로 생겨난 여러 수로써 공하거나 공하지 않은 것을 분별하지 않습니다.

유상이거나 무상인 것으로써 이계를 분별하지 않고, 역시 이계로써 유상이거나 무상인 것을 분별하지 않으며, 유상이거나 부상인 것으로써 성계, 나아가 이촉을 인연으로 생겨난 여러 수를 분별하지 않고, 역시 성계, 나아가 이촉을 인연으로 생겨난 여러 수로써 유상이거나 무상인 것을 분별하지 않습니다. 유원이거나 무원인 것으로써 이계를 분별하지 않고, 역시 이계로써 유원이거나 무원인 것을 분별하지 않으며, 유원이거나 무원인 것으로써 성계, 나아가 이촉을 인연으로 생겨난 여러 수를 분별하지 않고, 역시 성계, 나아가 이촉을 인연으로 생겨난 여러 수로써 유원이거나 무원인 것을 분별하지 않습니다.

생겨나거나 생겨나지 않는 것으로써 이계를 분별하지 않고, 역시 이계

로써 생겨나거나 생겨나지 않는 것을 분별하지 않으며, 생겨나거나 생겨
나지 않는 것으로써 성계, 나아가 이촉을 인연으로 생겨난 여러 수를
분별하지 않고, 역시 성계, 나아가 이촉을 인연으로 생겨난 여러 수로써
생겨나거나 생겨나지 않는 것을 분별하지 않습니다. 소멸하거나 소멸하
지 않는 것으로써 이계를 분별하지 않고, 역시 이계로써 소멸하거나
소멸하지 않는 것을 분별하지 않으며, 소멸하거나 소멸하지 않는 것으로
써 성계, 나아가 이촉을 인연으로 생겨난 여러 수를 분별하지 않고,
역시 성계, 나아가 이촉을 인연으로 생겨난 여러 수로써 소멸하거나
소멸하지 않는 것을 분별하지 않습니다.
　적정하거나 적정하지 않는 것으로써 이계를 분별하지 않고, 역시 이계
로써 적정하거나 적정하지 않는 것을 분별하지 않으며, 적정하거나 적정
하지 않는 것으로써 성계, 나아가 이촉을 인연으로 생겨난 여러 수를 분별하지
않고, 역시 성계, 나아가 이촉을 인연으로 생겨난 여러 수로써 적정하거나
적정하지 않는 것을 분별하지 않습니다. 멀리 벗어나거나 멀리 벗어나지
않는 것으로써 이계를 분별하지 않고, 역시 이계로써 멀리 벗어나거나
멀리 벗어나지 않는 것을 분별하지 않으며, 멀리 벗어나거나 멀리 벗어나
지 않는 것으로써 성계, 나아가 이촉을 인연으로 생겨난 여러 수를 분별하
지 않고, 역시 성계, 나아가 이촉을 인연으로 생겨난 여러 수로써 멀리
벗어나거나 멀리 벗어나지 않는 것을 분별하지 않습니다.
　이와 같은 사람 등은 결국 공하거나 공하지 않은 것으로써 비계를 분별하지
않고, 역시 비계로써 공하거나 공하지 않은 것을 분별하지 않으며, 공하거
나 공하지 않은 것으로써 향계·비식계, 나아가 비촉·비촉을 인연으로
생겨난 여러 수를 분별하지 않고, 역시 향계, 나아가 비촉을 인연으로
생겨난 여러 수로써 공하거나 공하지 않은 것을 분별하지 않습니다.
　유상이거나 무상인 것으로써 비계를 분별하지 않고, 역시 비계로써
유상이거나 무상인 것을 분별하지 않으며, 유상이거나 무상인 것으로써
향계, 나아가 비촉을 인연으로 생겨난 여러 수를 분별하지 않고, 역시
향계, 나아가 비촉을 인연으로 생겨난 여러 수로써 유상이거나 무상인

것을 분별하지 않습니다. 유원이거나 무원인 것으로써 비계를 분별하지 않고, 역시 비계로써 유원이거나 무원인 것을 분별하지 않으며, 유원이거나 무원인 것으로써 향계, 나아가 비촉을 인연으로 생겨난 여러 수를 분별하지 않고, 역시 향계, 나아가 비촉을 인연으로 생겨난 여러 수로써 유원이거나 무원인 것을 분별하지 않습니다.

생겨나거나 생겨나지 않는 것으로써 비계를 분별하지 않고, 역시 비계로써 생겨나거나 생겨나지 않는 것을 분별하지 않으며, 생겨나거나 생겨나지 않는 것으로써 향계, 나아가 비촉을 인연으로 생겨난 여러 수를 분별하지 않고, 역시 향계, 나아가 비촉을 인연으로 생겨난 여러 수로써 생겨나거나 생겨나지 않는 것을 분별하지 않습니다. 소멸하거나 소멸하지 않는 것으로써 비계를 분별하지 않고, 역시 비계로써 소멸하거나 소멸하지 않는 것을 분별하지 않으며, 소멸하거나 소멸하지 않는 것으로써 향계, 나아가 비촉을 인연으로 생겨난 여러 수를 분별하지 않고, 역시 향계, 나아가 비촉을 인연으로 생겨난 여러 수로써 소멸하거나 소멸하지 않는 것을 분별하지 않습니다.

적정하거나 적정하지 않는 것으로써 비계를 분별하지 않고, 역시 비계로써 적정하거나 적정하지 않는 것을 분별하지 않으며, 적정하거나 적정하지 않는 것으로써 향계, 나아가 비촉을 인연으로 생겨난 여러 수를 분별하지 않고, 역시 향계, 나아가 비촉을 인연으로 생겨난 여러 수로써 적정하거나 적정하지 않는 것을 분별하지 않습니다. 멀리 벗어나거나 멀리 벗어나지 않는 것으로써 비계를 분별하지 않고, 역시 비계로써 멀리 벗어나거나 멀리 벗어나지 않는 것을 분별하지 않으며, 멀리 벗어나거나 멀리 벗어나지 않는 것으로써 향계, 나아가 비촉을 인연으로 생겨난 여러 수를 분별하지 않고, 역시 향계, 나아가 비촉을 인연으로 생겨난 여러 수로써 멀리 벗어나거나 멀리 벗어나지 않는 것을 분별하지 않습니다.

이와 같은 사람 등은 결국 공하거나 공하지 않은 것으로써 설계를 분별하지 않고, 역시 설계로써 공하거나 공하지 않은 것을 분별하지 않으며, 공하거나 공하지 않은 것으로써 미계·설식계, 나아가 설촉·설촉을 인연으로

생겨난 여러 수를 분별하지 않고, 역시 미계, 나아가 설촉을 인연으로
생겨난 여러 수로써 공하거나 공하지 않은 것을 분별하지 않습니다.
 유상이거나 무상인 것으로써 설계를 분별하지 않고, 역시 설계로써
유상이거나 무상인 것을 분별하지 않으며, 유상이거나 무상인 것으로써
미계, 나아가 설촉을 인연으로 생겨난 여러 수를 분별하지 않고, 역시
미계, 나아가 설촉을 인연으로 생겨난 여러 수로써 유상이거나 무상인
것을 분별하지 않습니다. 유원이거나 무원인 것으로써 설계를 분별하지
않고, 역시 설계로써 유원이거나 무원인 것을 분별하지 않으며, 유원이거
나 무원인 것으로써 미계, 나아가 설촉을 인연으로 생겨난 여러 수를
분별하지 않고, 역시 미계, 나아가 설촉을 인연으로 생겨난 여러 수로써
유원이거나 무원인 것을 분별하지 않습니다.
 생겨나거나 생겨나지 않는 것으로써 설계를 분별하지 않고, 역시 설계
로써 생겨나거나 생겨나지 않는 것을 분별하지 않으며, 생겨나거나 생겨
나지 않는 것으로써 미계, 나아가 설촉을 인연으로 생겨난 여러 수를
분별하지 않고, 역시 미계, 나아가 설촉을 인연으로 생겨난 여러 수로써
생겨나거나 생겨나지 않는 것을 분별하지 않습니다. 소멸하거나 소멸하
지 않는 것으로써 설계를 분별하지 않고, 역시 설계로써 소멸하거나
소멸하지 않는 것을 분별하지 않으며, 소멸하거나 소멸하지 않는 것으로
써 미계, 나아가 설촉을 인연으로 생겨난 여러 수를 분별하지 않고,
역시 미계, 나아가 설촉을 인연으로 생겨난 여러 수로써 소멸하거나
소멸하지 않는 것을 분별하지 않습니다.
 적정하거나 적정하지 않는 것으로써 설계를 분별하지 않고, 역시 설계
로써 적정하거나 적정하지 않는 것을 분별하지 않으며, 적정하거나 적정
하지 않는 것으로써 미계, 나아가 설촉을 인연으로 생겨난 여러 수를
분별하지 않고, 역시 미계, 나아가 설촉을 인연으로 생겨난 여러 수로써
적정하거나 적정하지 않는 것을 분별하지 않습니다. 멀리 벗어나거나 멀리
벗어나지 않는 것으로써 설계를 분별하지 않고, 역시 설계로써 멀리 벗어나
거나 멀리 벗어나지 않는 것을 분별하지 않으며, 멀리 벗어나거나 멀리

벗어나지 않는 것으로써 미계, 나아가 설촉을 인연으로 생겨난 여러 수를 분별하지 않고, 역시 미계, 나아가 설촉을 인연으로 생겨난 여러 수로써 멀리 벗어나거나 멀리 벗어나지 않는 것을 분별하지 않습니다.
 이와 같은 사람 등은 결국 공하거나 공하지 않은 것으로써 신계를 분별하지 않고, 역시 신계로써 공하거나 공하지 않은 것을 분별하지 않으며, 공하거나 공하지 않은 것으로써 촉계·신식계, 나아가 신촉·신촉을 인연으로 생겨난 여러 수를 분별하지 않고, 역시 촉계, 나아가 신촉을 인연으로 생겨난 여러 수로써 공하거나 공하지 않은 것을 분별하지 않습니다.
 유상이거나 무상인 것으로써 신계를 분별하지 않고, 역시 신계로써 유상이거나 무상인 것을 분별하지 않으며, 유상이거나 무상인 것으로써 촉계, 나아가 신촉을 인연으로 생겨난 여러 수를 분별하지 않고, 역시 촉계, 나아가 신촉을 인연으로 생겨난 여러 수로써 유상이거나 무상인 것을 분별하지 않습니다. 유원이거나 무원인 것으로써 신계를 분별하지 않고, 역시 신계로써 유원이거나 무원인 것을 분별하지 않으며, 유원이거나 무원인 것으로써 촉계, 나아가 신촉을 인연으로 생겨난 여러 수를 분별하지 않고, 역시 미계, 나아가 설촉을 인연으로 생겨난 여러 수로써 유원이거나 무원인 것을 분별하지 않습니다.
 생겨나거나 생겨나지 않는 것으로써 신계를 분별하지 않고, 역시 신계로써 생겨나거나 생겨나지 않는 것을 분별하지 않으며, 생겨나거나 생겨나지 않는 것으로써 촉계, 나아가 신족을 인연으로 생겨난 여러 수를 분별하지 않고, 역시 촉계, 나아가 신촉을 인연으로 생겨난 여러 수로써 생겨나거나 생겨나지 않는 것을 분별하지 않습니다. 소멸하거나 소멸하지 않는 것으로써 신계를 분별하지 않고, 역시 신계로써 소멸하거나 소멸하지 않는 것을 분별하지 않으며, 소멸하거나 소멸하지 않는 것으로써 촉계, 나아가 신촉을 인연으로 생겨난 여러 수를 분별하지 않고, 역시 촉계, 나아가 신촉을 인연으로 생겨난 여러 수로써 소멸하거나 소멸하지 않는 것을 분별하지 않습니다.
 적정하거나 적정하지 않는 것으로써 신계를 분별하지 않고, 역시 신계로써 적정하거나 적정하지 않는 것을 분별하지 않으며, 적정하거나 적정하지 않는 것으로써 촉계, 나아가 신촉을 인연으로 생겨난 여러 수를 분별하지 않고, 역시 촉계, 나아가 신촉을 인연으로 생겨난 여러 수로써 적정하거나 적정하지 않는 것을 분별하지 않습니다. 멀리 벗어나거나 멀리 벗어나지 않는 것으로써 신계를 분별하지 않고, 역시 신계로써 멀리 벗어나거나 멀리 벗어나지 않는 것을 분별하지 않으며, 멀리 벗어나거나 멀리 벗어나지 않는 것으로써 촉계, 나아가 신촉을 인연으로 생겨난 여러 수를 분별하지 않고, 역시 촉계, 나아가 신촉을 인연으로 생겨난 여러 수로써 멀리 벗어나거나 멀리 벗어나지 않는 것을 분별하지 않습니다.

　이와 같은 사람 등은 결국 공하거나 공하지 않은 것으로써 의계를 분별하지 않고, 역시 의계로써 공하거나 공하지 않은 것을 분별하지 않으며, 공하거나 공하지 않은 것으로써 법계·의식계, 나아가 의촉·의촉을 인연으로 생겨난 여러 수를 분별하지 않고, 역시 법계, 나아가 의촉을 인연으로 생겨난 여러 수로써 공하거나 공하지 않은 것을 분별하지 않습니다.

　유상이거나 무상인 것으로써 의계를 분별하지 않고, 역시 의계로써 유상이거나 무상인 것을 분별하지 않으며, 유상이거나 무상인 것으로써 법계, 나아가 의촉을 인연으로 생겨난 여러 수를 분별하지 않고, 역시 법계, 나아가 의촉을 인연으로 생겨난 여러 수로써 유상이거나 무상인 것을 분별하지 않습니다. 유원이거나 무원인 것으로써 의계를 분별하지 않고, 역시 의계로써 유원이거나 무원인 것을 분별하지 않으며, 유원이거나 무원인 것으로써 법계, 나아가 의촉을 인연으로 생겨난 여러 수를 분별하지 않고, 역시 법계, 나아가 의촉을 인연으로 생겨난 여러 수로써 유원이거나 무원인 것을 분별하지 않습니다.

　생겨나거나 생겨나지 않는 것으로써 의계를 분별하지 않고, 역시 의계로써 생겨나거나 생겨나지 않는 것을 분별하지 않으며, 생겨나거나 생겨나지 않는 것으로써 법계, 나아가 의촉을 인연으로 생겨난 여러 수를 분별하지 않고, 역시 법계, 나아가 의촉을 인연으로 생겨난 여러 수로써 생겨나거나 생겨나지 않는 것을 분별하지 않습니다. 소멸하거나 소멸하지 않는 것으로써 의계를 분별하지 않고, 역시 의계로써 소멸하거나 소멸하지 않는 것을 분별하지 않으며, 소멸하거나 소멸하지 않는 것으로써 법계, 나아가 의촉을 인연으로 생겨난 여러 수를 분별하지 않고, 역시 법계, 나아가 의촉을 인연으로 생겨난 여러 수로써 소멸하거나 소멸하지 않는 것을 분별하지 않습니다.

 적정하거나 적정하지 않는 것으로써 의계를 분별하지 않고, 역시 의계로써 적정하거나 적정하지 않는 것을 분별하지 않으며, 적정하거나 적정하지 않는 것으로써 법계, 나아가 의촉을 인연으로 생겨난 여러 수를 분별하지 않고, 역시 법계, 나아가 의촉을 인연으로 생겨난 여러 수로써 적정하거나 적정하지 않는 것을 분별하지 않습니다. 멀리 벗어나거나 멀리 벗어나지 않는 것으로써 의계를 분별하지 않고, 역시 의계로써 멀리 벗어나거나 멀리 벗어나지 않는 것을 분별하지 않으며, 멀리 벗어나거나 멀리 벗어나지 않는 것으로써 법계, 나아가 의촉을 인연으로 생겨난 여러 수를 분별하지 않고, 역시 법계, 나아가 의촉을 인연으로 생겨난 여러 수로써 멀리 벗어나거나 멀리 벗어나지 않는 것을 분별하지 않습니다.

 이와 같은 사람 등은 결국 공하거나 공하지 않은 것으로써 지계를 분별하지 않고, 역시 지계로써 공하거나 공하지 않은 것을 분별하지 않으며, 공하거나 공하지 않은 것으로써 수·화·풍·공·식계를 분별하지 않고, 역시 수·화·풍·공·식계로써 공하거나 공하지 않은 것을 분별하지 않습니다.

 유상이거나 무상인 것으로써 지계를 분별하지 않고, 역시 지계로써 유상이거나 무상인 것을 분별하지 않으며, 유상이거나 무상인 것으로써 수·화·풍·공·식계를 분별하지 않고, 역시 수·화·풍·공·식계로써 유상이거나 무상인 것을 분별하지 않습니다. 유원이거나 무원인 것으로써 지계를 분별하지 않고, 역시 지계로써 유원이거나 무원인 것을 분별하지 않으며, 유원이거나 무원인 것으로써 수·화·풍·공·식계를 분별하지 않고, 역시 수·화·풍·공·식계로써 유원이거나 무원인 것을 분별하지 않습니다. 생겨나거나 생겨나지 않는 것으로써 지계를 분별하지 않고, 역시 지계

로써 생겨나거나 생겨나지 않는 것을 분별하지 않으며, 생겨나거나 생겨
나지 않는 것으로써 수·화·풍·공·식계를 분별하지 않고, 역시 수·화·풍·
공·식계로써 생겨나거나 생겨나지 않는 것을 분별하지 않습니다. 소멸하
거나 소멸하지 않는 것으로써 지계를 분별하지 않고, 역시 지계로써
소멸하거나 소멸하지 않는 것을 분별하지 않으며, 소멸하거나 소멸하지
않는 것으로써 수·화·풍·공·식계를 분별하지 않고, 역시 수·화·풍·공·식
계로써 소멸하거나 소멸하지 않는 것을 분별하지 않습니다.
　적정하거나 적정하지 않는 것으로써 지계를 분별하지 않고, 역시 지계
로써 적정하거나 적정하지 않는 것을 분별하지 않으며, 적정하거나 적정
하지 않는 것으로써 수·화·풍·공·식계를 분별하지 않고, 역시 수·화·풍·
공·식계로써 적정하거나 적정하지 않는 것을 분별하지 않습니다. 멀리
벗어나거나 멀리 벗어나지 않는 것으로써 지계를 분별하지 않고, 역시
지계로써 멀리 벗어나거나 멀리 벗어나지 않는 것을 분별하지 않으며,
멀리 벗어나거나 멀리 벗어나지 않는 것으로써 수·화·풍·공·식계를 분별
하지 않고, 역시 수·화·풍·공·식계로써 멀리 벗어나거나 멀리 벗어나지
않는 것을 분별하지 않습니다.
　이와 같은 사람 등은 결국 공하거나 공하지 않은 것으로써 고성제를
분별하지 않고, 역시 고성제로써 공하거나 공하지 않은 것을 분별하지
않으며, 공하거나 공하지 않은 것으로써 집·멸·도성제를 분별하지 않고,
역시 집·멸·도성제로써 공하거나 공하지 않은 것을 분별하지 않습니다.
　유상이거나 무상인 것으로써 고성제를 분별하지 않고, 역시 고성제로
써 유상이거나 무상인 것을 분별하지 않으며, 유상이거나 무상인 것으로
써 집·멸·도성제를 분별하지 않고, 역시 집·멸·도성제로써 유상이거나
무상인 것을 분별하지 않습니다. 유원이거나 무원인 것으로써 고성제를
분별하지 않고, 역시 고성제로써 유원이거나 무원인 것을 분별하지 않으
며, 유원이거나 무원인 것으로써 집·멸·도성제를 분별하지 않고, 역시
집·멸·도성제로써 유원이거나 무원인 것을 분별하지 않습니다.
　생겨나거나 생겨나지 않는 것으로써 고성제를 분별하지 않고, 역시

고성제로써 생겨나거나 생겨나지 않는 것을 분별하지 않으며, 생겨나거나 생겨나지 않는 것으로써 집·멸·도성제를 분별하지 않고, 역시 집·멸·도성제로써 생겨나거나 생겨나지 않는 것을 분별하지 않습니다. 소멸하거나 소멸하지 않는 것으로써 고성제를 분별하지 않고, 역시 고성제로써 소멸하거나 소멸하지 않는 것을 분별하지 않으며, 소멸하거나 소멸하지 않는 것으로써 집·멸·도성제를 분별하지 않고, 역시 집·멸·도성제로써 소멸하거나 소멸하지 않는 것을 분별하지 않습니다.

적정하거나 적정하지 않는 것으로써 고성제를 분별하지 않고, 역시 고성제로써 적정하거나 적정하지 않는 것을 분별하지 않으며, 적정하거나 적정하지 않는 것으로써 집·멸·도성제를 분별하지 않고, 역시 집·멸·도성제로써 적정하거나 적정하지 않는 것을 분별하지 않습니다. 멀리 벗어나거나 멀리 벗어나지 않는 것으로써 고성제를 분별하지 않고, 역시 고성제로써 멀리 벗어나거나 멀리 벗어나지 않는 것을 분별하지 않으며, 멀리 벗어나거나 멀리 벗어나지 않는 것으로써 집·멸·도성제를 분별하지 않고, 역시 집·멸·도성제로써 멀리 벗어나거나 멀리 벗어나지 않는 것을 분별하지 않습니다.

이와 같은 사람 등은 결국 공하거나 공하지 않은 것으로써 무명을 분별하지 않고, 역시 무명으로써 공하거나 공하지 않은 것을 분별하지 않으며, 공하거나 공하지 않은 것으로써 행·식·명색·육처·촉·수·애·취·유·생·노사의 수탄고우뇌를 분별하지 않고, 역시 행, 나아가 노사의 수탄고우뇌로써 공하거나 공하지 않은 것을 분별하지 않습니다.

유상이거나 무상인 것으로써 무명을 분별하지 않고, 역시 무명으로써 유상이거나 무상인 것을 분별하지 않으며, 유상이거나 무상인 것으로써 행, 나아가 노사의 수탄고우뇌를 분별하지 않고, 역시 행, 나아가 노사의 수탄고우뇌로써 유상이거나 무상인 것을 분별하지 않습니다. 유원이거나 무원인 것으로써 무명을 분별하지 않고, 역시 무명으로써 유원이거나 무원인 것을 분별하지 않으며, 유원이거나 무원인 것으로써 행, 나아가 노사의 수탄고우뇌를 분별하지 않고, 역시 행, 나아가 노사의 수탄고우뇌로써 유원이거나 무원인 것을 분별하지 않습니다.

생겨나거나 생겨나지 않는 것으로써 무명을 분별하지 않고, 역시 무명으로써 생겨나거나 생겨나지 않는 것을 분별하지 않으며, 생겨나거나 생겨나지 않는 것으로써 행, 나아가 노사의 수탄고우뇌를 분별하지 않고, 역시 행, 나아가 노사의 수탄고우뇌로써 생겨나거나 생겨나지 않는 것을 분별하지 않습니다. 소멸하거나 소멸하지 않는 것으로써 무명을 분별하지 않고, 역시 무명으로써 소멸하거나 소멸하지 않는 것을 분별하지 않으며, 소멸하거나 소멸하지 않는 것으로써 행, 나아가 노사의 수탄고우뇌를 분별하지 않고, 역시 행, 나아가 노사의 수탄고우뇌로써 소멸하거나 소멸하지 않는 것을 분별하지 않습니다.

적정하거나 적정하지 않는 것으로써 무명을 분별하지 않고, 역시 무명으로써 적정하거나 적정하지 않는 것을 분별하지 않으며, 적정하거나 적정하지 않는 것으로써 행, 나아가 노사의 수탄고우뇌를 분별하지 않고, 역시 행, 나아가 노사의 수탄고우뇌로써 적정하거나 적정하지 않는 것을 분별하지 않습니다. 멀리 벗어나거나 멀리 벗어나지 않는 것으로써 무명을 분별하지 않고, 역시 무명으로써 멀리 벗어나거나 멀리 벗어나지 않는 것을 분별하지 않으며, 멀리 벗어나거나 멀리 벗어나지 않는 것으로써 행, 나아가 노사의 수탄고우뇌를 분별하지 않고, 역시 행, 나아가 노사의 수탄고우뇌로써 멀리 벗어나거나 멀리 벗어나지 않는 것을 분별하지 않습니다.

이와 같은 사람 등은 결국 공하거나 공하지 않은 것으로써 내공을 분별하지 않고, 역시 내공으로써 공하거나 공하지 않은 것을 분별하지 않으며, 공하거나 공하지 않은 것으로써 외공·내외공·공공·대공·승의공·유위공·무위공·필경공·무제공·산공·무변이공·본성공·자상공·공상공·일체법공·불가득공·무성공·자성공·무성자성공을 분별하지 않고, 역시 외공, 나아가 무성자성공으로써 공하거나 공하지 않은 것을 분별하지 않습니다.

유상이거나 무상인 것으로써 내공을 분별하지 않고, 역시 내공으로써 유상이거나 무상인 것을 분별하지 않으며, 유상이거나 무상인 것으로써 외공, 나아가 무성자성공을 분별하지 않고, 역시 외공, 나아가 무성자성공으로써 유상이거나 무상인 것을 분별하지 않습니다. 유원이거나 무원인 것으로써 내공을 분별하지 않고, 역시 내공으로써 유원이거나 무원인 것을 분별하지 않으며, 유원이거나 무원인 것으로써 외공, 나아가 무성자성공을 분별하지 않고, 역시 외공, 나아가 무성자성공으로써 유원이거나 무원인 것을 분별하지 않습니다.

생겨나거나 생겨나지 않는 것으로써 내공을 분별하지 않고, 역시 내공으로써 생겨나거나 생겨나지 않는 것을 분별하지 않으며, 생겨나거나 생겨나지 않는 것으로써 외공, 나아가 무성자성공을 분별하지 않고, 역시 외공, 나아가 무성자성공으로써 생겨나거나 생겨나지 않는 것을 분별하지 않습니다. 소멸하거나 소멸하지 않는 것으로써 내공을 분별하지 않고, 역시 내공으로써 소멸하거나 소멸하지 않는 것을 분별하지 않으며, 소멸하거나 소멸하지 않는 것으로써 외공, 나아가 무성자성공을 분별하지 않고, 역시 외공, 나아가 무성자성공으로써 소멸하거나 소멸하지 않는 것을 분별하지 않습니다.

적정하거나 적정하지 않는 것으로써 내공을 분별하지 않고, 역시 내공으로써 적정하거나 적정하지 않는 것을 분별하지 않으며, 적정하거나 적정하지 않는 것으로써 외공, 나아가 무성자성공을 분별하지 않고, 역시 외공, 나아가 무성사성공으로써 적정하거나 석성하지 않는 것을 분별하지 않습니다. 멀리 벗어나거나 멀리 벗어나지 않는 것으로써 내공을 분별하지 않고, 역시 내공으로써 멀리 벗어나거나 멀리 벗어나지 않는 것을 분별하지 않으며, 멀리 벗어나거나 멀리 벗어나지 않는 것으로써 외공, 나아가 무성자성공을 분별하지 않고, 역시 외공, 나아가 무성자성공으로써 멀리 벗어나거나 멀리 벗어나지 않는 것을 분별하지 않습니다.

이와 같은 사람 등은 결국 공하거나 공하지 않은 것으로써 진여를 분별하지 않고, 역시 진여로써 공하거나 공하지 않은 것을 분별하지 않으며, 공하거나 공하지 않은 것으로써 법계·법성·불허망성·불변이성·

평등성·이생성·법정·법주·실제·허공계·부사의계를 분별하지 않고, 역시 법계, 나아가 부사의계로써 공하거나 공하지 않은 것을 분별하지 않습니다.

유상이거나 무상인 것으로써 진여를 분별하지 않고, 역시 진여로써 유상이거나 무상인 것을 분별하지 않으며, 유상이거나 무상인 것으로써 법계, 나아가 부사의계를 분별하지 않고, 역시 법계, 나아가 부사의계로써 유상이거나 무상인 것을 분별하지 않습니다. 유원이거나 무원인 것으로써 진여를 분별하지 않고, 역시 진여로써 유원이거나 무원인 것을 분별하지 않으며, 유원이거나 무원인 것으로써 법계, 나아가 부사의계를 분별하지 않고, 역시 법계, 나아가 부사의계로써 유원이거나 무원인 것을 분별하지 않습니다.

생겨나거나 생겨나지 않는 것으로써 진여를 분별하지 않고, 역시 진여로써 생겨나거나 생겨나지 않는 것을 분별하지 않으며, 생겨나거나 생겨나지 않는 것으로써 법계, 나아가 부사의계를 분별하지 않고, 역시 법계, 나아가 부사의계로써 생겨나거나 생겨나지 않는 것을 분별하지 않습니다. 소멸하거나 소멸하지 않는 것으로써 진여를 분별하지 않고, 역시 진여로써 소멸하거나 소멸하지 않는 것을 분별하지 않으며, 소멸하거나 소멸하지 않는 것으로써 법계, 나아가 부사의계를 분별하지 않고, 역시 법계, 나아가 부사의계로써 소멸하거나 소멸하지 않는 것을 분별하지 않습니다.

적정하거나 적정하지 않는 것으로써 진여를 분별하지 않고, 역시 진여로써 적정하거나 적정하지 않는 것을 분별하지 않으며, 적정하거나 적정하지 않는 것으로써 법계, 나아가 부사의계를 분별하지 않고, 역시 법계, 나아가 부사의계로써 적정하거나 적정하지 않는 것을 분별하지 않습니다. 멀리 벗어나거나 멀리 벗어나지 않는 것으로써 진여를 분별하지 않고, 역시 진여로써 멀리 벗어나거나 멀리 벗어나지 않는 것을 분별하지 않으며, 멀리 벗어나거나 멀리 벗어나지 않는 것으로써 법계, 나아가 부사의계를 분별하지 않고, 역시 법계, 나아가 부사의계로써 멀리 벗어나거나 멀리 벗어나지 않는 것을 분별하지 않습니다.

마하반야바라밀다경 제83권

24. 수교품(受敎品)(2)

"이와 같은 사람 등은 결국 공하거나 공하지 않은 것으로써 보시바라밀다를 분별하지 않고, 역시 보시바라밀다로써 공하거나 공하지 않은 것을 분별하지 않으며, 공하거나 공하지 않은 것으로써 정계·안인·정진·정려·반야바라밀다를 분별하지 않고, 역시 정계·안인·정진·정려·반야바라밀다로써 공하거나 공하지 않은 것을 분별하지 않습니다.

유상이거나 무상인 것으로써 보시바라밀다를 분별하지 않고, 역시 보시바라밀다로써 유상이거나 무상인 것을 분별하지 않으며, 유상이거나 무상인 것으로써 정계·안인·정진·정려·반야바라밀다를 분별하지 않고, 역시 정계·안인·정진·정려·반야바라밀다로써 유상이거나 무상인 것을 분별하지 않습니다. 유원이거나 무원인 것으로써 보시바라밀다를 분별하지 않고, 역시 보시바라밀다로써 유원이거나 무원인 것을 분별하지 않으며, 유원이거나 무원인 것으로써 정계·안인·정진·정려·반야바라밀다를 분별하지 않고, 역시 정계·안인·정진·정려·반야바라밀다로써 유원이거나 무원인 것을 분별하지 않습니다.

생겨나거나 생겨나지 않는 것으로써 보시바라밀다를 분별하지 않고, 역시 보시바라밀다로써 생겨나거나 생겨나지 않는 것을 분별하지 않으며, 생겨나거나 생겨나지 않는 것으로써 정계·안인·정진·정려·반야바라밀다를 분별하지 않고, 역시 정계·안인·정진·정려·반야바라밀다로써 생겨나거나 생겨나지 않는 것을 분별하지 않습니다. 소멸하거나 소멸하지 않는 것으로써 보시바라밀다를 분별하지 않고, 역시 보시바라밀다로써 소멸하거나 소멸하지 않는 것을 분별하지 않으며, 소멸하거나 소멸하지 않는 것으로써 정계·안인·정진·정려·반야바라밀다를 분별하지 않고, 역시 정계·안인·정진·정려·반야바라밀다로써 소멸하거나 소멸하지 않는 것을 분별하지 않습니다.
 적정하거나 적정하지 않는 것으로써 보시바라밀다를 분별하지 않고, 역시 보시바라밀다로써 적정하거나 적정하지 않는 것을 분별하지 않으며, 적정하거나 적정하지 않는 것으로써 정계·안인·정진·정려·반야바라밀다를 분별하지 않고, 역시 정계·안인·정진·정려·반야바라밀다로써 적정하거나 적정하지 않는 것을 분별하지 않습니다. 멀리 벗어나거나 멀리 벗어나지 않는 것으로써 보시바라밀다를 분별하지 않고, 역시 보시바라밀다로써 멀리 벗어나거나 멀리 벗어나지 않는 것을 분별하지 않으며, 멀리 벗어나거나 멀리 벗어나지 않는 것으로써 정계·안인·정진·정려·반야바라밀다를 분별하지 않고, 역시 정계·안인·정진·정려·반야바라밀다로써 멀리 벗어나거나 멀리 벗어나지 않는 것을 분별하지 않습니다.
 이와 같은 사람 등은 결국 공하거나 공하지 않은 것으로써 4정려를 분별하지 않고, 역시 4정려로써 공하거나 공하지 않은 것을 분별하지 않으며, 공하거나 공하지 않은 것으로써 4무량·4무색정을 분별하지 않고, 역시 4무량·4무색정으로써 공하거나 공하지 않은 것을 분별하지 않습니다.
 유상이거나 무상인 것으로써 4정려를 분별하지 않고, 역시 4정려로써 유상이거나 무상인 것을 분별하지 않으며, 유상이거나 무상인 것으로써 4무량·4무색정을 분별하지 않고, 역시 4무량·4무색정으로써 유상이거나 무상인 것을 분별하지 않습니다. 유원이거나 무원인 것으로써 4정려를 분별하지 않고, 역시 4정려로써 유원이거나 무원인 것을 분별하지 않으며, 유원이거나 무원인 것으로써 4무량·4무색정을 분별하지 않고, 역시 4무량·4무색정으로써 유원이거나 무원인 것을 분별하지 않습니다.
 생겨나거나 생겨나지 않는 것으로써 4정려를 분별하지 않고, 역시

4정려로써 생겨나거나 생겨나지 않는 것을 분별하지 않으며, 생겨나거나 생겨나지 않는 것으로써 4무량·4무색정을 분별하지 않고, 역시 4무량·4무색정으로써 생겨나거나 생겨나지 않는 것을 분별하지 않습니다. 소멸하거나 소멸하지 않는 것으로써 4정려를 분별하지 않고, 역시 4정려로써 소멸하거나 소멸하지 않는 것을 분별하지 않으며, 소멸하거나 소멸하지 않는 것으로써 4무량·4무색정을 분별하지 않고, 역시 4무량·4무색정으로써 소멸하거나 소멸하지 않는 것을 분별하지 않습니다.

적정하거나 적정하지 않는 것으로써 4정려를 분별하지 않고, 역시 4정려로써 적정하거나 적정하지 않는 것을 분별하지 않으며, 적정하거나 적정하지 않는 것으로써 4무량·4무색정을 분별하지 않고, 역시 4무량·4무색정으로써 적정하거나 적정하지 않는 것을 분별하지 않습니다. 멀리 벗어나거나 멀리 벗어나지 않는 것으로써 4정려를 분별하지 않고, 역시 4정려로써 멀리 벗어나거나 멀리 벗어나지 않는 것을 분별하지 않으며, 멀리 벗어나거나 멀리 벗어나지 않는 것으로써 4무량·4무색정을 분별하지 않고, 역시 4무량·4무색정으로써 멀리 벗어나거나 멀리 벗어나지 않는 것을 분별하지 않습니다.

이와 같은 사람 등은 결국 공하거나 공하지 않은 것으로써 8해탈을 분별하지 않고, 역시 8해탈으로써 공하거나 공하지 않은 것을 분별하지 않으며, 공하거나 공하지 않은 것으로써 8승처·9차제정·10변처를 분별하시 않고, 역시 8승처·9차제정·10변처로써 공하거나 공하지 않은 것을 분별하지 않습니다.

유상이거나 무상인 것으로써 8해탈을 분별하지 않고, 역시 8해탈으로써 유상이거나 무상인 것을 분별하지 않으며, 유상이거나 무상인 것으로써 8승처·9차제정·10변처를 분별하지 않고, 역시 8승처·9차제정·10변처로써 유상이거나 무상인 것을 분별하지 않습니다. 유원이거나 무원인 것으로써 8해탈을 분별하지 않고, 역시 8해탈으로써 유원이거나 무원인 것을 분별하지 않으며, 유원이거나 무원인 것으로써 8승처·9차제정·10변처를 분별하지 않고, 역시 8승처·9차제정·10변처로써 유원이거나 무원인 것을 분별하지 않습니다.
 생겨나거나 생겨나지 않는 것으로써 8해탈을 분별하지 않고, 역시 8해탈으로써 생겨나거나 생겨나지 않는 것을 분별하지 않으며, 생겨나거나 생겨나지 않는 것으로써 8승처·9차제정·10변처를 분별하지 않고, 역시 8승처·9차제정·10변처처로써 생겨나거나 생겨나지 않는 것을 분별하지 않습니다. 소멸하거나 소멸하지 않는 것으로써 8해탈을 분별하지 않고, 역시 8해탈으로써 소멸하거나 소멸하지 않는 것을 분별하지 않으며, 소멸하거나 소멸하지 않는 것으로써 8승처·9차제정·10변처를 분별하지 않고, 역시 8승처·9차제정·10변처로써 소멸하거나 소멸하지 않는 것을 분별하지 않습니다.
 적정하거나 적정하지 않는 것으로써 8해탈을 분별하지 않고, 역시 8해탈으로써 적정하거나 적정하지 않는 것을 분별하지 않으며, 적정하거나 적정하지 않는 것으로써 8승처·9차제정·10변처를 분별하지 않고, 역시 8승처·9차제정·10변처로써 적정하거나 적정하지 않는 것을 분별하지 않습니다. 멀리 벗어나거나 멀리 벗어나지 않는 것으로써 8해탈을 분별하지 않고, 역시 8해탈으로써 멀리 벗어나거나 멀리 벗어나지 않는 것을 분별하지 않으며, 멀리 벗어나거나 멀리 벗어나지 않는 것으로써 8승처·9차제정·10변처를 분별하지 않고, 역시 8승처·9차제정·10변처로써 멀리 벗어나거나 멀리 벗어나지 않는 것을 분별하지 않습니다.
 이와 같은 사람 등은 결국 공하거나 공하지 않은 것으로써 4념주를 분별하지 않고, 역시 4념주로써 공하거나 공하지 않은 것을 분별하지 않으며, 공하거나 공하지 않은 것으로써 4정단·4신족·5근·5력·7등각지·8성도지를 분별하지 않고, 역시 4정단·4신족·5근·5력·7등각지·8성도지로써 공하거나 공하지 않은 것을 분별하지 않습니다.
 유상이거나 무상인 것으로써 4념주를 분별하지 않고, 역시 4념주로써 유상이거나 무상인 것을 분별하지 않으며, 유상이거나 무상인 것으로써 4정단·4신족·5근·5력·7등각지·8성도지를 분별하지 않고, 역시 4정단·4신족·5근·5력·7등각지·8성도지로써 유상이거나 무상인 것을 분별하지 않습니다. 유원이거나 무원인 것으로써 4념주를 분별하지 않고, 역시 4념주로써 유원이거나 무원인 것을 분별하지 않으며, 유원이거나 무원인 것으로써 4정단·4신족·5근·5력·7등각지·8성도지를 분별하지 않고, 역시 4정단·4신족·5근·5력·7등각지·8성도지로써 유원이거나 무원인 것을 분별하지 않습니다.

생겨나거나 생겨나지 않는 것으로써 4념주를 분별하지 않고, 역시 4념주로써 생겨나거나 생겨나지 않는 것을 분별하지 않으며, 생겨나거나 생겨나지 않는 것으로써 4정단·4신족·5근·5력·7등각지·8성도지를 분별하지 않고, 역시 4정단·4신족·5근·5력·7등각지·8성도지로써 생겨나거나 생겨나지 않는 것을 분별하지 않습니다. 소멸하거나 소멸하지 않는 것으로써 4념주를 분별하지 않고, 역시 4념주로써 소멸하거나 소멸하지 않는 것을 분별하지 않으며, 소멸하거나 소멸하지 않는 것으로써 4정단·4신족·5근·5력·7등각지·8성도지를 분별하지 않고, 역시 4정단·4신족·5근·5력·7등각지·8성도지로써 소멸하거나 소멸하지 않는 것을 분별하지 않습니다.

적정하거나 적정하지 않는 것으로써 4념주를 분별하지 않고, 역시 4념주로써 적정하거나 적정하지 않는 것을 분별하지 않으며, 적정하거나 적정하지 않는 것으로써 4정단·4신족·5근·5력·7등각지·8성도지를 분별하지 않고, 역시 4정단·4신족·5근·5력·7등각지·8성도지로써 적정하거나 적정하지 않는 것을 분별하지 않습니다. 멀리 벗어나거나 멀리 벗어나지 않는 것으로써 4념주를 분별하지 않고, 역시 4념주로써 멀리 벗어나거나 멀리 벗어나지 않는 것을 분별하지 않으며, 멀리 벗어나거나 멀리 벗어나지 않는 것으로써 4정단·4신족·5근·5력·7등각지·8성도지를 분별하지 않고, 역시 4정단·4신족·5근·5력·7등각지·8성도지로써 멀리 벗어나거나 멀리 벗어나지 않는 것을 분별하지 않습니다.

이와 같은 사람 등은 결국 공하거나 공하지 않은 것으로써 공해탈문을 분별하지 않고, 역시 공해탈문으로써 공하거나 공하지 않은 것을 분별하지 않으며, 공하거나 공하지 않은 것으로써 무상·무원해탈문을 분별하지 않고, 역시 무상·무원해탈문으로써 공하거나 공하지 않은 것을 분별하지 않습니다.

　유상이거나 무상인 것으로써 공해탈문을 분별하지 않고, 역시 공해탈문으로써 유상이거나 무상인 것을 분별하지 않으며, 유상이거나 무상인 것으로써 무상·무원해탈문을 분별하지 않고, 역시 무상·무원해탈문으로써 유상이거나 무상인 것을 분별하지 않습니다. 유원이거나 무원인 것으로써 공해탈문을 분별하지 않고, 역시 공해탈문으로써 유원이거나 무원인 것을 분별하지 않으며, 유원이거나 무원인 것으로써 무상·무원해탈문을 분별하지 않고, 역시 무상·무원해탈문으로써 유원이거나 무원인 것을 분별하지 않습니다.

　생겨나거나 생겨나지 않는 것으로써 공해탈문을 분별하지 않고, 역시 공해탈문으로써 생겨나거나 생겨나지 않는 것을 분별하지 않으며, 생겨나거나 생겨나지 않는 것으로써 무상·무원해탈문을 분별하지 않고, 역시 무상·무원해탈문으로써 생겨나거나 생겨나지 않는 것을 분별하지 않습니다. 소멸하거나 소멸하지 않는 것으로써 공해탈문을 분별하지 않고, 역시 공해탈문으로써 소멸하거나 소멸하지 않는 것을 분별하지 않으며, 소멸하거나 소멸하지 않는 것으로써 무상·무원해탈문을 분별하지 않고, 역시 무상·무원해탈문으로써 소멸하거나 소멸하지 않는 것을 분별하지 않습니다.

　적정하거나 적정하지 않는 것으로써 공해탈문을 분별하지 않고, 역시 공해탈문으로써 적정하거나 적정하지 않는 것을 분별하지 않으며, 적정하거나 적정하지 않는 것으로써 무상·무원해탈문을 분별하지 않고, 역시 무상·무원해탈문으로써 적정하거나 적정하지 않는 것을 분별하지 않습니다. 멀리 벗어나거나 멀리 벗어나지 않는 것으로써 공해탈문을 분별하지 않고, 역시 공해탈문으로써 멀리 벗어나거나 멀리 벗어나지 않는 것을 분별하지 않으며, 멀리 벗어나거나 멀리 벗어나지 않는 것으로써 무상·무원해탈문을 분별하지 않고, 역시 무상·무원해탈문으로써 멀리 벗어나거나 멀리 벗어나지 않는 것을 분별하지 않습니다.

이와 같은 사람 등은 결국 공하거나 공하지 않은 것으로써 5안을 분별하지 않고, 역시 5안으로써 공하거나 공하지 않은 것을 분별하지 않으며, 공하거나 공하지 않은 것으로써 6신통을 분별하지 않고, 역시 6신통으로써 공하거나 공하지 않은 것을 분별하지 않습니다.
　유상이거나 무상인 것으로써 5안을 분별하지 않고, 역시 5안으로써 유상이거나 무상인 것을 분별하지 않으며, 유상이거나 무상인 것으로써 6신통을 분별하지 않고, 역시 6신통으로써 유상이거나 무상인 것을 분별하지 않습니다. 유원이거나 무원인 것으로써 5안을 분별하지 않고, 역시 5안으로써 유원이거나 무원인 것을 분별하지 않으며, 유원이거나 무원인 것으로써 6신통을 분별하지 않고, 역시 6신통으로써 유원이거나 무원인 것을 분별하지 않습니다.
　생겨나거나 생겨나지 않는 것으로써 5안을 분별하지 않고, 역시 5안으로써 생겨나거나 생겨나지 않는 것을 분별하지 않으며, 생겨나거나 생겨나지 않는 것으로써 6신통을 분별하지 않고, 역시 6신통으로써 생겨나거나 생겨나지 않는 것을 분별하지 않습니다. 소멸하거나 소멸하지 않는 것으로써 5안을 분별하지 않고, 역시 5안으로써 소멸하거나 소멸하지 않는 것을 분별하지 않으며, 소멸하거나 소멸하지 않는 것으로써 6신통을 분별하지 않고, 역시 6신통으로써 소멸하거나 소멸하지 않는 것을 분별하지 않습니다.
　적정하거나 적정하지 않는 것으로써 5안을 분별하지 않고, 역시 5안으로써 적정하거나 적정하지 않는 것을 분별하지 않으며, 적정하거나 적정하지 않는 것으로써 6신통을 분별하지 않고, 역시 6신통으로써 적정하거나 적정하지 않는 것을 분별하지 않습니다. 멀리 벗어나거나 멀리 벗어나지 않는 것으로써 5안을 분별하지 않고, 역시 5안으로써 멀리 벗어나거나 멀리 벗어나지 않는 것을 분별하지 않으며, 멀리 벗어나거나 멀리 벗어나지 않는 것으로써 6신통을 분별하지 않고, 역시 6신통으로써 멀리 벗어나거나 멀리 벗어나지 않는 것을 분별하지 않습니다.
　이와 같은 사람 등은 결국 공하거나 공하지 않은 것으로써 여래의

10력을 분별하지 않고, 역시 여래의 10력으로써 공하거나 공하지 않은 것을 분별하지 않으며, 공하거나 공하지 않은 것으로써 4무소외·4무애해·대자·대비·대희·대사·18불불공법을 분별하지 않고, 역시 4무소외·4무애해·대자·대비·대희·대사·18불불공법으로써 공하거나 공하지 않은 것을 분별하지 않습니다.

유상이거나 무상인 것으로써 여래의 10력을 분별하지 않고, 역시 여래의 10력으로써 유상이거나 무상인 것을 분별하지 않으며, 유상이거나 무상인 것으로써 4무소외·4무애해·대자·대비·대희·대사·18불불공법을 분별하지 않고, 역시 4무소외·4무애해·대자·대비·대희·대사·18불불공법으로써 유상이거나 무상인 것을 분별하지 않습니다. 유원이거나 무원인 것으로써 여래의 10력을 분별하지 않고, 역시 여래의 10력으로써 유원이거나 무원인 것을 분별하지 않으며, 유원이거나 무원인 것으로써 4무소외·4무애해·대자·대비·대희·대사·18불불공법을 분별하지 않고, 역시 4무소외·4무애해·대자·대비·대희·대사·18불불공법으로써 유원이거나 무원인 것을 분별하지 않습니다.

생겨나거나 생겨나지 않는 것으로써 여래의 10력을 분별하지 않고, 역시 여래의 10력으로써 생겨나거나 생겨나지 않는 것을 분별하지 않으며, 생겨나거나 생겨나지 않는 것으로써 4무소외·4무애해·대자·대비·대희·대사·18불불공법을 분별하지 않고, 역시 4무소외·4무애해·대자·대비·대희·대사·18불불공법으로써 생겨나거나 생겨나지 않는 것을 분별하지 않습니다. 소멸하거나 소멸하지 않는 것으로써 여래의 10력을 분별하지 않고, 역시 여래의 10력으로써 소멸하거나 소멸하지 않는 것을 분별하지 않으며, 소멸하거나 소멸하지 않는 것으로써 4무소외·4무애해·대자·대비·대희·대사·18불불공법을 분별하지 않고, 역시 4무소외·4무애해·대자·대비·대희·대사·18불불공법으로써 소멸하거나 소멸하지 않는 것을 분별하지 않습니다.

적정하거나 적정하지 않는 것으로써 여래의 10력을 분별하지 않고, 역시 여래의 10력으로써 적정하거나 적정하지 않는 것을 분별하지 않으며, 적정하거나 적정하지 않는 것으로써 4무소외·4무애해·대자·대비·대희·대사·18불불공법을 분별하지 않고, 역시 4무소외·4무애해·대자·대비·대희·대사·18불불공법으로써 적정하거나 적정하지 않는 것을 분별하지 않습니다. 멀리 벗어나거나 멀리 벗어나지 않는 것으로써 여래의 10력을 분별하지 않고, 역시 여래의 10력으로써 멀리 벗어나거나 멀리 벗어나지 않는 것을 분별하지 않으며, 멀리 벗어나거나 멀리 벗어나지 않는 것으로써 4무소외·4무애해·대자·대비·대희·대사·18불불공법을 분별하지 않고, 역시 4무소외·4무애해·대자·대비·대희·대사·18불불공법으로써 멀리 벗어나거나 멀리 벗어나지 않는 것을 분별하지 않습니다.

이와 같은 사람 등은 결국 공하거나 공하지 않은 것으로써 무망실법을 분별하지 않고, 역시 무망실법으로써 공하거나 공하지 않은 것을 분별하지 않으며, 공하거나 공하지 않은 것으로써 항주사성을 분별하지 않고, 역시 항주사성으로써 공하거나 공하지 않은 것을 분별하지 않습니다.

유상이거나 무상인 것으로써 무망실법을 분별하지 않고, 역시 무망실법으로써 유상이거나 무상인 것을 분별하지 않으며, 유상이거나 무상인 것으로써 항주사성을 분별하지 않고, 역시 항주사성으로써 유상이거나 무상인 것을 분별하지 않습니다. 유원이거나 무원인 것으로써 무망실법을 분별하지 않고, 역시 무망실법으로써 유원이거나 무원인 것을 분별하지 않으며, 유원이거나 무원인 것으로써 항주사성을 분별하지 않고, 역시 항주사성으로써 유원이거나 무원인 것을 분별하지 않습니다.

생겨나거나 생겨나지 않는 것으로써 무망실법을 분별하지 않고, 역시 무망실법으로써 생겨나거나 생겨나지 않는 것을 분별하지 않으며, 생겨나거나 생겨나지 않는 것으로써 항주사성을 분별하지 않고, 역시 항주사성으로써 생겨나거나 생겨나지 않는 것을 분별하지 않습니다. 소멸하거나 소멸하지 않는 것으로써 무망실법을 분별하지 않고, 역시 무망실법으로써 소멸하거나 소멸하지 않는 것을 분별하지 않으며, 소멸하거나 소멸하지 않는 것으로써 항주사성을 분별하지 않고, 역시 항주사성으로써 소멸하거나 소멸하지 않는 것을 분별하지 않습니다.

적정하거나 적정하지 않는 것으로써 무망실법을 분별하지 않고, 역시 무망실법으로써 적정하거나 적정하지 않는 것을 분별하지 않으며, 적정하거나 적정하지 않는 것으로써 항주사성을 분별하지 않고, 역시 항주사성으로써 적정하거나 적정하지 않는 것을 분별하지 않습니다. 멀리 벗어나거나 멀리 벗어나지 않는 것으로써 무망실법을 분별하지 않고, 역시 무망실법으로써 멀리 벗어나거나 멀리 벗어나지 않는 것을 분별하지 않으며, 멀리 벗어나거나 멀리 벗어나지 않는 것으로써 항주사성을 분별하지 않고, 역시 항주사성으로써 멀리 벗어나거나 멀리 벗어나지 않는 것을 분별하지 않습니다.

이와 같은 사람 등은 결국 공하거나 공하지 않은 것으로써 일체의 다라니문을 분별하지 않고, 역시 일체의 다라니문으로써 공하거나 공하지 않은 것을 분별하지 않으며, 공하거나 공하지 않은 것으로써 일체의 삼마지문을 분별하지 않고, 역시 일체의 삼마지문으로써 공하거나 공하지 않은 것을 분별하지 않습니다.

유상이거나 무상인 것으로써 일체의 다라니문을 분별하지 않고, 역시 일체의 다라니문으로써 유상이거나 무상인 것을 분별하지 않으며, 유상이거나 무상인 것으로써 일체의 삼마지문을 분별하지 않고, 역시 일체의 삼마지문으로써 유상이거나 무상인 것을 분별하지 않습니다. 유원이거나 무원인 것으로써 일체의 다라니문을 분별하지 않고, 역시 일체의 다라니문으로써 유원이거나 무원인 것을 분별하지 않으며, 유원이거나 무원인 것으로써 일체의 삼마지문을 분별하지 않고, 역시 일체의 삼마지문으로써 유원이거나 무원인 것을 분별하지 않습니다.

생겨나거나 생겨나지 않는 것으로써 일체의 다라니문을 분별하지 않고, 역시 일체의 다라니문으로써 생겨나거나 생겨나지 않는 것을 분별하지 않으며, 생겨나거나 생겨나지 않는 것으로써 일체의 삼마지문을 분별하지 않고, 역시 일체의 삼마지문으로써 생겨나거나 생겨나지 않는 것을 분별하지 않습니다. 소멸하거나 소멸하지 않는 것으로써 일체의 다라니문을 분별하지 않고, 역시 일체의 다라니문으로써 소멸하거나 소멸하지 않는 것을 분별하지 않으며, 소멸하거나 소멸하지 않는 것으로써 일체의 삼마지문을 분별하지 않고, 역시 일체의 삼마지문으로써 소멸하거나 소멸하지 않는 것을 분별하지 않습니다.

적정하거나 적정하지 않는 것으로써 일체의 다라니문을 분별하지 않고, 역시 일체의 다라니문으로써 적정하거나 적정하지 않는 것을 분별하지 않으며, 적정하거나 적정하지 않는 것으로써 일체의 삼마지문을 분별하지 않고, 역시 일체의 삼마지문으로써 적정하거나 적정하지 않는 것을 분별하지 않습니다. 멀리 벗어나거나 멀리 벗어나지 않는 것으로써 일체의 다라니문을 분별하지 않고, 역시 일체의 다라니문으로써 멀리 벗어나거나 멀리 벗어나지 않는 것을 분별하지 않으며, 멀리 벗어나거나 멀리 벗어나지 않는 것으로써 일체의 삼마지문을 분별하지 않고, 역시 일체의 삼마지문으로써 멀리 벗어나거나 멀리 벗어나지 않는 것을 분별하지 않습니다.

이와 같은 사람 등은 결국 공하거나 공하지 않은 것으로써 일체지를 분별하지 않고, 역시 일체지로써 공하거나 공하지 않은 것을 분별하지 않으며, 공하거나 공하지 않은 것으로써 도상지·일체상지를 분별하지 않고, 역시 도상지·일체상지로써 공하거나 공하지 않은 것을 분별하지 않습니다.

유상이거나 무상인 것으로써 일체지를 분별하지 않고, 역시 일체지로써 유상이거나 무상인 것을 분별하지 않으며, 유상이거나 무상인 것으로써 도상지·일체상지를 분별하지 않고, 역시 도상지·일체상지로써 유상이거나 무상인 것을 분별하지 않습니다. 유원이거나 무원인 것으로써 일체지를 분별하지 않고, 역시 일체지로써 유원이거나 무원인 것을 분별하지 않으며, 유원이거나 무원인 것으로써 도상지·일체상지를 분별하지 않고, 역시 도상지·일체상지로써 유원이거나 무원인 것을 분별하지 않습니다. 생겨나거나 생겨나지 않는 것으로써 일체지를 분별하지 않고, 역시 일체지로써 생겨나거나 생겨나지 않는 것을 분별하지 않으며, 생겨나거나 생겨나지 않는 것으로써 도상지·일체상지를 분별하지 않고, 역시 도상지·일체상지로써 생겨나거나 생겨나지 않는 것을 분별하지 않습니다. 소멸하거나 소멸하지 않는 것으로써 일체지를 분별하지 않고, 역시 일체지로써 소멸하거나 소멸하지 않는 것을 분별하지 않으며, 소멸하거나 소멸하지 않는 것으로써 도상지·일체상지를 분별하지 않고, 역시 도상지·일체상지로써 소멸하거나 소멸하지 않는 것을 분별하지 않습니다.

적정하거나 적정하지 않는 것으로써 일체지를 분별하지 않고, 역시 일체지로써 적정하거나 적정하지 않는 것을 분별하지 않으며, 적정하거나 적정하지 않는 것으로써 도상지·일체상지를 분별하지 않고, 역시 도상지·일체상지로써 적정하거나 적정하지 않는 것을 분별하지 않습니다. 멀리 벗어나거나 멀리 벗어나지 않는 것으로써 일체지를 분별하지 않고, 역시 일체지로써 멀리 벗어나거나 멀리 벗어나지 않는 것을 분별하지 않으며, 멀리 벗어나거나 멀리 벗어나지 않는 것으로써 도상지·일체상지를 분별하지 않고, 역시 도상지·일체상지로써 멀리 벗어나거나 멀리 벗어나지 않는 것을 분별하지 않습니다.

이와 같은 사람 등은 결국 공하거나 공하지 않은 것으로써 성문승을 분별하지 않고, 역시 성문승으로써 공하거나 공하지 않은 것을 분별하지 않으며, 공하거나 공하지 않은 것으로써 독각승·무상승을 분별하지 않고, 역시 독각승·무상승으로써 공하거나 공하지 않은 것을 분별하지 않습니다.

유상이거나 무상인 것으로써 성문승을 분별하지 않고, 역시 성문승으로써 유상이거나 무상인 것을 분별하지 않으며, 유상이거나 무상인 것으로써 독각승·무상승을 분별하지 않고, 역시 독각승·무상승으로써 유상이거나 무상인 것을 분별하지 않습니다. 유원이거나 무원인 것으로써 성문승을 분별하지 않고, 역시 성문승으로써 유원이거나 무원인 것을 분별하지 않으며, 유원이거나 무원인 것으로써 독각승·무상승을 분별하지 않고, 역시 독각승·무상승으로써 유원이거나 무원인 것을 분별하지 않습니다.

생겨나거나 생겨나지 않는 것으로써 성문승을 분별하지 않고, 역시 성문승으로써 생겨나거나 생겨나지 않는 것을 분별하지 않으며, 생겨나거나 생겨나지 않는 것으로써 독각승·무상승을 분별하지 않고, 역시 독각승

무상승으로써 생겨나거나 생겨나지 않는 것을 분별하지 않습니다. 소멸하거나 소멸하지 않는 것으로써 성문승을 분별하지 않고, 역시 성문승으로써 소멸하거나 소멸하지 않는 것을 분별하지 않으며, 소멸하거나 소멸하지 않는 것으로써 독각승·무상승을 분별하지 않고, 역시 독각승·무상승으로써 소멸하거나 소멸하지 않는 것을 분별하지 않습니다.

적정하거나 적정하지 않는 것으로써 성문승을 분별하지 않고, 역시 성문승으로써 적정하거나 적정하지 않는 것을 분별하지 않으며, 적정하거나 적정하지 않는 것으로써 독각승·무상승을 분별하지 않고, 역시 독각승·무상승으로써 적정하거나 적정하지 않는 것을 분별하지 않습니다. 멀리 벗어나거나 멀리 벗어나지 않는 것으로써 성문승을 분별하지 않고, 역시 성문승으로써 멀리 벗어나거나 멀리 벗어나지 않는 것을 분별하지 않으며, 멀리 벗어나거나 멀리 벗어나지 않는 것으로써 독각승·무상승을 분별하지 않고, 역시 독각승·무상승으로써 멀리 벗어나거나 멀리 벗어나지 않는 것을 분별하지 않습니다.

이와 같은 사람 등은 결국 공하거나 공하지 않은 것으로써 예류를 분별하지 않고, 역시 예류로써 공하거나 공하지 않은 것을 분별하지 않으며, 공하거나 공하지 않은 것으로써 일래·불환·아라한을 분별하지 않고, 역시 일래·불환·아라한으로써 공하거나 공하지 않은 것을 분별하지 않습니다.

유상이거나 무상인 것으로써 예류를 분별하지 않고, 역시 예류로써 유상이거나 무상인 것을 분별하지 않으며, 유상이거나 무상인 것으로써 일래·불환·아라한을 분별하지 않고, 역시 일래·불환·아라한으로써 유상이거나 무상인 것을 분별하지 않습니다. 유원이거나 무원인 것으로써 예류를 분별하지 않고, 역시 예류로써 유원이거나 무원인 것을 분별하지 않으며, 유원이거나 무원인 것으로써 일래·불환·아라한을 분별하지 않고, 역시 일래·불환·아라한으로써 유원이거나 무원인 것을 분별하지 않습니다.

생겨나거나 생겨나지 않는 것으로써 예류를 분별하지 않고, 역시 예류

로써 생겨나거나 생겨나지 않는 것을 분별하지 않으며, 생겨나거나 생겨
나지 않는 것으로써 일래·불환·아라한을 분별하지 않고, 역시 일래·불환·
아라한으로써 생겨나거나 생겨나지 않는 것을 분별하지 않습니다. 소멸
하거나 소멸하지 않는 것으로써 예류를 분별하지 않고, 역시 예류로써
소멸하거나 소멸하지 않는 것을 분별하지 않으며, 소멸하거나 소멸하지
않는 것으로써 일래·불환·아라한을 분별하지 않고, 역시 일래·불환·아라
한으로써 소멸하거나 소멸하지 않는 것을 분별하지 않습니다.
　적정하거나 적정하지 않는 것으로써 예류를 분별하지 않고, 역시 예류
로써 적정하거나 적정하지 않는 것을 분별하지 않으며, 적정하거나 적정
하지 않는 것으로써 일래·불환·아라한을 분별하지 않고, 역시 일래·불환·
아라한으로써 적정하거나 적정하지 않는 것을 분별하지 않습니다. 멀리
벗어나거나 멀리 벗어나지 않는 것으로써 예류를 분별하지 않고, 역시
예류로써 멀리 벗어나거나 멀리 벗어나지 않는 것을 분별하지 않으며,
멀리 벗어나거나 멀리 벗어나지 않는 것으로써 일래·불환·아라한을 분별
하지 않고, 역시 일래·불환·아라한으로써 멀리 벗어나거나 멀리 벗어나지
않는 것을 분별하지 않습니다.
　이와 같은 사람 등은 결국 공하거나 공하지 않은 것으로써 예류향·예류
과를 분별하지 않고, 역시 예류향·예류과로써 공하거나 공하지 않은
것을 분별하지 않으며, 공하거나 공하지 않은 것으로써 일래향·일래과·불
환향·불환과·아라한향·아라한과를 분별하지 않고, 역시 일래향·일래과·
불환향·불환과·아라한향·아라한과로써 공하거나 공하지 않은 것을 분별
하지 않습니다.
　유상이거나 무상인 것으로써 예류향·예류과를 분별하지 않고, 역시
예류향·예류과로써 유상이거나 무상인 것을 분별하지 않으며, 유상이거
나 무상인 것으로써 일래향·일래과·불환향·불환과·아라한향·아라한과
를 분별하지 않고, 역시 일래향·일래과·불환향·불환과·아라한향·아라한
과로써 유상이거나 무상인 것을 분별하지 않습니다. 유원이거나 무원인
것으로써 예류향·예류과를 분별하지 않고, 역시 예류향·예류과로써 유원

이거나 무원인 것을 분별하지 않으며, 유원이거나 무원인 것으로써 일래향·일래과·불환향·불환과·아라한향·아라한과를 분별하지 않고, 역시 일래향·일래과·불환향·불환과·아라한향·아라한과로써 유원이거나 무원인 것을 분별하지 않습니다.

생겨나거나 생겨나지 않는 것으로써 예류향·예류과를 분별하지 않고, 역시 예류향·예류과로써 생겨나거나 생겨나지 않는 것을 분별하지 않으며, 생겨나거나 생겨나지 않는 것으로써 일래향·일래과·불환향·불환과·아라한향·아라한과를 분별하지 않고, 역시 일래향·일래과·불환향·불환과·아라한향·아라한과로써 생겨나거나 생겨나지 않는 것을 분별하지 않습니다. 소멸하거나 소멸하지 않는 것으로써 예류향·예류과를 분별하지 않고, 역시 예류향·예류과로써 소멸하거나 소멸하지 않는 것을 분별하지 않으며, 소멸하거나 소멸하지 않는 것으로써 일래향·일래과·불환향·불환과·아라한향·아라한과를 분별하지 않고, 역시 일래향·일래과·불환향·불환과·아라한향·아라한과로써 소멸하거나 소멸하지 않는 것을 분별하지 않습니다.

적정하거나 적정하지 않는 것으로써 예류향·예류과를 분별하지 않고, 역시 예류향·예류과로써 적정하거나 적정하지 않는 것을 분별하지 않으며, 적정하거나 적정하지 않는 것으로써 일래향·일래과·불환향·불환과·아라한향·아라한과를 분별하지 않고, 역시 일래향·일래과·불환향·불환과·아라한향·아라한과로써 적정하거나 적정하지 않는 것을 분별하지 않습니다. 멀리 벗어나거나 멀리 벗어나지 않는 것으로써 예류향·예류과를 분별하지 않고, 역시 예류향·예류과로써 멀리 벗어나거나 멀리 벗어나지 않는 것을 분별하지 않으며, 멀리 벗어나거나 멀리 벗어나지 않는 것으로써 일래향·일래과·불환향·불환과·아라한향·아라한과를 분별하지 않고, 역시 일래향·일래과·불환향·불환과·아라한향·아라한과로써 멀리 벗어나거나 멀리 벗어나지 않는 것을 분별하지 않습니다.

이와 같은 사람 등은 결국 공하거나 공하지 않은 것으로써 독각을 분별하지 않고, 역시 독각으로써 공하거나 공하지 않은 것을 분별하지 않으며, 공하거나 공하지 않은 것으로써 독각향·독각과를 분별하지 않고, 역시 독각향·독각과로써 공하거나 공하지 않은 것을 분별하지 않습니다.
　유상이거나 무상인 것으로써 독각을 분별하지 않고, 역시 독각으로써 유상이거나 무상인 것을 분별하지 않으며, 유상이거나 무상인 것으로써 독각향·독각과를 분별하지 않고, 역시 독각향·독각과로써 유상이거나 무상인 것을 분별하지 않습니다. 유원이거나 무원인 것으로써 독각을 분별하지 않고, 역시 독각으로써 유원이거나 무원인 것을 분별하지 않으며, 유원이거나 무원인 것으로써 독각향·독각과를 분별하지 않고, 역시 독각향·독각과로써 유원이거나 무원인 것을 분별하지 않습니다.
　생겨나거나 생겨나지 않는 것으로써 독각을 분별하지 않고, 역시 독각으로써 생겨나거나 생겨나지 않는 것을 분별하지 않으며, 생겨나거나 생겨나지 않는 것으로써 독각향·독각과를 분별하지 않고, 역시 독각향·독각과로써 생겨나거나 생겨나지 않는 것을 분별하지 않습니다. 소멸하거나 소멸하지 않는 것으로써 독각을 분별하지 않고, 역시 독각으로써 소멸하거나 소멸하지 않는 것을 분별하지 않으며, 소멸하거나 소멸하지 않는 것으로써 독각향·독각과를 분별하지 않고, 역시 독각향·독각과로써 소멸하거나 소멸하지 않는 것을 분별하지 않습니다.
　적정하거나 적정하지 않는 것으로써 독각을 분별하지 않고, 역시 독각으로써 적정하거나 적정하지 않는 것을 분별하지 않으며, 적정하거나 적정하지 않는 것으로써 독각향·독각과를 분별하지 않고, 역시 독각향·독각과로써 적정하거나 적정하지 않는 것을 분별하지 않습니다. 멀리 벗어나거나 멀리 벗어나지 않는 것으로써 독각을 분별하지 않고, 역시 독각으로써 멀리 벗어나거나 멀리 벗어나지 않는 것을 분별하지 않으며, 멀리 벗어나거나 멀리 벗어나지 않는 것으로써 독각향·독각과를 분별하지 않고, 역시 독각향·독각과로써 멀리 벗어나거나 멀리 벗어나지 않는 것을 분별하지 않습니다.
　이와 같은 사람 등은 결국 공하거나 공하지 않은 것으로써 보살마하살을 분별하지 않고, 역시 보살마하살로써 공하거나 공하지 않은 것을 분별하지 않으며, 공하거나 공하지 않은 것으로써 삼먁삼불타를 분별하지 않고, 역시 삼먁삼불타로써 공하거나 공하지 않은 것을 분별하지 않습니다.
 유상이거나 무상인 것으로써 보살마하살을 분별하지 않고, 역시 보살마하살로써 유상이거나 무상인 것을 분별하지 않으며, 유상이거나 무상인 것으로써 삼먁삼불타를 분별하지 않고, 역시 삼먁삼불타로써 유상이거나 무상인 것을 분별하지 않습니다. 유원이거나 무원인 것으로써 보살마하살을 분별하지 않고, 역시 보살마하살로써 유원이거나 무원인 것을 분별하지 않으며, 유원이거나 무원인 것으로써 삼먁삼불타를 분별하지 않고, 역시 삼먁삼불타로써 유원이거나 무원인 것을 분별하지 않습니다.
 생겨나거나 생겨나지 않는 것으로써 보살마하살을 분별하지 않고, 역시 보살마하살로써 생겨나거나 생겨나지 않는 것을 분별하지 않으며, 생겨나거나 생겨나지 않는 것으로써 삼먁삼불타를 분별하지 않고, 역시 삼먁삼불타로써 생겨나거나 생겨나지 않는 것을 분별하지 않습니다. 소멸하거나 소멸하지 않는 것으로써 보살마하살을 분별하지 않고, 역시 보살마하살로써 소멸하거나 소멸하지 않는 것을 분별하지 않으며, 소멸하거나 소멸하지 않는 것으로써 삼먁삼불타를 분별하지 않고, 역시 삼먁삼불타로써 소멸하거나 소멸하지 않는 것을 분별하지 않습니다.
 적정하거나 적정하지 않는 것으로써 보살마하살을 분별하지 않고, 역시 보살마하살로써 적정하거나 적정하지 않는 것을 분별하지 않으며, 적정하거나 적정하지 않는 것으로써 삼먁삼불타를 분별하지 않고, 역시 삼먁삼불타로써 적정하거나 적정하지 않는 것을 분별하지 않습니다. 멀리 벗어나거나 멀리 벗어나지 않는 것으로써 보살마하살을 분별하지 않고, 역시 보살마하살로써 멀리 벗어나거나 멀리 벗어나지 않는 것을 분별하지 않으며, 멀리 벗어나거나 멀리 벗어나지 않는 것으로써 삼먁삼불타를 분별하지 않고, 역시 삼먁삼불타로써 멀리 벗어나거나 멀리 벗어나지 않는 것을 분별하지 않습니다.
 이와 같은 사람 등은 결국 공하거나 공하지 않은 것으로써 보살마하살의 법을 분별하지 않고, 역시 보살마하살의 법으로써 공하거나 공하지 않은 것을 분별하지 않으며, 공하거나 공하지 않은 것으로써 무상정등보리를 분별하지 않고, 역시 무상정등보리로써 공하거나 공하지 않은 것을 분별하지 않습니다.

유상이거나 무상인 것으로써 보살마하살의 법을 분별하지 않고, 역시 보살마하살의 법으로써 유상이거나 무상인 것을 분별하지 않으며, 유상이거나 무상인 것으로써 무상정등보리를 분별하지 않고, 역시 무상정등보리로써 유상이거나 무상인 것을 분별하지 않습니다. 유원이거나 무원인 것으로써 보살마하살의 법을 분별하지 않고, 역시 보살마하살의 법으로써 유원이거나 무원인 것을 분별하지 않으며, 유원이거나 무원인 것으로써 무상정등보리를 분별하지 않고, 역시 무상정등보리로써 유원이거나 무원인 것을 분별하지 않습니다.

생겨나거나 생겨나지 않는 것으로써 보살마하살의 법을 분별하지 않고, 역시 보살마하살의 법으로써 생겨나거나 생겨나지 않는 것을 분별하지 않으며, 생겨나거나 생겨나지 않는 것으로써 무상정등보리를 분별하지 않고, 역시 무상정등보리로써 생겨나거나 생겨나지 않는 것을 분별하지 않습니다. 소멸하거나 소멸하지 않는 것으로써 보살마하살의 법을 분별하지 않고, 역시 보살마하살의 법으로써 소멸하거나 소멸하지 않는 것을 분별하지 않으며, 소멸하거나 소멸하지 않는 것으로써 무상정등보리를 분별하지 않고, 역시 무상정등보리로써 소멸하거나 소멸하지 않는 것을 분별하지 않습니다.

적정하거나 적정하지 않는 것으로써 보살마하살의 법을 분별하지 않고, 역시 보살마하살의 법으로써 적정하거나 적정하지 않는 것을 분별하지 않으며, 적정하거나 적정하지 않는 것으로써 무상정등보리를 분별하지 않고, 역시 무상정등보리로써 적정하거나 적정하지 않는 것을 분별하지 않습니다. 멀리 벗어나거나 멀리 벗어나지 않는 것으로써 보살마하살의 법을 분별하지 않고, 역시 보살마하살의 법으로써 멀리 벗어나거나 멀리 벗어나지 않는 것을 분별하지 않으며, 멀리 벗어나거나 멀리 벗어나지 않는 것으로써 무상정등보리를 분별하지 않고, 역시 무상정등보리로써 멀리 벗어나거나 멀리 벗어나지 않는 것을 분별하지 않습니다.
　이와 같은 사람 등은 결국 공하거나 공하지 않은 것으로써 극희지를 분별하지 않고, 역시 극희지로써 공하거나 공하지 않은 것을 분별하지 않으며, 공하거나 공하지 않은 것으로써 이구지·발광지·염혜지·극난승지·현전지·원행지·부동지·선혜지·법운지를 분별하지 않고, 역시 이구지·발광지·염혜지·극난승지·현전지·원행지·부동지·선혜지·법운지로써 공하거나 공하지 않은 것을 분별하지 않습니다.
　유상이거나 무상인 것으로써 극희지를 분별하지 않고, 역시 극희지로써 유상이거나 무상인 것을 분별하지 않으며, 유상이거나 무상인 것으로써 이구지·발광지·염혜지·극난승지·현전지·원행지·부동지·선혜지·법운지를 분별하지 않고, 역시 이구지·발광지, 나아가 선혜지·법운지로써 유상이거나 무상인 것을 분별하지 않습니다. 유원이거나 무원인 것으로써 극희지를 분별하지 않고, 역시 극희지로써 유원이거나 무원인 것을 분별하지 않으며, 유원이거나 무원인 것으로써 이구지·발광지, 나아가 선혜지·법운지를 분별하지 않고, 역시 이구지·발광지, 나아가 선혜지·법운지로써 유원이거나 무원인 것을 분별하지 않습니다.
　생겨나거나 생겨나지 않는 것으로써 극희지를 분별하지 않고, 역시 극희지로써 생겨나거나 생겨나지 않는 것을 분별하지 않으며, 생겨나거나 생겨나지 않는 것으로써 이구지·발광지, 나아가 선혜지·법운지를 분별하지 않고, 역시 이구지·발광지, 나아가 선혜지·법운지로써 생겨나거나 생겨나지 않는 것을 분별하지 않습니다. 소멸하거나 소멸하지 않는 것으로써 극희지를 분별하지 않고, 역시 극희지로써 소멸하거나 소멸하지 않는 것을 분별하지 않으며, 소멸하거나 소멸하지 않는 것으로써 이구지·발광지, 나아가 선혜지·법운지를 분별하지 않고, 역시 이구지·발광지, 나아가 선혜지·법운지로써 소멸하거나 소멸하지 않는 것을 분별하지 않습니다.
　적정하거나 적정하지 않는 것으로써 극희지를 분별하지 않고, 역시 극희지로써 적정하거나 적정하지 않는 것을 분별하지 않으며, 적정하거나 적정하지 않는 것으로써 이구지·발광지, 나아가 선혜지·법운지를 분별하지 않고, 역시 이구지·발광지, 나아가 선혜지·법운지로써 적정하거나 적정하지 않는 것을 분별하지 않습니다. 멀리 벗어나거나 멀리 벗어나지 않는 것으로써 극희지를 분별하지 않고, 역시 극희지로써 멀리 벗어나거나 멀리 벗어나지 않는 것을 분별하지 않으며, 멀리 벗어나거나 멀리 벗어나지 않는 것으로써 이구지·발광지, 나아가 선혜지·법운지를 분별하지 않고, 역시 이구지·발광지, 나아가 선혜지·법운지로써 멀리 벗어나거나 멀리 벗어나지 않는 것을 분별하지 않습니다.

마하반야바라밀다경 제84권

24. 수교품(受敎品)(3)

"이와 같은 사람 등은 결국 공하거나 공하지 않은 것으로써 극희지의 법을 분별하지 않고, 역시 극희지의 법으로써 공하거나 공하지 않은 것을 분별하지 않으며, 공하거나 공하지 않은 것으로써 이구지·발광지·염혜지·극난승지·현전지·원행지·부동지·선혜지·법운지의 법을 분별하지 않고, 역시 이구지·발광지, 나아가 선혜지·법운지의 법으로써 공하거나 공하지 않은 것을 분별하지 않습니다.

유상이거나 무상인 것으로써 극희지의 법을 분별하지 않고, 역시 극희지의 법으로써 유상이거나 무상인 것을 분별하지 않으며, 유상이거나 무상인 것으로써 이구지·발광지, 나아가 선혜지·법운지의 법을 분별하지 않고, 역시 이구지·발광지, 나아가 선혜지·법운지의 법으로써 유상이거나 무상인 것을 분별하지 않습니다. 유원이거나 무원인 것으로써 극희지의 법을 분별하지 않고, 역시 극희지의 법으로써 유원이거나 무원인 것을 분별하지 않으며, 유원이거나 무원인 것으로써 이구지·발광지, 나아가 선혜지·법운지의 법을 분별하지 않고, 역시 이구지·발광지, 나아가 선혜지·법운지의 법으로써 유원이거나 무원인 것을 분별하지 않습니다.

생겨나거나 생겨나지 않는 것으로써 극희지의 법을 분별하지 않고, 역시 극희지의 법으로써 생겨나거나 생겨나지 않는 것을 분별하지 않으며, 생겨나거나 생겨나지 않는 것으로써 이구지·발광지, 나아가 선혜지·법운지의 법을 분별하지 않고, 역시 이구지·발광지, 나아가 선혜지·법운지의 법으로써 생겨나거나 생겨나지 않는 것을 분별하지 않습니다. 소멸하거나 소멸하지 않는 것으로써 극희지의 법을 분별하지 않고, 역시 극희지의 법으로써 소멸하거나 소멸하지 않는 것을 분별하지 않으며, 소멸하거나 소멸하지 않는 것으로써 이구지·발광지, 나아가 선혜지·법운지의 법을 분별하지 않고, 역시 이구지·발광지, 나아가 선혜지·법운지의 법으로써 소멸하거나 소멸하지 않는 것을 분별하지 않습니다.

적정하거나 적정하지 않는 것으로써 극희지의 법을 분별하지 않고, 역시 극희지의 법으로써 적정하거나 적정하지 않는 것을 분별하지 않으며, 적정하거나 적정하지 않는 것으로써 이구지·발광지, 나아가 선혜지·법운지의 법을 분별하지 않고, 역시 이구지·발광지, 나아가 선혜지·법운지의 법으로써 적정하거나 적정하지 않는 것을 분별하지 않습니다. 멀리 벗어나거나 멀리 벗어나지 않는 것으로써 극희지의 법을 분별하지 않고, 역시 극희지의 법으로써 멀리 벗어나거나 멀리 벗어나지 않는 것을 분별하지 않으며, 멀리 벗어나거나 멀리 벗어나지 않는 것으로써 이구지·발광지, 나아가 선혜지·법운지의 법을 분별하지 않고, 역시 이구지·발광지, 나아가 선혜지·법운지의 법으로써 멀리 벗어나거나 멀리 벗어나지 않는 것을 분별하지 않습니다.

이와 같은 사람 등은 결국 공하거나 공하지 않은 것으로써 이생지를 분별하지 않고, 역시 이생지로써 공하거나 공하지 않은 것을 분별하지 않으며, 공하거나 공하지 않은 것으로써 종성지·제팔지·구견지·박지·이욕지·이판지·독각지·보살지·여래지를 분별하지 않고, 역시 종성지·제팔지, 나아가 보살지·여래지로써 공하거나 공하지 않은 것을 분별하지 않습니다.

유상이거나 무상인 것으로써 이생지를 분별하지 않고, 역시 이생지로써 유상이거나 무상인 것을 분별하지 않으며, 유상이거나 무상인 것으로써 종성지·제팔지, 나아가 보살지·여래지를 분별하지 않고, 역시 종성지·제팔지, 나아가 보살지·여래지로써 유상이거나 무상인 것을 분별하지 않습니다. 유원이거나 무원인 것으로써 이생지를 분별하지 않고, 역시 이생지로써 유원이거나 무원인 것을 분별하지 않으며, 유원이거나 무원인 것으로써 종성지·제팔지, 나아가 보살지·여래지를 분별하지 않고, 역시 종성지·제팔지, 나아가 보살지·여래지로써 유원이거나 무원인 것을 분별하지 않습니다.

생겨나거나 생겨나지 않는 것으로써 이생지를 분별하지 않고, 역시 이생지로써 생겨나거나 생겨나지 않는 것을 분별하지 않으며, 생겨나거나 생겨나지 않는 것으로써 종성지·제팔지, 나아가 보살지·여래지를 분별하지 않고, 역시 종성지·제팔지, 나아가 보살지·여래지로써 생겨나거나 생겨나지 않는 것을 분별하지 않습니다. 소멸하거나 소멸하지 않는 것으로써 이생지를 분별하지 않고, 역시 이생지로써 소멸하거나 소멸하지 않는 것을 분별하지 않으며, 소멸하거나 소멸하지 않는 것으로써 종성지·제팔지, 나아가 보살지·여래지를 분별하지 않고, 역시 종성지·제팔지, 나아가 보살지·여래지로써 소멸하거나 소멸하지 않는 것을 분별하지 않습니다.

적정하거나 적정하지 않는 것으로써 이생지를 분별하지 않고, 역시 이생지로써 적정하거나 적정하지 않는 것을 분별하지 않으며, 적정하거나 적정하지 않는 것으로써 종성지·제팔지, 나아가 보살지·여래지를 분별하지 않고, 역시 종성지·제팔지, 나아가 보살지·여래지로써 적정하거나 적정하지 않는 것을 분별하지 않습니다. 멀리 벗어나거나 멀리 벗어나지 않는 것으로써 이생지를 분별하지 않고, 역시 이생지로써 멀리 벗어나거나 멀리 벗어나지 않는 것을 분별하지 않으며, 멀리 벗어나거나 멀리 벗어나지 않는 것으로써 종성지·제팔지, 나아가 보살지·여래지를 분별하지 않고, 역시 종성지·제팔지, 나아가 보살지·여래지로써 멀리 벗어나거나 멀리 벗어나지 않는 것을 분별하지 않습니다.

이와 같은 사람 등은 결국 공하거나 공하지 않은 것으로써 이생지의 법을 분별하지 않고, 역시 이생지의 법으로써 공하거나 공하지 않은 것을 분별하지 않으며, 공하거나 공하지 않은 것으로써 종성지·제팔지, 나아가 보살지·여래지의 법을 분별하지 않고, 역시 종성지·제팔지, 나아가 보살지·여래지의 법으로써 공하거나 공하지 않은 것을 분별하지 않습니다.
　유상이거나 무상인 것으로써 이생지의 법을 분별하지 않고, 역시 이생지의 법으로써 유상이거나 무상인 것을 분별하지 않으며, 유상이거나 무상인 것으로써 종성지·제팔지, 나아가 보살지·여래지의 법을 분별하지 않고, 역시 종성지·제팔지, 나아가 보살지·여래지의 법으로써 유상이거나 무상인 것을 분별하지 않습니다. 유원이거나 무원인 것으로써 이생지의 법을 분별하지 않고, 역시 이생지의 법으로써 유원이거나 무원인 것을 분별하지 않으며, 유원이거나 무원인 것으로써 종성지·제팔지, 나아가 보살지·여래지의 법을 분별하지 않고, 역시 종성지·제팔지, 나아가 보살지·여래지의 법으로써 유원이거나 무원인 것을 분별하지 않습니다.
　생겨나거나 생겨나지 않는 것으로써 이생지의 법을 분별하지 않고, 역시 이생지의 법으로써 생겨나거나 생겨나지 않는 것을 분별하지 않으며, 생겨나거나 생겨나지 않는 것으로써 종성지·제팔지, 나아가 보살지·여래지의 법을 분별하지 않고, 역시 종성지·제팔지, 나아가 보살지·여래지의 법으로써 생겨나거나 생겨나지 않는 것을 분별하지 않습니다. 소멸하거나 소멸하지 않는 것으로써 이생지의 법을 분별하지 않고, 역시 이생지의 법으로써 소멸하거나 소멸하지 않는 것을 분별하지 않으며, 소멸하거나 소멸하지 않는 것으로써 종성지·제팔지, 나아가 보살지·여래지의 법을 분별하지 않고, 역시 종성지·제팔지, 나아가 보살지·여래지의 법으로써 소멸하거나 소멸하지 않는 것을 분별하지 않습니다.
　적정하거나 적정하지 않는 것으로써 이생지의 법을 분별하지 않고, 역시 이생지의 법으로써 적정하거나 적정하지 않는 것을 분별하지 않으며, 적정하거나 적정하지 않는 것으로써 종성지·제팔지, 나아가 보살지·여래지의 법을 분별하지 않고, 역시 종성지·제팔지, 나아가 보살지·여래지의 법으로써 적정하거나 적정하지 않는 것을 분별하지 않습니다. 멀리 벗어나거나 멀리 벗어나지 않는 것으로써 이생지의 법을 분별하지 않고, 역시 이생지의 법으로써 멀리 벗어나거나 멀리 벗어나지 않는 것을 분별하지 않으며, 멀리 벗어나거나 멀리 벗어나지 않는 것으로써 종성지·제팔지, 나아가 보살지·여래지의 법을 분별하지 않고, 역시 종성지·제팔지, 나아가 보살지·여래지의 법으로써 멀리 벗어나거나 멀리 벗어나지 않는 것을 분별하지 않습니다.

이와 같은 사람 등은 결국 공하거나 공하지 않은 것으로써 유위계를 분별하지 않고, 역시 유위계로써 공하거나 공하지 않은 것을 분별하지 않으며, 공하거나 공하지 않은 것으로써 무위계를 분별하지 않고, 역시 무위계로써 공하거나 공하지 않은 것을 분별하지 않습니다.

유상이거나 무상인 것으로써 유위계를 분별하지 않고, 역시 유위계로써 유상이거나 무상인 것을 분별하지 않으며, 유상이거나 무상인 것으로써 무위계를 분별하지 않고, 역시 무위계로써 유상이거나 무상인 것을 분별하지 않습니다. 유원이거나 무원인 것으로써 유위계를 분별하지 않고, 역시 유위계로써 유원이거나 무원인 것을 분별하지 않으며, 유원이거나 무원인 것으로써 무위계를 분별하지 않고, 역시 무위계로써 유원이거나 무원인 것을 분별하지 않습니다.

생겨나거나 생겨나지 않는 것으로써 유위계를 분별하지 않고, 역시 유위계로써 생겨나거나 생겨나지 않는 것을 분별하지 않으며, 생겨나거나 생겨나지 않는 것으로써 무위계를 분별하지 않고, 역시 무위계로써 생겨나거나 생겨나지 않는 것을 분별하지 않습니다. 소멸하거나 소멸하지 않는 것으로써 유위계를 분별하지 않고, 역시 유위계로써 소멸하거나 소멸하지 않는 것을 분별하지 않으며, 소멸하거나 소멸하지 않는 것으로써 무위계를 분별하지 않고, 역시 무위계로써 소멸하거나 소멸하지 않는 것을 분별하지 않습니다.

적정하거나 적정하지 않는 것으로써 유위계를 분별하지 않고, 역시 유위계로써 적정하거나 적정하지 않는 것을 분별하지 않으며, 적정하거나 적정하지 않는 것으로써 무위계를 분별하지 않고, 역시 무위계로써 적정하거나 적정하지 않는 것을 분별하지 않습니다. 멀리 벗어나거나 멀리 벗어나지 않는 것으로써 유위계를 분별하지 않고, 역시 유위계로써 멀리 벗어나거나 멀리 벗어나지 않는 것을 분별하지 않으며, 멀리 벗어나거나 멀리 벗어나지 않는 것으로써 무위계를 분별하지 않고, 역시 무위계로써 멀리 벗어나거나 멀리 벗어나지 않는 것을 분별하지 않습니다."

이때 구수 선현이 여러 천자들에게 알려 말하였다.
"이와 같이 매우 깊어서 보기 어렵고 깨닫기도 어려우며, 심사할 수 있는 것이 아니고 심사의 경계를 초월하며, 미묘하고 적정하며 최고로 수승하고 제일이므로, 오직 지극한 성자가 내신으로 증득하는 것이고, 세간의 총명하고 지혜로운 사람들은 능히 측정할 수 없는 것이며, 설하였던 것인 반야바라밀다를 그 가운데에서는 진실로 능히 믿고서 받아들일 자가 없습니다. 그 까닭은 무엇인가? 이 가운데에서는 드러낼 수 있고 보여줄 수 있는 법이 없고, 드러낼 수 있고 보여줄 수 있는 법이 없는 까닭으로 진실로 능히 믿고서 받아들일 자도, 역시 얻을 수 없습니다."
이때 사리자(舍利子)가 선현에게 물어 말하였다.
"어찌 이 반야바라밀다의 매우 깊은 가르침의 가운데에서 3승법(三乘法)으로 이를테면, 성문승·독각승·무상승의 법을 널리 설한 것이 아니겠으며, 어찌 보살마하살의 초발심부터 10지(十地)에 이르기까지 섭수(攝受)하는 여러 보살도인 이를테면, 보시·정계·안인·정진·정려·반야바라밀다를 널리 설한 것이 아니겠으며, 어찌 만약 내공·외공·내외공·공공·대공·승의공·유위공·무위공·필경공·무제공·산공·무변이공·본성공·자상공·공상공·일체법공·불가득공·무성공·자성공·무성자성공이거나, 만약 진여·법계·법성·불허망성·불변이성·평등성·이생성·법정·법주·실제·허공계·부사의계이거나, 만약 고성제·집·멸·도성제이거나, 만약 4정려·4무량·4무색정이거나, 만약 8해탈·8승처·9차제정·10변처이거나, 만약 공해탈문·무상·무원해탈문이거나, 만약 5안·6신통이거나, 만약 여래의 10력·4무소외·4무애해·대자·대비·대희·대사·18불불공법이거나, 만약 무망실법·항주사성이거나, 만약 일체지·도상지·일체상지이거나, 만약 일체의 다라니문·일체의 삼마지문 등을 널리 설한 것이 아니겠습니까?

보살마하살이 섭수하는 공덕과 수승한 일인 이를테면, 보살마하살이 이 반야바라밀다를 부지런히 수행하는 까닭으로 태어나는 곳을 따라서 항상 화생(化生)을 받고, 퇴전하지 않는 신통(神通)에서 능히 자재(自在)하게 유희(遊戱)하며, 한 불토(佛土)에서 다시 한 불토로 나아가면서 제불·세존을 공양하고 공경하며 존중하고 찬탄하면서 소원(所願)과 즐거움을 따라서 여러 종류의 선근(善根)을 능히 수습(修習)하여 빠르게 원만함을 얻으며, 제불의 처소에서 들었던 정법(正法)을 수지하고, 나아가 무상정등보리를 들었다면 잊어버리지도 않으며 역시 게으름도 없으며, 항상 수승한 정려에 머무르면서 산란심(散亂心)을 벗어나고, 오히려 이것을 인연으로 삼아서 장애가 없는 변재(無礙辯)·단절이 없는 변재(無斷盡辯)·허술함과 어긋남이 없는 변재(無疎謬辯)·빠른 변재(迅辯)·상응하는 변재(應辯)·일반적으로 의미를 연설하는 변재(凡所演說意味辯)·일체의 세간에서 최고로 미묘하고 수승한 변재(一切世間最妙勝辯) 등을 얻는 것을 널리 설한 것이 아니겠습니까?"

선현이 대답하였다.

"그와 같습니다. 그와 같습니다. 진실로 말한 것과 같습니다. 이 반야바라밀다의 매우 깊은 가르침의 가운데에서는 3승법인 성문승·독각승·무상승의 법을 널리 설하고, 보살마하살이 초발심부터 10지에 이르기까지 섭수하는 여러 보살도인 이를테면, 보시바라밀다, 나아가 일체의 삼마지문 등을 널리 설하며, 보살마하살이 섭수하는 공덕과 수승한 일인 이를테면, 보살마하살이 이 반야바라밀다를 부지런히 수행하는 까닭으로 태어나는 곳마다 항상 태어나는 곳을 따라서 항상 화생을 받고, 나아가 일체의 세간에서 최고로 미묘하고 수승한 변재 등을 얻는 것을 널리 설합니다. 이와 같은 깊은 가르침을 여러 유정들에게 설하는 것에서 얻을 수 없는 것을 방편으로 삼습니다."

사리자가 말하였다.

"이것은 무슨 법에서 얻을 수 없는 것을 방편으로 삼습니까?"

선현이 말하였다.

"사리자여. 이것은 나에게서 얻을 수 없는 것을 방편으로 삼고, 이것은 유정·명자·생자·양자·사부·보특가라·의생·유동·작자·수자·지자·견자 등에서 얻을 수 없는 것을 방편으로 삼습니다. 사리자여. 이것은 색에서 얻을 수 없는 것을 방편으로 삼고, 이것은 수·상·행·식에서 얻을 수 없는 것을 방편으로 삼습니다. 사리자여. 이것은 안처에서 얻을 수 없는 것을 방편으로 삼고, 이것은 이·비·설·신·의처에서 얻을 수 없는 것을 방편으로 삼습니다. 사리자여. 이것은 색처에서 얻을 수 없는 것을 방편으로 삼고, 이것은 성·향·미·촉·법처에서 얻을 수 없는 것을 방편으로 삼습니다.

사리자여. 이것은 안계에서 얻을 수 없는 것을 방편으로 삼고, 이것은 색계·안식계, 나아가 안촉·안촉을 인연으로 생겨난 여러 수에서 얻을 수 없는 것을 방편으로 삼습니다. 사리자여. 이것은 이계에서 얻을 수 없는 것을 방편으로 삼고, 이것은 성계·이식계, 나아가 이촉·이촉을 인연으로 생겨난 여러 수에서 얻을 수 없는 것을 방편으로 삼습니다. 사리자여. 이것은 비계에서 얻을 수 없는 것을 방편으로 삼고, 이것은 향계·비식계, 나아가 비촉·비촉을 인연으로 생겨난 여러 수에서 얻을 수 없는 것을 방편으로 삼습니다.

사리자여. 이것은 설계에서 얻을 수 없는 것을 방편으로 삼고, 이것은 미계·설식계, 나아가 설촉·설촉을 인연으로 생겨난 여러 수에서 얻을 수 없는 것을 방편으로 삼습니다. 사리자여. 이것은 신계에서 얻을 수 없는 것을 방편으로 삼고, 이것은 촉계·신식계, 나아가 신촉·신촉을 인연으로 생겨난 여러 수에서 얻을 수 없는 것을 방편으로 삼습니다. 사리자여. 이것은 의계에서 얻을 수 없는 것을 방편으로 삼고, 이것은 법계·의식계, 나아가 의촉·의촉을 인연으로 생겨난 여러 수에서 얻을 수 없는 것을 방편으로 삼습니다.

사리자여. 이것은 지계에서 얻을 수 없는 것을 방편으로 삼고, 이것은 수·화·풍·공·식계에서 얻을 수 없는 것을 방편으로 삼습니다. 사리자여. 이것은 고성제에서 얻을 수 없는 것을 방편으로 삼고, 이것은 집·멸·도성제에서 얻을 수 없는 것을 방편으로 삼습니다. 사리자여. 이것은 무명에서 얻을 수 없는 것을 방편으로 삼고, 이것은 행·식·명색·육처·촉·수·애·취·유·생·노사의 수탄고우뇌에서 얻을 수 없는 것을 방편으로 삼습니다.

사리자여. 이것은 내공에서 얻을 수 없는 것을 방편으로 삼고, 이것은 외공·내외공·공공·대공·승의공·유위공·무위공·필경공·무제공·산공·무변이공·본성공·자상공·공상공·일체법공·불가득공·무성공·자성공·무성자성공에서 얻을 수 없는 것을 방편으로 삼습니다. 사리자여. 이것은 진여에서 얻을 수 없는 것을 방편으로 삼고, 이것은 법계·법성·불허망성·불변이성·평등성·이생성·법정·법주·실제·허공계·부사의계에서 얻을 수 없는 것을 방편으로 삼습니다. 사리자여. 이것은 보시바라밀다에서 얻을 수 없는 것을 방편으로 삼고, 이것은 정계·안인·정진·정려·반야바라밀다에서 얻을 수 없는 것을 방편으로 삼습니다.

사리자여. 이것은 4정려에서 얻을 수 없는 것을 방편으로 삼고, 이것은 4무량·4무색정에서 얻을 수 없는 것을 방편으로 삼습니다. 사리자여. 이것은 8해탈에서 얻을 수 없는 것을 방편으로 삼고, 이것은 8승처·9차제정·10변처에서 얻을 수 없는 것을 방편으로 삼습니다. 사리자여. 이것은 4념주에서 얻을 수 없는 것을 방편으로 삼고, 이것은 4정단·4신족·5근·5력·7등각지·8성도지에서 얻을 수 없는 것을 방편으로 삼습니다.

사리자여. 이것은 공해탈문에서 얻을 수 없는 것을 방편으로 삼고, 이것은 무상·무원해탈문에서 얻을 수 없는 것을 방편으로 삼습니다. 사리자여. 이것은 5안에서 얻을 수 없는 것을 방편으로 삼고, 이것은 6신통에서 얻을 수 없는 것을 방편으로 삼습니다. 사리자여. 이것은 여래의 10력에서 얻을 수 없는 것을 방편으로 삼고, 이것은 4무소외·4무애해·대자·대비·대희·대사·18불불공법에서 얻을 수 없는 것을 방편으로 삼습니다.

사리자여. 이것은 무망실법에서 얻을 수 없는 것을 방편으로 삼고, 이것은 항주사성에서 얻을 수 없는 것을 방편으로 삼습니다. 사리자여. 이것은 일체의 다라니문에서 얻을 수 없는 것을 방편으로 삼고, 이것은 일체의 삼마지문에서 얻을 수 없는 것을 방편으로 삼습니다. 사리자여. 이것은 일체지에서 얻을 수 없는 것을 방편으로 삼고, 이것은 도상지·일체상지에서 얻을 수 없는 것을 방편으로 삼습니다.

사리자여. 이것은 성문승에서 얻을 수 없는 것을 방편으로 삼고, 이것은 독각승·무상승에서 얻을 수 없는 것을 방편으로 삼습니다. 사리자여. 이것은 예류에서 얻을 수 없는 것을 방편으로 삼고, 이것은 일래·불환·아라한에서 얻을 수 없는 것을 방편으로 삼습니다. 사리자여. 이것은 예류향·예류과에서 얻을 수 없는 것을 방편으로 삼고, 이것은 일래향·일래과·불환향·불환과·아라한향·아라한과에서 얻을 수 없는 것을 방편으로 삼습니다.

사리자여. 이것은 독각에서 얻을 수 없는 것을 방편으로 삼고, 이것은 독각향·독각과에서 얻을 수 없는 것을 방편으로 삼습니다. 사리자여. 이것은 보살마하살에서 얻을 수 없는 것을 방편으로 삼고, 이것은 삼먁삼불타에서 얻을 수 없는 것을 방편으로 삼습니다. 사리자여. 이것은 보살마하살의 법에서 얻을 수 없는 것을 방편으로 삼고, 이것은 무상정등보리의 법에서 얻을 수 없는 것을 방편으로 삼습니다.

사리자여. 이것은 극희지에서 얻을 수 없는 것을 방편으로 삼고, 이것은 이구지·발광지·염혜지·극난승지·현전지·원행지·부동지·선혜지·법운지에서 얻을 수 없는 것을 방편으로 삼습니다. 사리자여. 이것은 극희지의 법에서 얻을 수 없는 것을 방편으로 삼고, 이것은 이구지·발광지·염혜지·극난승지·현전지·원행지·부동지·선혜지·법운지의 법에서 얻을 수 없는 것을 방편으로 삼습니다. 사리자여. 이것은 이생지에서 얻을 수 없는 것을 방편으로 삼고, 이것은 종성지·제팔지·구견지·박지·이욕지·이판지·독각지·보살지·여래지에서 얻을 수 없는 것을 방편으로 삼습니다.

사리자여. 이것은 이생지의 법에서 얻을 수 없는 것을 방편으로 삼고, 이것은 종성지·제팔지·구견지·박지·이욕지·이판지·독각지·보살지·여래지의 법에서 얻을 수 없는 것을 방편으로 삼습니다. 사리자여. 이것은 유위계에서 얻을 수 없는 것을 방편으로 삼고, 이것은 무위계에서 얻을 수 없는 것을 방편으로 삼습니다."

이때 사리자가 선현에게 물어 말하였다.
"무슨 인연을 까닭으로 이 반야바라밀다의 매우 깊은 가르침의 가운데에서 얻을 수 없는 것을 방편으로 삼아서 3승법인 이를테면, 성문·독각·무상승의 법을 널리 설합니까? 무슨 인연을 까닭으로 이 반야바라밀다의 매우 깊은 가르침 가운데에서 얻을 수 없는 것을 방편으로 삼아서 보살마하살이 초발심부터 10지에 이르기까지 섭수하는 여러 보살도인 이를테면, 보시바라밀다, 나아가 일체의 삼마지문 등을 널리 설합니까?
무슨 인연을 까닭으로 이 반야바라밀다의 매우 깊은 가르침 가운데에서 얻을 수 없는 것을 방편으로 삼아서 보살마하살이 섭수하는 공덕과 수승한 일인 이를테면, 보살마하살이 이 반야바라밀다를 부지런히 수행하는 까닭으로 태어나는 곳마다 항상 태어나는 곳을 따라서 항상 화생을 받고, 나아가 일체의 세간에서 최고로 미묘하고 수승한 변재 등을 얻는 것을 널리 설합니까?"

선현이 대답하여 말하였다.
"사리자여. 오히려 내공인 까닭으로 이 반야바라밀다의 매우 깊은 가르침의 가운데에서 얻을 수 없는 것을 방편으로 삼아서 3승법인 이를테면, 성문·독각·무상승의 법을 널리 설합니다. 사리자여. 외공·내외공·공공·대공·승의공·유위공·무위공·필경공·무제공·산공·무변이공·본성공·자상공·공상공·일체법공·불가득공·무성공·자성공·무성자성공인 까닭으로 이 반야바라밀다의 매우 깊은 가르침의 가운데에서 얻을 수 없는 것을 방편으로 삼아서 3승법인 이를테면, 성문·독각·무상승의 법을 널리 설합니다.
사리자여. 오히려 내공인 까닭으로 이 반야바라밀다의 매우 깊은 가르침의 가운데에서 얻을 수 없는 것을 방편으로 삼아서 보살마하살이 초발심부터 10지에 이르기까지 섭수하는 여러 보살도인 이를테면, 보시바라밀다와 정계·안인·정진·정려·반야바라밀다를 널리 설하고, 만약 내공·외공·

내외공·공공·대공·승의공·유위공·무위공·필경공·무제공·산공·무변이공·본성공·자상공·공상공·일체법공·불가득공·무성공·자성공·무성자성공이거나, 만약 진여·법계·법성·불허망성·불변이성·평등성·이생성·법정·법주·실제·허공계·부사의계이거나, 만약 고성제·집·멸·도성제이거나, 만약 4정려·4무량·4무색정이거나, 만약 8해탈·8승처·9차제정·10변처이거나, 만약 공해탈문·무상·무원해탈문이거나, 만약 5안·6신통이거나, 만약 여래의 10력·4무소외·4무애해·대자·대비·대희·대사·18불불공법이거나, 만약 무망실법·항주사성이거나, 만약 일체지·도상지·일체상지이거나, 만약 일체의 다라니문·일체의 삼마지문 등을 널리 설합니다.

사리자여. 오히려 외공, 나아가 무성자성공인 까닭으로 이 반야바라밀다의 매우 깊은 가르침의 가운데에서 얻을 수 없는 것을 방편으로 삼아서 보살마하살이 초발심부터 10지에 이르기까지 섭수하는 여러 보살도인 이를테면, 보시바라밀다, 나아가 일체의 삼마지문 등을 널리 설합니다.

사리자여. 오히려 내공인 까닭으로 이 반야바라밀다의 매우 깊은 가르침의 가운데에서 얻을 수 없는 것을 방편으로 삼아서 보살마하살이 섭수하는 공덕과 수승한 일인 이를테면, 보살마하살이 이 반야바라밀다를 부지런히 수행하는 까닭으로 태어나는 곳을 따라서 항상 화생을 받고, 퇴전하지 않는 신통에서 능히 자재하게 유희하며, 한 불토에서 다시 한 불토로 나아가면서 제불·세존을 공양하고 공경하며 존중하고 찬탄하면서 소원과 즐거움을 따라서 여러 종류의 선근을 능히 수습하여 빠르게 원만함을 얻으며, 제불의 처소에서 들었던 정법을 수지하고, 나아가 무상정등보리를 들었다면 잊어버리지도 않으며 역시 게으름도 없으며, 항상 수승한 정려에 머무르면서 산란심을 벗어나고, 오히려 이것을 인연으로 삼아서 장애가 없는 변재·단절이 없는 변재·허술함과 어긋남이 없는 변재·빠른 변재·상응하는 변재·일반적으로 의미를 연설하는 변재·일체의 세간에서 최고로 미묘하고 수승한 변재 등을 얻는 것을 널리 설합니다.

사리자여. 외공, 나아가 무성자성공인 까닭으로 이 반야바라밀다의 매우 깊은 가르침의 가운데에서 얻을 수 없는 것을 방편으로 삼아서 보살마하살이 섭수하는 공덕과 수승한 일인 이를테면, 보살마하살이 이 반야바라밀다를 부지런히 수행하는 까닭으로 태어나는 곳을 따라서 항상 화생을 받고, …… 나아가 …… 일체의 세간에서 최고로 미묘하고 수승한 변재 등을 얻는 것을 널리 설합니다."

25. 산화품(散花品)

그때 천제석(天帝釋)과 이 삼천대천세계의 처소에 있는 4대왕중천(大王衆天)·삼십삼천(三十三天)·야마천(夜摩天)·도사다천(覩史多天)·낙변화천(樂變化天)·타화자재천(他化自在天)·범중천(梵衆天)·범보천(梵輔天)·범회천(梵會天)·대범천(大梵天)·광천(光天)·소광천(少光天)·무량광천(無量光天)·극광정천(極光淨天)·정천(淨天)·소정천(少淨天)·무량정천(無量淨天)·변정천(遍淨天)·광천(廣天)·소광천(少廣天)·무량광천(無量廣天)·광과천(廣果天)·무번천(無繁天)·무열천(無熱天)·선현천(善現天)·선견천(善見天)·색구경천(色究竟天) 등은 함께 이렇게 생각을 지었다.

'지금 존자 선현께서 세존의 신력을 이어받아 일체의 유정들을 위하여 큰 법우(法雨)를 뿌리시니, 우리들은 공양하기 위한 까닭으로, 마땅히 각자 천상의 여러 묘한 꽃을 변화로 지어서 석가여래와 보살마하살, 아울러 비구승(苾芻僧)과 존자 선현께 받들어 뿌리겠고, 역시 설하신 것을 매우 깊은 반야바라밀다에도 뿌려서 공양해야겠다.'

이때 여러 천인(天人)의 대중들은 이렇게 생각을 짓고서 각자 여러 종류의 미묘하고 향기로운 꽃으로 변화시켜 여래와 보살들에게 받들어서 뿌렸다. 이때 이 삼천대천에서 여래의 세계는 꽃으로 모두를 가득 채웠고, 여래의 신력으로써 허공(虛空)의 가운데에서 합쳐져서 화대(花臺)를 이루었는데, 장엄되어 매우 미묘하였고 삼천대천세계를 두루 덮었다. 구수 선현은 이 일을 보고서 이렇게 생각을 지으면서 말하였다.

"지금 처소에 뿌려진 꽃은 여러 천상의 어느 처소에서도 일찍이 보지 못하였다. 이 꽃은 매우 미묘하므로 결정적으로 풀이거나 나무이거나 물이거나 땅의 처소에서 생겨나지 않았으니, 이것은 여러 천인들이 공양하기 위한 마음을 따라서 상응하여 변화로 나타난 것이다."

이때 천제석(天帝釋)은 선현이 마음으로 생각하는 것을 이미 알고서 선현에게 알려 말하였다.

"이 처소에 뿌려진 꽃들은 진실로 풀이거나 나무이거나 물이거나 땅의 처소에서 생겨난 것이 아니고, 역시 마음에서 진실로 변화하여 생겨나지도 않았으며, 다만 변화로 나타났습니다."

구수 선현이 천제석에게 말하였다.

"이 꽃이 생겨나지 않았다면 꽃이 아닙니다."

이때 천제석이 선현에게 물어 말하였다.

"다만 이 꽃이 생기지 않았습니까? 여러 나머지의 법도 역시 그렇습니까?"

선현이 대답하여 말하였다.

"다만 이 꽃이 생겨나지 않는 것이 아니고, 여러 나머지의 법도 그렇습니다. 무슨 뜻인가? 교시가여. 색도 역시 생겨나지 않는데, 이것이 이미 생겨나지 않았다면 곧 색이 아니며, 수·상·행·식도 생겨나지 않는데, 이것이 이미 생겨나지 않았다면 곧 수·상·행·식이 아닙니다. 왜 그러한가? 생겨나지 않은 법은 여러 희론(戱論)[1]을 벗어났으므로 색 등을 삼는다고 시설(施設)할 수 없는 까닭입니다.

교시가여. 안처는 역시 생겨나지 않는데, 이것이 이미 생겨나지 않았다면 곧 안처가 아니며, 이·비·설·신·의처도 생겨나지 않는데, 이것이 이미 생겨나지 않았다면 곧 이·비·설·신·의처가 아닙니다. 왜 그러한가? 생겨

---

1) 산스크리트어 papañca의 번역이고, '망념(妄想)', '잡념(雜念)' '사량(思量)' 등으로 한역한다. 깨달음에 이르지 못하게 하는 담론이나 학설의 개념이 확장된 것을 뜻한다.

나지 않은 법은 여러 희론을 벗어났으므로 안처 등을 삼는다고 시설할 수 없는 까닭입니다. 교시가여. 색처는 역시 생겨나지 않는데, 이것이 이미 생겨나지 않았다면 곧 색처가 아니며, 성·향·미·촉·법처도 생겨나지 않는데, 이것이 이미 생겨나지 않았다면 곧 성·향·미·촉·법처가 아닙니다. 왜 그러한가? 생겨나지 않은 법은 여러 희론을 벗어났으므로 색처 등을 삼는다고 시설할 수 없는 까닭입니다.

교시가여. 안계는 역시 생겨나지 않는데, 이것이 이미 생겨나지 않았다면 곧 안계가 아니며, 색계·안식계, 나아가 안촉·안촉을 인연으로 생겨난 여러 수도 생겨나지 않는데, 이것이 이미 생겨나지 않았다면 곧 색계, 나아가 안촉을 인연으로 생겨난 여러 수가 아닙니다. 왜 그러한가? 생겨나지 않은 법은 여러 희론을 벗어났으므로 안계 등을 삼는다고 시설할 수 없는 까닭입니다. 교시가여. 이계는 역시 생겨나지 않는데, 이것이 이미 생겨나지 않았다면 곧 이계가 아니며, 성계·이식계, 나아가 이촉·이촉을 인연으로 생겨난 여러 수도 생겨나지 않는데, 이것이 이미 생겨나지 않았다면 곧 성계, 나아가 이촉을 인연으로 생겨난 여러 수가 아닙니다. 왜 그러한가? 생겨나지 않은 법은 여러 희론을 벗어났으므로 이계 등을 삼는다고 시설할 수 없는 까닭입니다.

교시가여. 비계는 역시 생겨나지 않나니 이것이 이미 생겨나지 않았다면 곧 비계가 아니며, 향계·비식계, 나아가 비촉·비촉을 인연으로 생겨난 여러 수도 생겨나지 않는데, 이것이 이미 생겨나지 않았다면 곧 향계, 나아가 비촉을 인연으로 생겨난 여러 수가 아닙니다. 왜 그러한가? 생겨나지 않은 법은 여러 희론을 벗어났으므로 비계 등을 삼는다고 시설할 수 없는 까닭입니다. 교시가여. 설계는 역시 생겨나지 않는데, 이것이 이미 생겨나지 않았다면 곧 설계가 아니며, 미계·설식계, 나아가 설촉·설촉을 인연으로 생겨난 여러 수도 생겨나지 않는데, 이것이 이미 생겨나지 않았다면 곧 미계, 나아가 설촉을 인연으로 생겨난 여러 수가 아닙니다. 왜 그러한가? 생겨나지 않은 법은 여러 희론을 벗어났으므로 설계 등을 삼는다고 시설할 수 없는 까닭입니다.

교시가여. 신계는 역시 생겨나지 않는데, 이것이 이미 생겨나지 않았다면 곧 신계가 아니며, 촉계·신식계, 나아가 신촉·신촉을 인연으로 생겨난 여러 수도 생겨나지 않는데, 이것이 이미 생겨나지 않았다면 곧 촉계, 나아가 신촉을 인연으로 생겨난 여러 수가 아닙니다. 왜 그러한가? 생겨나지 않은 법은 여러 희론을 벗어났으므로 신계 등을 삼는다고 시설할 수 없는 까닭입니다. 교시가여. 의계는 역시 생겨나지 않는데, 이것이 이미 생겨나지 않았다면 곧 의계가 아니며, 법계·의식계, 나아가 의촉·의촉을 인연으로 생겨난 여러 수도 생겨나지 않는데, 이것이 이미 생겨나지 않았다면 곧 법계, 나아가 의촉을 인연으로 생겨난 여러 수가 아닙니다. 왜 그러한가? 생겨나지 않은 법은 여러 희론을 벗어났으므로 의계 등을 삼는다고 시설할 수 없는 까닭입니다.

교시가여. 지계는 역시 생겨나지 않는데, 이것이 이미 생겨나지 않았다면 곧 지계가 아니며, 수·화·풍·공·식계도 생겨나지 않는데, 이것이 이미 생겨나지 않았다면 곧 수·화·풍·공·식계가 아닙니다. 왜 그러한가? 생겨나지 않은 법은 여러 희론을 벗어났으므로 지계 등을 삼는다고 시설할 수 없는 까닭입니다. 교시가여. 고성제는 역시 생겨나지 않는데, 이것이 이미 생겨나지 않았다면 곧 고성제가 아니며, 집·멸·도성제도 생겨나지 않는데, 이것이 이미 생겨나지 않았다면 곧 집·멸·도성제가 아닙니다. 왜 그러한가? 생겨나지 않은 법은 여러 희론을 벗어났으므로 고성제 등을 삼는다고 시설할 수 없는 까닭입니다.

교시가여. 무명은 역시 생겨나지 않는데, 이것이 이미 생겨나지 않았다면 곧 무명이 아니며, 행·식·명색·육처·촉·수·애·취·유·생·노사의 수탄고우뇌도 생겨나지 않는데, 이것이 이미 생겨나지 않았다면 곧 행, 나아가 노사의 수탄고우뇌가 아닙니다. 왜 그러한가? 생겨나지 않은 법은 여러 희론을 벗어났으므로 무명 등을 삼는다고 시설할 수 없는 까닭입니다. 교시가여. 내공은 역시 생겨나지 않는데, 이것이 이미 생겨나지 않았다면 곧 내공이 아니며, 외공·내외공·공공·대공·승의공·유위공·무위공·필경공·무제공·산공·무변이공·본성공·자상공·공상공·일체법공·불가득공·

무성공·자성공·무성자성공도 생겨나지 않는데, 이것이 이미 생겨나지 않았다면 곧 외공, 나아가 무성자성공이 아닙니다. 왜 그러한가? 생겨나지 않은 법은 여러 희론을 벗어났으므로 내공 등을 삼는다고 시설할 수 없는 까닭입니다.

교시가여. 진여는 역시 생겨나지 않는데, 이것이 이미 생겨나지 않았다면 곧 진여가 아니며, 법계·법성·불허망성·불변이성·평등성·이생성·법정·법주·실제·허공계·부사의계도 생겨나지 않는데, 이것이 이미 생겨나지 않았다면 곧 법계, 나아가 부사의계가 아닙니다. 왜 그러한가? 생겨나지 않은 법은 여러 희론을 벗어났으므로 진여 등을 삼는다고 시설할 수 없는 까닭입니다. 교시가여. 보시바라밀다는 역시 생겨나지 않는데, 이것이 이미 생겨나지 않았다면 곧 보시바라밀다가 아니며, 정계·안인·정진·정려·반야바라밀다도 생겨나지 않는데, 이것이 이미 생겨나지 않았다면 곧 정계·안인·정진·정려·반야바라밀다가 아닙니다. 왜 그러한가? 생겨나지 않은 법은 여러 희론을 벗어났으므로 보시바라밀다 등을 삼는다고 시설할 수 없는 까닭입니다.

교시가여. 4정려는 역시 생겨나지 않는데, 이것이 이미 생겨나지 않았다면 곧 4정려가 아니며, 4무량·4무색정도 생겨나지 않는데, 이것이 이미 생겨나지 않았다면 곧 4무량·4무색정이 아닙니다. 왜 그러한가? 생겨나지 않은 법은 여러 희론을 벗어났으므로 4정려 등을 삼는다고 시설할 수 없는 까닭입니다. 교시가여. 8해탈은 역시 생겨나지 않는데, 이것이 이미 생겨나지 않았다면 곧 8해탈이 아니며, 8승처·9차제정·10변처도 생겨나지 않는데, 이것이 이미 생겨나지 않았다면 곧 8승처·9차제정·10변처가 아닙니다. 왜 그러한가? 생겨나지 않은 법은 여러 희론을 벗어났으므로 8해탈 등을 삼는다고 시설할 수 없는 까닭입니다.

교시가여. 4념주는 역시 생겨나지 않는데, 이것이 이미 생겨나지 않았다면 곧 4념주가 아니며, 4정단·4신족·5근·5력·7등각지·8성도지도 생겨나지 않는데, 이것이 이미 생겨나지 않았다면 곧 4정단, 나아가 8성도지가 아닙니다. 왜 그러한가? 생겨나지 않은 법은 여러 희론을 벗어났으므로

4념주 등을 삼는다고 시설할 수 없는 까닭입니다. 교시가여. 공해탈문은 역시 생겨나지 않는데, 이것이 이미 생겨나지 않았다면 곧 공해탈문이 아니며, 무상·무원해탈문도 생겨나지 않는데, 이것이 이미 생겨나지 않았다면 곧 무상·무원해탈문이 아닙니다. 왜 그러한가? 생겨나지 않은 법은 여러 희론을 벗어났으므로 공해탈문 등을 삼는다고 시설할 수 없는 까닭입니다.

교시가여. 5안은 역시 생겨나지 않는데, 이것이 이미 생겨나지 않았다면 곧 5안이 아니며, 6신통도 생겨나지 않는데, 이것이 이미 생겨나지 않았다면 곧 6신통이 아닙니다. 왜 그러한가? 생겨나지 않은 법은 여러 희론을 벗어났으므로 5안 등을 삼는다고 시설할 수 없는 까닭입니다. 교시가여. 여래의 10력은 역시 생겨나지 않는데, 이것이 이미 생겨나지 않았다면 곧 여래의 10력이 아니며, 4무소외·4무애해·대자·대비·대희·대사·18불불공법도 생겨나지 않는데, 이것이 이미 생겨나지 않았다면 곧 4무소외, 나아가 18불불공법이 아닙니다. 왜 그러한가? 생겨나지 않은 법은 여러 희론을 벗어났으므로 여래의 10력 등을 삼는다고 시설할 수 없는 까닭입니다.

교시가여. 무망실법은 역시 생겨나지 않는데, 이것이 이미 생겨나지 않았다면 곧 무망실법이 아니며, 항주사성도 생겨나지 않는데, 이것이 이미 생겨나지 않았다면 곧 항주사성이 아닙니다. 왜 그러한가? 생겨나지 않은 법은 여러 희론을 벗어났으므로 무망실법 등을 삼는다고 시설할 수 없는 까닭입니다. 교시가여. 일체지는 역시 생겨나지 않는데, 이것이 이미 생겨나지 않았다면 곧 일체지가 아니며, 도상지·일체상지도 생겨나지 않는데, 이것이 이미 생겨나지 않았다면 곧 도상지·일체상지가 아닙니다. 왜 그러한가? 생겨나지 않은 법은 여러 희론을 벗어났으므로 일체지 등을 삼는다고 시설할 수 없는 까닭입니다.

교시가여. 일체의 다라니문은 역시 생겨나지 않는데, 이것이 이미 생겨나지 않았다면 곧 일체의 다라니문이 아니며, 일체의 삼마지문도 생겨나지 않는데, 이것이 이미 생겨나지 않았다면 곧 일체의 삼마지문이 아닙니다. 왜 그러한가? 생겨나지 않은 법은 여러 희론을 벗어났으므로 일체의 다라니문 등을 삼는다고 시설할 수 없는 까닭입니다. 교시가여. 예류는 역시 생겨나지 않는데, 이것이 이미 생겨나지 않았다면 곧 예류가 아니며, 일래·불환·아라한도 생겨나지 않는데, 이것이 이미 생겨나지 않았다면 곧 일래·불환·아라한이 아닙니다. 왜 그러한가? 생겨나지 않은 법은 여러 희론을 벗어났으므로 예류 등을 삼는다고 시설할 수 없는 까닭입니다.

교시가여. 예류향·예류과는 역시 생겨나지 않는데, 이것이 이미 생겨나지 않았다면 곧 예류향·예류과가 아니며, 일래향·일래과·불환향·불환과·아라한향·아라한과도 생겨나지 않는데, 이것이 이미 생겨나지 않았다면 곧 일래향·일래과·불환향·불환과·아라한향·아라한과가 아닙니다. 왜 그러한가? 생겨나지 않은 법은 여러 희론을 벗어났으므로 예류향·예류과 등을 삼는다고 시설할 수 없는 까닭입니다. 교시가여. 독각은 역시 생겨나지 않는데, 이것이 이미 생겨나지 않았다면 곧 독각이 아니며, 독각향·독각과도 생겨나지 않는데, 이것이 이미 생겨나지 않았다면 곧 독각향·독각과가 아닙니다. 왜 그러한가? 생겨나지 않은 법은 여러 희론을 벗어났으므로 독각 등을 삼는다고 시설할 수 없는 까닭입니다.

교시가여. 보살마하살은 역시 생겨나지 않는데, 이것이 이미 생겨나지 않았다면 곧 보살마하살이 아니며, 삼먁삼불타도 생겨나지 않는데, 이것이 이미 생겨나지 않았다면 곧 삼먁삼불타가 아닙니다. 왜 그러한가? 생겨나지 않은 법은 여러 희론을 벗어났으므로 보살마하살 등을 삼는다고 시설할 수 없는 까닭입니다. 교시가여. 보살마하살의 법은 역시 생겨나지 않는데, 이것이 이미 생겨나지 않았다면 곧 보살마하살의 법이 아니며, 무상정등보리도 생겨나지 않는데, 이것이 이미 생겨나지 않았다면 곧 무상정등보리가 아닙니다. 왜 그러한가? 생겨나지 않은 법은 여러 희론을 벗어났으므로 보살마하살의 법 등을 삼는다고 시설할 수 없는 까닭입니다.

교시가여. 성문승은 역시 생겨나지 않는데, 이것이 이미 생겨나지 않았다면 곧 성문승이 아니며, 독각승·무상승도 생겨나지 않는데, 이것이 이미 생겨나지 않았다면 곧 독각승·무상승이 아닙니다. 왜 그러한가? 생겨나지 않은 법은 여러 희론을 벗어났으므로 성문승 등을 삼는다고 시설할 수 없는 까닭입니다."

마하반야바라밀다경 제85권

26. 학반야품(學般若品)(1)

　이때 천제석의 마음에서 이러한 생각이 생겨났다.
　'존자 선현께서는 지혜가 매우 깊어서 가명(假名)을 무너트리지 않으면서 법성(法性)을 설하는구나.'
　세존께서는 그의 생각을 아시고서 곧 인가(印)하여 그에게 말씀하셨다.
　"교시가가 마음에서 생각한 것과 같으니라. 구수 선현은 지혜가 매우 깊어 가명을 무너트리지 않으면서 법성을 말하느니라."
　이때 천제석이 곧 세존께 아뢰어 말하였다.
　"존자 선현께서는 어느 것 등의 법에서 가명을 무너트리지 않으면서 법성을 설합니까?"
　세존께서 알리셨다.
　"교시가여. 색은 다만 가명이고, 수·상·행·식도 나만 가명이며, 이와 같은 가명은 법성을 벗어나지 않으므로, 구수 선현도 이와 같은 색 등의 가명을 무너트리지 않으면서 색 등의 법성을 말하느니라. 그 까닭은 무엇인가? 색 등의 법성은 무너지는 것은 없고 무너지지 않는 것도 없느니라. 이와 같은 까닭으로 선현이 말하였던 것은 무너지는 것이 없고 무너지지 않는 것도 없느니라.
　교시가여. 안처는 다만 가명이고, 이·비·설·신·의처도 다만 가명이며, 이와 같은 가명은 법성을 벗어나지 않으므로, 구수 선현도 이와 같은 안처 등의 가명을 무너트리지 않으면서 안처 등의 법성을 말하느니라.

그 까닭은 무엇인가? 안처 등의 법성은 무너지는 것이 없고 무너지지 않는 것도 없느니라. 이와 같은 까닭으로 선현이 말하였던 것은 무너지는 것이 없고 무너지지 않는 것도 없느니라.

교시가여. 색처는 다만 가명이고, 성·향·미·촉·법처도 다만 가명이며, 이와 같은 가명은 법성을 벗어나지 않으므로, 구수 선현도 이와 같은 색처 등의 가명을 무너트리지 않으면서 색처 등의 법성을 말하느니라. 그 까닭은 무엇인가? 색처 등의 법성은 무너지는 것이 없고 무너지지 않는 것도 없느니라. 이와 같은 까닭으로 선현이 말하였던 것은 무너지는 것이 없고 무너지지 않는 것도 없느니라.

교시가여. 안계는 다만 가명이고, 색계·안식계, …… 나아가 …… 안촉·안촉을 인연으로 생겨난 여러 수도 다만 가명이며, 이와 같은 가명은 법성을 벗어나지 않으므로, 구수 선현도 이와 같은 안계 등의 가명을 무너트리지 않으면서 안계 등의 법성을 말하느니라. 그 까닭은 무엇인가? 안계 등의 법성은 무너지는 것이 없고 무너지지 않는 것도 없느니라. 이와 같은 까닭으로 선현이 말하였던 것은 무너지는 것이 없고 무너지지 않는 것도 없느니라.

교시가여. 이계는 다만 가명이고, 성계·이식계, …… 나아가 …… 이촉·이촉을 인연으로 생겨난 여러 수도 다만 가명이며, 이와 같은 가명은 법성을 벗어나지 않으므로, 구수 선현도 이와 같은 이계 등의 가명을 무너트리지 않으면서 이계 등의 법성을 말하느니라. 그 까닭은 무엇인가? 이계 등의 법성은 무너지는 것이 없고 무너지지 않는 것도 없느니라. 이와 같은 까닭으로 선현이 말하였던 것은 무너지는 것이 없고 무너지지 않는 것도 없느니라.

교시가여. 비계는 다만 가명이고, 향계·비식계, …… 나아가 …… 비촉·비촉을 인연으로 생겨난 여러 수도 다만 가명이며, 이와 같은 가명은 법성을 벗어나지 않으므로, 구수 선현도 이와 같은 비계 등의 가명을 무너트리지 않으면서 비계 등의 법성을 말하느니라. 그 까닭은 무엇인가? 비계 등의 법성은 무너지는 것이 없고 무너지지 않는 것도 없느니라.

이와 같은 까닭으로 선현이 말하였던 것은 무너지는 것이 없고 무너지지 않는 것도 없느니라.

교시가여. 설계는 다만 가명이고, 미계·설식계, …… 나아가 …… 설촉·설촉을 인연으로 생겨난 여러 수도 다만 가명이며, 이와 같은 가명은 법성을 벗어나지 않으므로, 구수 선현도 이와 같은 설계 등의 가명을 무너트리지 않으면서 설계 등의 법성을 말하느니라. 그 까닭은 무엇인가? 설계 등의 법성은 무너지는 것이 없고 무너지지 않는 것도 없느니라. 이와 같은 까닭으로 선현이 말하였던 것은 무너지는 것이 없고 무너지지 않는 것도 없느니라.

교시가여. 신계는 다만 가명이고, 촉계·신식계, …… 나아가 …… 신촉·신촉을 인연으로 생겨난 여러 수도 다만 가명이며, 이와 같은 가명은 법성을 벗어나지 않으므로, 구수 선현도 이와 같은 신계 등의 가명을 무너트리지 않으면서 신계 등의 법성을 말하느니라. 그 까닭은 무엇인가? 신계 등의 법성은 무너지는 것이 없고 무너지지 않는 것도 없느니라. 이와 같은 까닭으로 선현이 말하였던 것은 무너지는 것이 없고 무너지지 않는 것도 없느니라.

교시가여. 의계는 다만 가명이고, 법계·의식계, …… 나아가 …… 의촉·의촉을 인연으로 생겨난 여러 수도 다만 가명이며, 이와 같은 가명은 법성을 벗어나지 않으므로, 구수 선현도 이와 같은 의계 등의 가명을 무너트리지 않으면서 의계 등의 법성을 말하느니라. 그 까닭은 무엇인가? 의계 등의 법성은 무너지는 것이 없고 무너지지 않는 것도 없느니라. 이와 같은 까닭으로 선현이 말하였던 것은 무너지는 것이 없고 무너지지 않는 것도 없느니라.

교시가여. 지계는 다만 가명이고, 수·화·풍·공·식계도 다만 가명이며, 이와 같은 가명은 법성을 벗어나지 않으므로, 구수 선현도 이와 같은 지계 등의 가명을 무너트리지 않으면서 지계 등의 법성을 말하느니라. 그 까닭은 무엇인가? 지계 등의 법성은 무너지는 것이 없고 무너지지 않는 것도 없느니라. 이와 같은 까닭으로 선현이 말하였던 것은 무너지는 것이 없고 무너지지 않는 것도 없느니라.
　교시가여. 고성제는 다만 가명이고, 집·멸·도성제도 다만 가명이며, 이와 같은 가명은 법성을 벗어나지 않으므로, 구수 선현도 이와 같은 고성제 등의 가명을 무너트리지 않으면서 고성제 등의 법성을 말하느니라. 그 까닭은 무엇인가? 고성제 등의 법성은 무너지는 것이 없고 무너지지 않는 것도 없느니라. 이와 같은 까닭으로 선현이 말하였던 것은 무너지는 것이 없고 무너지지 않는 것도 없느니라.
　교시가여. 무명은 다만 가명이고, 행·식·명색·육처·촉·수·애·취·유·생·노사의 수탄고우뇌도 다만 가명이며, 이와 같은 가명은 법성을 벗어나지 않으므로, 구수 선현도 이와 같은 무명 등의 가명을 무너트리지 않으면서 무명 등의 법성을 말하느니라. 그 까닭은 무엇인가? 무명 등의 법성은 무너지는 것이 없고 무너지지 않는 것도 없느니라. 이와 같은 까닭으로 선현이 말하였던 것은 무너지는 것이 없고 무너지지 않는 것도 없느니라.
　교시가여. 내공은 다만 가명이고, 외공·내외공·공공·대공·승의공·유위공·무위공·필경공·무제공·산공·무변이공·본성공·자상공·공상공·일체법공·불가득공·무성공·자성공·무성자성공도 다만 가명이며, 이와 같은 가명은 법성을 벗어나지 않으므로, 구수 선현도 이와 같은 내공 등의 가명을 무너트리지 않으면서 내공 등의 법성을 말하느니라. 그 까닭은 무엇인가? 내공 등의 법성은 무너지는 것이 없고 무너지지 않는 것도 없느니라. 이와 같은 까닭으로 선현이 말하였던 것은 무너지는 것이 없고 무너지지 않는 것도 없느니라.
　교시가여. 진여는 다만 가명이고, 법계·법성·불허망성·불변이성·평등성·이생성·법정·법주·실제·허공계·부사의계도 다만 가명이며, 이와 같은 가명은 법성을 벗어나지 않으므로, 구수 선현도 이와 같은 진여 등의 가명을 무너트리지 않으면서 진여 등의 법성을 말하느니라. 그 까닭은 무엇인가? 진여 등의 법성은 무너지는 것이 없고 무너지지 않는 것도 없느니라. 이와 같은 까닭으로 선현이 말하였던 것은 무너지는 것이 없고 무너지지 않는 것도 없느니라.

교시가여. 보시바라밀다는 다만 가명이고, 정계·안인·정진·정려·반야바라밀다도 다만 가명이며, 이와 같은 가명은 법성을 벗어나지 않으므로, 구수 선현도 이와 같은 보시바라밀다 등의 가명을 무너트리지 않으면서 보시바라밀다 등의 법성을 말하느니라. 그 까닭은 무엇인가? 보시바라밀다 등의 법성은 무너지는 것이 없고 무너지지 않는 것도 없느니라. 이와 같은 까닭으로 선현이 말하였던 것은 무너지는 것이 없고 무너지지 않는 것도 없느니라.

교시가여. 4정려는 다만 가명이고, 4무량·4무색정도 다만 가명이며, 이와 같은 가명은 법성을 벗어나지 않으므로, 구수 선현도 이와 같은 4정려 등의 가명을 무너트리지 않으면서 4정려 등의 법성을 말하느니라. 그 까닭은 무엇인가? 4정려 등의 법성은 무너지는 것이 없고 무너지지 않는 것도 없느니라. 이와 같은 까닭으로 선현이 말하였던 것은 무너지는 것이 없고 무너지지 않는 것도 없느니라.

교시가여. 8해탈은 다만 가명이고, 8승처·9차제정·10변처도 다만 가명이며, 이와 같은 가명은 법성을 벗어나지 않으므로, 구수 선현도 이와 같은 8해탈 등의 가명을 무너트리지 않으면서 8해탈 등의 법성을 말하느니라. 그 까닭은 무엇인가? 8해탈 등의 법성은 무너지는 것이 없고 무너지지 않는 것도 없느니라. 이와 같은 까닭으로 선현이 말하였던 것은 무너지는 것이 없고 무너지지 않는 것도 없느니라.

교시가여. 4념주는 다만 가명이고, 4정단·4신족·5근·5력·7등각지·8성도지도 다만 가명이며, 이와 같은 가명은 법성을 벗어나지 않으므로, 구수 선현도 이와 같은 4념주 등의 가명을 무너트리지 않으면서 4념주 등의 법성을 말하느니라. 그 까닭은 무엇인가? 4념주 등의 법성은 무너지는 것이 없고 무너지지 않는 것도 없느니라. 이와 같은 까닭으로 선현이 말하였던 것은 무너지는 것이 없고 무너지지 않는 것도 없느니라.

교시가여. 공해탈문은 다만 가명이고, 무상·무원해탈문도 다만 가명이며, 이와 같은 가명은 법성을 벗어나지 않으므로, 구수 선현도 이와 같은 공해탈문 등의 가명을 무너트리지 않으면서 공해탈문 등의 법성을 말하느니라. 그 까닭은 무엇인가? 공해탈문 등의 법성은 무너지는 것이 없고 무너지지 않는 것도 없느니라. 이와 같은 까닭으로 선현이 말하였던 것은 무너지는 것이 없고 무너지지 않는 것도 없느니라.

교시가여. 5안은 다만 가명이고, 6신통도 다만 가명이며, 이와 같은 가명은 법성을 벗어나지 않으므로, 구수 선현도 이와 같은 5안 등의 가명을 무너트리지 않으면서 5안 등의 법성을 말하느니라. 그 까닭은 무엇인가? 5안 등의 법성은 무너지는 것이 없고 무너지지 않는 것도 없느니라. 이와 같은 까닭으로 선현이 말하였던 것은 무너지는 것이 없고 무너지지 않는 것도 없느니라.

교시가여. 여래의 10력은 다만 가명이고, 4무소외·4무애해·대자·대비·대희·대사·18불불공법도 다만 가명이며, 이와 같은 가명은 법성을 벗어나지 않으므로, 구수 선현도 이와 같은 여래의 10력 등의 가명을 무너트리지 않으면서 여래의 10력 등의 법성을 말하느니라. 그 까닭은 무엇인가? 여래의 10력 등의 법성은 무너지는 것이 없고 무너지지 않는 것도 없느니라. 이와 같은 까닭으로 선현이 말하였던 것은 무너지는 것이 없고 무너지지 않는 것도 없느니라.

교시가여. 무망실법은 다만 가명이고, 항주사성도 다만 가명이며, 이와 같은 가명은 법성을 벗어나지 않으므로, 구수 선현도 이와 같은 무망실법 등의 가명을 무너트리지 않으면서 무망실법 등의 법성을 말하느니라. 그 까닭은 무엇인가? 무망실법 등의 법성은 무너지는 것이 없고 무너지지 않는 것도 없느니라. 이와 같은 까닭으로 선현이 말하였던 것은 무너지는 것이 없고 무너지지 않는 것도 없느니라.

교시가여. 일체지는 다만 가명이고, 도상지·일체상지도 다만 가명이며, 이와 같은 가명은 법성을 벗어나지 않으므로, 구수 선현도 이와 같은 일체지 등의 가명을 무너트리지 않으면서 일체지 등의 법성을 말하느니라. 그 까닭은 무엇인가? 일체지 등의 법성은 무너지는 것이 없고 무너지지 않는 것도 없느니라. 이와 같은 까닭으로 선현이 말하였던 것은 무너지는 것이 없고 무너지지 않는 것도 없느니라.

교시가여. 일체의 다라니문은 다만 가명이고, 일체의 삼마지문도 다만 가명이며, 이와 같은 가명은 법성을 벗어나지 않으므로, 구수 선현도 이와 같은 일체의 다라니문 등의 가명을 무너트리지 않으면서 일체의 다라니문 등의 법성을 말하느니라. 그 까닭은 무엇인가? 일체의 다라니문 등의 법성은 무너지는 것이 없고 무너지지 않는 것도 없느니라. 이와 같은 까닭으로 선현이 말하였던 것은 무너지는 것이 없고 무너지지 않는 것도 없느니라.

교시가여. 예류는 다만 가명이고, 일래·불환·아라한도 다만 가명이며, 이와 같은 가명은 법성을 벗어나지 않으므로, 구수 선현도 이와 같은 예류 등의 가명을 무너트리지 않으면서 예류 등의 법성을 말하느니라. 그 까닭은 무엇인가? 예류 등의 법성은 무너지는 것이 없고 무너지지 않는 것도 없느니라. 이와 같은 까닭으로 선현이 말하였던 것은 무너지는 것이 없고 무너지지 않는 것도 없느니라.

교시가여. 예류향·예류과는 다만 가명이고, 일래향·일래과·불환향·불환과·아라한향·아라한과도 다만 가명이며, 이와 같은 가명은 법성을 벗어나지 않으므로, 구수 선현도 이와 같은 예류향·예류과 등의 가명을 무너트리지 않으면서 예류향·예류과 등의 법성을 말하느니라. 그 까닭은 무엇인가? 예류향·예류과 등의 법성은 무너지는 것이 없고 무너지지 않는 것도 없느니라. 이와 같은 까닭으로 선현이 말하였던 것은 무너지는 것이 없고 무너지지 않는 것도 없느니라.

교시가여. 독각은 다만 가명이고, 독각향·독각과도 다만 가명이며, 이와 같은 가명은 법성을 벗어나지 않으므로, 구수 선현도 이와 같은 독각 등의 가명을 무너트리지 않으면서 독각 등의 법성을 말하느니라. 그 까닭은 무엇인가? 독각 등의 법성은 무너지는 것이 없고 무너지지 않는 것도 없느니라. 이와 같은 까닭으로 선현이 말하였던 것은 무너지는 것이 없고 무너지지 않는 것도 없느니라.

교시가여. 보살마하살은 다만 가명이고, 삼먁삼불타도 다만 가명이며, 이와 같은 가명은 법성을 벗어나지 않으므로, 구수 선현도 이와 같은 보살마하살 등의 가명을 무너트리지 않으면서 보살마하살 등의 법성을 말하느니라. 그 까닭은 무엇인가? 보살마하살 등의 법성은 무너지는 것이 없고 무너지지 않는 것도 없느니라. 이와 같은 까닭으로 선현이 말하였던 것은 무너지는 것이 없고 무너지지 않는 것도 없느니라.

교시가여. 보살마하살의 법은 다만 가명이고, 무상정등보리도 다만 가명이며, 이와 같은 가명은 법성을 벗어나지 않으므로, 구수 선현도 이와 같은 보살마하살의 법 등의 가명을 무너트리지 않으면서 보살마하살의 법 등의 법성을 말하느니라. 그 까닭은 무엇인가? 보살마하살의 법 등의 법성은 무너지는 것이 없고 무너지지 않는 것도 없느니라. 이와 같은 까닭으로 선현이 말하였던 것은 무너지는 것이 없고 무너지지 않는 것도 없느니라.

교시가여. 성문승은 다만 가명이고, 독각승·무상승도 다만 가명이며, 이와 같은 가명은 법성을 벗어나지 않으므로, 구수 선현도 이와 같은 성문승 등의 가명을 무너트리지 않으면서 성문승 등의 법성을 말하느니라. 그 까닭은 무엇인가? 성문승 등의 법성은 무너지는 것이 없고 무너지지 않는 것도 없느니라. 이와 같은 까닭으로 선현이 말하였던 것은 무너지는 것이 없고 무너지지 않는 것도 없느니라.

교시가여, 구수 선현은 이와 같은 법에서 가명(假名)을 무너트리지 않고서 법성을 말하느니라.”

구수 선현이 제석에게 말하였다.
"교시가여. 이와 같습니다. 이와 같습니다. 세존께서 설하신 것과 같이 여러 소유법(所有法)은 가명이 아닌 것이 없습니다. 교시가여. 보살마하살은 일체법이 다만 가명이라고 알고서 상응하여 반야바라밀다를 수학해야 합니다. 교시가여. 보살마하살은 이와 같이 수학하는 때에, 색에서 수학하지 않고, 수·상·행·식에서 수학하지 않아야 합니다. 왜 그러한가? 교시가여. 이 보살마하살은 색의 가운데에서 수학할 수 있다고 보지 않고, 수·상·행·식의 가운데에서 수학할 수 있다고 보지 않는 까닭입니다.

교시가여. 보살마하살은 이와 같이 수학하는 때에, 안처에서 수학하지 않고, 이·비·설·신·의처에서 수학하지 않아야 합니다. 왜 그러한가? 교시가여. 이 보살마하살은 안처의 가운데에서 수학할 수 있다고 보지 않고, 이·비·설·신·의처의 가운데에서 수학할 수 있다고 보지 않는 까닭입니다. 교시가여. 보살마하살은 이와 같이 수학하는 때에, 색처에서 수학하지 않고, 성·향·미·촉·법처에서 수학하지 않아야 합니다. 왜 그러한가? 교시가여. 이 보살마하살은 색처의 가운데에서 수학할 수 있다고 보지 않고, 성·향·미·촉·법처의 가운데에서 수학할 수 있다고 보지 않는 까닭입니다.

교시가여. 보살마하살은 이와 같이 수학하는 때에, 안계에서 수학하지 않고, 색계·안식계, 나아가 안촉·안촉을 인연으로 생겨난 여러 수에서 수학하지 않아야 합니다. 왜 그러한가? 교시가여. 이 보살마하살은 안계의 가운데에서 수학할 수 있다고 보지 않고, 색계 나아가 안촉을 인연으로 생겨난 여러 수의 가운데에서 수학할 수 있다고 보지 않는 까닭입니다. 교시가여. 보살마하살은 이와 같이 수학하는 때에, 이계에서 수학하지 않고, 성계·이식계, 나아가 이촉·이촉을 인연으로 생겨난 여러 수에서 수학하지 않아야 합니다. 왜 그러한가? 교시가여. 이 보살마하살은 이계의 가운데에서 수학할 수 있다고 보지 않고, 성계, 나아가 이촉을 인연으로 생겨난 여러 수의 가운데에서 수학할 수 있다고 보지 않는 까닭입니다.

교시가여. 보살마하살은 이와 같이 수학하는 때에, 비계에서 수학하지 않고, 향계·비식계, 나아가 비촉·비촉을 인연으로 생겨난 여러 수에서 수학하지 않아야 합니다. 왜 그러한가? 교시가여. 이 보살마하살은 비계의 가운데에서 수학할 수 있다고 보지 않고, 향계, 나아가 비촉을 인연으로 생겨난 여러 수의 가운데에서 수학할 수 있다고 보지 않는 까닭입니다. 교시가여. 보살마하살은 이와 같이 수학하는 때에, 설계에서 수학하지 않고, 미계·설식계, 나아가 설촉·설촉을 인연으로 생겨난 여러 수에서 수학하지 않아야 합니다. 왜 그러한가? 교시가여. 이 보살마하살은 설계의 가운데에서 수학할 수 있다고 보지 않고, 미계, 나아가 설촉을 인연으로 생겨난 여러 수의 가운데에서 수학할 수 있다고 보지 않는 까닭입니다.

교시가여, 보살마하살은 이와 같이 수학하는 때에, 신계에서 수학하지 않고, 촉계·신식계, 나아가 신촉·신촉을 인연으로 생겨난 여러 수에서 수학하지 않아야 합니다. 왜 그러한가? 교시가여, 이 보살마하살은 신계의 가운데에서 수학할 수 있다고 보지 않고, 촉계, 나아가 신촉을 인연으로 생겨난 여러 수의 가운데에서 수학할 수 있다고 보지 않는 까닭입니다. 교시가여. 보살마하살은 이와 같이 수학하는 때에, 의계에서 수학하지 않고, 법계·의식계, 나아가 의촉·의촉을 인연으로 생겨난 여러 수에서 수학하지 않아야 합니다. 왜 그러한가? 교시가여. 이 보살마하살은 의계의 가운데에서 수학할 수 있다고 보지 않고, 법계, 나아가 의촉을 인연으로 생겨난 여러 수의 가운데에서 수학할 수 있다고 보지 않는 까닭입니다.

교시가여. 보살마하살은 이와 같이 수학하는 때에, 지계에서 수학하지 않고, 수·화·풍·공·식계에서 수학하지 않아야 합니다. 왜 그러한가? 교시가여. 이 보살마하살은 지계의 가운데에서 수학할 수 있다고 보지 않고, 수·화·풍·공·식계의 가운데에서 수학할 수 있다고 보지 않는 까닭입니다. 교시가여. 보살마하살은 이와 같이 수학하는 때에, 고성제에서 수학하지 않고, 집·멸·도성제에서 수학하지 않아야 합니다. 왜 그러한가? 교시가여. 이 보살마하살은 고성제의 가운데에서 수학할 수 있다고 보지 않고, 집·멸·도성제의 가운데에서 수학할 수 있다고 보지 않는 까닭입니다.

교시가여. 보살마하살은 이와 같이 수학하는 때에, 무명에서 수학하지 않고, 행·식·명색·육처·촉·수·애·취·유·생·노사의 수탄고우뇌에서 수학하지 않아야 합니다. 왜 그러한가? 교시가여. 이 보살마하살은 무명의 가운데에서 수학할 수 있다고 보지 않고, 행, 나아가 노사의 수탄고우뇌의 가운데에서 수학할 수 있다고 보지 않는 까닭입니다. 교시가여. 보살마하살은 이와 같이 수학하는 때에, 내공에서 수학하지 않고, 외공·내외공·공공·대공·승의공·유위공·무위공·필경공·무제공·산공·무변이공·본성공·자상공·공상공·일체법공·불가득공·무성공·자성공·무성자성공에서 수학하지 않아야 합니다. 왜 그러한가? 교시가여. 이 보살마하살은 내공의 가운데에서 수학할 수 있다고 보지 않고, 외공, 나아가 무성자성공의 가운데에서 수학할 수 있다고 보지 않는 까닭입니다.
　교시가여. 보살마하살은 이와 같이 수학하는 때에, 진여에서 수학하지 않고, 법계·법성·불허망성·불변이성·평등성·이생성·법정·법주·실제·허공계·부사의계에서 수학하지 않아야 합니다. 왜 그러한가? 교시가여. 이 보살마하살은 진여의 가운데에서 수학할 수 있다고 보지 않고, 법계, 나아가 부사의계의 가운데에서 수학할 수 있다고 보지 않는 까닭입니다. 교시가여. 보살마하살은 이와 같이 수학하는 때에, 보시바라밀다에서 수학하지 않고, 정계·안인·정진·정려·반야바라밀다에서 수학하지 않아야 합니다. 왜 그러한가? 교시가여. 이 보살마하살은 보시바라밀다의 가운데에서 수학할 수 있다고 보지 않고, 정계·안인·정진·정려·반야바라밀다의 가운데에서 수학할 수 있다고 보지 않는 까닭입니다.
　교시가여. 보살마하살은 이와 같이 수학하는 때에, 4정려에서 수학하지 않고, 4무량·4무색정에서 수학하지 않아야 합니다. 왜 그러한가? 교시가여. 이 보살마하살은 4정려의 가운데에서 수학할 수 있다고 보지 않고, 4무량·4무색정의 가운데에서 수학할 수 있다고 보지 않는 까닭입니다. 교시가여. 보살마하살은 이와 같이 수학하는 때에, 8해탈에서 수학하지 않고, 8승처·9차제정·10변처에서 수학하지 않아야 합니다. 왜 그러한가? 교시가여. 이 보살마하살은 8해탈의 가운데에서 수학할 수 있다고 보지 않고, 8승처·9차제정·10변처의 가운데에서 수학할 수 있다고 보지 않는 까닭입니다.
　교시가여. 보살마하살은 이와 같이 수학하는 때에, 4념주에서 수학하지 않고, 4정단·4신족·5근·5력·7등각지·8성도지에서 수학하지 않아야 합니다. 왜 그러한가? 교시가여. 이 보살마하살은 4념주의 가운데에서 수학할 수 있다고 보지 않고, 4정단, 나아가 8성도지의 가운데에서 수학할 수 있다고 보지 않는 까닭입니다. 교시가여. 보살마하살은 이와 같이 수학하는 때에, 공해탈문에서 수학하지 않고, 무상·무원해탈문에서 수학하지 않아야 합니다. 왜 그러한가? 교시가여. 이 보살마하살은 공해탈문의 가운데에서 수학할 수 있다고 보지 않고, 무상·무원해탈문의 가운데에서 수학할 수 있다고 보지 않는 까닭입니다.
　교시가여. 보살마하살은 이와 같이 수학하는 때에, 5안에서 수학하지 않고, 6신통에서 수학하지 않아야 합니다. 왜 그러한가? 교시가여. 이 보살마하살은 5안의 가운데에서 수학할 수 있다고 보지 않고, 6신통의 가운데에서 수학할 수 있다고 보지 않는 까닭입니다. 교시가여. 보살마하살은 이와 같이 수학하는 때에, 여래의 10력에서 수학하지 않고, 4무소외·4무애해·대자·대비·대희·대사·18불불공법에서 수학하지 않아야 합니다. 왜 그러한가? 교시가여. 이 보살마하살은 여래의 10력의 가운데에서 수학할 수 있다고 보지 않고, 4무소외, 나아가 18불불공법의 가운데에서 수학할 수 있다고 보지 않는 까닭입니다.
　교시가여. 보살마하살은 이와 같이 수학하는 때에, 무망실법에서 수학하지 않고, 항주사성에서 수학하지 않아야 합니다. 왜 그러한가? 교시가여. 이 보살마하살은 무망실법의 가운데에서 수학할 수 있다고 보지 않고, 항주사성의 가운데에서 수학할 수 있다고 보지 않는 까닭입니다. 교시가여. 보살마하살은 이와 같이 수학하는 때에, 일체지에서 수학하지 않고, 도상지·일체상지에서 수학하지 않아야 합니다. 왜 그러한가? 교시가여. 이 보살마하살은 일체지의 가운데에서 수학할 수 있다고 보지 않고, 도상지·일체상지의 가운데에서 수학할 수 있다고 보지 않는 까닭입니다.
　교시가여. 보살마하살은 이와 같이 수학하는 때에, 일체의 다라니문에서 수학하지 않고, 일체의 삼마지문에서 수학하지 않아야 합니다. 왜 그러한가? 교시가여. 이 보살마하살은 일체의 다라니문의 가운데에서 수학할 수 있다고 보지 않고, 일체의 삼마지의 가운데에서 수학할 수 있다고 보지 않는 까닭입니다. 교시가여. 보살마하살은 이와 같이 수학하는 때에, 예류에서 수학하지 않고, 일래·불환·아라한에서 수학하지 않아야 합니다. 왜 그러한가? 교시가여. 이 보살마하살은 예류의 가운데에서 수학할 수 있다고 보지 않고, 일래·불환·아라한의 가운데에서 수학할 수 있다고 보지 않는 까닭입니다.

교시가여. 보살마하살은 이와 같이 수학하는 때에, 예류향·예류과에서 수학하지 않고, 일래향·일래과·불환향·불환과·아라한향·아라한과에서 수학하지 않아야 합니다. 왜 그러한가? 교시가여. 이 보살마하살은 예류향·예류과의 가운데에서 수학할 수 있다고 보지 않고, 일래향·일래과·불환향·불환과·아라한향·아라한과의 가운데에서 수학할 수 있다고 보지 않는 까닭입니다. 교시가여. 보살마하살은 이와 같이 수학하는 때에, 독각에서 수학하지 않고, 독각향·독각과에서 수학하지 않아야 합니다. 왜 그러한가? 교시가여. 이 보살마하살은 독각의 가운데에서 수학할 수 있다고 보지 않고, 독각향·독각과의 가운데에서 수학할 수 있다고 보지 않는 까닭입니다.

교시가여. 보살마하살은 이와 같이 수학하는 때에, 보살마하살에서 수학하지 않고, 삼먁삼불타에서 수학하지 않아야 합니다. 왜 그러한가? 교시가여. 이 보살마하살은 보살마하살의 가운데에서 수학할 수 있다고 보지 않고, 삼먁삼불타의 가운데에서 수학할 수 있다고 보지 않는 까닭입니다. 교시가여. 보살마하살은 이와 같이 수학하는 때에, 보살마하살의 법에서 수학하지 않고, 무상정등보리에서 수학하지 않아야 합니다. 왜 그러한가? 교시가여. 이 보살마하살은 보살마하살의 법의 가운데에서 수학할 수 있다고 보지 않고, 무상정등보리의 가운데에서 수학할 수 있다고 보지 않는 까닭입니다.

교시가여. 보살마하살은 이와 같이 수학하는 때에, 성문승에서 수학하지 않고, 독각승·무상승에서 수학하지 않아야 합니다. 왜 그러한가? 교시가여. 이 보살마하살은 성문승의 가운데에서 수학할 수 있다고 보지 않고, 독각승·무상승의 가운데에서 수학할 수 있다고 보지 않는 까닭입니다."

이때 천제석이 선현에게 물어 말하였다.

"대덕(大德)이시여. 무슨 인연으로 보살마하살은 색을 보지 않고, 수·상·행·식을 보지 않습니까? 대덕이시여. 무슨 인연으로 보살마하살은 안처를 보지 않고, 이·비·설·신·의처를 보지 않습니까? 대덕이시여. 무슨 인연으로 보살마하살은 색처를 보지 않고, 성·향·미·촉·법처를 보지 않습니까? 대덕이시여. 무슨 인연으로 보살마하살은 안계를 보지 않고, 색계·안식계, 나아가 안촉·안촉을 인연으로 생겨난 여러 수를 보지 않습니까? 대덕이시여. 무슨 인연으로 보살마하살은 이계를 보지 않고, 성계·이식계, 나아가 이촉·이촉을 인연으로 생겨난 여러 수를 보지 않습니까?

대덕이시여. 무슨 인연으로 보살마하살은 비계를 보지 않고, 향계·비식계, 나아가 비촉·비촉을 인연으로 생겨난 여러 수를 보지 않습니까? 대덕이시여. 무슨 인연으로 보살마하살은 설계를 보지 않고, 미계·설식계, 나아가 설촉·설촉을 인연으로 생겨난 여러 수를 보지 않습니까? 대덕이시여. 무슨 인연으로 보살마하살은 신계를 보지 않고, 촉계·신식계, 나아가 신촉·신촉을 인연으로 생겨난 여러 수를 보지 않습니까? 대덕이시여. 무슨 인연으로 보살마하살은 의계를 보지 않고, 법계·의식계, 나아가 의촉·의촉을 인연으로 생겨난 여러 수를 보지 않습니까?

대덕이시여. 무슨 인연으로 보살마하살은 지계를 보지 않고, 수·화·풍·공·식계를 보지 않습니까? 대덕이시여. 무슨 인연으로 보살마하살은 고성제를 보지 않고, 집·멸·도성제를 보지 않습니까? 대덕이시여. 무슨 인연으로 보살마하살은 무명을 보지 않고, 행·식·명색·육처·촉·수·애·취·유·생·노사의 수탄고우뇌를 보지 않습니까? 대덕이시여. 무슨 인연으로 보살마하살은 내공을 보지 않고, 외공·내외공·공공·대공·승의공·유위공·무위공·필경공·무제공·산공·무변이공·본성공·자상공·공상공·일체법공·불가득공·무성공·자성공·무성자성공을 보지 않습니까?

대덕이시여. 무슨 인연으로 보살마하살은 진여를 보지 않고, 법계·법성·불허망성·불변이성·평등성·이생성·법정·법주·실제·허공계·부사의계를 보지 않습니까? 대덕이시여. 무슨 인연으로 보살마하살은 보시바라밀다를 보지 않고, 정계·안인·정진·정려·반야바라밀다를 보지 않습니까? 대덕이시여. 무슨 인연으로 보살마하살은 4정려를 보지 않고, 4무량·4무색정을 보지 않습니까? 대덕이시여. 무슨 인연으로 보살마하살은 8해탈을 보지 않고, 8승처·9차제정·10변처를 보지 않습니까?

대덕이시여. 무슨 인연으로 보살마하살은 4념주를 보지 않고, 4정단·4신족·5근·5력·7등각지·8성도지를 보지 않습니까? 대덕이시여. 무슨 인연으로 보살마하살은 공해탈문을 보지 않고, 무상·무원해탈문을 보지 않습니까? 대덕이시여. 무슨 인연으로 보살마하살은 5안을 보지 않고, 6신통을 보지 않습니까? 대덕이시여. 무슨 인연으로 보살마하살은 여래의 10력을 보지 않고, 4무소외·4무애해·대자·대비·대희·대사·18불불공법을 보지 않습니까?

대덕이시여. 무슨 인연으로 보살마하살은 일체지를 보지 않고, 도상지·일체상지를 보지 않습니까? 대덕이시여. 무슨 인연으로 보살마하살은 일체의 다라니문을 보지 않고, 일체의 삼마지문을 보지 않습니까? 대덕이시여. 무슨 인연으로 보살마하살은 예류를 보지 않고, 일래·불환·아라한을 보지 않습니까? 대덕이시여. 무슨 인연으로 보살마하살은 예류향·예류과를 보지 않고, 일래향·일래과·불환향·불환과·아라한향·아라한과를 보지 않습니까?

대덕이시여. 무슨 인연으로 보살마하살은 독각을 보지 않고, 독각향·독각과를 보지 않습니까? 대덕이시여. 무슨 인연으로 보살마하살은 보살마하살을 보지 않고, 삼먁삼불타를 보지 않습니까? 대덕이시여. 무슨 인연으로 보살마하살은 보살마하살의 법을 보지 않고, 무상정등보리를 보지 않습니까? 대덕이시여. 무슨 인연으로 보살마하살은 성문승을 보지 않고, 독각승·무상승을 보지 않습니까?"

선현이 대답하여 말하였다.

"교시가여. 색은 색의 자성이 공(空)한 까닭으로 보살마하살은 색을 보지 않고, 수·상·행·식은 수·상·행·식의 자성이 공한 까닭으로 보살마하살은 수·상·행·식을 보지 않습니다. 교시가여. 보살마하살은 색을 보지 않는 까닭으로 색에서 수학(修學)하지 않고, 수·상·행·식을 보지 않는 까닭으로 수·상·행·식에서 수학하지 않습니다. 왜 그러한가? 교시가여. 색의 공(空)에서 색의 공을 볼 수 없고, 수·상·행·식의 공에서 수·상·행·식의 공을 볼 수 없는 까닭입니다. 교시가여. 색의 공은 색의 공에서 수학할 수 없고, 수·상·행·식의 공은 수·상·행·식의 공에서 수학할 수 없는 까닭입니다.

교시가여. 안처는 안처의 자성이 공한 까닭으로 보살마하살은 안처를 보지 않고, 이·비·설·신·의처는 이·비·설·신·의처의 자성이 공한 까닭으로 보살마하살은 이·비·설·신·의처를 보지 않습니다. 교시가여. 보살마하살은 안처를 보지 않는 까닭으로 안처에서 수학하지 않고, 이·비·설·신·의처를 보지 않는 까닭으로 이·비·설·신·의처에서 수학하지 않습니다. 왜 그러한가? 교시가여. 안처의 공에서 안처의 공을 볼 수 없고, 이·비·설·신·의처의 공에서 이·비·설·신·의처의 공을 볼 수 없는 까닭입니다. 교시가여. 안처의 공은 안처의 공에서 수학할 수 없고, 이·비·설·신·의처의 공은 이·비·설·신·의처의 공에서 수학할 수 없는 까닭입니다.

교시가여. 색처는 색처의 자성이 공한 까닭으로 보살마하살은 색처를 보지 않고, 성·향·미·촉·법처는 성·향·미·촉·법처의 자성이 공한 까닭으로 보살마하살은 성·향·미·촉·법처를 보지 않습니다. 교시가여. 보살마하살은 색처를 보지 않는 까닭으로 색처에서 수학하지 않고, 성·향·미·촉·법처를 보지 않는 까닭으로 성·향·미·촉·법처에서 수학하지 않습니다. 왜 그러한가? 교시가여. 색처의 공에서 색처의 공을 볼 수 없고, 성·향·미·촉·법처의 공에서 성·향·미·촉·법처의 공을 볼 수 없는 까닭입니다. 교시가여. 색처의 공은 색처의 공에서 수학할 수 없고, 성·향·미·촉·법처의 공은 성·향·미·촉·법처의 공에서 수학할 수 없는 까닭입니다.

교시가여. 안계는 안계의 자성이 공한 까닭으로 보살마하살은 안계를 보지 않고, 색계·안식계, 나아가 안촉·안촉을 인연으로 생겨난 여러 수는 색계, 나아가 안촉을 인연으로 생겨난 여러 수의 자성이 공한 까닭으로 보살마하살은 색계, 나아가 안촉을 인연으로 생겨난 여러 수를 보지 않습니다. 교시가여. 보살마하살은 안계를 보지 않는 까닭으로 안계에서 수학하지 않고, 색계, 나아가 안촉을 인연으로 생겨난 여러 수를 보지 않는 까닭으로 색계, 나아가 안촉을 인연으로 생겨난 여러 수에서 수학하지 않습니다. 왜 그러한가? 교시가여. 안계의 공에서 안계의 공을 볼 수 없고, 색계, 나아가 안촉을 인연으로 생겨난 여러 수의 공에서 색계, 나아가 안촉을 인연으로 생겨난 여러 수의 공을 볼 수 없는 까닭입니다. 교시가여. 안계의 공은 안계의 공에서 수학할 수 없고, 색계, 나아가 안촉을 인연으로 생겨난 여러 수의 공은 색계, 나아가 안촉을 인연으로 생겨난 여러 수의 공에서 수학할 수 없는 까닭입니다.

교시가여. 이계는 이계의 자성이 공한 까닭으로 보살마하살은 이계를 보지 않고, 성계·이식계, 나아가 이촉·이촉을 인연으로 생겨난 여러 수는 성계, 나아가 이촉을 인연으로 생겨난 여러 수의 자성이 공한 까닭으로 보살마하살은 성계, 나아가 이촉을 인연으로 생겨난 여러 수를 보지 않습니다. 교시가여. 보살마하살은 이계를 보지 않는 까닭으로 이계에서 수학하지 않고, 성계, 나아가 이촉을 인연으로 생겨난 여러 수를 보지 않는 까닭으로 성계, 나아가 이촉을 인연으로 생겨난 여러 수에서 수학하지 않습니다. 왜 그러한가? 교시가여. 이계의 공에서 이계의 공을 볼 수 없고, 성계, 나아가 이촉을 인연으로 생겨난 여러 수의 공에서 성계, 나아가 이촉을 인연으로 생겨난 여러 수의 공을 볼 수 없는 까닭입니다. 교시가여. 이계의 공은 이계의 공에서 수학할 수 없고, 성계, 나아가 이촉을 인연으로 생겨난 여러 수의 공은 성계, 나아가 이촉을 인연으로 생겨난 여러 수의 공에서 수학할 수 없는 까닭입니다.

교시가여. 비계는 비세의 자성이 공한 까닭으로 보살마하살은 비계를 보지 않고, 향계·비식계, 나아가 비촉·비촉을 인연으로 생겨난 여러 수는 성계, 나아가 이촉을 인연으로 생겨난 여러 수의 자성이 공한 까닭으로 보살마하살은 향계, 나아가 비촉을 인연으로 생겨난 여러 수를 보지 않습니다. 교시가여. 보살마하살은 비계를 보지 않는 까닭으로 비계에서 수학하지 않고, 향계, 나아가 비촉을 인연으로 생겨난 여러 수를 보지 않는 까닭으로 향계, 나아가 비촉을 인연으로 생겨난 여러 수에서 수학하지 않습니다. 왜 그러한가? 교시가여. 비계의 공에서 비계의 공을 볼 수 없고, 향계, 나아가 비촉을 인연으로 생겨난 여러 수의 공에서 향계,

나아가 비촉을 인연으로 생겨난 여러 수의 공을 볼 수 없는 까닭입니다. 교시가여. 비계의 공은 비계의 공에서 수학할 수 없고, 향계, 나아가 비촉을 인연으로 생겨난 여러 수의 공은 향계, 나아가 비촉을 인연으로 생겨난 여러 수의 공에서 수학할 수 없는 까닭입니다.

교시가여. 설계는 설계의 자성이 공한 까닭으로 보살마하살은 설계를 보지 않고, 미계·설식계, 나아가 설촉·설촉을 인연으로 생겨난 여러 수는 미계, 나아가 설촉을 인연으로 생겨난 여러 수의 자성이 공한 까닭으로 보살마하살은 미계, 나아가 설촉을 인연으로 생겨난 여러 수를 보지 않습니다. 교시가여. 보살마하살은 설계를 보지 않는 까닭으로 설계에서 수학하지 않고, 미계, 나아가 설촉을 인연으로 생겨난 여러 수를 보지 않는 까닭으로 미계, 나아가 설촉을 인연으로 생겨난 여러 수에서 수학하지 않습니다. 왜 그러한가? 교시가여. 설계의 공에서 설계의 공을 볼 수 없고, 미계, 나아가 설촉을 인연으로 생겨난 여러 수의 공에서 미계, 나아가 설촉을 인연으로 생겨난 여러 수의 공을 볼 수 없는 까닭입니다. 교시가여. 설계의 공은 설계의 공에서 수학할 수 없고, 미계, 나아가 설촉을 인연으로 생겨난 여러 수의 공은 미계, 나아가 설촉을 인연으로 생겨난 여러 수의 공에서 수학할 수 없는 까닭입니다.

교시가여. 신계는 신계의 자성이 공한 까닭으로 보살마하살은 신계를 보지 않고, 촉계·신식계, 나아가 신촉·신촉을 인연으로 생겨난 여러 수는 촉계, 나아가 신촉을 인연으로 생겨난 여러 수의 자성이 공한 까닭으로 보살마하살은 촉계, 나아가 신촉을 인연으로 생겨난 여러 수를 보지 않습니다. 교시가여. 보살마하살은 신계를 보지 않는 까닭으로 신계에서 수학하지 않고, 촉계, 나아가 신촉을 인연으로 생겨난 여러 수를 보지 않는 까닭으로 촉계, 나아가 신촉을 인연으로 생겨난 여러 수에서 수학하지 않습니다. 왜 그러한가? 교시가여. 신계의 공에서 신계의 공을 볼 수 없고, 촉계, 나아가 신촉을 인연으로 생겨난 여러 수의 공에서 촉계, 나아가 신촉을 인연으로 생겨난 여러 수의 공을 볼 수 없는 까닭입니다. 교시가여. 신계의 공은 신계의 공에서 수학할 수 없고, 촉계, 나아가 신촉을 인연으로 생겨난 여러 수의 공은 촉계, 나아가 신촉을 인연으로 생겨난 여러 수의 공에서 수학할 수 없는 까닭입니다.

교시가여. 의계는 의계의 자성이 공한 까닭으로 보살마하살은 의계를 보지 않고, 법계·의식계, 나아가 의촉·의촉을 인연으로 생겨난 여러 수는 법계, 나아가 의촉을 인연으로 생겨난 여러 수의 자성이 공한 까닭으로 보살마하살은 법계, 나아가 의촉을 인연으로 생겨난 여러 수를 보지 않습니다. 교시가여. 보살마하살은 의계를 보지 않는 까닭으로 의계에서 수학하지 않고, 법계, 나아가 의촉을 인연으로 생겨난 여러 수를 보지 않는 까닭으로 법계, 나아가 의촉을 인연으로 생겨난 여러 수에서 수학하지 않습니다. 왜 그러한가? 교시가여. 의계의 공에서 의계의 공을 볼 수 없고, 법계, 나아가 의촉을 인연으로 생겨난 여러 수의 공에서 법계, 나아가 의촉을 인연으로 생겨난 여러 수의 공을 볼 수 없는 까닭입니다. 교시가여. 의계의 공은 의계의 공에서 수학할 수 없고, 법계, 나아가 의촉을 인연으로 생겨난 여러 수의 공은 법계, 나아가 의촉을 인연으로 생겨난 여러 수의 공에서 수학할 수 없는 까닭입니다.

교시가여. 지계는 지계의 자성이 공한 까닭으로 보살마하살은 지계를 보지 않고, 수·화·풍·공·식계는 수·화·풍·공·식계의 자성이 공한 까닭으로 보살마하살은 수·화·풍·공·식계를 보지 않습니다. 교시가여. 보살마하살은 지계를 보지 않는 까닭으로 지계에서 수학하지 않고, 수·화·풍·공·식계를 보지 않는 까닭으로 수·화·풍·공·식계에서 수학하지 않습니다. 왜 그러한가? 교시가여. 지계의 공에서 지계의 공을 볼 수 없고, 수·화·풍·공·식계의 공에서 수·화·풍·공·식계의 공을 볼 수 없는 까닭입니다. 교시가여. 지계의 공은 지계의 공에서 수학할 수 없고, 수·화·풍·공·식계의 공은 수·화·풍·공·식계의 공에서 수학할 수 없는 까닭입니다."

마하반야바라밀다경 제86권

26. 학반야품(學般若品)(2)

"교시가여. 고성제는 고성제의 자성이 공한 까닭으로 보살마하살은 고성제를 보지 않고, 집·멸·도성제는 집·멸·도성제의 자성이 공한 까닭으로 보살마하살은 집·멸·도성제를 보지 않습니다. 교시가여. 보살마하살은 고성제를 보지 않는 까닭으로 고성제에서 수학하지 않고, 집·멸·도성제를 보지 않는 까닭으로 집·멸·도성제에서 수학하지 않습니다. 왜 그러한가? 교시가여. 고성제의 공에서 고성제의 공을 볼 수 없고, 집·멸·도성제의 공에서 집·멸·도성제의 공을 볼 수 없는 까닭입니다. 교시가여. 고성제의 공은 고성제의 공에서 수학할 수 없고, 집·멸·도성제의 공은 집·멸·도성제의 공에서 수학할 수 없는 까닭입니다.

교시가여. 무명은 무명의 자성이 공한 까닭으로 보살마하살은 무명을 보지 않고, 행·식·명색·육처·촉·수·애·취·유·생·노사의 수탄고우뇌는 행, 나아가 노사의 수탄고우뇌의 자성이 공한 까닭으로 보살마하살은 행, 나아가 노사의 수탄고우뇌를 보지 않습니다. 교시가여. 보살마하살은 무명을 보지 않는 까닭으로 무명에서 수학하지 않고, 행, 나아가 노사의 수탄고우뇌를 보지 않는 까닭으로 행, 나아가 노사의 수탄고우뇌에서 수학하지 않습니다. 왜 그러한가? 교시가여. 무명의 공에서 무명의 공을 볼 수 없고, 행, 나아가 노사의 수탄고우뇌의 공에서 행, 나아가 노사의 수탄고우뇌의 공을 볼 수 없는 까닭입니다. 교시가여. 무명의 공은 무명의 공에서 수학할 수 없고, 행, 나아가 노사의 수탄고우뇌의 공은 행, 나아가 노사의 수탄고우뇌의 공에서 수학할 수 없는 까닭입니다.

교시가여. 내공은 내공의 자성이 공한 까닭으로 보살마하살은 내공을 보지 않고, 외공·내외공·공공·대공·승의공·유위공·무위공·필경공·무제공·산공·무변이공·본성공·자상공·공상공·일체법공·불가득공·무성공·자성공·무성자성공은 외공, 나아가 무성자성공의 자성이 공한 까닭으로 보살마하살은 수·화·풍·공·식계를 보지 않습니다. 교시가여. 보살마하살은 내공을 보지 않는 까닭으로 내공에서 수학하지 않고, 외공, 나아가 무성자성공을 보지 않는 까닭으로 외공, 나아가 무성자성공에서 수학하지 않습니다. 왜 그러한가? 교시가여. 내공의 공에서 내공의 공을 볼 수 없고, 외공, 나아가 무성자성공의 공에서 외공, 나아가 무성자성공의 공을 볼 수 없는 까닭입니다. 교시가여. 내공의 공은 내공의 공에서 수학할 수 없고, 외공, 나아가 무성자성공의 공은 외공, 나아가 무성자성공의 공에서 수학할 수 없는 까닭입니다.

교시가여. 진여는 진여의 자성이 공한 까닭으로 보살마하살은 진여를 보지 않고, 법계·법성·불허망성·불변이성·평등성·이생성·법정·법주·실제·허공계·부사의계는 법계, 나아가 부사의계의 자성이 공한 까닭으로 보살마하살은 법계, 나아가 부사의계를 보지 않습니다. 교시가여. 보살마하살은 진여를 보지 않는 까닭으로 진여에서 수학하지 않고, 법계, 나아가 부사의계를 보지 않는 까닭으로 법계, 나아가 부사의계에서 수학하지 않습니다. 왜 그러한가? 교시가어. 진여의 공에서 진여의 공을 볼 수 없고, 법계, 나아가 부사의계의 공에서 법계, 나아가 부사의계의 공을 볼 수 없는 까닭입니다. 교시가여. 진여의 공은 진여의 공에서 수학할 수 없고, 법계, 나아가 부사의계의 공은 법계, 나아가 부사의계의 공에서 수학할 수 없는 까닭입니다.

교시가여. 보시바라밀다는 보시바라밀다의 자성이 공한 까닭으로 보살마하살은 보시바라밀다를 보지 않고, 정계·안인·정진·정려·반야바라밀다는 정계·안인·정진·정려·반야바라밀다의 자성이 공한 까닭으로 보살마하살은 정계·안인·정진·정려·반야바라밀다를 보지 않습니다. 교시가여. 보살마하살은 보시바라밀다를 보지 않는 까닭으로 보시바라밀다에서 수학하지 않고, 정계·안인·정진·정려·반야바라밀다를 보지 않는 까닭으로 정계·안인·정진·정려·반야바라밀다에서 수학하지 않습니다. 왜 그러한가? 교시가여. 보시바라밀다의 공에서 보시바라밀다의 공을 볼 수 없고, 정계·안인·정진·정려·반야바라밀다의 공에서 정계·안인·정진·정려·반야바라밀다의 공을 볼 수 없는 까닭입니다. 교시가여. 보시바라밀다의 공은 보시바라밀다의 공에서 수학할 수 없고, 정계·안인·정진·정려·반야바라밀다의 공은 정계·안인·정진·정려·반야바라밀다의 공에서 수학할 수 없는 까닭입니다.

교시가여. 4정려는 4정려의 자성이 공한 까닭으로 보살마하살은 4정려를 보지 않고, 4무량·4무색정은 4무량·4무색정의 자성이 공한 까닭으로 보살마하살은 4무량·4무색정을 보지 않습니다. 교시가여. 보살마하살은 4정려를 보지 않는 까닭으로 4정려에서 수학하지 않고, 4무량·4무색정을 보지 않는 까닭으로 4무량·4무색정에서 수학하지 않습니다. 왜 그러한가? 교시가여. 4정려의 공에서 4정려의 공을 볼 수 없고, 4무량·4무색정의 공에서 4무량·4무색정의 공을 볼 수 없는 까닭입니다. 교시가여. 4정려의 공은 4정려의 공에서 수학할 수 없고, 4무량·4무색정의 공은 4무량·4무색정의 공에서 수학할 수 없는 까닭입니다.

교시가여. 8해탈은 8해탈의 자성이 공한 까닭으로 보살마하살은 8해탈을 보지 않고, 8승처·9차제정·10변처는 8승처·9차제정·10변처의 자성이 공한 까닭으로 보살마하살은 8승처·9차제정·10변처를 보지 않습니다. 교시가여. 보살마하살은 8해탈을 보지 않는 까닭으로 8해탈에서 수학하지 않고, 8승처·9차제정·10변처를 보지 않는 까닭으로 8승처·9차제정·10변처에서 수학하지 않습니다. 왜 그러한가? 교시가여. 8해탈의 공에서 8해탈의 공을 볼 수 없고, 8승처·9차제정·10변처의 공에서 8승처·9차제정·10변처의 공을 볼 수 없는 까닭입니다. 교시가여. 8해탈의 공은 8해탈의 공에서 수학할 수 없고, 8승처·9차제정·10변처의 공은 8승처·9차제정·10변처의 공에서 수학할 수 없는 까닭입니다.

교시가여. 4념주는 4념주의 자성이 공한 까닭으로 보살마하살은 4념주를 보지 않고, 4정단·4신족·5근·5력·7등각지·8성도지는 4정단, 나아가 8성도지의 자성이 공한 까닭으로 보살마하살은 4정단, 나아가 8성도지를 보지 않습니다. 교시가여. 보살마하살은 4념주를 보지 않는 까닭으로 4념주에서 수학하지 않고, 4정단, 나아가 8성도지를 보지 않는 까닭으로 4정단, 나아가 8성도지에서 수학하지 않습니다. 왜 그러한가? 교시가여. 4념주의 공에서 4념주의 공을 볼 수 없고, 4정단, 나아가 8성도지의 공에서 4정단, 나아가 8성도지의 공을 볼 수 없는 까닭입니다. 교시가여. 4념주의 공은 4념주의 공에서 수학할 수 없고, 4정단, 나아가 8성도지의 공은 4정단, 나아가 8성도지의 공에서 수학할 수 없는 까닭입니다.

교시가여. 공해탈문은 공해탈문의 자성이 공한 까닭으로 보살마하살은 지계를 보지 않고, 무상·무원해탈문은 무상·무원해탈문의 자성이 공한 까닭으로 보살마하살은 무상·무원해탈문을 보지 않습니다. 교시가여. 보살마하살은 공해탈문을 보지 않는 까닭으로 공해탈문에서 수학하지 않고, 무상·무원해탈문을 보지 않는 까닭으로 무상·무원해탈문에서 수학하지 않습니다. 왜 그러한가? 교시가여. 공해탈문의 공에서 공해탈문의 공을 볼 수 없고, 무상·무원해탈문의 공에서 무상·무원해탈문의 공을 볼 수 없는 까닭입니다. 교시가여. 공해탈문의 공은 공해탈문의 공에서 수학할 수 없고, 무상·무원해탈문의 공은 무상·무원해탈문의 공에서 수학할 수 없는 까닭입니다.

교시가여. 5안은 5안의 자성이 공한 까닭으로 보살마하살은 5안을 보지 않고, 6신통은 6신통의 자성이 공한 까닭으로 보살마하살은 6신통을 보지 않습니다. 교시가여. 보살마하살은 5안을 보지 않는 까닭으로 5안에서 수학하지 않고, 6신통을 보지 않는 까닭으로 6신통에서 수학하지 않습니다. 왜 그러한가? 교시가여. 5안의 공에서 5안의 공을 볼 수 없고, 6신통의 공에서 6신통의 공을 볼 수 없는 까닭입니다. 교시가여. 5안의 공은 5안의 공에서 수학할 수 없고, 6신통의 공은 6신통의 공에서 수학할 수 없는 까닭입니다.

교시가여. 여래의 10력은 여래의 10력의 자성이 공한 까닭으로 보살마하살은 여래의 10력을 보지 않고, 4무소외·4무애해·대자·대비·대희·대사·18불불공법은 4무소외, 나아가 18불불공법의 자성이 공한 까닭으로 보살마하살은 수·화·풍·공·식계를 보지 않습니다. 교시가여. 보살마하살은 여래의 10력을 보지 않는 까닭으로 여래의 10력에서 수학하지 않고, 4무소외, 나아가 18불불공법을 보지 않는 까닭으로 4무소외, 나아가 18불불공법에서 수학하지 않습니다. 왜 그러한가? 교시가여. 여래의 10력의 공에서 여래의 10력의 공을 볼 수 없고, 4무소외, 나아가 18불불공법의 공에서 4무소외, 나아가 18불불공법의 공을 볼 수 없는 까닭입니다. 교시가여. 여래의 10력의 공은 여래의 10력의 공에서 수학할 수 없고, 4무소외, 나아가 18불불공법의 공은 4무소외, 나아가 18불불공법의 공에서 수학할 수 없는 까닭입니다.

교시가여. 무망실법은 무망실법의 자성이 공한 까닭으로 보살마하살은 무망실법을 보지 않고, 항주사성은 항주사성의 자성이 공한 까닭으로 보살마하살은 항주사성을 보지 않습니다. 교시가여. 보살마하살은 무망실법을 보지 않는 까닭으로 무망실법에서 수학하지 않고, 항주사성을 보지 않는 까닭으로 항주사성에서 수학하지 않습니다. 왜 그러한가? 교시가여. 무망실법의 공에서 무망실법의 공을 볼 수 없고, 항주사성의 공에서 항주사성의 공을 볼 수 없는 까닭입니다. 교시가여. 무망실법의 공은 무망실법의 공에서 수학할 수 없고, 항주사성의 공은 항주사성의 공에서 수학할 수 없는 까닭입니다.

교시가여. 일체지는 일체지의 자성이 공한 까닭으로 보살마하살은 일체지를 보지 않고, 도상지·일체상지는 도상지·일체상지의 자성이 공한 까닭으로 보살마하살은 도상지·일체상지를 보지 않습니다. 교시가여. 보살마하살은 일체지를 보지 않는 까닭으로 일체지에서 수학하지 않고, 도상지·일체상지를 보지 않는 까닭으로 도상지·일체상지에서 수학하지 않습니다. 왜 그러한가? 교시가여. 일체지의 공에서 일체지의 공을 볼 수 없고, 도상지·일체상지의 공에서 도상지·일체상지의 공을 볼 수 없는 까닭입니다. 교시가여. 일체지의 공은 일체지의 공에서 수학할 수 없고, 도상지·일체상지의 공은 도상지·일체상지의 공에서 수학할 수 없는 까닭입니다.

교시가여. 일체의 다라니문은 일체의 다라니문의 자성이 공한 까닭으로 보살마하살은 일체의 다라니문을 보지 않고, 일체의 삼마지문은 일체의 삼마지문의 자성이 공한 까닭으로 보살마하살은 일체의 삼마지문을 보지 않습니다. 교시가여. 보살마하살은 일체의 다라니문을 보지 않는 까닭으로 일체의 다라니문에서 수학하지 않고, 일체의 삼마지문을 보지 않는 까닭으로 일체의 삼마지문에서 수학하지 않습니다. 왜 그러한가? 교시가여. 일체의 다라니문의 공에서 일체의 다라니문의 공을 볼 수 없고, 일체의 삼마지문의 공에서 일체의 삼마지문의 공을 볼 수 없는 까닭입니다. 교시가여. 일체의 다라니문의 공은 일체의 다라니문의 공에서 수학할 수 없고, 일체의 삼마지문의 공은 일체의 삼마지문의 공에서 수학할 수 없는 까닭입니다.

교시가여. 예류는 예류의 자성이 공한 까닭으로 보살마하살은 예류를 보지 않고, 일래·불환·아라한은 일래·불환·아라한의 자성이 공한 까닭으로 보살마하살은 일래·불환·아라한을 보지 않습니다. 교시가여. 보살마하살은 예류를 보지 않는 까닭으로 예류에서 수학하지 않고, 일래·불환·아라한을 보지 않는 까닭으로 일래·불환·아라한에서 수학하지 않습니다. 왜 그러한가? 교시가여. 예류의 공에서 예류의 공을 볼 수 없고, 일래·불환·아라한의 공에서 일래·불환·아라한의 공을 볼 수 없는 까닭입니다. 교시가여. 예류의 공은 예류의 공에서 수학할 수 없고, 일래·불환·아라한의 공은 일래·불환·아라한의 공에서 수학할 수 없는 까닭입니다.

교시가여. 예류향·예류과는 예류향·예류과의 자성이 공한 까닭으로 보살마하살은 예류향·예류과를 보지 않고, 일래향·일래과·불환향·불환과·아라한향·아라한과는 일래향·일래과, 나아가 아라한향·아라한과의 자성이 공한 까닭으로 보살마하살은 일래향·일래과, 나아가 아라한향·아라한과를 보지 않습니다. 교시가여. 보살마하살은 예류향·예류과를 보지 않는 까닭으로 예류향·예류과에서 수학하지 않고, 일래향·일래과, 나아가 아라한향·아라한과를 보지 않는 까닭으로 일래향·일래과, 나아가 아라한향·아라한과에서 수학하지 않습니다. 왜 그러한가? 교시가여. 예류향·예류과의 공에서 예류향·예류과의 공을 볼 수 없고, 일래향·일래과, 나아가 아라한향·아라한과의 공에서 일래향·일래과, 나아가 아라한향·아라한과의 공을 볼 수 없는 까닭입니다. 교시가여. 예류향·예류과의 공은 예류향·예류과의 공에서 수학할 수 없고, 일래향·일래과, 나아가 아라한향·아라한과의 공은 일래향·일래과, 나아가 아라한향·아라한과의 공에서 수학할 수 없는 까닭입니다.

교시가여. 독각은 독각의 자성이 공한 까닭으로 보살마하살은 독각을 보지 않고, 독각향·독각과는 독각향·독각과의 자성이 공한 까닭으로 보살마하살은 독각향·독각과를 보지 않습니다. 교시가여. 보살마하살은 독각을 보지 않는 까닭으로 독각에서 수학하지 않고, 독각향·독각과를 보지 않는 까닭으로 독각향·독각과에서 수학하지 않습니다. 왜 그러한가? 교시가여. 독각의 공에서 독각의 공을 볼 수 없고, 독각향·독각과의 공에서 독각향·독각과의 공을 볼 수 없는 까닭입니다. 교시가여. 독각의 공은 독각의 공에서 수학할 수 없고, 독각향·독각과의 공은 독각향·독각과의 공에서 수학할 수 없는 까닭입니다.

교시가여. 보살마하살은 보살마하살의 자성이 공한 까닭으로 보살마하살은 보살마하살을 보지 않고, 삼먁삼불타는 삼먁삼불타의 자성이 공한 까닭으로 보살마하살은 삼먁삼불타를 보지 않습니다. 교시가여. 보살마하살은 보살마하살을 보지 않는 까닭으로 보살마하살에서 수학하지 않고, 삼먁삼불타를 보지 않는 까닭으로 삼먁삼불타에서 수학하지 않습니다. 왜 그러한가? 교시가여. 보살마하살의 공에서 보살마하살의 공을 볼 수 없고, 삼먁삼불타의 공에서 삼먁삼불타의 공을 볼 수 없는 까닭입니다. 교시가여. 보살마하살의 공은 보살마하살의 공에서 수학할 수 없고, 삼먁삼불타의 공은 삼먁삼불타의 공에서 수학할 수 없는 까닭입니다.

교시가여. 보살마하살의 법은 보살마하살의 법의 자성이 공한 까닭으로 보살마하살은 보살마하살의 법을 보지 않고, 무상정등보리는 무상정등보리의 자성이 공한 까닭으로 보살마하살은 무상정등보리를 보지 않습니다. 교시가여. 보살마하살은 보살마하살의 법을 보지 않는 까닭으로 보살마하살의 법에서 수학하지 않고, 무상정등보리를 보지 않는 까닭으로 무상정등보리에서 수학하지 않습니다. 왜 그러한가? 교시가여. 보살마하살의 법의 공에서 보살마하살의 법의 공을 볼 수 없고, 무상정등보리의 공에서 무상정등보리의 공을 볼 수 없는 까닭입니다. 교시가여. 보살마하살의 법의 공은 보살마하살의 법의 공에서 수학할 수 없고, 무상정등보리의 공은 무상정등보리의 공에서 수학할 수 없는 까닭입니다.

교시가여. 성문승은 성문승의 자성이 공한 까닭으로 보살마하살은 성문승을 보지 않고, 독각승·무상승은 독각승·무상승의 자성이 공한 까닭으로 보살마하살은 독각승·무상승을 보지 않습니다. 교시가여. 보살마하살은 성문승을 보지 않는 까닭으로 성문승에서 수학하지 않고, 독각승·무상승을 보지 않는 까닭으로 독각승·무상승에서 수학하지 않습니다. 왜 그러한가? 교시가여. 성문승의 공에서 성문승의 공을 볼 수 없고, 독각승·무상승의 공에서 독각승·무상승의 공을 볼 수 없는 까닭입니다. 교시가여. 성문승의 공은 성문승의 공에서 수학할 수 없고, 독각승·무상승의 공은 독각승·무상승의 공에서 수학할 수 없는 까닭입니다."

"교시가여. 만약 보살마하살이 공(空)에서 수학하지 않는다면, 이 보살마하살은 공에서 수학한 것입니다. 왜 그러한가? 둘로 나눌 수 없는 까닭입니다. 교시가여. 만약 보살마하살이 색의 공에서 수학하지 않고, 수·상·행·식의 공에서 수학하지 않는다면, 이 보살마하살은 색의 공에서 수학한 것이고 수·상·행·식의 공에서 수학한 것입니다. 왜 그러한가? 둘로 나눌 수 없는 까닭입니다.

교시가여. 만약 보살마하살이 안처의 공에서 수학하지 않고, 이·비·설·신·의처의 공에서 수학하지 않는다면, 이 보살마하살은 안처의 공에서 수학한 것이고 이·비·설·신·의처의 공에서 수학한 것입니다. 왜 그러한가? 둘로 나눌 수 없는 까닭입니다. 교시가여. 만약 보살마하살이 색처의 공에서 수학하지 않고, 성·향·미·촉·법처의 공에서 수학하지 않는다면, 이 보살마하살은 색처의 공에서 수학한 것이고 성·향·미·촉·법처의 공에서 수학한 것입니다. 왜 그러한가? 둘로 나눌 수 없는 까닭입니다.

교시가여. 만약 보살마하살이 안계의 공에서 수학하지 않고, 색계, 나아가 안촉을 인연으로 생겨난 여러 수의 공에서 수학하지 않는다면, 이 보살마하살은 안계의 공에서 수학한 것이고 색계, 나아가 안촉을 인연으로 생겨난 여러 수의 공에서 수학한 것입니다. 왜 그러한가? 둘로 나눌 수 없는 까닭입니다. 교시가여. 만약 보살마하살이 이계의 공에서 수학하지 않고, 성계, 나아가 이촉을 인연으로 생겨난 여러 수의 공에서 수학하지 않는다면, 이 보살마하살은 이계의 공에서 수학한 것이고 성계, 나아가 이촉을 인연으로 생겨난 여러 수의 공에서 수학한 것입니다. 왜 그러한가? 둘로 나눌 수 없는 까닭입니다.

교시가여. 만약 보살마하살이 비계의 공에서 수학하지 않고, 향계, 나아가 비촉을 인연으로 생겨난 여러 수의 공에서 수학하지 않는다면, 이 보살마하살은 비계의 공에서 수학한 것이고 향계, 나아가 비촉을 인연으로 생겨난 여러 수의 공에서 수학한 것입니다. 왜 그러한가? 둘로 나눌 수 없는 까닭입니다. 교시가여. 만약 보살마하살이 설계의 공에서 수학하지 않고, 미계, 나아가 설촉을 인연으로 생겨난 여러 수의 공에서 수학하지 않는다면, 이 보살마하살은 설계의 공에서 수학한 것이고 미계, 나아가 설촉을 인연으로 생겨난 여러 수의 공에서 수학한 것입니다. 왜 그러한가? 둘로 나눌 수 없는 까닭입니다.

교시가여. 만약 보살마하살이 신계의 공에서 수학하지 않고, 촉계, 나아가 신촉을 인연으로 생겨난 여러 수의 공에서 수학하지 않는다면, 이 보살마하살은 신계의 공에서 수학한 것이고 촉계, 나아가 신촉을 인연으로 생겨난 여러 수의 공에서 수학한 것입니다. 왜 그러한가? 둘로 나눌 수 없는 까닭입니다. 교시가여. 만약 보살마하살이 의계의 공에서 수학하지 않고, 법계, 나아가 의촉을 인연으로 생겨난 여러 수의 공에서 수학하지 않는다면, 이 보살마하살은 의계의 공에서 수학한 것이고 법계, 나아가 의촉을 인연으로 생겨난 여러 수의 공에서 수학한 것입니다. 왜 그러한가? 둘로 나눌 수 없는 까닭입니다.

교시가여. 만약 보살마하살이 지계의 공에서 수학하지 않고, 수·화·풍·공·식계의 공에서 수학하지 않는다면, 이 보살마하살은 지계의 공에서 수학한 것이고 수·화·풍·공·식계의 공에서 수학한 것입니다. 왜 그러한가? 둘로 나눌 수 없는 까닭입니다. 교시가여. 만약 보살마하살이 고성제의 공에서 수학하지 않고, 집·멸·도성제의 공에서 수학하지 않는다면, 이 보살마하살은 고성제의 공에서 수학한 것이고 집·멸·도성제의 공에서 수학한 것입니다. 왜 그러한가? 둘로 나눌 수 없는 까닭입니다.

교시가여. 만약 보살마하살이 무명의 공에서 수학하지 않고, 행·식·명색·육처·촉·수·애·취·유·생·노사의 수탄고우뇌의 공에서 수학하지 않는다면, 이 보살마하살은 무명의 공에서 수학한 것이고 행, 나아가 노사의 수탄고우뇌의 공에서 수학한 것입니다. 왜 그러한가? 둘로 나눌 수 없는 까닭입니다. 교시가여. 만약 보살마하살이 내공의 공에서 수학하지 않고, 외공·내외공·공공·대공·승의공·유위공·무위공·필경공·무제공·산공·무변이공·본성공·자상공·공상공·일체법공·불가득공·무성공·자성공·무성자성공의 공에서 수학하지 않는다면, 이 보살마하살은 내공의 공에서 수학한 것이고 외공, 나아가 무성자성공의 공에서 수학한 것입니다. 왜 그러한가? 둘로 나눌 수 없는 까닭입니다.

교시가여. 만약 보살마하살이 진여의 공에서 수학하지 않고, 법계·법성·불허망성·불변이성·평등성·이생성·법정·법주·실제·허공계·부사의계의 공에서 수학하지 않는다면, 이 보살마하살은 진여의 공에서 수학한 것이고 법계, 나아가 부사의계의 공에서 수학한 것입니다. 왜 그러한가? 둘로 나눌 수 없는 까닭입니다. 교시가여. 만약 보살마하살이 보시바라밀다의 공에서 수학하지 않고, 정계·안인·정진·정려·반야바라밀다의 공에서 수학하지 않는다면, 이 보살마하살은 보시바라밀다의 공에서 수학한 것이고 정계·안인·정진·정려·반야바라밀다의 공에서 수학한 것입니다.

왜 그러한가? 둘로 나눌 수 없는 까닭입니다.

교시가여. 만약 보살마하살이 4정려의 공에서 수학하지 않고, 4무량·4무색정의 공에서 수학하지 않는다면, 이 보살마하살은 4정려의 공에서 수학한 것이고 4무량·4무색정의 공에서 수학한 것입니다. 왜 그러한가? 둘로 나눌 수 없는 까닭입니다. 교시가여. 만약 보살마하살이 8해탈의 공에서 수학하지 않고, 8승처·9차제정·10변처의 공에서 수학하지 않는다면, 이 보살마하살은 8해탈의 공에서 수학한 것이고 8승처·9차제정·10변처의 공에서 수학한 것입니다. 왜 그러한가? 둘로 나눌 수 없는 까닭입니다.

교시가여. 만약 보살마하살이 4념주의 공에서 수학하지 않고, 4정단·4신족·5근·5력·7등각지·8성도지의 공에서 수학하지 않는다면, 이 보살마하살은 4념주의 공에서 수학한 것이고 4정단, 나아가 8성도지의 공에서 수학한 것입니다. 왜 그러한가? 둘로 나눌 수 없는 까닭입니다. 교시가여. 만약 보살마하살이 공해탈문의 공에서 수학하지 않고, 무상·무원해탈문의 공에서 수학하지 않는다면, 이 보살마하살은 공해탈문의 공에서 수학한 것이고 무상·무원해탈문의 공에서 수학한 것입니다. 왜 그러한가? 둘로 나눌 수 없는 까닭입니다.

교시가여. 만약 보살마하살이 5안의 공에서 수학하지 않고, 6신통의 공에서 수학하지 않는다면, 이 보살마하살은 5안의 공에서 수학한 것이고 6신통의 공에서 수학한 것입니다. 왜 그러한가? 둘로 나눌 수 없는 까닭입니다. 교시가여. 만약 보살마하살이 여래의 10력의 공에서 수학하지 않고, 4무소외·4무애해·대자·대비·대희·대사·18불불공법의 공에서 수학하지 않는다면, 이 보살마하살은 여래의 10력의 공에서 수학한 것이고 4무소외, 나아가 18불불공법의 공에서 수학한 것입니다. 왜 그러한가? 둘로 나눌 수 없는 까닭입니다.

교시가여. 만약 보살마하살이 무망실법의 공에서 수학하지 않고, 항주사성의 공에서 수학하지 않는다면, 이 보살마하살은 무망실법의 공에서 수학한 것이고 항주사성의 공에서 수학한 것입니다. 왜 그러한가? 둘로 나눌 수 없는 까닭입니다. 교시가여. 만약 보살마하살이 일체지의 공에서 수학하지 않고, 도상지·일체상지의 공에서 수학하지 않는다면, 이 보살마하살은 일체지의 공에서 수학한 것이고 도상지·일체상지의 공에서 수학한 것입니다. 왜 그러한가? 둘로 나눌 수 없는 까닭입니다.

교시가여. 만약 보살마하살이 일체의 다라니문의 공에서 수학하지 않고, 일체의 삼마지문의 공에서 수학하지 않는다면, 이 보살마하살은 일체의 다라니문의 공에서 수학한 것이고 일체의 삼마지문의 공에서 수학한 것입니다. 왜 그러한가? 둘로 나눌 수 없는 까닭입니다. 교시가여. 만약 보살마하살이 예류의 공에서 수학하지 않고, 일래·불환·아라한의 공에서 수학하지 않는다면, 이 보살마하살은 예류의 공에서 수학한 것이고 일래·불환·아라한의 공에서 수학한 것입니다. 왜 그러한가? 둘로 나눌 수 없는 까닭입니다.

교시가여. 만약 보살마하살이 예류향·예류과의 공에서 수학하지 않고, 일래향·일래과·불환향·불환과·아라한향·아라한과의 공에서 수학하지 않는다면, 이 보살마하살은 예류향·예류과의 공에서 수학한 것이고 일래향, 나아가 아라한과의 공에서 수학한 것입니다. 왜 그러한가? 둘로 나눌 수 없는 까닭입니다. 교시가여. 만약 보살마하살이 독각의 공에서 수학하지 않고, 독각향·독각과의 공에서 수학하지 않는다면, 이 보살마하살은 독각의 공에서 수학한 것이고 독각향·독각과의 공에서 수학한 것입니다. 왜 그러한가? 둘로 나눌 수 없는 까닭입니다.

교시가여. 만약 보살마하살이 보살마하살의 공에서 수학하지 않고, 삼먁삼불타의 공에서 수학하지 않는다면, 이 보살마하살은 보살마하살의 공에서 수학한 것이고 삼먁삼불타의 공에서 수학한 것입니다. 왜 그러한가? 둘로 나눌 수 없는 까닭입니다. 교시가여. 만약 보살마하살이 보살마하살 법의 공에서 수학하지 않고, 무상정등보리의 공에서 수학하지 않는다면, 이 보살마하살은 보살마하살 법의 공에서 수학한 것이고 무상정등보리의 공에서 수학한 것입니다. 왜 그러한가? 둘로 나눌 수 없는 까닭입니다.

교시가여. 만약 보살마하살이 성문승의 공에서 수학하지 않고, 독각승·
무상승의 공에서 수학하지 않는다면, 이 보살마하살은 성문승의 공에서
수학한 것이고 독각승·무상승의 공에서 수학한 것입니다. 왜 그러한가?
둘로 나눌 수 없는 까닭입니다."

"교시가여. 만약 보살마하살이 색의 공에서 수학한다면 둘로 나눌
수 없는 까닭이고, 수·상·행·식의 공에서 수학한다면 둘로 나눌 수 없는
까닭입니다. 교시가여. 만약 보살마하살이 안처의 공에서 수학한다면
둘로 나눌 수 없는 까닭이고, 이·비·설·신·의처의 공에서 수학한다면
둘로 나눌 수 없는 까닭입니다. 교시가여. 만약 보살마하살이 색처의
공에서 수학한다면 둘로 나눌 수 없는 까닭이고, 성·향·미·촉·법처의
공에서 수학한다면 둘로 나눌 수 없는 까닭입니다.

교시가여. 만약 보살마하살이 안계의 공에서 수학한다면 둘로 나눌
수 없는 까닭이고, 색계·안식계, 나아가 안촉·안촉을 인연으로 생겨난
여러 수의 공에서 수학한다면 둘로 나눌 수 없는 까닭입니다. 교시가여.
만약 보살마하살이 이계의 공에서 수학한다면 둘로 나눌 수 없는 까닭이
고, 성계·이식계, 나아가 이촉·이촉을 인연으로 생겨난 여러 수의 공에서
수학한다면 둘로 나눌 수 없는 까닭입니다. 교시가여. 만약 보살마하살이
비계의 공에서 수학한다면 둘로 나눌 수 없는 까닭이고, 향계·비식계,
나아가 비촉·비촉을 인연으로 생겨난 여러 수의 공에서 수학한다면 둘로
나눌 수 없는 까닭입니다.

교시가여. 만약 보살마하살이 설계의 공에서 수학한다면 둘로 나눌
수 없는 까닭이고, 미계·설식계, 나아가 설촉·설촉을 인연으로 생겨난
여러 수의 공에서 수학한다면 둘로 나눌 수 없는 까닭입니다. 교시가여.
만약 보살마하살이 신계의 공에서 수학한다면 둘로 나눌 수 없는 까닭이
고, 촉계·신식계, 나아가 신촉·신촉을 인연으로 생겨난 여러 수의 공에서
수학한다면 둘로 나눌 수 없는 까닭입니다. 교시가여. 만약 보살마하살이
의계의 공에서 수학한다면 둘로 나눌 수 없는 까닭이고, 법계·의식계,

나아가 의촉·의촉을 인연으로 생겨난 여러 수의 공에서 수학한다면 둘로 나눌 수 없는 까닭입니다.

교시가여. 만약 보살마하살이 지계의 공에서 수학한다면 둘로 나눌 수 없는 까닭이고, 수·화·풍·공·식계의 공에서 수학한다면 둘로 나눌 수 없는 까닭입니다. 교시가여. 만약 보살마하살이 고성제의 공에서 수학한다면 둘로 나눌 수 없는 까닭이고, 집·멸·도성제의 공에서 수학한다면 둘로 나눌 수 없는 까닭입니다. 교시가여. 만약 보살마하살이 무명의 공에서 수학한다면 둘로 나눌 수 없는 까닭이고, 행·식·명색·육처·촉·수·애·취·유·생·노사의 수탄고우뇌의 공에서 수학한다면 둘로 나눌 수 없는 까닭입니다.

교시가여. 만약 보살마하살이 내공의 공에서 수학한다면 둘로 나눌 수 없는 까닭이고, 외공·내외공·공공·대공·승의공·유위공·무위공·필경공·무제공·산공·무변이공·본성공·자상공·공상공·일체법공·불가득공·무성공·자성공·무성자성공의 공에서 수학한다면 둘로 나눌 수 없는 까닭입니다. 교시가여. 만약 보살마하살이 진여의 공에서 수학한다면 둘로 나눌 수 없는 까닭이고, 법계·법성·불허망성·불변이성·평등성·이생성·법정·법주·실제·허공계·부사의계의 공에서 수학한다면 둘로 나눌 수 없는 까닭입니다. 교시가여. 만약 보살마하살이 보시바라밀다의 공에서 수학한다면 둘로 나눌 수 없는 까닭이고, 정계·안인·정진·정려·반야바라밀다의 공에서 수학한다면 둘로 나눌 수 없는 까닭입니다.

교시가여. 만약 보살마하살이 4정려의 공에서 수학한다면 둘로 나눌 수 없는 까닭이고, 4무량·4무색정의 공에서 수학한다면 둘로 나눌 수 없는 까닭입니다. 교시가여. 만약 보살마하살이 8해탈의 공에서 수학한다면 둘로 나눌 수 없는 까닭이고, 8승처·9차제정·10변처의 공에서 수학한다면 둘로 나눌 수 없는 까닭입니다. 교시가여. 만약 보살마하살이 4념주의 공에서 수학한다면 둘로 나눌 수 없는 까닭이고, 4정단·4신족·5근·5력·7등각지·8성도지의 공에서 수학한다면 둘로 나눌 수 없는 까닭입니다.

교시가여. 만약 보살마하살이 공해탈문의 공에서 수학한다면 둘로 나눌 수 없는 까닭이고, 무상·무원해탈문의 공에서 수학한다면 둘로 나눌 수 없는 까닭입니다. 교시가여. 만약 보살마하살이 5안의 공에서 수학한다면 둘로 나눌 수 없는 까닭이고, 6신통의 공에서 수학한다면 둘로 나눌 수 없는 까닭입니다. 교시가여. 만약 보살마하살이 여래의 10력의 공에서 수학한다면 둘로 나눌 수 없는 까닭이고, 4무소외·4무애해·대자·대비·대희·대사·18불불공법의 공에서 수학한다면 둘로 나눌 수 없는 까닭입니다.

교시가여. 만약 보살마하살이 무망실법의 공에서 수학한다면 둘로 나눌 수 없는 까닭이고, 항주사성의 공에서 수학한다면 둘로 나눌 수 없는 까닭입니다. 교시가여. 만약 보살마하살이 일체지의 공에서 수학한다면 둘로 나눌 수 없는 까닭이고, 도상지·일체상지의 공에서 수학한다면 둘로 나눌 수 없는 까닭입니다. 교시가여. 만약 보살마하살이 일체의 다라니문의 공에서 수학한다면 둘로 나눌 수 없는 까닭이고, 일체의 삼마지문의 공에서 수학한다면 둘로 나눌 수 없는 까닭입니다.

교시가여. 만약 보살마하살이 예류의 공에서 수학한다면 둘로 나눌 수 없는 까닭이고, 일래·불환·아라한의 공에서 수학한다면 둘로 나눌 수 없는 까닭입니다. 교시가여. 만약 보살마하살이 예류향·예류과의 공에서 수학한다면 둘로 나눌 수 없는 까닭이고, 일래향·일래과·불환향·불환과·아라한향·아라한과의 공에서 수학한다면 둘로 나눌 수 없는 까닭입니다. 교시가여. 만약 보살마하살이 독각의 공에서 수학한다면 둘로 나눌 수 없는 까닭이고, 독각향·독각과의 공에서 수학한다면 둘로 나눌 수 없는 까닭입니다.

교시가여. 만약 보살마하살이 보살마하살의 공에서 수학한다면 둘로 나눌 수 없는 까닭이고, 삼먁삼불타의 공에서 수학한다면 둘로 나눌 수 없는 까닭입니다. 교시가여. 만약 보살마하살이 보살마하살 법의 공에서 수학한다면 둘로 나눌 수 없는 까닭이고, 무상정등보리의 공에서 수학한다면 둘로 나눌 수 없는 까닭입니다. 교시가여. 만약 보살마하살이 성문승의 공에서 수학한다면 둘로 나눌 수 없는 까닭이고, 독각승·무상승의 공에서 수학한다면 둘로 나눌 수 없는 까닭입니다."

"교시가여. 이 보살마하살은 능히 보시바라밀다에서 수학하고, 능히 정계·안인·정진·정려·반야바라밀다에서 수학합니다. 왜 그러한가? 둘로 나눌 수 없는 까닭입니다. 교시가여. 이 보살마하살은 능히 내공에서 수학하고, 능히 외공·내외공·공공·대공·승의공·유위공·무위공·필경공·무제공·산공·무변이공·본성공·자상공·공상공·일체법공·불가득공·무성공·자성공·무성자성공에서 수학합니다. 왜 그러한가? 둘로 나눌 수 없는 까닭입니다.

교시가여. 이 보살마하살은 능히 진여에서 수학하고, 능히 법계·법성·불허망성·불변이성·평등성·이생성·법정·법주·실제·허공계·부사의계에서 수학합니다. 왜 그러한가? 둘로 나눌 수 없는 까닭입니다. 교시가여. 이 보살마하살은 능히 고성제에서 수학하고, 능히 집·멸·도성제에서 수학합니다. 왜 그러한가? 둘로 나눌 수 없는 까닭입니다. 교시가여. 이 보살마하살은 능히 4정려에서 수학하고, 능히 4무량·4무색정에서 수학합니다. 왜 그러한가? 둘로 나눌 수 없는 까닭입니다.

교시가여. 이 보살마하살은 능히 8해탈에서 수학하고, 능히 8승처·9차제정·10변처에서 수학합니다. 왜 그러한가? 둘로 나눌 수 없는 까닭입니다. 교시가여. 이 보살마하살은 능히 4념주에서 수학하고, 능히 4정단·4신족·5근·5력·7등각지·8성도지에서 수학합니다. 왜 그러한가? 둘로 나눌 수 없는 까닭입니다. 교시가여. 이 보살마하살은 능히 공해탈문에서 수학하고, 능히 무상·무원해탈문에서 수학합니다. 왜 그러한가? 둘로 나눌 수 없는 까닭입니다.

교시가여. 이 보살마하살은 능히 5안에서 수학하고, 능히 6신통에서 수학합니다. 왜 그러한가? 둘로 나눌 수 없는 까닭입니다. 교시가여. 이 보살마하살은 능히 여래의 10력에서 수학하고, 능히 4무소외·4무애해·대자·대비·대희·대사·18불불공법에서 수학합니다. 왜 그러한가? 둘로 나눌 수 없는 까닭입니다. 교시가여. 이 보살마하살은 능히 무망실법에서 수학하고, 능히 항주사성에서 수학합니다. 왜 그러한가? 둘로 나눌 수 없는 까닭입니다.

교시가여. 이 보살마하살은 능히 일체지에서 수학하고, 능히 도상지·일체상지에서 수학합니다. 왜 그러한가? 둘로 나눌 수 없는 까닭입니다. 교시가여. 이 보살마하살은 능히 일체의 다라니문에서 수학하고, 능히 일체의 삼마지문에서 수학합니다. 왜 그러한가? 둘로 나눌 수 없는 까닭입니다. 교시가여. 이 보살마하살은 능히 예류에서 수학하고, 능히 일래·불환·아라한에서 수학합니다. 왜 그러한가? 둘로 나눌 수 없는 까닭입니다.

교시가여. 이 보살마하살은 능히 예류향·예류과에서 수학하고, 능히 일래향·일래과·불환향·불환과·아라한향·아라한과에서 수학합니다. 왜 그러한가? 둘로 나눌 수 없는 까닭입니다. 교시가여. 이 보살마하살은 능히 독각에서 수학하고, 능히 독각향·독각과에서 수학합니다. 왜 그러한가? 둘로 나눌 수 없는 까닭입니다. 교시가여. 이 보살마하살은 능히 보살마하살에서 수학하고, 능히 삼먁삼불타에서 수학합니다. 왜 그러한가? 둘로 나눌 수 없는 까닭입니다.

교시가여. 이 보살마하살은 능히 보살마하살의 법에서 수학하고, 능히 무상정등보리에서 수학합니다. 왜 그러한가? 둘로 나눌 수 없는 까닭입니다. 교시가여. 이 보살마하살은 능히 성문승에서 수학하고, 능히 독각승·무상승에서 수학합니다. 왜 그러한가? 둘로 나눌 수 없는 까닭입니다."

마하반야바라밀다경 제87권

26. 학반야품(學般若品)(3)

"교시가여. 만약 보살마하살이 능히 보시바라밀다에서 수학한다면 둘로 나눌 수 없는 까닭이고, 정계·안인·정진·정려·반야바라밀다에서 수학한다면 둘로 나눌 수 없는 까닭이며, 이 보살마하살은 무량(無量)하고 무수(無數)이며 무변(無邊)한 불가사의(不可思議)의 청정(淸淨)한 불법(佛法)을 수학할 수 있습니다. 왜 그러한가? 둘로 나눌 수 없는 까닭입니다.

교시가여. 만약 보살마하살이 능히 내공에서 수학한다면 둘로 나눌 수 없는 까닭이고, 외공·내외공·공공·대공·승의공·유위공·무위공·필경공·무제공·산공·무변이공·본성공·자상공·공상공·일체법공·불가득공·무성공·자성공·무성자성공에서 수학한다면 둘로 나눌 수 없는 까닭이며, 이 보살마하살은 무량하고 무수이며 무변한 불가사의의 청정한 불법을 수학할 수 있습니다. 왜 그러한가? 둘로 나눌 수 없는 까닭입니다.

교시가여. 만약 보살마하살이 능히 진여에서 수학한다면 둘로 나눌 수 없는 까닭이고, 법계·법성·불허망성·불변이성·평등성·이생성·법정·법주·실제·허공계·부사의계에서 수학한다면 둘로 나눌 수 없는 까닭이며, 이 보살마하살은 무량하고 무수이며 무변한 불가사의의 청정한 불법을 수학할 수 있습니다. 왜 그러한가? 둘로 나눌 수 없는 까닭입니다.

교시가여. 만약 보살마하살이 능히 고성제에서 수학한다면 둘로 나눌 수 없는 까닭이고, 집·멸·도성제에서 수학한다면 둘로 나눌 수 없는 까닭이며, 이 보살마하살은 무량하고 무수이며 무변한 불가사의의 청정한 불법을 수학할 수 있습니다. 왜 그러한가? 둘로 나눌 수 없는 까닭입니다.

교시가여. 만약 보살마하살이 능히 4정려에서 수학한다면 둘로 나눌 수 없는 까닭이고, 4무량·4무색정에서 수학한다면 둘로 나눌 수 없는 까닭이며, 이 보살마하살은 무량하고 무수이며 무변한 불가사의의 청정한 불법을 수학할 수 있습니다. 왜 그러한가? 둘로 나눌 수 없는 까닭입니다.

교시가여. 만약 보살마하살이 능히 8해탈에서 수학한다면 둘로 나눌 수 없는 까닭이고, 8승처·9차제정·10변처에서 수학한다면 둘로 나눌 수 없는 까닭이며, 이 보살마하살은 무량하고 무수이며 무변한 불가사의의 청정한 불법을 수학할 수 있습니다. 왜 그러한가? 둘로 나눌 수 없는 까닭입니다.

교시가여. 만약 보살마하살이 능히 4념주에서 수학한다면 둘로 나눌 수 없는 까닭이고, 4정단·4신족·5근·5력·7등각지·8성도지에서 수학한다면 둘로 나눌 수 없는 까닭이며, 이 보살마하살은 무량하고 무수이며 무변한 불가사의의 청정한 불법을 수학할 수 있습니다. 왜 그러한가? 둘로 나눌 수 없는 까닭입니다.

교시가여. 만약 보살마하살이 능히 공해탈문에서 수학한다면 둘로 나눌 수 없는 까닭이고, 무상·무원해탈문에서 수학한다면 둘로 나눌 수 없는 까닭이며, 이 보살마하살은 무량하고 무수이며 무변한 불가사의의 청정한 불법을 수학할 수 있습니다. 왜 그러한가? 둘로 나눌 수 없는 까닭입니다.

교시가여. 만약 보살마하살이 능히 5안에서 수학한다면 둘로 나눌 수 없는 까닭이고, 6신통에서 수학한다면 둘로 나눌 수 없는 까닭이며, 이 보살마하살은 무량하고 무수이며 무변한 불가사의의 청정한 불법을 수학할 수 있습니다. 왜 그러한가? 둘로 나눌 수 없는 까닭입니다.

교시가여. 만약 보살마하살이 능히 여래의 10력에서 수학한다면 둘로 나눌 수 없는 까닭이고, 4무소외·4무애해·대자·대비·대희·대사·18불불공법에서 수학한다면 둘로 나눌 수 없는 까닭이며, 이 보살마하살은 무량하고 무수이며 무변한 불가사의의 청정한 불법을 수학할 수 있습니다. 왜 그러한가? 둘로 나눌 수 없는 까닭입니다.

교시가여. 만약 보살마하살이 능히 무망실법에서 수학한다면 둘로 나눌 수 없는 까닭이고, 항주사성에서 수학한다면 둘로 나눌 수 없는 까닭이며, 이 보살마하살은 무량하고 무수이며 무변한 불가사의의 청정한 불법을 수학할 수 있습니다. 왜 그러한가? 둘로 나눌 수 없는 까닭입니다.

교시가여. 만약 보살마하살이 능히 일체지에서 수학한다면 둘로 나눌 수 없는 까닭이고, 도상지·일체상지에서 수학한다면 둘로 나눌 수 없는 까닭이며, 이 보살마하살은 무량하고 무수이며 무변한 불가사의의 청정한 불법을 수학할 수 있습니다. 왜 그러한가? 둘로 나눌 수 없는 까닭입니다.

교시가여. 만약 보살마하살이 능히 일체의 다라니문에서 수학한다면 둘로 나눌 수 없는 까닭이고, 일체의 삼마지문에서 수학한다면 둘로 나눌 수 없는 까닭이며, 이 보살마하살은 무량하고 무수이며 무변한 불가사의의 청정한 불법을 수학할 수 있습니다. 왜 그러한가? 둘로 나눌 수 없는 까닭입니다.

교시가여. 만약 보살마하살이 능히 예류에서 수학한다면 둘로 나눌 수 없는 까닭이고, 일래·불환·아라한에서 수학한다면 둘로 나눌 수 없는 까닭이며, 이 보살마하살은 무량하고 무수이며 무변한 불가사의의 청정한 불법을 수학할 수 있습니다. 왜 그러한가? 둘로 나눌 수 없는 까닭입니다.

교시가여. 만약 보살마하살이 능히 예류향·예류과에서 수학한다면 둘로 나눌 수 없는 까닭이고, 일래향·일래과·불환향·불환과·아라한향·아라한과에서 수학한다면 둘로 나눌 수 없는 까닭이며, 이 보살마하살은 무량하고 무수이며 무변한 불가사의의 청정한 불법을 수학할 수 있습니다. 왜 그러한가? 둘로 나눌 수 없는 까닭입니다.

교시가여. 만약 보살마하살이 능히 독각에서 수학한다면 둘로 나눌 수 없는 까닭이고, 독각향·독각과에서 수학한다면 둘로 나눌 수 없는 까닭이며, 이 보살마하살은 무량하고 무수이며 무변한 불가사의의 청정한 불법을 수학할 수 있습니다. 왜 그러한가? 둘로 나눌 수 없는 까닭입니다.

교시가여. 만약 보살마하살이 능히 보살마하살에서 수학한다면 둘로 나눌 수 없는 까닭이고, 삼먁삼불타에서 수학한다면 둘로 나눌 수 없는 까닭이며, 이 보살마하살은 무량하고 무수이며 무변한 불가사의의 청정한 불법을 수학할 수 있습니다. 왜 그러한가? 둘로 나눌 수 없는 까닭입니다.

교시가여. 만약 보살마하살이 능히 보살마하살의 법에서 수학한다면 둘로 나눌 수 없는 까닭이고, 무상정등보리에서 수학한다면 둘로 나눌 수 없는 까닭이며, 이 보살마하살은 무량하고 무수이며 무변한 불가사의의 청정한 불법을 수학할 수 있습니다. 왜 그러한가? 둘로 나눌 수 없는 까닭입니다.

교시가여. 만약 보살마하살이 능히 성문승에서 수학한다면 둘로 나눌 수 없는 까닭이고, 독각승·무상승에서 수학한다면 둘로 나눌 수 없는 까닭이며, 이 보살마하살은 무량하고 무수이며 무변한 불가사의의 청정한 불법을 수학할 수 있습니다. 왜 그러한가? 둘로 나눌 수 없는 까닭입니다."

"교시가여. 만약 보살마하살이 무량하고 무수이며 무변한 불가사의의 청정한 불법을 수학한다면 이 보살마하살은 색의 증감(增減)을 위하여 수학하지 않고, 수·상·행·식의 증감을 위하여 수학하지 않습니다. 왜 그러한가? 색온(色蘊) 등으로써 둘로 나눌 수 없는 까닭입니다. 교시가여. 만약 보살마하살이 무량하고 무수이며 무변한 불가사의의 청정한 불법을 수학한다면 이 보살마하살은 안처의 증감을 위하여 수학하지 않고, 이·비·설·신·의처의 증감을 위하여 수학하지 않습니다. 왜 그러한가? 안처 등으로써 둘로 나눌 수 없는 까닭입니다.

교시가여. 만약 보살마하살이 무량하고 무수이며 무변한 불가사의의 청정한 불법을 수학한다면 이 보살마하살은 색처의 증감을 위하여 수학하지 않고, 성·향·미·촉·법처의 증감을 위하여 수학하지 않습니다. 왜 그러한가? 안처 등으로써 둘로 나눌 수 없는 까닭입니다. 교시가여. 만약 보살마하살이 무량하고 무수이며 무변한 불가사의의 청정한 불법을 수학한다면 이 보살마하살은 안계의 증감을 위하여 수학하지 않고, 색계·안식계, 나아가 안촉·안촉을 인연으로 생겨난 여러 수의 증감을 위하여 수학하지 않습니다. 왜 그러한가? 안계 등으로써 둘로 나눌 수 없는 까닭입니다.

교시가여. 만약 보살마하살이 무량하고 무수이며 무변한 불가사의의 청정한 불법을 수학한다면 이 보살마하살은 이계의 증감을 위하여 수학하지 않고, 성계·이식계, 나아가 이촉·이촉을 인연으로 생겨난 여러 수의 증감을 위하여 수학하지 않습니다. 왜 그러한가? 이계 등으로써 둘로 나눌 수 없는 까닭입니다. 교시가여. 만약 보살마하살이 무량하고 무수이며 무변한 불가사의의 청정한 불법을 수학한다면 이 보살마하살은 비계의 증감을 위하여 수학하지 않고, 향계·비식계, 나아가 비촉·비촉을 인연으로 생겨난 여러 수의 증감을 위하여 수학하지 않습니다. 왜 그러한가? 비계 등으로써 둘로 나눌 수 없는 까닭입니다.

교시가여. 만약 보살마하살이 무량하고 무수이며 무변한 불가사의의 청정한 불법을 수학한다면 이 보살마하살은 설계의 증감을 위하여 수학하지 않고, 미계·설식계, 나아가 설촉·설촉을 인연으로 생겨난 여러 수의 증감을 위하여 수학하지 않습니다. 왜 그러한가? 설계 등으로써 둘로 나눌 수 없는 까닭입니다. 교시가여. 만약 보살마하살이 무량하고 무수이며 무변한 불가사의의 청정한 불법을 수학한다면 이 보살마하살은 신계의 증감을 위하여 수학하지 않고, 촉계·신식계, 나아가 신촉·신촉을 인연으로 생겨난 여러 수의 증감을 위하여 수학하지 않습니다. 왜 그러한가? 신계 등으로써 둘로 나눌 수 없는 까닭입니다.

교시가여. 만약 보살마하살이 무량하고 무수이며 무변한 불가사의의 청정한 불법을 수학한다면 이 보살마하살은 의계의 증감을 위하여 수학하지 않고, 법계·의식계, 나아가 의촉·의촉을 인연으로 생겨난 여러 수의 증감을 위하여 수학하지 않습니다. 왜 그러한가? 의계 등으로써 둘로 나눌 수 없는 까닭입니다. 교시가여. 만약 보살마하살이 무량하고 무수이며 무변한 불가사의의 청정한 불법을 수학한다면 이 보살마하살은 지계의 증감을 위하여 수학하지 않고, 수·화·풍·공·식계의 증감을 위하여 수학하지 않습니다. 왜 그러한가? 지계 등으로써 둘로 나눌 수 없는 까닭입니다.

교시가여. 만약 보살마하살이 무량하고 무수이며 무변한 불가사의의

청정한 불법을 수학한다면 이 보살마하살은 고성제의 증감을 위하여
수학하지 않고, 집·멸·도성제의 증감을 위하여 수학하지 않습니다. 왜
그러한가? 고성제 등으로써 둘로 나눌 수 없는 까닭입니다. 교시가여.
만약 보살마하살이 무량하고 무수이며 무변한 불가사의의 청정한 불법을
수학한다면 이 보살마하살은 무명의 증감을 위하여 수학하지 않고, 행·식·
명색·육처·촉·수·애·취·유·생·노사의 수탄고우뇌의 증감을 위하여 수
학하지 않습니다. 왜 그러한가? 무명 등으로써 둘로 나눌 수 없는 까닭입니
다.

   교시가여. 만약 보살마하살이 무량하고 무수이며 무변한 불가사의의
청정한 불법을 수학한다면 이 보살마하살은 내공의 증감을 위하여 수학하
지 않고, 외공·내외공·공공·대공·승의공·유위공·무위공·필경공·무제
공·산공·무변이공·본성공·자상공·공상공·일체법공·불가득공·무성공·
자성공·무성자성공의 증감을 위하여 수학하지 않습니다. 왜 그러한가?
내공 등으로써 둘로 나눌 수 없는 까닭입니다. 교시가여. 만약 보살마하살
이 무량하고 무수이며 무변한 불가사의의 청정한 불법을 수학한다면
이 보살마하살은 진여의 증감을 위하여 수학하지 않고, 법계·법성·불허망
성·불변이성·평등성·이생성·법정·법주·실제·허공계·부사의계의 증감
을 위하여 수학하지 않습니다. 왜 그러한가? 진여 등으로써 둘로 나눌
수 없는 까닭입니다.

   교시가여. 만약 보살마하살이 무량하고 무수이며 무변한 불가사의의
청정한 불법을 수학한다면 이 보살마하살은 보시바라밀다의 증감을 위하
여 수학하지 않고, 정계·안인·정진·정려·반야바라밀다의 증감을 위하여
수학하지 않습니다. 왜 그러한가? 보시바라밀다 등으로써 둘로 나눌
수 없는 까닭입니다. 교시가여. 만약 보살마하살이 무량하고 무수이며
무변한 불가사의의 청정한 불법을 수학한다면 이 보살마하살은 4정려의
증감을 위하여 수학하지 않고, 4무량 4무색정의 증감을 위하여 수학하지
않습니다. 왜 그러한가? 4정려 등으로써 둘로 나눌 수 없는 까닭입니다.
   교시가여. 만약 보살마하살이 무량하고 무수이며 무변한 불가사의의

청정한 불법을 수학한다면 이 보살마하살은 8해탈의 증감을 위하여 수학하지 않고, 8승처·9차제정·10변처의 증감을 위하여 수학하지 않습니다. 왜 그러한가? 8해탈 등으로써 둘로 나눌 수 없는 까닭입니다. 교시가여. 만약 보살마하살이 무량하고 무수이며 무변한 불가사의의 청정한 불법을 수학한다면 이 보살마하살은 4념주의 증감을 위하여 수학하지 않고, 4정단·4신족·5근·5력·7등각지·8성도지의 증감을 위하여 수학하지 않습니다. 왜 그러한가? 4념주 등으로써 둘로 나눌 수 없는 까닭입니다.

교시가여. 만약 보살마하살이 무량하고 무수이며 무변한 불가사의의 청정한 불법을 수학한다면 이 보살마하살은 공해탈문의 증감을 위하여 수학하지 않고, 무상·무원해탈문의 증감을 위하여 수학하지 않습니다. 왜 그러한가? 공해탈문 등으로써 둘로 나눌 수 없는 까닭입니다. 교시가여. 만약 보살마하살이 무량하고 무수이며 무변한 불가사의의 청정한 불법을 수학한다면 이 보살마하살은 5안의 증감을 위하여 수학하지 않고, 6신통의 증감을 위하여 수학하지 않습니다. 왜 그러한가? 5안 등으로써 둘로 나눌 수 없는 까닭입니다.

교시가여. 만약 보살마하살이 무량하고 무수이며 무변한 불가사의의 청정한 불법을 수학한다면 이 보살마하살은 여래의 10력의 증감을 위하여 수학하지 않고, 4무소외·4무애해·대자·대비·대희·대사·18불불공법의 증감을 위하여 수학하지 않습니다. 왜 그러한가? 여래의 10력 등으로써 둘로 나눌 수 없는 까닭입니다. 교시가여. 만약 보살마하살이 무량하고 무수이며 무변한 불가사의의 청정한 불법을 수학한다면 이 보살마하살은 무망실법의 증감을 위하여 수학하지 않고, 항주사성의 증감을 위하여 수학하지 않습니다. 왜 그러한가? 무망실법 등으로써 둘로 나눌 수 없는 까닭입니다.

교시가여. 만약 보살마하살이 무량하고 무수이며 무변한 불가사의의 청정한 불법을 수학한다면 이 보살마하살은 일체지의 증감을 위하여 수학하지 않고, 도상지·일체상지의 증감을 위하여 수학하지 않습니다. 왜 그러한가? 일체지 등으로써 둘로 나눌 수 없는 까닭입니다. 교시가여.

만약 보살마하살이 무량하고 무수이며 무변한 불가사의의 청정한 불법을 수학한다면 이 보살마하살은 일체의 다라니문의 증감을 위하여 수학하지 않고, 일체의 삼마지문의 증감을 위하여 수학하지 않습니다. 왜 그러한가? 일체의 다라니문 등으로써 둘로 나눌 수 없는 까닭입니다.

교시가여. 만약 보살마하살이 무량하고 무수이며 무변한 불가사의의 청정한 불법을 수학한다면 이 보살마하살은 예류의 증감을 위하여 수학하지 않고, 일래·불환·아라한의 증감을 위하여 수학하지 않습니다. 왜 그러한가? 예류 등으로써 둘로 나눌 수 없는 까닭입니다. 교시가여. 만약 보살마하살이 무량하고 무수이며 무변한 불가사의의 청정한 불법을 수학한다면 이 보살마하살은 예류향·예류과의 증감을 위하여 수학하지 않고, 일래향·일래과·불환향·불환과·아라한향·아라한과의 증감을 위하여 수학하지 않습니다. 왜 그러한가? 예류향·예류과 등으로써 둘로 나눌 수 없는 까닭입니다.

교시가여. 만약 보살마하살이 무량하고 무수이며 무변한 불가사의의 청정한 불법을 수학한다면 이 보살마하살은 독각의 증감을 위하여 수학하지 않고, 독각향·독각과의 증감을 위하여 수학하지 않습니다. 왜 그러한가? 독각 등으로써 둘로 나눌 수 없는 까닭입니다. 교시가여. 만약 보살마하살이 무량하고 무수이며 무변한 불가사의의 청정한 불법을 수학한다면 이 보살마하살은 보살마하살의 증감을 위하여 수학하지 않고, 삼먁삼불타의 증감을 위하여 수학하지 않습니다. 왜 그러한가? 보살마하살 등으로써 둘로 나눌 수 없는 까닭입니다.

교시가여. 만약 보살마하살이 무량하고 무수이며 무변한 불가사의의 청정한 불법을 수학한다면 이 보살마하살은 보살마하살 법의 증감을 위하여 수학하지 않고, 무상정등보리의 증감을 위하여 수학하지 않습니다. 왜 그러한가? 보살마하살 법 등으로써 둘로 나눌 수 없는 까닭입니다. 교시가여. 만약 보살마하살이 무량하고 무수이며 무변한 불가사의의 청정한 불법을 수학한다면 이 보살마하살은 성문승의 증감을 위하여 수학하지 않고, 독각승·무상승의 증감을 위하여 수학하지 않습니다.

왜 그러한가? 성문승 등으로써 둘로 나눌 수 없는 까닭입니다."

"교시가여. 만약 보살마하살이라면 색의 증감을 위한 까닭으로 수학하지 않는데 둘로 나눌 수 없는 까닭이고, 수·상·행·식의 증감을 위한 까닭으로 수학하지 않는데 둘로 나눌 수 없는 까닭입니다. 이 보살마하살은 색을 섭수(攝受)하거나 괴멸(壞滅)[1]하기 위한 까닭으로 수학하지 않고, 수·상·행·식을 섭수하거나 괴멸하기 위한 까닭으로 수학하지 않습니다. 왜 그러한가? 색온 등으로써 둘로 나눌 수 없는 까닭입니다.

교시가여. 만약 보살마하살이라면 안처의 증감을 위한 까닭으로 수학하지 않는데 둘로 나눌 수 없는 까닭이고, 이·비·설·신·의처의 증감을 위한 까닭으로 수학하지 않는데 둘로 나눌 수 없는 까닭입니다. 이 보살마하살은 안처를 섭수하거나 괴멸하기 위한 까닭으로 수학하지 않고, 이·비·설·신·의처를 섭수하거나 괴멸하기 위한 까닭으로 수학하지 않습니다. 왜 그러한가? 안처 등으로써 둘로 나눌 수 없는 까닭입니다.

교시가여. 만약 보살마하살이라면 색처의 증감을 위한 까닭으로 수학하지 않는데 둘로 나눌 수 없는 까닭이고, 성·향·미·촉·법처의 증감을 위한 까닭으로 수학하지 않는데 둘로 나눌 수 없는 까닭입니다. 이 보살마하살은 색처를 섭수하거나 괴멸하기 위한 까닭으로 수학하지 않고, 성·향·미·촉·법처를 섭수하거나 괴멸하기 위한 까닭으로 수학하지 않습니다. 왜 그러한가? 색처 등으로써 둘로 나눌 수 없는 끼닭입니다.

교시가여. 만약 보살마하살이라면 안계의 증감을 위한 까닭으로 수학하지 않는데 둘로 나눌 수 없는 까닭이고, 색계·안식계, 나아가 안촉·안촉을 인연으로 생겨난 여러 수의 증감을 위한 까닭으로 수학하지 않는데 둘로 나눌 수 없는 까닭입니다. 이 보살마하살은 안계를 섭수하거나 괴멸하기 위한 까닭으로 수학하지 않고, 색계, 나아가 안촉을 인연으로 생겨난 여러 수를 섭수하거나 괴멸하기 위한 까닭으로 수학하지 않습니

---

[1] '무너트려서 없애는 것'을 뜻한다.

다. 왜 그러한가? 안계 등으로써 둘로 나눌 수 없는 까닭입니다.

　교시가여. 만약 보살마하살이라면 이계의 증감을 위한 까닭으로 수학하지 않는데 둘로 나눌 수 없는 까닭이고, 성계·이식계, 나아가 이촉·이촉을 인연으로 생겨난 여러 수의 증감을 위한 까닭으로 수학하지 않는데 둘로 나눌 수 없는 까닭입니다. 이 보살마하살은 이계를 섭수하거나 괴멸하기 위한 까닭으로 수학하지 않고, 성계, 나아가 이촉을 인연으로 생겨난 여러 수를 섭수하거나 괴멸하기 위한 까닭으로 수학하지 않습니다. 왜 그러한가? 이계 등으로써 둘로 나눌 수 없는 까닭입니다.

　교시가여. 만약 보살마하살이라면 비계의 증감을 위한 까닭으로 수학하지 않는데 둘로 나눌 수 없는 까닭이고, 향계·비식계, 나아가 비촉·비촉을 인연으로 생겨난 여러 수의 증감을 위한 까닭으로 수학하지 않는데 둘로 나눌 수 없는 까닭입니다. 이 보살마하살은 비계를 섭수하거나 괴멸하기 위한 까닭으로 수학하지 않고, 향계, 나아가 비촉을 인연으로 생겨난 여러 수를 섭수하거나 괴멸하기 위한 까닭으로 수학하지 않습니다. 왜 그러한가? 비계 등으로써 둘로 나눌 수 없는 까닭입니다.

　교시가여. 만약 보살마하살이라면 설계의 증감을 위한 까닭으로 수학하지 않는데 둘로 나눌 수 없는 까닭이고, 미계·설식계, 나아가 설촉·설촉을 인연으로 생겨난 여러 수의 증감을 위한 까닭으로 수학하지 않는데 둘로 나눌 수 없는 까닭입니다. 이 보살마하살은 설계를 섭수하거나 괴멸하기 위한 까닭으로 수학하지 않고, 미계, 나아가 설촉을 인연으로 생겨난 여러 수를 섭수하거나 괴멸하기 위한 까닭으로 수학하지 않습니다. 왜 그러한가? 설계 등으로써 둘로 나눌 수 없는 까닭입니다.

　교시가여. 만약 보살마하살이라면 신계의 증감을 위한 까닭으로 수학하지 않는데 둘로 나눌 수 없는 까닭이고, 촉계·신식계, 나아가 신촉·신촉을 인연으로 생겨난 여러 수의 증감을 위한 까닭으로 수학하지 않는데 둘로 나눌 수 없는 까닭입니다. 이 보살마하살은 신계를 섭수하거나 괴멸하기 위한 까닭으로 수학하지 않고, 촉계, 나아가 신촉을 인연으로 생겨난 여러 수를 섭수하거나 괴멸하기 위한 까닭으로 수학하지 않습니다. 왜 그러한가? 신계 등으로써 둘로 나눌 수 없는 까닭입니다.

교시가여. 만약 보살마하살이라면 의계의 증감을 위한 까닭으로 수학하지 않는데 둘로 나눌 수 없는 까닭이고, 법계·의식계, 나아가 의촉·의촉을 인연으로 생겨난 여러 수의 증감을 위한 까닭으로 수학하지 않는데 둘로 나눌 수 없는 까닭입니다. 이 보살마하살은 의계를 섭수하거나 괴멸하기 위한 까닭으로 수학하지 않고, 법계, 나아가 의촉을 인연으로 생겨난 여러 수를 섭수하거나 괴멸하기 위한 까닭으로 수학하지 않습니다. 왜 그러한가? 의계 등으로써 둘로 나눌 수 없는 까닭입니다.

교시가여. 만약 보살마하살이라면 지계의 증감을 위한 까닭으로 수학하지 않는데 둘로 나눌 수 없는 까닭이고, 수·화·풍·공·식계의 증감을 위한 까닭으로 수학하지 않는데 둘로 나눌 수 없는 까닭입니다. 이 보살마하살은 지계를 섭수하거나 괴멸하기 위한 까닭으로 수학하지 않고, 수·화·풍·공·식계를 섭수하거나 괴멸하기 위한 까닭으로 수학하지 않습니다. 왜 그러한가? 지계 등으로써 둘로 나눌 수 없는 까닭입니다.

교시가여. 만약 보살마하살이라면 고성제의 증감을 위한 까닭으로 수학하지 않는데 둘로 나눌 수 없는 까닭이고, 집·멸·도성제의 증감을 위한 까닭으로 수학하지 않는데 둘로 나눌 수 없는 까닭입니다. 이 보살마하살은 고성제를 섭수하거나 괴멸하기 위한 까닭으로 수학하지 않고, 집·멸·도성제를 섭수하거나 괴멸하기 위한 까닭으로 수학하지 않습니다. 왜 그러한가? 고성제 등으로써 둘로 나눌 수 없는 까닭입니다.

교시가여. 만약 보살마하살이라면 무명의 증감을 위한 까닭으로 수학하지 않는데 둘로 나눌 수 없는 까닭이고, 행·식·명색·육처·촉·수·애·취·유·생·노사의 수탄고우뇌의 증감을 위한 까닭으로 수학하지 않는데 둘로 나눌 수 없는 까닭입니다. 이 보살마하살은 무명을 섭수하거나 괴멸하기 위한 까닭으로 수학하지 않고, 행, 나아가 노사의 수탄고우뇌를 섭수하거나 괴멸하기 위한 까닭으로 수학하지 않습니다. 왜 그러한가? 무명 등으로써 둘로 나눌 수 없는 까닭입니다.

교시가여. 만약 보살마하살이라면 내공의 증감을 위한 까닭으로 수학

하지 않는데 둘로 나눌 수 없는 까닭이고, 외공·내외공·공공·대공·승의공
·유위공·무위공·필경공·무제공·산공·무변이공·본성공·자상공·공상
공·일체법공·불가득공·무성공·자성공·무성자성공의 증감을 위한 까닭
으로 수학하지 않는데 둘로 나눌 수 없는 까닭입니다. 이 보살마하살은
내공을 섭수하거나 괴멸하기 위한 까닭으로 수학하지 않고, 외공, 나아가
무성자성공을 섭수하거나 괴멸하기 위한 까닭으로 수학하지 않습니다.
왜 그러한가? 내공 등으로써 둘로 나눌 수 없는 까닭입니다.

교시가여. 만약 보살마하살이라면 진여의 증감을 위한 까닭으로 수학
하지 않는데 둘로 나눌 수 없는 까닭이고, 법계·법성·불허망성·불변이성·
평등성·이생성·법정·법주·실제·허공계·부사의계의 증감을 위한 까닭으
로 수학하지 않는데 둘로 나눌 수 없는 까닭입니다. 이 보살마하살은
진여를 섭수하거나 괴멸하기 위한 까닭으로 수학하지 않고, 법계, 나아가
부사의계를 섭수하거나 괴멸하기 위한 까닭으로 수학하지 않습니다.
왜 그러한가? 진여 등으로써 둘로 나눌 수 없는 까닭입니다.

교시가여. 만약 보살마하살이라면 보시바라밀다의 증감을 위한 까닭으
로 수학하지 않는데 둘로 나눌 수 없는 까닭이고, 정계·안인·정진·정려·반
야바라밀다의 증감을 위한 까닭으로 수학하지 않는데 둘로 나눌 수 없는
까닭입니다. 이 보살마하살은 보시바라밀다를 섭수하거나 괴멸하기 위한
까닭으로 수학하지 않고, 정계·안인·정진·정려·반야바라밀다를 섭수하
거나 괴멸하기 위한 까닭으로 수학하지 않습니다. 왜 그러한가? 보시바라
밀다 등으로써 둘로 나눌 수 없는 까닭입니다.

교시가여. 만약 보살마하살이라면 4정려의 증감을 위한 까닭으로 수학
하지 않는데 둘로 나눌 수 없는 까닭이고, 4무량·4무색정의 증감을 위한
까닭으로 수학하지 않는데 둘로 나눌 수 없는 까닭입니다. 이 보살마하살
은 4정려를 섭수하거나 괴멸하기 위한 까닭으로 수학하지 않고, 4무량·4
무색정을 섭수하거나 괴멸하기 위한 까닭으로 수학하지 않습니다. 왜
그러한가? 4정려 등으로써 둘로 나눌 수 없는 까닭입니다.

교시가여. 만약 보살마하살이라면 8해탈의 증감을 위한 까닭으로 수학

하지 않는데 둘로 나눌 수 없는 까닭이고, 8승처·9차제정·10변처의 증감을 위한 까닭으로 수학하지 않는데 둘로 나눌 수 없는 까닭입니다. 이 보살마하살은 8해탈을 섭수하거나 괴멸하기 위한 까닭으로 수학하지 않고, 8승처·9차제정·10변처를 섭수하거나 괴멸하기 위한 까닭으로 수학하지 않습니다. 왜 그러한가? 8해탈 등으로써 둘로 나눌 수 없는 까닭입니다.

교시가여. 만약 보살마하살이라면 4념주의 증감을 위한 까닭으로 수학하지 않는데 둘로 나눌 수 없는 까닭이고, 4정단·4신족·5근·5력·7등각지·8성도지의 증감을 위한 까닭으로 수학하지 않는데 둘로 나눌 수 없는 까닭입니다. 이 보살마하살은 4념주를 섭수하거나 괴멸하기 위한 까닭으로 수학하지 않고, 4정단, 나아가 8성도지를 섭수하거나 괴멸하기 위한 까닭으로 수학하지 않습니다. 왜 그러한가? 4념주 등으로써 둘로 나눌 수 없는 까닭입니다.

교시가여. 만약 보살마하살이라면 공해탈문의 증감을 위한 까닭으로 수학하지 않는데 둘로 나눌 수 없는 까닭이고, 무상·무원해탈문의 증감을 위한 까닭으로 수학하지 않는데 둘로 나눌 수 없는 까닭입니다. 이 보살마하살은 공해탈문을 섭수하거나 괴멸하기 위한 까닭으로 수학하지 않고, 무상·무원해탈문을 섭수하거나 괴멸하기 위한 까닭으로 수학하지 않습니다. 왜 그러한가? 공해탈문 등으로써 둘로 나눌 수 없는 까닭입니다.

교시가여. 만약 보살마하살이라면 5안의 증감을 위한 까닭으로 수학하지 않는데 둘로 나눌 수 없는 까닭이고, 6신통의 증감을 위한 까닭으로 수학하지 않는데 둘로 나눌 수 없는 까닭입니다. 이 보살마하살은 5안을 섭수하거나 괴멸하기 위한 까닭으로 수학하지 않고, 6신통을 섭수하거나 괴멸하기 위한 까닭으로 수학하지 않습니다. 왜 그러한가? 5안 등으로써 둘로 나눌 수 없는 까닭입니다.

교시가여. 만약 보살마하살이라면 여래의 10력의 증감을 위한 까닭으로 수학하지 않는데 둘로 나눌 수 없는 까닭이고, 4무소외·4무애해·대자·대비·대희·대사·18불불공법의 증감을 위한 까닭으로 수학하지 않는데 둘로 나눌 수 없는 까닭입니다. 이 보살마하살은 여래의 10력을 섭수하거나 괴멸하기 위한 까닭으로 수학하지 않고, 4무소외, 나아가 18불불공법을 섭수하거나 괴멸하기 위한 까닭으로 수학하지 않습니다. 왜 그러한가? 여래의 10력 등으로써 둘로 나눌 수 없는 까닭입니다.

교시가여. 만약 보살마하살이라면 무망실법의 증감을 위한 까닭으로 수학하지 않는데 둘로 나눌 수 없는 까닭이고, 항주사성의 증감을 위한 까닭으로 수학하지 않는데 둘로 나눌 수 없는 까닭입니다. 이 보살마하살은 무망실법을 섭수하거나 괴멸하기 위한 까닭으로 수학하지 않고, 항주사성을 섭수하거나 괴멸하기 위한 까닭으로 수학하지 않습니다. 왜 그러한가? 무망실법 등으로써 둘로 나눌 수 없는 까닭입니다.

교시가여. 만약 보살마하살이라면 일체지의 증감을 위한 까닭으로 수학하지 않는데 둘로 나눌 수 없는 까닭이고, 도상지·일체상지의 증감을 위한 까닭으로 수학하지 않는데 둘로 나눌 수 없는 까닭입니다. 이 보살마하살은 일체지를 섭수하거나 괴멸하기 위한 까닭으로 수학하지 않고, 도상지·일체상지를 섭수하거나 괴멸하기 위한 까닭으로 수학하지 않습니다. 왜 그러한가? 일체지 등으로써 둘로 나눌 수 없는 까닭입니다.

교시가여. 만약 보살마하살이라면 일체의 다라니문의 증감을 위한 까닭으로 수학하지 않는데 둘로 나눌 수 없는 까닭이고, 일체의 삼마지문의 증감을 위한 까닭으로 수학하지 않는데 둘로 나눌 수 없는 까닭입니다. 이 보살마하살은 일체의 다라니문을 섭수하거나 괴멸하기 위한 까닭으로 수학하지 않고, 일체의 삼마지문을 섭수하거나 괴멸하기 위한 까닭으로 수학하지 않습니다. 왜 그러한가? 일체의 다라니문 등으로써 둘로 나눌 수 없는 까닭입니다.

교시가여. 만약 보살마하살이라면 예류의 증감을 위한 까닭으로 수학하지 않는데 둘로 나눌 수 없는 까닭이고, 일래·불환·아라한의 증감을 위한 까닭으로 수학하지 않는데 둘로 나눌 수 없는 까닭입니다. 이 보살마하살은 예류를 섭수하거나 괴멸하기 위한 까닭으로 수학하지 않고, 일래·불환·아라한을 섭수하거나 괴멸하기 위한 까닭으로 수학하지 않습니다.

왜 그러한가? 예류 등으로써 둘로 나눌 수 없는 까닭입니다.

교시가여. 만약 보살마하살이라면 예류향·예류과의 증감을 위한 까닭으로 수학하지 않는데 둘로 나눌 수 없는 까닭이고, 일래향·일래과·불환향·불환과·아라한향·아라한과의 증감을 위한 까닭으로 수학하지 않는데 둘로 나눌 수 없는 까닭입니다. 이 보살마하살은 예류향·예류과를 섭수하거나 괴멸하기 위한 까닭으로 수학하지 않고, 일래향·일래과·불환향·불환과·아라한향·아라한과를 섭수하거나 괴멸하기 위한 까닭으로 수학하지 않습니다. 왜 그러한가? 예류향·예류과 등으로써 둘로 나눌 수 없는 까닭입니다.

교시가여. 만약 보살마하살이라면 독각의 증감을 위한 까닭으로 수학하지 않는데 둘로 나눌 수 없는 까닭이고, 독각향·독각과의 증감을 위한 까닭으로 수학하지 않는데 둘로 나눌 수 없는 까닭입니다. 이 보살마하살은 독각을 섭수하거나 괴멸하기 위한 까닭으로 수학하지 않고, 독각향·독각과를 섭수하거나 괴멸하기 위한 까닭으로 수학하지 않습니다. 왜 그러한가? 독각 등으로써 둘로 나눌 수 없는 까닭입니다.

교시가여. 만약 보살마하살이라면 보살마하살의 증감을 위한 까닭으로 수학하지 않는데 둘로 나눌 수 없는 까닭이고, 삼먁삼불타의 증감을 위한 까닭으로 수학하지 않는데 둘로 나눌 수 없는 까닭입니다. 이 보살마하살은 보살마하살을 섭수하거나 괴멸하기 위한 까닭으로 수학하지 않고, 삼먁삼불타를 섭수하거나 괴멸하기 위한 까닭으로 수학하지 않습니다. 왜 그러한가? 보살마하살 등으로써 둘로 나눌 수 없는 까닭입니다.

교시가여. 만약 보살마하살이라면 보살마하살 법의 증감을 위한 까닭으로 수학하지 않는데 둘로 나눌 수 없는 까닭이고, 무상정등보리의 증감을 위한 까닭으로 수학하지 않는데 둘로 나눌 수 없는 까닭입니다. 이 보살마하살은 보살마하살 법을 섭수하거나 괴멸하기 위한 까닭으로 수학하지 않고, 무상정등보리를 섭수하거나 괴멸하기 위한 까닭으로 수학하지 않습니다. 왜 그러한가? 보살마하살 법 등으로써 둘로 나눌 수 없는 까닭입니다.

교시가여. 만약 보살마하살이라면 성문승의 증감을 위한 까닭으로 수학하지 않는데 둘로 나눌 수 없는 까닭이고, 독각승·무상승의 증감을 위한 까닭으로 수학하지 않는데 둘로 나눌 수 없는 까닭입니다. 이 보살마하살은 성문승을 섭수하거나 괴멸하기 위한 까닭으로 수학하지 않고, 독각승·무상승을 섭수하거나 괴멸하기 위한 까닭으로 수학하지 않습니다. 왜 그러한가? 성문승 등으로써 둘로 나눌 수 없는 까닭입니다."

이때 사리자가 선현에게 물어 말하였다.
"선현이여. 보살마하살은 이와 같이 수학하는 때에, 색을 섭수하거나 괴멸하기 위한 까닭으로 수학하지 않고, 수·상·행·식을 섭수하거나 괴멸하기 위한 까닭으로 수학하지 않습니까? 선현이여. 보살마하살은 이와 같이 수학하는 때에, 안처를 섭수하거나 괴멸하기 위한 까닭으로 수학하지 않고, 이·비·설·신·의처를 섭수하거나 괴멸하기 위한 까닭으로 수학하지 않습니까? 선현이여. 보살마하살은 이와 같이 수학하는 때에, 색처를 섭수하거나 괴멸하기 위한 까닭으로 수학하지 않고, 성·향·미·촉·법처를 섭수하거나 괴멸하기 위한 까닭으로 수학하지 않습니까?
선현이여. 보살마하살은 이와 같이 수학하는 때에, 안계를 섭수하거나 괴멸하기 위한 까닭으로 수학하지 않고, 색계·안식계, 나아가 안촉·안촉을 인연으로 생겨난 여러 수를 섭수하거나 괴멸하기 위한 까닭으로 수학하지 않습니까? 선현이여. 보살마하살은 이와 같이 수학하는 때에, 이계를 섭수하거나 괴멸하기 위한 까닭으로 수학하지 않고, 성계·이식계, 나아가 이촉·이촉을 인연으로 생겨난 여러 수를 섭수하거나 괴멸하기 위한 까닭으로 수학하지 않습니까?
선현이여. 보살마하살은 이와 같이 수학하는 때에, 비계를 섭수하거나 괴멸하기 위한 까닭으로 수학하지 않고, 향계·비식계, 나아가 비촉·비촉을 인연으로 생겨난 여러 수를 섭수하거나 괴멸하기 위한 까닭으로 수학하지 않습니까? 선현이여. 보살마하살은 이와 같이 수학하는 때에, 설계를 섭수하거나 괴멸하기 위한 까닭으로 수학하지 않고, 미계·설식계, 나아가 설촉·설촉을 인연으로 생겨난 여러 수를 섭수하거나 괴멸하기 위한 까닭으로 수학하지 않습니까?

선현이여. 보살마하살은 이와 같이 수학하는 때에, 신계를 섭수하거나 괴멸하기 위한 까닭으로 수학하지 않고, 촉계·신식계, 나아가 신촉·신촉을 인연으로 생겨난 여러 수를 섭수하거나 괴멸하기 위한 까닭으로 수학하지 않습니까? 선현이여. 보살마하살은 이와 같이 수학하는 때에, 의계를 섭수하거나 괴멸하기 위한 까닭으로 수학하지 않고, 법계·의식계, 나아가 의촉·의촉을 인연으로 생겨난 여러 수를 섭수하거나 괴멸하기 위한 까닭으로 수학하지 않습니까?

선현이여. 보살마하살은 이와 같이 수학하는 때에, 지계를 섭수하거나 괴멸하기 위한 까닭으로 수학하지 않고, 수·화·풍·공·식계를 섭수하거나 괴멸하기 위한 까닭으로 수학하지 않습니까? 선현이여. 보살마하살은 이와 같이 수학하는 때에, 고성제를 섭수하거나 괴멸하기 위한 까닭으로 수학하지 않고, 집·멸·도성제를 섭수하거나 괴멸하기 위한 까닭으로 수학하지 않습니까? 선현이여. 보살마하살은 이와 같이 수학하는 때에, 무명을 섭수하거나 괴멸하기 위한 까닭으로 수학하지 않고, 행·식·명색·육처·촉·수·애·취·유·생·노사의 수탄고우뇌를 섭수하거나 괴멸하기 위한 까닭으로 수학하지 않습니까?

선현이여. 보살마하살은 이와 같이 수학하는 때에, 내공을 섭수하거나 괴멸하기 위한 까닭으로 수학하시 않고, 외공·내외공·공공·내공·승의공·유위공·무위공·필경공·무제공·산공·무변이공·본성공·자상공·공상공·일체법공·불가득공·무성공·자성공·무성자성공을 섭수하거나 괴멸하기 위한 까닭으로 수학하지 않습니까? 선현이여. 보살마하살은 이와 같이 수학하는 때에, 진여를 섭수하거나 괴멸하기 위한 까닭으로 수학하지 않고, 법계·법성·불허망성·불변이성·평등성·이생성·법정·법주·실제·허공계·부사의계를 섭수하거나 괴멸하기 위한 까닭으로 수학하지 않습니까?

선현이여. 보살마하살은 이와 같이 수학하는 때에, 보시바라밀다를 섭수하거나 괴멸하기 위한 까닭으로 수학하지 않고, 정계·안인·정진·정려·반야바라밀다를 섭수하거나 괴멸하기 위한 까닭으로 수학하지 않습니까? 선현이여. 보살마하살은 이와 같이 수학하는 때에, 4정려를 섭수하거나 괴멸하기 위한 까닭으로 수학하지 않고, 4무량·4무색정을 섭수하거나 괴멸하기 위한 까닭으로 수학하지 않습니까? 선현이여. 보살마하살은 이와 같이 수학하는 때에, 8해탈을 섭수하거나 괴멸하기 위한 까닭으로 수학하지 않고, 8승처·9차제정·10변처를 섭수하거나 괴멸하기 위한 까닭으로 수학하지 않습니까?

선현이여. 보살마하살은 이와 같이 수학하는 때에, 4념주를 섭수하거나 괴멸하기 위한 까닭으로 수학하지 않고, 4정단·4신족·5근·5력·7등각지·8성도지를 섭수하거나 괴멸하기 위한 까닭으로 수학하지 않습니까? 선현이여. 보살마하살은 이와 같이 수학하는 때에, 공해탈문을 섭수하거나 괴멸하기 위한 까닭으로 수학하지 않고, 무상·무원해탈문을 섭수하거나 괴멸하기 위한 까닭으로 수학하지 않습니까? 선현이여. 보살마하살은 이와 같이 수학하는 때에, 5안을 섭수하거나 괴멸하기 위한 까닭으로 수학하지 않고, 6신통을 섭수하거나 괴멸하기 위한 까닭으로 수학하지 않습니까?

선현이여. 보살마하살은 이와 같이 수학하는 때에, 여래의 10력을 섭수하거나 괴멸하기 위한 까닭으로 수학하지 않고, 4무소외·4무애해·대자·대비·대희·대사·18불불공법을 섭수하거나 괴멸하기 위한 까닭으로 수학하지 않습니까? 선현이여. 보살마하살은 이와 같이 수학하는 때에, 무망실법을 섭수하거나 괴멸하기 위한 까닭으로 수학하지 않고, 항주사성을 섭수하거나 괴멸하기 위한 까닭으로 수학하지 않습니까? 선현이여. 보살마하살은 이와 같이 수학하는 때에, 일체지를 섭수하거나 괴멸하기 위한 까닭으로 수학하지 않고, 도상지·일체상지를 섭수하거나 괴멸하기 위한 까닭으로 수학하지 않습니까?

선현이여. 보살마하살은 이와 같이 수학하는 때에, 일체의 다라니문을 섭수하거나 괴멸하기 위한 까닭으로 수학하지 않고, 일체의 삼마지문을 섭수하거나 괴멸하기 위한 까닭으로 수학하지 않습니까? 선현이여. 보살마하살은 이와 같이 수학하는 때에, 예류를 섭수하거나 괴멸하기 위한 까닭으로 수학하지 않고, 일래·불환·아라한을 섭수하거나 괴멸하기 위한 까닭으로 수학하지 않습니까? 선현이여. 보살마하살은 이와 같이 수학하는 때에, 예류향·예류과를 섭수하거나 괴멸하기 위한 까닭으로 수학하지 않고, 일래향·일래과·불환향·불환과·아라한향·아라한과를 섭수하거나 괴멸하기 위한 까닭으로 수학하지 않습니까?

선현이여. 보살마하살은 이와 같이 수학하는 때에, 독각을 섭수하거나 괴멸하기 위한 까닭으로 수학하지 않고, 독각향·독각과를 섭수하거나 괴멸하기 위한 까닭으로 수학하지 않습니까? 선현이여. 보살마하살은 이와 같이 수학하는 때에, 보살마하살을 섭수하거나 괴멸하기 위한 까닭으로 수학하지 않고, 삼먁삼불타를 섭수하거나 괴멸하기 위한 까닭으로 수학하지 않습니까?

선현이여. 보살마하살은 이와 같이 수학하는 때에, 보살마하살의 법을 섭수하거나 괴멸하기 위한 까닭으로 수학하지 않고, 무상정등보리를 섭수하거나 괴멸하기 위한 까닭으로 수학하지 않습니까? 선현이여. 보살마하살은 이와 같이 수학하는 때에, 성문승을 섭수하거나 괴멸하기 위한 까닭으로 수학하지 않고, 독각승·무상승을 섭수하거나 괴멸하기 위한 까닭으로 수학하지 않습니까?"

마하반야바라밀다경 제88권

26. 학반야품(學般若品)(4)

선현이 대답하여 말하였다.
"그와 같습니다. 그와 같습니다. 사리자여. 보살마하살은 이와 같이 수학하는 때에, 색을 섭수하거나 괴멸하기 위한 까닭으로 수학하지 않고, 수·상·행·식을 섭수하거나 괴멸하기 위한 까닭으로 수학하지 않습니다. 그와 같습니다. 그와 같습니다. 사리자여. 보살마하살은 이와 같이 수학하는 때에, 안처를 섭수하거나 괴멸하기 위한 까닭으로 수학하지 않고, 이·비·설·신·의처를 섭수하거나 괴멸하기 위한 까닭으로 수학하지 않습니다.
그와 같습니다. 그와 같습니다. 사리자여. 보살마하살은 이와 같이 수학하는 때에, 색처를 섭수하거나 괴멸하기 위한 까닭으로 수학하지 않고, 성·향·미·촉·법처를 섭수하거나 괴멸하기 위한 까닭으로 수학하지 않습니다. 그와 같습니다. 그와 같습니다. 사리자여. 보살마하살은 이와 같이 수학하는 때에, 안계를 섭수하거나 괴멸하기 위한 까닭으로 수학하지 않고, 색계·안식계, 나아가 안촉·안촉을 인연으로 생겨난 여러 수를 섭수하거나 괴멸하기 위한 까닭으로 수학하지 않습니다.
그와 같습니다. 그와 같습니다. 사리자여. 보살마하살은 이와 같이 수학하는 때에, 이계를 섭수하거나 괴멸하기 위한 까닭으로 수학하지 않고, 성계·이식계, 나아가 이촉·이촉을 인연으로 생겨난 여러 수를 섭수하거나 괴멸하기 위한 까닭으로 수학하지 않습니다. 그와 같습니다.

그와 같습니다. 사리자여. 보살마하살은 이와 같이 수학하는 때에, 비계를 섭수하거나 괴멸하기 위한 까닭으로 수학하지 않고, 향계·비식계, 나아가 비촉·비촉을 인연으로 생겨난 여러 수를 섭수하거나 괴멸하기 위한 까닭으로 수학하지 않습니다.

그와 같습니다. 그와 같습니다. 사리자여. 보살마하살은 이와 같이 수학하는 때에, 설계를 섭수하거나 괴멸하기 위한 까닭으로 수학하지 않고, 미계·설식계, 나아가 설촉·설촉을 인연으로 생겨난 여러 수를 섭수하거나 괴멸하기 위한 까닭으로 수학하지 않습니다. 그와 같습니다. 그와 같습니다. 사리자여. 보살마하살은 이와 같이 수학하는 때에, 신계를 섭수하거나 괴멸하기 위한 까닭으로 수학하지 않고, 촉계·신식계, 나아가 신촉·신촉을 인연으로 생겨난 여러 수를 섭수하거나 괴멸하기 위한 까닭으로 수학하지 않습니다.

그와 같습니다. 그와 같습니다. 사리자여. 보살마하살은 이와 같이 수학하는 때에, 의계를 섭수하거나 괴멸하기 위한 까닭으로 수학하지 않고, 법계·의식계, 나아가 의촉·의촉을 인연으로 생겨난 여러 수를 섭수하거나 괴멸하기 위한 까닭으로 수학하지 않습니다. 그와 같습니다. 그와 같습니다. 사리자여. 보살마하살은 이와 같이 수학하는 때에, 지계를 섭수하거나 괴멸하기 위한 까닭으로 수학하지 않고, 수·화·풍·공·식계를 섭수하거나 괴멸하기 위한 까닭으로 수학하지 않습니다.

그와 같습니다. 그와 같습니다. 사리자여. 보살마하살은 이와 같이 수학하는 때에, 고성제를 섭수하거나 괴멸하기 위한 까닭으로 수학하지 않고, 집·멸·도성제를 섭수하거나 괴멸하기 위한 까닭으로 수학하지 않습니다. 그와 같습니다. 그와 같습니다. 사리자여. 보살마하살은 이와 같이 수학하는 때에, 무명을 섭수하거나 괴멸하기 위한 까닭으로 수학하지 않고, 행·식·명색·육처·촉·수·애·취·유·생·노사의 수탄고우뇌를 섭수거나 괴멸하기 위한 까닭으로 수학하지 않습니다.

그와 같습니다. 그와 같습니다. 사리자여. 보살마하살은 이와 같이 수학하는 때에, 내공을 섭수하거나 괴멸하기 위한 까닭으로 수학하지 않고, 외공·내외공·공공·대공·승의공·유위공·무위공·필경공·무제공·산공·무변이공·본성공·자상공·공상공·일체법공·불가득공·무성공·자성공·무성자성공을 섭수하거나 괴멸하기 위한 까닭으로 수학하지 않습니다. 그와 같습니다. 그와 같습니다. 사리자여, 보살마하살은 이와 같이 수학하는 때에, 진여를 섭수하거나 괴멸하기 위한 까닭으로 수학하지 않고, 법계·법성·불허망성·불변이성·평등성·이생성·법정·법주·실제·허공계·부사의계를 섭수하거나 괴멸하기 위한 까닭으로 수학하지 않습니다.

그와 같습니다. 그와 같습니다. 사리자여, 보살마하살은 이와 같이 수학하는 때에, 보시바라밀다를 섭수하거나 괴멸하기 위한 까닭으로 수학하지 않고, 정계·안인·정진·정려·반야바라밀다를 섭수하거나 괴멸하기 위한 까닭으로 수학하지 않습니다. 그와 같습니다. 그와 같습니다. 사리자여, 보살마하살은 이와 같이 수학하는 때에, 4정려를 섭수하거나 괴멸하기 위한 까닭으로 수학하지 않고, 4무량·4무색정을 섭수하거나 괴멸하기 위한 까닭으로 수학하지 않습니다.

그와 같습니다. 그와 같습니다. 사리자여, 보살마하살은 이와 같이 수학하는 때에, 8해탈을 섭수하거나 괴멸하기 위한 까닭으로 수학하지 않고, 8승처·9차제정·10변처를 섭수하거나 괴멸하기 위한 까닭으로 수학하지 않습니다. 그와 같습니다. 그와 같습니다. 사리자여, 보살마하살은 이와 같이 수학하는 때에, 4념주를 섭수하거나 괴멸하기 위한 까닭으로 수학하지 않고, 4정단·4신족·5근·5력·7등각지·8성도지를 섭수하거나 괴멸하기 위한 까닭으로 수학하지 않습니다.

그와 같습니다. 그와 같습니다. 사리자여, 보살마하살은 이와 같이 수학하는 때에, 공해탈문을 섭수하거나 괴멸하기 위한 까닭으로 수학하지 않고, 무상·무원해탈문을 섭수하거나 괴멸하기 위한 까닭으로 수학하지 않습니다. 그와 같습니다. 그와 같습니다. 사리자여, 보살마하살은 이와 같이 수학하는 때에, 5안을 섭수하거나 괴멸하기 위한 까닭으로 수학하지 않고, 6신통을 섭수하거나 괴멸하기 위한 까닭으로 수학하지 않습니다.

그와 같습니다. 그와 같습니다. 사리자여. 보살마하살은 이와 같이 수학하는 때에, 여래의 10력을 섭수하거나 괴멸하기 위한 까닭으로 수학하지 않고, 4무소외·4무애해·대자·대비·대희·대사·18불불공법을 섭수하거나 괴멸하기 위한 까닭으로 수학하지 않습니다. 그와 같습니다. 그와 같습니다. 사리자여. 보살마하살은 이와 같이 수학하는 때에, 무망실법을 섭수하거나 괴멸하기 위한 까닭으로 수학하지 않고, 항주사성을 섭수하거나 괴멸하기 위한 까닭으로 수학하지 않습니다.

그와 같습니다. 그와 같습니다. 사리자여. 보살마하살은 이와 같이 수학하는 때에, 일체지를 섭수하거나 괴멸하기 위한 까닭으로 수학하지 않고, 도상지·일체상지를 섭수하거나 괴멸하기 위한 까닭으로 수학하지 않습니다. 그와 같습니다. 그와 같습니다. 사리자여. 보살마하살은 이와 같이 수학하는 때에, 일체의 다라니문을 섭수하거나 괴멸하기 위한 까닭으로 수학하지 않고, 일체의 삼마지문을 섭수하거나 괴멸하기 위한 까닭으로 수학하지 않습니다.

그와 같습니다. 그와 같습니다. 사리자여. 보살마하살은 이와 같이 수학하는 때에, 예류를 섭수하거나 괴멸하기 위한 까닭으로 수학하지 않고, 일래·불환·아라한을 섭수하거나 괴멸하기 위한 까닭으로 수학하지 않습니다. 그와 같습니다. 그와 같습니다. 사리자여. 보살마하살은 이와 같이 수학하는 때에, 예류향·예류과를 섭수하거나 괴멸하기 위한 까닭으로 수학하지 않고, 일래향·일래과·불환향·불환과·아라한향·아라한과를 섭수하거나 괴멸하기 위한 까닭으로 수학하지 않습니다.

그와 같습니다. 그와 같습니다. 사리자여. 보살마하살은 이와 같이 수학하는 때에, 독각을 섭수하거나 괴멸하기 위한 까닭으로 수학하지 않고, 독각향·독각과를 섭수하거나 괴멸하기 위한 까닭으로 수학하지 않습니다. 그와 같습니다. 그와 같습니다. 사리자여. 보살마하살은 이와 같이 수학하는 때에, 보살마하살을 섭수하거나 괴멸하기 위한 까닭으로 수학하지 않고, 삼먁삼불타를 섭수하거나 괴멸하기 위한 까닭으로 수학하지 않습니다.

그와 같습니다. 그와 같습니다. 사리자여. 보살마하살은 이와 같이 수학하는 때에, 보살마하살의 법을 섭수하거나 괴멸하기 위한 까닭으로 수학하지 않고, 무상정등보리를 섭수하거나 괴멸하기 위한 까닭으로 수학하지 않습니다. 그와 같습니다. 그와 같습니다. 사리자여. 보살마하살은 이와 같이 수학하는 때에, 성문승을 섭수하거나 괴멸하기 위한 까닭으로 수학하지 않고, 독각승·무상승을 섭수하거나 괴멸하기 위한 까닭으로 수학하지 않습니다."

이때 사리자가 선현에게 물었다.
"무슨 인연으로 보살마하살은 이와 같이 수학하는 때에, 색을 섭수하거나 괴멸하기 위한 까닭으로 수학하지 않고, 수·상·행·식을 섭수하거나 괴멸하기 위한 까닭으로 수학하지 않습니까? 선현이여. 무슨 인연으로 보살마하살은 이와 같이 수학하는 때에, 안처를 섭수하거나 괴멸하기 위한 까닭으로 수학하지 않고, 이·비·설·신·의처를 섭수하거나 괴멸하기 위한 까닭으로 수학하지 않습니까? 선현이여. 무슨 인연으로 보살마하살은 이와 같이 수학하는 때에, 색처를 섭수하거나 괴멸하기 위한 까닭으로 수학하지 않고, 성·향·미·촉·법처를 섭수하거나 괴멸하기 위한 까닭으로 수학하지 않습니까?

선현이여. 무슨 인연으로 보살마하살은 이와 같이 수학하는 때에, 안계를 섭수하거나 괴멸하기 위한 까닭으로 수학하지 않고, 색계·안식계, 나아가 안촉·안촉을 인연으로 생겨난 여러 수를 섭수하거나 괴멸하기 위한 까닭으로 수학하지 않습니까? 선현이여. 무슨 인연으로 보살마하살은 이와 같이 수학하는 때에, 이계를 섭수하거나 괴멸하기 위한 까닭으로 수학하지 않고, 성계·이식계, 나아가 이촉·이촉을 인연으로 생겨난 여러 수를 섭수하거나 괴멸하기 위한 까닭으로 수학하지 않습니까?

선현이여. 무슨 인연으로 보살마하살은 이와 같이 수학하는 때에, 비계를 섭수하거나 괴멸하기 위한 까닭으로 수학하지 않고, 향계·비식계, 나아가 비촉·비촉을 인연으로 생겨난 여러 수를 섭수하거나 괴멸하기 위한 까닭으로 수학하지 않습니까? 선현이여. 무슨 인연으로 보살마하살은 이와 같이 수학하는 때에, 설계를 섭수하거나 괴멸하기 위한 까닭으로 수학하지 않고, 미계·설식계, 나아가 설촉·설촉을 인연으로 생겨난 여러 수를 섭수하거나 괴멸하기 위한 까닭으로 수학하지 않습니까?

선현이여. 무슨 인연으로 보살마하살은 이와 같이 수학하는 때에, 신계를 섭수하거나 괴멸하기 위한 까닭으로 수학하지 않고, 촉계·신식계, 나아가 신촉·신촉을 인연으로 생겨난 여러 수를 섭수하거나 괴멸하기 위한 까닭으로 수학하지 않습니까? 선현이여. 무슨 인연으로 보살마하살은 이와 같이 수학하는 때에, 의계를 섭수하거나 괴멸하기 위한 까닭으로 수학하지 않고, 법계·의식계, 나아가 의촉·의촉을 인연으로 생겨난 여러 수를 섭수하거나 괴멸하기 위한 까닭으로 수학하지 않습니까?

선현이여. 무슨 인연으로 보살마하살은 이와 같이 수학하는 때에, 지계를 섭수하거나 괴멸하기 위한 까닭으로 수학하지 않고, 수·화·풍·공·식계를 섭수하거나 괴멸하기 위한 까닭으로 수학하지 않습니까? 선현이여. 무슨 인연으로 보살마하살은 이와 같이 수학하는 때에, 고성제를 섭수하거나 괴멸하기 위한 까닭으로 수학하지 않고, 집·멸·도성제를 섭수하거나 괴멸하기 위한 까닭으로 수학하지 않습니까?

선현이여. 무슨 인연으로 보살마하살은 이와 같이 수학하는 때에, 무명을 섭수하거나 괴멸하기 위한 까닭으로 수학하지 않고, 행·식·명색·육처·촉·수·애·취·유·생·노사의 수탄고우뇌를 섭수하거나 괴멸하기 위한 까닭으로 수학하지 않습니까? 선현이여. 무슨 인연으로 보살마하살은 이와 같이 수학하는 때에, 내공을 섭수하거나 괴멸하기 위한 까닭으로 수학하지 않고, 외공·내외공·공공·대공·승의공·유위공·무위공·필경공·무제공·산공·무변이공·본성공·자상공·공상공·일체법공·불가득공·무성공·자성공·무성자성공을 섭수하거나 괴멸하기 위한 까닭으로 수학하지 않습니까?

선현이여. 무슨 인연으로 보살마하살은 이와 같이 수학하는 때에, 진여를 섭수하거나 괴멸하기 위한 까닭으로 수학하지 않고, 법계·법성·불허망성·불변이성·평등성·이생성·법정·법주·실제·허공계·부사의계를 섭수하거나 괴멸하기 위한 까닭으로 수학하지 않습니까? 선현이여. 무슨 인연으로 보살마하살은 이와 같이 수학하는 때에, 보시바라밀다를 섭수하거나 괴멸하기 위한 까닭으로 수학하지 않고, 정계·안인·정진·정려·반야바라밀다를 섭수하거나 괴멸하기 위한 까닭으로 수학하지 않습니까?

선현이여. 무슨 인연으로 보살마하살은 이와 같이 수학하는 때에, 4정려를 섭수하거나 괴멸하기 위한 까닭으로 수학하지 않고, 4무량·4무색정을 섭수하거나 괴멸하기 위한 까닭으로 수학하지 않습니까? 선현이여. 무슨 인연으로 보살마하살은 이와 같이 수학하는 때에, 8해탈을 섭수하거나 괴멸하기 위한 까닭으로 수학하지 않고, 8승처·9차제정·10변처를 섭수하거나 괴멸하기 위한 까닭으로 수학하지 않습니까?

선현이여. 무슨 인연으로 보살마하살은 이와 같이 수학하는 때에, 4념주를 섭수하거나 괴멸하기 위한 까닭으로 수학하지 않고, 4정단·4신족·5근·5력·7등각지·8성도지를 섭수하거나 괴멸하기 위한 까닭으로 수학하지 않습니까? 선현이여. 무슨 인연으로 보살마하살은 이와 같이 수학하는 때에, 공해탈문을 섭수하거나 괴멸하기 위한 까닭으로 수학하지 않고, 무상·무원해탈문을 섭수하거나 괴멸하기 위한 까닭으로 수학하지 않습니까?

선현이여. 무슨 인연으로 보살마하살은 이와 같이 수학하는 때에, 5안을 섭수하거나 괴멸하기 위한 까닭으로 수학하지 않고, 6신통을 섭수하거나 괴멸하기 위한 까닭으로 수학하지 않습니까? 선현이여. 무슨 인연으로 보살마하살은 이와 같이 수학하는 때에, 여래의 10력을 섭수하거나 괴멸하기 위한 까닭으로 수학하지 않고, 4무소외·4무애해·대자·대비·대희·대사·18불불공법을 섭수하거나 괴멸하기 위한 까닭으로 수학하지 않습니까?

선현이여. 무슨 인연으로 보살마하살은 이와 같이 수학하는 때에, 무망실법을 섭수하거나 괴멸하기 위한 까닭으로 수학하지 않고, 항주사성을 섭수하거나 괴멸하기 위한 까닭으로 수학하지 않습니까? 선현이여.

무슨 인연으로 보살마하살은 이와 같이 수학하는 때에, 일체지를 섭수하거나 괴멸하기 위한 까닭으로 수학하지 않고, 도상지·일체상지를 섭수하거나 괴멸하기 위한 까닭으로 수학하지 않습니까?

선현이여. 무슨 인연으로 보살마하살은 이와 같이 수학하는 때에, 일체의 다라니문을 섭수하거나 괴멸하기 위한 까닭으로 수학하지 않고, 일체의 삼마지문을 섭수하거나 괴멸하기 위한 까닭으로 수학하지 않습니까? 선현이여. 무슨 인연으로 보살마하살은 이와 같이 수학하는 때에, 예류를 섭수하거나 괴멸하기 위한 까닭으로 수학하지 않고, 일래·불환·아라한을 섭수하거나 괴멸하기 위한 까닭으로 수학하지 않습니까?

선현이여. 무슨 인연으로 보살마하살은 이와 같이 수학하는 때에, 보살마하살을 섭수하거나 괴멸하기 위한 까닭으로 수학하지 않고, 삼먁삼불타를 섭수하거나 괴멸하기 위한 까닭으로 수학하지 않습니까? 선현이여. 무슨 인연으로 보살마하살은 이와 같이 수학하는 때에, 보살마하살의 법을 섭수하거나 괴멸하기 위한 까닭으로 수학하지 않고, 무상정등보리를 섭수하거나 괴멸하기 위한 까닭으로 수학하지 않습니까? 선현이여. 무슨 인연으로 보살마하살은 이와 같이 수학하는 때에, 성문승을 섭수하거나 괴멸하기 위한 까닭으로 수학하지 않고, 독각승·무상승을 섭수하거나 괴멸하기 위한 까닭으로 수학하지 않습니까?"

이때 구수 선현이 사리자에게 대답하며 말하였다.

"보살마하살은 이와 같이 수학하는 때에, 색을 섭수하거나 괴멸할 것(所)이 있다고 보지 않고, 역시 능히 색을 섭수하거나 괴멸할 자(者)가 있다고 보지 않으며, 수·상·행·식을 섭수하거나 괴멸할 것이 있다고 보지 않고, 역시 능히 수·상·행·식을 섭수하거나 괴멸할 자가 있다고 보지 않습니다. 왜 그러한가? 색온(色蘊) 등은 만약 능의(能)[1]이거나

---

1) '능(能)'은 산스크리트어 āśrita의 번역이다. 능소(能所)는 어떠한 행위와 인식 등의 주체적인 것을 능(能)이라 하고, 대상적인 것을 소(所)라고 말하며, '능동(能動)과 피동(被動)', 또는 '주체와 객체'로 표현할 수 있다.

만약 소의(所依)이거나,[2] 내신(內身)·외신(外身)이 함께 공하므로 얻을 수 없는 까닭입니다.

사리자여. 이와 같이 수학하는 때에, 안처를 섭수하거나 괴멸할 것이 있다고 보지 않고, 역시 능히 안처를 섭수하거나 괴멸할 자가 있다고 보지 않으며, 이·비·설·신·의처를 섭수하거나 괴멸할 것이 있다고 보지 않고, 역시 능히 이·비·설·신·의처를 섭수하거나 괴멸할 자가 있다고 보지 않습니다. 왜 그러한가? 안처 등은 만약 능의이거나 만약 소의이거나, 내신·외신이 함께 공하므로 얻을 수 없는 까닭입니다.

사리자여. 이와 같이 수학하는 때에, 색처를 섭수하거나 괴멸할 것이 있다고 보지 않고, 역시 능히 색처를 섭수하거나 괴멸할 자가 있다고 보지 않으며, 성·향·미·촉·법처를 섭수하거나 괴멸할 것이 있다고 보지 않고, 역시 능히 성·향·미·촉·법처를 섭수하거나 괴멸할 자가 있다고 보지 않습니다. 왜 그러한가? 색처 등은 만약 능의이거나 만약 소의이거나, 내신·외신이 함께 공하므로 얻을 수 없는 까닭입니다.

사리자여. 이와 같이 수학하는 때에, 안계를 섭수하거나 괴멸할 것이 있다고 보지 않고, 역시 능히 안계를 섭수하거나 괴멸할 자가 있다고 보지 않으며, 색계·안식계, 나아가 안촉·안촉을 인연으로 생겨난 여러 수를 섭수하거나 괴멸할 것이 있다고 보지 않고, 역시 능히 색계, 나아가 안촉을 인연으로 생겨난 여러 수를 섭수하거나 괴멸할 자가 있다고 보지 않습니다. 왜 그러한가? 안계 등은 만약 능의이거나 만약 소의이거나, 내신·외신이 함께 공하므로 얻을 수 없는 까닭입니다.

사리자여. 이와 같이 수학하는 때에, 이계를 섭수하거나 괴멸할 것이 있다고 보지 않고, 역시 능히 이계를 섭수하거나 괴멸할 자가 있다고 보지 않으며, 성계·이식계, 나아가 이촉·이촉을 인연으로 생겨난 여러 수를 섭수하거나 괴멸할 것이 있다고 보지 않고, 역시 능히 성계, 나아가 이촉을 인연으로 생겨난 여러 수를 섭수하거나 괴멸할 자가 있다고 보지

---

[2] '소의(所依)'는 산스크리트어 āsraya의 번역이고, '의지처(依止處)', '의지(依止)', '근거(根據)' 등을 뜻한다

않습니다. 왜 그러한가? 이계 등은 만약 능의이거나 만약 소의이거나, 내신·외신이 함께 공하므로 얻을 수 없는 까닭입니다.
 사리자여. 이와 같이 수학하는 때에, 비계를 섭수하거나 괴멸할 것이 있다고 보지 않고, 역시 능히 비계를 섭수하거나 괴멸할 자가 있다고 보지 않으며, 향계·비식계, 나아가 비촉·비촉을 인연으로 생겨난 여러 수를 섭수하거나 괴멸할 것이 있다고 보지 않고, 역시 능히 향계, 나아가 비촉을 인연으로 생겨난 여러 수를 섭수하거나 괴멸할 자가 있다고 보지 않습니다. 왜 그러한가? 비계 등은 만약 능의이거나 만약 소의이거나, 내신·외신이 함께 공하므로 얻을 수 없는 까닭입니다.
 사리자여. 이와 같이 수학하는 때에, 설계를 섭수하거나 괴멸할 것이 있다고 보지 않고, 역시 능히 설계를 섭수하거나 괴멸할 자가 있다고 보지 않으며, 미계·설식계, 나아가 설촉·설촉을 인연으로 생겨난 여러 수를 섭수하거나 괴멸할 것이 있다고 보지 않고, 역시 능히 미계, 나아가 설촉을 인연으로 생겨난 여러 수를 섭수하거나 괴멸할 자가 있다고 보지 않습니다. 왜 그러한가? 설계 등은 만약 능의이거나 만약 소의이거나, 내신·외신이 함께 공하므로 얻을 수 없는 까닭입니다.
 사리자여. 이와 같이 수학하는 때에, 신계를 섭수하거나 괴멸할 것이 있다고 보지 않고, 역시 능히 신계를 섭수하거나 괴멸할 자가 있다고 보지 않으며, 촉계·신식계, 나아가 신촉·신촉을 인연으로 생겨난 여러 수를 섭수하거나 괴멸할 것이 있다고 보지 않고, 역시 능히 촉계, 나아가 신촉을 인연으로 생겨난 여러 수를 섭수하거나 괴멸할 자가 있다고 보지 않습니다. 왜 그러한가? 신계 등은 만약 능의이거나 만약 소의이거나, 내신·외신이 함께 공하므로 얻을 수 없는 까닭입니다.
 사리자여. 이와 같이 수학하는 때에, 의계를 섭수하거나 괴멸할 것이 있다고 보지 않고, 역시 능히 의계를 섭수하거나 괴멸할 자가 있다고 보지 않으며, 법계·의식계, 나아가 의촉·의촉을 인연으로 생겨난 여러 수를 섭수하거나 괴멸할 것이 있다고 보지 않고, 역시 능히 법계, 나아가 의촉을 인연으로 생겨난 여러 수를 섭수하거나 괴멸할 자가 있다고 보지 않습니다. 왜 그러한가? 의계 등은 만약 능의이거나 만약 소의이거나, 내신·외신이 함께 공하므로 얻을 수 없는 까닭입니다.

사리자여. 이와 같이 수학하는 때에, 지계를 섭수하거나 괴멸할 것이 있다고 보지 않고, 역시 능히 지계를 섭수하거나 괴멸할 자가 있다고 보지 않으며, 수·화·풍·공·식계를 섭수하거나 괴멸할 것이 있다고 보지 않고, 역시 능히 수·화·풍·공·식계를 섭수하거나 괴멸할 자가 있다고 보지 않습니다. 왜 그러한가? 지계 등은 만약 능의이거나 만약 소의이거나, 내신·외신이 함께 공하므로 얻을 수 없는 까닭입니다.

사리자여. 이와 같이 수학하는 때에, 고성제를 섭수하거나 괴멸할 것이 있다고 보지 않고, 역시 능히 고성제를 섭수하거나 괴멸할 자가 있다고 보지 않으며, 집·멸·도성제를 섭수하거나 괴멸할 것이 있다고 보지 않고, 역시 능히 집·멸·도성제를 섭수하거나 괴멸할 자가 있다고 보지 않습니다. 왜 그러한가? 고성제 등은 만약 능의이거나 만약 소의이거나, 내신·외신이 함께 공하므로 얻을 수 없는 까닭입니다.

사리자여. 이와 같이 수학하는 때에, 무명을 섭수하거나 괴멸할 것이 있다고 보지 않고, 역시 능히 무명을 섭수하거나 괴멸할 자가 있다고 보지 않으며, 행·식·명색·육처·촉·수·애·취·유·생·노사의 수탄고우뇌를 섭수하거나 괴멸할 것이 있다고 보지 않고, 역시 능히 행, 나아가 노사의 수탄고우뇌를 섭수하거나 괴멸할 자가 있다고 보지 않습니다. 왜 그러한가? 무명 등은 만약 능의이거나 만약 소의이거나, 내신·외신이 함께 공하므로 얻을 수 없는 까닭입니다.

사리자여. 이와 같이 수학하는 때에, 내공을 섭수하거나 괴멸할 것이 있다고 보지 않고, 역시 능히 내공을 섭수하거나 괴멸할 자가 있다고 보지 않으며, 외공·내외공·공공·대공·승의공·유위공·무위공·필경공·무제공·산공·무변이공·본성공·자상공·공상공·일체법공·불가득공·무성공·자성공·무성자성공을 섭수하거나 괴멸할 것이 있다고 보지 않고, 역시 능히 외공, 나아가 무성자성공을 섭수하거나 괴멸할 자가 있다고 보지 않습니다. 왜 그러한가? 내공 등은 만약 능의이거나 만약 소의이거나, 내신·외신이 함께 공하므로 얻을 수 없는 까닭입니다.
　사리자여. 이와 같이 수학하는 때에, 진여를 섭수하거나 괴멸할 것이 있다고 보지 않고, 역시 능히 진여를 섭수하거나 괴멸할 자가 있다고 보지 않으며, 법계·법성·불허망성·불변이성·평등성·이생성·법정·법주·실제·허공계·부사의계를 섭수하거나 괴멸할 것이 있다고 보지 않고, 역시 능히 법계, 나아가 부사의계를 섭수하거나 괴멸할 자가 있다고 보지 않습니다. 왜 그러한가? 진여 등은 만약 능의이거나 만약 소의이거나, 내신·외신이 함께 공하므로 얻을 수 없는 까닭입니다.
　사리자여. 이와 같이 수학하는 때에, 보시바라밀다를 섭수하거나 괴멸할 것이 있다고 보지 않고, 역시 능히 보시바라밀다를 섭수하거나 괴멸할 자가 있다고 보지 않으며, 정계·안인·정진·정려·반야바라밀다를 섭수하거나 괴멸할 것이 있다고 보지 않고, 역시 능히 정계·안인·정진·정려·반야바라밀다를 섭수하거나 괴멸할 자가 있다고 보지 않습니다. 왜 그러한가? 보시바라밀다 등은 만약 능의이거나 만약 소의이거나, 내신·외신이 함께 공하므로 얻을 수 없는 까닭입니다.
　사리자여. 이와 같이 수학하는 때에, 4정려를 섭수하거나 괴멸할 것이 있다고 보지 않고, 역시 능히 4정려를 섭수하거나 괴멸할 자가 있다고 보지 않으며, 4무량·4무색정을 섭수하거나 괴멸할 것이 있다고 보지 않고, 역시 능히 4무량·4무색정을 섭수하거나 괴멸할 자가 있다고 보지 않습니다. 왜 그러한가? 4정려 등은 만약 능의이거나 만약 소의이거나, 내신·외신이 함께 공하므로 얻을 수 없는 까닭입니다.
　사리자여. 이와 같이 수학하는 때에, 8해탈을 섭수하거나 괴멸할 것이 있다고 보지 않고, 역시 능히 8해탈을 섭수하거나 괴멸할 자가 있다고 보지 않으며, 8승처·9차제정·10변처를 섭수하거나 괴멸할 것이 있다고 보지 않고, 역시 능히 8승처·9차제정·10변처를 섭수하거나 괴멸할 자가 있다고 보지 않습니다. 왜 그러한가? 8해탈 등은 만약 능의이거나 만약 소의이거나, 내신·외신이 함께 공하므로 얻을 수 없는 까닭입니다.
　사리자여. 이와 같이 수학하는 때에, 4념주를 섭수하거나 괴멸할 것이 있다고 보지 않고, 역시 능히 4념주를 섭수하거나 괴멸할 자가 있다고 보지 않으며, 4정단·4신족·5근·5력·7등각지·8성도지를 섭수하거나 괴멸할 것이 있다고 보지 않고, 역시 능히 4정단, 나아가 8성도지를 섭수하거나 괴멸할 자가 있다고 보지 않습니다. 왜 그러한가? 4념주 등은 만약 능의이거나 만약 소의이거나, 내신·외신이 함께 공하므로 얻을 수 없는 까닭입니다.

사리자여. 이와 같이 수학하는 때에, 공해탈문을 섭수하거나 괴멸할 것이 있다고 보지 않고, 역시 능히 공해탈문을 섭수하거나 괴멸할 자가 있다고 보지 않으며, 무상·무원해탈문을 섭수하거나 괴멸할 것이 있다고 보지 않고, 역시 능히 무상·무원해탈문을 섭수하거나 괴멸할 자가 있다고 보지 않습니다. 왜 그러한가? 공해탈문 등은 만약 능의이거나 만약 소의이거나, 내신·외신이 함께 공하므로 얻을 수 없는 까닭입니다.

사리자여. 이와 같이 수학하는 때에, 5안을 섭수하거나 괴멸할 것이 있다고 보지 않고, 역시 능히 5안을 섭수하거나 괴멸할 자가 있다고 보지 않으며, 6신통을 섭수하거나 괴멸할 것이 있다고 보지 않고, 역시 능히 6신통을 섭수하거나 괴멸할 자가 있다고 보지 않습니다. 왜 그러한가? 5안 등은 만약 능의이거나 만약 소의이거나, 내신·외신이 함께 공하므로 얻을 수 없는 까닭입니다.

사리자여. 이와 같이 수학하는 때에, 여래의 10력을 섭수하거나 괴멸할 것이 있다고 보지 않고, 역시 능히 여래의 10력을 섭수하거나 괴멸할 자가 있다고 보지 않으며, 4무소외·4무애해·대자·대비·대희·대사·18불불공법을 섭수하거나 괴멸할 것이 있다고 보지 않고, 역시 능히 4무소외, 나아가 18불불공법을 섭수하거나 괴멸할 자가 있다고 보지 않습니다. 왜 그러한가? 여래의 10력 등은 만약 능의이거나 만약 소의이거나, 내신·외신이 함께 공하므로 얻을 수 없는 까닭입니다.

사리자여. 이와 같이 수학하는 때에, 무망실법을 섭수하거나 괴멸할 것이 있다고 보지 않고, 역시 능히 무망실법을 섭수하거나 괴멸할 자가 있다고 보지 않으며, 항주사성을 섭수하거나 괴멸할 것이 있다고 보지 않고, 역시 능히 항주사성을 섭수하거나 괴멸할 자가 있다고 보지 않습니다. 왜 그러한가? 무망실법 등은 만약 능의이거나 만약 소의이거나, 내신·외신이 함께 공하므로 얻을 수 없는 까닭입니다.
 사리자여. 이와 같이 수학하는 때에, 일체지를 섭수하거나 괴멸할 것이 있다고 보지 않고, 역시 능히 일체지를 섭수하거나 괴멸할 자가 있다고 보지 않으며, 도상지·일체상지를 섭수하거나 괴멸할 것이 있다고 보지 않고, 역시 능히 도상지·일체상지를 섭수하거나 괴멸할 자가 있다고 보지 않습니다. 왜 그러한가? 일체지 등은 만약 능의이거나 만약 소의이거나, 내신·외신이 함께 공하므로 얻을 수 없는 까닭입니다.
 사리자여. 이와 같이 수학하는 때에, 일체의 다라니문을 섭수하거나 괴멸할 것이 있다고 보지 않고, 역시 능히 일체의 다라니문을 섭수하거나 괴멸할 자가 있다고 보지 않으며, 일체의 삼마지문을 섭수하거나 괴멸할 것이 있다고 보지 않고, 역시 능히 일체의 삼마지문을 섭수하거나 괴멸할 자가 있다고 보지 않습니다. 왜 그러한가? 일체의 다라니문 등은 만약 능의이거나 만약 소의이거나, 내신·외신이 함께 공하므로 얻을 수 없는 까닭입니다.
 사리자여. 이와 같이 수학하는 때에, 예류를 섭수하거나 괴멸할 것이 있다고 보지 않고, 역시 능히 예류를 섭수하거나 괴멸할 자가 있다고 보지 않으며, 일래·불환·아라한을 섭수하거나 괴멸할 것이 있다고 보지 않고, 역시 능히 일래·불환·아라한을 섭수하거나 괴멸할 자가 있다고 보지 않습니다. 왜 그러한가? 예류 등은 만약 능의이거나 만약 소의이거나, 내신·외신이 함께 공하므로 얻을 수 없는 까닭입니다.
 사리자여. 이와 같이 수학하는 때에, 예류향·예류과를 섭수하거나 괴멸할 것이 있다고 보지 않고, 역시 능히 예류향·예류과를 섭수하거나 괴멸할 자가 있다고 보지 않으며, 일래향·일래과·불환향·불환과·아라한향·아라한과를 섭수하거나 괴멸할 것이 있다고 보지 않고, 역시 능히 일래향·일래과·불환향·불환과·아라한향·아라한과를 섭수하거나 괴멸할 자가 있다고 보지 않습니다. 왜 그러한가? 예류향·예류과 등은 만약 능의이거나 만약 소의이거나, 내신·외신이 함께 공하므로 얻을 수 없는 까닭입니다.

사리자여. 이와 같이 수학하는 때에, 독각을 섭수하거나 괴멸할 것이 있다고 보지 않고, 역시 능히 독각을 섭수하거나 괴멸할 자가 있다고 보지 않으며, 독각향·독각과를 섭수하거나 괴멸할 것이 있다고 보지 않고, 역시 능히 독각향·독각과를 섭수하거나 괴멸할 자가 있다고 보지 않습니다. 왜 그러한가? 독각 등은 만약 능의이거나 만약 소의이거나, 내신·외신이 함께 공하므로 얻을 수 없는 까닭입니다.

사리자여. 이와 같이 수학하는 때에, 보살마하살을 섭수하거나 괴멸할 것이 있다고 보지 않고, 역시 능히 보살마하살을 섭수하거나 괴멸할 자가 있다고 보지 않으며, 삼먁삼불타를 섭수하거나 괴멸할 것이 있다고 보지 않고, 역시 능히 삼먁삼불타를 섭수하거나 괴멸할 자가 있다고 보지 않습니다. 왜 그러한가? 보살마하살 등은 만약 능의이거나 만약 소의이거나, 내신·외신이 함께 공하므로 얻을 수 없는 까닭입니다.

사리자여. 이와 같이 수학하는 때에, 보살마하살의 법을 섭수하거나 괴멸할 것이 있다고 보지 않고, 역시 능히 보살마하살의 법을 섭수하거나 괴멸할 자가 있다고 보지 않으며, 무상정등보리를 섭수하거나 괴멸할 것이 있다고 보지 않고, 역시 능히 무상정등보리를 섭수하거나 괴멸할 자가 있다고 보지 않습니다. 왜 그러한가? 보살마하살의 법 등은 만약 능의이거나 만약 소의이거나, 내신·외신이 함께 공하므로 얻을 수 없는 까닭입니다.

사리자여. 이와 같이 수학하는 때에, 성문승을 섭수하거나 괴멸할 것이 있다고 보지 않고, 역시 능히 성문승을 섭수하거나 괴멸할 자가 있다고 보지 않으며, 독각승·무상승을 섭수하거나 괴멸할 것이 있다고 보지 않고, 역시 능히 독각승·무상승을 섭수하거나 괴멸할 자가 있다고 보지 않습니다. 왜 그러한가? 성문승 등은 만약 능의이거나 만약 소의이거나, 내신·외신이 함께 공하므로 얻을 수 없는 까닭입니다.

사리자여. 만약 보살마하살이 색에서, 수·상·행·식에서, 안처에서,

이·비·설·신·의처에서, 색처에서, 성·향·미·촉·법처에서, 안계에서, 색계·안식계, 나아가 안촉·안촉을 인연으로 생겨난 여러 수에서, 이계에서, 성계·이식계, 나아가 이촉·이촉을 인연으로 생겨난 여러 수에서, 비계에서, 향계·비식계, 나아가 비촉·비촉을 인연으로 생겨난 여러 수에서, 설계에서, 미계·설식계, 나아가 설촉·설촉을 인연으로 생겨난 여러 수에서, 신계에서, 촉계·신식계, 나아가 신촉·신촉을 인연으로 생겨난 여러 수에서, 의계에서, 법계·의식계, 나아가 의촉·의촉을 인연으로 생겨난 여러 수에서, 지계에서, 수·화·풍·공·식계에서, 고성제에서, 집·멸·도성제에서, 무명에서, 행·식·명색·육처·촉·수·애·취·유·생·노사의 수탄고우뇌에서, 내공에서, 외공·내외공·공공·대공·승의공·유위공·무위공·필경공·무제공·산공·무변이공·본성공·자상공·공상공·일체법공·불가득공·무성공·자성공·무성자성공에서, 진여에서, 법계·법성·불허망성·불변이성·평등성·이생성·법정·법주·실제·허공계·부사의계에서, 보시바라밀다에서, 정계·안인·정진·정려·반야바라밀다에서, 4정려에서, 4무량·4무색정에서, 8해탈에서, 8승처·9차제정·10변처에서, 4념주에서, 4정단·4신족·5근·5력·7등각지·8성도지에서, 공해탈문에서, 무상·무원해탈문에서, 5안에서, 6신통에서, 여래의 10력에서, 4무소외·4무애해·대자·대비·대희·대사·18불불공법에서, 무망실법에서, 항주사성에서, 일체지에서, 도상지·일체상지에서, 일체의 다라니문에서, 일체의 삼마지문에서, 예류에서, 일래·불환·아라한에서, 예류향·예류과에서, 일래향·일래과·불환향·불환과·아라한향·아라한과에서, 독각향·독각과에서, 보살마하살에서, 삼먁삼불타에서, 보살마하살의 법에서, 무상정등보리에서, 성문승에서, 독각승에서, 무상승에서, 이것들을 섭수하거나 괴멸할 것이 있다고 보지 않고, 역시 능히 섭수하거나 괴멸할 자가 있다고 보지 않으면서 반야바라밀다를 수학한다면, 이러한 보살마하살은 능히 일체지지(一切智智)를 성취(成辦)합니다."

이때 사리자가 선현에게 물어 말하였다.

"만약 보살마하살이 이와 같이 반야바라밀다를 수학한다면 능히 일체지지를 성취합니까?"

선현이 대답하여 말하였다.

"보살마하살이 이와 같이 반야바라밀다를 수학한다면 능히 일체지지를 성취하나니, 일체법을 섭수하거나 괴멸하지 않고 방편으로 수학하는 까닭입니다."

사리자가 말하였다.

"만약 보살마하살이 일체법에서 섭수하거나 괴멸하지 않고 방편으로 수학하는 자는, 어찌 일체지지를 성취한다고 말합니까?"

선현이 말하였다.

"사리자여. 이 보살마하살은 반야바라밀다를 수행하는 때에, 색이 만약 생겨나거나 만약 소멸하여도 보지 않고, 수·상·행·식이 만약 생겨나거나 만약 소멸하여도 보지 않으며, 색이 만약 취(取)하거나 만약 버리더라도 보지 않고, 수·상·행·식이 만약 취하거나 만약 버리더라도 보지 않으며, 색이 만약 염오이거나 만약 청정하여도 보지 않고, 수·상·행·식이 만약 염오이거나 만약 청정하여도 보지 않으며, 색이 만약 모이거나 만약 흩어지더라도 보지 않고, 수·상·행·식이 만약 모이거나 만약 흩어지더라도 보지 않으며, 색이 만약 늘어나거나 만약 줄어들더라도 보지 않고, 수·상·행·식이 만약 늘어나거나 만약 줄어들더라도 보지 않습니다. 왜 그러한가? 색온의 자성 등은 공(空)하므로, 무소유(無所有)이고 얻을 수 없는 까닭입니다. 사리자여. 이 보살마하살은 이와 같이 반야바라밀다를 수학하여서 능히 일체지지를 성취하나니, 일체법을 수학할 것이 없음(無所學)으로써, 성취할 것이 없음(無所成辦)으로써 방편으로 삼는 까닭입니다.

사리자여. 이 보살마하살은 반야바라밀다를 수행하는 때에, 안처가 만약 생겨나거나 만약 소멸하여도 보지 않고, 이·비·설·신·의처가 만약 생겨나거나 만약 소멸하여도 보지 않으며, 안처가 만약 취하거나 만약 버리더라도 보지 않고, 이·비·설·신·의처가 만약 취하거나 만약 버리더라도 보지 않으며, 안처가 만약 염오이거나 만약 청정하여도 보지 않고, 이·비·설·신·의처가 만약 염오이거나 만약 청정하여도 보지 않으며, 안처가 만약 모이거나 만약 흩어지더라도 보지 않고, 이·비·설·신·의처가 만약 모이거나 만약 흩어지더라도 보지 않으며, 안처가 만약 늘어나거나 만약 줄어들더라도 보지 않고, 이·비·설·신·의처가 만약 늘어나거나 만약 줄어들더라도 보지 않습니다. 왜 그러한가? 안처의 자성 등은 공하므로, 무소유이고 얻을 수 없는 까닭입니다. 사리자여. 이 보살마하살은 이와 같이 반야바라밀다를 수학하여서 능히 일체지지를 성취하나니, 일체법을 수학할 것이 없음으로써, 성취할 것이 없음으로써 방편으로 삼는 까닭입니다.

사리자여. 이 보살마하살은 반야바라밀다를 수행하는 때에, 색처가 만약 생겨나거나 만약 소멸하여도 보지 않고, 성·향·미·촉·법처가 만약 생겨나거나 만약 소멸하여도 보지 않으며, 색처가 만약 취하거나 만약 버리더라도 보지 않고, 성·향·미·촉·법처가 만약 취하거나 만약 버리더라도 보지 않으며, 색처가 만약 염오이거나 만약 청정하여도 보지 않고, 성·향·미·촉·법처가 만약 염오이거나 만약 청정하여도 보지 않으며, 색처가 만약 모이거나 만약 흩어지더라도 보지 않고, 성·향·미·촉·법처가 만약 모이거나 만약 흩어지더라도 보지 않으며, 색처가 만약 늘어나거나 만약 줄어들더라도 보지 않고, 성·향·미·촉·법처가 만약 늘어나거나 만약 줄어들더라도 보지 않습니다. 왜 그러한가? 색처의 자성 등은 공하므로, 무소유이고 얻을 수 없는 까닭입니다. 사리자여. 이 보살마하살은 이와 같이 반야바라밀다를 수학하여서 능히 일체지지를 성취하나니, 일체법을 수학할 것이 없음으로써, 성취할 것이 없음으로써 방편으로 삼는 까닭입니다.

사리자여. 이 보살마하살은 반야바라밀다를 수행하는 때에, 안계가 만약 생겨나거나 만약 소멸하여도 보지 않고, 색계·안식계, 나아가 안촉·안촉을 인연으로 생겨난 여러 수가 만약 생겨나거나 만약 소멸하여도 보지 않으며, 안계가 만약 취하거나 만약 버리더라도 보지 않고, 색계,

나아가 안촉을 인연으로 생겨난 여러 수가 만약 취하거나 만약 버리더라도 보지 않으며, 안계가 만약 염오이거나 만약 청정하여도 보지 않고, 색계, 나아가 안촉을 인연으로 생겨난 여러 수가 만약 염오이거나 만약 청정하여도 보지 않으며, 안계가 만약 모이거나 만약 흩어지더라도 보지 않고, 색계, 나아가 안촉을 인연으로 생겨난 여러 수가 만약 모이거나 만약 흩어지더라도 보지 않으며, 안계가 만약 늘어나거나 만약 줄어들더라도 보지 않고, 색계, 나아가 안촉을 인연으로 생겨난 여러 수가 만약 늘어나거나 만약 줄어들더라도 보지 않습니다. 왜 그러한가? 안계의 자성 등은 공하므로, 무소유이고 얻을 수 없는 까닭입니다. 사리자여. 이 보살마하살은 이와 같이 반야바라밀다를 수학하여서 능히 일체지지를 성취하나니, 일체법을 수학할 것이 없음으로써, 성취할 것이 없음으로써 방편으로 삼는 까닭입니다.

사리자여. 이 보살마하살은 반야바라밀다를 수행하는 때에, 이계가 만약 생겨나거나 만약 소멸하여도 보지 않고, 성계·이식계, 나아가 이촉·이촉을 인연으로 생겨난 여러 수가 만약 생겨나거나 만약 소멸하여도 보지 않으며, 이계가 만약 취하거나 만약 버리더라도 보지 않고, 성계, 나아가 이촉을 인연으로 생겨난 여러 수가 만약 취하거나 만약 버리더라도 보지 않으며, 이계가 만약 염오이거나 만약 청정하여도 보지 않고, 성계, 나아가 이촉을 인연으로 생겨난 여러 수가 만약 염오이거나 만약 청정하여도 보지 않으며, 이계가 만약 모이거나 만약 흩어지더라도 보지 않고, 성계, 나아가 이촉을 인연으로 생겨난 여러 수가 만약 모이거나 만약 흩어지더라도 보지 않으며, 이계가 만약 늘어나거나 만약 줄어들더라도 보지 않고, 성계, 나아가 이촉을 인연으로 생겨난 여러 수가 만약 늘어나거나 만약 줄어들더라도 보지 않습니다. 왜 그러한가? 안계의 자성 등은 공하므로, 무소유이고 얻을 수 없는 까닭입니다. 사리자여. 이 보살마하살은 이와 같이 반야바라밀다를 수학하여서 능히 일체지지를 성취하나니, 일체법을 수학할 것이 없음으로써, 성취할 것이 없음으로써 방편으로 삼는 까닭입니다.

마하반야바라밀다경 제89권

26. 학반야품(學般若品)(5)

"사리자여. 이 보살마하살은 반야바라밀다를 수행하는 때에, 비계가 만약 생겨나거나 만약 소멸하여도 보지 않고, 향계·비식계, 나아가 비촉·비촉을 인연으로 생겨난 여러 수가 만약 생겨나거나 만약 소멸하여도 보지 않으며, 비계가 만약 취하거나 만약 버리더라도 보지 않고, 향계, 나아가 비촉을 인연으로 생겨난 여러 수가 만약 취하거나 만약 버리더라도 보지 않으며, 안계가 만약 염오이거나 만약 청정하여도 보지 않고, 향계, 나아가 비촉을 인연으로 생겨난 여러 수가 만약 염오이거나 만약 청정하여도 보지 않으며, 비계가 만약 모이거나 만약 흩어지더라도 보지 않고, 향계, 나아가 비촉을 인연으로 생겨난 여러 수가 만약 모이거나 만약 흩어지더라도 보지 않으며, 비계가 만약 늘어나거나 만약 줄어들더라도 보지 않고, 향계, 나아가 비촉을 인연으로 생겨난 여러 수가 만약 늘이기나 만약 줄어들더라도 보지 않습니다. 왜 그러한가? 비계의 자성 등은 공하므로, 무소유이고 얻을 수 없는 까닭입니다. 사리자여. 이 보살마하살은 이와 같이 반야바라밀다를 수학하여서 능히 일체지지를 성취하나니, 일체법을 수학할 것이 없음으로써, 성취할 것이 없음으로써 방편으로 삼는 까닭입니다.
 사리자여. 이 보살마하살은 반야바라밀다를 수행하는 때에, 설계가 만약 생겨나거나 만약 소멸하여도 보지 않고, 미계·설식계, 나아가 설촉·설촉을 인연으로 생겨난 여러 수가 만약 생겨나거나 만약 소멸하여도 보지 않으며, 설계가 만약 취하거나 만약 버리더라도 보지 않고, 미계, 나아가 설촉을 인연으로 생겨난 여러 수가 만약 취하거나 만약 버리더라도 보지 않으며, 설계가 만약 염오이거나 만약 청정하여도 보지 않고, 미계, 나아가 설촉을 인연으로 생겨난 여러 수가 만약 염오이거나 만약 청정하여도 보지 않으며, 설계가 만약 모이거나 만약 흩어지더라도 보지 않고, 미계, 나아가 설촉을 인연으로 생겨난 여러 수가 만약 모이거나 만약 흩어지더라도 보지 않으며, 설계가 만약 늘어나거나 만약 줄어들더라도 보지 않고, 미계, 나아가 설촉을 인연으로 생겨난 여러 수가 만약 늘어나거나 만약 줄어들더라도 보지 않습니다. 왜 그러한가? 설계의 자성 등은 공하므로, 무소유이고 얻을 수 없는 까닭입니다. 사리자여. 이 보살마하살은 이와 같이 반야바라밀다를 수학하여서 능히 일체지지를 성취하나니, 일체법을 수학할 것이 없음으로써, 성취할 것이 없음으로써 방편으로 삼는 까닭입니다.

사리자여. 이 보살마하살은 반야바라밀다를 수행하는 때에, 신계가 만약 생겨나거나 만약 소멸하여도 보지 않고, 촉계·신식계, 나아가 신촉·신촉을 인연으로 생겨난 여러 수가 만약 생겨나거나 만약 소멸하여도 보지 않으며, 신계가 만약 취하거나 만약 버리더라도 보지 않고, 촉계, 나아가 신촉을 인연으로 생겨난 여러 수가 만약 취하거나 만약 버리더라도 보지 않으며, 신계가 만약 염오이거나 만약 청정하여도 보지 않고, 촉계, 나아가 신촉을 인연으로 생겨난 여러 수가 만약 염오이거나 만약 청정하여도 보지 않으며, 신계가 만약 모이거나 만약 흩어지더라도 보지 않고, 촉계, 나아가 신촉을 인연으로 생겨난 여러 수가 만약 모이거나 만약 흩어지더라도 보지 않으며, 신계가 만약 늘어나거나 만약 줄어들더라도 보지 않고, 촉계, 나아가 신촉을 인연으로 생겨난 여러 수가 만약 늘어나거나 만약 줄어들더라도 보지 않습니다. 왜 그러한가? 신계의 자성 등은 공하므로, 무소유이고 얻을 수 없는 까닭입니다. 사리자여. 이 보살마하살은 이와 같이 반야바라밀다를 수학하여서 능히 일체지지를 성취하나니, 일체법을 수학할 것이 없음으로써, 성취할 것이 없음으로써 방편으로 삼는 까닭입니다.
 사리자여. 이 보살마하살은 반야바라밀다를 수행하는 때에, 의계가 만약 생겨나거나 만약 소멸하여도 보지 않고, 법계·의식계, 나아가 의촉·의촉을 인연으로 생겨난 여러 수가 만약 생겨나거나 만약 소멸하여도 보지 않으며, 의계가 만약 취하거나 만약 버리더라도 보지 않고, 법계, 나아가 의촉을 인연으로 생겨난 여러 수가 만약 취하거나 만약 버리더라도 보지 않으며, 의계가 만약 염오이거나 만약 청정하여도 보지 않고, 법계, 나아가 의촉을 인연으로 생겨난 여러 수가 만약 염오이거나 만약 청정하여도 보지 않으며, 의계가 만약 모이거나 만약 흩어지더라도 보지 않고, 법계, 나아가 의촉을 인연으로 생겨난 여러 수가 만약 모이거나 만약 흩어지더라도 보지 않으며, 의계가 만약 늘어나거나 만약 줄어들더라도 보지 않고, 법계, 나아가 의촉을 인연으로 생겨난 여러 수가 만약 늘어나거나 만약 줄어들더라도 보지 않습니다. 왜 그러한가? 의계의 자성 등은 공하므로, 무소유이고 얻을 수 없는 까닭입니다. 사리자여. 이 보살마하살은 이와 같이 반야바라밀다를 수학하여서 능히 일체지지를 성취하나니, 일체법을 수학할 것이 없음으로써, 성취할 것이 없음으로써 방편으로 삼는 까닭입니다.
 사리자여. 이 보살마하살은 반야바라밀다를 수행하는 때에, 지계가 만약 생겨나거나 만약 소멸하여도 보지 않고, 수·화·풍·공·식계가 만약 생겨나거나 만약 소멸하여도 보지 않으며, 시계가 만약 취하거나 만약 버리더라도 보지 않고, 수·화·풍·공·식계가 만약 취하거나 만약 버리더라도 보지 않으며, 지계가 만약 염오이거나 만약 청정하여도 보지 않고, 수·화·풍·공·식계가 만약 염오이거나 만약 청정하여도 보지 않으며, 지계가 만약 모이거나 만약 흩어지더라도 보지 않고, 수·화·풍·공·식계가 만약 모이거나 만약 흩어지더라도 보지 않으며, 지계가 만약 늘어나거나 만약 줄어들더라도 보지 않고, 수·화·풍·공·식계가 만약 늘어나거나 만약 줄어들더라도 보지 않습니다. 왜 그러한가? 지계의 자성 등은 공하므로, 무소유이고 얻을 수 없는 까닭입니다. 사리자여. 이 보살마하살은 이와 같이 반야바라밀다를 수학하여서 능히 일체지지를 성취하나니, 일체법을 수학할 것이 없음으로써, 성취할 것이 없음으로써 방편으로 삼는 까닭입니다.

사리자여. 이 보살마하살은 반야바라밀다를 수행하는 때에, 고성제가 만약 생겨나거나 만약 소멸하여도 보지 않고, 집·멸·도성제가 만약 생겨나거나 만약 소멸하여도 보지 않으며, 고성제가 만약 취하거나 만약 버리더라도 보지 않고, 집·멸·도성제가 만약 취하거나 만약 버리더라도 보지 않으며, 고성제가 만약 염오이거나 만약 청정하여도 보지 않고, 집·멸·도성제가 만약 염오이거나 만약 청정하여도 보지 않으며, 고성제가 만약 모이거나 만약 흩어지더라도 보지 않고, 집·멸·도성제가 만약 모이거나 만약 흩어지더라도 보지 않으며, 고성제가 만약 늘어나거나 만약 줄어들더라도 보지 않고, 집·멸·도성제가 만약 늘어나거나 만약 줄어들더라도 보지 않습니다. 왜 그러한가? 고성제의 자성 등은 공하므로, 무소유이고 얻을 수 없는 까닭입니다. 사리자여. 이 보살마하살은 이와 같이 반야바라밀다를 수학하여서 능히 일체지지를 성취하나니, 일체법을 수학할 것이 없음으로써, 성취할 것이 없음으로써 방편으로 삼는 까닭입니다.

사리자여. 이 보살마하살은 반야바라밀다를 수행하는 때에, 무명이 만약 생겨나거나 만약 소멸하여도 보지 않고, 행·식·명색·육처·촉·수·애·취·유·생·노사의 수탄고우뇌가 만약 생겨나거나 만약 소멸하여도 보지 않으며, 무명이 만약 취하거나 만약 버리더라도 보지 않고, 행, 나아가 노사의 수탄고우뇌가 만약 취하거나 만약 버리더라도 보지 않으며, 무명이 만약 염오이거나 만약 청정하여도 보지 않고, 행, 나아가 노사의 수탄고우뇌가 만약 염오이거나 만약 청정하여도 보지 않으며, 무명이 만약 모이거나 만약 흩어지더라도 보지 않고, 행, 나아가 노사의 수탄고우뇌가 만약 모이거나 만약 흩어지더라도 보지 않으며, 무명이 만약 늘어나거나 만약 줄어들더라도 보지 않고, 행, 나아가 노사의 수탄고우뇌가 만약 늘어나거나 만약 줄어들더라도 보지 않습니다. 왜 그러한가? 무명의 자성 등은 공하므로, 무소유이고 얻을 수 없는 까닭입니다. 사리자여.

이 보살마하살은 이와 같이 반야바라밀다를 수학하여서 능히 일체지지를 성취하나니, 일체법을 수학할 것이 없음으로써, 성취할 것이 없음으로써 방편으로 삼는 까닭입니다.

　사리자여. 이 보살마하살은 반야바라밀다를 수행하는 때에, 내공이 만약 생겨나거나 만약 소멸하여도 보지 않고, 외공·내외공·공공·대공·승의공·유위공·무위공·필경공·무제공·산공·무변이공·본성공·자상공·공상공·일체법공·불가득공·무성공·자성공·무성자성공이 만약 생겨나거나 만약 소멸하여도 보지 않으며, 내공이 만약 취하거나 만약 버리더라도 보지 않고, 외공, 나아가 무성자성공이 만약 취하거나 만약 버리더라도 보지 않으며, 내공이 만약 염오이거나 만약 청정하여도 보지 않고, 외공, 나아가 무성자성공이 만약 염오이거나 만약 청정하여도 보지 않으며, 내공이 만약 모이거나 만약 흩어지더라도 보지 않고, 외공, 나아가 무성자성공이 만약 모이거나 만약 흩어지더라도 보지 않으며, 내공이 만약 늘어나거나 만약 줄어들더라도 보지 않고, 외공, 나아가 무성자성공이 만약 늘어나거나 만약 줄어들더라도 보지 않습니다. 왜 그러한가? 내공의 자성 등은 공하므로, 무소유이고 얻을 수 없는 까닭입니다. 사리자여. 이 보살마하살은 이와 같이 반야바라밀다를 수학하여서 능히 일체지지를 성취하나니, 일체법을 수학할 것이 없음으로써, 성취할 것이 없음으로써 방편으로 삼는 까닭입니다.

　사리자여. 이 보살마하살은 반야바라밀다를 수행하는 때에, 진여가 만약 생겨나거나 만약 소멸하여도 보지 않고, 법계·법성·불허망성·불변이성·평등성·이생성·법정·법주·실제·허공계·부사의계가 만약 생겨나거나 만약 소멸하여도 보지 않으며, 진여가 만약 취하거나 만약 버리더라도 보지 않고, 법계, 나아가 부사의계가 만약 취하거나 만약 버리더라도 보지 않으며, 진여가 만약 염오이거나 만약 청정하여도 보지 않고, 법계, 나아가 부사의계가 만약 염오이거나 만약 청정하여도 보지 않으며, 진여가 만약 모이거나 만약 흩어지더라도 보지 않고, 법계, 나아가 부사의계가 만약 모이거나 만약 흩어지더라도 보지 않으며, 진여가 만약 늘어나거나 만약 줄어들더라도 보지 않고, 법계, 나아가 부사의계가 만약 늘어나거나 만약 줄어들더라도 보지 않습니다. 왜 그러한가? 진여의 자성 등은 공하므로, 무소유이고 얻을 수 없는 까닭입니다. 사리자여. 이 보살마하살은 이와 같이 반야바라밀다를 수학하여서 능히 일체지지를 성취하나니, 일체법을 수학할 것이 없음으로써, 성취할 것이 없음으로써 방편으로 삼는 까닭입니다.

사리자여. 이 보살마하살은 반야바라밀다를 수행하는 때에, 보시바라밀다가 만약 생겨나거나 만약 소멸하여도 보지 않고, 정계·안인·정진·정려·반야바라밀다가 만약 생겨나거나 만약 소멸하여도 보지 않으며, 보시바라밀다가 만약 취하거나 만약 버리더라도 보지 않고, 정계·안인·정진·정려·반야바라밀다가 만약 취하거나 만약 버리더라도 보지 않으며, 보시바라밀다가 만약 염오이거나 만약 청정하여도 보지 않고, 정계·안인·정진·정려·반야바라밀다가 만약 염오이거나 만약 청정하여도 보지 않으며, 보시바라밀다가 만약 모이거나 만약 흩어지더라도 보지 않고, 정계·안인·정진·정려·반야바라밀다가 만약 모이거나 만약 흩어지더라도 보지 않으며, 보시바라밀다가 만약 늘어나거나 만약 줄어들더라도 보지 않고, 정계·안인·정진·정려·반야바라밀다가 만약 늘어나거나 만약 줄어들더라도 보지 않습니다. 왜 그러한가? 보시바라밀다의 자성 등은 공하므로, 무소유이고 얻을 수 없는 까닭입니다. 사리자여. 이 보살마하살은 이와 같이 반야바라밀다를 수학하여서 능히 일체지지를 성취하나니, 일체법을 수학할 것이 없음으로써, 성취할 것이 없음으로써 방편으로 삼는 까닭입니다.

사리자여. 이 보살마하살은 반야바라밀다를 수행하는 때에, 4정려가 만약 생겨나거나 만약 소멸하여도 보지 않고, 4무량·4무색정이 만약 생겨나거나 만약 소멸하여도 보지 않으며, 4정려가 만약 취하거나 만약 버리더라도 보지 않고, 4무량·4무색정이 만약 취하거나 만약 버리더라도 보지 않으며, 4정려가 만약 염오이거나 만약 청정하여도 보지 않고, 4무량·4무색정이 만약 염오이거나 만약 청정하여도 보지 않으며, 4정려가 만약 모이거나 만약 흩어지더라도 보지 않고, 4무량·4무색정이 만약 모이거나 만약 흩어지더라도 보지 않으며, 4정려가 만약 늘어나거나 만약 줄어들더라도 보지 않고, 4무량·4무색정이 만약 늘어나거나 만약 줄어들더라도 보지 않습니다. 왜 그러한가? 4정려의 자성 등은 공하므로, 무소유이고 얻을 수 없는 까닭입니다. 사리자여. 이 보살마하살은 이와 같이 반야바라밀다를 수학하여서 능히 일체지지를 성취하나니, 일체법을 수학할 것이 없음으로써, 성취할 것이 없음으로써 방편으로 삼는 까닭입니다.

사리자여. 이 보살마하살은 반야바라밀다를 수행하는 때에, 8해탈이 만약 생겨나거나 만약 소멸하여도 보지 않고, 8승처·9차제정·10변처가 만약 생겨나거나 만약 소멸하여도 보지 않으며, 8해탈이 만약 취하거나 만약 버리더라도 보지 않고, 8승처·9차제정·10변처가 만약 취하거나 만약 버리더라도 보지 않으며, 8해탈이 만약 염오이거나 만약 청정하여도 보지 않고, 수·화·풍·공·식계가 만약 염오이거나 만약 청정하여도 보지 않으며, 8해탈이 만약 모이거나 만약 흩어지더라도 보지 않고, 8승처·9차제정·10변처가 만약 모이거나 만약 흩어지더라도 보지 않으며, 8해탈이 만약 늘어나거나 만약 줄어들더라도 보지 않고, 8승처·9차제정·10변처가 만약 늘어나거나 만약 줄어들더라도 보지 않습니다. 왜 그러한가? 8해탈의 자성 등은 공하므로, 무소유이고 얻을 수 없는 까닭입니다. 사리자여. 이 보살마하살은 이와 같이 반야바라밀다를 수학하여서 능히 일체지지를 성취하나니, 일체법을 수학할 것이 없음으로써, 성취할 것이 없음으로써 방편으로 삼는 까닭입니다.

사리자여. 이 보살마하살은 반야바라밀다를 수행하는 때에, 4념주가 만약 생겨나거나 만약 소멸하여도 보지 않고, 4정단·4신족·5근·5력·7등각지·8성도지가 만약 생겨나거나 만약 소멸하여도 보지 않으며, 4념주가 만약 취하거나 만약 버리더라도 보지 않고, 4정단, 나아가 8성도지가 만약 취하거나 만약 버리더라도 보지 않으며, 4념주가 만약 염오이거나 만약 청정하여도 보지 않고, 4정단, 나아가 8성도지가 만약 염오이거나 만약 청정하여도 보지 않으며, 4념주가 만약 모이거나 만약 흩어지더라도 보지 않고, 4정단, 나아가 8성도지가 만약 모이거나 만약 흩어지더라도 보지 않으며, 4념주가 만약 늘어나거나 만약 줄어들더라도 보지 않고, 4정단, 나아가 8성도지가 만약 늘어나거나 만약 줄어들더라도 보지 않습니다. 왜 그러한가? 4념주의 자성 등은 공하므로, 무소유이고 얻을 수 없는 까닭입니다. 사리자여. 이 보살마하살은 이와 같이 반야바라밀다를 수학하여서 능히 일체지지를 성취하나니, 일체법을 수학할 것이 없음으로써, 성취할 것이 없음으로써 방편으로 삼는 까닭입니다.

사리자여. 이 보살마하살은 반야바라밀다를 수행하는 때에, 공해탈문이 만약 생겨나거나 만약 소멸하여도 보지 않고, 무상·무원해탈문이 만약 생겨나거나 만약 소멸하여도 보지 않으며, 공해탈문이 만약 취하거나 만약 버리더라도 보지 않고, 무상·무원해탈문이 만약 취하거나 만약 버리더라도 보지 않으며, 공해탈문이 만약 염오이거나 만약 청정하여도 보지 않고, 무상·무원해탈문이 만약 염오이거나 만약 청정하여도 보지 않으며, 공해탈문이 만약 모이거나 만약 흩어지더라도 보지 않고, 무상·무원해탈문이 만약 모이거나 만약 흩어지더라도 보지 않으며, 공해탈문이 만약 늘어나거나 만약 줄어들더라도 보지 않고, 무상·무원해탈문이 만약 늘어나거나 만약 줄어들더라도 보지 않습니다. 왜 그러한가? 공해탈문의 자성 등은 공하므로, 무소유이고 얻을 수 없는 까닭입니다. 사리자여. 이 보살마하살은 이와 같이 반야바라밀다를 수학하여서 능히 일체지지를 성취하나니, 일체법을 수학할 것이 없음으로써, 성취할 것이 없음으로써 방편으로 삼는 까닭입니다.

사리자여. 이 보살마하살은 반야바라밀다를 수행하는 때에, 5안이 만약 생겨나거나 만약 소멸하여도 보지 않고, 6신통이 만약 생겨나거나 만약 소멸하여도 보지 않으며, 5안이 만약 취하거나 만약 버리더라도 보지 않고, 6신통이 만약 취하거나 만약 버리더라도 보지 않으며, 5안이 만약 염오이거나 만약 청정하여도 보지 않고, 6신통이 만약 염오이거나 만약 청정하여도 보지 않으며, 5안이 만약 모이거나 만약 흩어지더라도 보지 않고, 6신통이 만약 모이거나 만약 흩어지더라도 보지 않으며,

5안이 만약 늘어나거나 만약 줄어들더라도 보지 않고, 6신통이 만약 늘어나거나 만약 줄어들더라도 보지 않습니다. 왜 그러한가? 5안의 자성 등은 공하므로, 무소유이고 얻을 수 없는 까닭입니다. 사리자여. 이 보살마하살은 이와 같이 반야바라밀다를 수학하여서 능히 일체지지를 성취하나니, 일체법을 수학할 것이 없음으로써, 성취할 것이 없음으로써 방편으로 삼는 까닭입니다.

사리자여. 이 보살마하살은 반야바라밀다를 수행하는 때에, 여래의 10력이 만약 생겨나거나 만약 소멸하여도 보지 않고, 4무소외·4무애해·대자·대비·대희·대사·18불불공법이 만약 생겨나거나 만약 소멸하여도 보지 않으며, 여래의 10력이 만약 취하거나 만약 버리더라도 보지 않고, 4무소외, 나아가 18불불공법이 만약 취하거나 만약 버리더라도 보지 않으며, 여래의 10력이 만약 염오이거나 만약 청정하여도 보지 않고, 4무소외, 나아가 18불불공법이 만약 염오이거나 만약 청정하여도 보지 않으며, 여래의 10력이 만약 모이거나 만약 흩어지더라도 보지 않고, 4무소외, 나아가 18불불공법이 만약 모이거나 만약 흩어지더라도 보지 않으며, 여래의 10력이 만약 늘어나거나 만약 줄어들더라도 보지 않고, 4무소외, 나아가 18불불공법이 만약 늘어나거나 만약 줄어들더라도 보지 않습니다. 왜 그러한가? 여래의 10력의 자성 등은 공하므로, 무소유이고 얻을 수 없는 까닭입니다. 사리자여. 이 보살마하살은 이와 같이 반야바라밀다를 수학하여서 능히 일체지지를 성취하나니, 일제법을 수학할 것이 없음으로써, 성취할 것이 없음으로써 방편으로 삼는 까닭입니다.

사리자여. 이 보살마하살은 반야바라밀다를 수행하는 때에, 무망실법이 만약 생겨나거나 만약 소멸하여도 보지 않고, 항주사성이 만약 생겨나거나 만약 소멸하여도 보지 않으며, 무망실법이 만약 취하거나 만약 버리더라도 보지 않고, 항주사성이 만약 취하거나 만약 버리더라도 보지 않으며, 무망실법이 만약 염오이거나 만약 청정하여도 보지 않고, 항주사성이 만약 염오이거나 만약 청정하여도 보지 않으며, 무망실법이 만약 모이거나 만약 흩어지더라도 보지 않고, 항주사성이 만약 모이거나 만약 흩어지더라도 보지 않으며, 무망실법이 만약 늘어나거나 만약 줄어들더라도 보지 않고, 항주사성이 만약 늘어나거나 만약 줄어들더라도 보지 않습니다. 왜 그러한가? 무망실법의 자성 등은 공하므로, 무소유이고 얻을 수 없는 까닭입니다. 사리자여. 이 보살마하살은 이와 같이 반야바라밀다를 수학하여서 능히 일체지지를 성취하나니, 일체법을 수학할 것이 없음으로써, 성취할 것이 없음으로써 방편으로 삼는 까닭입니다.

사리자여. 이 보살마하살은 반야바라밀다를 수행하는 때에, 일체지가 만약 생겨나거나 만약 소멸하여도 보지 않고, 도상지·일체상지가 만약 생겨나거나 만약 소멸하여도 보지 않으며, 일체지가 만약 취하거나 만약 버리더라도 보지 않고, 도상지·일체상지가 만약 취하거나 만약 버리더라도 보지 않으며, 일체지가 만약 염오이거나 만약 청정하여도 보지 않고, 도상지·일체상지가 만약 염오이거나 만약 청정하여도 보지 않으며, 일체지가 만약 모이거나 만약 흩어지더라도 보지 않고, 도상지·일체상지가 만약 모이거나 만약 흩어지더라도 보지 않으며, 일체지가 만약 늘어나거나 만약 줄어들더라도 보지 않고, 도상지·일체상지가 만약 늘어나거나 만약 줄어들더라도 보지 않습니다. 왜 그러한가? 일체지의 자성 등은 공하므로, 무소유이고 얻을 수 없는 까닭입니다. 사리자여. 이 보살마하살은 이와 같이 반야바라밀다를 수학하여서 능히 일체지지를 성취하나니, 일체법을 수학할 것이 없음으로써, 성취할 것이 없음으로써 방편으로 삼는 까닭입니다.

사리자여. 이 보살마하살은 반야바라밀다를 수행하는 때에, 일체의 다라니문이 만약 생겨나거나 만약 소멸하여도 보지 않고, 일체의 삼마지문이 만약 생겨나거나 만약 소멸하여도 보지 않으며, 일체의 다라니문이 만약 취하거나 만약 버리더라도 보지 않고, 일체의 삼마지문이 만약 취하거나 만약 버리더라도 보지 않으며, 일체의 다라니문이 만약 염오이거나 만약 청정하여도 보지 않고, 일체의 삼마지문이 만약 염오이거나 만약 청정하여도 보지 않으며, 일체의 다라니문이 만약 모이거나 만약 흩어지더라도 보지 않고, 일체의 삼마지문이 만약 모이거나 만약 흩어지더라도 보지 않으며, 일체의 다라니문이 만약 늘어나거나 만약 줄어들더라도 보지 않고, 일체의 삼마지문이 만약 늘어나거나 만약 줄어들더라도 보지 않습니다. 왜 그러한가? 일체의 다라니문의 자성 등은 공하므로, 무소유이고 얻을 수 없는 까닭입니다. 사리자여, 이 보살마하살은 이와 같이 반야바라밀다를 수학하여서 능히 일체지지를 성취하나니, 일체법을 수학할 것이 없음으로써, 성취할 것이 없음으로써 방편으로 삼는 까닭입니다.

사리자여. 이 보살마하살은 반야바라밀다를 수행하는 때에, 예류가 만약 생겨나거나 만약 소멸하여도 보지 않고, 일래·불환·아라한이 만약 생겨나거나 만약 소멸하여도 보지 않으며, 예류가 만약 취하거나 만약 버리더라도 보지 않고, 일래·불환·아라한이 만약 취하거나 만약 버리더라도 보지 않으며, 예류가 만약 염오이거나 만약 청정하여도 보지 않고, 일래·불환·아라한이 만약 염오이거나 만약 청정하여도 보지 않으며, 예류가 만약 모이거나 만약 흩어지더라도 보지 않고, 일래·불환·아라한이 만약 모이거나 만약 흩어지더라도 보지 않으며, 예류가 만약 늘어나거나 만약 줄어들더라도 보지 않고, 일래·불환·아라한이 만약 늘어나거나 만약 줄어들더라도 보지 않습니다. 왜 그러한가? 예류의 자성 등은 공하므로, 무소유이고 얻을 수 없는 까닭입니다. 사리자여. 이 보살마하살은 이와 같이 반야바라밀다를 수학하여서 능히 일체지지를 성취하나니, 일체법을 수학할 것이 없음으로써, 성취할 것이 없음으로써 방편으로 삼는 까닭입니다.

사리자여. 이 보살마하살은 반야바라밀다를 수행하는 때에, 예류향·예류과가 만약 생겨나거나 만약 소멸하여도 보지 않고, 일래향·일래과·불환향·불환과·아라한향·아라한과가 만약 생겨나거나 만약 소멸하여도 보지 않으며, 예류향·예류과가 만약 취하거나 만약 버리더라도 보지 않고, 일래향·일래과·불환향·불환과·아라한향·아라한과가 만약 취하거나 만약 버리더라도 보지 않으며, 예류향·예류과가 만약 염오이거나 만약 청정하여도 보지 않고, 일래향·일래과·불환향·불환과·아라한향·아라한

과가 만약 염오이거나 만약 청정하여도 보지 않으며, 예류향·예류과가
만약 모이거나 만약 흩어지더라도 보지 않고, 일래향·일래과·불환향·불
환과·아라한향·아라한과가 만약 모이거나 만약 흩어지더라도 보지 않으
며, 예류향·예류과가 만약 늘어나거나 만약 줄어들더라도 보지 않고,
일래향·일래과·불환향·불환과·아라한향·아라한과가 만약 늘어나거나
만약 줄어들더라도 보지 않습니다. 왜 그러한가? 예류향·예류과의 자성
등은 공하므로, 무소유이고 얻을 수 없는 까닭입니다. 사리자여. 이 보살마
하살은 이와 같이 반야바라밀다를 수학하여서 능히 일체지지를 성취하나
니, 일체법을 수학할 것이 없음으로써, 성취할 것이 없음으로써 방편으로
삼는 까닭입니다.

　사리자여. 이 보살마하살은 반야바라밀다를 수행하는 때에, 독각이
만약 생겨나거나 만약 소멸하여도 보지 않고, 독각향·독각과가 만약
생겨나거나 만약 소멸하여도 보지 않으며, 독각이 만약 취하거나 만약
버리더라도 보지 않고, 독각향·독각과가 만약 취하거나 만약 버리더라도
보지 않으며, 독각이 만약 염오이거나 만약 청정하여도 보지 않고, 독각향·
독각과가 만약 염오이거나 만약 청정하여도 보지 않으며, 독각이 만약
모이거나 만약 흩어지더라도 보지 않고, 독각향·독각과가 만약 모이거나
만약 흩어지더라도 보지 않으며, 독각이 만약 늘어나거나 만약 줄어들더
라도 보지 않고, 독각향·독각과가 만약 늘어나거나 만약 줄어들더라도
보지 않습니다. 왜 그러한가? 독각의 자성 등은 공하므로, 무소유이고
얻을 수 없는 까닭입니다. 사리자여. 이 보살마하살은 이와 같이 반야바라
밀다를 수학하여서 능히 일체지지를 성취하나니, 일체법을 수학할 것이
없음으로써, 성취할 것이 없음으로써 방편으로 삼는 까닭입니다.

　사리자여. 이 보살마하살은 반야바라밀다를 수행하는 때에, 보살마하
살이 만약 생겨나거나 만약 소멸하여도 보지 않고, 삼먁삼불타가 만약
생겨나거나 만약 소멸하여도 보지 않으며, 보살마하살이 만약 취하거나
만약 버리더라도 보지 않고, 삼먁삼불타가 만약 취하거나 만약 버리더라
도 보지 않으며, 보살마하살이 만약 염오이거나 만약 청정하여도 보지

않고, 삼먁삼불타가 만약 염오이거나 만약 청정하여도 보지 않으며, 보살마하살이 만약 모이거나 만약 흩어지더라도 보지 않고, 삼먁삼불타가 만약 모이거나 만약 흩어지더라도 보지 않으며, 보살마하살이 만약 늘어나거나 만약 줄어들더라도 보지 않고, 삼먁삼불타가 만약 늘어나거나 만약 줄어들더라도 보지 않습니다. 왜 그러한가? 보살마하살의 자성 등은 공하므로, 무소유이고 얻을 수 없는 까닭입니다. 사리자여. 이 보살마하살은 이와 같이 반야바라밀다를 수학하여서 능히 일체지지를 성취하나니, 일체법을 수학할 것이 없음으로써, 성취할 것이 없음으로써 방편으로 삼는 까닭입니다.

사리자여. 이 보살마하살은 반야바라밀다를 수행하는 때에, 보살마하살 법이 만약 생겨나거나 만약 소멸하여도 보지 않고, 무상정등보리가 만약 생겨나거나 만약 소멸하여도 보지 않으며, 보살마하살 법이 만약 취하거나 만약 버리더라도 보지 않고, 무상정등보리가 만약 취하거나 만약 버리더라도 보지 않으며, 보살마하살 법이 만약 염오이거나 만약 청정하여도 보지 않고, 무상정등보리가 만약 염오이거나 만약 청정하여도 보지 않으며, 보살마하살 법이 만약 모이거나 만약 흩어지더라도 보지 않고, 무상정등보리가 만약 모이거나 만약 흩어지더라도 보지 않으며, 보살마하살 법이 만약 늘어나거나 만약 줄어들더라도 보지 않고, 무상정등보리가 만약 늘어나거나 만약 줄어들더라도 보지 않습니다. 왜 그러한가? 보살마하살 법의 자성 등은 공하므로, 무소유이고 얻을 수 없는 까닭입니다. 사리자여. 이 보살마하살은 이와 같이 반야바라밀다를 수학하여서 능히 일체지지를 성취하나니, 일체법을 수학할 것이 없음으로써, 성취할 것이 없음으로써 방편으로 삼는 까닭입니다.

사리자여. 이 보살마하살은 반야바라밀다를 수행하는 때에, 성문승이 만약 생겨나거나 만약 소멸하여도 보지 않고, 독각승·무상승이 만약 생겨나거나 만약 소멸하여도 보지 않으며, 성문승이 만약 취하거나 만약 버리더라도 보지 않고, 독각승·무상승이 만약 취하거나 만약 버리더라도 보지 않으며, 성문승이 만약 염오이거나 만약 청정하여도 보지 않고,

독각승·무상승이 만약 염오이거나 만약 청정하여도 보지 않으며, 성문승이 만약 모이거나 만약 흩어지더라도 보지 않고, 독각승·무상승이 만약 모이거나 만약 흩어지더라도 보지 않으며, 성문승이 만약 늘어나거나 만약 줄어들더라도 보지 않고, 독각승·무상승이 만약 늘어나거나 만약 줄어들더라도 보지 않습니다. 왜 그러한가? 성문승의 자성 등은 공하므로, 무소유이고 얻을 수 없는 까닭입니다. 사리자여. 이 보살마하살은 이와 같이 반야바라밀다를 수학하여서 능히 일체지지를 성취하나니, 일체법을 수학할 것이 없음으로써, 성취할 것이 없음으로써 방편으로 삼는 까닭입니다.

이와 같이 사리자여. 이 보살마하살은 반야바라밀다를 수행하는 때에, 일체법에서 만약 생겨나거나 만약 소멸하거나 만약 취하거나 만약 버리거나 만약 염오이거나 만약 청정하거나 만약 모이거나 만약 흩어지거나 만약 늘어나거나 만약 줄어들더라도 보지 않으며, 반야바라밀다를 수학하여, 곧 능히 일체지지를 성취하나니, 일체법을 수학할 것이 없음으로써, 성취할 것이 없음으로써 방편으로 삼는 까닭입니다."

27. 구반야품(求般若品)(1)

그때 천제석이 사리자에게 물었다.
"대덕이시여. 보살마하살이 수행하는 반야바라밀다를 마땅히 어디에서 구합니까?"
사리자가 말하였다.
"교시가여. 보살마하살이 수행하는 반야바라밀다를 선현께서 설하는 것의 가운데에서 구하십시오."
이때 천제석이 선현에게 알려 말하였다.
"지금 존자 사리자께서 말하신 것은 오히려 대덕의 신력(神力)이 아니고,

대덕께 의지할 것(依處)이 아닙니까?"

선현이 말하였다.

"교시가여. 이것은 나의 신력도 아니고, 나에게 의지할 것도 아닙니다."

천제석이 말하였다.

"이것은 누구의 신력이며, 누가 의지하는 것입니까?"

선현이 대답하여 말하였다.

"이것은 여래의 신력이며, 여래께 의지한 것입니다."

천제석이 말하였다.

"대덕이시여. 일체법은 의지하는 것이 없는데, 어찌 사리자께서 말한 것이 여래의 신력이고 여래께 의지한 것과 같다고 말합니까?"

선현이 알려 말하였다.

"교시가여. 그와 같습니다. 그와 같습니다. 그대가 말한 것과 같습니다. 일법은 의지하는 것이 없고, 이러한 까닭으로 여래는 의지할 것이 아니며, 역시 의지할 것도 없습니다. 다만 세속의 시설(施設)을 수순하여 의지할 것(依處)이라고 말합니다.

교시가여. 의지처가 없는 것(無依處)을 벗어나서 여래(如來)를 얻을 수 없고, 의지처가 없는 것을 벗어나서 진여(眞如)의 여래를 얻을 수 없으며, 의지처가 없는 것을 벗어나서 법성(法性)의 여래를 얻을 수 없고, 의지처가 없는 것을 벗어나서 여래의 진여를 얻을 수 없으며, 의지처가 없는 것을 벗어나서 여래의 법성을 얻을 수 없고, 의지처가 없는 것을 벗어나서 진여인 여래의 진여를 얻을 수 없으며 의지처가 없는 것을 벗어나서 법성인 여래의 법성을 얻을 수 없습니다.

교시가여. 의지처가 없는 가운데에서 여래를 얻을 수 없고, 여래의 가운데에서 의지처가 없는 것을 얻을 수 없으며, 의지처가 없는 진여의 가운데에서 여래를 얻을 수 없고, 여래의 가운데에서 의지처가 없는 진여를 얻을 수 없으며, 의지처가 없는 법성의 가운데에서 여래를 얻을 수 없고, 여래의 가운데에서 의지처가 없는 법성을 얻을 수 없으며, 의지처가 없는 가운데에서 여래의 진여를 얻을 수 없고, 여래의 진여의 가운데에서 의지처가 없는 것을 얻을 수 없으며, 의지처가 없는 가운데에서 여래의 법성을 얻을 수 없고, 여래의 법성의 가운데에서 의지처가 없는 것을 얻을 수 없으며, 의지처가 없는 진여의 가운데에서 여래의 진여를 얻을 수 없고, 여래의 진여 가운데에서 의지처가 없는 것의 진여를 얻을 수 없으며, 의지처가 없는 법성의 가운데에서 여래의 법성을 얻을 수 없고, 여래의 법성 가운데에서 의지처가 없는 것의 법성을 얻을 수 없습니다.

교시가여. 색을 벗어나서 여래를 얻을 수 없고 수·상·행·식을 벗어나서 여래를 얻을 수 없으며, 색의 진여를 벗어나서 여래를 얻을 수 없고 수·상·행·식의 진여를 벗어나서 여래를 얻을 수 없으며, 색의 법성을 벗어나서 여래를 얻을 수 없고 수·상·행·식의 법성을 벗어나서 여래를 얻을 수 없으며, 색을 벗어나서 여래의 진여를 얻을 수 없고 수·상·행·식을 벗어나서 여래의 진여를 얻을 수 없으며, 색을 벗어나서 여래의 법성을 얻을 수 없고 수·상·행·식을 벗어나서 여래의 법성을 얻을 수 없으며, 색의 진여를 벗어나서 여래의 진여를 얻을 수 없고 수·상·행·식의 진여를 벗어나서 여래의 진여를 얻을 수 없으며, 색의 법성을 벗어나서 여래의 법성을 얻을 수 없고 수·상·행·식의 법성을 벗어나서 여래의 법성을 얻을 수 없습니다.

교시가여. 색의 가운데에서 여래를 얻을 수 없고 여래의 가운데에서 색을 얻을 수 없으며, 수·상·행·식의 가운데에서 여래를 얻을 수 없고 여래의 가운데에서 수·상·행·식을 얻을 수 없으며, 색의 진여의 가운데에서 여래를 얻을 수 없고 여래의 가운데에서 색의 진여를 얻을 수 없으며, 수·상·행·식의 진여의 가운데에서 여래를 얻을 수 없고 여래의 가운데에서 수·상·행·식의 진여를 얻을 수 없으며, 색의 법성의 가운데에서 여래를 얻을 수 없고 여래의 가운데에서 색의 법성을 얻을 수 있는 것도 아니며, 수·상·행·식의 법성의 가운데에서 여래를 얻을 수 없고 여래의 가운데에서 수·상·행·식의 법성을 얻을 수 없으며, 색의 가운데에서 여래의 진여를 얻을 수 없고 여래의 진여의 가운데에서 색을 얻을 수 없으며, 수·상·행·식의 가운데에서 여래의 진여를 얻을 수 없고 여래의 진여의 가운데에서 수·상·행·식을 얻을 수 없습니다.

색의 가운데에서 여래의 법성을 얻을 수 없고 여래의 법성의 가운데에서 색을 얻을 수 없으며, 수·상·행·식의 가운데에서 여래의 법성을 얻을 수 없고 여래의 법성의 가운데에서 수·상·행·식을 얻을 수 없으며, 색의 진여의 가운데에서 여래의 진여를 얻을 수 없고 여래의 진여의 가운데에서 색의 진여를 얻을 수 없으며,, 수·상·행·식의 진여의 가운데에서 여래의 진여를 얻을 수 없고 여래의 진여의 가운데에서 수·상·행·식의 진여를 얻을 수 없으며, 색의 법성의 가운데에서 여래의 법성을 얻을 수 없고 여래의 법성의 가운데에서 색의 법성을 얻을 수 없으며, 수·상·행·식의 법성의 가운데에서 여래의 법성을 얻을 수 없고 여래의 법성의 가운데에서 수·상·행·식의 법성을 얻을 수 없습니다.

교시가여. 안처를 벗어나서 여래를 얻을 수 없고 이·비·설·신·의처를 벗어나서 여래를 얻을 수 없으며, 안처의 진여를 벗어나서 여래를 얻을 수 없고 이·비·설·신·의처의 진여를 벗어나서 여래를 얻을 수 없으며, 안처의 법성을 벗어나서 여래를 얻을 수 없고 이·비·설·신·의처의 법성을 벗어나서 여래를 얻을 수 없으며, 안처를 벗어나서 여래의 진여를 얻을 수 없고 이·비·설·신·의처를 벗어나서 여래의 진여를 얻을 수 없으며, 안처를 벗어나서 여래의 법성을 얻을 수 없고 이·비·설·신·의처를 벗어나서 여래의 법성을 얻을 수 없으며, 안처의 진여를 벗어나서 여래의 진여를 얻을 수 없고 이·비·설·신·의처의 진여를 벗어나서 여래의 진여를 얻을 수 없으며, 안처의 법성을 벗어나서 여래의 법성을 얻을 수 없고 이·비·설·신·의처의 법성을 벗어나서 여래의 법성을 얻을 수 없습니다.

교시가여. 안처의 가운데에서 여래를 얻을 수 없고 여래의 가운데에서 안처를 얻을 수 없으며, 이·비·설·신·의처의 가운데에서 여래를 얻을 수 없고 여래의 가운데에서 이·비·설·신·의처를 얻을 수 없으며, 안처의 진여의 가운데에서 여래를 얻을 수 없고 여래의 가운데에서 안처의 진여를 얻을 수 없으며, 이·비·설·신·의처의 진여의 가운데에서 여래를 얻을 수 없고 여래의 가운데에서 이·비·설·신·의처의 진여를 얻을 수 없으며, 안처의 법성의 가운데에서 여래를 얻을 수 없고 여래의 가운데에서 안처의 법성을 얻을 수 없으며, 이·비·설·신·의처의 법성의 가운데에서 여래를 얻을 수 없고 여래의 가운데에서 이·비·설·신·의처의 법성을 얻을 수 없으며, 안처의 가운데에서 여래의 진여를 얻을 수 없고 여래의 진여의 가운데에서 안처를 얻을 수 없으며, 이·비·설·신·의처의 가운데에서 여래의 진여를 얻을 수 없고 여래의 진여의 가운데에서 이·비·설·신·의처를 얻을 수 없습니다.

안처의 가운데에서 여래의 법성을 얻을 수 없고 여래의 법성의 가운데에서 안처를 얻을 수 없으며, 이·비·설·신·의처의 가운데에서 여래의 법성을 얻을 수 없고 여래의 법성의 가운데에서 이·비·설·신·의처를 얻을 수 없으며, 안처의 진여의 가운데에서 여래의 진여를 얻을 수 없고 여래의 진여의 가운데에서 안처의 진여를 얻을 수 없으며, 이·비·설·신·의처의 진여의 가운데에서 여래의 진여를 얻을 수 없고 여래의 진여의 가운데에서 이·비·설·신·의처의 진여를 얻을 수 없으며, 안처의 법성의 가운데에서 여래의 법성을 얻을 수 없고 여래의 법성의 가운데에서 안처의 법성을 얻을 수 없으며, 이·비·설·신·의처의 법성의 가운데에서 여래의 법성을 얻을 수 없고 여래의 법성의 가운데에서 이·비·설·신·의처의 법성을 얻을 수 없습니다.

교시가여. 색처를 벗어나서 여래를 얻을 수 없고 성·향·미·촉·법처를 벗어나서 여래를 얻을 수 없으며, 색처의 진여를 벗어나서 여래를 얻을 수 없고 성·향·미·촉·법처의 진여를 벗어나서 여래를 얻을 수 없으며, 색처의 법성을 벗어나서 여래를 얻을 수 없고 성·향·미·촉·법처의 법성을 벗어나서 여래를 얻을 수 없으며, 색처를 벗어나서 여래의 진여를 얻을 수 없고 성·향·미·촉·법처를 벗어나서 여래의 진여를 얻을 수 없으며, 색처를 벗어나서 여래의 법성을 얻을 수 없고 성·향·미·촉·법처를 벗어나서 여래의 법성을 얻을 수 없으며, 색처의 진여를 벗어나서 여래의 진여를 얻을 수 없고 성·향·미·촉·법처의 진여를 벗어나서 여래의 진여를 얻을 수 없으며, 색처의 법성을 벗어나서 여래의 법성을 얻을 수 없고 성·향·미·촉·법처의 법성을 벗어나서 여래의 법성을 얻을 수 없습니다.

교시가여. 색처의 가운데에서 여래를 얻을 수 없고 여래의 가운데에서 색처를 얻을 수 없으며, 성·향·미·촉·법처의 가운데에서 여래를 얻을 수 없고 여래의 가운데에서 성·향·미·촉·법처를 얻을 수 없으며, 색처의 진여의 가운데에서 여래를 얻을 수 없고 여래의 가운데에서 색처의 진여를 얻을 수 없으며, 성·향·미·촉·법처의 진여의 가운데에서 여래를 얻을 수 없고 여래의 가운데에서 성·향·미·촉·법처의 진여를 얻을 수 없으며, 색처의 법성의 가운데에서 여래를 얻을 수 없고 여래의 가운데에서 색처의 법성을 얻을 수 없으며, 성·향·미·촉·법처의 법성의 가운데에서 여래를 얻을 수 없고 여래의 가운데에서 성·향·미·촉·법처의 법성을 얻을 수 없으며, 색처의 가운데에서 여래의 진여를 얻을 수 없고 여래의 진여의 가운데에서 색처를 얻을 수 없으며, 성·향·미·촉·법처의 가운데에서 여래의 진여를 얻을 수 없고 여래의 진여의 가운데에서 성·향·미·촉·법처를 얻을 수 없습니다.

색처의 가운데에서 여래의 법성을 얻을 수 없고 여래의 법성의 가운데에서 색처를 얻을 수 없으며, 성·향·미·촉·법처의 가운데에서 여래의 법성을 얻을 수 없고 여래의 법성의 가운데에서 성·향·미·촉·법처를 얻을 수 없으며, 색처의 진여의 가운데에서 여래의 진여를 얻을 수 없고 여래의 진여의 가운데에서 색처의 진여를 얻을 수 없으며, 성·항·미·촉·법치의 진여의 가운데에서 여래의 진여를 얻을 수 없고 여래의 진여의 가운데에서 성·향·미·촉·법처의 진여를 얻을 수 없으며, 색처의 법성의 가운데에서 여래의 법성을 얻을 수 없고 여래의 법성의 가운데에서 색처의 법성을 얻을 수 없으며, 성·향·미·촉·법처의 법성의 가운데에서 여래의 법성을 얻을 수 없고 여래의 법성의 가운데에서 성·향·미·촉·법처의 법성을 얻을 수 없습니다.

교시가여. 안계를 벗어나서 여래를 얻을 수 없고 색계·안식계, 나아가 안촉·안촉을 인연으로 생겨난 여러 수를 벗어나서 여래를 얻을 수 있는 것도 아니며, 안계의 진여를 벗어나서 여래를 얻을 수 없고 색계, 나아가 안촉을 인연으로 생겨난 여러 수의 진여를 벗어나서 여래를 얻을 수 없으며, 안계의 법성을 벗어나서 여래를 얻을 수 없고 색계, 나아가 안촉을 인연으로 생겨난 여러 수의 법성을 벗어나서 여래를 얻을 수 없으며, 안계를 벗어나서 여래의 진여를 얻을 수 없고 색계, 나아가 안촉을 인연으로 생겨난 여러 수를 벗어나서 여래의 진여를 얻을 수 없으며, 안계를 벗어나서 여래의 법성을 얻을 수 없고 색계, 나아가 안촉을 인연으로 생겨난 여러 수를 벗어나서 여래의 법성을 얻을 수 없으며, 안계의 진여를 벗어나서 여래의 진여를 얻을 수 없고 색계, 나아가 안촉을 인연으로 생겨난 여러 수의 진여를 벗어나서 여래의 진여를 얻을 수 없으며, 안계의 법성을 벗어나서 여래의 법성을 얻을 수 없고 색계, 나아가 안촉을 인연으로 생겨난 여러 수의 법성을 벗어나서 여래의 법성을 얻을 수 없습니다.

교시가여. 안계의 가운데에서 여래를 얻을 수 없고 여래의 가운데에서 안계를 얻을 수 없으며, 색계, 나아가 안촉을 인연으로 생겨난 여러 수의 가운데에서 여래를 얻을 수 없고 여래의 가운데에서 색계, 나아가 안촉을 인연으로 생겨난 여러 수를 얻을 수 없으며, 안계의 진여의 가운데에서 여래를 얻을 수 없고 여래의 가운데에서 안계의 진여를 얻을 수 없으며, 색계, 나아가 안촉을 인연으로 생겨난 여러 수의 진여의 가운데에서 여래를 얻을 수 없고 여래의 가운데에서 색계, 나아가 안촉을 인연으로 생겨난 여러 수의 진여를 얻을 수 없으며, 안계의 법성의 가운데에서 여래를 얻을 수 없고 여래의 가운데에서 안계의 법성을 얻을 수 없으며, 색계, 나아가 안촉을 인연으로 생겨난 여러 수의 법성의 가운데에서 여래를 얻을 수 없고 여래의 가운데에서 색계, 나아가 안촉을 인연으로 생겨난 여러 수의 법성을 얻을 수 없으며, 안계의 가운데에서 여래의 진여를 얻을 수 없고 여래의 진여의 가운데에서 안계를 얻을 수 없으며, 색계, 나아가 안촉을 인연으로 생겨난 여러 수의 가운데에서 여래의 진여를 얻을 수 없고 여래의 진여의 가운데에서 색계, 나아가 안촉을 인연으로 생겨난 여러 수를 얻을 수 없습니다.
 안계의 가운데에서 여래의 법성을 얻을 수 없고 여래의 법성의 가운데에서 안계를 얻을 수 없으며, 색계, 나아가 안촉을 인연으로 생겨난 여러 수의 가운데에서 여래의 법성을 얻을 수 없고 여래의 법성의 가운데에서 색계, 나아가 안촉을 인연으로 생겨난 여러 수를 얻을 수 없으며, 안계의 진여의 가운데에서 여래의 진여를 얻을 수 없고 여래의 진여의 가운데에서 안계의 진여를 얻을 수 없으며, 색계, 나아가 안촉을 인연으로 생겨난 여러 수의 진여의 가운데에서 여래의 진여를 얻을 수 없고 여래의 진여의 가운데에서 색계, 나아가 안촉을 인연으로 생겨난 여러 수의 진여를 얻을 수 없으며, 안계의 법성의 가운데에서 여래의 법성을 얻을 수 없고 여래의 법성의 가운데에서 안계의 법성을 얻을 수 없으며, 색계, 나아가 안촉을 인연으로 생겨난 여러 수의 법성의 가운데에서 여래의 법성을 얻을 수 없고 여래의 법성의 가운데에서 색계, 나아가 안촉을 인연으로 생겨난 여러 수의 법성을 얻을 수 없습니다."

마하반야바라밀다경 제90권

27. 구반야품(求般若品)(2)

"교시가여. 이계를 벗어나서 여래를 얻을 수 있는 없고 성계·이식계, 나아가 이촉·이촉을 인연으로 생겨난 여러 수를 벗어나서 여래를 얻을 수 없으며, 이계의 진여를 벗어나서 여래를 얻을 수 없고 성계, 나아가 이촉을 인연으로 생겨난 여러 수의 진여를 벗어나서 여래를 얻을 수 없으며, 이계의 법성을 벗어나서 여래를 얻을 수 없고 아니고 성계, 나아가 이촉을 인연으로 생겨난 여러 수의 법성을 벗어나서 여래를 얻을 수 없으며, 이계를 벗어나서 여래의 진여를 얻을 수 없고 성계, 나아가 이촉을 인연으로 생겨난 여러 수를 벗어나서 여래의 진여를 얻을 수 없으며, 이계를 벗어나서 여래의 법성을 얻을 수 없고 성계, 나아가 이촉을 인연으로 생겨난 여러 수를 벗어나서 여래의 법성을 얻을 수 없으며, 이계의 진여를 벗어나서 여래의 진여를 얻을 수 없고 성계, 나아가 이촉을 인연으로 생겨난 여러 수의 진여를 벗어나서 여래의 진여를 얻을 수 없으며, 이계의 법성을 벗어나서 여래의 법성을 얻을 수 없고 성계, 나아가 이촉을 인연으로 생겨난 여러 수의 법성을 벗어나서 여래의 법성을 얻을 수 없습니다.
　교시가여. 이계의 가운데에서 여래를 얻을 수 있는 없고 여래의 가운데에서 이계를 얻을 수 없으며, 성계, 나아가 이촉을 인연으로 생겨난 여러 수의 가운데에서 여래를 얻을 수 없고 여래의 가운데에서 성계, 나아가 이촉을 인연으로 생겨난 여러 수를 얻을 수 없으며, 이계의 진여의 가운데에서 여래를 얻을 수 없고 여래의 가운데에서 이계의 진여를 얻을 수 없으며, 성계, 나아가 이촉을 인연으로 생겨난 여러 수의 진여의 가운데에서 여래를 얻을 수 없고 여래의 가운데에서 성계, 나아가 이촉을 인연으로 생겨난 여러 수의 진여를 얻을 수 없으며, 이계의 법성의 가운데에서 여래를 얻을 수 없고 여래의 가운데에서 이계의 법성을 얻을 수 없으며, 성계, 나아가 이촉을 인연으로 생겨난 여러 수의 법성의 가운데에서 여래를 얻을 수 없고 여래의 가운데에서 성계, 나아가 이촉을 인연으로 생겨난 여러 수의 법성을 얻을 수 없으며, 이계의 가운데에서 여래의 진여를 얻을 수 없고 여래의 진여의 가운데에서 이계를 얻을 수 없으며, 성계, 나아가 이촉을 인연으로 생겨난 여러 수의 가운데에서 여래의 진여를 얻을 수 없고 여래의 진여의 가운데에서 성계, 나아가 이촉을 인연으로 생겨난 여러 수를 얻을 수 없습니다.

　이계의 가운데에서 여래의 법성을 얻을 수 없고 여래의 법성의 가운데에서 이계를 얻을 수 없으며, 성계, 나아가 이촉을 인연으로 생겨난 여러 수의 가운데에서 여래의 법성을 얻을 수 없고 여래의 법성의 가운데에서 성계, 나아가 이촉을 인연으로 생겨난 여러 수를 얻을 수 없으며, 이계의 진여의 가운데에서 여래의 진여를 얻을 수 없고 여래의 진여의 가운데에서 이계의 진여를 얻을 수 없으며, 성계, 나아가 이촉을 인연으로 생겨난 여러 수의 진여의 가운데에서 여래의 진여를 얻을 수 없고 여래의 진여의 가운데에서 성계, 나아가 이촉을 인연으로 생겨난 여러 수의 진여를 얻을 수 없으며, 이계의 법성의 가운데에서 여래의 법성을 얻을 수 없고 여래의 법성의 가운데에서 이계의 법성을 얻을 수 없으며, 성계, 나아가 이촉을 인연으로 생겨난 여러 수의 법성의 가운데에서 여래의 법성을 얻을 수 없고 여래의 법성의 가운데에서 성계, 나아가 이촉을 인연으로 생겨난 여러 수의 법성을 얻을 수 없습니다.

　교시가여. 비계를 벗어나서 여래를 얻을 수 없고 향계·비식계, 나아가 비촉·비촉을 인연으로 생겨난 여러 수를 벗어나서 여래를 얻을 수 없으며, 비계의 진여를 벗어나서 여래를 얻을 수 없고 향계, 나아가 비촉을 인연으로 생겨난 여러 수의 진여를 벗어나서 여래를 얻을 수 없으며, 비계의 법성을 벗어나서 여래를 얻을 수 없고 향계, 나아가 비촉을 인연으로 생겨난 여러 수의 법성을 벗어나서 여래를 얻을 수 없으며, 비계를 벗어나서 여래의 진여를 얻을 수 없고 향계, 나아가 비촉을 인연으로 생겨난 여러 수를 벗어나서 여래의 진여를 얻을 수 없으며, 비계를 벗어나서 여래의 법성을 얻을 수 없고 향계, 나아가 비촉을 인연으로 생겨난 여러 수를 벗어나서 여래의 법성을 얻을 수 없으며, 비계의 진여를 벗어나서 여래의 진여를 얻을 수 없고 향계, 나아가 비촉을 인연으로 생겨난 여러 수의 진여를 벗어나서 여래의 진여를 얻을 수 없으며, 비계의 법성을 벗어나서 여래의 법성을 얻을 수 없고 향계, 나아가 비촉을 인연으로 생겨난 여러 수의 법성을 벗어나서 여래의 법성을 얻을 수 없습니다.

교시가여. 비계의 가운데에서 여래를 얻을 수 없고 여래의 가운데에서 비계를 얻을 수 없으며, 향계, 나아가 비촉을 인연으로 생겨난 여러 수의 가운데에서 여래를 얻을 수 없고 여래의 가운데에서 향계, 나아가 비촉을 인연으로 생겨난 여러 수를 얻을 수 없으며, 비계의 진여의 가운데에서 여래를 얻을 수 없고 여래의 가운데에서 비계의 진여를 얻을 수 없으며, 향계, 나아가 비촉을 인연으로 생겨난 여러 수의 진여의 가운데에서 여래를 얻을 수 없고 여래의 가운데에서 향계, 나아가 비촉을 인연으로 생겨난 여러 수의 진여를 얻을 수 없으며, 비계의 법성의 가운데에서 여래를 얻을 수 없고 여래의 가운데에서 비계의 법성을 얻을 수 없으며, 향계, 나아가 비촉을 인연으로 생겨난 여러 수의 법성의 가운데에서 여래를 얻을 수 없고 여래의 가운데에서 향계, 나아가 비촉을 인연으로 생겨난 여러 수의 법성을 얻을 수 없으며, 비계의 가운데에서 여래의 진여를 얻을 수 없고 여래의 진여의 가운데에서 비계를 얻을 수 없으며, 향계, 나아가 비촉을 인연으로 생겨난 여러 수의 가운데에서 여래의 진여를 얻을 수 없고 여래의 진여의 가운데에서 향계, 나아가 비촉을 인연으로 생겨난 여러 수를 얻을 수 없습니다.

비계의 가운데에서 여래의 법성을 얻을 수 없고 여래의 법성의 가운데에서 비계를 얻을 수 있는 것도 아니며, 향계, 나아가 비촉을 인연으로 생겨난 여러 수의 가운데에서 여래의 법성을 얻을 수 없고 여래의 법성의 가운데에서 향계, 나아가 비촉을 인연으로 생겨난 여러 수를 얻을 수 없으며, 비계의 진여의 가운데에서 여래의 진여를 얻을 수 없고 여래의 진여의 가운데에서 비계의 진여를 얻을 수 없으며, 향계, 나아가 비촉을 인연으로 생겨난 여러 수의 진여의 가운데에서 여래의 진여를 얻을 수 없고 여래의 진여의 가운데에서 향계, 나아가 비촉을 인연으로 생겨난 여러 수의 진여를 얻을 수 없으며, 비계의 법성의 가운데에서 여래의 법성을 얻을 수 없고 여래의 법성의 가운데에서 비계의 법성을 얻을 수 없으며, 향계, 나아가 비촉을 인연으로 생겨난 여러 수의 법성의 가운데에서 여래의 법성을 얻을 수 없고 여래의 법성의 가운데에서 향계, 나아가 비촉을 인연으로 생겨난 여러 수의 법성을 얻을 수 없습니다.

교시가여. 설계를 벗어나서 여래를 얻을 수 없고 미계·설식계, 나아가 설촉·설촉을 인연으로 생겨난 여러 수를 벗어나서 여래를 얻을 수 없으며, 설계의 진여를 벗어나서 여래를 얻을 수 없고 미계, 나아가 설촉을 인연으로 생겨난 여러 수의 진여를 벗어나서 여래를 얻을 수 없으며, 설계의 법성을 벗어나서 여래를 얻을 수 없고 미계, 나아가 설촉을 인연으로 생겨난 여러 수의 법성을 벗어나서 여래를 얻을 수 없으며, 설계를 벗어나서 여래의 진여를 얻을 수 없고 미계, 나아가 설촉을 인연으로 생겨난 여러 수를 벗어나서 여래의 진여를 얻을 수 있으며, 설계를 벗어나서 여래의 법성을 얻을 수 없고 미계, 나아가 설촉을 인연으로 생겨난 여러 수를 벗어나서 여래의 법성을 얻을 수 없으며, 설계의 진여를 벗어나서 여래의 진여를 얻을 수 없고 미계, 나아가 설촉을 인연으로 생겨난 여러 수의 진여를 벗어나서 여래의 진여를 얻을 수 없으며, 설계의 법성을 벗어나서 여래의 법성을 얻을 수 없고 미계, 나아가 설촉을 인연으로 생겨난 여러 수의 법성을 벗어나서 여래의 법성을 얻을 수 없습니다.

교시가여. 설계의 가운데에서 여래를 얻을 수 없고 여래의 가운데에서 설계를 얻을 수 없으며, 미계, 나아가 설촉을 인연으로 생겨난 여러

수의 가운데에서 여래를 얻을 수 없고 여래의 가운데에서 미계, 나아가
설촉을 인연으로 생겨난 여러 수를 얻을 수 없으며, 설계의 진여의 가운데
에서 여래를 얻을 수 없고 여래의 가운데에서 설계의 진여를 얻을 수
없으며, 미계, 나아가 설촉을 인연으로 생겨난 여러 수의 진여의 가운데에
서 여래를 얻을 수 없고 여래의 가운데에서 미계, 나아가 설촉을 인연으로
생겨난 여러 수의 진여를 얻을 수 없으며, 설계의 법성의 가운데에서
여래를 얻을 수 없고 여래의 가운데에서 설계의 법성을 얻을 수 없으며,
미계, 나아가 설촉을 인연으로 생겨난 여러 수의 법성의 가운데에서
여래를 얻을 수 없고 여래의 가운데에서 미계, 나아가 설촉을 인연으로
생겨난 여러 수의 법성을 얻을 수 없으며, 설계의 가운데에서 여래의
진여를 얻을 수 없고 여래의 진여의 가운데에서 설계를 얻을 수 없으며,
미계, 나아가 설촉을 인연으로 생겨난 여러 수의 가운데에서 여래의
진여를 얻을 수 없고 여래의 진여의 가운데에서 미계, 나아가 설촉을
인연으로 생겨난 여러 수를 얻을 수 없습니다.

　설계의 가운데에서 여래의 법성을 얻을 수 없고 여래의 법성의 가운데에
서 설계를 얻을 수 없으며, 미계, 나아가 설촉을 인연으로 생겨난 여러
수의 가운데에서 여래의 법성을 얻을 수 없고 여래의 법성의 가운데에서
미계, 나아가 설촉을 인연으로 생겨난 여러 수를 얻을 수 없으며, 설계의
진여의 가운데에서 여래의 진여를 얻을 수 없고 여래의 진여의 가운데에서
설계의 진여를 얻을 수 없으며, 미계, 나아가 설촉을 인연으로 생겨난
여러 수의 진여의 가운데에서 여래의 진여를 얻을 수 없고 여래의 진여의
가운데에서 미계, 나아가 설촉을 인연으로 생겨난 여러 수의 진여를
얻을 수 없으며, 설계의 법성의 가운데에서 여래의 법성을 얻을 수 없고
여래의 법성의 가운데에서 설계의 법성을 얻을 수 없으며, 미계, 나아가
설촉을 인연으로 생겨난 여러 수의 법성의 가운데에서 여래의 법성을
얻을 수 없고 여래의 법성의 가운데에서 미계, 나아가 설촉을 인연으로
생겨난 여러 수의 법성을 얻을 수 없습니다.

　교시가여. 신계를 벗어나서 여래를 얻을 수 없고 촉계·신식계, 나아가

신촉·신촉을 인연으로 생겨난 여러 수를 벗어나서 여래를 얻을 수 있는 것도 아니며, 신계의 진여를 벗어나서 여래를 얻을 수 없고 촉계, 나아가 신촉을 인연으로 생겨난 여러 수의 진여를 벗어나서 여래를 얻을 수 없으며, 신계의 법성을 벗어나서 여래를 얻을 수 없고 촉계, 나아가 신촉을 인연으로 생겨난 여러 수의 법성을 벗어나서 여래를 얻을 수 없으며, 신계를 벗어나서 여래의 진여를 얻을 수 없고 촉계, 나아가 신촉을 인연으로 생겨난 여러 수를 벗어나서 여래의 진여를 얻을 수 없으며, 신계를 벗어나서 여래의 법성을 얻을 수 없고 촉계, 나아가 신촉을 인연으로 생겨난 여러 수를 벗어나서 여래의 법성을 얻을 수 없으며, 신계의 진여를 벗어나서 여래의 진여를 얻을 수 없고 촉계, 나아가 신촉을 인연으로 생겨난 여러 수의 진여를 벗어나서 여래의 진여를 얻을 수 없으며, 신계의 법성을 벗어나서 여래의 법성을 얻을 수 없고 촉계, 나아가 신촉을 인연으로 생겨난 여러 수의 법성을 벗어나서 여래의 법성을 얻을 수 없습니다.

교시가여. 신계의 가운데에서 여래를 얻을 수 없고 여래의 가운데에서 신계를 얻을 수 없으며, 촉계, 나아가 신촉을 인연으로 생겨난 여러 수의 가운데에서 여래를 얻을 수 없고 여래의 가운데에서 촉계, 나아가 신촉을 인연으로 생겨난 여러 수를 얻을 수 없으며, 신계의 진여의 가운데에서 여래를 얻을 수 없고 여래의 가운데에서 신계의 진여를 얻을 수 없으며, 촉계, 나아가 신촉을 인연으로 생겨난 여러 수의 진여의 가운데에서 여래를 얻을 수 없고 여래의 가운데에서 촉계, 나아가 신촉을 인연으로 생겨난 여러 수의 진여를 얻을 수 없으며, 신계의 법성의 가운데에서 여래를 얻을 수 없고 여래의 가운데에서 신계의 법성을 얻을 수 없으며, 촉계, 나아가 신촉을 인연으로 생겨난 여러 수의 법성의 가운데에서 여래를 얻을 수 없고 여래의 가운데에서 촉계, 나아가 신촉을 인연으로 생겨난 여러 수의 법성을 얻을 수 없으며, 신계의 가운데에서 여래의 진여를 얻을 수 없고 여래의 진여의 가운데에서 신계를 얻을 수 없으며, 촉계, 나아가 신촉을 인연으로 생겨난 여러 수의 가운데에서 여래의 진여를 얻을 수 없고 여래의 진여의 가운데에서 촉계, 나아가 신촉을 인연으로 생겨난 여러 수를 얻을 수 없습니다.

신계의 가운데에서 여래의 법성을 얻을 수 없고 여래의 법성의 가운데에서 신계를 얻을 수 없으며, 촉계, 나아가 신촉을 인연으로 생겨난 여러 수의 가운데에서 여래의 법성을 얻을 수 없고 여래의 법성의 가운데에서 촉계, 나아가 신촉을 인연으로 생겨난 여러 수를 얻을 수 없으며, 신계의 진여의 가운데에서 여래의 진여를 얻을 수 있는 없고 여래의 진여의 가운데에서 신계의 진여를 얻을 수 없으며, 촉계, 나아가 신촉을 인연으로 생겨난 여러 수의 진여의 가운데에서 여래의 진여를 얻을 수 없고 여래의 진여의 가운데에서 촉계, 나아가 신촉을 인연으로 생겨난 여러 수의 진여를 얻을 수 없으며, 신계의 법성의 가운데에서 여래의 법성을 얻을 수 없고 여래의 법성의 가운데에서 신계의 법성을 얻을 수 없으며, 촉계, 나아가 신촉을 인연으로 생겨난 여러 수의 법성의 가운데에서 여래의 법성을 얻을 수 없고 여래의 법성의 가운데에서 촉계, 나아가 신촉을 인연으로 생겨난 여러 수의 법성을 얻을 수 없습니다

교시가여. 의계를 벗어나서 여래를 얻을 수 없고 법계·의식계, 나아가 의촉·의촉을 인연으로 생겨난 여러 수를 벗어나서 여래를 얻을 수 없으며, 의계의 진여를 벗어나서 여래를 얻을 수 없고 법계, 나아가 의촉을 인연으로 생겨난 여러 수의 진여를 벗어나서 여래를 얻을 수 없으며, 의계의 법성을 벗어나서 여래를 얻을 수 없고 법계, 나아가 의촉을 인연으로 생겨난 여러 수의 법성을 벗어나서 여래를 얻을 수 없으며, 의계를 벗어나서 여래의 진여를 얻을 수 없고 법계, 나아가 의촉을 인연으로 생겨난 여러 수를 벗어나서 여래의 진여를 얻을 수 없으며, 의계를 벗어나서 여래의 법성을 얻을 수 없고 법계, 나아가 의촉을 인연으로 생겨난 여러 수를 벗어나서 여래의 법성을 얻을 수 없으며, 의계의 진여를 벗어나서 여래의 진여를 얻을 수 없고 법계, 나아가 의촉을 인연으로 생겨난 여러 수의 진여를 벗어나서 여래의 진여를 얻을 수 없으며, 의계의 법성을 벗어나서 여래의 법성을 얻을 수 없고 법계, 나아가 의촉을 인연으로

생겨난 여러 수의 법성을 벗어나서 여래의 법성을 얻을 수 없습니다.
 교시가여. 의계의 가운데에서 여래를 얻을 수 없고 여래의 가운데에서 의계를 얻을 수 없으며, 법계, 나아가 의촉을 인연으로 생겨난 여러 수의 가운데에서 여래를 얻을 수 없고 여래의 가운데에서 법계, 나아가 의촉을 인연으로 생겨난 여러 수를 얻을 수 없으며, 의계의 진여의 가운데에서 여래를 얻을 수 없고 여래의 가운데에서 의계의 진여를 얻을 수 없으며, 법계, 나아가 의촉을 인연으로 생겨난 여러 수의 진여의 가운데에서 여래를 얻을 수 없고 여래의 가운데에서 법계, 나아가 의촉을 인연으로 생겨난 여러 수의 진여를 얻을 수 없으며, 의계의 법성의 가운데에서 여래를 얻을 수 없고 여래의 가운데에서 의계의 법성을 얻을 수 없으며, 법계, 나아가 의촉을 인연으로 생겨난 여러 수의 법성의 가운데에서 여래를 얻을 수 없고 여래의 가운데에서 법계, 나아가 의촉을 인연으로 생겨난 여러 수의 법성을 얻을 수 없으며, 의계의 가운데에서 여래의 진여를 얻을 수 없고 여래의 진여의 가운데에서 의계를 얻을 수 없으며, 법계, 나아가 의촉을 인연으로 생겨난 여러 수의 가운데에서 여래의 진여를 얻을 수 없고 여래의 진여의 가운데에서 법계, 나아가 의촉을 인연으로 생겨난 여러 수를 얻을 수 없습니다.
 의계의 가운데에서 여래의 법성을 얻을 수 없고 여래의 법성의 가운데에서 의계를 얻을 수 없으며, 법계, 나아가 의촉을 인연으로 생겨난 여러 수의 가운데에서 여래의 법성을 얻을 수 없고 여래의 법성의 가운데에서 법계, 나아가 의촉을 인연으로 생겨난 여러 수를 얻을 수 없으며, 의계의 진여의 가운데에서 여래의 진여를 얻을 수 없고 여래의 진여의 가운데에서 의계의 진여를 얻을 수 없으며, 법계, 나아가 의촉을 인연으로 생겨난 여러 수의 진여의 가운데에서 여래의 진여를 얻을 수 없고 여래의 진여의 가운데에서 법계, 나아가 의촉을 인연으로 생겨난 여러 수의 진여를 얻을 수 없으며, 의계의 법성의 가운데에서 여래의 법성을 얻을 수 없고 여래의 법성의 가운데에서 의계의 법성을 얻을 수 없으며, 법계, 나아가 의촉을 인연으로 생겨난 여러 수의 법성의 가운데에서 여래의 법성을

얻을 수 없고 여래의 법성의 가운데에서 법계, 나아가 의촉을 인연으로
생겨난 여러 수의 법성을 얻을 수 없습니다.
 교시가여. 지계를 벗어나서 여래를 얻을 수 없고 수·화·풍·공·식계를
벗어나서 여래를 얻을 수 없으며, 지계의 진여를 벗어나서 여래를 얻을
수 없고 수·화·풍·공·식계의 진여를 벗어나서 여래를 얻을 수 없으며,
지계의 법성을 벗어나서 여래를 얻을 수 없고 수·화·풍·공·식계의 법성을
벗어나서 여래를 얻을 수 없으며, 지계를 벗어나서 여래의 진여를 얻을
수 없고 수·화·풍·공·식계를 벗어나서 여래의 진여를 얻을 수 없으며,
지계를 벗어나서 여래의 법성을 얻을 수 없고 수·화·풍·공·식계를 벗어나
서 여래의 법성을 얻을 수 없으며, 지계의 진여를 벗어나서 여래의 진여를
얻을 수 없고 수·화·풍·공·식계의 진여를 벗어나서 여래의 진여를 얻을
수 없으며, 지계의 법성을 벗어나서 여래의 법성을 얻을 수 없고 수·화·풍·
공·식계의 법성을 벗어나서 여래의 법성을 얻을 수 없습니다.
 교시가여. 지계의 가운데에서 여래를 얻을 수 없고 여래의 가운데에서
지계를 얻을 수 없으며, 수·화·풍·공·식계의 가운데에서 여래를 얻을
수 없고 여래의 가운데에서 수·화·풍·공·식계를 얻을 수 없으며, 지계의
진여의 가운데에서 여래를 얻을 수 없고 여래의 가운데에서 지계의 진여를
얻을 수 없으며, 수·화·풍·공·식계의 진여의 가운데에서 여래를 얻을
수 없고 여래의 가운데에서 수·화·풍·공·식계의 진여를 얻을 수 없으며,
지계의 법성의 가운데에서 여래를 얻을 수 없고 여래의 가운데에서 지계의
법성을 얻을 수 없으며, 수·화·풍·공·식계의 법성의 가운데에서 여래를
얻을 수 없고 여래의 가운데에서 수·화·풍·공·식계의 법성을 얻을 수
없으며, 지계의 가운데에서 여래의 진여를 얻을 수 없고 여래의 진여의
가운데에서 지계를 얻을 수 없으며, 수·화·풍·공·식계의 가운데에서
여래의 진여를 얻을 수 없고 여래의 진여의 가운데에서 수·화·풍·공·식계
를 얻을 수 없습니다.
 지계의 가운데에서 여래의 법성을 얻을 수 없고 여래의 법성의 가운데에
서 지계를 얻을 수 없으며, 수·화·풍·공·식계의 가운데에서 여래의 법성을

얻을 수 없고 여래의 법성의 가운데에서 수·화·풍·공·식계를 얻을 수 없으며, 지계의 진여의 가운데에서 여래의 진여를 얻을 수 없고 여래의 진여의 가운데에서 지계의 진여를 얻을 수 없으며, 수·화·풍·공·식계의 진여의 가운데에서 여래의 진여를 얻을 수 없고 여래의 진여의 가운데에서 수·화·풍·공·식계의 진여를 얻을 수 없으며, 지계의 법성의 가운데에서 여래의 법성을 얻을 수 없고 여래의 법성의 가운데에서 지계의 법성을 얻을 수 없으며, 수·화·풍·공·식계의 법성의 가운데에서 여래의 법성을 얻을 수 없고 여래의 법성의 가운데에서 수·화·풍·공·식계의 법성을 얻을 수 없습니다.

교시가여. 고성제를 벗어나서 여래를 얻을 수 없고 집·멸·도성제를 벗어나서 여래를 얻을 수 없으며, 고성제의 진여를 벗어나서 여래를 얻을 수 없고 집·멸·도성제의 진여를 벗어나서 여래를 얻을 수 없으며, 고성제의 법성을 벗어나서 여래를 얻을 수 없고 집·멸·도성제의 법성을 벗어나서 여래를 얻을 수 없으며, 고성제를 벗어나서 여래의 진여를 얻을 수 없고 집·멸·도성제를 벗어나서 여래의 진여를 얻을 수 없으며, 고성제를 벗어나서 여래의 법성을 얻을 수 없고 집·멸·도성제를 벗어나서 여래의 법성을 얻을 수 없으며, 고성제의 진여를 벗어나서 여래의 진여를 얻을 수 없고 집·멸·도성제의 진여를 벗어나서 여래의 진여를 얻을 수 없으며, 고성제의 법성을 벗어나서 여래의 법성을 얻을 수 없고 집·멸·도성제의 법성을 벗어나서 여래의 법성을 얻을 수 없습니다.

교시가여. 고성제의 가운데에서 여래를 얻을 수 없고 여래의 가운데에서 고성제를 얻을 수 없으며, 집·멸·도성제의 가운데에서 여래를 얻을 수 없고 여래의 가운데에서 집·멸·도성제를 얻을 수 없으며, 고성제의 진여의 가운데에서 여래를 얻을 수 없고 여래의 가운데에서 고성제의 진여를 얻을 수 없으며, 집·멸·도성제의 진여의 가운데에서 여래를 얻을 수 없고 여래의 가운데에서 집·멸·도성제의 진여를 얻을 수 없으며, 고성제의 법성의 가운데에서 여래를 얻을 수 없고 여래의 가운데에서 고성제의 법성을 얻을 수 없으며, 집·멸·도성제의 법성의 가운데에서 여래를 얻을 수 없고 여래의 가운데에서 집·멸·도성제의 법성을 얻을 수 없으며, 고성제의 가운데에서 여래의 진여를 얻을 수 없고 여래의 진여의 가운데에서 고성제를 얻을 수 없으며, 집·멸·도성제의 가운데에서 여래의 진여를 얻을 수 없고 여래의 진여의 가운데에서 집·멸·도성제를 얻을 수 없습니다.

고성제의 가운데에서 여래의 법성을 얻을 수 없고 여래의 법성의 가운데에서 고성제를 얻을 수 없으며, 집·멸·도성제의 가운데에서 여래의 법성을 얻을 수 없고 여래의 법성의 가운데에서 집·멸·도성제를 얻을 수 없으며, 고성제의 진여의 가운데에서 여래의 진여를 얻을 수 없고 여래의 진여의 가운데에서 고성제의 진여를 얻을 수 없으며, 집·멸·도성제의 진여의 가운데에서 여래의 진여를 얻을 수 없고 여래의 진여의 가운데에서 집·멸·도성제의 진여를 얻을 수 없으며, 고성제의 법성의 가운데에서 여래의 법성을 얻을 수 없고 여래의 법성의 가운데에서 고성제의 법성을 얻을 수 없으며, 집·멸·도성제의 법성의 가운데에서 여래의 법성을 얻을 수 없고 여래의 법성의 가운데에서 집·멸·도성제의 법성을 얻을 수 없습니다.

교시가여. 무명을 벗어나서 여래를 얻을 수 없고 행·식·명색·육처·촉·수·애·취·유·생·노사의 수탄고우뇌를 벗어나서 여래를 얻을 수 없으며, 무명의 진여를 벗어나서 여래를 얻을 수 없고 행, 나아가 노사의 수탄고우뇌의 진여를 벗어나서 여래를 얻을 수 없으며, 무명의 법성을 벗어나서 여래를 얻을 수 없고 행, 나아가 노사의 수탄고우뇌의 법성을 벗어나서 여래를 얻을 수 없으며, 무명을 벗어나서 여래의 진여를 얻을 수 없고 행, 나아가 노사의 수탄고우뇌를 벗어나서 여래의 진여를 얻을 수 없으며, 무명을 벗어나서 여래의 법성을 얻을 수 없고 행, 나아가 노사의 수탄고우뇌를 벗어나서 여래의 법성을 얻을 수 없으며, 무명의 진여를 벗어나서 여래의 진여를 얻을 수 없고 행, 나아가 노사의 수탄고우뇌의 진여를 벗어나서 여래의 진여를 얻을 수 없으며, 무명의 법성을 벗어나서 여래의 법성을 얻을 수 없고 행, 나아가 노사의 수탄고우뇌의 법성을 벗어나서 여래의 법성을 얻을 수 없습니다.

　교시가여. 무명의 가운데에서 여래를 얻을 수 없고 여래의 가운데에서 무명을 얻을 수 없으며, 행, 나아가 노사의 수탄고우뇌의 가운데에서 여래를 얻을 수 없고 여래의 가운데에서 행, 나아가 노사의 수탄고우뇌를 얻을 수 없으며, 무명의 진여의 가운데에서 여래를 얻을 수 없고 여래의 가운데에서 무명의 진여를 얻을 수 없으며, 행, 나아가 노사의 수탄고우뇌의 진여의 가운데에서 여래를 얻을 수 없고 여래의 가운데에서 행, 나아가 노사의 수탄고우뇌의 진여를 얻을 수 없으며, 무명의 법성의 가운데에서 여래를 얻을 수 없고 여래의 가운데에서 무명의 법성을 얻을 수 없으며, 행, 나아가 노사의 수탄고우뇌의 법성의 가운데에서 여래를 얻을 수 없고 여래의 가운데에서 행, 나아가 노사의 수탄고우뇌의 법성을 얻을 수 없으며, 무명의 가운데에서 여래의 진여를 얻을 수 없고 여래의 진여의 가운데에서 무명을 얻을 수 없으며, 행, 나아가 노사의 수탄고우뇌의 가운데에서 여래의 진여를 얻을 수 없고 여래의 진여의 가운데에서 행, 나아가 노사의 수탄고우뇌를 얻을 수 없습니다.

　무명의 가운데에서 여래의 법성을 얻을 수 없고 여래의 법성의 가운데에서 무명을 얻을 수 없으며, 행, 나아가 노사의 수탄고우뇌의 가운데에서 여래의 법성을 얻을 수 없고 여래의 법성의 가운데에서 행, 나아가 노사의 수탄고우뇌를 얻을 수 없으며, 무명의 진여의 가운데에서 여래의 진여를 얻을 수 없고 여래의 진여의 가운데에서 무명의 진여를 얻을 수 없으며, 행, 나아가 노사의 수탄고우뇌의 진여의 가운데에서 여래의 진여를 얻을 수 없고 여래의 진여의 가운데에서 행, 나아가 노사의 수탄고우뇌의 진여를 얻을 수 없으며, 무명의 법성의 가운데에서 여래의 법성을 얻을 수 없고 여래의 법성의 가운데에서 무명의 법성을 얻을 수 없으며, 행, 나아가 노사의 수탄고우뇌의 법성의 가운데에서 여래의 법성을 얻을 수 없고 여래의 법성의 가운데에서 행, 나아가 노사의 수탄고우뇌의 법성을 얻을 수 없습니다.

　교시가여. 내공을 벗어나서 여래를 얻을 수 없고 외공·내외공·공공·대공·승의공·유위공·무위공·필경공·무제공·산공·무변이공·본성공·자상공·공상공·일체법공·불가득공·무성공·자성공·무성자성공을 벗어나서 여래를 얻을 수 없으며, 내공의 진여를 벗어나서 여래를 얻을 수 없고 외공, 나아가 무성자성공의 진여를 벗어나서 여래를 얻을 수 없으며, 내공의 법성을 벗어나서 여래를 얻을 수 없고 외공, 나아가 무성자성공의 법성을 벗어나서 여래를 얻을 수 없으며, 내공을 벗어나서 여래의 진여를 얻을 수 없고 외공, 나아가 무성자성공을 벗어나서 여래의 진여를 얻을 수 없으며, 내공을 벗어나서 여래의 법성을 얻을 수 없고 외공, 나아가 무성자성공을 벗어나서 여래의 법성을 얻을 수 없으며, 내공의 진여를 벗어나서 여래의 진여를 얻을 수 없고 외공, 나아가 무성자성공의 진여를 벗어나서 여래의 진여를 얻을 수 없으며, 내공의 법성을 벗어나서 여래의 법성을 얻을 수 없고 외공, 나아가 무성자성공의 법성을 벗어나서 여래의 법성을 얻을 수 없습니다.

교시가여. 내공의 가운데에서 여래를 얻을 수 없고 여래의 가운데에서 내공을 얻을 수 없으며, 외공, 나아가 무성자성공의 가운데에서 여래를 얻을 수 없고 여래의 가운데에서 외공, 나아가 무성자성공을 얻을 수 없으며, 내공의 진여의 가운데에서 여래를 얻을 수 없고 여래의 가운데에서 내공의 진여를 얻을 수 없으며, 외공, 나아가 무성자성공의 진여의 가운데에서 여래를 얻을 수 없고 여래의 가운데에서 외공, 나아가 무성자성공의 진여를 얻을 수 없으며, 내공의 법성의 가운데에서 여래를 얻을 수 없고 여래의 가운데에서 내공의 법성을 얻을 수 없으며, 외공, 나아가 무성자성공의 법성의 가운데에서 여래를 얻을 수 없고 여래의 가운데에서 외공, 나아가 무성자성공의 법성을 얻을 수 없으며, 내공의 가운데에서 여래의 진여를 얻을 수 없고 여래의 진여의 가운데에서 내공을 얻을 수 없으며, 외공, 나아가 무성자성공의 가운데에서 여래의 진여를 얻을 수 없고 여래의 진여의 가운데에서 외공, 나아가 무성자성공을 얻을 수 없습니다.

내공의 가운데에서 여래의 법성을 얻을 수 없고 여래의 법성의 가운데에서 내공을 얻을 수 없으며, 외공, 나아가 무성자성공의 가운데에서 여래의 법성을 얻을 수 없고 여래의 법성의 가운데에서 외공, 나아가 무성자성공을 얻을 수 없으며, 내공의 진여의 가운데에서 여래의 진여를 얻을 수 없고 여래의 진여의 가운데에서 내공의 진여를 얻을 수 없으며, 외공, 나아가 무성자성공의 진여의 가운데에서 여래의 진여를 얻을 수 없고 여래의 진여의 가운데에서 외공, 나아가 무성자성공의 진여를 얻을 수 없으며, 내공의 법성의 가운데에서 여래의 법성을 얻을 수 없고 여래의 법성의 가운데에서 내공의 법성을 얻을 수 없으며, 외공, 나아가 무성자성공의 법성의 가운데에서 여래의 법성을 얻을 수 없고 여래의 법성의 가운데에서 외공, 나아가 무성자성공의 법성을 얻을 수 없습니다.

교시가여. 진여를 벗어나서 여래를 얻을 수 없고 법계·법성·불허망성·불변이성·평등성·이생성·법정·법주·실제·허공계·부사의계를 벗어나서 여래를 얻을 수 없으며, 진여의 진여를 벗어나서 여래를 얻을 수 없고 법계, 나아가 부사의계의 진여를 벗어나서 여래를 얻을 수 없으며, 진여의 법성을 벗어나서 여래를 얻을 수 없고 법계, 나아가 부사의계의 법성을 벗어나서 여래를 얻을 수 없으며, 진여를 벗어나서 여래의 진여를 얻을 수 없고 법계, 나아가 부사의계를 벗어나서 여래의 진여를 얻을 수 없으며, 진여를 벗어나서 여래의 법성을 얻을 수 없고 법계, 나아가 부사의계를 벗어나서 여래의 법성을 얻을 수 없으며, 진여의 진여를 벗어나서 여래의 진여를 얻을 수 없고 법계, 나아가 부사의계의 진여를 벗어나서 여래의 진여를 얻을 수 없으며, 진여의 법성을 벗어나서 여래의 법성을 얻을 수 없고 법계, 나아가 부사의계의 법성을 벗어나서 여래의 법성을 얻을 수 없습니다.

교시가여. 진여의 가운데에서 여래를 얻을 수 없고 여래의 가운데에서 진여를 얻을 수 없으며, 법계, 나아가 부사의계의 가운데에서 여래를 얻을 수 없고 여래의 가운데에서 법계, 나아가 부사의계를 얻을 수 없으며, 진여의 진여 가운데에서 여래를 얻을 수 없고 여래의 가운데에서 진여의 진여를 얻을 수 없으며, 법계, 나아가 부사의계의 진여 가운데에서 여래를 얻을 수 없고 여래의 가운데에서 법계, 나아가 부사의계의 진여를 얻을 수 없으며, 진여의 법성의 가운데에서 여래를 얻을 수 없고 여래의 가운데에서 진여의 법성을 얻을 수 없으며, 법계, 나아가 부사의계의 법성의 가운데에서 여래를 얻을 수 없고 여래의 가운데에서 법계, 나아가 부사의계의 법성을 얻을 수 없으며, 진여의 가운데에서 여래의 진여를 없고 여래의 진여의 가운데에서 진여를 얻을 수 없으며, 법계, 나아가 부사의계의 가운데에서 여래의 진여를 얻을 수 없고 여래의 진여의 가운데에서 법계, 나아가 부사의계를 얻을 수 없습니다.

진여의 가운데에서 여래의 법성을 얻을 수 없고 여래의 법성의 가운데에서 진여를 얻을 수 없으며, 법계, 나아가 부사의계의 가운데에서 여래의 법성을 얻을 수 없고 여래의 법성의 가운데에서 법계, 나아가 부사의계를 얻을 수 없으며, 진여의 가운데에서 여래의 진여를 얻을 수 없고 여래의 진여의 가운데에서 진여의 진여를 얻을 수 없으며, 법계, 나아가 부사의계의 진여의 가운데에서 여래의 진여를 얻을 수 없고 여래의 진여의 가운데에서 법계, 나아가 부사의계의 진여를 얻을 수 없으며, 진여의 법성의 가운데에서 여래의 법성을 얻을 수 없고 여래의 법성의 가운데에서 진여의 법성을 얻을 수 없으며, 법계, 나아가 부사의계의 법성의 가운데에서 여래의 법성을 얻을 수 없고 여래의 법성의 가운데에서 법계, 나아가 부사의계의 법성을 얻을 수 없습니다.

교시가여. 보시바라밀다를 벗어나서 여래를 얻을 수 없고 정계·안인·정진·정려·반야바라밀다를 벗어나서 여래를 얻을 수 없으며, 보시바라밀다의 진여를 벗어나서 여래를 얻을 수 없고 정계·안인·정진·정려·반야바라밀다의 진여를 벗어나서 여래를 얻을 수 없으며, 보시바라밀다의 법성을 벗어나서 여래를 얻을 수 없고 정계·안인·정진·정려·반야바라밀다의 법성을 벗어나서 여래를 얻을 수 없으며, 보시바라밀다를 벗어나서 여래의 진여를 얻을 수 없고 정계·안인·정진·정려·반야바라밀다를 벗어나서 여래의 진여를 얻을 수 없으며, 보시바라밀다를 벗어나서 여래의 법성을 얻을 수 없고 정계·안인·정진·정려·반야바라밀다를 벗어나서 여래의 법성을 얻을 수 없으며, 보시바라밀다의 진여를 벗어나서 여래의 진여를 얻을 수 없고 정계·안인·정진·정려·반야바라밀다의 진여를 벗어나서 여래의 진여를 얻을 수 없으며, 보시바라밀다의 법성을 벗어나서 여래의 법성을 얻을 수 없고 정계·안인·정진·정려·반야바라밀다의 법성을 벗어나서 여래의 법성을 얻을 수 없습니다.

교시가여. 보시바라밀다의 가운데에서 여래를 얻을 수 없고 여래의 가운데에서 보시바라밀다를 얻을 수 없으며, 정계·안인·정진·정려·반야바라밀다의 가운데에서 여래를 얻을 수 없고 여래의 가운데에서 정계·안인·정진·정려·반야바라밀다를 얻을 수 없으며, 보시바라밀다의 진여의 가운데에서 여래를 얻을 수 없고 여래의 가운데에서 보시바라밀다의 진여를 얻을 수 없으며, 정계·안인·정진·정려·반야바라밀다의 진여의 가운데에서 여래를 얻을 수 없고 여래의 가운데에서 정계·안인·정진·정려·반야바라밀다의 진여를 얻을 수 없으며, 보시바라밀다의 법성의 가운데에서 여래를 얻을 수 없고 여래의 가운데에서 보시바라밀다의 법성을 얻을 수 없으며, 정계·안인·정진·정려·반야바라밀다의 법성의 가운데에서 여래를 얻을 수 없고 여래의 가운데에서 정계·안인·정진·정려·반야바라밀다의 법성을 얻을 수 없으며, 보시바라밀다의 가운데에서 여래의 진여를 얻을 수 없고 여래의 진여의 가운데에서 보시바라밀다를 얻을 수 없으며, 정계·안인·정진·정려·반야바라밀다의 가운데에서 여래의 진여를 얻을 수 없고 여래의 진여의 가운데에서 정계·안인·정진·정려·반야바라밀다를 얻을 수 없습니다.

보시바라밀다의 가운데에서 여래의 법성을 얻을 수 없고 여래의 법성의 가운데에서 보시바라밀다를 얻을 수 없으며, 정계·안인·정진·정려·반야바라밀다의 가운데에서 여래의 법성을 얻을 수 있는 없고 여래의 법성의 가운데에서 정계·안인·정진·정려·반야바라밀다를 얻을 수 없으며, 보시바라밀다의 진여의 가운데에서 여래의 진여를 얻을 수 없고 여래의 진여의 가운데에서 보시바라밀다의 진여를 얻을 수 없으며, 정계·안인·정진·정려·반야바라밀다의 진여의 가운데에서 여래의 진여를 얻을 수 없고 여래의 진여의 가운데에서 정계·안인·정진·정려·반야바라밀다의 진여를 얻을 수 없으며, 보시바라밀다의 법성의 가운데에서 여래의 법성을 얻을 수 없고 여래의 법성의 가운데에서 보시바라밀다의 법성을 얻을 수 없으며, 정계·안인·정진·정려·반야바라밀다의 법성의 가운데에서 여래의 법성을 얻을 수 없고 여래의 법성의 가운데에서 정계·안인·정진·정려·반야바라밀다의 법성을 얻을 수 없습니다.

교시가여. 4정려를 벗어나서 여래를 얻을 수 없고 4무량·4무색정을 벗어나서 여래를 얻을 수 없으며, 4정려의 진여를 벗어나서 여래를 얻을 수 없고 4무량·4무색정의 진여를 벗어나서 여래를 얻을 수 없으며, 4정려의 법성을 벗어나서 여래를 얻을 수 없고 4무량·4무색정의 법성을 벗어나서 여래를 얻을 수 없으며, 4정려를 벗어나서 여래의 진여를 얻을 수 없고 4무량·4무색정을 벗어나서 여래의 진여를 얻을 수 없으며, 4정려를 벗어나서 여래의 법성을 얻을 수 없고 4무량·4무색정을 벗어나서 여래의 법성을 얻을 수 없으며, 4정려의 진여를 벗어나서 여래의 진여를 얻을 수 없고 4무량·4무색정의 진여를 벗어나서 여래의 진여를 얻을 수 없으며, 4정려의 법성을 벗어나서 여래의 법성을 얻을 수 없고 4무량·4무색정의 법성을 벗어나서 여래의 법성을 얻을 수 없습니다.

교시가여. 4정려의 가운데에서 여래를 얻을 수 없고 여래의 가운데에서 4정려를 얻을 수 없으며, 4무량·4무색정의 가운데에서 여래를 얻을 수 없고 여래의 가운데에서 4무량·4무색정을 얻을 수 없으며, 4정려의 진여의 가운데에서 여래를 얻을 수 없고 여래의 가운데에서 4정려의 진여를 얻을 수 없으며, 4무량·4무색정의 진여의 가운데에서 여래를 얻을 수 없고 여래의 가운데에서 4무량·4무색정의 진여를 얻을 수 없으며, 4정려의 법성의 가운데에서 여래를 얻을 수 없고 여래의 가운데에서 4정려의 법성을 얻을 수 없으며, 4무량·4무색정의 법성의 가운데에서 여래를 얻을 수 없고 여래의 가운데에서 4무량·4무색정의 법성을 얻을 수 없으며, 4정려의 가운데에서 여래의 진여를 얻을 수 없고 여래의 진여의 가운데에서 4정려를 얻을 수 없으며, 4무량·4무색정의 가운데에서 여래의 진여를 얻을 수 없고 여래의 진여의 가운데에서 4무량·4무색정을 얻을 수 없습니다.

  4정려의 가운데에서 여래의 법성을 얻을 수 없고 여래의 법성의 가운데에서 4정려를 얻을 수 없으며, 4무량·4무색정의 가운데에서 여래의 법성을 얻을 수 없고 여래의 법성의 가운데에서 4무량·4무색정을 얻을 수 없으며, 4정려의 진여의 가운데에서 여래의 진여를 얻을 수 없고 여래의 진여의 가운데에서 4정려의 진여를 얻을 수 없으며, 4무량·4무색정의 진여의 가운데에서 여래의 진여를 얻을 수 없고 여래의 진여의 가운데에서 4무량·4무색정의 진여를 얻을 수 없으며, 4정려의 법성의 가운데에서 여래의 법성을 얻을 수 없고 여래의 법성의 가운데에서 4정려의 법성을 얻을 수 없으며, 4무량·4무색정의 법성의 가운데에서 여래의 법성을 얻을 수 없고 여래의 법성의 가운데에서 4무량·4무색정의 법성을 얻을 수 없습니다.

漢譯 | 현장(玄奘)

중국 당나라 사문으로 하남성(河南省) 낙양(洛陽) 구씨현(緱氏縣)에서 출생하였고, 속성은 진씨(陳氏), 이름은 위(禕)이다. 10세에 낙양 정토사(淨土寺)에 귀의하였고, 경(經)·율(律)·논(論) 삼장(三藏)에 밝아서 삼장법사라고 불린다. 627년 인도로 구법을 떠나서 나란다사(那爛陀寺)에 들어가 계현(戒賢)에게 수학하였다. 641년 520질 657부(部)에 달하는 불경들을 가지고 귀국길에 올라 645년 정월 장안으로 돌아왔으며, 인도 여행기인 『대당서역기(大唐西域記)』 12권을 저술하였다. 번역한 삼장으로는 경장인 『대반야바라밀다경(大般若波羅蜜多經)』 600권, 율장인 『보살계본(菩薩戒本)』 2권, 논장인 『유가사지론(瑜伽師地論)』 100권, 『아비달마대비바사론(阿毘達磨大毘婆沙論)』 200권 등이 있다. 번역한 경전은 76부 1,347권에 이르고 매우 중요한 대승불교 경전들이 상당수 포함되어 있으며, 문장과 단어에 충실하여 문장의 우아함은 부족하더라도 어휘의 정확도는 매우 진전되었다. 구마라집 등의 구역(舊譯)과 차별을 보여주고 있어 신역(新譯)이라 불리고 있다.

國譯 | 釋 普雲(宋法燁)

대한불교조계종 제2교구본사 용주사에서 출가하였고, 문학박사이다. 현재 대한불교조계종 교육아사리(계율)이고, 죽림불교문화연구원에서 연구와 번역을 병행하고 있다.

논저 | 논문으로 「통합종단 이후 불교의례의 변천과 향후 과제」 등 다수. 저술로 『신편 승가의범』, 『승가의궤』가 있으며, 번역서로 『마하반야바라밀다경』(1·2), 『팔리율』(Ⅰ·Ⅱ·Ⅲ·Ⅳ·Ⅴ), 『마하승기율』(상·중·하), 『십송율』(상·중·하), 『보살계본소』, 『근본설일체유부비나야』(상·하), 『근본설일체유부비나야약사』, 『근본설일체유부비나야파승사』, 『근본설일체유부비나야잡사』(상·하), 『근본설일체유부필추니비나야』, 『근본설일체유부백일갈마 외』, 『안락집』 등이 있다.

마하반야바라밀다경 3 摩訶般若波羅蜜多經 3

三藏法師 玄奘 漢譯 | 釋 普雲 國譯

2024년 6월 10일 초판 1쇄 발행

펴낸이 · 오일주
펴낸곳 · 도서출판 혜안
등록번호 · 제22-471호
등록일자 · 1993년 7월 30일

주　소 · ㉾04052 서울시 마포구 와우산로 35길3(서교동) 102호
전　화 · 3141-3711~2 / 팩시밀리 · 3141-3710
E-Mail · hyeanpub@daum.net

ISBN 978-89-8494-723-8 03220

값 42,000 원